# 大众休闲体育
# 理论与实践指导

主　编　孟国正　赵俊华　刘东起
副主编　崔本来　冯　苇　张凤英　金东涛

中国水利水电出版社
www.waterpub.com.cn

## 内 容 提 要

本书分理论和实践两部分,理论部分采用通俗易懂的语言对休闲体育的基本知识、基本理论、研究成果和休闲体育文化等内容进行阐述,突出了形象、全面而富有时代内涵的特点。本书在实践部分,图文并茂地对一些现代流行的休闲体育项目实践进行介绍,并对这些运动项目的习练提供科学指导。此外,本书还重点强化了休闲体育运动与我国民族传统体育文化相融合,设置了如传统武术、民间传统体育、传统养生功法等章节,这既能很好地指导我国大众进行休闲体育运动,同时也能对我国民族传统体育的发展起到很好的推动作用。值得一提的是,本书还根据社会不同群体制定了相应的休闲体育运动项目指导方案,相信本书在大众休闲体育运动领域能够提供科学的理论和实践指导。

**图书在版编目(CIP)数据**

大众休闲体育理论与实践指导 / 孟国正,赵俊华,
刘东起主编. -- 北京 : 中国水利水电出版社,2015.9(2022.10重印)
 ISBN 978-7-5170-3653-1

Ⅰ. ①大… Ⅱ. ①孟… ②赵… ③刘… Ⅲ. ①休闲娱乐—群众体育—研究—中国 Ⅳ. ①G812.4

中国版本图书馆CIP数据核字(2015)第220870号

策划编辑:杨庆川　责任编辑:陈　洁　封面设计:马静静

| 书　　名 | 大众休闲体育理论与实践指导 |
|---|---|
| 作　　者 | 主编　孟国正　赵俊华　刘东起 |
| | 副主编　崔本来　冯　苇　张凤英　金东涛 |
| 出版发行 | 中国水利水电出版社 |
| | (北京市海淀区玉渊潭南路1号D座 100038) |
| | 网址:www. waterpub. com. cn |
| | E-mail:mchannel@263. net(万水) |
| | 　　　　sales@mwr. gov. cn |
| | 电话:(010)68545888(营销中心)、82562819(万水) |
| 经　　售 | 北京科水图书销售有限公司 |
| | 电话:(010)63202643、68545874 |
| | 全国各地新华书店和相关出版物销售网点 |
| 排　　版 | 北京厚诚则铭印刷科技有限公司 |
| 印　　刷 | 三河市人民印务有限公司 |
| 规　　格 | 184mm×260mm　16开本　27印张　691千字 |
| 版　　次 | 2016年1月第1版　2022年10月第2次印刷 |
| 印　　数 | 2001—3001册 |
| 定　　价 | 89.00元 |

# 前　言

21世纪以来,我国的社会经济及各方面都获得了快速的发展,在人们的物质生活水平不断发展的同时,人们的精神生活需求也在不断增长。正是在这一发展趋势下,休闲、娱乐以及旅游业等逐渐走向繁荣。现代人逐渐摆脱工作和日常繁杂事物的桎梏,开始享受越来越多的可自由支配的余暇时间。作为日常休闲娱乐的重要形式——休闲体育逐渐走进大众的日常生活,成为了人们日常生活的重要组成部分,并进一步成为了人们提升生活质量和品质的重要形式。

休闲体育经过多年的发展,逐渐形成了相应的休闲体育产业,作为现代化的产业类型,其对于国家和地区的经济发展具有重要的推动作用。休闲体育作为人类的一项社会文化现象,对人们的日常生活产生着潜移默化的深远影响。而目前我国关于休闲体育理论的研究还有待进一步深入和完善,人们进行休闲体育运动的科学性和合理性有待进一步提高。因此,我们编写了这本《大众休闲体育理论与实践指导》,一方面为了提高大众进行休闲体育运动的科学性,另一方面旨在吸引更多的专家学者投入休闲体育的研究。

本书共分为十三个章,其中前五章为对休闲体育理论知识的分析和研究,后八章则是对休闲体育的具体运动项目的实践进行探讨。在理论部分中,第一章为休闲体育概述,分析了休闲体育的基本知识;第二章为休闲体育相关理论解读,探讨了休闲体育的基本属性;第三章为休闲体育的相关关系辨析,主要对休闲体育与现代人、现代社会以及终身体育思想的关系进行了辨析;第四章深入探讨了休闲体育文化的概念和内涵;第五章则是对休闲体育实践过程中所需的一些营养学、运动损伤学和医疗卫生的知识进行了探讨。在前五章的基础上,本书对休闲体育运动的练习进行了指导,各章依次为:球类运动、传统武术、民间体育、养生功法、健身健美运动、室内室外运动以及其他休闲体育运动的练习,并且在最后探讨了不同社会群体的休闲体育运动。

纵观本书,在理论部分,本书囊括了一些专家学者关于休闲体育研究的成果,并用较为通俗易懂的语言进行了阐述,具有形象、全面而富有时代内涵的特点。在休闲运动的实践部分,本书采用了大量图片进行说明,为大众进行休闲体育运动进行实践练习提供了指导。另外,本书强化了休闲体育运动与我国民族传统文化之间的融合,设置了传统武术、民间传统体育、传统养生功法等章节,更加适合指导我国大众进行休闲体育运动,同时也能够更好地促进我国传统体育运动的发展。

本书的主编由河南师范大学孟国正、北京理工大学赵俊华、中国劳动关系学院刘东起担任,副主编由商丘学院崔本来、昆明医科大学冯苇、山西大同大学煤炭工程学院张凤英、唐山学院金东涛担任。全书由孟国正、赵俊华、刘东起统稿。具体分工如下。

第一章第一节、第二节,第二章,第三章,第十一章,第十二章第四节、第五节:孟国正;

第四章,第八章,第十二章第三节,第十三章第一节:赵俊华;

第五章第一节,第六章,第九章:刘东起;

第七章:崔本来;

第五章第二节、第三节,第十三章第三节、第四节:冯苇;

第十章,第十二章第一节、第二节:张凤英;

第一章第三节至第五节,第十三章第二节:金东涛。

本书在编写过程中借鉴了多位专家学者的理论成果,在此对于各位学者对本书的完成作出的贡献表示诚挚的感谢。由于编者能力有限,本书中难免有疏漏和不足之处,敬请读者见谅,欢迎读者予以指正。

编　者

2015 年 7 月

# 目　　录

# 第一章 休闲体育概述

## 第一节 休闲体育的概念阐释

### 一、休闲的概念

我们通常所说的休闲,是指在非劳动及非工作时间内,人们通过采用各种"玩"和"游戏"的方式,以达到身体保健、恢复体能及愉悦身心的目的的一种业余生活。文明、科学的休闲方式,可以使机体的能量得到有效的储蓄和释放,并在能量的储蓄和释放过程中,使人的智能和体能素质得到有效的调节和提高,同时也可以使人的生理和心理机能得到更好地锻炼。

在原始社会时期,原始人类主要从事以生存需要为主要目标的生产劳动,这种生产劳动是一种谋生手段。在劳动密集型的集约化生产方式中,处于这种生产方式下的劳动者每天都以机械的动作重复着大量繁重的工作。随着现代社会经济的快速发展,生产方式也逐步转变为知识经济、信息时代的自动化、现代化智能型生产方式,体力劳动支出已经得到明显降低,然而却给人们带来了高度的精神紧张和心理压力。以上这些强制性、被迫的"从业"劳动(工作)所带来的生理和心理的负荷,都需要在可自由支配的,随意的"业余"生活中,通过各种方式予以缓解和消除。休闲体育便是一种有效的方式。

关于休闲并没有统一、标准的定义,很多学者和专家都有其各自不同的观点和认识,其中,比较有代表性的是瑞典哲学家皮普尔和美国休闲学者杰弗瑞·戈比教授的观点。根据瑞典哲学家皮普尔的观点,现代休闲应具有三大特点:①现代休闲是一种心理倾向,是一种精神状态;②现代休闲是一种包容的、沉思的心态,是一种能使自己全身心地投入到创造活动中的状态和能力;③现代休闲是一种坦然的心境。另外,根据美国休闲学者杰弗瑞·戈比教授的观点,现代休闲是从文化环境和物质环境的外在压力下解脱出来的一种相对自由的生活,休闲能使个体以自己所热爱的,本能地感到有价值的方式在内心之爱的驱动下行动,并为信仰提供基础。

目前,对于现代休闲的概念,社会上比较认同的是心理层面的定义,对现代休闲的定义更倾向于心境,具体来说,主要表现在四个方面:①对自由的感受,可以反映出一个人内在的控制状况;②掌握技能,参与休闲活动时往往需要某种或某些技能;③内在动机,可以反映出一个人参与休闲运动的愿望;④情感体验,它是指在休闲时的体验。

提高生活质量是人们从事生产劳动的目的,也就是说,人们通过从事生产劳动来创造物质财富,从而为提高生活质量提供了基本条件和可能。而余暇时间的休闲,则使这些条件和可能成为现实。现代休闲除了作为人们舒缓劳作的一种手段之外,它还以崇尚自然、追求舒适、满足个性身心发展为特征,体现出独特的价值和作用,成为丰富生活内容,提高生活质量的重要的余暇生活方式。生活质量的提高正是通过劳动(工作)和休闲的相互影响与相互作用的过程来体现出来的。随着现代社会生产力的不断提高,人们的余暇时间增多,日益丰富多彩的现代休闲生活也只有建立在物质财富和现代科学技术基础上,才能使得人们的生活质量得到真正的提高。

## 二、休闲体育的概念

通过对体育运动的分析与研究可知,体育运动具有多重属性,如健身性、娱乐性、游戏性、竞技性等特点,此外,体育活动还具有提高人体机能水平、改善与发展人的身心健康的作用,而这些属性和作用也正是现代休闲活动所需要的。因此,体育活动也逐渐成为人们现代休闲生活的一种方式。随着体育活动在人们余暇生活中盛行起来,休闲体育已成为现代体育运动中一个相对独立的领域。

从广义的角度来看,休闲体育是用于娱乐、休闲的各种体育活动。它与体育运动中的学校体育、大众体育和竞技体育有着对立统一的关系。学校体育中,体育教育是对学生施以运动技能和知识教育,使其掌握一些体育锻炼的方法,学会一些体育项目的技术。而这些技术和方法在学生将来的生活中,会成为休闲活动的习惯方式,并使学生终身受益。大众体育是以健身、娱乐和社会交往为特征的群众性体育活动,它与广义的休闲体育有着相似之处,可以把休闲体育看成是大众体育的一部分。竞技体育是以发展人的最大限度的运动能力,不断挑战人类的运动极限为目标。然而,竞技体育中的某些项目,如果能够用于人们的休闲活动,也可以称之为休闲体育。综上所述,休闲体育与体育运动中的学校体育、大众体育、竞技体育有着外延的联系,也就是说,当某种体育活动用于竞技时,可以看作是竞技体育;当用于休闲娱乐时,则可看作是休闲体育。各种体育活动的类别属性,视其目标和作用而定。

根据休闲体育的目的和作用,我们可以将休闲体育的定义为:人们在余暇时间所进行的,以满足自身发展需要和愉悦身心为主要目的、具有一定文化品位的体育活动。休闲体育是体育的一种存在形式,是现代社会休闲活动的主要方式之一。

## 三、休闲体育的内涵

休闲体育的内涵,可以概括为以下几个方面。

(1)它是人们在业余时间自主选择、自由支配的活动。与竞技体育强制性的专业训练和学校体育中体育教育规定性的活动课程不同的是,休闲体育完全是人们根据个人的爱好、兴趣和需要,选择活动的方式和内容,确定活动的强度与负荷,它是以个人为主体的活动。

(2)休闲体育的目标是通过多种多样的体育活动,达到健身、娱乐、欣赏、交往等目的,以满足个人身心发展的需要。其中,休闲体育是以健身作为基础,以娱乐为核心。在西方发达国家中,对于休闲体育的表述,所用的词语有"娱乐"(Recreation)、"休闲"(Leisure)、"休闲娱乐"(Leisure entertainment)等。不难看出,"娱乐"是休闲体育的主要目标。

(3)与一般性体育健身活动不同,休闲体育具有鲜明的挑战性、冒险性、趣味性、新颖性、刺激性和艺术表现性。在休闲体育中,人们充分展示个人的能力与个性,从而获得身心的愉悦和满足。

(4)休闲体育是一种具有一定科学技术含量和文化品位的社会文化活动。所有新颖的休闲体育项目的产生都是以科学为基础,采用了新技术、新材料和新方法。因此,这些新项目往往被视为高雅、高尚、高品位的体育活动,大大地丰富了体育文化活动的内容。

# 第二节　休闲体育的内容及分类

## 一、按参加者在活动时的身体状态分类

按参加者在活动时的身体状态,休闲体育可分为观赏性活动、相对安静状态的活动和运动性活动,具体内容如下。

### (一)观赏性活动

观赏性活动是指观赏各种体育竞赛和休闲体育的表演。在观看比赛和表演的过程中,人们跟随比赛和表演的情况,会表现出赞赏、惊叹、激动、沮丧、愤怒等情绪,从而使心理压力得到充分的释放,在观赏的过程中,人们还可以学到一些体育知识,欣赏到体育运动的艺术魅力,受到体育精神的熏陶。

### (二)相对安静状态的活动

相对安静状态的活动主要是指棋牌类休闲活动,这类活动具有身体活动量小,而脑力支出大的特点,是智慧与心理素质的竞争。由于棋牌类活动充满乐趣,易于开展,从而成为人们喜闻乐见的休闲方式。另外,垂钓也属于这类活动,这种运动对体力和脑力的支出都比较小,是一种很好的修身养性的休闲方式。

### (三)运动性活动

在休闲体育中,大部分的休闲体育活动都属于运动性的活动,是休闲体育的主体。根据各种休闲活动的特性,运动性的休闲体育活动又可分为以下几种类型。

(1)命中类运动:是指人们通过运用自身的技巧和能力,并借助特定的器械,击中目标,如投篮、打靶、射箭、台球、高尔夫、保龄球等。

(2)冒险类运动:是指在有严密的措施和安全保障下,人类对大自然的一种具有挑战性的休闲活动,如沙漠探险、漂流、游泳横渡海峡、滑翔伞等。

(3)眩晕类运动:是指借助特定的运动器械和设备,使人在运动中获得在日常生活中难以体验的空间运动感觉,感受身体与心理的极限刺激,如游乐场上各种产生滑动、旋转、升降、碰撞的游艺项目。其中,过山车和蹦极是最具有典型意义的眩晕类运动项目。

(4)技巧类运动:是指人们运用自身的能力,借助特定的轻器械,所表现出来的高度灵巧和技艺的运动,如花样滑板、自行车超越障碍等。

(5)水上、冰雪类运动:是指在水上和冰雪上进行的休闲体育活动,其中,水上项目,如游泳、潜水、划水、摩托艇、帆板、冲浪等;冰雪项目,如滑雪、花样滑雪、雪橇、滑冰、花样滑冰等。

(6)户外运动:是指人们回归自然的各种体育休闲方式,如野营、远足、登山、攀岩、定向越野、野外生存等。

(7)游戏竞赛类运动:是指将竞技体育比赛项目的规则进行简单化和游戏化改造之后,形成的休闲游戏比赛,如沙滩排球、三人制篮球、五人制足球、软式排球、软式网球等。

## 二、按参加者参与休闲体育活动的目的和动机分类

按照人们参与休闲体育活动的目的和动机,可将休闲体育分为健身类、消遣放松类、娱乐类、探新求异类、交际活动类、竞赛类、寻求刺激类。具体内容如下。

(1)健身类。健身类的休闲体育活动是人们为了保持自身机体技能的良好状态,促进身体健康,增强体质的活动。从其本质上来说,这种健身类休闲体育活动是人们在休闲时间从事的、塑造自身并努力使自己更好地"成为人"的活动。

(2)消遣类。消遣类休闲体育活动是指使人们的生理和精神疲劳得到休闲和解放的活动。

(3)娱乐类。娱乐类休闲体育活动是指构成体育娱乐形式的各种具体活动。这里所说的体育娱乐是指具有一定程度的身体练习,又能在活动过程中使人获得愉悦情感的娱乐形式。

(4)探新求异类。探新求异是人类内心都存在的一种心理倾向。但在现实中,由于人们的工作和日常生活都需要按部就班地进行,失去新意。同时,人们探新求异的需要被压抑,往往只能在余暇时间中来寻找释放的渠道。而在休闲体育活动中,很多的休闲体育活动都具有探新求异的性质,如洞穴探险、背包旅游、野营等活动。这些休闲体育活动既可以使人们远离工作和日常生活中熟悉而枯燥的环境,带给人们新异环境的感官刺激,又可以给人们带来极大的新颖感,以满足人们探新求异的心理需要。

(5)交际活动类。休闲是进行交际活动的最好时机。在工作条件下,人们之间的相互关系受到劳动纪律和规章制度的约束,人际交流缺乏一定的自由度和灵活性。只有在休闲的条件下,人们的自由感才能得到充分发挥和拓展,人际交流的过程和结果才会给人带来愉悦感和实效性。

(6)竞赛类。竞赛类休闲体育活动与竞技体育的竞技比赛有着很大的区别,竞赛类休闲体育活动只是休闲的组织方式,强调活动的过程和形式,并不看重活动的结果。竞赛类休闲体育活动是以过程和形式来满足人们的某种需要。

(7)寻求刺激类。寻求刺激类休闲体育活动是以挑战人们的能力和胆量为目的,具有一定的难度,能够使人们产生兴奋、紧张、激动等情绪,而人们处于这样的情绪状态中,对活动也更加倾心尽力,更加着迷。因而,人们更加热衷于这类活动,如激流冲浪、攀岩等。

# 第三节　休闲体育的特征及功能

## 一、休闲体育的特征

根据目前对休闲体育的研究与分析,休闲体育的的特性可以概括为自发性、自然性、参与性、时代性、时尚性、流行性、层次性、伦理性、多样性以及规范性与符号化,具体内容如下。

### (一)自发性

在对休闲的概念进行界定时,美国休闲学专家杰弗瑞·戈比认为,休闲是从文化和物质环境的外在压力中解脱出来的一种相对自由的生活,它可以使人们以自己所喜爱的、本能地感到有价值的方式,并在内心之爱的驱动下行动,并为信仰提供一个基础。据此可知,休闲体育同样也是人们在休闲时间内进行的一种自发性的主体活动。休闲体育是在个人可以自由支配的时间里,

出于自身真正的需求,在没有任何强制、被动或非自愿的情景下进行的体育活动。由于人们是在自觉自愿的需要下参与到休闲体育活动中的,因此,休闲体育不仅可以直接满足人们身心发展的需要,而且这种良好的情绪体验会更加激励其持久参与的积极性,并比较好地形成"需要→满足→更大需要→更大满足"的持续不断的良性循环之中。

自发性是现代社会人们自觉意识的最好体现。随着现代社会的高度发展,休闲已经不只是人们劳动之余的休息和放松。随着余暇时间的增多,人们对自由时间的支配程度提高,人的自由度得到充分发挥,休闲也已成为每个人的生活权利,成为人们生活的重要组成部分。在当今社会,人们有着充分的自由意识,人们支配自由时间的权利就在休闲活动中体现出来。

### (二)自然性

众所周知,人的生命活动可分为内部活动和外部活动两种,内部活动是指人的有机体的生理和生化活动,即体内物质和能量的不断消散过程。这一活动过程不随人的意志而改变,也就是说,无论我们是否愿意,这一活动过程总是在人的有机体内发生和进行着。为了维持生命结构的存在,人的有机体一方面要不断地促使消散过程的积极进行,另一方面则需要通过与外界进行物质交换以补偿已经消散的能量。而这两个方面的活动都必须借助于有机体的外部活动,这些活动共同构成了摄入与排泄以及身体运动等这些基本需求的本源。由此,我们也就不难理解人们选择大量涉及社体运动的游戏和娱乐方式的意义。

作为生命也必然会遵循生命运动的基本轨迹,保留生命体本能的需求和活动方式,然而人的这些本能需求在个体社会化进程中被特定的方式所制约,从而以社会人的特有方式来满足这些需求。

### (三)参与性

休闲体育是一种具有较强实践性的社会活动,这就要求人们需要亲身参与,并在休闲体育活动过程中体验和获得某种感受,或者通过自身的活动结果来表达自己的观念和想法。反之,人们如果没有亲自参与其中,也就无法得到那种所期望的感受,也不能完整地表达自己。因此,休闲体育是参与性的,是活动者亲身实践的过程。罗歇·苏认为休闲体育是通过非正式的、自发的体育活动、追求身体放松和舒服,他认为休闲体育完全是参与性的活动,只有在活动中才能使身体得到真正地放松,才能追求身体上的舒服。事实上,休闲体育所能够实现的各种功能和作用,也都是在休闲体育活动过程中体现出来的。

### (四)时代性

休闲体育是在一定的历史阶段、一定的文化背景下产生和发展起来的。同时,由于在不同的历史时期,物质文明和精神文明存在较大差异,因此,各个历史时期所产生的休闲活动方式也是不相同的。休闲体育活动是随着时代的进步和时代的要求而逐步演变和发展起来的。

纵观整个人类社会的发展进程,无论在怎样的历史发展阶段,都会有体育活动现身于当时的社会中,并成为民众乐于接受和参与的休闲活动方式。即使在欧洲中世纪(5～15世纪)神权统治下,民众追求身体游戏的需要也很难被泯灭和抑制,在当时的社会背景下,儿童少年则始终是游戏的先锋,他们将武士打斗变成自己身体娱乐的活动。当然,休闲体育活动是社会文明的表现形式,它与社会科学技术的发展水平有着密切的联系。我们可以看到,与20世纪初的休闲体育活动相比,21世纪流行的休闲体育活动有了很大的变化,现代的休闲体育活动往往与科学技术和材料革命相结合,而过去的活动可能更倾向于身体的自然活动,如当今盛行的户外运动。

### (五)时尚性

人们追求时尚既能满足人们对社会依靠的需要,同时也能满足人的区别的需要,即满足分化、变换和独树一帜的倾向。

随着当今社会经济和文化的高度发展,人们参与休闲体育已经成为一种社会时尚。究其原因,主要体现在两个方面:①人们通过参与休闲体育活动来表明自己与某个社会阶层的平等性等级;②人们通过参与休闲体育活动来标明自己与另外某个阶层之间的差异。由此可知,时尚性是休闲体育的一种较为典型的特征。根据舍勒贝格对时尚的双重性的表述可知,人们参与休闲体育活动时的动机、目的、心态、情感等通常处在时尚的双重性之中。例如,人们在进行体育活动时,总是要遵守活动的规则和方式,但在从事休闲体育活动时,人们却不愿意遵守这些活动的规则和一些规范。这是因为,一般性的体育活动往往会给人们带来一种文化性的压力,而休闲活动恰恰是力图摆脱各种外在的压力。按照舍勒贝格的理论分析可知,参与休闲体育活动的人们和休闲体育本身就具有现代时尚的几个重要双重性特征,如人们对待休闲体育的态度也包括了积极参与和完全无所谓两种对立的情绪;人们总是想逃避责任却在休闲体育中不得不承担责任;休闲体育一方面并不在乎物质的和实际的东西,但另一方面又始终离不开那些具体的东西等。

时尚性实际上是一种社会事物与社会发展的趋势和社会需求协调统一的表现,随着社会物质文明的发展,人们对体育的需求也逐渐强烈起来。这在青年人群中表现的最为明显,一方面,青年人不仅是时尚的代表,也是时代风气的传播者;另一方面,青年人充满了青春活力,是娱乐的先锋。体育既是他们表现青春活力的载体,又能使他们产生愉悦的情感,形成良好的交流和互动,同时还能宣泄情绪和发散剩余精力。因此,在现代社会中,利用余暇时间从事休闲体育活动成为青年人的时尚。

### (六)流行性

流行是时尚的结果,流行性是指某种社会事物具有十分广泛的影响,它是这种社会事物时尚性的外在表现。随着现代社会经济的发展,人们的物质生活和精神生活得到前所未有的提高。因此,休闲活动已经成为人们生活活动的组成部分,而在众多的休闲活动中,休闲体育活动因其本身具有的独特性,成为人们选择休闲方式中的首选。另外,在现代社会条件下,新的休闲体育活动项目不断地创造出来,并在媒体的传播作用下,许多项目都会在较短的时间内在全世界范围内迅速传播,逐渐成为国际性活动项目。在现代奥运会中,比赛项目设置的不断扩张,就是体育的这种流行性的典型表现。

休闲体育的流行性主要从其活动项目的迅速风行于世,而后又悄然消失中表现出来。一种体育活动往往会在很短的时间里在一个地方流行起来,成为人们在休闲时间里十分热衷的活动,但与其他具有流行性的事物一样,这种体育活动可能在风靡一时后,被另外一个让人愉悦接受的新的体育项目所取代。实际上,休闲体育的这种流行性特征完全取决于人的自由时间和人性特点。当人们拥有自由时间后,人们就会考虑如何支配和打发这些时间,而体育活动既有利于身心健康,又能打发时间,自然会成为人们主要的选择。然而,人们又是在相互影响下选择活动的,这种相互影响的作用也是体育项目的流行机制之一。另外,人们求新求异的意识也是他们不断地放弃旧的活动,追求新活动的动因所在,这是一个体育项目很快地流行起来而后又逐渐消失的原因。此外,周而复始也是社会事物发展的一种具有规律性的特征,对于休闲体育来说也是如此,可能过一段时期后,一个曾经流行而后又消失的体育项目再次流行起来,并为另外的一代人广泛地接受。

### (七)层次性

休闲体育的层次性主要体现在三个方面:①参与休闲体育活动人群的年龄层次;②休闲体育活动内容的难易层次;③休闲体育活动方式的经济消费水平层次。以上几种层次表现出了休闲体育研究的不同视角和内容。

#### 1.参与者的年龄层次

通常情况下,不同年龄阶段的人有着不同的需要和爱好,而这种需要和爱好会对人们选择休闲体育活动的方式产生直接影响。例如,对于中老年人来说,中年人在对休闲体育活动进行选择时,更注重活动的品位和档次,而老人年则更喜欢选择交流互动性强的活动;对儿童少年来说,他们会对一些新奇的个人活动感兴趣,如滑板、轮滑、小轮自行车等;青年人则更喜欢选择有一定挑战性和对抗性活动,如足球、篮球、网球等。年龄因素是休闲体育活动分成的主要的,甚至是决定性的因素。

#### 2.活动内容的难度层次

休闲体育活动内容的难度,也是人们选择休闲体育活动方式的重要依据,它是指人们完成休闲体育活动所要求的技术标准高低。根据活动内容的难度层次选择休闲体育活动主要取决于参与者对自己运动能力的评价,如个人运动能力较强者往往会选择技术含量较高的休闲体育项目;而个人运动能力相对较差者更愿意选择那些技术要求和难度都比较低的项目。

#### 3.活动方式的经济消费水平层次

活动方式的经济消费水平是一种有明显的社会性特征的分层,它与个人社会身份和阶层的表征密切联系。例如,在休闲体育中,一些休闲体育活动方式明显属于高消费,参与者通常须拥有相当大的财力,带有炫耀性消费的特征;而有一些休闲体育活动方式可能对个人的经济情况有一定的要求,既能显示个人身份,也能表现个人的运动能力;一些人更愿意选择那些不需要多少开销,就能开心愉快地活动项目。

随着社会的发展,在现代社会中,许多形式的消费都会由刚开始时是奢侈慢慢地大众化,并逐渐成为必要消费的一部分。休闲体育同样也是这样的一种演化趋势,许多休闲体育项目在开始时总是少数人(通常是社会有钱且有闲阶层)参与的活动。在这样的情况下,这些项目或活动完全成为个人身份的标志。至少,在一段时期内,这样的项目或者活动通常是一定社会阶层特属的,具有炫耀性消费的特征休闲活动,如保龄球刚刚进入我国时,参与这项运动的人几乎全是白领阶层,能否玩得起首先取决于是否具有一定的经济实力。在这段时期,保龄球成为一种社会阶层区分的活动。随着社会经济的快速发展,保龄球馆的增多,价格的大幅度下调,使得这种活动开始大众化,其之前所具有的社会区分作用也就在大众化的过程中逐渐丧失,成为一般性的休闲活动。

### （八）伦理性

作为一种社会行为，休闲体育活动必然要受到一定的社会伦理道德及规范的制约，活动参与者必须要遵守这些道德原则才能被社会其他人所接受，否则其活动就会遭到禁止和抵制。随着现代社会文明程度的提高和人与人之间关系的愈加完善，这种伦理特性也就显得尤为突出和重要了。在休闲体育中，任何人若将自己的休闲娱乐欲望的需求建立在损害他人利益和伤害他人身体的基础上，都会受到社会的谴责。事实上，不仅是休闲体育活动具有伦理性，其他任何社会性行为或活动都受伦理道德的制约和规范。

### （九）多样性

当今社会文明的高度发展，是人类智慧的结晶。人类的智慧有着无穷的力量，善于创造出新的技术和方法。就休闲体育来说，发展至今，人们所创造的休闲体育活动数不胜数，很难对此统计出准确的数据。另外，随着现代社会的不断发展，许多带有先进科技性的休闲体育活动也在不断涌现出来，这就是休闲体育的多样化特性。

### （十）规范性与符号化

#### 1. 规范性

休闲体育的规范性是指大多数休闲体育活动都对参与者的行为确定了相应的规范，在活动时间和方式、与他人的关系等诸多方面都做了一定的要求，这就是通常所说的"活动规则"。虽然这种活动规则并不像其他社会行为那样有着严格的规定，但也或多或少的对休闲体育活动参与者的行为给予了一定程度的约束，特别是在多人同时参与的休闲体育活动中，这种活动规则表现的更为突出和明显。这种规范性通常以社会文化体系的传递方式一代一代地继承下去，成为活动参与者普遍遵守的行为规范。

#### 2. 符号化

人类的所有语言和行为，从文化的角度来讲，都属于一种符合，休闲体育也同样如此。而这种符号的本质就在于表层结构、深层结构和意义结构三方面的统一。从文化社会学的角度来对休闲体育进行考察，其目的就是要考察休闲体育的社会意义结构。法国社会学家波德里亚认为："休闲无法不成为符号消费的对象。"因此，休闲可以看作是大众文化符号消费的一种。在先进大众消费社会里，休闲体育运动已经成为文化记号和被消费的对象。当人们逐渐习惯于将各式各样的体育运动作为一种休闲消费选择的时候，休闲也就成为了符号消费的一种，成为符号消费的对象。

随着社会的发展，人们通过休闲体育行为表现出来的不再单纯是对符号表层的追求，而是迈向更高层次的、具有象征性的夸示性行为。例如，近些年来，健身俱乐部、高尔夫球俱乐部等高消费场所的大量出现，要想成为这些俱乐部的会员就必须要交一定的费用，而这些费用一年就可高达几万元，对于这些会员来说，他们并不关心一年需要交纳多少会费，而是注重自己的社会地位，将成为这些高档俱乐部的会员看作是身份的一种象征，他们的主要目的是通过运动这种途径来接触和他们具有同等身份和地位的人。

## 二、休闲体育的功能

### (一)健身功能

随着现代社会的发展,"职业病"和"文明病"越来越多,人们越来越意识到进行体育健身的必要性,"生命在于运动"的观念逐渐为人们所普遍接受。日常生活中,人们开始日益重视体育运动的功能和作用,在闲暇时间里参与各种休闲体育活动,以弥补或消除缺乏运动所带来的对身体健康的负面影响。通过参与这些内容丰富、形式多样的休闲体育活动,人们可以获得健康的身体和愉悦的身心,而作为一种保持与提高健康水平的体育运动,休闲体育是最积极、最有益和最愉快的方式之一。

休闲体育之所以越来越受到受到人们的重视,同其自身的特点是密切相关的。总体来看,我国的竞技体育、学校体育、群众体育的发展都带有一定的强制性,而实践则要求过去的封闭体育向开放体育过度、计划体育向市场体育转轨。在这种情况下,"终身体育"和"健康第一"的观念逐渐被人们所认可和接受。"终身体育"的理论和观念之所以能被人们广泛地接受,是与人们的健康需求密不可分的,它作为一种理论基础,对人们的健身意识起到了积极地推动作用。另外,通过人们的实践,休闲体育以其趣味性和娱乐性吸引着大众的目光,从而促使人们产生了强烈的休闲体育健身的欲望。

休闲体育作为一种丰富人们精神文化生活的运动,具有重要的作用。它可以发散人们剩余的精力,消除疲劳;净化情感,缓解心理压力;回报社会,获得成功和满足感;提高人际交往和社会适应能力等。除此之外,休闲体育的内容繁多,形式多样,不需要有高规格的场地和器械,对技术动作也没有严格的要求,可自娱自乐,也可群众参与。在参与休闲体育运动时,既无身份、地位之分,也无职业、性别和年龄之别,每个人都可以从中获得休闲的乐趣,起到愉悦身心的作用。参与休闲体育运动可使人们摆脱以工作为中心的单调生活,真实感受到生命的意义和价值,享受到生活的乐趣,从而为终身体育的推广和普及构筑坚实的依托。

### (二)教化功能

休闲体育的教化功能主要是其对人的思想和行为的引导具有非常积极的作用。当前,休闲体育包含诸多内容,它不仅仅是一种单纯的娱乐性活动,更是一个个体进行自我学习、自我完善的教育过程。

个体在参与休闲体育的过程中,不仅可以学习到休闲体育项目的运动技术,还能发展体能、培养人际交往能力、增强自信心、培养协作精神和竞争意识。此外,参与休闲体育的过程中,人们不仅可以汲取到相关学科的知识,还可以使身心得到充分自由的均衡发展,最终实现自我完善。

在未来一段时间内,休闲体育的教化功能还将继续影响着不同年龄阶段的参与者。随着我国体育事业的不断发展,我国普及休闲体育活动的条件已初步形成。一方面,老年人对掌握一门健身娱乐的运动方法以充实自己闲暇时间的需求越来越大;另一方面,中青年人更迫切需要通过休闲体育这种方式来消除紧张和烦恼。休闲体育以其特有的身心复原作用和经济学价值在其中发挥着不可估量的作用。总之,休闲体育将以培养人类健康身体的方式来提供快乐和享受,它是未来人们娴熟不羁地信手运转生命最愉快的途径。

### （三）文化功能

社会文化生活的内容是异常丰富多彩的，而休闲体育作为一种社会文化，更具有文化韵味。休闲体育不仅可以满足人们的娱乐性、消遣性需求，满足对美的需求，还可以满足自我发展的需求。休闲体育为人们的精神文化消费提供了丰富多彩的内容和形式，成为社会生活中的重要组成部分。

现代社会，休闲时间是现代人的一种宝贵的资源和财富。人们所从事的休闲体育活动，是人的创造性发展，是人的本质力量的证明和人的本质的充实。一方面，从经济学角度来看，只有提高生产力中最为重要的因素，也就是人的素质，才能从根本上促进生产效益的提高。另一方面，人们休闲时间的增多使得人们需要正确的引导来消费休闲时间，否则，将会给社会带来不必要的负担。如社会上发生的因休闲导致的孤独、自杀和犯罪；因休闲而产生的失落感、愧疚感，进而导致心理失衡等，这些都是因为人们的休闲生活内容不充实、简单无聊而导致的不良社会现象。而休闲体育的普及和开展正是为提高人的素质成为可能。

实践证明，休闲体育对社会良好风气的形成具有重要的意义和作用。休闲体育十分强调内容的丰富性和趣味性，而其运动本身又是人类健康身体的自然需要，人们在参与休闲体育的过程中能充分放松自我，感受运动和人际交往的美好。因此，休闲体育不仅可以提高人的整体素质，还对我国的社会主义精神文明建设具有重要的促进作用。

### （四）健心功能

心理学认为，人的注意力是心理活动对一定对象的指向和集中，即注意是受指向制约的，通过注意的转移，身体其他部分的机能就因此可以调整和休息。休闲是人们在余暇时间里自愿选择、自愿参加的活动。而娱乐则指的是有组织、有益于个人及社会的休闲活动。自我满足、即兴自发的游戏与有组织有目的的娱乐正好是相对的两种休闲形式。因此，通过参加休闲体育能缓解参与者的心理压力，消除练习者紧张的情绪，使参与者充分体验休闲运动的放松、愉快的情绪，从而达到最佳的心理状态。

休闲体育作为一种丰富人们精神文化生活的运动，具有重要的作用。休闲体育项目具有内容丰富，形式自由，富有挑战性、刺激性、新颖性和艺术表现性等特性，人们在参与休闲体育活动中，能充分发挥剩余的精力，消除疲劳；净化情感，缓解心理压力；享受到体育的乐趣，在表现和施展自身才能的同时，能够获得身心的愉悦和满足，同时，能够融洽人际关系，提高人际交往和社会适应能力。

### （五）娱乐身心功能

休闲是人们在余暇时间里自愿选择、自愿参加的活动。而娱乐则指的是有组织、有益于个人及社会的休闲活动。自我满足、即兴自发的游戏与有组织有目的的娱乐正好是相对的两种休闲形式。休闲体育项目具有内容丰富，形式自由，富有挑战性、刺激性、新颖性和艺术表现性等特性，使人们在参与休闲体育活动中，充分享受到体育的乐趣，在表现和施展自身才能的同时，获得身心的愉悦和满足是休闲体育最重要的功能之一。

# 第四节　休闲体育的发展现状及趋势

## 一、国内外休闲体育的发展现状

### （一）国外休闲体育的发展现状

在社会不断发展的进程中,人类从未停止过对自己前途命运的思考,并不断地寻找着自己生命的意义。随着近现代工业的高速发展,使人们的闲暇时间增多,生活也变得更加充裕和富足,人们也开始了对精神生活的追求。但也正是由于工业化社会的快节奏工作,使社会竞争更加激烈、社会关系更加复杂、多重的社会角色使人们承受了强烈的心理紧张感与压抑感,人们越来越感到先进的科学技术和高度发达的生产力往往成为与人相对立的、支配人的异己力量,人类为大工业时代机器所主宰,人沦为物的附属物,竞争成为时代的主旋律,效率成为追求的目标,人只是作为生产的工具和手段而出现的。对此,先哲们也早已做出了精辟的评述:尼采曾哀叹"人死了";马克思尖锐地指出,人被异化;贝尔悲楚地呐喊"我是谁?";海德格尔则追问"存在的意义";弗洛姆直陈我们正在"逃避自由",这一切也迫使人们对科学理性的效能和意义产生了深深的疑虑,人们意识到启蒙理性对古典传统的批判、解构是以人的丧失为代价的。

而休闲作为人生命的一种状态,它不仅是在寻找快乐,也是在寻找着生命的真正意义。早在公元前4世纪亚里士多德就曾教导我们"休闲可以使我们获得更多的幸福感,可以保持内心的安宁","我们需要崇高的美德去工作,同样需要崇高的美德去休闲。休闲可以使我们有意义的生活"。因此,许多的思想家开始试图通过休闲来重新找到思考人的基点和中介形式,以寻求人的返璞归真,并开始致力于休闲学的研究。

1. 国外休闲体育兴起的因素

休闲体育的兴起主要受到了人们思想上、精神上对人类自身生存价值和意义进行反思的内部因素,和社会、经济、文化、政治等外部因素两方面的影响。国外休闲体育兴起于20世纪六七十年代,作为人类社会科技发展、生产力不断提高的结果,它也成为了人类文明进步的标志。它的兴起主要有以下几个方面的动因。

（1）休闲体育发展的经济基础越来越雄厚

进入20世纪60年代后,第三代工业革命带动了全球经济的高速发展,从1951年到1970年的20年中,发达国家始终保持着一个较高速度的经济发展,但也引发了许多的社会问题,如人口膨胀、环境污染、资源过度消耗等,这些也引起了各国政府的高度重视。于是美、日、欧等国家和地区从20世纪六七十年代起,在制定各项社会经济科技政策时,就将生活质量作为衡量一个国家社会经济发展水平的指标。而作为衡量人民生活质量的大众体育,得到了各国的重视,纷纷通过制定各种发展计划来加以实施,于是休闲体育作为大众体育不可分割的一部分,也就从此蓬勃开展,如美国的"总统健康委员会";前联邦德国实施的两个推动大众体育发展的十年"黄金计划";日本颁布的"体育运动振兴法"及《关于增强国民体质健康的对策》等,国家政府的干预也为休闲体育的开展提供了重要的政策支持与保障。

（2）休闲体育发展的法律保障越来越严明

国家体育发展程度的重要标志就是其对健康的重视程度的高低，许多国家的政府部门都认为加强国民的身体素质是发展健康事业的重中之重，追求丰富的精神生活也开始成了人们提高生活质量的一个重要内容。在这样的国际形势和背景下，国际体育组织制定了的一些有关开展休闲体育的法律、法规并加以实施。例如 1964 年，由国际运动与体育理事会发布的《体育运动宣言》中明确指出了"每个人都有从事体育运动的权利"；1970 年，欧洲娱乐会议发表了《休闲与娱乐宪章》；1975 年欧洲体育部长会议发表了《欧洲大众体育宪章》，明确阐明"人人都有参加体育活动的权利"。欧洲共同体所倡导的大众体育是指人们在空闲时间开展的，以娱乐消遣和自我发展为目的，自发自由的身体活动；还指出，"人们参加群众体育的动机可能是为了改善身体的机能，可能是为了放松一下生产和生活中的紧张情绪，可能是为了打破工业化社会人们之间的隔膜，进行一些社会交往，也可能是通过体育活动发现自我"。显然，人们参加群众体育运动的目的是沿着生物的人、精神的人和社会的人的多重维度和多种需要展开的。1976 年，联合国科教文组织建立了以"促进和发展大众体育"为主要任务的"政府间体育运动委员会"；1978 年，在法国巴黎，联合国教科文组织发表了《国际体育宪章》，其中明确了人们参加提议活动的权利，认为参加体育活动是所有人的基本权利。这些法律、法规的制定与出台，使得人们从事休闲体育活动有了可靠的法律保障，也明确了从事休闲体育活动是人的基本权利，增强了人们参与休闲体育活动的意识。

（3）闲暇时间的增多，为休闲体育提供了条件

在 20 世纪 70 年代，每周 5 日 40 小时工作制首先在一些发达国家实行，再加上一些固定的或不固定的假期，使空闲时间在总时间中的比例增加到了 1/3，为人们进行休闲体育提供了时间上的保障。

（4）人口老龄化，提高了人们对休闲体育的保健需求

进入 20 世纪 70 年代后，人口开始呈现出中高龄化的发展趋势，促进了老年保健体育的诞生，中老年人体育成了休闲体育不可分割的一部分。这样休闲体育在促进老年人身体健康的同时，也能排除老年人的孤独感，调节老年人的心情，增进老年人的生活情趣和乐趣。

（5）脑力劳动的增多，使得休闲健身成为人们保持体力的选择

1949 年到 1975 年，脑力劳动的人群增长迅速，美国商业、服务、金融、政府机关等非物质生产部门中就业人口率，由 37.7% 上升到 58.9%，日本、前西德、英国、法国也超过了 40%，而在各行业中，脑力劳动人数在就业人口中接近或超过半数。由于脑力劳动者在整个社会中比例的增加，长时间的伏案工作使人体出现了"运动不足""肌肉饥饿"等现象，严重影响了人体的健康，这也成为现在一个较为普遍的社会问题，而这些知识分子也形成了一支需要参加锻炼的大众健身队伍。美国人评价自己的社会风尚时，曾这样说："20 世纪 50 年代是酗酒，60 年代是吸毒，而 70 年代的特色是跑步。"这使得休闲体育的"双重功能"得到了充分的发挥，也使得休闲体育成了脑力劳动者的生理需求，成了他们休闲生活的一个重要内容。

**2. 国外丰富多彩的休闲方式**

休闲健身的方式不仅属于个人的兴趣与爱好，而且还在一定程度上对民族的文化特征进行了体现。在世界各国，时尚休闲健身活动也是五花八门，有的甚至成为一种民俗，其中也有不少值得我们借鉴的项目。

（1）美国人的等级休闲体育和泥浆摔跤

①美国的等级休闲体育

在美国度过自己休闲时光的方式，是所处社会阶层的重要标志。如果每个星期六和星期天都在电视机前观看橄榄球赛（职业橄榄球锦标赛除外）的人，那就说明正处于中产阶级；而在自家草坪上玩触身橄榄球的人，则表明属于上等阶层。道理很简单，喜爱观看体育比赛的人处于美国社会的底层。参加真正称得上高级消遣的运动，必须要有超人的精力和大量的金钱。这两个前提条件自然地将摩托艇和一定形式的狩猎和钓鱼包括在高级消遣的运动之列——这类运动要求经过极度的不适，才能达到合格的标准。这两个前提条件还使不足 55 岁的人打高尔夫球算不算高级消遣的运动成了问题。事实上，休闲时间本身就已经反映了一个人所处的阶层。现在，美国体育委员会对休闲体育的人予以了划分：玩游艇、良种马比赛、养狗之类的为绝对上层；玩滑雪、网球、高尔夫球、保龄球、壁球等的为中层；玩赛车、摩托车、飞行、钓鱼等的为中下层；上舞厅或舞场跳迪斯科舞的为下层。

②泥浆摔跤

泥浆摔跤是在摔跤运动的基础上创新而来的，它是在 5 米见方的摔跤台上铺一层来自深海的泥浆，这种泥浆通常都具有一定的美容保健功效。海泥中富含的各种盐类、微量元素及有机营养物可在摔跤运动中迅速地被皮肤吸收，能防止细胞组织老化，促进细胞再生和细胞内物质代谢及表皮角质细胞代谢，同时还可以作用于细胞内的酶，赋予细胞以活力，使皮肤细腻、有弹性且更加柔润亮丽。活动者站在湿润滑溜的泥浆中，身边飘散着泥土特有的芳香，使参与者完全置身于大自然的怀抱中，离开了都市的喧闹和浮华，使身心得到了彻底的放松。摔倒了，爬起来，浑身裹满泥浆，继续奋力拼搏。每个参与者都能亲身体会到一种原始的、自然的力量。并且泥浆有较强的吸汗功效，可以有效的促进人体汗液的排出，也可使人在运动过程中大量排汗来减轻体重。并且在摔跤时双方的相互挤压可以使泥浆微粒对皮肤产生按摩的作用，对皮肤抵御外界刺激因子的能力进行提高。当然，这也是具有很强竞技性的项目，具有刺激性、危险性和专业性，在参与前还需进行一定的专门培训，这样才能领略到独特的乐趣。泥浆摔跤是集保健、娱乐于一体的休闲活动。

（2）法国人的旱冰运动

旱冰运动在法国非常流行，特别是在春季，大批的旱冰高手都会出来大显身手。据统计，在法国已有 2 000 万人参与到旱冰运动中。

（3）加拿大人学鸭子在水里扑腾

这种学鸭子在水里扑腾的运动，确切地说，应该是在水中练习跑步，这是由加拿大人"发明"的一种休闲运动方法。练习者垂直悬浮于水中，鼻孔仅比水面稍高一些，手脚在水中猛烈划动，好像鸭子在水中扑腾。相比于地面跑步，水中跑则有较多好处。在地面上，每跑 1 000 米，跑步者的两只脚就得撞击地面六七百次，脚部、膝部和臀部都会受到震动，容易扭伤肌肉或者拉伤韧带，而在深水中，跑步者下肢不受震荡，因而不易受伤，运动过后有通体舒服之感。另外，人体在水中的阻力是空气阻力的 4～10 倍，因此，在水中跑 45 分钟，相当于在地面上跑 2 小时以上。目前越来越多的人喜欢上了这项新型的休闲健身运动，仅在首都渥太华，每天参加此项运动的人就超过 3 000 人，并且其中 15～30 岁的青年人占了半数。

（4）澳大利亚人的鸵鸟休闲运动

在澳大利亚，鸵鸟被誉为他们的"国鸟"。近年来澳大利亚人突发奇想，设计出了人与鸵鸟相结合的休闲健身项目。其中最受欢迎的莫过于乘鸵鸟拉的四轮车在原野上兜风。新鲜的空气、温暖的阳光和满眼绿意使人心旷神怡,从而收到醒脑健身之效。

另外一些澳大利亚人干脆与鸵鸟赛跑,"陪跑"的鸵鸟会耐心地陪着主人做长跑训练,大大减少了人在长跑中的寂寞,增加了锻炼过程中的新鲜感。

(5)日本人的踏石休闲运动

日本的踏石休闲法已成为一种非常常见的公园式休闲运动法,它是人们在清新而略带寒意的晨风中,迈出双脚自然而又舒适地在凸凹不平的鹅卵石小径上有节奏地踏动。

这种新奇的康复疗法具有很长的历史,在古代,人类就有赤脚跳舞的习惯,从中也发现了无数次偶然的疗效,渐渐的便形成了"踏石按摩法",通过踏石,刺激脚部穴位,达到全身保健之目的。现在此法已在日本、美国等30多个国家流行。日本尤其"热",许多学校和幼儿园专门开设"赤足教育"课程,让孩子们赤脚在走廊和操场上跑步,不少工厂、公司的入口处铺有一段鹅卵石路,供职工上下班赤脚走10分钟。

(6)西班牙人与海水一起共度休闲时光

西班牙人钟情于大海,愿意与海水一起共度休闲时光。他们认为,大海也是一所大自然医院,可以缓解相当多的疾病,如失眠、精神紧张、风湿、关节炎、腰痛以及呼吸系统和心血管疾病等。让自己融入大海之中,不仅可以享受到大海的乐趣,而且还能疗病健身,一举两得,何乐而不为呢?

目前,越来越多的人开始接受海水和海藻疗法。许多西班牙文艺界和政界的著名人士热衷于这股新潮流,同时也起到了引导和宣传的作用。他们利用海水疗法来放松自己在紧张工作之后的精神。现在,医学专家已建立起形形色色的海水治疗中心,目的是使这种古老的治疗方法更趋于现代化与科学化,更好地为人们服务。

(7)韩国人饭后稍休息,再去百步走

"饭后百步走,活到九十九"这句格言也得到了韩国人的重视。并且他们还加上了自己独特的认识,认为饭后立即去"走百步"是不对的,而是应该稍事休息或卧床片刻,再去散步或做其他事情,更有利于食物的消化、胃肠保养和肝脏功能的养护。韩国人的这种观点已得到医学界的肯定,值得国人借鉴。

(8)奥地利人的自然物质疗法

奥地利人常将自己的休闲时光交付给大自然,在该国的萨尔斯堡、卡林西亚省、泰罗省等地区盛行热沙浴、牧草浴、页岩油浴、五色土润肤等自然疗法。他们提出的口号是:让身心疲惫的人精力充沛地返回家。

热沙浴:将沙子用红外线加热,然后躺入沙子中持续20分钟,而被使用的沙子不是一般的河沙,而是来自加易河,其中含有丰富的矿物质。可以对身体组织各种慢性炎症产生特别的疗效。

牧草浴:身裹床单,全身(面部除外)埋进温湿的没有施过肥料的牧草里,20分钟后结束。对哮喘、支气管炎有明显疗效,同时也是消除身心压力的好办法。

页岩油浴:页岩油中含有丰富的硫元素和海中化石的成分,浸泡在这种气味重、黑色又黏稠的液体中,虽然并不轻松愉快,但对皮肤、血液循环以及风湿病都有神奇的医疗保健作用。

最有趣的是五色土润肤:采用绿、黄、蓝、黑和红五种颜色的黏土,分别涂在前额、眼圈、下巴、脸颊、颈部和鼻子上。主要作用是快速恢复精力,使患者重新展现一张容光焕发的脸。

(9)瑞士人的掷石头比赛

瑞士人最会别出心裁,掷石头比赛鲜为外国人所知。比赛者要将一块重83.2千克的石头举起向前掷去,看谁掷得最远。这种活动更富有原始的古朴气息。

**(二)我国休闲体育的发展现状**

1.我国休闲体育文化兴起的因素

(1)国民思想的完全解放

在改革开放之前,国家政治生活主要以政治运动为主题,其中甚至包括了经济建设和社会文化建设,通常也以政治运动的方式来运作。在政治化的社会环境中,一种"革命化"的生活方式被意识形态机器长期地灌输和倡导,任何一种与这种生活方式不相同的开放型、进取型、个性化的选择,都会以封建主义或资产阶级的腐朽价值观念和生活方式的形式来遭到猛烈的抨击。其中娱乐与健康、余暇与休闲、游戏与享受等,在当时都被认为是带有浓厚的资产阶级气息,而被唾弃,大家唯恐避之不及。面对"不服从者不得食"的处境,人们迫于生存的压力,而不得不选择封闭保守、遵规守矩。这种制度约束与价值导向使人们在生活上谨小慎微,放弃任何个性化的生活选择,放弃任何自主意见的表达,学会按照能够为意识形态与社会环境所接受的方式去生活。因而体育生活方式的内容、手段、方法等受意识形态、资源来源等刚性制度的制约,被封闭在狭小天地内,并具有极强的意识形态色彩,体育生活方式只能趋向封闭保守,别无他选。

而当改革开放实施以后,我国的社会政治生活发生了翻天覆地的改变,以阶级斗争为纲、政治运动不断、社会长期处于动荡的年代已经不复存在,而一个崭新的以实现社会主义现代化为目标、以经济建设为中心的社会稳定发展时期到来了。人的价值、人的尊严、人的利益和需要得到了肯定,受到了重视,在全社会范围内人们的思想解放了、活跃了,主体意识不断增强。宽松的政治环境、和谐的社会氛围、丰富的文化生活、多样的休闲方式,都使人们的自主意识得到了张扬,个人行为选择的自由度不断加大。作为生产动力的消费问题凸显,社会消费结构、消费生活方式越来越受到人们的关注。休闲体育作为现代生活方式的一项重要内容被社会所倡导,被人们所喜爱。国民思想的完全解放,也为休闲体育的兴起创造了条件,正在形成一种文明、健康、科学的体育生活方式,新型的、现代化的体育生活内容越来越受到人们的认同和肯定,人们的体育生活方式已从以往的健身为主的单一形式,走向娱乐、消遣、健身、交际并举的多元形式,从同质性、单一性向异质性、多元性进行转变。花样翻新的趣味运动会、推陈出新的街头舞蹈、大秧歌等无不是人们体育生活方式变化的产物。每天映入眼帘的,不仅有古老的中华武术气功,还有之前被我们大加批判、斥之为颓废没落的表现资产阶级生活方式的迪斯科、台球、健美操之类的休闲运动,更有许多中西合璧,创新出来的多种娱乐手段。休闲体育逐渐进入人们的生活,为人们所喜爱,为社会所关注。它开始成为个体发展和社会发展的共同需要。

(2)经济高速发展,国民生活水平提高

在我国经济发展出现长足发展后,休闲体育开始得到人们的重视,逐渐兴起,它为人类指示了精神自由的方向,显现了圣洁的生命价值。这也说明了人类的闲暇时间与社会财富是同步增长的。在远古时代,社会生产力很低,导致人们为了生存而终日辛苦劳动,为获得食物而不辞辛苦的每天奔波,因此那时的闲暇时间非常少。而随着社会、经济、科技的发展,人们不再为食物等其他生存问题而奔波,加上劳动时间的缩短,为闲暇时间的产生提供了可能。生产力越发展,人们就越能用较少的时间创造较多的财富,得到闲暇的时间也越多。科技革命所导致的生产方式和生活方式的改变,以及显性文化和潜性文化的影响等,都使人的生理体能、文化资质和心理品质发生了变化,思想文化素质越高,自我需求和实现程度也越高。当今的工业化、信息化和现代化,为休闲体育提供了充足的物质基础和时间保障,使人们走出了封闭、保守、落后的传统生活方式,开始向着开放、文明、健康的现代生活方式迈进。

休闲不仅可以作为一个国家生产力水平高低的标志,也可以用来衡量社会文明的程度,它是人类物质文明与精神文明的结晶,是人的一种崭新的生活方式、生命状态,是与每个人的生存质量息息相关的领域。改革开放使我国经济飞速发展,使人们的生活水平得到大幅度提高,人们不再为生存资料而担心,并开始了更高的社会生活要求,这也奠定了休闲体育兴起的物质基础。人们的闲暇时间都有很大程度的增加,而且闲暇时间的增加与国民生产总值的增加成正比,社会的全面发展与进步也直接受到休闲质量高低的影响,决定了人能否完整、全面、健康地发展自己。

尽管我们并没有完全达到休闲社会的水平,但无论从日常生活的作息时间比率衡量,还是按一生的劳作休闲比率衡量,我国的经济发展已经为民众获得休闲奠定了坚实的物质基础,物质生活的开支在人们生活开支中的比例也越来越小,而非物质方向的开支却越来越多,比如文化的、休闲的消费方向转移。特别是改革开放以来经济生活中的多样性变化,使人们对体育的需求已从整齐划一、统一模式的单调色彩中走出,并呈现出体育消费追求个性化、消费档次高级化、消费心理成熟化、消费能力多极化和消费取向多元化的趋势。安排休闲是高度个性化的事情,但很多消遣的形式却是高度社会化的,必须靠社会提供条件。因而,正是在市场经济高速发展、政治环境稳定的情况下,社会才能为人们的多样性文化选择和休闲体育消费方式提供丰富的物质保障。

2.我国休闲体育文化的发展现状

(1)人们越来越重视休闲体育

随着健康意识的不断加强,人们越来越重视休闲体育观念,人们的体育健康消费意识也日益增强。在紧张工作之余,人们开始乐意在休闲、娱乐、健康等方面进行消费,以此来缓解工作中的紧张情绪和压力,也通过各种休闲体育项目提高了自己的生活质量。当然,这也可能是当今人们对社会时尚的追求。同时,人们对休闲体育的各种收费也渐渐趋于理解,明白了参加体育俱乐部要交会费、参加体育比赛要交参赛费、学习运动技术要交学习费等。

(2)体育场馆、设备越来越完善

随着我国全民健身思想的不断深入,在中央、地方政府以及社会各界的倡导和帮助下,许多的大型综合体育场馆、休闲设备等都得到了长足的发展,使人们的休闲体育环境有了很大的进步。据有关方面统计,1996年至1999年,国家体育总局和地方政府先后为全民健身工程总投资近245亿元,在小区、公园、广场、学校、街道等公共场所新建、修复体育场地及器材总数11 089套,其中45%供群众无偿使用,39.6%为象征性收费,6.25%按市场价格收费。1988年以后建设的体育娱乐场所占全部的90%,特别是近几年体育娱乐健身场所得到了飞速的发展,对我国休闲体育活动的开展起到了至关重要的作用。但是在体育资金的投资和运动场馆器械的建设方面,相比于发达国家标准还是存在一定差距的。

(3)休闲体育得到教育的重视

于光远先生是我国最早提出休闲文化理论的学者,早在1983年他从欧洲旅游归来中途经过澳门时就曾指出:在我国,竞赛体育的重视程度很高,但对体育之外的竞赛和游戏的研究还很缺乏,在中国高等学校中还没有一门专业是专门来研究游戏的,也很少有学者参与其中。他认为,"玩"是人生中不可缺少的要素,应该玩得有文化、玩得高尚,要发展"玩"的文化。1994年他在广州讲学时又进一步指出,"玩"是人类最基本的需要之一,要玩得有文化,要研究玩的学术,要掌握玩的技术,要发展玩的艺术。随着人们对休闲生活需要的不断增强,休闲文化重返中国教育的庄严殿堂已指日可待,休闲体育进入高等教育这一领域的日子也会接踵而来。目前,在一些体育院校或大专院校的体育系中,已经有休闲体育专业的课程,为我国培养出了一批研究、指导和经营休闲体育的人才,适应了社会对休闲体育人才的需要。

(4)休闲体育内容的多样化

当前我国休闲体育得到了快速的发展,在内容上,它以传统项目为基础,并对其进行大胆的创新和拓宽,不仅有武术、气功、游泳、跑步、下棋、徒手操等不需要花太大经济投入、简便易行的传统项目,也有需要一定专门场地、设施,需要一定经济投入的现代体育内容,如家庭器械健身、网球、保龄球、高尔夫球等。另外,许多追求时尚的体育爱好者也开始引进西方的休闲体育活动,如冲浪、登山、跳伞、热气球、蹦极和高空走索等,通过这种惊险、刺激的活动,来实现对自我和大自然的挑战,张扬出自己独特的个性。

(5)休闲体育具有多元化的功能

①健身功能

休闲体育中的各种身体活动,可以有效地提高中枢神经、消化、呼吸、泌尿等系统的工作能力,提高人体的适应能力、免疫力和抵抗力等,以满足人们工作、学习和生活的需要。

②社交功能

休闲体育一般以集体性活动的形式出现,不同性别、不同年龄、不同阶层的人参与到共同感兴趣的活动中,非常有利于相互间的沟通交流,认识新的朋友,使交往的领域更加广泛,丰富精神生活,使人容易产生一种积极向上、豁达开朗的心理状态,对生活和工作的质量都有一定提高。

③娱乐功能

休闲体育活动吸引众多爱好者的根本就在于它的趣味性,通过参与休闲活动,可以使人的身心得到满足,情感得到升华。科学研究表明:经常参加体育活动能促进人体内的内啡肽,LHD-2等"快乐素"的分泌,这些物质能够调整情绪、振奋精神。

④经济功能

由于休闲体育越来越得到大家的认可,人们的需求也就增多,这就形成了一个巨大的体育消费群体,休闲体育产业也因此而成为了投资热点。近年来,大型的高尔夫球场、跑马场、滑雪场、保龄球馆、健身房等新兴的休闲运动项目在国内得到快速的发展,特别在"非典(SARS)"发生后,参加休闲体育活动的人数直线上升,这也充分展示了休闲体育广阔的市场空间和市场潜力,而休闲体育产业的发展也有效的扩大了消费,拉动了经济的增长。

(6)参与人员的分层细化

近年来,休闲体育活动的参与者,在选择休闲活动项目、场所和内容上都存在明显的差异,分层越来越细化:有稳定经济收入和余暇时间的社会管理层人员,他们大多会选择群体性、娱乐性较强的休闲体育项目,一般在公共健身场所活动;白领高薪阶层人员有金钱和余暇时间,大多愿意选择像高尔夫球、保龄球、赛马等高消费的活动项目和活动场所;蓝领阶层人员以自身劳动和简单技能作为谋生手段,一般选择花钱少、耗时少、简单易行且实效的项目和场所;老年离退休阶层人员有稳定的收入和时间,并具有强烈的健身需求,他们一般选择的休闲项目为散步、门球、太极拳等有氧活动,其活动场所大多会选择在一些公共场所,如社区、公园等;无固定收入的农民阶层人员大多会选择一些较为廉价的休闲方式,如下棋、跑步等项目,也或者在一些公益健身场所进行体育活动。

（7）活动领域的自然化

在快节奏的现代社会生活中，人们的生活方式出现高效率，而正是这种紧张的生活方式，使许多人失去了灵性，人们产生离开繁华闹市的渴望，希望回归大自然，感受人与自然的和谐。因此，休闲体育活动中的登山、攀岩、飞伞、热气球等活动成为人们远离闹市，融入大自然的首要选择。

**3.目前休闲体育在我国发展所存在的问题**

（1）对休闲体育的认识还不够深刻

目前对休闲体育的认识大部分人还停留在较低的阶段，认为休闲体育仅仅只是在闲暇时间里的一种放松、调节，对其他的价值、功能认识完全不够。而且从地域上看，东部沿海地区比中、西部要好得多，这可能与当地的经济发展和当地政府的宣传力度有关。

（2）休闲体育场所、设施及服务出现滞后现象

近年来，我国的休闲体育活动场馆、设施状况都得到一定程度的改善。有调查资料显示，我国目前有90%以上的休闲体育健身场所是近三四年建成使用的，这在一定程度上支持了中国休闲体育活动的开展，但我们还是应看到，相比于发达国家标准，我国在体育资金的投入、运动场馆和器械的建设方面还存在较大的差距。

（3）休闲体育产业的发展缺乏科学的管理

近几年，投资休闲体育产业成为我国产业发展的热点，但由于政府宏观调控不够，使很多项目一哄而上，而这些投资者大多在市场管理水平上不够高，没有正确的把握市场的需求，在缺乏社会调查的情况下盲目上马，结果造成项目结构失衡，有些项目供大于求，造成行业内部的恶意竞争，使资源严重浪费，经济效益低下。

## 二、休闲体育的发展趋势

### （一）国外休闲体育的发展趋势

21世纪，我们进入了一个全新的知识经济时代，未来社会将以史无前例的速度向前发展，2015年前后，发达国家将完全进入"休闲时代"，休闲将成为人类生活的主旋律。有美国的权威人士预测，下一个经济大潮将由休闲、娱乐活动和旅游业组成，并遍布世界各地。新的技术和其他的一些趋势将很有可能把人50%的生命时间用于休闲上面。

乔布斯作为苹果电脑的创造人，曾经有过这样一句名言：我们的经济体系，不断等待着下一件疯狂的大事。例如，10年前无线通讯与电力的发明，30年前的计算机革命，都创造了大量的商机，而什么是今后若干年疯狂的大事呢？许多美国的休闲研究学者认为是休闲经济的大发展，大繁荣。

随着人们劳动时间的进一步缩短和一批与休闲发展相关的社会法律法规的出台，使休闲具备了经济功能。在消费社会中，绝大部分的消费品都直接或间接的用于休闲娱乐。在法国，私人汽车在60%的情况下用作休闲，在周末或假期中逃避和离开周围的环境，被法国人视作一种休闲的可贵源泉。仔细想一下，汽车成为公众崇拜的对象，其根本原因是由于汽车是一种休闲的手段，公众是因为崇拜休闲才崇拜汽车的。我们常听说"汽车工业是新的经济增长点"，而这个增长

点究竟是因为什么才增长的呢?

我们其实可以将汽车归入休闲工业中,因为运动器械、旅游基础设施本身就属于休闲工业,满足大众化休闲娱乐需求的家用电器更算得上休闲工业。

在法国,个人(或家庭)的休闲开支有3个特征:

(1)每年休闲开支总增长为6%,即增长率有规律地超过法国GDP增长率。

(2)每年在休闲电器(电视机、录像机、录音机、高保真成套音响、照相机、摄像机等)上的个人开支增长率为12%。

(3)每年户外娱乐物质器械(野营、装备、体育运动器械、游船等)增长率为13%。

休闲经济发挥到极致是将产品直接融入生活,与生活结合,将休闲经济推上舞台的是日渐庞大的休闲消费力。而作为人们休闲活动的首选,休闲体育将要带来的经济价值无法估量的。下面介绍的是21世纪休闲体育的几大发展趋势。

**1.趋向于与自然的融合,实现户外化**

随着现代社会的发展,越来越多的人希望在自己的闲暇之余离开喧嚣的城市和传统的体育场馆,朝着回归自然、融入自然、投身户外的方向发展。由于在城市休闲运动中,大多存在空间小,运动趋于多样化、小群体化、付费化等特点,而户外休闲运动则恰恰相反,其运动空间较为宽广、变化少、大群体化、无付费化。这些特点上的不同使得在运动休闲观念上也存在一定差异。都是以运动强化身体为共同功能,但对于心灵的舒解,其效果却不尽相同,更多的城市人选择利用休假回归自然,以爬山、踏青、自行车为主,直接接触大自然。户外运动是现代文明中的人们对自然的一种向往、一种追求、一种回归。不管身处城市的哪个角落,户外都是一个极具吸引力的字眼。远离城市的喧嚣,带着一份年轻的心,投入大自然自由舒展的怀抱,感受自然的纯美风光,呼吸着山野清新的空气,体验具有挑战意味的生活成为都市人的休闲方向,踏青、郊游、激情漂流、峡谷探险、野外穿越、定向越野、野外生存、悬崖速降、溯溪、溪降、滑雪、滑翔等户外运动也因此越来越成为国际上最受欢迎的运动休闲方式。

**2.追求刺激与极限的感受**

随着西方休闲文化的传入,许多人开始接受西方的一些休闲方式。特别是年轻人,在活动中他们越来越倾向于在生理和心理上尝试体验极限活动带来的一种惊险刺激的感受。无论是空中延迟跳伞、悬崖自由跳水、蹦极,还是攀岩、攀冰、不吸氧深海潜水等运动项目,无不让人在惊心动魄之余,体会到来自"后工业化"时代崇尚极限休闲活动的新观念的强烈撞击。放眼当今世界,极限运动已成为了一种新的休闲发展趋势,在美国、英国、法国、澳大利亚等发达国家,人们尤其热衷于从事那些极为冒险刺激的活动项目,并且演变成为一种休闲娱乐时尚。据美国体育网站报道:美国体育数据公司2001年的一项调查表明,极限运动已成为美国发展最快的大众休闲体育活动。具体地说,滑板滑雪、滑板和滑水这三种"极限"的运动形式,是美国在2000年发展最快的运动项目。

**3.重视健康,实现生态化**

新时代的休闲体育是集生态性、休闲性于一体,关注自然生态,注重人与自然、人与社会的和谐发展,强调人的身心全面发展的一种休闲方式。它既成为了一种自觉保护自然、保护生态环境的文明休闲形式,又是人形成的一种崭新的生活方式和生活态度。毋庸置疑,现代的发展对自然、资源、生态造成了严重的破坏,人们也为此付出了健康的代价。旅游业的过快发展和景区的人满为患,带给人类的不仅是经济发展的福音,还有环境恶化、水质污染、生态破坏等所产生的隐患和警示。如今,关注自然生态,挽救休闲带来的生态危机,倡导可持续休闲,已成为国内外大众的共识。21世纪初期,美国农业部林务局制定了一个崭新的计划:将大规模的减少树木的采伐,制定出更加合理的公众收费标准,并为露营、远足、泛舟的人们提供新的服务(从洗手间开始做起)等。当然,所有这些努力的前提是:必须保持生态环境的可持续性。"从前人们可以以自由或快乐的名义,乘摩托车或沙漠越野车穿过沙漠,从而对沙漠的动植物栖息地造成实际的破坏,今后,这样的事情将越来越少。在休闲中大量消耗地球上的不可再生资源,也将越来越找不到辩解的借口。"而在体育用品的生产上,本身就是对自然资源的一种浪费,这也是一个必须得到重视的问题。为解决这个矛盾,世界体育用品工业联盟(WFSGI)发起了名为"Eco Wave in Sports"的运动,在产业界积极推进运动鞋、滑板(滑雪板)等体育用品的再利用活动。在1992年,欧洲联合会(European Union,简称EU)发表了面向2000年欧洲生态网的"Natura 2000"推进计划,其中提出:在体育系的高等教育机构中,"环境教育"应该包括在必修课程之中。日本也是如此,强调在今后一段时间内对体育指导员、运动员、比赛经营者、户外运动爱好者进行环境教育的重要性,并且有必要制定出有针对性的具体的指导方针。

4.在内容和方式上不断创新

随着休闲体育的发展,现有的休闲活动的内容和方式已经不能满足人们的需要,必须在项目的创新和手段上进行不断的翻新和突破。国外很多国家休闲教育贯穿人的一生,目的就是要人学会怎样休闲、怎样去玩,再加上发达国家的人求新求异的价值观非常突出,凡事都追求标新立异,别具一格。因而,国外休闲体育发展至今,除了一些常见的休闲体育项目,如各种球类活动、游戏、旅游、狩猎等,许多国家的人还在活动的内容和方式上进行了别出心裁的创新,形成了千奇百怪的休闲体育内容和方式,令人目不暇接。

**(二)我国休闲体育的发展新趋势**

休闲体育经过几十年的发展,已经成为一门专业的学科,在欧美等发达国家得到了长足的发展,并在现代社会生活中发挥着非常重要的作用。在我国,人们也开始逐步了解和认同休闲体育,我国学者对于休闲体育的研究也将会逐渐系统、细致、实用,并对我国全民健身运动的发展起到推动作用。综合国外休闲体育的发展规律,休闲体育在我国的发展将主要表现为以下几种趋势。

1.休闲体育与全面健身相结合

我国颁布的《全民健身计划纲要》至今已有快20年的历史了,在政府的推动下,我国的全民健身运动取得了较大的发展。随着人们生活水平的提高和余暇时间的增多,休闲体育将为全民健身运动的开展提供更大的发展空间,其主要表现为以下几种形式。

(1)组织形式的多样化

对于全民健身运动的发展我国政府一直都保持着十分重视的态度,在政策制定、宏观管理和组织大规模群众性体育活动等方面都做了大量而卓有成效的工作。通过对社会文明发展进程的分析,得出群众性体育的组织形式应该是多元化的。根据休闲体育的特点和内涵,其组织形式更体现为自发性特征,如1996年,体育人口中以社区活动方式为主的有组织的活动形式排在第一位,而到2000年,以朋友同事为主的自发性活动形式排在第一位,社区活动形式仅排在第五位。

因此,随着我国全民健身运动的不断推进和休闲体育服务的不断完善,人们受到时间、地点、场所、组织形式的限制将越来越小,更多的是自愿参与、自由选择休闲方式,其中以家庭、朋友同事和体育俱乐部为主体的休闲体育活动将不断增多,逐步成为群众性体育活动的主体。

（2）活动内容的丰富多彩

2000 年,散步、跑步、羽毛球和篮球、足球排在我国体育人口选择体育活动项目的前几位,其中所涉及的运动项目达到 20 余项。这意味着休闲体育的发展,极大地增加了全民健身活动内容的选择空间,从参与体育活动到观看高水平比赛,从原来单一的跑步形式逐步扩展到球类游戏、爬山、游泳、保龄球、健身操、极限运动等多种形式。

（3）参与人数的不断增多

休闲体育的特征之一是通过体育活动达到健身、娱乐的目的,它强调的是全体大众无论其参与目的各异、年龄不同、能力高低,都能通过休闲体育的参与而获益。这样的宗旨要求高质量的服务与管理,同时也可吸引更多的人群从事休闲体育活动。2000 年我国 16 岁以上的体育人口达到 18.3%,比 1996 年增加 2.8%,而 2004 年对广州、武汉、西安三城市的调查结果表明,老年人参加体育锻炼的人数已经达到 70%,接近发达国家的水平。可以预见,休闲体育将会吸引更多自愿的体育参与者。

2.由身体锻炼模式转变为休闲体育模式

起初促进身体健康是人们参加体育锻炼的主要目的,主要是围绕身体健康或某种特殊疾病的康复,来参加体育锻炼,并选择运动项目和制订健身方案,它主要的侧重点是提高身体健康的身体锻炼模式。从某种意义上讲,为增进健康而进行的体育锻炼带有一定的强迫性,有时甚至为了过分强调身体健康而将体育锻炼视为一种任务或负担。

随着我国民众对休闲体育的含义了解的更加全面,休闲体育将成为人们健康生活方式的主要内容。在休闲体育中,着重强调了人们的一种自由体验,它是一种心理上的愉悦和满足,不带任何的强迫与负担。人们体育活动的目的不只是强身健体,同时还要通过个体自由的选择而得到心理的愉悦,精神的放松。这将在很大程度上改变人们进行体育活动的观念。新近的一项调查表明,我国体育锻炼人群已由原来单纯以健身为动机,发展到了以强身健体、调节精神情绪的双重动机,这也从侧面反映出了,我国群众体育活动已开始向休闲体育模式转化。同时,休闲体育研究表明,人们参与休闲体育活动的目的存在一定的差异,有的是因为休闲体育可以提供一个很好的社会交往的平台,提升自己的交际能力,开阔视野;有的是因为休闲体育可以释放压力、变换生活节奏;而有的则是因为休闲体育本身就是一个目标,实现以后可以得到自我的满足等。管理良好的休闲体育系统都将满足人们不同的需求,这也将成为我国今后群众体育活动的发展趋势。

3.休闲体育研究更加深入,领域不断拓宽

在人们的健康生活方式中,休闲体育已成为一个不可或缺的部分,人们可以通过参与体育或观看体育赛事来充分体验体育所带来的益处。对于休闲和休闲体育的研究,欧美等发达国家积累了较丰富的理论与实践经验。近年来,国外休闲研究书籍也逐渐被介绍到国内,并有许多学者开始了这方面的研究。休闲体育也不再是一个陌生的词汇,人们开始接受休闲体育所带来的不同生活体验,它也成为了使全体大众都受益的体育活动。休闲体育作为专门研究领域的价值和必要性将逐渐被人们所认识。群众体育、社会体育、大众体育等字眼将会被休闲体育所代替。休闲体育的研究内容将更加广泛、深入、系统、细致、实用,它不仅研究体育活动的参与者,同时还研究体育比赛观看者,并且在很多方面都开始了更加专业化的研究,例如休闲体育的概念、休闲体育的政策、休闲体育的服务、场地(馆)设施及其维护、休闲体育人才的培养及管理、休闲体育市场的开发、休闲体育项目的设计与评价、休闲体育与环境和经济的关系等。随着休闲体育研究的不断深入,休闲体育对于社会和个人发展的价值也会逐步被大众所认识。人们将从更高的层面上来认识休闲体育,将它看成是人们生活质量的体现以及社会进步的体现。这对于提高国人的健康意识、休闲意识,改变我国的经济繁荣与人们健康退化如影相随的局面,起着重要作用。

### 4.北京奥运会促进了我国休闲体育的快速发展

2008年的北京奥运会,让我国体育热潮达到了顶峰,也为我国的全民体育发展提供了一个良好的平台。这一重要的体育赛事大大提高了人们的体育参与意识和对体育运动的热情。世界财富论坛首次将体育列为圆桌会议内容,许多大型国际赛事和学术会议在北京举行,众多知名学者来华进行学术交流,带来了国外最新的体育研究成果等,足以说明人们对于体育的重视。休闲体育作为西方国家重要的体育健身理念必然会对我国的全民健身活动产生积极的影响。我国结合自身发展的特点,努力汲取了国外已经运行成功的休闲体育的经验,在休闲体育的管理模式、服务系统、项目规划、组织形式上的研究得到了前所未有的发展。使我国休闲体育在理论研究层面和实际工作领域都与国际接轨,使我国的休闲体育发展速度进一步加快。

### 5.电视、网络推动了休闲体育的发展

在我国体育事业发展的过程中,人们对电视、网络等大众媒介的促进作用越来越重视,这也就必然会对我国休闲体育的发展产生重要的推动作用。这主要表现在以下几个方面。

首先,大众媒介在对各种赛事,体育明星进行报道时,会吸引更多的人来关注体育活动,也拉近了体育与观众之间的距离,放大了体育比赛场地,使亿万电视观众欣赏到高水平体育比赛,也将竞技体育中的比赛项目逐步推广为个人的休闲体育活动内容,促使更多的人参与到休闲体育中来。

其次,人们逐渐开始接受休闲体育这种健康的休闲方式,因此,在大众媒介中,对于休闲体育的报道和宣传的比重也越来越大,也为休闲体育的推动和普及做出了非常重要的贡献。韩国学者曾对韩国十大网站进行过调查,结果显示,韩国大众对休闲体育高度关注,以运动和休闲为主题的上网人数排在音乐、科技、教育、经济之前,位于前5位。我国新近研究结果也表明,电视等大众媒体已成为影响参加体育活动人数的最重要因素之一。

最后,随着信息网络产业的高速发展,人们之前所面临的"信息失衡"现象得到了最大限度的弥补。也正是由于网络的飞速发展(网络所具有的最重要的特征:各种信息极为丰富且交易成本极低),使经营休闲体育的企业拥有一个很好的机遇和挑战。网络对经营观赏性和参与性体育项目的企业提供了前所未有的机遇,使人们更容易、更廉价地获得其所需的娱乐对象和信息,使企业在经营规模规划和宣传媒介的选择上有了更大空间,但同时,也给经营休闲体育的企业带来了一定的困难。如何在各种休闲信息日益丰富的情况下争夺潜在的消费者,即如何才能有效的占据消费者的"注意力中心",使休闲体育得到大众更多的关注,已成为其从业者所要解决的一个重大问题,但是,中国当前现状却表明,休闲体育实体并没有广泛和充分地利用网络技术来发展自己,这固然和物质条件有关,但是,主要还是与此类从业者对网络的认识有关,他们并没有对网络作为信息的媒介所具有的传播信息强大功能进行足够的认识,而这种功能恰恰又能让现实的消

费者和潜在的消费者参与或注意休闲体育,如国内的足球甲级职业联赛中的俱乐部把网络作为宣传工具的几乎没有或涉猎很少,而国外的俱乐部,如西班牙的皇家马德里、意大利的国际米兰、英国的曼联等经营体,都会在自己的网站上对该俱乐部所提供的商品——足球比赛以及和足球相关的人和物进行充分的宣传,从而达到让现实消费者或潜在消费者关注,了解该商品,进而让其消费者定向消费或产生消费冲动的目的。

### 6.休闲体育带动相关产业的快速发展

众所周知,休闲体育已成为现代健康生活方式的一个重要组成部分,整个体育消费的数量也将会因参与休闲体育人数的上升而出现递增的现象。休闲体育的发展,对体育场馆、体育设施、体育服装、体育书籍、体育报刊等相关产业的发展起到了至关重要的作用。美国、日本、意大利等国家的研究成果表明,体育产业的总值均可排在本国的前10位,其中,休闲体育产业在其中占有相当大的比重。

在我国,休闲体育产业与休闲体育都还处于一个发展的阶段,但已显示出了非常良好的发展态势。在2005年举行的第16届体育用品博览会上,参展企业中与休闲体育有关的运动服装、健身器材等占50%以上,其中,有18%的企业与休闲体育产业有关。随着休闲体育在我国的不断发展,参与休闲体育活动人数的不断增多,使得休闲体育产品的需求量将会进一步增加,由此必然会带来相关体育产业的快速发展。今后如何处理好满足人们对休闲体育产品的多样化需求与保证体闲体育产品质量的关系是促进休闲体育产业快速、可持续发展的关键问题。同时,随着我国休闲体育的发展,必然会增加休闲体育专业人才的需求,因此,休闲体育专门人才的就业市场将具有较大的发展潜力。

### 7.休闲体育适应了社会流动发展的需求

社会流动通常是指社会成员在社会关系空间中地位的移动,它具有广义与狭义两方面的含义。广义的社会流动是个人社会地位的变动或个人社会角色的转换;狭义的社会流动则多是指人职业地位的改变。随着劳动制度、人事制度与户籍制度的改革,社会流动的渠道增多,流量加大,流速加快,并从总体上呈现出以下两个方面的流动特征:一是由于所有制结构的多元性和产业结构的调整,使社会成员出现大规模、整体性的流动,其中最为明显的就是农业劳动力向工业劳动力的大规模转移,还包括了城市劳动力逐渐流向更高、更新技术产业制造和加工企业及相关管理服务等职业;二是农村人口的城市化流动,农业生产劳动力的大量过剩和我国经济的持续快速发展的客观需要,使农村人口的城市化流动成为当前我国社会流动的主要特征之一和发展趋势。这些流动现象对经济社会发展的活力与动力有着很好的促进作用。随着我国经济与社会改革的不断深化,社会的进一步流动将是经济与社会发展的必然要求,也是今后一个时期我国经济和社会健康协调发展的客观需要。因此,休闲体育的发展也应与这一社会发展需要相适应,在适应社会流动需求的前提下,为社会的进一步流动创造更好的环境条件。

首先,在休闲体育发展中,我们应对社会流动中的最大流动群体——农民工群体的体育需求给予充分的关注。由于社会改革的滞后和人们观念等方面的原因,使得城市农民工群体出现一些不公平的待遇,各方面的合法权益很难得到保障。因此,在休闲体育的发展中,我们必须考虑到这一群体的体育休闲需求和特点,努力为他们提供与其休闲需求相适应的体育活动内容和服务,为他们积极参与体育休闲活动创造出有利条件。

其次,由于经济体制的改革,尤其是现在所有制形式的多元化发展,使得更多的原国有企事业单位工人阶层向能够带来更大经济回报的合资、独资及私营企业流动,由此也导致了原有职工体育运行模式的不适应。因此,考虑到社会流动的实际状况,应努力将休闲体育与新形势下的职工体育进行融合,建立更为灵活多样的以休闲娱乐健身为特征的职工体育俱乐部,使职工能够积极的融入社区休闲体育活动中,实现休闲体育与社会流动的现实需求更大程度上的融合。

**8.休闲体育逐步与社会主义新农村的建设相结合**

我国农业经济的高速发展,不仅为我国社会主义新农村的建设奠定了坚实的物质基础。同时,随着农业机械化程度的提高,农民的季节性闲暇时间也因此而不断增加,这也为休闲体育创造了发展的空间。但是在农村,由于科学的健康观念较为淡薄,人们对积极健康的休闲方式并不看重,反而使赌博、迷信等一些不科学的活动方式得到了蔓延,这也与我国新时期社会主义新农村建设的文化内涵相距甚远。因此,努力在农村推广休闲体育独特的健身价值和科学的积极生活方式,是新农村建设中所必须要重点注意的。在中共中央国务院提出的《中央关于推进社会主义新农村建设的若干意见》中明确提出了努力推动和实施农民体育健身工程。因此,在全面建设社会主义新农村时,实施农民体育健身工程已成为一个重要的议题,而开展广泛、深入的体育休闲活动则是这一理念的贯彻和体现。休闲体育活动以其科学健康的各种形式如体育健身、竞赛表演等为媒介和载体,将有效地提高农村的民族凝聚力和新农村建设的向心力,对形成社会主义新农村建设中崇尚科学文明的农村新风尚和全民团结奋斗的共同思想基础无疑有着很大的推动作用。因此,在社会主义新农村建设中,注重与休闲体育发展的融合应成为我国农村体育发展的趋势。

在社会主义新农村的建设中,提高农民收入水平和生活水平只是一方面,我们还要积极努力的帮助农民形成积极的生活态度和健康的生活方式,而这就使得休闲体育健身成为一个必不可少的内容。在农村休闲体育发展中,应贴近农村、贴近农民、贴近生活,通过经常化、生活化符合农民实际需求的体育休闲,来吸引广大农民参与到体育健身、增强体质、抵御疾病中来,锻炼出健康的体魄和良好的精神面貌,全身心地投入到社会主义新农村的建设中去。

在新农村的精神文明建设中,休闲体育发挥着重要的作用。我们所说的新农村除了有经济新发展的含义外,还具有提升农村的文明程度和农民的文明素养,弘扬社会主义精神文明的道德观、价值观的含义。为此,应以丰富多彩的体育文化活动繁荣社会主义文化,大力弘扬社会主义荣辱观、道德观,通过健康、积极的体育休闲活动营造扶持健康文化、抵制腐朽落后文化,以形成新农村建设进程中的共同努力目标和价值认同。

在农村休闲体育发展中要充分发挥民族传统体育的价值。中国传统民间体育的三导价值取向就是休闲娱乐性。在古代,民间体育的休闲娱乐性最主要有两个方面的体现:一是其游戏竞技性,二是与民俗体育娱乐活动的有机结合。在新的历史条件下,面对农民日益增长的休闲娱乐的心理需求,应认真反思我国传统的民间体育文化并予以发扬光大,服务于人民群众,形成多元一体的具有民族性和中国特色的民族休闲文化。

农村休闲体育的民族节令等特色要着重注意。在我国的农村地区,传统节日的庆祝活动是闲暇时间内在、核心的根源和重要的表现形式之一。它给人们提供了一个良好的集中消遣娱乐的机会和空间。自古以来,我国民间体育活动就与各种民俗节日娱乐活动有机地融合在一起,如元宵节观灯、踏歌、舞龙舞狮,端午节竞渡,重阳节登高,蒙古那达慕大会,侗族花炮节的抢花炮,傣族泼水节的龙船比赛,黎族三月三的跳竹竿、荡秋千等不一而足,异彩纷呈。只要我们对农村民族节令开展丰富多彩的体育活动进行充分认识和利用,就可以将农村休闲体育与风俗传统进行一个有机的结合,并且在现代社会发展的背景下,这也对我国民族传统体育文化的传承也有着重要而又积极的意义。

9.休闲体育开始与构建和谐社会阶层结构相结合

在我国当前社会发展中,社会阶层的分化是一个客观的现状,是经济和社会发展的必然结果。改革开放和社会主义市场经济体制的确立,使我国社会阶层结构发生了改变,工人、农民、知识分子构成了两个阶级一个阶层的社会结构,分化为国家与社会管理、专业技术人员、产业工人和农业劳动者等十大社会阶层。而随着各个阶层之间的贫富差距不断扩大,从国际通行的衡量社会阶层贫富差距的基尼系数来看,中国 2003 年的基尼系数达到了 0.5,已经超过了 0.4 的国际公认警戒线,社会阶层间的贫富差距问题已非常严重。社会资源也出现了向社会上层积聚的趋势,由此造成了社会阶层之间的冲突与矛盾不断增多。如何应对社会阶层贫富差距过大,努力实现社会公平公正是我国今后一个时期社会发展的一个重点,也是我国休闲体育发展所不能回避的问题。而面对阶层分化,当前的休闲体育发展也必然会受到其带来的负面影响。例如,在消费主义的渗透下,富有阶层往往倾向于能体现身份地位的高档化体育消费,表达自己与社会中下阶层的区别,休闲体育也因此被塑造成了由消费来加以组织的享受形式,使人们产生了休闲体育必须依赖消费才能存在的商品经济附庸,而使休闲体育陷入一个发展的误区。因此,应对我国社会阶层分化的现状进行深刻分析,并采取积极有效的发展措施,使休闲体育在适应我国国情和现实的状态下进行发展,通过选择休闲体育正确的发展途径,确立好以服务对象的全民性、分享发展成果的广泛性的基本取向,为实现更加广泛意义上的社会公平公正作出贡献。

在休闲体育中应倡导以一种运动爱好者与参与者的平等社会角色参与到运动之中,遵守共同的运动规则。通过这种社会角色的转换,可以有效地消解社会等级层面上的差异和歧视,体现出休闲体育的公平与公正。这也充分促进了个人和社会的进步与和谐,尤其是在我国建设全面和谐社会的背景下,休闲体育更具有迫切性和重要意义。

在休闲体育发展中,应对社会弱势群体的体育休闲需求特点进行特别的关注,如老年人群体、残疾人群体、下岗职工群体等。在体育休闲的设施布局、体育服务与健身指导等方面要对这些群体的生理、心理特点,挖掘和丰富中老年休闲体育运动项目等进行充分的考虑,使休闲体育成为体现社会公平,实现和谐发展的途径和载体。

在休闲体育的规划发展中,要对社会各个阶层的体育休闲需求特点进行充分的重视,努力创造体育休闲条件,对休闲体育商品的开发和体育休闲服务应立足于不同社会阶层的共同休闲需求进行多元化发展。同时,在休闲体育发展中还要避免少数社会阶层的贵族化发展。

在休闲体育发展中,政府应充分发挥其主导职责,突出休闲体育的公益事业主体特征,对公共休闲体育场所加大投入,完善相关政策法规,使其更具有针对性和可操作性,使学校机关等公共休闲体育设施资源由各个社会阶层共享。同时,积极发挥税收等经济杠杆作用,促使经营性体育休闲场所向特定社会阶层优惠或免费开放,从而为社会不同阶层积极参与体育休闲创造条件。

10.休闲体育与学校体育的结合

据 2006 年 9 月 18 日公布的由国家体育总局、教育部、卫生部等 10 个部委联合进行的第二次全国国民体质监测公报显示,我国的中小学学生体质状况出现明显下滑,其中耐力、肺活量、弹跳力、柔韧性及心理抗挫等指标相比以前都出现下滑,近视率居高不下,超体重肥胖学生比率不断升高,学生的体质状况令人十分担忧。从表面上看,青少年体质健康只是在身体方面出现问题,其实这也从侧面反映出了中小学生在健身休闲方面还存在许多问题。一方面是深化素质教育减轻了中小学生的课业负担,也使得学生在学校学习以外的时间不断增加,但本意是为了学生的健康成长而减负出的时间,却并没有达到实际的效果,学生逐渐增多的闲暇时间要么被无休止的课外辅导学习、名目繁多的技艺培训所占据,要么寄托于电视、网络等。这些都对学生的身心健康成长产生了不利的影响。学生闲暇时间的增加与学生科学健康休闲能力低下之间存在着十分突出的矛盾。学生家长也对节假日学生的教育问题十分关心和担忧。学生健康积极休闲能力与健康成长的个人需求和社会需求相脱节,这一颇具共性的教育和社会问题开始受到社会的广泛关注,而休闲体育在解决这一深化素质教育中出现的发展性问题有着独特的教育和社会价值,体育休闲在促进学生体质健康,身心和谐发展方面也应发挥其应有的价值功能。休闲体育除了具有很强的娱乐性外,它还是一种自我学习、自我完善的教育过程。它包括学习运动技术、发展体能、培养人际交往的能力,增强自信心、培养协作精神和竞争意识等。休闲体育不仅可以很好的拓展学生的生活环境和生活内容,还具有较好的德育功能,以其实践性、直观性和丰富多样的形式成为新时期加强青少年思想道德建设的良好形式和宣传社会主义荣辱观的良好载体。休闲体育可以帮助学生更多地进行户外活动,接近大自然,活动身体,舒展筋骨,可以很容易的营造出一个轻松、亲切、宜人的交际环境。促进学生之间的交往,使他们在活动中相互鼓励、平等交流,有助于建立良好的人际关系,提高社会适应能力。在今后的学校体育发展中,增强学生的体育休闲能力应该成为"以学生发展为本""健康第一"等新教育理念的拓展和具体应用路径,从而对学生的全面协调发展和健康成长进行有效的促进。

在学校的体育教学过程中,应将培养学生的体育活动兴趣放在较为重要的位置,为学生的体育休闲提供动力基础。从体育活动目标形式等各个方面与学生的身心特点、兴趣爱好结合起来,使学校体育教学成为激发和引导学生体育兴趣的途径,学校体育也成为促进休闲体育发展的基础。

体育教材化的改造要从培养学生体育休闲能力出发,将一些休闲体育范畴的运动项目,进行合理的改造、加工、提炼和升华,使更多具有实用性和生活化特征的体育活动项目内容进入学校体育,实现休闲体育与现代体育课程内容的整合。很多休闲体育项目原来只是用于休闲和娱乐,现在已经出现在很多学校的体育课堂上,成为体育课程的正式内容,如围棋、中国象棋、国际象棋等。休闲体育和体育课程内容的相互整合,充分表现出了现代社会发展和体育教育的新理念,这是对人个性的尊重和发展,满足了人兴趣和爱好的需要。从休闲体育未来的发展趋势看,休闲体育将有更多的内容充实到学校体育中,与休闲体育的结合将成为学校体育的发展趋势之一。

建设更多的青少年休闲体育场所,在社会发展规划中,也应将未成年人校外活动场所建设纳入其常规考虑之中。同时,挖掘社会公共教育机构场所的校外教育潜能,探索社会主义市场经济环境下的公共教育场所的管理模式,积极发挥其社会公益价值,如各级业余体育运动学校、各种业余体育俱乐部、青少年宫、青少年校外教育基地等,通过这些场所来提高对学生体育休闲服务的教育功能。

# 第五节　影响休闲体育发展的因素分析

## 一、工业化促进休闲体育社会化

"各种休闲服务有一个共同点,这就是都市化的出现,以及以物质商品生产为主要基础的经济模式的确立为所有这些休闲服务的形成与发展提供了共同的前提环境。工业化使工作变得更加有次序,而时间便是安排这一次序的工具。因而对大部分人来说,生活中工作之余的部分时间便成了自由时间;它就像是一个空箱子,单凭典型的农民生活中的旧式游戏和礼拜活动是无法填满这个空箱子。工业制度下的新型工作方式,资本主义的兴起以及未来规划的城市环境淘汰了以往的生活和休闲方式"。休闲体育与人的发展有着紧密的联系,它是作为后工业社会促进人发展的一种重要形式,相反,我们通过对人类发展历程的观察,也非常容易得出这个结论。因而,以此为基点,我们可以对休闲体育在工业社会中对人发展的促进作用进行一个客观的评价和分析。

近二十年来才出现完全具有现代意义的休闲体育。它相比于原有的占主导地位的体育模式存在很大的区别,因为休闲体育是人的主动发展,使人们以自觉自愿的形式参与体育活动和锻炼,通过这种锻炼取得休息、娱乐和自我提高。从人的发展角度看,人在休闲体育时代对发展的追求是最为主动的。一方面,从主观上说,现代社会给人带来的压力太重,对人的要求也太高,而健康则是一切成就的出发点,所以,人们对自身健康前所未有地关注。再加上时下所倡导的回归自然的风潮,人们自然而然地选择了参加体育运动这一保持健康,提高自身竞争力的手段。目前有许多关于休闲体育的流行说法,都形象地表明了人们的主动参与态度,如"花钱买健康""请人吃饭不如请人流汗"等。另一方面,从客观上说,时下的休闲体育趣味性、可参与性很强,使人完全不会感到乏味与劳累。这要归功于商业社会里休闲服务业的竞争机制。如今的休闲体育产业在迎合人们运动需要的同时,也对社会消费需求起到了积极主动地引导作用,为此,他们发挥了极大的创造力,不断丰富休闲体育内容,完善休闲体育服务质量,目的就是为了吸引更多的人来参与运动消费。

随着社会的发展,一个崭新的休闲时代出现在我们面前,其中体育休闲活动已成为个人发展的一个重要途径。因为,相当数量的社交聚会逐渐被体育休闲活动所取代。除了锻炼价值以外,人们还通过体育活动对自己的社会资源进行培养,使自己的社交圈子不断扩大,并最终在其工作中发挥出意想不到的作用。从这个意义上说,休闲体育实际上对一个人的生理、心理和社会全方位的发展起到了不可替代的促进作用。

## 二、休闲体育发展受经济发展水平的制约

休闲体育发展的物质基础是由经济发展水平决定的。按照国际研究资料显示,"当恩格尔系数达到65%时开始出现娱乐型消费,当达到40%～50%时,其消费呈现持续增长的态势"。目前,在我国城镇居民的家庭中,其恩格尔系数已低于50%,进入40%～50%的中等生活水平。但据世界银行的相关报告,我国目前生活在国际贫困线以下的人口占总人口的18.5%。所以,全面建设小康社会还具有较为艰巨的任务,要做到发展东南沿海城市的同时,还要大力发展西北边

陲农村；城市人口需要健康，而农村人口更需要温饱，所以，实现休闲体育的均衡发展，"农村是重中之重"，而这也直接受到经济发展程度的影响。

## 三、休闲体育发展受体育场馆普及程度的制约

由于消费层次、年龄阶段上存在的差异，使得对休闲体育场所和环境的要求已出现许多不同。因此，发展休闲体育，就要为不同的人群提供其便利的休闲场所。据调查，有 10% 的居民在双休日选择了"动"的体育作为休闲形式，如果把"静"的（如棋、牌等）体育项目也归入统计数据的话，其休闲体育的选择可达到 47%。但目前休闲体育还存在许多不尽如人意的地方：据有关调查有 35% 的人反映休闲体育场所太少；有 18% 的人认为场地质量差；有 15% 的人反映一些好一点的运动场所收费太高，不敢问津；有 8% 的人认为体育场所的服务不佳；有 18% 的人认为社会组织的休闲体育项目太少。同时，我们还应注意到，相比于发达国家标准，我国的广大群众休闲锻炼实际需求还存在很大差距。例如在我国，体育场馆的人均使用面积还不到 0.6 平方米，而在发达国家已经超过了 2 平方米，美国达到 14 平方米，而我国体育场馆用于群众体育的也只有10%。针对这些问题，国家应当采取一些积极有效的促进措施，使全民休闲体育得到更加长远的发展。

## 四、休闲空间得不到城市发展规划的重视

城市化发展，就必然导致从事较低效率的农业劳动人群，向着较高效率的第二、第三产业劳动转变，它也是经济发展和社会进步的综合体现。马克思曾指出："城市的集中具有聚集着社会前进的历史动力的历史意义。"毫无疑问城市化是一把"双刃剑"，在给人们带来舒适和便利的同时，也为人们的生活方式和生活环境带来许多不利的因素。

美国休闲学专家杰弗瑞·戈比认为，全球都市化的发展趋势，使得城市规划越来越得到大家的重视，对人们的休闲利用进行规划（如艺术、文化、体育、戏曲、博物馆、图书馆、公园、自然保护区、野餐、社交活动和其他消遣）也将逐渐成为一个关键性问题。这就是说，在日常生活中休闲服务的地位不应被削弱，相反，它应变得更加重要。

在现代城市的建设和发展中，什么样的休闲方式更加有利于提高城市居民的生活质量，这个问题似乎并未引起人们足够的重视，特别是休闲空间的规划，并没有得到应有的重视。

要想使休闲方式得到有效的发展，必须在城市中构建相应的休闲空间。这也应该得到现代城市发展规划的侧重考虑。但事实上，在我国的一些现有城市中，由于人口密集、交通阻塞、环境污染严重、活动空间拥挤、绿化空间缺乏等原因，人们的生活质量不高，有空闲时间而无必要的活动空间。从这个意义上讲，在城市规划中发生这种状况与其缺乏正确而健康的休闲观念和思想有很大的关系。现代城市社会学指出，在进行城市规划时，应对人的生存和发展进行充分的考虑。国际现代建筑协会制定的《城市规划大纲》中指出："城市应按居住、工作、游憩（休闲）进行分区和平衡后，再建立三者联系的交通网。"可见，在城市规划中，考虑游憩（休闲）所需的空间，是极其重要的一个组成部分。

## 五、休闲体育发展受都市化迅速发展的影响

改革开放以来，我国城市化进程得到了进一步提速，城市人口也由 1978 年的 17.92% 上升

到了 2000 年的 30.29％,同时城市的数量也增加明显,由 193 个提高到了 669 个。西方发达国家的经验表明,伴随着城市化水平的提高,大众体育将获得较快的发展。我们国家是一个农业大国,农村人口城市化后将出现一些新问题,如新市民的文化素质、健康意识、生活方式以及体育资源等,都会对人们的健身休闲活动产生影响。因此,在城市化发展过程中,应采取各种积极有效的措施,来对新市民逐步养成与现代化发展相协调的思想观念、生活方式、行为习惯进行引导和鼓励。同时,在新社区的建设中,要把大众健身场地设施的建设放在规划的重点注意环节。

### 六、物质需求的不断增长

在现代社会里,日益完善的社会物质条件,可以使人们各式各样的物质需要得到满足。但在满足人们丰富物质需要的同时,也刺激了人们对物质的欲望,为了满足自己不断增长的需要和欲望,人们开始不停地去工作,以获得更多的金钱来满足自己的这种需要和欲望。另外,当今社会已经成为一个完完全全的消费社会,人们有无限的消费增长量。日用物品更新频繁,维持日常开销也需要更多的钱。为了使自己保持住某一层次的生活水准,人们不得不付出更多的时间,投入到工作中。这样一来,从事休闲活动的时间就被挤占,即使是有益于身心健康的体育活动也会被人们忽视。

### 七、日趋激烈的社会竞争

当今社会的高速发展,使其结构变得越来越复杂,并且社会变化也日益加速,社会竞争异常激烈。这种竞争实际上是人的社会生存的竞争,迫于压力人们不得不提高自己,这样,人们余暇时间中用于休闲体育活动的时间被挤占或挪用。

为了应付日趋复杂的社会结构和日益加速的社会变化,人们异常疲惫,这也使人们的休闲潜力在很大程度上被弱化。人们不得不为了去适应工作的需要,而花越来越多的时间去学习新知识,极大的占用了人们的余暇时间。也就使得体育休闲活动的时间被大大压缩,甚至会出现被完全取代的现象。

### 八、休闲体育发展受到体育生活方式形成的影响

体育生活方式通常是指在一定社会客观条件的制约下,社会中的人、群体或全体成员为一定价值观所指导的满足多层次需要的全部体育活动的稳定形式和行为方式。它也是人们生活方式中的一个重要组成部分,它还受到自然、社会和自身条件的制约。其中自然条件指的是自然地理环境,社会条件指的是政治、经济、文化、教育、风俗、习惯与大众传媒等,自身条件则是指个人的身体状况、劳动条件、经济收入、消费水平、休闲时间的占有量以及接受教育的程度等。可以看出,体育的生活方式完全可以反映出人们怎样生活的问题,由于从“吃饱”的旧生活方式到“吃好”的新生活方式之间的过渡期太短,人们一下还不能适应这突如其来的变化。因此,对人们实践积极的、健康向上的体育生活方式进行积极引导,必然在护佑人类健康,提高人类生活质量方面起到至关重要的作用。

### 九、休闲体育是存在较多工作时间被延长的行业

尽管自 20 世纪开始人们的工作时间得到了大大的缩减,但并没有明显的迹象表明,在第二

次世界大战后,劳动者的工作时间有大幅度的缩短,有很多统计数据都能说明这一点。如今,几乎有 4/5 的工人在服务行业工作。这些行业包括通讯、行政、教育、交通、商业、金融、医疗,以及各种专门性的服务。这些行业因为要做很多琐事,还要同个人打交道,所以费时间,使得加班的现象越来越严重。目前,有 20% 的全职工人每周工作时间会达到甚至超过 48 小时,这也就使该行业人员进行体育休闲的时间大幅缩减。

## 十、求职者失业时间的延长

当今社会,失业成为许多国家面临的一个严峻问题,在这些国家中,求职者至少有 5%～20% 以上的都处于长期失业的状态。甚至出现劳动力短缺的时候,这种情况还是得不到缓解。而对于这些失业者来说,可能会多出许多自由支配的时间,但是他们往往出现资金的短缺,缺少良好的教育,必要的社会关系也较为缺乏,所以他们既没有从事体育休闲活动的心情,也无法享受到更有意义的休闲。

## 十一、现代科技休闲方式时间增长

随着现代电子、信息技术的发展,电视、电子游戏、上网、网络游戏等已经成为许多人在闲暇时间进行娱乐的主要方式。在我国,公众余暇时间支配在看电视和上网的时间上,占有较高比重。据央视—索福瑞媒介研究有限公司(CSM)对中国各地电视观众观看电视的时间调查显示,其中 34 岁以下的消费者每天观看的时长是 1 小时 30 分钟。显然这种被动的、静态的、空间封闭的娱乐休闲方式,已经成为人们最主要的休闲方式,它将人们从以动态为特征的体育休闲方式上吸引过去,使人在遥控器、鼠标等现代科技产品中消耗余暇时间,而且在年龄构成上,不同年龄段的人都有表现出增长的趋势。根据数据统计,到 2002 年中国互联网的用户增长率已经达到 47.6%,而网络游戏用户的增长率甚至高达 103.1%,已经拥有超过 800 万网络游戏的用户。其中有 50% 的消费者每天花在网络游戏上的时间超过 1 小时,11% 的消费者每天花在网络游戏上的时间超过了 3 小时,已经大大超过了人们观看电视的时间,并且还呈现出明显的增长趋势。这不仅挤占了人们进行体育活动的时间,更有甚者,已显露出取代体育休闲活动的端倪。这类电子娱乐、游戏产品的盛行,对于像休闲体育这样有益于身心健康的休闲方式的发展来讲,无疑会产生巨大的负面影响。

休闲体育发展到现在,已经形成了它独特的综合体,它将教育、科技、文化集于一身,影响着社会的每一个角落。也正因为如此,休闲体育的发展出现了各种各样的矛盾。在早期的工业社会,由于休闲体育的发展处于萌芽阶段,其内外的矛盾相对简单。到了工业社会中期,已经基本形成了休闲体育的存在模式,其地位也在社会生活中基本稳定,与社会其他结构之间也形成了较为紧密的联系,产生了相对复杂的内外矛盾。但一个明显的社会生活方面的原因是休闲体育能满足人们娱乐和参与的欲望。不管能不能实现,人类都有娱乐、休息和参与的愿望,这一点是休闲体育出现和发展的原动力。我们也注意到,在现代工业文明促进休闲体育总体发展的同时,也使一些休闲体育活动走向了衰亡,主要是由于社会的发展,转变了人们的观念。然而,正如我们看到的实际发展过程中那样,休闲体育还是具有十分强大的综合发展能力,在不断借助外部条件迅速发展的同时,还能够主动对自身所处的环境进行改变,创造出有利于自身发展的条件。

# 第二章 休闲体育的相关理论解读

## 第一节 休闲体育的休闲论

### 一、休闲的概念

休闲,是指人们在非劳动及非工作时间内以各种"玩"和"游戏"的方式来达到身体保健、体能恢复以及身心愉悦的目的的一种业余生活。科学而文明的休闲方式的建立,可以有效地促进人体能量的储蓄和释放,有效地提高人的智能和体能素质,有效地锻炼人的生理和心理机能。

最初,以生存需要为主要目标的生产劳动,只是一种谋生的手段。在劳动密集型生产方式中,劳动者每天都以机械的动作重复着大量而繁重的劳动;而在现代化智能型的生产方式中,劳动者的体力支出已经降低到最小限度,然而随之产生的却是高度的精神紧张和心理压力。所有这些由强制性的或者被迫的"从业"劳动所带来的生理和心理上的负荷,都需要在可自由支配的、随意的"业余"生活中,通过各种方式予以缓解和消除,于是休闲作为这样一种有效的缓解身心的方式应运而生了。

人们在生产劳动中创造了大量的物质财富,这为提高生活质量提供了条件和可能,而余暇时间的休闲,则使这些条件和可能成为现实。随着现代社会文明的发展,休闲已不仅仅是舒缓劳作、调节身心的一种手段,它以崇尚自然、追求舒适、满足个性身心发展为特征,体现出自己独特的价值和作用,成为丰富人们生活内容、提高生活质量的重要的余暇生活方式。而人们的生活质量,正是通过劳动和休闲的相互影响与作用体现出来的。随着科学技术的发展以及生产力水平的不断提高,劳动者的余暇时间也越来越多,人们的休闲生活日益丰富起来,这使得人们的生活质量得到了极大的提高。

瑞典哲学家皮普尔认为,休闲具有三大特点:第一,休闲是一种心理倾向,是一种精神状态;第二,休闲是一种包容的、沉思的心态,是一种能使自己全身心地投入到创造活动中的状态和能力;第三,休闲是一种坦然的心境,由此可见休闲是与奋斗直接相对应,它不承认工作具有最高级的社会功能。

美国休闲学者杰弗瑞·戈比教授则认为:"休闲是从文化环境和物质环境的外在压力下解脱出来的一种相对自由的生活,休闲能使个体以自己所热爱的、本能地感到有价值的方式,在内心之爱的驱动下行动,并为信仰提供基础。"

目前,社会上更倾向于以心境来定义休闲:第一,感受自由,反映出一个人内在的控制状况;第二,技能,参与休闲活动时常常需要的某种或某些技能;第三,内在动机,反映参与休闲运动的愿望;第四,情感体验,指在休闲时的体验。这也是大多数人对休闲的一种心理定义。

### 二、休闲活动的分类

休闲活动是人类社会存在的一种有目的、有特殊作用和意义的活动,休闲文化的具体体现也是人类生活形态的表象。休闲活动形式多样,而学者们站在不同的学术视角对其类型进行了不同的分类。主要有以下四大类。

**（一）按照休闲活动的外现形式分**

按照休闲活动的外现形式可分为静态休闲和动态休闲。静态休闲是一种处于相对静止状态的休闲,如静态的沉思状态。在这种状态中体验到心无羁绊的忘我境界,表现为从容、宁静等。动态休闲是在某种身体活动形式下进行的休闲,可以是个体,也可以是群体,如在工作之余的垂钓、绘画、摄影、听音乐会等。

**（二）按照休闲活动的功能分**

按照休闲活动的功能可分为消除疲劳的休闲和寻求精神快乐的休闲。消除疲劳的休闲仅仅针对劳作之余的一种身心放松,强调的是体能的恢复,而寻求精神快乐的休闲已上升到了精神层面,这种状态可使人成为真正意义上的人。

**（三）按照休闲活动的目的分**

按照休闲活动的目的可分为功利性休闲和非功利性休闲。为了自身体力的恢复和个体精神慰藉的休闲就是非功利性休闲,反之就是功利性休闲。非功利性几乎只涉及休闲者自身,而与他人无关,可以说是一种独善其身的休闲方式;而功利性休闲涉及其他外在目的,如志愿者们为了环保而做的骑游宣传,这可谓一种兼济天下的休闲。

**（四）按照休闲活动的商业化程度分**

按照休闲活动的商业化程度可分为商品型休闲和自足型休闲。个体休闲方式和快乐的获得来自于休闲商品的体验被称为商品型休闲。换言之,商品型休闲是依托休闲产业而获得的休闲,这种休闲在很大程度上受商品经济和消费主义的影响,后工业时代的一些休闲尤其如此,如乡村生态农业休闲游、高尔夫运动、迪士尼主题公园的游乐等。相比较而言,自足型休闲是一种远离市场经济、远离商品的休闲类型,如毛利人不论是捕鱼、捉鸟、耕田或是盖房子、造独木舟等,都能找到可以被认为是娱乐性活动的痕迹。这种怡然自得就是自足型休闲活动。

另一些学者则把休闲活动划分为以下八种类型。

（1）接受教育:人们通过参观博物馆、欣赏音乐会、读书、观看戏剧和电影等活动,获得某种教育,从而达到解放心灵、陶冶情操的目的。

（2）从事创作:人们利用余暇时间进行绘画、书法、摄影、园艺、烹调、插花等活动,以满足自己的想象与创造欲望以及审美需求。

（3）参加健身:人们通过日常性的体育健身活动,如散步、跑步、打拳、游泳、打球、骑车以及其他各种形式的室内外体育健身活动,以实现放松身体和强健体魄的目的。

（4）参与娱乐:人们通过到酒吧、陶吧、歌厅、舞厅、俱乐部等一些娱乐场所参加各种娱乐活动,以达到与他人沟通、愉悦身心和获得快乐的感受。

（5）外出旅游:人们利用节假日和带薪假期在本地、外省市或境外进行旅游观光、休闲度假以及其他类型的旅游休闲活动,以达到求奇、求新以及放松身心的目的。

（6）体验刺激:人们通过参加漂流、航海、登山、潜水等各种极富冒险性和刺激性的活动,以感受刺激、体现冒险精神,从而实现战胜自我的精神享受的目的。

(7)公益服务:人们利用工作和家务活动之余,参加咨询、帮困、志愿者行动及其他各种公益性的社会服务活动,以实现自我价值,提高自己的社会文明程度。

(8)消极堕落型休闲:人们在余暇时间所从事的各种危害自身、危及社会的消极和有害的休闲活动,如破坏公共财物、赌博、吸毒、偷盗、嫖娼等。

以上八种类型可用表 2-1 来表示。

表 2-1　休闲活动的分类

| 活动形态 | 活动范围 |
| --- | --- |
| 接受教育 | 参观博物馆、观赏戏剧、听音乐会、看电影、读书 |
| 从事创作 | 绘画、摄影、园艺、烹调、插花、书法 |
| 参加健身 | 健身俱乐部、跑步、垂钓、骑车、打球、游泳 |
| 参与娱乐 | 参加娱乐俱乐部、打麻将、玩纸牌、跳舞、打游戏机 |
| 外出旅游 | 度假旅游、观光旅游、健身旅游、康复疗养旅游、购物旅游 |
| 体验刺激 | 登山、攀岩、漂流、潜水、冲浪、蹦极、跳伞 |
| 公益服务 | 社会咨询、帮困、志愿者服务、公益劳动 |
| 消极堕落 | 破坏公共财物、赌博、吸毒、偷盗、嫖娼 |

## 三、休闲与现代人的发展

随着经济社会的发展,休闲对人们生活的影响逐渐加大。休闲与体育的结合为人们提供了一种新的余暇时间的安排方式,为丰富人们的生活起到了积极的促进作用。

### (一)休闲成为工作的目的

休闲的本质是对应于劳动的一种有意义的活动。劳动,必须将劳动者组织到一个社会网络中,以提供服务和产品为目标;而休闲正相反,是以个人生活为中心,使个人体力得以恢复、兴趣得以满足、智力得以提升。休闲可以看作个人的再生产活动,是保持身心健康的必要环节。休闲是具有特定文化特征的活动,带有明显的个人喜好。以前倡导的个人生活的目的是为了工作,是作为培养劳动力为生产服务的;而现在越来越多的人则认为工作是为了更好地生活,劳动是为了更好地休闲并使人得到可持续发展。因此,体育在社会发展中的作用目标也从生产转向生活。

在相当长的年代里,我们的休息是为了工作,一切都是为了工作,活着就是为了工作。如今,工作时间越来越短,休闲的时间甚至已经超过工作时间。休闲,已经成为现代生活中越来越重要的部分。劳动和休闲互为目的手段。人们在闲暇里进行体育活动,构成新的生活方式。

在人类的历史上,对于多数人来讲,工作一直是最重要的事,因为工作除了满足基本生存需求之外,还要满足更高层次的一些根本需要。即将到来的休闲时代,并没有倡导免除必要的工作,只是将休闲当作增加放松及自我成长的时间,并使之成为现代社会个人的一项权益。对相当数量的人来说,个人的成长远比工作更重要。休闲因此成为生活的主要目的,工作则成为支持休闲成长所必需的前提。从 19 世纪到 20 世纪初,休闲一直是为了让工作做得更好、有更高生产量而服务,而如今却发展成为使工作富有个性和获得生活乐趣。体育的服务对象从群体转向个体,是时代的进步。

工作与人类其他活动之间的关系,是人类文明的重大问题之一。未来工作时间应该有更大的自由度与弹性。社会必须提供学习与训练的机会以寻求休闲,并善用闲暇。工作与休闲不是对立的,我们仰赖工作与休闲来共同圆满其人生;休闲不是用来忘却工作,而是为了让生活过得更加美好。为了人的发展而制造更多更好的休闲,才是工作的真正目的。

### (二)休闲是改善身心的过程

现代休闲理论认为:休闲是其他的事都处理妥当后最后剩余之事;休闲是一种心灵状态和一种做事的方法;休闲是为人格塑造而自由选择的活动。以上三个基本观念的基础在于,从必要或责任义务的羁绊中把人解脱出来。大多数休闲专业的人士,比较接受休闲是生活的态度或状况的观念。但是,一般人对于休闲最常用的定义,则是强调从责任义务中解脱之自由:休闲就是你想做的事,而不是你必须做的事。这样,休闲不仅成为工作的目的,也成为生活的目的。

国外有理论认为,休闲应被理解为一种“成为人”的过程,是一个完成个人与社会发展任务的存在空间,是人的一生中持久的、重要的发展舞台。“成为人”意味着要摆脱“必需后”的自由;要探索和谐与美的原则;要承认生活理性和感性、物质与精神层面的统一;要与他人一起行动,使生活内容充满朝气并促进自由与自我创造。

休闲在人格发展上扮演重要角色。因此,在开展休闲活动的时候,表面上看是“吃喝玩乐”,但实际是如何着眼于激起人们潜在的欲望。管理和经营者首先应该把休闲看作是教育人的良机。尽管有一批理论家和理想主义者致力于健康休闲方式的研究和倡导,但由于商业利益的驱动,休闲活动的粗俗化在有些地方愈演愈烈。与一般的休闲方式相比,体育将是使休闲变得健康的一种积极手段。

现代社会对时空的高度组织和密集型的生产、学习方式以及信息社会里的高虚拟式的室内活动方式,已经使很多城市居民失去了拥有自己身体的感觉。用一句通俗的话来说,休闲在家,我们可以不必化妆打扮,可以随便放松,好吃懒做。消极的休闲容易使人懈惰,降低身体运动能力。要强调休闲是有目的性的活动,是“个人性”的且能获得相对有利的结果,倡导把休闲作为改善身心的过程。

### (三)休闲是回归自然的新生活方式

休闲是内心的感受,不依附于外在的时间,而是存在于能达到休闲境界的时间。一个人要休闲必须具有“自由时间”。“自由时间”与“束缚时间”是一对相反的范畴。数千年过去了,人类创造了高度的文明,却更想回归自然,争取更多的自由时间。

休闲是人体回归其自然状态,消除工作紧张疲劳,恢复其体力和智力(以及情感)功能的人生时段。所以,传统的休闲方式就是闲静下来,使身体好好休息,使机体的劳累和损伤得以弥补。而当代最积极的休闲方式是使工作时得不到活动的身体部位得到锻炼。如果精心安排的“休闲活动”像上班似的缺乏身体运动,正好违反当前信息时代的休闲之道。

休闲的基本设定是“做真正想做的事”,它可发生于工作时间,也可发生在个人自由决定的时间。音乐家、哲学者或任何极度享受工作结果的工作狂,工作就是最大的休闲。有些人在闲暇时回头去工作,享受到的愉悦或许大过于用其他方法填满闲暇。这是因为科技文明给文明带来的异化,人异化为工作的奴隶,要靠回归自然的休闲才能得到解脱。

古今中外都认为休闲具有自我发展、自我实现、自我完善的人文特性。它的价值不在于提供物质财富或实用的工具与技术,而是构建一个有意义的世界,守护一个精神的家园,使人类的心灵有所安顿,有所皈依。

传统的生活方式里,许多人根本没有休闲的概念。而今天,休闲的意识以迅雷不及掩耳之势普及到了千家万户,注重休闲已成为新生活方式的明显标志。让体育运动的形式进入生产活动之外的"休闲",是倡导一种文明、健康、科学的新生活方式。经济愈发达,个人面临的压力愈大,闲暇却越多,更需要把参与体育活动作为疏导压力和享受快乐的良好渠道。人们将从被动地消磨空闲,转而追求高质量的娱乐休闲;体育方式也应从群体的指令性锻炼,过渡到个体的主动性锻炼。体育结合休闲,成为当代回归自然的新生活方式。

# 第二节　休闲体育的健康论

## 一、健康概述

### (一)健康的概念研究

健康是人类生存发展的一个最基本的要求,也是创造社会物质文明和精神文明的基础。古往今来,健康一直是人类共同追求的目标。健康是美好生命的象征,是幸福的保证。

纵观人类历史上不同人对健康的解释,在不同的历史发展阶段,人类对健康的认识和要求随着生产力、科学技术和社会结构的发展而变化,健康的概念也经历了"神灵医学模式""自然医学模式""生物医学模式"的演变。人们对于"健康"的解释各不相同。对于健康,过去人们总认为无病痛即健康,即指人的体质健康。体质是人体的状态和适应能力,它是在先天遗传和后天获得的基础上表现出来的人体形态结构、生理功能、身体素质、适应能力和心理因素的综合的、相对稳定的特征。体质是人的运动能力、劳动工作能力乃至全部生命活动的物质基础。殊不知,即使没有任何躯体上的疾病,在生活中还会有烦恼、抑郁等不良状态的存在。长期以来,"没病就是健康"这种认识在社会人群中普遍存在。

1946 年,世界卫生组织(WHO)在成立宪章中对健康的定义作了详细的阐述,指出"健康是指身体上、心理上和社会适应等方面完美的状态,而不仅仅是没有疾病和虚弱。"随后又多次强化了健康的内涵,重申健康应包括身体健康、心理健康、社会适应良好和道德健康。这一点不仅把人们对健康的认识提高到了一个崭新的水平,而且为现代健康观提供了理论依据和认识基础。世界卫生组织(WHO)在 1948 年宪章中明确指出:"健康不仅是免于疾病和衰弱,而且是在保持身体、精神上和社会方面的完美状态。"这被称为"健康三维观"。这一定义准确地把健康的概念表达出来了,大大超出了疾病的范畴,把人的健康与生物的、心理的和社会的等诸多因素紧密联系了起来。

1978 年,国际初级卫生保健大会发表的《阿拉木图宣言》重申了世界卫生组织的健康定义,并进一步提出,"健康是基本人权,达到尽可能的健康水平,是世界范围内的一项最重要的社会性目标。"这一定义把对健康的认识提高到一个新的高度,即健康不仅是个人生活、家庭幸福的基础,而且是国家发达、民族昌盛的保证,是社会进步的一个重要标志。"人人为健康,健康为人人"维护和促进健康不仅仅是卫生部门和医护人员的事情,而是政府和全社会共同的责任。这便是人们经常说的"大卫生观"。

1984年,世界卫生组织提出了三方面内容的著名健康新概念:"健康不仅仅是没有疾病和不虚弱,而且是躯体上、心理上和社会适应能力上三方面的完美状态。"

2000年,世界卫生组织又提出了道德健康和生殖健康。至此,健康的概念被进一步完善,并由此明确健康应该包括生理、心理、道德、生殖和社会适应五方面内容。

(1)身体健康:指人体生理即人在生物学方面的健康。不仅是无病、无伤、无残,而且包括良好的体质和体能。既要了解疾病的发病原因,也要掌握预防疾病的措施和治疗疾病的方法,以及治愈后的康复措施。具体的标准是:身体各器官、系统发育良好,无病理信息,体质健壮,功能正常,精力充沛并有良好的劳动效能,平时的体格检查正常。

(2)心理健康:指人的内心世界充实,处事态度和谐,与周围环境保持协调均衡。其不仅是指人的精神、情绪和意识方面的良好状态,而且还要求一个人必须具有情感认识、接受、表达、独立行为以及应付日常各种应急挑战等能力。随着诊断学的发展,医学专家发现相当多的现代人都有心理异常表现。这些人尽管未达到需要求助医务诊治的程度,但一旦环境稍有变化,或精神受到某种刺激,健康依然受到威胁。心理学家提出:心理活动与外部环境是否具有统一性,心理现象自身是否具有完整性,个性心理特征是否具有相对稳定性,是确定心理活动正常与否的三条基本原则。因此,现代人们的心理健康应该有以下几个方面。首先,健康的人的自我人格是完整的,情绪稳定,有较好的自控、自律能力,能保持心理上的平衡,能自尊、自爱、自信,而且有自知之明,正确评价自己。其次,健康的人有充分的安全感、和谐的人际关系,能受到别人的欢迎和信任。最后,健康的人对未来没有恐惧感,有明确的生活目标,切合实际,不断进取,有理想和事业上的追求。

(3)社会适应性良好:指一个人的生理、心理活动,各种行为都能适应当时当地错综复杂的环境变化,思想、作风、行为、表现能为他人所理解,为大家所接受,行为与社会规范协调一致,与人一见如故,待人真诚、诚恳,同事共处,团结友爱。

(4)道德健康:是指不以损害他人、集体或国家的利益来满足自己的需要,有辨别真伪、善恶、荣辱、美丑等是非观念和能力,遵纪守法,并按照社会道德规范、社会认可的准则来约束、支配自己的行为言行,坚持为别人、为集体、为国家做好事而不是做坏事,为人们的幸福作贡献。这种能力可以使人具有自信感和安全感,在日常生活中,能使人始终保持一个良好的心情,有益于身心健康。

(5)生殖健康:指生殖系统及其他功能和在整个生殖过程中的体质、精神和社会适应性等方面处在良好状态。它包括生育调节、母婴安全健康、生殖系统疾病预防、性保健及性病防治等方面。

只有上述五方面都具备良好状态才算真正意义上的健康。心理健康决定道德健康,心理不健康的人,道德健康无从谈起。同时,道德健康对身体健康、心理健康具有重要的影响。凡与人为善、助人为乐、具有高尚品德的人,总是心胸坦荡的。人若处于无烦恼的心理状态,能分泌出更多有益的激素、酶类和乙酰胆碱等,增强人体的抗病能力,这无疑对促进健康是有利的。但与之相反,倘若一个人有悖于社会道德准则,由于其胡作非为导致紧张、恐惧、内疚等不良心态,就会给他带来沉重的精神负担,使之终日食不甘味,夜不成寐,自然无身心健康可言。

### （二）健康的内涵和外延

随着时代的发展而不断发展，健康的内涵与外延在内容上也发生了很大的变化。现代社会的健康内容包括以下方面。

#### 1. 躯体健康

躯体健康，一般是指人体生理的健康，但不仅仅是没有疾病，还应该健壮，没有疾病隐患等。为了达到最理想的健康状态，人们应当采取积极步骤摆脱疾病，走向健康。还要满足身体对营养的需要，经常锻炼，避免不良行为和物质，警惕疾病的早期信号，并且要注意防止发生事故。

#### 2. 心理健康

心理健康不仅仅是没有精神疾病。心理健康包括情感和思维状态两方面，即情与知。心理健康包括对自己和他人的复杂情感的认识和接受的能力、表达情绪的能力、独立行为的能力以及应付日常各种应激原的挑战能力。

#### 3. 智力健康

头脑是人体唯一有自知力的器官。每天人们都利用大脑收集、处理信息，并根据这些信息进行行动；利用大脑思索自己的价值、作出决定、制定目标、计划如何应付问题或者应对挑战。它包括思考和在生活经验中学习的能力、思想对新事物的开放程度，以及对信息提出疑问、进行评估的能力。在人一生中，都要借助思维的能力，其中包括评估健康信息以保证个人健康的能力。

#### 4. 道德健康

道德健康，也称心灵健康。道德健康的人能够明确其生命的基本目的，学会如何体验爱、欢乐、平和与成就，帮助自己和他人实现潜能，正如密执根州立大学的心理学家罗杰·史密斯所说，他们"致力于奉献、宽恕和关怀他人，先人后己"。

#### 5. 社会适应能力健康

社会适应能力健康指的是个体的社会行为，能适应当前复杂的环境变化，为他人所理解，为大众所接受，且能保持正常的人际关系，能受到别人欢迎。它包括参与社会、为社会作出贡献、与人和睦相处、建立起积极的相互依靠的关系，以及进行健康的性行为。

#### 6. 环境健康

人们生活在物理和社会的环境中，环境能影响人健康的各个方面。环境健康指的是周围环境对个人健康的影响。它意味着通过防护空气、水和土壤污染以及使用的产品所带来的对健康的危险，保护自己，同时要为保护环境本身而努力。

### （三）现代健康新标准

世界卫生组织（WHO）在给健康下定义时并未给出量化的标准，由于发展时期、地域、种族、年龄段、性别、职业等因素的不同，衡量健康的具体标准也会有所不同。所以说，健康没有一个确切的概念和具体的指标，它只能是对一个个体在不同时间和空间的状态的描述。可见，衡量健康的标准是很广泛的。近年来，为了便于普及健康知识，世界卫生组织提出了衡量人体健康的10条标准，具体如下。

（1）精力充沛，能从容应付日常生活和工作。

（2）处事乐观，态度积极，乐于承担责任。

（3）善于休息，睡眠质量好。

（4）应变能力强，能适应各种环境的变化。

（5）对一般感冒等传染性疾病具有一定的抵抗力。

（6）体型匀称，体重适当，身体各部分比例协调。

（7）眼睛明亮，思维反应敏捷。

（8）牙齿清洁，无损伤，无病痛，齿龈无出血。

（9）头发光泽，无头屑。

（10）走路轻松，肌肉、皮肤富有弹性。

人们在日常生活中，也形成了一些关于健康的标准，实际上是对世界卫生组织提出的标准的延伸。该标准具体包括这些内容：胃口好，进餐适量，不挑剔食物，内脏功能正常；排泄顺畅，胃肠功能良好；能很快入睡，且睡眠程度深，醒后精神饱满，头脑清醒；语言表达正确，说话流利；头脑清楚，思维敏捷，中气实足，心、肺功能正常；行动自如、敏捷，精力充沛旺盛；性格温和，意志坚强，感情丰富，具有坦荡胸怀与达观心境；具有良好的处世能力，看问题客观现实，具有自我控制能力；能适应复杂的社会环境，对事物的变化保持良好的情绪，保持对社会外环境与机体内环境的平衡；具有良好的人际关系，待人接物大度和善，不过分计较，助人为乐，与人为善。

现代健康观揭示了人体的整体性以及人体与自然环境和社会环境的统一。人类对疾病的预测从对个体诊断延伸到对群体乃至整个社会的健康评价，而对健康的评价标准由单纯的生物标准扩展到心理、社会标准。

**（四）影响健康的因素**

健康受遗传、生活环境、行为与生活方式和运动等多种因素的影响和制约。影响健康的因素可归纳为以下几种。

**1. 生物遗传因素**

人们是否能达到健康目标，在一定程度上取决于遗传控制。遗传是决定或限制健康表现的直接原因，许多人健康与否就是由各自的遗传潜力决定的。然而，遗传对健康的制约作用到底有多大，目前无法推断。不过，遗传常会引起许多疾病，如血友病、色盲和其他家族遗传疾病等。一般认为，影响人体健康的生物、遗传因素具体包括以下内容。

（1）病原微生物侵害

病原微生物对人类的危害是极为严重的，它主要是指各种致病性微生物，如病毒、细菌、支原体、衣原体、立克次体、螺旋体、真菌等；寄生虫如有原虫、蠕虫等。病原微生物可通过水、空气、食物等载体入侵人体，是最常见的生物致病原因。据有关记载，霍乱自1920年传到我国后，在长达十几年的时间里曾大范围传播，共有四十几次疫情爆发。

（2）先天与遗传因素

先天性疾病和遗传性疾病是两个不同类的疾病。先天性疾病是指父母亲的生殖细胞是正常的，但受孕后在胎儿发育过程中，受到了某种外界因素的影响和损害而引起的疾病，如畸形。遗传性疾病是指父母亲的生殖细胞染色体的缺陷或生殖细胞本身的其他原因而引起胎儿的疾病。

例如血友病、心脏病等。还有一种情况是"遗传性缺陷",这主要与父母的年龄、性别和生理状况有关。例如,40岁以上的妇女所生子女比年轻妇女所生子女患先天性愚型的几率要高100倍。此外还有一些疾病具有"家族倾向"。

（3）个体免疫反应

免疫功能是人体的重要防御功能,但在异常条件下,机体的防御功能可转化,反而引起机体的损伤,称"免疫性疾病",如慢性淋巴细胞性甲状腺炎、类风湿性关节炎等。

2.环境因素

环境因素可在不同程度上影响遗传所赋予健康潜力的发挥,并最终决定健康程度。但是,许多环境却对健康产生负面影响。例如,长期处于污染的环境里,会造成许多致病微生物（病毒、细菌和病原体）直接侵入人体,引发各种不可预知的疾病。与人体健康有关的环境主要包括以下三种。

（1）自然环境

大气、水、土地、矿藏、森林、野生物,各种自然和人类遗迹等的总和构成自然环境。自然环境组成人类的生活环境,是人类赖以生存和发展的物质基础。因此,拥有一个清新、健康的自然环境,是保证人们拥有健康身体的重要前提。人类的健康与环境质量密切相关。良好的环境可增进人类健康,有害的环境可对人类健康造成巨大影响,甚至威胁人类的生存。人类对自然界恶意或无意识的破坏严重危害着人们的健康。

（2）社会环境

社会环境是指人类的生产生活和社会交往中构成的各种关系的总和,是人类在自然环境的基础上,有目的有计划地创造而成的人工环境,是人类物质文明和精神文明发展的标志。完好的政治制度、积极的意识形态、健全的法律体系、良好的经济状况、和谐的家庭、较高的文化水平,有助于形成健全的人格和健康的心理,对提高全民族的健康有着积极的作用。而人体疾病的发生和转化还直接或间接地受到社会因素的影响和制约。社会关系受挫和社群交际缺乏或其质量较低者,已经如同吸烟、酗酒、肥胖、高血压、高血脂、运动缺乏、精神紧张和精神压力一样,成为影响人体健康的主要危险因素之一。社会环境因素主要表现在以下四个方面。

①社会心理因素。社会心理因素是影响人体健康的重要方面。人体自身的最有助于健康的因素是良好的情绪,它不仅可以抵消消极情绪的有害影响,而且可以通过神经和内分泌系统使体内环境处于稳定的平衡状态。持久强烈的"致紧张因素"的刺激可使人体失去心理生理平衡,导致诸如消化性溃疡、失眠、心动过速、紧张性头痛、高血压、高血糖等病症。

②社会道德因素。社会道德对健康产生重要影响。从整体来看,一个国家和一个民族的健康素质高低,必然与其道德风尚成正比关系。例如,随地吐痰必然会使结核病发病率增高,乱堆粪便垃圾也必然导致肠道传染病的发病和流行。

③社会教育因素。社会教育是提高人们健康水平和健康观念必不可少的内容,特别是人们卫生习惯和良好行为的养成,往往与人们的受教育程度成正比。不珍惜自我健康和缺乏自我保健意识的人,也多与受教育程度有关。

④传统文化因素。传统文化因素也对人的健康产生一定的影响。每个民族都有传统文化与习俗,并强烈地影响着人们的道德观念、信仰和健康行为。人们的饮食、生活起居、嗜好、服饰等传统文化习俗,强烈影响到人们的健康行为。

（3）家庭环境

家庭是以婚姻和血缘关系组成的社会基本单位。家庭结构、机能和关系三者状态好坏与人的健康有很大关系。如家庭结构改变及缺陷、结婚、丧偶、子女或同胞死亡等都会引起人体免疫机能改变，影响身心健康；家庭关系协调，气氛和谐，有利于身心健康；相反，夫妻关系失调，或父母与子女关系失调等都会对身心健康造成危害。

### 3.营养因素

合理的营养是保证人类健康的重要因素。营养过多或不足都有损于健康。评价居民营养状况包括居民摄入热量及食物的营养结构。前者是衡量人群摄入的食物是否能维持基本生命功能，后者则是分析摄入食物中各种营养素比例的合理性。

评价居民营养与健康的另一方面，即摄入的营养素是否合理，是否有利于防止疾病、促进健康。根据食物提供的热量计算，人均蛋白质、脂肪、糖类（碳水化合物）三大营养素摄入的适合比例为 3∶4∶13。其中蛋白质以动物蛋白质及植物蛋白质各占 50% 为宜。这种标准既保证了机体对各种营养素的需要，又有利于预防常见的慢性病，如心血管疾病等。目前，发达国家居民膳食中，动物蛋白质及脂肪含量偏高；而发展中国家及不发达国家居民膳食中蛋白质及脂肪比例偏低。

此外，膳食中各种微量元素是否足够，比例是否合理，与一些地方病及营养缺乏病的发生有着密切的关系。

### 4.心理因素

消极的心理因素能引起多种疾病。我们的祖先两千多年前就发现了情绪对身心健康的影响。《黄帝内经》中曾多处提到了"怒伤肝""喜伤心""悲伤脾""恐伤肾"。现代医学心理学的研究也证明了许多疾病的发生、发展与心理因素有关，如心血管病、高血压、肿瘤等。大量的临床实践证明，消极的情绪（如悲伤、恐惧、紧张、愤怒、焦虑等）能引起人体各器官系统的功能失调，导致失眠、心动过速、血压升高、尿急、月经失调等症状。在我国的癌症普查中，还发现心理因素与食道癌、子宫颈癌的发病有着密切的关系。

心理因素在疾病治疗的过程中也具有一定的作用，表现在两个方面：一方面，在疾病治疗中要打消顾虑，树立与疾病作斗争的坚强信念；另一方面，对由于心理因素、情绪因素引发的疾病要坚持心理治疗，降低消极心理因素对人的影响。

### 5.行为和生活方式因素

行为和生活方式因素是指由于自身的不良行为和生活方式直接或间接地对健康带来不利影响的因素。美国 1977 年对 10 种主要死因与影响健康因素关系的调查发现，死因是由行为和生活方式的因素直接造成者占 48.9%；我国于 1981—1982 年对 19 个城乡点典型调查的结果表明，行为和生活方式因素为死因者占 37.3%。1978 年，世界卫生组织把行为方式问题列为"人人健康"战略目标的重要内容。

### 6.体育运动因素

现代社会发展迅速，人们的劳动方式和生活方式发生了很大的改变，运动缺乏成为威胁人类健康的一个重要因素。同时，科学运动的健康价值日益凸显，人们越来越关注体育在其生活中的位置，体育对人类健康的作用和意义也是关注的重点和核心。

应该认识到,体育是一种复杂的社会现象。它以身体与智力活动为基本手段,根据人体生长发育、技能形成和技能提高等规律,达到促进全面发育、提高身体素质和全面教育水平、增强体质与提高运动能力、改善生活方式与提高生活质量等目的,是一种有意识、有目的、有组织的社会活动。从这个含义中可以看出,体育具有生物性和社会性两种属性。1978年,联合国教科文组织颁布的《体育运动国际宪章》中明确说明体育是一种人权,确认体育是提高生活质量的手段,体育能培养人类的价值观念,说明体育对人类的生存和发展具有重要的影响。从体育的含义中可以看出,体育对促进健康具有广泛的作用,特别是在改善生活方式与提高生活质量方面,体育的作用和影响力是非常大的。

### 7.卫生保健及资源因素

一般来说,卫生保健包括预防服务、治疗服务、康复服务等几个方面,尤其是医疗卫生资源的合理利用和医疗卫生服务的质量,直接影响着人群健康水平,是保障人类健康的重要因素。卫生保健这项服务质量的优劣,与个人和社会群体都有着至关重要的关系。

现代社会中,个体的健康行为必然要建立在一定的资源基础之上,每个人在考虑其健康问题并作出行为选择时,都可能受到卫生资源的制约。在缺医少药的贫困边远地区,由于条件的不同,卫生医疗机构不健全,经费少,资源分配不合理,布局不均,片面追求经济效益,忽视医德风尚等也都影响人类的健康。现在,世界上大约有10亿人由于贫穷和卫生保健及卫生资源缺乏而陷于营养不良和疾病的恶性循环之中。在发展中国家有近2/3的人口得不到长期的卫生服务。

### (五)健康的认识误区及亚健康

#### 1.健康认识的误区

由于现代人生活节奏快,很多人并没有真正理解和深入地认识到健康的内涵,因此,在日常生活中人们对健康存在着不少误区,主要集中表现在以下两个方面。

(1)体格健壮就是健康

一些人将体格健壮与健康画等号,认为身强力壮就是健康。事实并非如此。运动员大多具有十分强健的体魄,却也可能因受到流感病毒的侵袭而患病,处于不健康的状态;还有一些运动员会在运动场上猝然死去。这些充分说明体格健壮也不见得就是健康。这应该使人们重新认识健康的定义。尽管人的身体有其局限性,但也不必谨小慎微地过一生。每个人都有与生俱来的运动、思考和行动的能力,能够将自己的生命向各个方向延伸。肌肉如果不用就会萎缩,头脑如果不接受新思想和新事物就会僵化。如果一切都不尽力而为,人们可能永远也不会发现自己的潜能。

(2)没有疾病就是健康

许多人认为没有疾病就是健康,这实际上是健康的一种消极定义。健康与没有疾病并不相同,有些人认为经过全面的健康体检,各方面身体机能都很正常,于是就说自己非常健康,这种看法显然也是不全面的。一个人在主观上感觉良好或暂时未被医生检查出有什么疾病,并不能表明他就处于健康的状态。即使人们没有任何躯体症状,在生活中仍可能会出现烦躁、抑郁、紧张、焦虑或者精神不振等症状。这样的情绪状态常常导致躯体或精神疾病,还可以导致吸烟、酗酒和贪食等放纵身体的行为。他人的认同、令人振奋的环境、朋友的关爱、对自我的认可等是心理的基本需求。放纵的行为则成为基本需求的替代品。有资料表明,在非致命性的原发性心衰患者中,有1/4是自己未觉察到或是未被医生检查出来的,有的甚至完全没有痛苦的感觉或未引起任何注意,但在5年内有1/3可复发,其中有一半是致命性的。同时,一般体检都难以检测心理和社会因素对健康的影响。

**2.亚健康**

近年来,医学界提出了一个新概念——亚健康,这是一个比较富有哲理的医学新名词,也是现代医学科学中的新事物。亚健康状态通常是指人们处于健康与疾病之间的健康低质量状态及其体验。它是介于健康与疾病之间的一种动态变化着的中间状态,较之健康与疾病,处于中间状态的亚健康则更为复杂。

(1)亚健康的状态

人们一旦处于亚健康状态,其表现形式通常会伴随着人体相应的生理、心理上等多种现象,或者有似患慢性病的表现,如情绪不稳、心情烦躁、忧虑、焦虑、精神不振、记忆力减退、反应迟钝、注意力不集中等。

(2)亚健康的成因

一般来说,个体的亚健康状态主要是由以下因素导致的。

①心理失衡。许多病例都已经证实,心理失衡是导致人体出现亚健康状态的一个重要原因。当今社会竞争激烈,各种人际关系错综复杂,使很多人心神不宁,思虑过度。这不仅会引起睡眠不佳,而且还会影响人体的神经体液调节和内分泌调节,从而影响机体各系统的正常生理功能。这种心理失衡必然会导致人体形成亚健康状态。

②营养不良。很多现代人选择高热量、有添加的食物,这种不合理的营养结构,使身体摄入的营养素不全,从而给机体造成隐患。如果想要避免营养不良,就不能只吃热量高的食品,如"洋快餐"等,也不能食用过多人工添加剂的食品,否则很容易造成机体的代谢功能紊乱,重要营养素的缺乏和肥胖症增多等问题。

③滥用药品。一些人一出现身体不适,就选择吃药,甚至不经医嘱自己乱用药。用药不当对会机体产生一定的副作用外,还会破坏机体的免疫系统。如稍有感冒症状,就大量服用抗生素等,这样会使人体肠道的正常菌群遭到破坏,对人体的健康十分不利。

④锻炼无规律。经常锻炼身体,对人体的健康有积极的促进作用。由于年龄、性别以及各人身体状况的不同,选择锻炼的方式和强度也就不同。锻炼身体要符合实际情况,有规律的进行锻炼。此外,也要懂得坚持锻炼,不能"三天打鱼,两天晒网"。健体无章、健体不当,都会损坏人体的健康,从而也就失去了锻炼的意义。

⑤生活方式欠佳。不合理的生活方式是导致亚健康的"帮凶"。不良的生活方式表现在很多方面,如吸烟、过度饮酒、熬夜、缺乏锻炼、饮食失衡、睡眠不足等,这些欠佳的生活方式,都加快了身体从健康走向亚健康状态的脚步。

⑥生活环境较差。一方面,现代城市大多数都是高楼林立,房间封闭,长时间的使用空调,使得空气中的负氧离子浓度变低,血液中氧浓度也会随之降低,从而会影响组织细胞正常的生理功能。另一方面,随着科技的发展、工业的进步,城市人口日益增多,车辆也加倍的增加,各种噪音也随之产生,这就使人备受噪音的干扰。噪音会使人烦躁不安、心情郁闷,并且对人体的心血管系统和神经系统也会产生很多不良影响。

## 二、休闲体育与健康

### (一)休闲体育的健康需求

#### 1.体育是一种休闲需求

在早期人类的社会生活中,由于社会生产力相对较低,人们几乎所有的工作都需要体力,因此,身体运动并不是闲暇时间的主要活动内容。如今,人们在工作中的体力消耗越来越少,导致了很多病症的出现,如"文明病"等。而参加适量的身体运动是促进健康的重要途径,正因如此,适量的体育运动才广泛地在人们的余暇时间开展起来。健康需要科学文明的生活方式,需要走路、跑步等方式进行适量的运动,当然更需要内容丰富、形式多样的身体娱乐活动。这些都不能在上班时间进行,因此,参与体育运动锻炼只能大量地安排在休闲的时间里。

随着社会经济的快速发展,闲暇时间越来越多,但这并没有使人们增加身体活动量。据研究发现,当人们从事某一特定活动所需时间、举行的时段、季节的变化以及活动的便利性和参与此活动的频率之间的关系时,其时间因素与参与频率呈现出强烈的反比。特别是那些需要较长时段活动、需要特殊时段活动(白天时间)或是需要特殊季节条件活动(冬天的雪季),比起那些费时不多、在任何时间里都可进行的活动而言,其参与频率要少得多。因此,社会不同人群参与休闲体育健身,应选择适当的项目,时间安排也要合理,这需要给予专业方面的指导。

由于工作性质的不同,有的工作会对工作人们的时间有严格的要求;而有的工作的弹性比较大,工作时间自由灵活,可以自由选择合适的时间完成既定的工作。同样,有些休闲体育活动也具有较大的弹性,而有些活动则有明显的条件限制,如高尔夫球,就必须在特定球场的开放时间才能玩,玩高尔夫球的时间相对比较长。而那些参与时间不长、不论气候状况、早晚都可进行的活动,则具有较大的弹性。而越是有弹性的活动,其参与的频率就越高。

长期以来,我国参与体育活动的人口主要集中在学生人群和退休人群中,他们在学校体育的特定活动中被强制进行或自发零散地参与一些基础性的健身锻炼。现阶段,随着全民健身计划的推广,我国体育运动的内容日益丰富、形式也多种多样,其弹性越来越大,人们可以结合实际情况自由选择那些适合自己身体需要的各种运动项目。随着现代社会生活水平的提高,人们将开展体育活动的重心逐渐转移到闲暇时间来进行。因此,在闲暇时间进行锻炼身体逐渐成为一种时尚。

#### 2.体育休闲内容健康

随着社会经济的快速发展,休闲在促进人的健康方面扮演着越来越重要的角色。人们利用休闲,参与各种体育运动可获得健康,这是提高身体素质最理想的渠道。同时,通过参与体育运动,人们可以在休闲中放松平时工作时紧绷的神经,获得心理的放松,从而有效地提高身心健康水平,促进工作效率的提高。

休闲生活的内容形态是社会发展水平的重要指标之一。随着社会物质生活水平的不断提高,人们拥有了更多的时间和条件来参与阅读、运动比赛、文化活动、户外娱乐等,人类休闲活动的内容越来越丰富和多样化。

在选择休闲体育时,休闲的内容健康与否,将直接影响着人的身心健康。过去人们工作之余,常通过欣赏音乐、阅读小说聊天或者散步等方式来放松自己。然而,随着现代社会的发展和进步,电视、网络走进了每个家庭,看电视和上网成为人们最主要的娱乐活动。长此以往,人们会因运动不足而给身体健康带来严重的危害。可见,如何选择更加健康和适合自己的休闲内容成为人们参与休闲体育运动的当务之急。从人的需要的发展角度来说,中国经过改革开放以来的大发展,已解决了温饱问题并开始走向富裕,人们在精神文化方面有了更多的需求。人们希望全面提高自己的生活质量,希望能健康长寿,希望社会更加全面、健康的发展,要想实现这些愿望,人们就需要全面提高自身素质,建立科学、健康的休闲观念,并且在休闲活动中越来越多地增加体育运动的内容,而这些体育活动内容则要积极、健康,能促进人的身心向着健康的方向发展。

### 3.休闲健康教育的实施

健康教育作为一种社会活动和一门独立的学科兴起于20世纪20年代,但至今都还没有完全公认的定义。1919年,美国儿童健康组织首次使用了"健康教育"(Health Education)一词,并对其下了定义:健康教育是指一切影响于个人、社区和种族的健康知识、态度和习惯的经验总和。现代社会是高度发达的知识经济性社会,它对教育培养人才有较高的要求。当前,面对经济发展的新挑战,学校体育必须配合素质教育和通才教育的大方向,实施休闲健康教育,在身体活动中培养学生与人共事的能力和团结协作的精神,以适应当前社会发展的需要。

"文明病"是人类社会文明发展到一定阶段的产物,仅靠医学手段是难以得到彻底有效地解决的。与传统疾病相比,"文明病"的发生的原因特殊而复杂。这使得现代医学对文明病的治疗,显得有些力不从心,暴露出了其自身严重的局限性。另外,相对于体育来说,医学具有一定的滞后性,只能在病情发生后进行治疗,尽管现代医学提出了预防医学的概念,也不能从根本上改变这种局面;医学的普遍适应性也不如体育,如过敏体质的人很多,但绝对没有能力参加任何体育运动的人则很少。

体育运动实践表明,经常参与休闲体育锻炼,能很好的抑制社会"文明病"的发生,为了达到身心健康的目的,人们采取了各种方法和手段以增强身体素质,而同时也极大地丰富了人类的文化。随着环境的变化和人们科学认识水平的不断提高,将不断地对户外娱乐、旅游等休闲活动进行重塑。如在露天赛场上,人们已逐渐认识到强烈阳光的致癌性,在从事运动时都采取一定的防护措施。另外,"日光浴"的流行也成为过去。以日光为招牌的旅游点,将不得不重新命名。这些变化都说明,对体育专业人员进行休闲健康的教育是十分必要的。总地来说,参与休闲体育不仅能使人们恢复体力、精力、愉悦身心,同时还能促进社会交往,可以说,休闲体育满足了人们在现代社会对体育的要求。

### (二)休闲体育的健康促进

体育是一种社会文化形态,它不仅仅是个体增强体质的手段,还是促进健康的一项人类社会实践进程。作为体育的重要组成部分,休闲体育在促进个体健康和社会文化健康发展方面具有重要的作用。具体如下。

### 1.促进个体身心的发展

个体健康同社会群体的健康是分不开的,没有每一个个体的健康,就没有整个群体和物种的健康。那种以牺牲人类的健康为代价来换取经济建设和社会发展的价值判断是错误的。

个体健康是群体健康的基础,而营养对于健康则具有非常重要的作用。但是,目前来看,对营养过剩给健康带来的危害，人们还缺乏足够的重视。随着人们物质生活水平的不断改善和提高，如高血压、高血脂、高血糖等不良疾病，对人类的健康造成了极大的危害。这种"文明病"仅仅依靠医疗手段并不能完全的解决，医学相对体育来说是被动和消极的，而且成本会越来越高，因此，健身体育锻炼成为个体发展的必然需要。

社会需要健康，体育可以满足人们对健康的需要，而社会的发展又为体育提供了促进个体健康的新目标。体育的目标也越来越明确，即促进人类每一个个体的健康。

### 2. 促进小康社会的发展

早期，人类的体育活动仅表现出用身体活动娱神娱己的特征；在工业社会前期，体育被一些急于实现短期功利目标的落后国家过分的突出了其工具价值；而到了信息社会的"后现代"时期，体育才真正显示出"促进健康"的社会价值。可以说，人们整体综合素质的提高将决定着小康社会的发展速度、发展水平以及人与社会的全面协调的发展。

为了进一步改善国民体质，我国政府一直都把普及群众性体育活动、改善和提高整个民族的健康水平，作为一项重要的工作任务来抓。但由于新中国成立初期，我国的社会生产力水平低下，国家经济实力较弱，人们参与休闲体育的精力和财力都有限，在社会上开展的大众体育受到了极大的限制。那时群众自发形成的体育健身活动并不多，大多都是由国家统一计划、组织和实施的。改革开放后，随着我国社会生产力水平的不断提高，人们闲暇时间的日益增多，人们对健身娱乐的需求更加迫切。正是在这种背景下，国务院发布了《全民健身计划纲要》（以下简称《纲要》）。这对我国大众体育的发展具有划时代的意义。《纲要》提出的首要奋斗目标是"努力实现体育与国民经济和社会事业的协调发展，全面提高中华民族的体质与健康水平，基本建成具有中国特色的全民健身体系"。

### 3. 促进社会主义文明的发展

体育是促进人体健康发展的主要手段，现阶段，知识经济的来临使得人们对体育的功能，以及功能与目标之间的关系得以重新审视，人们期望将体育纳入健康发展的轨道，使体育与人类文明共同发展和进步。新时期，我国的体育目标将重心放在发挥体育对身体健康的促进作用，使不良生活方式带来的疾病得到治疗和康复之上。将体育对健康的意义上升到人类文明的层面，这包括体制健康、社会健康、寓于个体和群体的健康等。健康的概念，也从对身心健康状况的评价，演变到一种人文社会的价值取向。

现代社会，人们闲暇时间的增多，为人们投身体育活动提供了条件和可能，人类对体育的需求也从生存竞争，到增强体质，再到促进健康，随着人类的生活和生产方式的进步而不断得到提高。

体育融入现代生活方式的最大优势，就是它可以积极地生产健康。现代社会人类的健康和社会适应能力在不断地恶化，对体育休闲服务有着巨大的需求。许多休闲体育活动的定位将更加明确，更加直接地将自己定义为健康服务，为健康不佳的人群提供合适的体育活动。在未来一段时期内，体育作为人人都应该享有的获得健康的权利，必将成为个体的终身需要和全民的永恒需求。新时期的体育将从仅仅为群体或个体的漩涡里淡出，从人类文明的宏观层次来探索其终极目的。人类需要健康，健康需要体育。体育为了人类文明的健康，这使它产生了新的发展动力，在社会生活中也必将占据更加重要的地位。

# 第三节　休闲体育的教育论

## 一、休闲体育教育思想的内涵

### （一）中国休闲体育教育思想

虽然在我国，休闲体育教育思想并没有明确地被提出，但在中国五千年的文明进化过程中，休闲教育（当然包括休闲体育教育）占据着重要的文化位置并彰显着深厚的休闲教育内涵。诸多教育家和思想家在体育方面的主张都体现了关于体育的休闲意义和教育意义，从先秦时期到近现代，这种关于休闲体育教育的论述从未停止。

1. 先秦时期的休闲体育教育思想

早在两千多年前，人类已经注意到了闲暇在人的生存和发展中的特殊意义和价值，认识到了闲暇的教育价值，如在中国第一篇教育专著《学记》中就谈到："时教必有正业，退息必有居学"；"故君子学也，藏焉，惰焉，息焉，游焉。夫然，故安其学而亲其师，乐其友而信其道，是以虽离师辅而不反也。"这是对休闲与个体学业的促进及德行的陶冶作了极佳的注脚。《论语》中的"子曰：'志于道，据于德，依于仁，游于艺'"，指明了人的志向在"道"上，执守在"德"上，依据在"仁"上，游娱在"艺"上。《孟子》中的"设为庠、序、学、校以教之"，此"庠"即养，养老、休养之场所。可见中国古代学校创始之初即与休养生息有联系。

2. 北宋时期的休闲体育教育思想

胡瑗是北宋著名的教育家，胡瑗的教学主张体现出重要的休闲教育思想，他除重视书本教育外，同时还组织学生到野外、到各地游历名山大川，并把此项活动列入教程之中，做到让教育理论与教育实践相统一。他曾对湖州知府滕宗谅说："学者只守一乡，则滞于一曲，隘吝卑陋。必游四方，尽见人情物态，南北风俗，山川气象，以广其闻见，则有益于学者矣。"他的这些教育思想体现在具体的教学实践中。他亲率诸弟子自湖州游关中，上至陕西潼关关门，回顾黄河抱潼关。他的这套教学方法和我们今天所提倡的"素质教育"十分相似，这在许多读书人将学校视为"声利之场"的背景下确实是难能可贵的。

3. 明清时期的休闲体育教育思想

明代教育家王守仁，曾明确提出了游戏娱乐能使孩子身心愉悦、促进自然生长的休闲教育思想。他说："大抵童子之情，乐嬉游而惮拘检，如草木之始萌芽，舒畅之则条达，摧挠之则衰萎。今教童子，必使之趋向鼓舞，中心喜悦，则其进自不能已。譬之时雨风，沾被卉木，莫不萌动发越，自然日长月化。若冰霜剥落，则生意萧索，日就枯槁矣。"意思是说，儿童的性情总是喜欢嬉游，害怕拘束与禁锢，就像草木刚刚萌芽，顺应它就会发展，摧残它就会衰退。所以他主张对儿童的教育必须依据这个特点来进行，采取使儿童"趋向鼓舞"和"中心喜悦"的积极教育方法，才能使儿童的学习日有长进，就好像春风时雨沐及于草木一样，蔼然生意，而不是冰霜剥落、生意萧条。游戏是少年儿童的天性，是他们生长发展的需要，因而游戏是实施有效教学的必要手段之一。

明末清初，教育家颜元更是直陈休闲教育的意义："孔门习行礼、乐、射、御之学，健人筋骨，和人血气,调人性情,长人仁义。"他反对"主静",主张"习动"。他认为,终日静坐书房之中,便会使人精神萎靡不振,身体筋骨疲软,天长日久便会厌弃实事,不愿动脑筋,结果遇事则茫然不知所措。因此,他提倡在教学过程中实施健康方法。"常动则筋骨竦,气脉舒",这不仅指出休闲教育对于学生强身健体的益处,而且对道德品行的修养也具有良好的引导作用,这与现今的休闲教育观念和主张不谋而合。

4.近现代的休闲体育教育思想

我国近代著名的教育学家蔡元培先生,一生主张崇尚自然、发展个性、培养健全人格的新教育,这种教育观念和陶行知先生"生活即教育""教学做合一"的思想,也体现了立足生活、教育培养完整的人的教育理念,直透休闲教育的内涵和宗旨。

长期以来,我国受传统价值观"小人闲居为不善"的影响,致使我国对休闲教育的系统学术研究始终没有得到重视,和其他国家相比起步较晚,休闲及休闲教育的专题研究在我国很长一段时间内没有得到重视。直至 20 世纪 80 年代,在外来多元价值观冲击下,又随着闲暇时间的增多、生活压力的加剧,人们的休闲思想观念开始发生变化,开始思考怎样科学利用闲暇来改善、提高生活质量,这时休闲教育研究才得到人们的重视。

当代最早提出休闲学术研究的学者之一——于光远先生,于 1983 年指出:"在中国的高等学校中没有一门研究游戏的课程,没有一门游戏的专业,没有一个研究游戏的学者,这并不是什么优点而是缺点。"1994 年,于光远又提出了"玩学"说,他认为:"玩是人生的根本需要之一,要玩得有文化,要有玩的文化,要研究玩的学术,要掌握玩的技术,要发展玩的艺术。"他的这些休闲思想无异于一块石头投进了水塘里,激起了人们对休闲问题的深度思考,许多学者也很快加入到休闲教育的研究中来。

马惠娣教授(于光远先生的学生),长期以来致力于休闲方面的研究,不仅发表了自己的大量研究成果,而且还与她的研究团队翻译出版了西方国家两套最新研究著作,她的努力工作为我们研究休闲体育提供了很好的平台,打开了探究休闲体育教育的窗口。她认为:"休闲教育包括智力的、肢体的、审美的、心理的、社会经验的教育;创造性地表达观念、方法、形状、色彩、声音和活动;主动参加各种公益活动的经验;社会参与和表达友谊、归属和协作;野外生活经验;促进健康生活的身体娱乐;培养一种达到小憩、休息和松弛的平衡方法的经验和过程。"

总地来看,我国对于休闲教育的研究还处于拓荒期,只经历了短短几十年的时间,但我们欣喜地看到,经过休闲学者们的不懈努力,我国在休闲哲学、休闲社会学、休闲经济学、休闲文化学等领域的研究已初步深入,许多重要学术会议,更推动了休闲及休闲体育研究的新发展。现在,已有部分高等院校开始开设休闲教育相关课程,2007 年,教育部更把"休闲体育"列入本科专业目录,这极大地推动了休闲体育教育事业的专业化发展进程。近两年来,我国高校开展的休闲体育运动项目(如台球、高尔夫、秋千、桥牌、野外生存等)越来越多,学生也对休闲体育表现出了极大的热情。

**(二)西方休闲体育教育思想**

和我国相比,西方国家从事休闲体育研究较早,早在两千多年前,西方国家已经非常重视休闲教育了。古希腊人就认识到休闲和教育的关系,他们认为:"自由人如果不想使自己的生活沦为灾难,就一定要接受休闲人生的教育。"可见,对于他们而言,教育是对人类生活和人类共同体的终极辩护，进行休闲教育是人生幸福的保障和前提。他们试图通过教育达到休闲的目的，使人生的价值得以实现。亚里士多德对闲暇教育作了研究，他认为，只有为休闲而进行的教育才是崇高的，他特别强调"教育的目的不是为了谋职或挣钱"，而是"使得人们做出理性的行为，并通过精神洞见使人的行动升华，从而让他们成为自由的人。"在他的教育思想里面，教育的目的总是与实现人的自由发展联系在一起，休闲教育则是实现教育目的的首要途径。

原苏联著名教育家苏霍姆林斯基是休闲教育的最好践行者，他领导的帕夫雷什中学是实行休闲教育最好的典范。该校下午不排课，而是组织学生参加多种多样的课外活动。苏霍姆林斯基认为："午后不进行紧张的脑力劳动学习，这是一个具有决定性作用的条件。在这个条件下，不仅可以增强体质，而且可以为丰富精神生活、为全面发展创造条件"。他还指出："下午不进行紧张的脑力劳动，并非为了完全摆脱智力劳动，而正是为了让学生能过上富有意义的丰富多彩的精神生活。只有当孩子每天按自己的愿望随意使用5～7小时的空余时间，才有可能培养出聪明的、全面发展的人来。离开这一点去谈论全面发展，谈论培养素质、爱好和天赋才能，只不过是一些空话而已。"苏霍姆林斯基所在的帕夫雷什中学的学生课外活动90％以上都在户外进行，通过参加自愿选择的课外小组活动，进行游戏、旅行参观、徒步行军、阅读、文娱活动等休闲活动。在这种教育思想指引下，帕夫雷什中学成为前苏联公认的教学质量高、真正使学生得到全面发展的学校。

让·雅克·卢梭，法国伟大的启蒙思想家、教育家，十分认同苏霍姆林斯基的教学思想，并将这种思想发扬光大，他认为人在自然条件下，一定是身体和心灵结合发展，绝不会只求心智发展，而使身体虚弱，也不会叫身体与心智都处于衰弱之中。卢梭以爱弥儿为代表描绘道："你锻炼了他的身体和感觉以后，你亦曾锻炼了他的心智与判断力，最后我们亦曾把他的四肢和心智的应用联合为一。"他认为15—20岁年龄阶段青少年的教育问题非常重要，如果他们整天无所事事，很容易走上邪道，他主张用跳跃、舞蹈、爬墙、爬树、登山、游泳、竞走、打猎和各种球类游戏等体育运动方式来充实、丰富青少年的生活，凭借非常紧张、新颖的活动去占领他们的世界。

实用主义的集大成者——约翰·杜威在《民主主义与教育》一书中专门对"劳动和闲暇"问题进行了讨论，他认为："在教育史上出现的根深蒂固的对立，也许就是为用劳动做准备的教育和为闲暇生活做准备的教育"，过多偏向哪一边都是不对的。他主张"比较直接地以闲暇作为目标的教育，应该尽可能间接地加强效率和爱好劳动，而以效率和爱好为目的的教育，应该培养情感和智力的习惯，促进崇高的闲暇生活。"

英国社会学家赫伯特·斯宾塞在他的"教育预备生活说"中所确定的五项个人生活活动中，其中一项是"在生活中的闲暇时间满足爱好和情感的各种活动"，他估计到当时的客观形势把闲暇教育归为最后一类，但他预言："到了自然的力量完全被人征服，供人使用，到了生产的方式已经达到了圆满地步，到了劳动已经节约到最高程度，到了教育已经安排得当，能比较迅速地把较为重要的活动做好准备，到了因此而大量增加的闲暇时间，那时闲暇教育占有很重要的地位。"

马克思给人类留下了内容丰富而又博大精深的思想遗产，为我们今天思考诸多问题提供了理论依据。马克思理论中有关休闲与人的全面发展，休闲与社会进步相互关系的论述。其中，"自由时间"理论为现当代学者研究休闲问题具有重要的指导作用，该理论是马克思在近代资本主义社会发展初期，结合当时工业社会的现状提出来的。与此同时，该理论还揭示了人自由全面发展的三个逻辑起点："劳动生活的逻辑、休闲生活的逻辑和生理生活的逻辑。"即自由时间是实现人的自由全面发展的重要条件,是与人的生存和发展密切相关的权利,是发展主体自我素质兴趣和爱好的必要条件。他还认为,仅有外部社会条件还不够,要想真正实现自身生活的休闲化,主体还必须具备休闲生活的素质和能力,而主体的这些素质与能力需要通过休闲教育来实现。

虽然西方思想家关于休闲体育教育的观点的侧重点不同,但他们都认为,休闲体育对人有重要的教育价值,影响人的健康全面发展,休闲体育具有如下特性。

(1)是使人能够通过休闲来改善自己生活质量的全面运动。

(2)是使人明确自己休闲价值观和休闲目的的过程;一个借此机会决定休闲行为的过程。

(3)是使人们能够在休闲中提高自己生活质量的方法。

(4)是帮助人们从休闲的角度认识自己并自主地确定休闲在生活中位置的导向。

(5)是与人们休闲需求、休闲价值趋向和休闲能力有关的活动;通过扩大人们选择范围,使他们获得令人满意的、高质量的休闲体验的活动。

(6)是需要多种管理机制和服务体系共同发挥作用承担责任的运动。

(7)是贯穿于从入幼儿园以前到退休以后的终生教育。

## 二、休闲体育教育的内容与特点

### (一)休闲体育教育的内容

#### 1.培养学生健康的休闲观

所谓休闲素质,是指通过休闲体育教育使学习者树立科学、合理、健康的休闲观,并通过个体自身的休闲体育实践活动而逐步养成的稳定的休闲态度、休闲价值观和休闲行为习惯。通过有针对性地向学生传授各种休闲体育知识和技能,发展学生对休闲体育运动项目的志趣和爱好,培养他们的休闲体育意识,帮助其树立健康的休闲体育价值观和休闲体育态度,使学生作出有价值的、明智的、自主的休闲体育选择。

#### 2.培养学生的健康生活方式

在休闲体育教育中,通过技能的学习,使学生掌握一定的休闲技能,形成正确、有效的休闲体育方式,并产生对休闲体育活动的良好兴趣。另外,在休闲体育教育的过程中,还要引导学生正确了解自己的休闲体育行为,选择是否符合自己的休闲体育观,从自己的兴趣、期望和特长出发,选择能够展示自己个性和风格的休闲体育项目,养成一种科学、文明、健康、长久的生活方式。

#### 3.促进社会和谐

通过休闲体育教育引导学生合理安排自己的闲暇时间,摒弃落后、愚昧、腐朽的不良休闲方式,抵制精神污染的发生,促进个体的和谐发展。

就整个社会来讲,讲和谐,就意味着凡事要讲协调,追求和美、和睦、均衡和匀称。从休闲体育在社会发展过程中所表现出来的和谐意义来说,它是人类一种新的生活方式。在这种生活方式中,人与人的关系、人与自然的关系、人与社会的关系变得融洽、和谐;人对物的摄取变得理智、通达;人的社会责任感变得更加强烈,并通过创造性的生活方式表达自己的追求和理念,最终达到整个社会系统的和谐状态。

### （二）休闲体育教育的特点

#### 1. 主体性

主体性包括独立性、主动性和创造性，它是人作为社会生活主体在各种社会实践活动中表现出来的根本特性。主体性既是教育的自身规律的反映，也是其固有特点，唯有主体性，才会激发内在积极的自由选择，为人们实现自我、追求高尚的精神生活、获得"畅""爽"的心灵体验提供依据。培养人的主体性是教育主体性的重要内容，也是休闲体育教育的本质要求。教育主体形式应该是丰富多彩的，既要有实体化的教材和课程，更要有广大教师和学生等多角色主体，但不能过分强调某一类活动的主体性，因为不能把主体仅仅理解为一般所说的主动性和积极性，不能将此看作是一种无节制的自我张扬。

#### 2. 娱乐性

亚里士多德认为，只有追求智慧、进行沉思的休闲生活，才是最接近幸福的、纯粹的和快乐的。参与休闲体育活动的动机不是运动成绩、奖牌奖金和其他利益，也不追求"更高、更快、更强"的竞技精神，而是放松、游憩、娱乐，因此兴趣、有趣、好玩、开心、畅爽、高峰体验，才是休闲体育的真谛。人们所从事的休闲体育运动，没有竞技体育激烈的对抗性，且可以规避因失败而产生的消极心理，不必肩负成败胜负的责任，无论是在精神上还是体能上都不存在任何压力。根据自己的意志和想法，自由自主、轻松愉快地从事身体活动或观赏休闲体育活动，从而忘却学习、工作、生活中的烦恼与痛苦，在精神上获得解脱、自由和快乐。

#### 3. 体验性

在休闲体育活动中，由于是主体自主选择、自由参与的身体活动，因而通过活动不仅直接满足身心发展的需要，而且这种良好的情绪体验会更加激励其持久参与的积极性，并能形成"需要—满足—更大需要—更大满足"的持续不断的良性循环。亲身参与，关键在于个人对休闲的体验，可以从休闲的心理或精神基础、心灵感知上的自由、驾驭自我的内在力量进行体验。休闲体育重要的不是说教和外在的表演，而是参与其中，从而体验休闲体育运动中的各种心理价值。

#### 4. 教育性

休闲体育教育属于教育的一种方式，具有教育性的特点。教育的目标是实现人的全面发展。教育包容着社会的一切教育现象，它是生成特定的、完整的、社会的个人成长过程，贯穿于人的整个生存世界。强调休闲体育教育要面对完整的人，真正促进人的全面发展，它就必须面对这个包含了理性、热情和事实的、奇迹的、现实的、具体的、活生生的"现实的个人"的一切生长过程。

#### 5. 社会性

在参与休闲体育活动过程中，从个人意识的形成到活动过程各种信息的建立，无不渗透着广泛的社会学意义。特别在人际交往、关系协调等方面，对于提高人的社会适应能力都具有积极作用。

#### 6. 时代性

一定时代的休闲体育项目与该时代社会经济发展水平和人们的精神文化要求密切相关，随着社会的发展而不断变化，每个时代的休闲体育活动都会呈现出不同的特点。因此，具有时代性特色的休闲时间是休闲行为发生的首要前提,也是休闲体育教育的显著特点。

## 三、休闲体育教育的现实意义

### (一)促进个体的心理健康发展

人具有一种与生俱来的攻击性,行为学家研究认为靠压抑、控制人类这种攻击性,只能收到局部的、暂时的效果,如果这种压抑和控制长久不能找到一个适当的发泄渠道,反而会引发人们难以预料的恶性事件。青年正处于走向社会的关键时期,学校和社会给大学生造成了各种压力,使许多学生在不同程度上存在一些明显或潜在的心理问题。如果不加以引导和疏通,就不利于学生健康成长,甚至可能给学校乃至社会带来难以预料的恶性影响。越来越多的研究表明,休闲体育运动能够调节人的情绪,降低应激反应,预防和治疗心理疾病,可以使学生有一个在一定规范下宣泄不良情绪的适宜渠道。

以高校大学生的休闲体育教育为例,从心理发展角度分析,大学阶段学生心理发育正处在以感性思维为主逐渐过渡到理性思维为主的关键时期。这种心理发育的特点决定了大学生参与休闲体育有时仅仅是凭借一时的兴趣,而兴趣是一种极不稳定的学习动机,一旦兴趣丧失或转移,则不能形成稳定的体育习惯。大学生这种参与休闲体育的无明确目的的随意性和自主性决定了高校对于休闲体育的开展负有引导、组织和管理的教育责任。

### (二)实现个体的全面自由化发展

随着社会的不断发展,社会对人才的要求日益提高并细化。当前社会,人类在生活方式、家庭结构、人际关系和消费习惯等方面均与传统社会有着明显不同。科学技术发展为人们参与休闲体育活动创造了技术前提,但机械文明的高度分工也使人产生了异化,往往又毁灭了人的个性,使个体产生了不安全的感觉。作为闲暇时间里人们调节身心健康平衡的重要方式,休闲体育教育是必不可少的。再加上人们在很大程度上已经摆脱了对经济因素和生产的依赖,先进的科学技术和生产力又为人们提供了丰富的娱乐设施和便捷的交通条件,闲暇时间不再主要被用于恢复劳动时所消耗的体力,维持劳动力的简单再生产。

社会对人类身心的解放使得人们可以有更多的体力、精力、时间去从事身体锻炼,从事休闲娱乐等休闲方式成为可能,人类的身心健康在休闲体育活动中得到充实和升华。但毫无疑问,这类休闲活动并非每个人生来就会的,它需要一个学习的过程,所以,休闲体育教育作为休闲运动的必要准备,它对于推动人的全面自由健康发展具有不可替代的作用。

### (三)满足个体完成社会角色转变

作为社会中的人,人的行为必须符合社会需求,遵守一定的社会规则,休闲体育为个人融入社会,扮演和适应不同的社会角色提供了可能。一方面,通过休闲体育可以增进个体之间的友谊、人际关系、与异性相处的能力以及团体归属感;另一方面,休闲体育能帮助个体"模拟"各种社会角色,如决策者或服从者、组织者与被组织者、优秀者与落后者等,以及在活动中由于分工不同而承担的不同角色。

不可否认,对于正在接受教育的学生而言,这种"预演式"的角色承担,对其未来走向社会是十分重要的,它使学生懂得社会角色是与人们的某种社会地位、身份相一致的一整套权利、义务的规范与行为模式,还能使学生体会到经过个人的努力是可以成功扮演各种角色的,从而体验出人的主观努力是改变社会地位的重要途径。

### (四)促进学生终身体育意识养成

终身体育是现代社会长久以来倡导的健康生活理念,其内涵包括:从生命开始至结束的一生中,学习与参与身体锻炼活动,使体育真正成为一生中始终不可缺少的重要内容;在终身体育思想的指导下,以体育的体系化、整体化为目标,为人在不同时期、不同生活领域中提供参加体育的实践进程。终身体育的形成进程是个人的体育习惯的养成进程,而体育习惯的形成必须以体育兴趣为基础和前提。

休闲体育内容繁多、方式丰富、雅俗共赏,无需高规格的场地器械条件,也没有严格的技术要求和规则限制,既可自娱自乐,也可群体参与。它强调的就是乐趣,其目的是在活动的过程中,通过舒畅的心理体验去体会生活的意义、价值,享受生活情趣。把休闲体育引入学校课堂教学和课外体育活动易于激发学生参与体育的热情,培养学生的体育兴趣,从而为形成稳定的体育习惯、树立终身体育的思想和行为构筑坚实的基础。

### (五)改善社会中休闲异化现象

休闲在人类社会中扮演着重要的角色,是人类闲余时间的主要内容。工业社会之前,人们的工作与日常生活是密不可分的,闲暇时间不可能从劳动时间中单独划分出来,人们在田野里劳作的同时也可以随意交谈、唱歌,甚至可以在田边舞蹈,这种休闲与工作浑然一体的状态是无须进行休闲教育的。当人类进入工业社会以后,人们工作在固定的生产流水线上,重复着机械化的动作,工业化和组织化使工作与休闲分化开来。虽然工业化的生产使劳动者的体力劳动强度降低,空闲时间增多,但劳动者往往无法享受更有意义或是本质意义上的休闲。他们将这一状态归因于缺少足够的物质基础,但从根本上来讲,物质条件对休闲体育的制约是人们对休闲体育的误解。

必须认识到,"休闲不等于消费",真正的休闲状态并非只是物质的满足,更多的是精神上的享受。大众对休闲的误解甚至还制造出了很多不良行为,有可能诱发各种犯罪行为。当闲暇时间和休闲方式成为一种重要社会问题时,休闲教育的功用就自然显现出来。因此,对普通人进行休闲体育教育,会使人的兴趣扩展到除了消费以外的身体活动中,这些活动会使人感悟生活的乐趣,并形成较为稳定的休闲生活方式。

# 第四节　休闲体育的娱乐论

## 一、体育运动与娱乐

### (一)身体运动的娱乐原欲

在原始社会,人类在阳光下追逐,在风雨中打闹,以此来获得强烈的快感。这种本能的嬉戏不存在外在的功利目的,与运动系统和生命活动的内在功利目的相符,也就是说此类活动满足了动物本身的活动欲望,被称之为"娱乐原欲"。

人类一旦基本的生理需求得到满足后,其"娱乐原欲"就可能通过身体活动得以充分的表现出来。他们或欣喜若狂、或手舞足蹈,这都是一种由人的身心需要所引发的活动,它对于维持生命所必需的活动过程并没有直接的帮助,也不追求直接的功利目的。另外,原始人类的身体练习并不直接服务于生存的需要,只是满足和享受这些活动所带来的快乐和愉悦。

原始娱乐文化形态大体上属于自然娱乐形态,属于人类社会低级开发阶段的产物,同人类原始思维方式相适应。那时的娱乐文化还不能成为一种独立的文化形态,而仅仅是一种人类初期智能和体能开发的表现形态,而这些表现形态都深深地渗入到了那个时代的一切人类活动之中,特别是以经济、宗教、战争、性爱等活动为代表。以原始宗教为例,原始宗教是原始人类思维方式的自然化形式,是人类最早的、最主要的意识形态。其中,图腾和巫术是原始宗教最主要的内容。图腾是指和部落有神秘血缘关系的某种动植物的神圣标记。原始人类希望通过图腾祭祀的方式来求得安定。而巫术则是人们想靠神秘的力量来占有渔猎对象而施行的魔法。图腾和巫术代表了原始意识中两种不同的类型。为了使神灵与人类和睦相处并福佑人类,原始人按照自身的性格特点和想像等设计出了繁多的仪式来取悦神灵,原始宗教的祭神仪式就是其主要活动内容。

原始社会的身体娱乐活动是集体的、具有非常大的规模。它们既是劳动训练,又是军事演习和宗教仪式,在社会生活中扮演着十分重要的角色。

**(二)娱乐是体育运动的基础**

由于人们只有在运动中体验到快乐和乐趣,才能更好地参与锻炼,因此,只有充分利用与娱乐有关的和娱乐自身所包含的各种要素,才能从多方面促进体育运动的发展。身体娱乐是体育的有机组成部分,其理论支持是:把正规的竞技体育研究作为本学科或是职业课程的基础,被叫做竞技科学。而发展到今天,作为一门学科的名称,身体教育作为其中的一个包纳于教育制度中的名词已经不再适用了。这个将来被普遍接受的学科名称可能会将一些现在包括在现时研究中的内容排除出去。

目前,发达国家的体育娱乐观念已深入人心,大多数成功的体育组织都将自己看作是娱乐的提供者。体育组织者将注意的焦点放在赛事的内容以及与赛事有关的运动场地的吸引力上,而观众也将观看比赛视为一种休闲娱乐。与其他娱乐活动相比,体育娱乐具有自发性和结果不确定性的特点,这也为体育生产商提供了更大的机遇和挑战。例如,日本每年一次的"全国体育娱乐节"活动,为参加和主办"全国体育娱乐节",各都道府县纷纷成立相关的体育娱乐团体,并举办地区一级的体育娱乐节,这对大众体育的发展起到了很大的促进作用。

## 二、休闲体育的娱乐价值

参与休闲体育能愉悦身心,是对个体健康的有益促进。大量的实践证明,保持心情愉悦更有利于身体健康,而身体的娱乐则更能促进身体的健康。在全面建设小康社会的今天,我们更应该充分认识和利用体育的娱乐作用,推动全民健身运动的发展,从而促进国民体质和健康水平的快速提高。

身体娱乐可以促进健康,这是有一定科学依据的。运动可以改变人类脑部化学结构,对治愈忧郁症具有明显的效果。经常参与有氧运动,可以促进人体血清素的升高,令人感到身心康泰,充满满足的愉悦感。据相关研究显示,跑步 20 分钟可促使脑部分泌内啡肽,内啡肽是一种像吗啡的化学物质,许多跑步者和其他从事过体育运动者,都产生过这种"天然的舒畅感"。所以,人们一般都避免从事身体对抗剧烈的竞技性运动,而更愿意选择那些充满乐趣的身体娱乐活动。身体娱乐具有良好的锻炼效果,同时还特别强调以创新来达到身心健康的目的。现代体育运动项目,内容丰富、形式多样,这为身体娱乐提供了广阔的天地。新的运动项目、新的体育锻炼新形式都在不断地出现,并将获得较快的发展。人们从事自己所喜爱的运动,可以使身心合一,达到身心健康的目的。体育休闲娱乐活动在增强人体体质的同时,还给人们带来了愉快的情绪体验。而良好的心理状态,又是促进身体健康的基本条件。

现阶段,我国社会稳定,经济快速发展,人们的物质文化生活水平都得到了很大的提高和改善。我们应看到历史发展的总趋势,看到人们日益增长的精神文化需求,而整个国家的管理和调控不仅需要经济、行政手段、法律手段等,而且更需要文化引导的作用和人文关怀的力量来推动社会的进步。随着社会经济的发展,我国政府制定了每周5天工作制和3个长假期的制度,这是根据国家创造经济财富的能力、尊重现代科学的劳动方式而制定的。人们闲暇时间的合理与否,是整个社会经济发达与否的标志之一。当然,走向休闲时代是一个渐进的逐步发展的历史过程。我们在提倡休闲生活时,必须要充分发挥体育娱乐的作用以促进人们的身心健康,这是必须要遵循的一个规律和原则。

大众休闲文化水平是一步步发展起来的,其中最为关键的要素是人的观念。以往人们对社会生活的理解存在较大的片面性,认为社会生活就只是生产劳动,社会关系就只是生产关系,从而忽略了休闲娱乐在社会生活中的地位和作用。人的劳动以及由劳动而形成的社会生产关系,其最终目的是为了更好的生活,其中就包括休闲娱乐,这是人类健康发展的必需环节。因此,身体娱乐的目的是为了个人健康、群体健康和全人类的健康,这种思想观念的转变对我国休闲体育的发展是至关重要的。

目前,我国体育界关于体育理论的研究还不完善,甚至还存在着诸多空白,如身体娱乐的原理与方法研究、不同人群与地域休闲娱乐的研究、弱势群体如何享受体育娱乐权利的研究、体育休闲娱乐法规的制定、女子休闲的特殊性、少数民族传统体育活动中体育休闲娱乐因素的借鉴、时尚与潮流对大众休闲娱乐心理的影响等。在这样的情况下,我们应该借鉴发达国家成功的经验并结合我国的具体实际,提出适合我国国情的促进体育娱乐性回归的可行性措施,从而构建出具有中国特色的身体娱乐理论,不断完善全民健身计划,加强体育娱乐教育。

快乐是幸福不可缺少的要素,体育可以通过休闲展现其审美价值,增加竞技项目的趣味性,有效满足人们休闲娱乐的需要。因此,我们必须改变以前乏味、枯燥的传统的身体锻炼方法,提倡主动性亲身参与,通过竞技活动来塑造人格,运用游戏的方式来调节情绪,提倡健康、快乐的体育休闲。

## 三、休闲娱乐与体育产业的发展

现代社会的激烈竞争,使白领们无论是在体力还是脑力上,都常处于超负荷的状态,而适当休闲就显得特别重要。虽然新型的饭店度假中心性质的体育休闲娱乐设施也正蓬勃发展,但是人们仍然更愿意到从未到过的地方去增加新鲜的体验。因此,旅游已成为中产阶级生活中一种不可缺少的休闲方式。

体育旅游可以定义为:有身体参与性活动的异地休闲才是体育旅游。有参与性身体活动的旅游活动是一种很好的体育锻炼,如徒步走、登山、游水、划船,样样都是锻炼,而且有益身心、增长知识。因为全身都处于运动状态，这对于终日坐在办公室、坐着轿车上下班的人强身健体大有益处。旅游可以调节神经，加速全身血液循环，提高大脑反应能力，同时，还可以拓宽眼界，增长见识。走出户外，走出自己日常生活的小天地，到大自然中去畅游，这是一种惬意的生活方式。如果始终生活在一块狭小的空间，那么他对世界的印象也就只能是有限的一点，终究不能认识大千世界的多姿多彩。因此，通过万水千山的旅游，饱览丰富多彩的风光美景，才算得上是真正懂得了生活。

现代社会，人们的生活节奏越来越快，工作压力也越来越大，在不堪重负之余，人们逐渐把目光转向自然，走向野外，极限运动成为首选。极限运动是一种"人与自然融合，人对自身挑战"的独特运动，极限运动除了追求超越生理极限外，更强调参与和勇敢精神，体验在跨越生理障碍时所获得的愉悦感、成就感。它既体现了人类返璞归真、回归自然的心理追求，又强调绿色环保、生态平衡的美好愿望。因此，极限运动被誉为"未来体育运动"，尤其为青少年所喜爱。

随着老龄化社会的到来，体育休闲娱乐具有"轻体育"的倾向。轻体育有益于健康长寿，它具有运动不拘形式、种类繁多、方式灵活、强度小、耗能低、轻松愉快的特点，既注重精神调节与心理调适，又能达到健体之功效，非常适合于老年人、妇女以及时间紧迫的人士。旅游属于有氧运动中的"轻体育"，对中老年人特别适合。但是，中国人的旅游方式多为组团，比自助旅游的健身效果差。今后，个性化的休闲旅游的发展空间很大。

# 第五节　休闲体育的游戏论

## 一、游戏论概述

### （一）我国的游戏论

在我国古代汉字和汉语中，有关"游"的词汇发生的极早，如游戏、游艺、游历、周游等。从部落形成国家的时期，原始文化分化出各种分支，体育游戏以其竞技的特点区别于早期舞蹈的动作，竞技要求规则，目标在于取胜，而舞蹈更注重情感宣泄。中国由春秋至秦、汉到隋唐时，传统体育游戏与其他文化并行发展。先秦教育中有诗、书、数、乐、射、御，"六艺"之说，其中"射""御"都是讲的身体运动教育与娱乐，也就是"游于艺"的社会文明形式。

从现代体育理论看，身体娱乐与体育运动最好的结合方式是"游"，而最能表现东方游戏观念和潜体育意识的是游乐精神。通常，徜徉在大自然里，如森林、沙漠、海滩，结合适宜的身体活动，如在野外踏青、登高，具有升高血清素的功效。因此，漫步在森林里、沙滩上或沙漠中，可以使心情愉快、身心放松。出游还可以提高文化素质和修养，了解自然环境和社会风情，增加人生体验，所以古人特别推崇"读万卷书，行万里路"。

中国传统的"游"文化和游乐精神，是追求人与大自然和谐相处、身心均保持一种生态化平衡的价值趋向，是当代人梦寐以求的理想。中国的健康游乐思想，指引着人们在游乐中回归、复元和充实的意识，这不仅有益于个体的身心健康，而且对社会群体的健康有巨大的帮助作用。

### （二）西方游戏论

西方文化的根脉源于古希腊文明，荷兰历史学家雅各布·布克哈特（Jacob Burckhardt）在其遗著《希腊文化史》中描述公元前 5 世纪希腊文化繁荣的特征时,造了一个词"Agonal"(英文的意思是 Agonistic 指"希腊运动比赛的"),而且他还证明,这一词汇渗透了古希腊人的全部生活,不仅运动竞技和艺术被认为是比赛,甚至法律诉讼和哲学对话也具有比赛的特征和性质。

古希腊人是健康、较为全面的文化观念的维护者,奥林匹克竞技与雅典娜庆典一样隆重,运动员和哲人、艺术家同样具有令人羡慕的地位。丹纳(H. A. Taine)在《艺术哲学》中记述古希腊雅典娜庆典的盛况,其中讲到,"田径场上举行各种裸体竞赛,有男子的和儿童的角斗、拳击、摔跤,有裸体或武装的运动员的单程赛跑、双程赛跑、火距赛跑,有赛马,有驾两匹马和四匹马的赛车,有普通车比赛,有战车比赛,上面两人一个中途跳下,在车后奔跑,然后又跃上车去。诗人平达说:'神明都喜爱竞技',所以敬神最好是请他们看竞技"。

很多人认为游戏是"玩物丧志","游戏"就是"玩",对游戏有一定误解。游戏本质上是一种人生境界,所以英国艺术史学家贡布里希(E. H. Gombrich)说游戏具有"高度的严肃性"。黑格尔在《历史哲学》中说:"假如我们看看这些游戏内在的本质,我们首先会注意到'游戏'同正经的事务、依赖和必需是怎样处于反对的地位。这种角力、赛跑和竞争不是什么正经事情! 既然没有防卫的义务,也没有战争的需要。正经的事务乃是为某种需要而起的劳动。我或者'自然'必须有一个屈服,假如这一个要继续生存,那一个必须打倒。但是和这种正经相反,游戏表示着更高等的正经,因为在游戏中间,'自然'当被加工制造为'精神',而且在这些竞技举行的时候,主体虽然没有进展到思想最高级的正经,然而从这种身体的练习里,人类显示出了他的自由,他把他的身体变化为'精神'的一个器官。"

## 二、现代游戏学说

从文化哲学的角度对"游戏"作出系统论述的是荷兰文化史家约翰·赫伊津哈(Johan Huizinga),其著有的《游戏的人》一书具有广泛的影响。作者认为,游戏是人类文明的进步和发展至关重要的活动,他阐述了游戏的本质,并在形式和内容上将游戏和现代体育形式作了比较。从其著作中,我们可以归纳出有关游戏本质的几个方面:自由性、不确定性、非生产性、受规则的制约性、表征性等。如果把游戏同现代竞技体育相比较,我们会发现这些特性在不同程度上都可以从现代竞技体育活动中找到;或者从更广义的游戏范畴来说,现代竞技体育正是人类游戏活动的一部分,只是随着人类历史的发展,随着体育社会化和现代化的进程,现代体育中的纯游戏因素已逐步淡化,而变得更加功利化和制度化。

### (一)游戏是一种自觉行为

赫伊津哈在论述游戏的基本特质时首先提出游戏是自由的,这种自由是相对于规则的自由,不是无限制的。他在具体罗列中提到,强迫不是游戏,游戏是自觉自愿的活动;游戏起始和停止是随意的,不受时间限制;游戏区别于劳动,不同于工作,只有当游戏被视为文化功能时,如作为一种仪式或庆典,它才会有责任和义务。可见,游戏以自身的规则而进行时是自适的。然而,游戏作为社会文化而存在,游戏的自由特性也只是相对自由性。例如,相对于社会文化内容的政治活动,体育的参与者普及面更大,参与的人数更多,受种族差异、政治态度、经济地位和文化层次的影响相对也较小;体育竞赛由于和各国的语言差异全无牵涉,和各国的一般文化背景也关系不多,所以,它显然更容易成为一种所谓的"全人类的共同财富"。

然而,体育运动受限于社会现实也是事实,从体育运动项目的文化特征来看,就有明显的阶层区分,甚至种族歧视。某些运动项目由于花费昂贵实际上成了少数人的"贵族运动",如高尔夫球、马术等。此外,当代奥林匹克运动中出现的运动员受金钱诱惑或社会黑势力的胁迫,服用兴奋剂,成为体育竞赛舞弊事件的肇事者和受害者。这些现象都证明了赫伊津哈说的,由于社会和文化条件的制约,人类在游戏活动中无法完全以个人的意志来支配自己的行为,因此是"不自由"的。为此,赫氏号召回归游戏的理想境界,也就是他提出的游戏的本质状态:追求乐趣,在游戏的乐趣中自满自足。

### (二)游戏的非功利性和非生产性

赫伊津哈认为,游戏的性质是非日常的,仅仅是"模仿"和"纯为乐趣",也就是说,它是非功利的、无结果的、仅追求自身内在的目的。游戏可以远离严肃性,提升到美轮美奂的境界。而达到自我满足的境界,这在人类生活中是不可或缺的,对个体,具有生活的功能;对社会,具有文化功能。游戏通过具有创造性和变化性的活动来使人体验处于动态时的欢愉感,以实现自身的价值,追求人格的升华。

游戏的非功利性与其"自由的"特征是一致的,亦是赫伊津哈对游戏理想模式的界定。现实世界中,体育游戏与社会文化的方方面面密切联系,最直接的是愉悦身心的健康效果。我们今天力倡的体育活动进入生活方式,"健康第一"的学校教育指导思想都是体育的社会效应。体育游戏肩负的文化职能更是如此,如财富、声望和社会地位的取得,行为规范和价值观念的形成,对民族精神和传统文化的弘扬等。

### (三)游戏超越时空的独立性

赫伊津哈理想的游戏境界,在强调自由的、非功利、非实用的前提下,还要求时空上的相对独立性,只有当人们脱离了日常事务,把日常生活的繁务杂念弃之脑后,游戏活动才是纯粹的。这个意义上的游戏活动就像原始社会的宗教或庆典活动,在那种时刻,人们沉醉于活动本身,追求一种欢乐、脱俗、永恒和神圣的体验,"游戏以'符咒'迷惑我们,它是令人向往的,神魂颠倒的","游戏笼罩在其自身秘密的气氛中"。游戏的这种超越时空的特性与赫氏论述游戏与严肃性的关系时提出的"神圣的严肃性"有关。

赫伊津哈描述游戏的特性,是在"游戏"与"严肃性"的辩证关系中论证的,他区分出6种"严肃性",即"日常生活的严肃性""游戏的严肃性""过度的严肃性""错误的严肃性""道德的严肃性"和"神圣的严肃性"。"神圣的严肃性"是严肃性的理想,存在于宗教或神的领域,也存在于孩童、动物、野蛮未开发的原始社会中。赫伊津哈认为,神圣的严肃性属于神圣的领域,是严肃性的理想模式,却超过一般人的能力范围,反之道德严肃性则属于人类必须做的,也是可以做到的范围。

赫伊津哈在评说游戏超越时空的独立性时,除引进"神圣的严肃性"概念外,他还遇到了许多的形式因素,"游戏是自由自在,自为目的的""游戏具有重复性与交替性""游戏产生秩序""游戏是秩序""所有游戏都有规则"。可见游戏超越时空,又受限于时空,其独立性是相对的。现代竞技运动也多少具备了这种有限制的"空间和时间上的独立性",使其较为明显地与人类其他文化活动形式区别开来。竞技运动的场地就是空间上的独立,运动场通过围墙同外部世界分离开来,面向运动场的座椅,限制了观众的活动,也聚合了观众的视线。看台上的观众暂时抛开日常的琐碎、烦恼和各种杂念,全身心地沉浸在激烈而又扣人心弦的比赛中。时间上的独立性,可以理解为竞技运动中钟表所反映的"客观时间"和为某种竞技运动而特意规定的"主观时间"。在竞技运动中,场上的运动员和看台上的观众忘掉了"客观时间",被人为规定的比赛时间所左右。还有些运动竞赛项目,如棒球,几乎是在无视"客观时间"的情况下进行的,没有结果,比赛就不会终止,运动员和观念处于忘我境地,沉浸在运动竞赛的氛围中。

游戏在时空上的独立性,使游戏世界与日常生活世界分离,这种分离是由空间和时间上的独立性造成的,赫伊津哈把这种"独立性"拓展、延伸,认为时空独立性是一种"分离感",这种分离感是游戏特有的具有象征意义上的文化需求造成的。

### (四)游戏具有象征意义

根据赫伊津哈的定义,游戏的世界是与外部分离的,这种分离感不仅是由空间和时间上的独立性造成的,而且也是由它特有的具有象征意义或物质意义的文化需求形成的。这些文化需求包括与游戏相关的特有的规则、价值观、技巧,以及游戏者特有的服饰、游戏设施等,形成了与游戏外部现实世界截然有别的亚文化氛围。

赫伊津哈依据对游戏形式特征的仔细分析,提出游戏的功能理论。他认为,游戏既然为一种重要的社会文化形式,必然也具有表达文化的功能。人的身体、人的运动积极性、体育运动在社会文化系统中的地位等,是阐述体育文化性质时常常要提到的。我们使用一些诸如"身体状况""机体构造""体质""体格""运动机能""身体健康"等专业性的概念,这些概念所蕴含的人的素质统称为"身体素质(能力)",它们与人的心理、道德、审美等素质既有密切的联系,又有本质区别。人的身体和身体运动之所以属于文化范畴,有两个原因,一是它能通过人们的一定活动发生社会变态(也就是我们讲的"社会化");二是一旦被纳入社会关系体系中,便开始履行一定的社会职能,并为各种形式的人类活动所利用。人的游戏活动是用来说明"人在文化领域的生动外部表现形式"的。随着社会的发展,人的游戏活动首先,并且主要用于影响活动着的人,其目的在于改变、保留和更新人的一定(身体、心理及其他)素质,满足人的认识情趣,激发人的愉悦情感,唤起人们去交往并为此创造条件等。

## 三、游戏与体育休闲娱乐

马克思认为,需要是个体和社会积极性的动力,满足需要的过程,也就是人掌握这种和那种由社会发展所决定的活动形式的过程。马克思和恩格斯均把人的需要分为生理满足和社会发展两大类。人要生存、繁衍,"食色性也",生理性的满足是必不可少的,但更重要的是人的繁衍是为了人的发展,也就是人类文明的进化,即社会的进步。所以在满足了生存的需要后,更重要的是享受和发展的需要。从生活方式的角度来看,生存的需要是劳动生活方式的内容,而享受和发展主要是闲暇生活方式。人要生存,要维持生命的活动,必然要进行谋取生活资料的劳动,因此,劳动是人最基本的活动领域。从根本上讲,人体质形态的形成,也是劳动的结果,这是人类学研究证实了的。可见人在劳动活动中,才能使自己的体质和生理机能、心理机能、智力等得到正常发展,使自己的才能得到发挥和表现,从而使人成为社会活动的主体。我们不细论生存需要的劳动生活方式,而把焦点聚在享受、发展的闲暇生活方式的重要部分——体育休闲娱乐。

马克思虽没有用"闲暇生活方式"这个概念,但他在著作中曾对"自由时间"有过论述,他说,自由时间,就是"'可以自由支配的时间',……这种时间不被直接生产劳动所吸收,而是用于娱乐和休息,从而为自由活动和发展开辟广阔天地"。接着马克思又说,"这种自由活动不像劳动那样,是在必须实现的外在目的压力下决定的。"可见用于休息和娱乐的自由活动时间,主要是为了人的自身发展。体育休闲娱乐便是在这一时间范畴内实现的。我们知道,在人类的蒙昧时代,人们的一切活动都是为了抵抗自然的扼杀(野兽的袭击、自然灾害的损伤等)求得生存的食物,一切身体活动都基于这个基本观念。到了文明时代,出现分工,人们有了"自由时间",原来为求生活资料的射箭、骑马等失去了原始意义,脱离了功利性,成为"自由时间"内的游戏活动,这样的游戏活动在社会教育的促使下成为人们有目的、有意识、有组织的社会活动,游戏运动变成体育休闲娱乐,纳入了社会教育的轨道,成为重要的教育手段。

"体育适应文明时代的需要而产生,反过来,体育又为人类创造文化价值或精神财富。体育已不像早先的运动那样仅仅是满足人们生存和劳动的需要,而是逐渐成为人们享受的一种需要"。进入现代文明后,体育从教育中分化出一部分成为娱乐文化,成为人们闲暇生活方式的重要部分,是人享受、发展的自我追求。

**(一)游戏说的新空间**

"体育热"风靡全球,这无疑是当今一件引人注目而又耐人寻味的社会现象和文化现象。按照历史学家和社会学家的说法,发达的市民生活是造就"体育热"的一个基本原因。美国历史学家福勒尔斯代甚至说:"一个人选择自己的闲暇(方式),也就是选择自己的生活方式。"市民生活的特点便是其丰富的社会生活。市民们都生活在众目睽睽之下,被人注意,同时也注意观察别人。他们喜欢对别人的一切加以评头品足,有一个词"公众人物",就是指那些被公众所注意、被公众所谈论的人物。公众人物的生活具有一种特殊的社会性(即表演性),因此,那些最善于进行某种表演的人往往成为最时髦的角色。正是由于这种刺激,使得一些具有某些特殊禀赋的人竭力发展他们的这些能力。没有广大、热情的观众,就没有第一流的运动员,因此,只有社会活动兴旺的市民生活,才能为体育热的兴起提供最基本的条件。

体育竞赛与体育休闲娱乐成为社会生活的内容,如深究其社会文化因素,特别对于现代人的生活方式而言,结合现代哲学家关注颇多的"Game""Play"的意义阐释,很大程度上归因于科学技术的异化。20世纪,最令哲学家忧患和焦虑的恐怕就是科学技术的功过是非,科学技术在其前所未有地征服大自然的同时,又无可奈何地使人类疏离了大地山川的勃勃生机,人的生活受科学创造力量的驱使,节奏愈发加快,甚至趋于紊乱。在这种混乱之中,人们仅仅在为抽象的思考和盘算而终日奔波劳累,因而就越来越脱离具体的生活。而游戏正是反技术之道而行之,不仅精力与勇气得以持续,更重要的是它使"追寻接触自然的个人拉近了与宇宙自然力量的距离",因为这种在新鲜空气和阳光下运动的生命意志力,与自然的关系。

**(二)游戏与新时期体育**

思想家的言论既来自对社会生活的关注,也深深地影响着社会生活的观念。他们的"警报"也引起了各国舆论和政府的重视,分别采取各种措施,其中最主要的就是大力发展体育和娱乐事业。20世纪60年代以来,不少国家还颁布了有关体育法规,如日本1961年的《体育运动振兴法》、罗马尼亚1975年的《发展体育运动法》、法国1975年的《发展体育运动法》、美国1978年的《业余体育法》等,在制度上、组织上使体育运动的普及得以保证。20世纪90年代中期以来,随着社会生产力的大幅度提高,"双休日"制度的执行,我国城市居民的闲暇生活方式也发生了较大的变化,以余暇运动和健身为特点的身体娱乐和消费也蔚然成风。体育休闲娱乐承载着全新的休闲文化,成为文化消费的宠儿。统计数据显示,1995年全国城镇居民家庭人均文化娱乐费用支出为 8 元,到 2001 年已达到 13 元,增长 62%,其中用于体育活动的消费占 43.6%,可见我国城乡居民有着极强的文化消费欲望和不断增长的购买力,未来的文化消费市场极其庞大,体育休闲娱乐活动的消费将成为这庞大市场的主体内容之一。

体育休闲娱乐一旦被纳入社会生活体系中,便开始履行一定的社会职能,并为各种形式的人类社会文化活动所利用,这已是一个不争的事实。所以,游戏与新时期体育的发展状况,在很大程度上反映了一个国家、一个民族的面貌、文化素质和文明程度,它与人类文明的发展有内在的一致性。

现代化在人和人的关系上表现得最深刻的就是距离缩短了,接触增多了,范围扩大了,相互往来频繁了,搞得人们在生活上我离不开你,你离不开我。就这样,把全人类疏疏密密地编织在一个关系网里,出现了一个全球性的世界大社会。如果用比较具体但笼统而易懂的话来表达,就是现代化要把一个习惯于生活在自给自足的农业小天地里的村民,变成一个与一刻离不开计算机的、全球性大社会的运转相配合的角色。这句话包括了生产的机械化、流通的商品化、信息的高速化等现代都市化的过程,再概括一下是从乡土社会到后工业化的社会的转变。

如从更深层的意义上来看游戏运动的背景,可以追溯到余暇与人类文明的关系上。余暇从来都是与人类文明有着不解之缘的。正是因为在古代社会中有着一个有闲阶级,为了满足他们的需求而从务实的劳作中转移过来的社会角色,社会才有了戏剧、文学、绘画、茶文化、酒文化等。这一方面说明了文明产生于不平等,而另一方面更说明了文明产生于余暇。余暇在很大程度上是文明赖以产生的基础,没有余暇将失去文化创新的很多机会,但绝不是说有了余暇就有了文明。这就涉及到余暇与文明的第二层关系,从余暇的处理即消遣的方式上可以看到一个人、一个群体、一个民族文明程度的高下。有了余暇才有了文化艺术、才有了体育智育。安排余暇是高度个性化的事情,但很多消遣的形式却是高度社会化的,必须靠社会提供条件。现代体育便是在市场经济时代,社会提供给人们的文化选择和余暇消遣方式。

体育产业服务性经济的特点典型地体现了新时代"体验经济"发展的状况。从"体验经济"这一新的经济和文化形态的角度来理解体育产业的发展,不失为一种独特的思路。有学者认为,继农业经济、工业经济、服务经济之后,体验经济已逐渐成为第四个经济发展阶段,如今单纯的货品和服务已经远远不够了,各种体验将成为未来经济增长的基础。

所谓体验,就是以商品(产品)为媒介,激活消费者的内在心理空间的积极主动性,引起胸臆间的热烈反响。这就要求经营者把整个企业运作过程当作一个大戏院,然后设置一个产品生成的"大舞台",吸引消费者去扮演人生剧作中的一个角色,并在整个情感体验过程中获得某种心理满足,从而心甘情愿地为此支付一定(或额外)的费用。在体验经济时代,体育运动和娱乐体验不是免费的午餐,消费者将为这种文化体验而付费。随着新经济的发展,以健身运动与娱乐为特点的体育消费成为当代经济发展中的生长点。在新经济时代,要进一步做好城市体育休闲娱乐工作,充分发挥体育的经济作用,促进体育与经济协调发展,加快体育文化产业发展的步伐。

# 第三章 休闲体育中的相关关系辨析

## 第一节 休闲体育与人的社会化

工业革命将社会的发展形式带入到了一个新阶段,于是,工业革命也就成为了社会现代化的重要标志之一。作为社会变革的重要转折点,它曾使社会财富在短期内获得急剧增长,与之相伴的便是人们的生活水平有所提高。但是伴随这些积极影响而来的还有人类逐渐被带入一个仿"机器人"的阶段,而且逐渐在被物化的过程中认识到"本我"及"超我"的需求与重要性。为此,人们做出了许多努力妄图回归本性,并经过长期的实践认识到,休闲体育运动是伴随一生,充满理想和找寻本我的最佳活动领域,在某种程度上可以说休闲体育运动是社会的缩影,而且在休闲体育运动里人们处于自愿、互动,非强制、压迫、抑制的情境中。

通过休闲体育运动进行的人的社会化过程是教育人们健康、全面发展的良好领域。因此,本节就在以互动论为基础的指导下,结合结构功能主义论、冲突理论和认知理论等社会学理论来侧重分析人类、休闲体育运动、社会化三者之间的关系,以及人们对休闲体育运动的参与、维持、深化、退出休闲体育运动领域等的社会性问题。

### 一、休闲体育运动社会化概述

#### (一)社会化的概念

目前对社会化的解释有很多,从不同的层面、不同的角度进行分析,可以得出不同的阐释,但是围绕的主体都是人,关注的是人的社会化问题。美国社会学家戴维·波普诺认为,"社会化是人们获得人格、学习社会和群体方式的社会互动过程,它从出生就开始,就会持续一个人的整整一生。人类相对较长的生活依赖使得社会化成为可能,而我们在本能方面的缺陷使得延长社会学习的实践至关重要。"从这一观点中我们可以看出,人在社会化的进程中需要不断进行自我调试,使自身从有机体的生物人发展成为社会人,终身接受社会文化、行为模式、群体要求,这是一个不断更正、完善与发展的过程。

#### (二)休闲体育运动社会化

休闲体育运动社会化的研究,最早是由美国学者凯尼恩及麦克弗森等人开始的。他们将休闲体育运动社会化的研究划分为"进入休闲体育运动的社会化"和"通过休闲体育运动进行的社会化"这两个方面。"休闲体育运动社会化的落脚点应为人的社会化,应从休闲体育运动所具有的促进个体社会化功能的角度去研究休闲体育运动对人的社会化的作用。"通过参考社会化的解释并结合上述表述,可以得出休闲体育运动进行的社会化就是通过休闲体育运动促使人们适应社会、环境、他人,使人们从物质的人发展成为社会的人,从个体的人发展成为群体社会的人,并在休闲体育运动的过程中不仅使人对休闲体育运动、对自身身体进行正确认识,而且使人建立正确的符合社会发展的认知、态度、价值观,培养人们遵纪守法的道德品质,使人们懂得相互尊重协作的重要性。总而言之,休闲体育运动社会化是人类的自主性与规范性,竞争性与适度性,自然性与社会性辩证统一发展的过程。

## 二、休闲体育运动社会化的特征

### (一)社会化过程的持续性

现代社会中的人一般都是以家庭为单位的。虽然家庭是人的活动核心领域或主导领域,但是人们仍旧在扩展自身活动的领域,妄图获得一些领域的外延,以求得自我平衡的系统。因此,在这个过程中,休闲体育运动自然成为了其中可以被拓展利用的部分。

在休闲体育运动中,人们的角色会不断地调整、适应或更改,这是一个动态的过程,而且受到人们所处社会环境、文化的影响。因此,休闲体育运动社会化过程具有持续性。不但使人们体验休闲体育运动的真实性,而且会使人们对休闲体育运动、对社会、对自身有不同的认识。

### (二)社会化过程的互动性

社会化过程的互动性重点强调的是休闲体育运动、人、社会三者之间的互动关系。休闲体育运动并不是为人们提供逃避现实的避风港,而是使人们在休闲体育运动中找到自我,重新定位去适应社会。同时,休闲体育运动也使人们对世界、对社会的认识不断变化。在主导文化的影响下,休闲体育世界里的休闲体育运动的本质不会改变,休闲体育运动的崇高精神不会质疑,休闲体育运动的本体信仰不会偏离,休闲体育运动对人社会化的积极的影响得到了良好的保证。休闲体育运动社会化最终是通过伴随着参与休闲体育运动的社会关系而发生的,而不是通过参与本身这一纯粹的事实,也就是说,与休闲体育运动相联系而产生的关系,要比参加休闲体育运动更重要。

### (三)休闲体育运动文化与所处社会规范的统一性

休闲体育运动是人类实践的产物,虽然它的功能、属性是客观存在的,但是人类赋予它活的动力。休闲体育运动中具有更高、更快、更强的竞争精神;信奉民主、平等、和平、协作、参与、友谊的道德准则;具有发展体能,掌握生活技能,展示自我的要求。还有休闲体育运动中权利与义务的关系等,都与社会要求的道德、规范、模式相互一致。休闲体育运动帮助人们完成社会化过程中的每一次适应,是人类自我创造的一个自愿、愉快、自由的社会化领域。

## 三、休闲体育运动中人的社会化过程的阶段分析

对于人类在休闲体育运动中的社会化过程的问题,主要可以从进入、平衡与发展和退出或改变三个阶段进行分析,同时也充分应用了结构功能主义理论、互动理论、冲突理论和社会认知理论来认识人们在休闲体育运动中的社会化问题。

### (一)进入阶段

参加休闲体育运动选择的人或不参加休闲体育运动的人,即使是做出同样选择的人,他们的

起始状态都是不同的。结构功能主义理论认为这是由人们所处的环境不同而造成的,其中关键的是环境影响因素是他人的影响,休闲体育运动的功能与人的能力,参与休闲体育运动的机会等。这些因素也是影响人们为什么选择休闲体育运动,如何进入休闲体育运动领域等一系列问题的重要原因。

(1)人们在交往中拓展自己的空间,他人的言行举止直接影响着人们的行为。人们把参与休闲体育运动与生活中其他事情联系起来进行分析,如是否可以通过休闲体育运动提高他人对自己的认可或尊重;是否可以通过休闲体育运动延伸自己对生活的驾驭能力。

(2)影响人们参与休闲体育运动的行为也离不开休闲体育运动的本质功能这一因素。为此,可以将其分为以下两个部分:

一是休闲体育运动的主体功能即显性功能(如锻炼身体、动作技能的学习、养生等)。二是休闲体育运动的派生功能即隐性功能(文化功能、政治功能、经济功能等)。

在个人生命历程中的各个阶段上所作的休闲体育运动参与决定,都与感知到的休闲体育运动文化、功能、个人目标有着重要的联系。结构功能主义理论认为,人们通过休闲体育运动可以使个人与社会价值趋于统一,塑造社会规范中的个体并减少冲突。因此,宣传休闲体育运动,吸引人们的关注,休闲体育运动是衡量个体生活质量高低的标准。

### (二)平衡与发展阶段

首先,当人们参与休闲体育运动时,他们所要考虑的是自己扮演的角色及所处的位置。而角色义务、角色权利和角色行为规范是角色构成的基本要素,也是角色学习的主要内容。戈夫曼在"拟剧论"中提出,个体要在群体中进行形象管理,使他人对自己的解释按照自己的愿望来进行。可这缺少不了人们之间的互动。通常是在组织中使人们通过交换、合作来平衡境况,人们在这些组织中不断地考虑自己与他人,自己与组织的角色关系,其目的是融入组织中,被接纳为组织中的成员,受到组织的尊重与注视。在平衡休闲体育运动领域的活动中,人们必须按共同的规则来活动,一旦选择进入必然要接受休闲体育运动世界的要求。其实人们进入休闲体育活动中也是一个互动联系的过程,自由与规则始终是并存的,对规则的把握程度决定着在该领域活动的自由度,就像玩简单的游戏一样,人们不遵守共同的游戏规则,游戏便无法正常进行。

其次,继续参加休闲体育运动取决于人们如何把休闲体育运动融入到现实生活中。人们在平衡组织的互动过程中,必须与社会相联系,这就要解决个体与组织、个体与社会、组织与社会之间的关系。如果在休闲体育运动领域中人们很舒畅,但与现实相距甚远,毕竟休闲体育运动不是全部生活,一旦人们离开休闲体育运动领域,就会感到失望、失落、失败。只有对三个领域不断进行调试,采用互动的方式积极思考,才能寻求平衡甚至发展的状态。

最后,当人们在休闲体育运动中的社会认同、个人认同(不同的人以不同的方式定义他们的休闲体育运动,即使他们是在同一项目里或在同一团队里也是如此,人们对于自己的行为有其独自的理解方式)与角色认同统一发展的时候,当得到他人的重视和尊重的时候,人们便会更加自觉地投入到休闲体育运动中,更加完善自己的角色。

### (三)退出或改变阶段

人们退出休闲体育运动领域分为完全性与半闭合性。完全性指人们一旦退出休闲体育运动活动领域,便不再接触休闲体育运动,也不关心休闲体育运动新闻、报道、明星等一切与休闲体育运动有关的事(不包括特殊重大事件)。半闭合型是指虽然人们退出了休闲体育运动领域,但是仍然关注休闲体育运动,而且在可能的情况下会再次加入休闲体育运动领域。显然第一种是不可能的,那么休闲体育运动是终生化的过程便无可非议。

(1)在人们选择退出的休闲体育运动领域中,冲突理论的解释似乎再恰当不过了,即"认同和接受不是一次完成的,它是一个持续的过程。"当人们不再能够找到合适的位置,可以做该做的事时,为他人所接受的程度就削弱了,人们的身份就难以维持,对人们参与的总体支持就变弱了,这里存在着冲突、强制性,因此迫使人们退出休闲体育运动领域,寻求其他更适合自身的环境与场所。

(2)人们退出休闲体育运动活动还取决于生活中的变化(职业、住所、家人、朋友),对自己以及与世界的联系的认知方式的变化,社会文化的影响。也就是说,这一过程不是简单的"社会化的进入休闲体育运动",也不是简单的"社会化的退出休闲体育运动",其中包含着个体与其他部分的变化和转变,参与的变化是一个与参加休闲体育运动的个体的生活、生命历程和其所处社会相联系的决策过程。

(3)当人们退出特定休闲体育运动时,他们既不是永远退出整个休闲体育运动领域,也不是切断与休闲体育运动的所有联系,而实际上,许多人通过媒体间接的参与休闲体育运动;改变活动方式,直接参加到不同的、竞争性较小的休闲体育运动中;或者改变其休闲体育运动参与角色,如教练员、陪练员、组织人员、管理人员、休闲体育运动经纪人或商人等。

# 第二节　休闲体育与现代社会的关系

## 一、社会学视阈下的休闲体育

### (一)社会学视阈下的休闲体育文化探析

#### 1.休闲体育文化的社会殖民化

休闲并不是一种强制性和集体性的行为,休闲更多的是个人的需求和选择。但要想产生一种休闲体育活动就必须要在某种文化的底蕴下形成,如印度和巴基斯坦人爱打壁球、西班牙人喜欢斗牛、美国人喜欢橄榄球、日本人喜欢相扑等。通过这些角度来看,休闲体育本身或多或少会带有一些民族的或地区性的色彩,它与文化紧密结合。然而,随着全球一体化趋势的到来,使得休闲体育逐渐被全世界人民所热衷。

全球化对世界任何一个国家的影响都比较大,一方面它可以拓宽国家发展的事业;另一方面也会对本土的文化带来一些冲击和变革。休闲体育文化作为任何一种文化的组成部分,在全球化的大背景下也受到了多角度的审视。一方面,包括政治、经济、社会、科技等一系列领域的内容受到一体化影响,休闲体育文化必然不能"独善其身",它作为人际交往的一种手段也要与其他文化进行交流,在交流中获得创新和发展;另一方面,全球性的文化交流也使民族文化被同化,进而使休闲体育文化面临着被同化的可能,休闲体育作为民族认同与民族凝聚工具的作用已面临挑战。

在全球化趋势下,我国也逐渐从传统型社会向现代型社会转型。外来休闲体育文化的引入已经进入我国民众视野中达几十年之久,其中较早的休闲体育运动有韩国的跆拳道、水上漂流和蹦极等。这些活动首先在年轻人当中传播,然后逐渐扩散到更多年龄段的群体中。面对外来的休闲体育文化的冲击,我国传统的如清明踏青、端午划龙舟及重阳登高等传统休闲体育文化正逐渐失去其原有的号召力,尽管现在仍旧在固定时间有官方或民间组织的相关活动,但是它与一些外来休闲体育活动相比,参与率和热衷度仍旧走低。总之,在中国全力进行现代化、而全球化又重塑中国现代化时空环境的条件下,发达国家对于中国的休闲体育文化的殖民状态越来越让人感到忧虑。造成这种不幸的原因在于面对外来休闲体育文化的冲击,休闲体育文化作为民族认同与民族凝聚工具的作用已面临严峻的挑战。我国休闲体育文化由于意识眩晕而造成的一时迷失自我,以致随波逐流、随境而适,并没有在意对我国传统休闲体育文化的适度保护,如此便形成了现在这种失去了历史的厚度和思想的深度,失去了精神的依托和心灵的归附的传统休闲体育。

著名学者吉登斯曾经在其《现代性的后果》中提出过一个"脱域"的概念,揭示出包括休闲体育文化在内的多种文化的全球化使过往具有极大局限性的事件从时空范围内解放出来,在全球范围内发生影响。全球化将导致世界范围内各种不同文化的融汇交流,从而形成一种全球化的休闲。但在文化的输入和输出方向性的问题上有两种区别,发达国家通常会成为休闲体育文化的输出国,而第三世界国家普遍会认为发达国家的休闲体育文化是一种特别好的、高雅的休闲方式,因此就会成为这种休闲方式的输入国。造成这种现象的原因主要有以下几种。

(1)发达国家主要集中在欧美地区,这些国家表现出经济发达的一面,因而就能表现出一种"文化帝国主义"倾向。相反,第三世界国家则处于被奴役、被支配和受冲击的地位,国家经济实力的弱势导致民族文化失语。传统休闲体育文化作为民族文化的一个重要组成部分,自然也就无法摆脱被边缘化的境地。

(2)在世界越来越小的今天,几乎所有国家都在追求打造现代化的国家。为此,一些较为落后的第三世界国家更乐于学习西方文化,几乎实行"全面西化"发展方式,因此他们就更容易接受西方国家提出的"全球文化同质化"和"全球文化漂移说"观点,并由此而产生媚外的行为,其中也包括休闲体育文化。在这种心理和趋向性的引导下,使他们认为只有西方的休闲体育文化才是最先进、最潮流、最具有文化气息的,才是最值得人们开展的。同样,西方国家的休闲体育方式是其已完成的现代化进程与高度发达的现代性特质的产物,这必然对第三世界国家的现代化进程产生"示范性"影响。

(3)绝大部分第三世界国家对于进行经济、政治、社会的现代化制定了完善的规划,但将文化看作是社会变迁的附带现象,缺乏强有力的保留传统文化精华的政策指导。因此,面对西方休闲体育文化作为强势文化的渗透、制约,我国的传统休闲体育文化的传承与发展也开始得到更多的关注。

**2.休闲体育文化的民族民俗化**

众所周知,在我国的传统休闲体育文化中,休闲体育活动并不是单独存在的,它往往是与其他元素相结合而共同存在,一般多与民俗节日共同开展,或是某项节庆圣典的表演项目。在我国,清明是一个节气,同时清明节也是一个节日。每当过清明节时有许多传统的习俗非常有趣,最为人们所熟知的便是扫墓、踏青、赏花,少数民族还有荡秋千、蹴鞠、打马球、插柳等风俗体育活动。相传这是因为清明节要寒食禁火,为了防止寒食冷餐伤身,所以大家来参加一些体育活动,以锻炼身体。因此,也就形成了在这个节日中既有对故人的追思内容,也包括有踏青游玩的良好心情。南宋诗人范成大在《清明日狸渡道中》这首诗中写道:"洒洒沾巾雨,披披侧帽风。花燃山色里,柳卧水声中。石马立当道,纸鸢鸣半空。墦间人散后,乌鸟正西东。"此诗描绘了清明时节的春野全景:书生们在潇洒地游春,空中风筝争鸣,鸟雀们却在坟间啄食祭品。端午节是中华民族最具有民族特色的节日之一,每到端午节时,各地一般都要开展很有气势的水上龙舟竞技活动。如(唐)张建封在《竞渡歌》中描述端午节竞渡的场面:"五月五日天晴明……鼓声三下红旗开,两龙跃出浮水来;棹影斡波飞万剑,鼓声劈浪鸣千雷;鼓声渐急标将近,两龙望标目如瞬;坡上人呼霹雳惊,竿头彩挂虹霓晕;前船抢水已得标,后船失势空挥挠。"

节日不仅是一个民族的文化的客观表现形式之一,实际上也是为人们提供了一个相互交际和了解的平台。通过在节日中参与多种民族民俗活动,可以很好地答出这个民族的某些共同之处,充分显现着一个民族文化和价值意识的原始形态,因此,这是一个非常值得研究的文化发展内容。那么,还不能忽略的就是与节日相伴的多种休闲体育活动,它是广大民众为顺应和满足生产生活需求,在民俗生活中创造的、共同享用的、并不断发展起来的一种特定的文化形态。由此就可以说,休闲体育是文化传承的结果,是一个国家或民族独特的历史文化积淀,体现了千百年来与一个民族朝夕相伴的文化要素。

我国的休闲体育文化作为我国文化的有机组成部分,植根于我国的民族文化与习俗之中,必然反映中国传统文化思想的深蕴,呈现出独特的民族文化个性。由此就使的在此基础上孕育的休闲体育文化就会表现出极强的民族和民俗化特点。

3.休闲体育文化的"文化自觉"

休闲文化的真正价值、魅力在于其创造精神和创新成果的原始基础与元初胚胎。休闲体育文化也是如此,它的产生都是依据特定的条件和环境而来的,因此就注定要有特定民族的历史和生活方式。也正因有这种过程,才必然能塑造出不同休闲体育文化,并因此而使世界上休闲体育文化如此丰富多彩。在任何时候,实现休闲体育文化的繁荣与发展的本质意义与实际内容都是要锐意强化和提升这种历史个性和优势特征,而不能是淡化这种特征。如果不然,只能是在眩惑自我和失去自我中,将自身本来很有特色的民族休闲体育文化的个性、特点与优势灭亡殆尽,使我们在多元休闲体育文化并存与竞争的世界休闲体育文化格局中沦为一个无根的族群。

长期以来,无论是学术界还是政界,对于中国的政治安全、经济安全等都给予了极大的关注,但对于文化安全却没有引起足够的重视。要想回应全球化导致的外国休闲体育文化在中国的殖民化,中国必须建立起相应的文化反应机制,在国家的层面上保护与弘扬具有中华民族认同特性的休闲体育文化。一方面以中国文化独异的精神特质为基础,以中国文化内蕴的强盛生命为保障,发扬中国传统休闲体育文化中优秀的部分,重新挖掘它们的内涵,提升我们民族休闲体育文化的个性;另一方面要结合社会转型,建立具有生命力和原创性的休闲体育文化生成机制,不断产生现代的、有中国特色的休闲体育方式,让中国休闲体育文化再次为世界文明做出新的贡献,以实现我们的"文化自觉",这应当是历史悠久的、博大精深的中华文化一定能解决好的问题。

**(二)社会学视阈下的休闲体育消费**

我国从20世纪80年代改革开放后,再加上社会主义市场经济的建设,我国国民的生活质量得到了显著提升,同时生活方式也在逐步获得改变。人们在富足之后显然已经不仅仅满足于以往的吃饱和穿暖了,他们更加注重生活的质量。这就成为了我国体育产业和大众休闲体育消费市场逐渐得以形成和发展的有利条件之一。

所谓休闲体育消费，即涵盖了人们闲暇时间内，参与体育活动和观赏体育竞赛对体育服务产品、实物产品、精神产品的直接消费以及其他相关活动的间接消费的行为。当前我国休闲体育消费主要集中在体育赛事欣赏消费、体育运动参与消费以及为了参与体育运动而购入的体育用品的消费等几个方面。据统计，这几项费用的支出呈连年上升的态势。由此可以说明，体育运动已经成为人们在休闲方面消费的一个组成部分。

通过细致地调查和统计得出，人们参与较多，也就是消费目标较多的几种休闲运动项目为足球、篮球、乒乓球、羽毛球、游泳、网球、器械健身、排球、武术和棋类项目等。体育消费项目和内容选择会根据消费人的收入水平、年龄和性别有所差别。具体来说，由于受到休闲时间的影响，老年人和青少年是休闲体育消费的主体，因为他们拥有相对更多的休闲时间。此外，大众体育消费的方式既存在着自然性体育消费也存在着商品性体育消费，前者多以徒手或持小型器械为主的自娱、自练的方式，其目的和功能主要是健身、医疗和康复，属"粗放型"的"一般性健康消费"；后者则体现了体育作为休闲、娱乐、教育、文化创造、商品交换、身份认同等综合性的社会功能，这种"商品性"的"发展性健康消费"更多反映了休闲体育消费的个性化、时尚化、符号化的意义。

近年来，观赏性体育和时尚化休闲运动成为了年轻人体育消费的新宠。那些活跃在这些项目中的超级明星也成为了年轻人竞相效仿和追捧的对象，甚至更是被赋予了某种文化象征含义，影响和左右着我们这个时代的潮流指数，悄然改变和建构着我们的生活方式和生存状态。

因此，为了更好地了解社会学视阈下的休闲体育消费问题，还要具体从以下几个方面着眼。

1. 休闲体育消费研究的社会学架构

对于研究休闲体育消费的问题，首先要秉承从多角度的研究为基本原则，避免单一的角度和片面的观点来阐述。具体分析后发现，实际上关于休闲体育消费可以从社会学、经济学、伦理学和政治学等多视野加以研究。传统的社会学视角固然有有利研究的一面，它对提供一个新的分析架构和范式而言仍旧具有一定的不可替代现实和理论研究意义的。从传统的以"生产"为中心的社会向以"消费"为中心的社会的转变，带来了消费领域更深刻的变化，这些变化包括非物质商品消费占据了重要地位以及符号体系和视觉形象的生产对消费文化实践产生了日益重要的整合作用。换句话来表述就是商品消费已经突破了原有的物质形态局限，渗透到了人们日常的生活方式和生活风格之中，甚至于诸如某种休闲和运动的方式也都可以作为生活方式和生活风格的象征。另一种更赋有后现代意味的解释是，人们的消费所指涉的对象已不是物品，而是符号，形象本身成为最流行和时尚的商品。

我国改革开放30年来获得的成果是震惊世界的，在各个方面的发展都发生了翻天覆地的变化。随之这些变化就能体现在人们的日常生活中，民生水平不断得到改善，国民生活水平普遍提高，生活方式有了极大的变迁，大众消费倾向的变化就是其中最意味深长的一项改变。在我国，大众消费的发展进行相比西方社会仍旧属于起步阶段，尚未形成一种风格，但可喜的是这种发展的速度非常之快，具有一种加速效应，与此同时还呈现出多元性的特点，以个性为时尚的符号和形象消费竟也令我们目不暇接，并已开始改变社会的交往互动和社会关系，改变了人们的文化价值乃至于最根本的本体生存方式。与此同时，也带来了消费研究的分析范式上的新的变化。之所以针对休闲体育消费问题进行从社会学角度的分析，正是切中了大众消费文化的要害，在此基础上再以大众消费社会为背景，便能够更好、更客观地审视当下大众消费的新时尚其文化和社会的符号性意义,并以期获得一种新的对大众消费社会中休闲体育消费的文化与社会学的符号性解读与诠释。

### 2.休闲体育消费的符号学分析

经济的发展使得现代社会进入到了一个消费的时代,作为文化生活中重要的组成部分,休闲体育运动也成为大众消费的主要领域。当我们以后现代的视野将其置于大众消费社会的背景之中去考察时,则印证了以法国社会学家波德里亚为代表的消费文化的符号学理论的分析价值。波德里亚认为,日常消费的各类物的体系不过是其使用价值之外的意义体系的符号和载体,人们实际消费的只是一种符号,消费是针对符号进行的一种积极操纵。从这个意义上讲,今天的休闲体育运动以及人们对它的消费也成为了某种文化记号和被消费的对象。当人们习惯于将各式的体育运动作为日常生活的休闲消费选择的时候,休闲也就成为大众文化的一种消费符号,成了符号消费的对象,即被消费的休闲。休闲运动最根本、最直接的意义就在于能够让人通过运动体验获得身体和心理的双重放松,以此获得某种平衡和和谐的状态,原本带给人们感官与身体不假思索地惬意享受,却因为休闲成为消费本身的过程而渐渐隐退了,取而代之凸显在眼前的是体育运动作为休闲被消费所蕴涵的符号意义,运动的时尚化、休闲化、符号化的消费带给人们的遐思和幻象正在超越它基于生理学基础的原始快乐。当作为物质性的运动消费被还原成具有象征性的符号消费时,符号的意义就在于显现差异,通过符号建立差别。人们所消费的不是运动的物质性,而是用以将符号所代表的东西区分开来的差异。

下面通过举例来形象地说明上述观点。街头运动主要为在城市群落生活中的一种便捷化、简单化和大众化的休闲体育方式。对于这种休闲体育形式可以说它是一种建构差异的符号消费。因为在新的城市生活方式下,城市公共消费空间既是物态空间,也是象征空间,除此之外,它还是情感与体验的空间和自我展示的舞台。那些奔跑在城市空地、广场甚至狭小的街区三五成群像模像样地进行篮球、足球运动,甚至独自一人在街角步履蹒跚却旁若无人地操练着滑板和小轮车,或者一群群拎着音响在城市繁华街道尽兴的练习着街舞的年轻人,他们都是街头运动的忠实拥趸。在别人看来,这只不过是一种自娱自乐的休闲健身消费活动,而实际上它本身所包含的内容则远不止如此。这不仅是一种情感宣泄或情感虚拟化的情感性消费,更是通过消费物品作为"社会识别系统"进行的表达性消费,同时也是对某种意义和信息的符号进行消费的象征性消费。对于这些人而言,运动带给他们的遐思和幻象绝不止于此,不吝光阴、一掷千金地投身到这个时空普遍商品化的城市生活状态的过程中,偏好什么样的运动,消费什么样的休闲,已经不再是简单的考虑身心愉悦和经济费用的效用最大化、成本最小化的问题,它意味着基于大量的差异的可能性的选择,人们参与一项项休闲运动,通过眼花缭乱的消费和选择实现与客体、集体和他人建立具有差异性的关系,获得并建构一种别具一格的文化、社会的身份和意义,从而达到本我个性的实现。在这里,人们关注的是符号的所指而不是它的能指,消耗物品或服务的同时也意味着自我的实现。

### 3.休闲运动幻象的消费童话反思

无论消费是一种建构差异的过程,抑或是进行社会区分的一种新方式,都无法掩盖这其实是一个不折不扣的消费童话,当休闲成为不可抗拒的责任伦理的时候,休闲被消费的过程依然要受到诸如社会阶层的趣味、流行时尚、广告传媒等社会和文化因素的左右和影响,休闲和休闲中的自由和平等是不可能的。由消费某一商品带来的区分乃至于由此推断主体的独立存在,其实是极为不可靠的,我们很难设想沉迷在具有符号象征意义的运动休闲之中的人不是由遐思、想象所建构的幻象,而是真正意义上的自我。很客观地说,当参与足球运动将球踢进球门的时候,当参与羽毛球运动将球准确的扣球落地的时候,当参与登山运动站在某个高山顶峰的时候,这些运动的瞬间给人的体验是非常良好的,让人久久不能忘怀。但是这时要注意的是,仅仅拥有这些体验并不代表你就真的是一个卓越的英雄或是站在世界之巅,偶有的快感实际上只是休闲体育消费的时尚化幻影,它无时无刻不在被我们的社会文化所塑造着。

尽管如此,即便很多人最终了解了这种良好体验的真像,但仍旧对这种符号的消费不能停止。波德里亚将其归结为消费实践的象征性和理想性,无限地繁殖下去的"消费欲求"意味着人们只能为了消费而消费。因为生存本体意义的匮乏使得消费成了我们存在的一个理由。当大众消费的休闲化、时尚化、符号化渗透到体育消费领域,运动就已超越了身体的藩篱,我们不再是一群身体需要运动、安宁,需要生命力和感悟力的人,我们还是一个社会人,而且是一个具有特定的地位、认同和形象的个人。时尚具有开始与结束同时发生的魅力,它在限制中显现刹那的魅惑,时尚的运动,或者说运动的时尚也永远处于过去与将来的分水岭上,它是我们众多寻求将社会一致化倾向与个性差异化意欲相结合的生命形式中的显著例子,在被消费的休闲中,人们逐新猎奇地变换着运动与消费的口味,而恒久不变的只有时尚的随意性。即使人们深知其中的幻象却依旧不能自拔,因为正是这幻象帮助人们实现了其社会认同和个性意义的再创造,让我们有了超越现代生活状态的模糊性的可能,所以即便它是虚拟和虚幻的,人们注定也还要消费下去,它似乎正在成为我们对抗这充斥着文化失序与风格杂烩混合的现时生活空间的本体依托。

## 二、休闲体育与现代和谐社会的关系

### (一)和谐社会提供休闲体育发展的条件

休闲体育是人们在可任意支配的休闲时间中主动选择并自愿参与的,以缓解压力、恢复体力、娱乐身心、调节情绪和强身养生为目的的一种身体力行的锻炼手段。

从上述定义中可以看出,休闲体育的产生与发展需要多种条件的共同出现才能达成,而不是一种偶然的行为。随着社会的不断发展和进步,以往从未出现过的条件都成为了能够催生休闲体育产生和发展的有利因素,其中最为主要的两个基础是物质基础和时间基础。这也是休闲体育与社会的关系的体现之一。

1.和谐社会经济发展提供给休闲体育坚实的物质基础

现代社会的发展主要体现在经济和精神两个方面,即所谓的物质文明与精神文明两手抓,两手都要硬。显然,现代社会的发展带来了超越以往任何时期的物质体验,那么这种物质就应该更好的发挥其作用,如运用在休闲体育的发展,要知道,休闲体育的发展和更多的人们参与到休闲体育运动中来是一种精神文明发展的表现。如此即可以称得上是"两手抓",而不忽视其中某一项。因此可以说,正是由于和谐社会经济发展的突飞猛进,才使休闲体育获得发展的物质基础,进而也就证明了它是经济和社会发展的一种必然产物。

社会的发展离不开科技的进步。更多的科学技术运用到社会生产中必然大幅度提高了工作效率,从而在单位时间内可以获得更多的产品和服务。由此就可以使人的工作时间大大缩减,获得了更多的工作之余的时间,如此一来既节约了人力成本,又提高了生产效率。除了新的科学技术,一些现代化的科学管理手段也不断出现,伴随着科学技术以及经济的发展,人们生活的设施也不断建设完善,人们有了足够的消费能力,也有了富裕的休闲时间,还有了从事休闲生活的设施条件。况且,人类文明自形成伊始,劳动生产外的休闲时间就一直是生活的重要组成部分,这个休闲时间或多或少,但一定不会完全没有。由此可以想象一个完全没有休闲时间的人非常容易在生理或者心理方面出现问题。

现代社会已经变革成为了一种大量依靠知识创造和信息化为基础的经济社会,社会的生产方式和人们的生活方式将发生重大的变化,休闲体育将会得到前所未有的发展。马斯洛曾经提出的著名的需要层次理论也是休闲体育成为必然发展趋势的很好的理论基础。需要层次理论中讲到,人的需求依据不同的条件有高低之分,人只有在低层次的需求满足之后,才会产生对高层次需求的追求和向往。这种需求的层次一定是逐层的,而一般不会发生"越层"追求。该理论中将人的基本生活需求(包括吃、穿、住等问题)作为人的最低层次的需求,而最高层次的需求则为精神方面的需求。按照马斯洛的理论,当人的吃、穿、住问题得到解决之后,就会寻求精神方面的需要。根据这一理论再将视线回归到我国的现状,随着我国经济的发展,我国大部分地区在21世纪的今天,基本的温饱问题已得到大体解决,即低层次的需求已得到满足,在这种情况下,我国人们具有了高层次的精神需求,尤其是东部沿海经济发达地区,更具备雄厚的物质基础,而休闲体育适合了人们多种生理和精神需求,因此,休闲体育逐渐成为我国城市居民的一种时尚。可以看出,休闲体育的发展离不开社会经济发展提供的物质条件。

2.逐渐增加的空闲时间为休闲体育提供了发展土壤

在现代社会中,人们已经越发注意关于身心健康的问题了,这也是人们注重提高生活质量的内容之一。久而久之,休闲体育就成为了人们日常生活中的一种需求。那么,为了满足这种需求,首先就需要有足够的参加休闲体育活动的可支配时间作保证。

休闲时间是指不受其他条件限制,完全可以根据自己的意愿去利用、享受或消磨的时间,即"可自由支配的时间"。休闲时间的增多是休闲体育发展的重要条件,这也是社会和休闲体育关系的重要体现。

在前面的文字中也提到了关于生产力、生产水平的提高使人们获得了更多的休闲时间。具体来讲,随着社会的发展,休闲时间是不断增多的,这就成为了促进休闲体育发展的有利因素。在远古时期,甚至是我国在20世纪六七十年代时期,生产力都表现出较为低下的状态,生产劳动条件差,人们为了生存,生产劳动占去了绝大部分的时间,那时的人们整天忙于生存,几乎没有休闲时间,过度透支的体力和脑力使得年均寿命的增长受到阻碍;后来工匠、手工业者出现,人们的休闲时间得到增加;蒸汽机的发明可以说是人类社会发展的重要事件,从此,人们的生产劳动可以运用机器,这推动了生产力的巨大发展,也极大地提高了生产效率,人逐渐从生产劳动中解放出来,休闲时间又得到增加,到了20世纪末21世纪初,科学技术以前所未有的速度发展,各种各样的新技术得到应用,人们无论从事生产还是生活劳动,所需的时间都大大减少,这意味着人们从事休闲活动的时间逐渐增多。有学者预测,到2015年前后,随着知识经济和新技术的迅猛发展,人类将有50%的时间用于休闲。当然有一利必有一弊,用人的减少和生产力的发展必然会使一些多人口国家的人民出现就业危机,因此要想在这两者之间找到一个平衡点,还需要在许多方面进行不少尝试,在这里便不再做过多的赘述。

人们运用休闲时间进行以追求娱乐休闲为目的的活动,必将促进休闲体育的快速发展。社会的发展已经为人们从事休闲体育提供了时间上的保障,如我国在20世纪90年代中期改革了劳动制度,将原先的每周工作6天改为5天,每天工作8小时。这种工作制度一直延续到今天。除正常的工作时间和周末休息外,越来越多的法定节假日也成为了休闲体育利用的好时机。例如,在节假日休息期间,约上三五好友,摒弃传统的请客吃饭,而改为了"请人吃饭不如请人流汗",大家一起骑行、旅游、打球,社交方式也呈现出了更多新意。

综上所述,全民从事休闲体育已经具备了必要的时间条件,随着休闲时间的增多,休闲体育也在不断发展。可见休闲时间增多为休闲体育提供了发展的平台。

### (二)休闲体育对和谐社会发展的作用

#### 1. 促进社会和谐氛围的构建

休闲教育是实现人的全面发展的教育,培养人的鉴赏力、兴趣、技能及创造休闲机会的能力,使人能以一种有益的方式安排自己的休闲时间,从而实现"成为人的过程"是其主要目的,人的素养和个性的提高是其着眼点,而知识的内化和人的潜能的发展是其强调的重点。休闲教育有着广泛的内容,智力、审美、心理、健身娱乐活动等都包括在内。休闲体育与休闲教育有着密切的关系,休闲体育也是休闲教育的主要内容,因为体育既是一种重要的休闲技能,也是一种重要的休闲方式,休闲体育本身的功能与价值和人们参与休闲体育活动的环境、条件都与休闲教育十分符合。

休闲体育的功能是非常多的,包括社会方面的、文化方面的、经济方面的功能。首先来看社会方面的功能。通过休闲体育,人性可以得到回归,"现代文明病"也可以得到预防和治疗,人们的身心得到抚慰,人际交往得到促进,从而使社会风气得到引导,使人们树立起正确的休闲生活态度,选择科学的休闲生活方式,促进人的社会化。通过休闲体育,使人的身心和谐,人与人之间和谐,人与社会、自然环境也得到和谐,同时休闲体育培养全面发展的人,也为构建和谐社会打下了坚实的基础。休闲体育在文化方面也有着巨大的功能。休闲体育具有娱乐身心的价值,更有着文化价值,休闲体育本身就是一种文化现象,通过休闲体育,有助于人们形成科学的价值观念、思维方式、经营理念和生存智慧,从而形成良好的社会风气,为社会秩序的建立和维护发挥文化整合作用。除此之外,在文化传播、文化创造上,休闲体育还为其提供了环境,有利于构建健康向上、协同进步的文化体系,营造和谐的文化氛围。休闲体育还具有巨大的经济功能。人们生活水平不断提高、闲暇时间不断增多、消费观念不断变化,体育意识得到增强,休闲体育已成为人们的需要并且人们已具有了享受休闲体育消费和服务的能力。在这种情况下,休闲体育产业及其关联产业得到开发,包括健身服务、观赏服务、休闲场地、服装器材服务等,休闲体育产品与服务体现出多层次、全方位的特点,使人们花钱买健康、花钱买休闲的需求得到满足,同时消费扩大、就业增加,休闲体育已成为新的经济增长点。另外,通过休闲体育,劳动者的体质得到增强,也在一定程度上会提高劳动生产率,从而会促进经济的发展。构建社会主义和谐社会,需要经济发展为其奠定雄厚的物质基础。而在经济社会生活中,体育的作用日益显现,发挥体育的经济功能是建设小康社会、构建社会主义和谐社会的重要措施。

休闲体育需要良好的环境,从人们参与休闲体育活动的环境来看,我国已营造了良好的休闲体育健身环境,这离不开国家政府的大力支持。"三边工程"指抓身边的组织、建身边的场地、搞身边的活动,国家通过加强"三边工程"的建设,使人们参与体育活动的软、硬条件得到了改善。

国家对群众体育非常重视,大幅增加群众体育的基础设施建设;并积极探索依托自然资源(公园、绿地、山地、江河湖海等)兴建体育设施的新模式,建设全民健身活动基地。为了促进休闲体育的发展,一系列的组织得以建立,一系列的活动得以举行,建立的组织有全国各地群众体育组织、单项体育协会、各种体育俱乐部、健身中心、健身指导站、晨晚练站点等,举办的群众体育活动业具有日趋丰富的内容和形式。当前,人们已经有能力、有条件、有意识地参与休闲体育活动。在构建和谐社会的过程中,为使更多的人参与到休闲体育活动中来,各级政府应更加关注休闲体育的发展。

### 2.是社会步入发展新阶段的标志

现代休闲体育不是凭空而生的,它是现代社会发展的必然产物。社会的生产技术不断发展,人们的生活方式也在不断发展变迁,人类社会物质和精神文明也在不断发展,这种发展到达一定的程度,休闲体育便自然产生了。休闲体育的发展是随着竞技体育高度发展而产生的,竞技体育在发达资本主义国家发展,同时,国民体育也逐渐成为一种热潮,体育在人们生活中已不可缺少。休闲体育是在经济高度发展、生产自动化程度提高和大众传播媒介直接影响下产生的,它的日益普及影响着人们的生活和工作。

经济、政治、文化、科学技术高度发展是现代社会的重要特征,现代社会的一个重要标志就是体育的繁荣与发展。休闲体育是现代社会的产物,首先在于现代社会体育的信息增加,人们体育观念的改变。社会在发展,信息量急剧增加,人们获得信息的手段也多种多样,如急剧增加的各种体育书刊,日益普及的电视机、电脑,接入千家万户的互联网。在人们的生活中,体育得到了迅速的传播,从而产生了越来越大的影响,体育已经逐渐成为人们生活的一部分。这些为休闲体育的发展打下了基础。

休闲体育是现代社会发展的必然产物还体现在,现代社会国民经济高速发展,大大提高了人们的物质生活水平,推进了第三产业的发展,从而为休闲体育的发展提供了社会物质条件。在有了一定的经济基础之后,休闲体育的设施得到开发,从而使休闲体育有了开展的空间和场所。现如今,市场经济蓬勃发展,为人们闲暇时间服务的第三产业表现出了巨大的市场空间和发展潜力,因此吸引了大量的资金和劳动力,一些新的休闲体育娱乐项目不断出现,反过来,休闲体育的发展也在一定程度上刺激着人们的消费,随着休闲体育的进一步发展,将会有越来越多的人参与到休闲体育的消费中来,人们在休闲体育方面的投资将会与日俱增。

产业可以分为三大产业,分别为第一产业、第二产业、第三产业,从事第一产业、第二产业的主要是体力劳动者,包括从事农业、工业物质生产的劳动力,而从事第三产业的主要是脑力劳动者,主要包括进出口贸易、工商、银行、财会、计算机、网络等机构的高级专业人员。随着社会的发展,第一、第二产业所占比重将会不断减小,第三产业比重将不断上升,这意味着从事第三产业的劳动者将会不断增多。对于这些从业者来说,他们与体力劳动者不同,主要是从事紧张的脑力劳动,因此缺少体育活动,长期如此,便会导致健康出问题。在这种情况下,一些为这些人服务的健身场所逐渐出现,这些从业者为了自身健康,积极参与休闲体育,将会成为休闲体育消费的主力军。

体育运动是现代社会中的重要内容,尤其是奥运会等体育盛会更是在社会上有着重要的影响力,随着现代社会大众传播媒介的发展,电视体育节目不断丰富,这些都成为奥林匹克精神弘扬的有力工具。体育媒介具有强大的感染力、感召力和诱惑力,人们受到传播媒介的影响,使自身参与体育活动的强烈愿望得到唤醒和激发。由于竞技体育对人体素质的要求较高,而休闲体育则适宜人们参与,从而成为人们释放激情的重要手段。

在现代社会,民主化进程不断加快,社会各方面日趋完善,体育民主化也是社会民主化的重要内容,推动体育民主化观念也已深入人心。不分行业、阶层,不分民族、性别、年龄、贫富的差别,使体育成为每个人生活领域中的休闲内容,是休闲体育成为向全体社会成员开放的参与性的活动,这是真正的民主主义思想在现代生活中的具体体现,也是体育民主化的主要作用。

休闲体育是人们日常生活的重要组成部分,因在人们闲暇时间进行而得名。它对增进人民健康有着重要作用,能够提高国民的整体素质,对促进全民健身计划的发展,国家繁荣昌盛,民族兴旺发达以及社会物质文明、精神文明建设都有着重要的意义。人类社会逐渐进入后工业化时代,随着科学技术的发展,人们从事各种体力劳动的机会和时间大大减少,加之社会竞争和环境变化给人所造成压力的增大,体育运动越来越成为人们增进健康、缓解压力、度过余暇的手段。休闲体育将会是未来人们休闲生活的重要内容,将会是未来体育的发展趋势之一。

### 3.实现人的现代化

现代社会的快速发展一方面是物质的发展,另一方面也需要有随之发展的人的精神和意识来匹配。很显然,现代社会的发展非常依仗人的作用,正因如此,才使得"以人为本"的发展理念盛行。物质资本和劳动资本的增加对经济增长有着重要作用,传统的经济理论观点认为它们是经济增长的主要依赖,从现代社会的实际出发,这种观点已不符合现实。在现代,与物质资本和劳动力数量的增加对经济增长的贡献相比,人的知识、能力和健康等人力资本的提高更大。教育和保健是对人力资本投资的两个主要方面。从这个意义上讲,休闲体育运动可以被看作是对人力资源的一种投资行为。这种投资所获得的效果就是将人的身体转化为健康的身体以便更好的投入到生产当中的资本存量。描述这种效果的标志包括人体的健康程度、有无疾病的状态以及寿命的延长等。良好的健康状态本身就创造了价值,成为重要的人力资本要素。由此便可以看出,休闲体育可以提升人力资本,对实现人的现代化具有重要的作用。

### 4.促进社会精神文明建设

精神文明建设是社会主义现代化建设的重要组成部分之一。休闲体育,就是促进社会主义精神文明建设的有力手段。

现代物质文明的不断发展使普通大众都可以选择更多种类的休闲方式。而且,休闲生活已经成为了现代人不能缺少的生活组成部分。鉴于休闲方式的多样性,其对社会发展所带来的作用也是多方面的,这其中既有积极的影响,也有消极的影响。具体来说,休闲的方式多种多样,因此在这些方式中就有可能存在一些有违健康原则的休闲方式,如赌博、吸毒等。这些行为肯定不能算作是健康的休闲方式,但是它却能给人带来良好的休闲效果,尽管如此,这种休闲方式也必须要被划入到被禁止的行列中,它不利于社会精神文明的建设和社会的进步,甚至是一种犯罪行为。而休闲体育是一种健康的生活方式,具体如登山、垂钓、野营、骑行和拓展训练等活动,通过对这些运动项目的参与,可以使人们的身体得到有益的锻炼,从而极大地促使运动参加者的身体健康水平保持在较高状态下。身体的锻炼也会促进心理的积极反应。

通过参与休闲体育,人们休闲可以得到正确的引导,向有利于社会进步的方向发展,同时,社会的精神文明建设也会得到不断推进。

### 5.缓解人的亚健康状态

在早先的健康理论中认为,人只是会处在健康与疾病的两种状态之中。而最新的研究结果表明,除了健康与疾病的两种身体状态外,人体还存在一种介于二者之间的状态,即"亚健康状态"。当人处在"亚健康"状态中时,会有一种说不出的不适感,较多时候表现出一种疲乏、嗜睡、无精打采、注意力不集中以及健忘等状况,但是通过医学检查又检查不出有何种疾病。

世界卫生组织曾经在全球做过一项调查,结果显示在全世界仅有约5%的人属于完全的健康,20%的人被诊断为患有疾病,其余75%的人则均处于亚健康状态。在我国,人体健康状况的三项百分比大体也是如此,具体为处于健康状态的人15%,处于不健康状态的同样占15%,而剩余的70%的人都处于亚健康的状态。在"亚健康"状态的人群当中,知识分子和广大白领职工和蓝领工人是"亚健康"的主体,约占70%。可见,亚健康已成为一种普遍现象,它影响着人们的生存和发展,对人们的生活质量有着负面的影响。

体育运动对人体的健康具有极大的促进作用,这是毋庸置疑的,并且已经得到了人们的赞同。在现代社会,人们的健康观念有了一定的转变,以往的单纯生物角度的健康已经无法适应现代社会的需要,身体、心理和社会适应能力的三维健康观成为人们的共识,因此,人们对体育也就有了促进身体、心理和社会适应能力的要求,这也是加速全面建设小康社会进程的要求。在休闲体育中,人们恢复了体力与精力,身心也得到了愉悦,同时也促进了社会交往,提高了社会适应能力,可以说,休闲体育满足了人们在现代社会对体育的要求,经常参与休闲体育,将其作为一种新的体育生活方式,将会缓解亚健康状态,促进全体人类的健康。

### 6.缓解老龄化给社会带来的压力

根据普遍的标准来看,一般将年龄超过60岁的人认定为老年人。如果一个国家60岁以上年龄的人占国家总人口的10%,或65岁以上者占国家总人口的7%的话,就可以认定这个国家已经进入老龄社会,其中较为典型的国家就是日本,这个卖老人纸尿裤数量多于婴儿纸尿裤的情况就是老龄化社会的最好证明。

现代社会先进的科学技术大量运用在医学领域,使得医疗条件得到突飞猛进的发展,在以前难以攻克的疑难病症于今天早已不再是个要命的难题。在这种高水准的医疗条件下,人们可以获得更长的寿命。与此同时,年龄的增长就使得老年人口数量不断增加,由此便带来了一系列的社会问题,而人口老龄化的问题在当今世界已经成为了每个国家都普遍关注的话题,同时这也是社科类研究者急于研究和亟待解决的问题。由于历史和政策原因,在今天,我国的老龄化问题也已经凸显。所以,人口老龄化的问题也值得我们格外关注和认真研究。

对于一个国家来说,老年人口的增加是一个社会问题,并且非常沉重。老龄人口的庞大意味着医疗负担的加重和社会福利的增大,这无疑是对社会的一种压力。而休闲体育的发展可以缓解这种社会压力。具体来说,老龄化人口具有充足的休闲时间,他们已经成为休闲体育活动的参与主体之一。通过休闲体育活动,老年人可以大大缓解身体机能下滑的速度,以及对一些小病具有足够的免疫力予以抵抗,这既是对医药治疗方面的负担的一种降低,也是对社会福利的减轻和对社会压力的缓解。世界上一些发达国家已经在大力发展休闲体育,并将其作为缓解人口老龄化社会的重大举措,如美国、日本和新加坡就非常注重加强休闲体育健身,并且取得了相当不错的成效。

# 第三节　休闲体育与终身体育的关系

## 一、终身体育的定义和理念的产生

### （一）终身体育的定义

人们对终身体育的看法是多种多样的。关于终身体育的定义目前主要有两种说法，具体如下。

（1）终身体育，是指一个人终身都要接受体育教育和从事体育锻炼，使身体健康，身心愉悦，终身受益。

（2）终身体育，是指一个人终身进行体育锻炼和接受体育教育，即要在人一生中实施教育等。

尽管上面两种定义的表述并不完全一致，但在我国，"终身体育是指人们在一生中所进行的身体锻炼和所受到的各种体育教育的总和"是较为赞同的观点。简单地说，就是一个人从生命开始，到生命结束，不管是为了适应环境，还是要满足个人的需要，都要进行身体锻炼，以取得生存、生活、学习与工作的物质基础或条件。

### （二）终身体育理念的产生

在人们的传统意识中，一般把人生分成两半，"前半生用于受教育，后半生用于劳动"，这是很长一段时期社会形态所要求的必然模式。保罗·朗格朗改变了这种想法，他认为"教育应该是每个人从生到死的继续过程"。保罗·朗格朗是 20 世纪 60 年代法国著名的教育家，上面的观点也就是他所提出的终身教育的思想。终身教育的思想在国际上具有很大的影响力。正是在终身教育思想的影响下，终身体育的思想逐渐形成。终身体育思想的形成，终身教育思想的影响是一个重要的原因，体育功能、社会经济发展和人们生活随社会发展变化及人们行为方式也是其中的重要原因，社会发展是终身教育和终身体育的前提，从个人发展的角度来说，起点都是个人如何适应社会发展的需要，而最终，培养全面发展的人的问题是包括终身体育在内的人类的各种教育发展围绕的重点。终身教育与终身体育有相同之处，不同之处也是存在的，两者之间的对比见表 3-1。

表 3-1　终身教育与终身体育的对比

| 终身教育 | 终身体育 |
| --- | --- |
| 是指对于一个人从生到死的整个一生所进行的教育 | 是指一个人终身进行身体锻炼和接受体育教育 |
| 目的是维持和改善个人社会生活的质量 | 目的是保持健康，增强体质，提高生活质量和体育教养水平 |
| 从事一定的活动——学习活动 | 从事一定的活动——身体锻炼等 |
| 接受一定的教育——一般是以职业教育或专业知识教育为主，也有寻求掌握个人爱好方面的知识技能 | 接受体育教育——一般以体育锻炼原理、体育技能、休闲、娱乐活动的知识、技能等为主 |
| 形式灵活，内容多样 | 形式灵活，内容多样 |
| 不断增长和积累知识 | 丰富体育知识，顺应身体发展的规律，坚持身体锻炼 |

## 二、休闲体育运动与终身体育的关系

终身体育是让人在生命的各个不同阶段都能坚持参加体育活动,以此达到强健身心、愉悦精神的最佳目标,这也是参加包括休闲体育运动在内的多种体育运动的目的。而休闲体育运动作为一种健康、科学、文明的生活方式,它正以独特的休闲性、自主性、自由性及积极的亲身体验性吸引着现代人,释放着当代社会快节奏给现代人带来的种种压力和负担,休闲体育运动是终身体育的具体内容,而坚持终身体育思想,并坚持终身参与体育锻炼正是休闲体育运动的最终目的,也是人类改造自我、发展自我的最佳手段与方法。

人类要想保证身体健康,就需要运动,人们对运动的需求越来越迫切。在远古漫长的时期内,人们对体育的需求几乎是不存在的,因为人们需要整日忙于维持生存的生产劳动,这些生产劳动在一定程度上代替了运动,在劳动过程中,人们的身体得到了锻炼,但是到了现代社会,体力劳动逐渐减少,脑力劳动逐渐走向主导地位,这就意味着人们无法从劳动中获得运动的功效,因此人们对于体育运动的需求越来越强烈,在通过体育运动获得锻炼身体效果的同时,人们的身心也得到放松,情感得到愉悦。在校园中同样如此,早期的校园休闲运动往往会被课余的部分劳动代替,但目前应运而生的校园休闲运动无疑将对高校体育的育人效益,包括近期效益和终身体育的远期效益有着重要作用。

在校园中,学生接受体育教育,可以为终身教育奠定基础,但毕业后学生体育行为的中断或继续,则对终身体育有着重要影响。社会上有着"终身教育人口"的概念,它指那些自接受学校体育教育以来,坚持至今,并能持续到老龄的体育人口。学生毕业后体育行为的中断或继续,与校园体育教育有着重要关系,在校园体育教育中兴趣高者,终身体育意识强,易于坚持锻炼,反之则不然。由此可知,对校园体育兴趣浓厚的学生极易成为终身体育的最佳人口。休闲运动的兴起对校园体育教育有着重要影响,理解休闲运动与终身体育的关系首先需从理论上弄清何谓终身体育,明确高校体育在终身体育中的任务以及休闲运动对大学生终身体育作用等。因此,在研究休闲体育运动与终身体育的关系问题时,就以最具代表性的大学终身体育教育为例开展。

### (一)大学体育是学生终身体育的依托

终身体育与我国高校体育之间有着紧密的联系,高校体育影响着终身体育的形成。大学阶段上承儿童、少年时代,下启青、中、老年时期。在这一"环节"中,对终身体育操作的合理与否,直接关系到大学生的后半生的健身行为。在校园体育中要脚踏实地的进行终身体育教育,这样才有利于发挥高校体育的育人作用,也才能促进终身体育的发展。体育是一种社会实践,它是以身体运动为手段来提高人类健康水平的积极过程,它需要以其趣味性、创新性来提高吸引力,来满足大学生的娱乐、享受需求。时代在不断发展,社会在不断发展,这就要求封闭体育要向开放体育过渡,强制性体育要向自娱性体育过渡。现在是信息社会,人类体现出了鲜明的个性差异化,体育活动要想吸引人也必须越来越丰富和具有自身魅力。大学对学生来说非常重要,它是人生的一大转折,大学之后,学生面临的就是社会实践,因此学生未来体育生活化、体育终生化的实现受到了高校体育教育的影响。解决体育学习的问题是高校体育阶段的任务,解决当前和今后运用的问题也是其重要任务。休闲运动在校园中流行,适应了高校体育教育的需要,有利于培养学生终身体育的能力和意识,有利于终身体育的发展。

**（二）休闲运动是奠定大学生终身体育的坚实基础**

高校体育在终身体育实现中起着重要作用，因为高校是学生接受体育教育的最后阶段，对培养终生身心健康的合格人才有着重要影响。通过学校体育教育和休闲体育运动的开展，高校学生的体育意识得到了增强，终身体育思想也得到增强。休闲体育运动在高校中开展顺利，备受学生喜爱，这是有一定原因的。在休闲体育运动中，学生具有集体荣誉感和团体凝聚力是其热衷于休闲体育活动的一大动力，更为重要的是，休闲体育运动满足了学生"玩乐"的兴趣。推动的力量没有比兴趣更好的了，这是休闲运动的起始。兴趣发生于运动的过程中，快乐发生于运动所得到的结果。心中有着无限的快乐且有快乐的结果，人们就会终生去从事它。可以说，休闲运动是奠定终身体育的坚实基础。当代大学生，学习紧张，因此对较高层次的精神文化生活有着迫切地需要，对追求余暇生活的丰富多彩，尤其对既能使身心健康发展、直接健美形体，又能陶冶情操、使自身获得精神和物质满足的休闲体育活动有较大的兴趣和参与热情。他们一边要获得知识，同时还要提高体育素质，因此体育在他们的学习生活中不可缺少，由于此，他们参加休闲体育锻炼会更为自觉、积极和主动，从而为步入社会后坚持自我锻炼奠定了良好基础。

休闲体育运动是一种文明、健康、科学的余暇生活方式，能够为人类建造美丽的精神家园。在高校，休闲运动主要来自大学生自主、自愿的健身娱乐需求，以此达到满足他们身心健康、愉悦的需要，因此休闲运动潮日趋高涨。通过休闲运动的开展，学生的体育意识和终身体育意识将会不断增强，同时也会养成体育运动的习惯，从而对终身体育的形成起到重要的作用。

# 第四章　休闲体育的文化内涵探究

## 第一节　休闲体育文化的概念及内涵

随着现代健身运动的不断发展,以及全民健身理念的不断深入,人们都积极地投入到休闲体育运动健身之中,这极大地丰富了休闲体育的内涵,形成了社会上广泛的休闲体育文化。本节主要讲解休闲体育文化的概念及内涵,以帮助人们更好地认识与了解休闲体育。

### 一、休闲文化及体育文化概述

#### (一)休闲文化概述

1.休闲文化的概念

休闲文化的概念也非常广泛,它属于宏观文化的一部分,它不仅是文化表现形态的一个特殊领域,同时也是建构整个文化的基本单位或维度。如果将人类文化视作一个整体,那么休闲文化就是构建这个整体的有机组成部分。从语义的逻辑关系来看,文化与休闲文化则是包含和包含于的关系,即文化包含休闲文化。

如果将休闲视为人类的一种自由状态和生活形式,那么休闲文化就可以被认定为关于人类的这种状态和形式的外部表现的描述和表达。著名经济学家于光远先生在概括国外众多思想者的观点之后认为:休闲就是文化的组成部分。从这个意义上讲,休闲不仅是文化的有机组成部分,同时也是文化的表现形式。人类的休闲活动既是一个享受文化成果的过程,也是一个创造新的文化成果的过程。

关于休闲文化的概念,国内存在着多种观念。有学者认为,休闲文化是人在完成生活必要劳动时间后,为不断满足人的多方面需要而创造文化、欣赏文化、建构文化的生命状态与行为方式。另一些学者认为,休闲文化是人们在工作、睡眠和其他必要的社会活动时间以外,将休闲时间自由地进行自我享受、调整和发展的观念、态度、方法和手段的总和。还有一部分学者则认为,休闲文化是指与休闲相关的一切人类活动及其表现,它包括休闲的内容与方式、休闲的功能、休闲的历史走向和休闲的民族特色等,其核心是休闲这一社会现象所蕴含的文化意义。其他一些学者认为,无论对休闲文化的描述怎样不同,其中有一点可以确定,那就是休闲本身就是文化的一种特殊形态。因此,与文化的其他表现形态一样,休闲文化中也包括文化内部结构的四个层面,即物质实体体系、价值观念体系、制度规范体系、行为方式体系。

休闲文化在物质层面表现为人们借助其已经形成休闲方式的物化形态的东西进行休闲活动,同时也在其休闲活动实践中创造产生新的物化形态的东西。这些物化的东西让休闲的思想观念、价值功能、行为方式和规范等诸多隐形文化通过外显形式表现出来;休闲文化在价值观念层面表现为人们对休闲的认识、看法、观点、态度以及作用、功能、意义等思想观念的东西,一般通过物化、语言、文字和行为等方式表现出来;休闲文化的制度规范层面表现为人们在进行休闲活动时需遵守的社会要求,这些要求以法律、规章制度、伦理道德、社会风俗和行为规范等形式表现出来。从一定意义上说,休闲文化制度规范层面的东西可以视为社会对休闲活动的度的把握和控制;休闲文化的行为层面主要表现为人们进行休闲活动的活动方式与活动方法,这是人的休闲活动的具体体现。休闲文化的基本面貌就是通过这些层面综合显现出来的。

2.休闲文化的特性

文化是一个非常广泛的概念,实际上,任何事物都存在着一定的文化性质,所以说文化包含休闲文化,休闲文化是文化的一个组成部分及内容。因此,与文化的任何建构部分相同,休闲文化同样表现出了文化所具备的所有特征。具体来说,休闲文化的主要特征主要有以下四个方面。

(1)休闲文化的地域性

地域文化是指在一定的地理环境条件下,由于历史原因所形成的,具有一定特色的区域文化,包括当地独特的历史传统、风土人情等。就中国的传统文化而言,包括长白文化、齐鲁文化、中州文化、三晋文化、关中文化、西北文化、吴越文化、荆楚文化、巴蜀文化、滇黔文化、闽台文化、岭南文化等。休闲文化作为被包含的一部分,同样也表现出这种区域性特征,如同样是茶文化,福建、广东、河南的茶文化就表现出不同的特点。

(2)休闲文化的民族性

不同民族的文化特色也各不相同,并表现出不同民族的独特个性与特殊的规定性。这种文化特色是各个民族经过长期的生产劳动和生活实践创造出来的。作为包含于文化之中的休闲文化,当然也不能独立于这种民族性之外。因此,在不同的国家和民族地区会表现出异于其他民族特质的休闲文化,这种休闲文化随着民族的发展而不断发展变化,但始终保持独特的民族性特征,同时来建构此民族的传统文化。例如,居住在云南德宏州的傣族和景颇族,虽然所处地域相同,但其休闲文化却有本质上的不同。傣族被称为“水的民族”,其民族休闲活动与水有关,如泼水节。孔雀舞是傣族典型的舞蹈,表现为独特优美的身段、节奏明快的舞步、变化多端的手形、灵活传情的眼神,能够带给人美的享受,并充分表现出傣族的民族性格。景颇族被称为“山之骄子”,该民族的休闲活动与山息息相关。景颇族的舞蹈包括祭祀性、狩猎性、生产劳动性和欢庆性等五类。祭祀性舞蹈有“总戈”“布滚戈”“金再再”等,狩猎性舞蹈有“龙东戈”,军事性舞蹈有“向戈”“串戈”“以弯弯”等。这些舞蹈动作粗犷豪放并且形象生动,体现出该民族的大山性格。

(3)休闲文化的传承性

休闲文化总是在原有基础上不断创新和发展的,表现出重要的传承性质。一般来说,休闲文化的传承性主要表现出以下几种基本属性。

①文化传承是一种社会强制

人的社会属性使每一个人生来就处在某个社会群体中,不仅是社会群体的一员,同时也会浸沉在一定的文化氛围中,毫无选择地来接受并传承这种文化,将这种文化传给后代,形成一种基因复制式的社会强制。

②文化传承的核心为心理传承

文化传承是各种文化构成要素的传递,主要包括语言传承、行为传承、器物传承等方式,其中最稳定最持久的是心理传承。在一个民族共同体中,这种心理传承常常表现为民族意识的深层次积累,成为民族认同感的核心。因此,文化传承是民族共同体形成并得以发展的基础。

③文化传承形成文化传统

由于文化传承具备稳定和模式化的特点和要求,因此文化主体根据价值选择所承接的文化被社会所接受。

④文化传承机制包含着文化的选择机制

文化选择机制以价值判断为特征,它不仅与文化传承机制相联系,同时也制约并促进传承机制的运作,使文化表现出阶段性、变异性的特质和时代特征。

休闲文化的传承性机制同样具备以上这些基本属性,如很多休闲方式几乎是代代相传而到今天,虽然在其传递的过程中受到时代变革与发展创新的影响,但这些休闲方式的基本模式看起来仍然保持着过去的风貌。

(4)休闲文化的时代性

文化作为一种社会历史现象,不同的时代都有与其相适应的文化,并随着社会生产力的发展而不断变化。作为文化的重要组成部分,休闲文化同样也具有这种特点。从某种意义上说,休闲文化的这种时代性似乎比文化的其他领域更为先进。尤其是在社会生产方式和生产水平高速发展的今天,各种不同的休闲方式被创造出来,成为人们休闲健身的重要手段。

## (二)体育文化概述

### 1.体育文化的概念

所谓体育文化,是指人们在体育运动实践中所创造的各种物质财富和精神财富的总和。也可以说,体育文化是围绕体育运动形成的物质的、精神的、制度的和行为的等各方面财富的总和。

体育文化是人类本身需求的特殊反映。它是人类在体育活动和体育实践中创造出来的,并通过有形的身体形态、动作技能、运动器材、物质以及无形的与社会属性相关的意志、观念、时代精神以及相应的制度、规范等反映出来,显现了各具特色的存在方式。

### 2.体育文化的特性

体育文化和其他领域的文化一样,从一个侧面或者一个维度反映了一个时代、一个国家或民族的特征,业已形成的体育文化影响着人们对体育的价值认识、观念意识,规范着人们的体育行为。

体育文化是在一切体育现象和体育活动中展现出来的一种特殊的文化现象,因此说,它是人们在体育活动和体育实践过程中所表现出来的具有身体运动属性的文化。从这个意义上讲,体育文化表现出以下基本特征。

(1)体育文化总是与人的体育活动及其生活中的各种体育现象紧密联系在一起的。

(2)体育文化总是反映一定社会民族的、传统的和时代的基本特征的文化,因此,体育文化总会在这种民族性、传统性的基础上,表现出时代影响的痕迹和发展演变的脉络。

(3)体育文化因其体育的特性而显示出一种国际化的特征,不同的民族体育文化、地域体育文化都在国际化的通道中呈现出相互融合的趋势。特别是在物态维度上,趋同和融合的趋势十分明显。

(4)体育文化是人类社会文化的重要组成部分,它的产生和发展受人类社会其他领域发展的影响和制约,但体育文化有着独特的个性,有其自身发展和变化的规律,因此它具有相对独立的特征。

（5）不同的民族、不同的地域有着不同的传统文化和民俗文化，受其影响，不同的民族、不同的地域的体育文化也呈现出一种差异性。这种差异性主要从人们的思想理念、价值观念、风俗习惯等方面表现出来。

（6）体育文化具有历史性和继承性。当代体育文化的形成是一个漫长的历史积累的结果，也是在对历史的继承中不断地创造和发展的结果。如奥林匹克运动，时至今日，人们依然可以看到古代奥林匹克的遗传痕迹。

## 二、休闲体育文化的概念

对休闲体育文化进行定义，应该遵循基本的逻辑关系，即属种关系。也就是说，作为种概念的休闲体育文化的外延应该完全被包含在属概念——休闲文化和体育文化的外延之中。但从宏观的角度来看，无论是休闲文化还是体育文化，都是宏观意义上的文化的组成部分，或者说是文化的表达维度而已。因此，在对休闲体育文化进行定义时，应该参照文化定义的范畴。

按照对文化的定义，无论是休闲文化还是体育文化乃至休闲体育文化的全部外延都应该被包含于其中。根据逻辑要求，对休闲体育文化作如下定义：休闲体育文化是人们通过体育运动的方式，在休闲实践中创造并共同享有的、关于这一社会现象的物质实体、价值观念、制度规范及其行为方式的总和。

通过对休闲体育文化概念的分析可知，首先是把休闲体育看作是一种社会文化现象，一种被包含于休闲文化和体育文化之中的文化现象。在这里，休闲体育文化是休闲文化和体育文化的一种表现方式，而建构这种表现方式的全部内容正是文化的基本构架——物质实体、价值观念、制度规范和行为方式等方面的建构因素，这些建构要素共同形成了休闲体育文化。

## 三、休闲体育文化的内涵

### （一）休闲体育文化的几个层面

按照层次的划分，休闲体育文化显然属于文化的一个十分微观的层次，或者说是文化的一个操作层次。因此，从基本结构而言，休闲体育文化依然应涵盖文化结构的各个层面的内容。

第一，在物化层面，休闲体育文化的内容非常丰富，它主要包括构建一切体育活动项目的场地器材、设施设备等人造物和按照体育活动需要被改造的自然物，这些物质通常被按其功用而命名，如体育馆、球场、球拍、球杆、球等人造物和专门器具以及游泳池、高尔夫球场、滑雪场、漂流场等被改造的自然物。

体育是人类运动本能与社会化改造完美结合的产物，也是文化的物化形态在人类的社会实践活动中完美体现的方式。在体育运动的过程中，人通过自身的运动在自然世界和人造世界中对自己的有机体进行改造，在这个过程中，人在享受物态文化（运动的环境条件、运动的场地器材）的成果的同时，又在不断地创造着新的物态文化。

第二，在价值观念层面，休闲体育文化主要包含人们的休闲观和体育观，人们对休闲体育功用的认识和看法，也包括人们对休闲体育所具有的各种价值的理解等。另一方面，人们通过参与休闲体育本身就是用行为来表现人们对体育的态度和看法，表现出人们对体育的意义、价值、功能的认识。同时，通过这种参与也体现出人们对休闲的价值和意义的认识，对休闲方式选择的倾向和态度。在参与活动的过程中，人们不仅是在强化自己对体育的认识，还在这种实践活动中继续发掘、建构和更新体育的价值体系，使体育在现代社会中的功能不断地发挥。

第三，在制度体系方面，休闲体育文化的制度规范也具有鲜明的特点。首先，休闲体育体现出这个社会对余暇时间的规定，体现出这个社会劳动生产制度和社会发展的水平，体现出这个社会对人们的行为的评判倾向。其次，体育法规也是这个社会对每个公民参与体育的权利的规定，是参与休闲体育活动的最高法律准则。再次，为了保证活动者能够享有同等活动权利，或者说能够使参与活动者共同活动，每一项休闲体育活动项目都有本身的活动方式和规则要求，这种统一的活动方式和规则要求则是对所有休闲体育参与者在活动中的行为规范，尽管这种行为规范不像法律法规那样具有严格的规定性，但却让不同的个体有了共同游戏的可能性。最后，体育活动作为一种运动性的休闲方式被运用于休闲活动中，已经具有十分漫长的历史。体育活动对于任何人来说本身就是一种行动。与其他被运用于休闲活动的方式不同，这种行动一方面表现出人的自然属性，即以人的特殊方式进行运动并且满足着人的本能的运动需求；另一方面，这些活动的内容都是被社会化了的运动方法，可以满足人的其他社会性需求。因此，休闲体育本身就是社会文化的表现形式之一。同时，选择运动的方式来度过自己的闲暇时间，也充分地表明了人的价值倾向，反映出个人对体育运动的认识和理解，反映出个人积极的生活态度。

综上所述，休闲体育文化是休闲文化和体育文化不可或缺的重要组成部分，其本身就是社会文化的产物，也是社会文化的建构部分。

### （二）休闲体育文化的特性

作为体育文化的重要组成部分，休闲体育文化表现出体育文化的一些特点，除此之外，休闲体育文化还表现出自己的本质特点，主要表现在以下几个方面。

1. 领先性特点

休闲体育本身是社会生产水平发展的产物，在当今新材料、新技术、自动化的生产条件下，用于休闲体育的物质器材大多是高科技物质的民用化，因此，现代休闲体育的物化水平远高于休闲的其他领域，在整个休闲领域中明显具有领先地位。

2. 跨文化的特点

被用于休闲的体育活动项目众多，有现代的、传统的，有中国的、外国的，一律兼容并收。体闲体育文化的这一特点是由于体育项目的国际性特点所决定的。作为能够满足人类双重需要的体育活动，一直被视为文明、健康的休闲方式，无论其产生于何处，也无论其有着什么样的文化背景，都会被广大的群众所接受。

3. 直接参与的特点

与其他许多休闲方式不同的是，休闲体育有直接参与的特点，这种直接参与是指身心都投入其中。体育活动本身必须将个人身心全部投入其中才可以产生满足双重需要的功效，也只有通过自身机体的运动才能产生体验和感受。因此，休闲体育文化的积累和体现总是在个人亲身参与的过程中完成的，每个参与者就是休闲体育文化的体验者和创造者。

4. 自娱自足的特点

休闲体育活动是依赖于自身的活动，有完成基本活动动作的能力，就可以从活动中体验到从肌肉到身心的愉悦和解脱。在许多情况下,休闲体育行为层面上完全不能表现出参与者从活动中获得的满足感、自由感,因为有的时候活动过程甚至给人一种艰难和痛苦的外表反映,只有参与者本人才能够从中体会到其中的快乐和自在。

# 第二节　东西方休闲体育文化之间的差异性

休闲体育文化有其最基本的结构,正是这些结构才建构起休闲体育文化的整体。对于东西方休闲体育文化的差异和融合问题的研究,通常也只能从不同的维度加以对比分析。因此,从物质、价值观念、制度规范和社会行为等四个基本维度对东西方休闲体育文化的异同加以分析研究。

受各方面因素的影响,东西方休闲体育文化之间表现出一定的差异性,这种差异性主要表现在物质层面、制度层面、价值层面和行为层面上。

## 一、物质层面的差异

在物质层面,休闲体育文化的发展是与整个社会生产的发展联系在一起的。在远古时期,人类处于原始状态,基本的生产活动只是满足其生存需求的狩猎、采摘。当然,这个时期并没有今天意义上的休闲活动,但人们在狩猎、采摘之余,吃饱喝好之后,利用剩余精力和使用最为基本的运动技能,如跑跳、攀爬、投掷等,这个时期可以称为本能运动游戏时期。正是在这个时期产生了休闲体育的前身——运动性游戏。

人类社会的文化分野始于农业文明。当人类开始有意识种植农作物的时候,智力得到开发的人类,又逐渐学会了对某些动物的驯养,于是形成农业。农业使人类开始定居,农业也使人类的文明以及文化开始萌芽并逐渐地发展起来。这个时期逐渐形成的季节概念,成为人们选择劳作或闲暇的依据。同样,运动性游戏依然是农业社会中十分重要的娱乐方式,但此时已经开始制作专门用于游戏的器物,当然,这些器物与狩猎工具、劳动工具有着密切的联系。即使是到了这个时期,由于生产方式的落后,物质生产水平低下,无论是东方还是西方,在嬉戏的方式上不可能出现根本性的差异。

休闲体育的产生以及东西方产生真正差异的时代是工业革命开始后逐渐形成的,而且很快将东西方拉开了差距。以英国为代表的资本主义工业化的早期历程,即资本主义生产完成了从工场手工业向机器大工业过渡的阶段,是以机器生产逐步取代手工劳动,以大规模工厂化生产取代个体工场手工生产的一场生产与科技的革命,后来又扩充到其他行业。

英国新兴的资产阶级为了解决由于大机械生产、生产节奏加快及城市人口剧增等带来的一系列社会问题,在全国积极推行发展户外运动和游戏,如狩猎、钓鱼、射箭、旅行、登山、赛艇、帆船、游泳、水球、滑冰、疾跑、跳远、跳高、撑竿跳高、投石、掷铁饼、羽毛球、板球、地滚球、高尔夫球、曲棍球、橄榄球、足球等。随着英国的对外发展,户外运动和游戏的影响很快传到了美国、法国及世界其他国家。工业革命使西方进入了一个为了空闲时间的玩耍而发明和制造专门娱乐工具的时代。

而此时的东方,依然生活在手工业、小作坊的农业社会中,尽管也有一些娱乐工具被设计和生产出来,但大多与体育运动无关,如麻将、棋类。当然,在中国,也曾有过专门设计和制造体育项目的历史。资料显示，"蹴鞠"就是专门创造并制作用于玩耍的体育娱乐活动。蹴鞠是起源于春秋战国的古老体育项目，分为直接对抗、间接对抗和白打三种形式。到了隋唐，蹴鞠出现了充气的蹴鞠球，与当今的足球已经比较接近了。另外，中国古代还创造了与高尔夫十分相似的"捶丸"。据元世祖至元十九年（1282年）一个署名宁志斋的人写的一本叫做《丸经》的书记述，捶丸最早出现在宋徽宗时期，在宋、元、明时期曾经大盛。不过，这些体育项目似乎到了近现代反而消失了。

通过对东西方休闲体育发展的研究就可以发现，东西方休闲体育物化形态的差异，主要表现在以工业化方式生产出来的体育器具上，它不仅从量上解决了物质的满足程度，人们也更加容易将自己的想象和创造变成新的现实，这是手工业依靠个别的能工巧匠所不能实现的。

物化形态的差异不仅影响东西方休闲活动的内容，也影响了人们进一步创造和发展新的休闲娱乐方式的可能性。当今世界流行的体育项目，大多出自西方世界。从奥运项目来看，大多需要器材工具的项目出自西方国家，而出自东方国家的如柔道（日本）、跆拳道（韩国）之类的项目几乎都不用器材和专用工具。

综上所述，东西方休闲体育文化的物质层面的差异是近代东西方生产方式的差异造成的，这种差异已经随着东方国家工业化的快速发展而逐渐地变小，休闲体育开展和参与的物质条件差异也在逐渐减小，各个国家之间的体育交流日益紧密和频繁。

## 二、制度层面的差异

一般来说，休闲体育文化在制度规范层面上的异同主要表现为影响休闲活动的社会制度体系和活动的规范要求两个主要方面。

古代的闲暇观念是从农业的视角提出的，具有一定的季节性特点。从这个角度来看，农业社会中人的生活节奏与自然界的一年四季和农作物的生长周期密切相关，由于这种自然周期没有严格的时间限定，人们的忙与闲可以有很大的自由度。因此，在这个基础上，不同的地域、不同的气候特点、不同的农作物种植等都会造成人们在作息时间上的差别。因此，在农业社会中能够有相对规定性的活动时间只有节假日了。不同的民族都有自己的传统节日，其中一些节日就是这些民族的玩耍节，许多传统的体育类活动都会在这些节日里举行。直至今日，一些农业国家、民族和地区依然保持着这种自然的节律，并在他们的文化传统中形成并认同的节假日里从事休闲活动。

发展到现在，现代休闲文化则从大工业角度提出，具有时代性、制度化的特点，主要是对劳动生产率提高的主要因素——提高生产力自身的综合素质的全面关注。制度化是工业社会发展的基本的或者主要的社会特征。由于大机器的运用，人的生活也被机器的节律所控制。但机器可以不停地运转，而人类会产生疲劳，不仅会跟不上机器的节律，还有可能出现伤亡事故。从这个角度出发，工业社会通过制度方式对人的作息时间作出了安排和规定，使得这个社会中的各种人有了自己的生活节奏，也就产生了现代意义上的自由时间。

时间的制度化对于人口众多的现代城市来讲具有重要意义，对上下班时间的规定，对节假日时间的规定等不仅是整个城市正常运行的保证，也使每个城市人的生活有了一种规律性的节奏，并形成城市人特有的生活方式——一种拥有自由支配时间的生活方式。有了自由支配的时间，就有了社会休闲的可能，现代休闲体育就是在这样的社会背景中产生的。

西方国家较东方国家更早地步入工业社会，因此，较早就对时间进行了制度化控制，如每天工作 8 小时,每周工作 40 小时等,这样就开始了一种不同于农业社会的生活节奏。

制度化特征也表现在活动的规范上。一般来说,人类的共同性活动通常都有活动的规范,以保证活动能够顺利进行。尽管休闲体育活动具有很大的自由度,一旦有多人参与,通常也会产生相应的活动规范(大家一起活动的基本要求)。在这个方面,由于东、西方所产生的活动方式(运动项目)不同,在活动的规范(要求)上也存在着较大差异。

西方的活动方式大多产生于工业时代,制度化、规范化便是这些项目的共同特征,如球类项目就是其典型。对场地器材的一致性规定,对活动方法的统一要求就是这种规范性的表现。另外,球类项目通常是两人以上同时参加,大家的活动方式不一致会使活动无法进行下去,因此有必要对活动进行相应的规范,凡参加者均要照此规范行事。

而东方的活动方式则产生于农业社会,由于社会对生产方式没有一个准则和标准,因此,对于其他的活动,特别是休闲活动,更没有相应的活动规范,如我国的武术就是产生于传统的体育休闲方式。我国武术门派繁多,器械类型复杂多样,动作方式差异显著,单打独斗,个人特点突出,活动方式几乎很难规范统一,于是各门各派各玩各的,即使同台对抗,也是按自己的套路出招,唯一的共同要求就是"点到为止"这种特别感性的评价指标。

随着东、西方工业化程度逐渐趋向平衡,产生于农业社会的活动项目也被逐渐地实施规范性改造,如中国武术的规范性改造形成了全国统一的标准,于是有了全国的武术比赛,但作为个人参与的休闲体育项目,武术仍然难以统一规范。

## 三、价值层面的差异

价值观是人们对社会存在的反映,是指一个人对周围的客观事物(包括人、事、物)的意义、重要性的总体评价和总看法,是决定人的行为的心理基础。人们所处的自然环境和社会环境,包括人的社会地位和物质生活条件,影响并决定了人们的价值观念。

通常来说,价值观念的变化是社会改革的前提,又是社会改革的必然结果。随着生产力发展水平和人类认识能力的不断提高以及需要结构的变化,体育的功能和价值会逐渐显现和不断得到拓展。无论是中国体育还是西方体育,都是以人的全面发展为根本,在这一点上并无差异,但作为人类生产和生活实践的产物,却因不同民族的生产、生活方式和文化习俗以及对人的认识存在文化背景上的差异,而使得体育运动表现出各自不同的民族特征,各民族对体育的认识也不尽相同。

### (一)东西方历史文化背景对休闲体育价值观念形成的比较

在中国的传统文化中,休闲注重的是人的内在气质、品格、精神、信念、修养等,而人的身体则被认为是内在心理的外在表现,即所谓"神之于形"。在中国传统文化发展历程中,对人们价值观产生较大影响的三大文化流派分别是道家文化、儒家文化和佛家文化。道家主张无为而治,追求一种自然的人格;儒家重视伦理规范,强调"克己复礼",追求合于名礼、积极有为的"君子"人格;佛家则主张超脱世俗,提倡目空万物的超然人格。这三种文化流派都对中国传统休闲价值观的形成产生过重要影响。因而,中国传统休闲体育的一个显著特点就是通过身体锻炼以外达内,由表及里,由形而下的身体有形活动来促成形而上的无形精神的升华,实现理想人格的塑造,其作用主要不在人体,对身体的发展并不作过高的要求,仅仅以养护生命、祛病、防病和延年益寿为主,注重保健养生和健康生命。

发展到现在,西方传统的休闲价值观发生了明显的改变。他们不仅更加重视身美体健而且重视精神美,强调二者应该和谐统一。与中国的传统信仰相比,他们追求的信仰不是看不见摸不着的某种内在人格,而是有着匀称、健美的身体,并擅长各种运动的人。这种注重人体本身价值的文化观念,直接影响到西方的休闲体育价值观。

### (二)不同的人生观对东西方休闲体育的影响

在东方意识文化形态里,"好逸恶劳"是一种被极力否认的非理性的人性选择,古人强调,人生的最大价值在于为社会作出力所能及的贡献。"勤劳务实"素来是一种被称赞和提倡的美德,人们认为,嬉戏和玩耍是一种精力和时间的浪费,是不务正业的表现。

而西方社会则主张追求和平公正,尊重人的自由意志,塑造完美的人格。亚里士多德曾说:"休闲是一切事物围绕的中心",是人生的目的。人们正是因为对自由、休闲生活的向往,才更加努力地工作,进而推动社会的发展。

### (三)生产力水平对东西方休闲体育发展的影响

存在决定意识,经济基础决定上层建筑,在特定的社会环境中,人们一切观念的产生和行为方式的形成都不同程度地受到了当时经济发展水平的制约。在 15 世纪以前,东、西方同处于农耕时期,生产技术发展水平都较为落后,甚至东方经济曾一度领先于西方的发展。西方奴隶制和东方封建制度在某种意义上说对当时人们体育意识形态和休闲价值观念的形成并没有出现大的差别。休闲被认为是只有王公贵族才能拥有和享受的权利。同时,由于科学技术发展水平较低,人们并没有专门用于休闲娱乐的工具和实物,只是依赖自身先天的条件进行一些简单的身体或肢体活动。

工业革命后,东西方经济发展出现质的差异。西方开始大规模使用机器生产,进而解放了劳动对人的束缚,增加了人们的闲暇时间。欧洲启蒙运动使人们开始意识到休闲是每个公民的权利,这为西方休闲体育的蓬勃发展奠定了思想基础。然而此时东方封建制度正在盛行,中国社会依然处于自给自足的封建小农经济,大量的生产劳动将人们的身体禁锢在田间,闲暇自由完全被剥夺。百姓的温饱问题尚未解决,休闲的发展又从何谈起呢?

## 四、行为层面的差异

行为是文化的外显形式,是文化诸层面的综合反映。在古代农业社会,无论是东方还是西方,由于社会制度的制约,运动性的休闲行为并不是全社会休闲方式的主流。例如,在古希腊的社会中,休闲被认为是达到完美典范所需具备的基本条件。就休闲内容来看,古希腊人认为应该是让生活愉快的事,包括艺术、音乐、讨论、运动等,特别是身体运动,是那些有闲暇时间的希腊的男性自由公民经常从事的休闲活动,但对于女性、奴隶等大多数人来说,根本就没有休闲可言。同时,古希腊的哲人们对于运动性休闲活动也有不同的看法,如柏拉图认为理想的休闲内容应包括音乐、体操、数学、哲学等,而他的学生亚里士多德则不强调体操、格斗等身体活动,在他看来,玩乐不属于休闲,思辨才是休闲。

在中国古代,运动性休闲活动有悠久的历史。据《吕氏春秋·古乐篇》记载:"昔阴康氏之始,阴多滞伏而湛积,水道壅塞,不行其序,民气郁于而滞著,筋骨瑟缩而不达,故作为舞以宣导之。"相传在远古时期的阴康氏时代(公元前 5600 年后),洪水泛滥,水道阻塞,到处阴冷潮湿,导致人们"筋骨瑟缩而不达",于是,有人创造了一种运动方式让人们跳,以伸展人们的筋骨,使人体恢复健康。

据《帝王世纪》记载:"尧时有壤父五十人,击壤于康衢,或有观者曰:大哉,尧之为君也。壤父作色曰:吾日出而作,日入而息……帝力于我何有哉!"由此可见,早在原始时代,闲暇之时玩击壤之类运动性游戏已是十分流行的事。

"摔跤"又叫角力、角抵和相扑,起源于古代"蚩尤戏","蚩尤戏"是为了纪念与黄帝逐鹿中原的蚩尤而在北方流行的一种民间的竞技游戏。到了东周时期,角抵戏比较普及,特别是北方少数民族中非常多见。在《史记·李斯列传》里也曾经记载秦二世胡亥在甘泉宫观看角抵的情景,看来角抵戏从东周一直到秦代还是比较普遍流行的。

东西方在运动行为方面的差异主要出现在工业革命之后,由于西方休闲体育项目大多为工业化产物,规范化、制度化特点突出,参与者在这种规则和规范的制约下,可以相对一致的开展活动,行为具有标准化特点。另一方面,如球类运动的双人或者多人活动,相互的配合、合作是活动的重要影响因素,活动过程中个人表现必须符合活动的最终目标,而这个目标往往又是所有活动参与者共同的目标,从这个意义上讲,个人的表现决定整体目标的实现,于是,个人行为被赋予了责任。

仍处于农业社会的东方所产生的体育活动相对比较个人化,除了摔跤等少数项目为双人活动外,大多数项目都是个人活动,由于非标准化和非规范要求,个人独特性、个人风格便成为东方休闲体育活动的行为特点。当然,我国古代也有如"蹴鞠"这样的集体项目产生,但终不能传承下去,显然与农业社会的生活方式有着密切的关系。

另外,工业社会的紧张、压力和竞争与农业社会的随意、悠闲也在活动内容以及活动方式中表现出来,西方强调竞争,行为的对抗性明显;东方重视随意,行为表现出自由和自然。从休闲的角度来看,东方的行为方式更符合休闲的观念。

随着社会的发展,通过世界文化的相互碰撞和交流,东西方休闲体育文化的方方面面也有了相互融合的趋势。一些更有利于个人休闲的活动方式已经成为世界性的活动方式,无论是东方还是西方,人们都开始对这样的一些活动方式产生了浓厚的兴趣,如西方人对中国太极拳的健身休闲作用的认识导致出现太极拳热。同时,一些新兴的运动项目也开始向个人化方向发展,尽管在活动器材上有统一的规格和要求,但在玩法上却更加个人化和自由化。

# 第三节　休闲体育文化的弘扬与发展

随着时代的变迁与发展,休闲体育文化也呈现出与整个社会相符合的时代特征,在新的时代背景下,作为休闲体育文化的研究者、参与者要积极采取必要的措施和手段加强休闲体育文化的弘扬与发展,促进休闲体育与整个社会的和谐发展。

## 一、积极开展休闲体育教育

在新的社会条件下,体育教育能为休闲体育文化的构建提供一定的理论基础,可以说,休闲体育文化的建构离不开休闲体育的教育工作,要积极开展休闲体育教育,需要从以下两个方面进行。

### (一)在学校开设休闲体育课程

要充分认识休闲体育教育的社会和个体的价值和意义。尽快将休闲体育教育列入国家和学校教育规划和议程。做到有组织、有计划、有目标地培养学生的休闲态度、行为习惯和价值观,这也是推进素质教育、落实全民健身计划、促进人的全面发展的必然要求。

在学校开设休闲体育课程,有利于培养学生终身参与休闲体育运动的意识和习惯。以学校为主要活动场所,以学生为主要对象,通过有效利用学校体育场馆设施开展体育活动是责、权、利明确的可持续发展休闲体育模式,是开展全民健身活动、推广终身体育极佳的形式。

### (二)培养休闲体育方面的人才

通过休闲体育教育,积极培养符合时代发展的休闲体育的专家和休闲体育经营人才。另外,为了保证休闲体育的科学性,还可以建立休闲体育的相关咨询机构,培养大量的休闲体育指导人员。

## 二、建立休闲体育专门组织管理机构

休闲体育专门组织管理机构的建立能有效地促进休闲体育在社会中的开展,这也是和谐社会下休闲体育文化构建的组成部分。在建立休闲体育专门组织管理机构的同时,也要加强体育骨干队伍的建设,其具体措施如下。

### (一)建立相关专门组织管理机构

要发展休闲体育还需要建立一套完善的组织管理机构,从国家到省、市、县要专门设立分管群体工作的部门,再由这些部门组建群众体育协会、体育指导中心、俱乐部,形成广泛的大众体育社会管理网络,有效地组织、指导群众进行科学的健身活动,特别是老年人口的体育工作,是发展休闲体育的重要因素。

### (二)加强体育骨干队伍建设

进一步加强社会休闲体育指导员建设,主要从以下几个方面进行:第一,加强社会对休闲体育指导员和休闲体育骨干的培训和使用;第二,不断提高他们的业务素质和服务能力;第三,努力发挥他们的中间力量作用;第四,加强和完善体制检测工作,建立一套科学合理的体质评价系统。

## 三、积极引导人们的休闲体育消费意识

作为休闲体育的消费主体,人们有了正确的休闲体育消费意识,才能更好地使休闲体育顺利的开展下去。在现代社会背景下,休闲体育文化的构建离不开人们正确休闲体育消费意识的形成。积极引导人们正确的休闲消费意识可以从以下几个方面着手。

### (一)加大对休闲体育的宣传力度

作为群众体育的基础,休闲体育是文明、科学、健康生活方式的组成部分。发展休闲体育与我国全民体质的增强,健康水平的提高和生活质量的改善都有着密不可分的关系。因此,各级政

府部门要加大对休闲体育的宣传力度,利用各种传媒进行宣传,通过宣传,引导、强化广大群众的休闲体育消费意识,提高参与休闲体育的积极性。增强全民的健身意识,使休闲体育步入一个良好的舆论环境。

### (二)积极培养消费主体

引导人们形成正确的休闲体育消费观念,完善休闲体育设施的建设,提供丰富多彩的不同层次的休闲体育服务。为了满足不同消费者的需求,还应根据消费者不同的年龄、职业、收入和兴趣爱好,开发出多类型、多层次的休闲体育消费品市场,从而达到积极引导消费,激发消费者购买体育服务欲望的目的。

## 四、加强休闲体育的消费和服务体系建设

只有健全的休闲体育消费和服务体系才能更好地促进休闲体育文化的发展。和谐社会下,加强完善休闲体育消费和服务体系对休闲体育文化的构建具有重要意义。可以从以下几个方面进行加强和完善。

### (一)制定休闲体育的消费标准

有关部门应制定相应的休闲体育市场管理法规及行业指导价格,其主要体现在两个方面:第一,规范休闲体育市场经营行为;第二,制定合理消费价格。

### (二)完善休闲体育的服务体系

积极完善休闲体育的服务体系,这就要求休闲体育经营者必须从以下几个方面出发:第一,树立正确的观念,包括"市场营销""市场导向"等观念。第二,从市场现实和潜在的需求出发,加强对休闲体育市场的调查、研究和预测。第三,重视经营体育外围产业,同时要积极开发和经营一些以服务为主的体育外围产业。如观赏体育、体育知识技能培训以及集休闲、健身、娱乐、商务等于一身的各种俱乐部,以满足大众休闲体育的需要。

### (三)努力实现体育服务均等化

实现体育均等化服务,能有效缩短发达地区与欠发达地区的休闲体育差距。努力实现体育均等化服务需要从以下几个方面进行:第一,各级政府应扩大公共财政覆盖农村体育的范围,增加对农村体育的投入力度;第二,要组织发达地区,采取相关措施,如对口支援、社会捐助等帮助中西部欠发达地区和东北老区发展群众体育事业,以达到逐步缩小发达地区和欠发达地区体育差距的目的。

## 五、积极开发休闲体育市场

休闲体育市场的开发,不仅是休闲体育发展的必然趋势,还是和谐社会下休闲体育文化的构建的组成部分。积极开发休闲体育市场的主要对策有以下几点内容。

### (一)转变休闲体育产业经营机制

引导、强化休闲体育市场意识,积极开发休闲体育市场,以达到使大部分体育场馆由事业型

向经营型转变,由计划机制向市场机制转变的目标,其具体做法如下:第一,对一些已具备条件的体育场馆应逐步实行企业化经营或转变为自主经营;第二,借鉴西方国家先进经验,构建适应我国国情的、提供休闲体育产品和服务的组织、管理体系和运作机制;第三,积极促进休闲体育产业在中国的发展,其主要手段包括促进观念更新、制度创新、企业组织创新、产业布局创新和行业管理创新等。

### (二)重视休闲体育消费的大众化、普及化

休闲体育市场的建立可以刺激人们对体育的需要,人们对体育的需要更能促进休闲体育市场的形成和发展。因此,休闲体育市场与人们的体育需要是密切相关的。由于传统文化的积累,未来的休闲体育消费主流必然是大众型的,因此,休闲体育的主要标志应该是大众的、普及的。为了更好地发展我国的休闲体育产业,一定要注意两个方面:第一,在经营休闲体育项目的选择上,一定要重视大众的消费需求和认同在经营上的重要性;第二,在经营理念上一定以人为本,结合实际情况和消费文化,从大众的消费需求和消费条件出发。

### (三)积极开发户外休闲体育项目

在很大程度上,休闲体育的体验质量取决于环境条件。因此,休闲体育的服务机构要把对环境的保护和改善作为首要任务。我国蕴藏着丰富的户外运动资源,利用这些资源可以大力开展陆域、水域、空域多种休闲体育项目。但是,值得注意的是,在大力开展户外休闲项目的同时,一定要倡导"生态休闲"的理念,也就是说,为了达到促进社会与人类的可持续发展的目的,人们在进行休闲体育活动时要尽量避免对自然环境的破坏。

## 六、多渠道增加对休闲体育资金的投入

不论是休闲体育的发展,还是休闲体育文化的建构,都需要一定的资金投入。对休闲体育的资金投入,离不开国家相关部门的支持和人民群众的支持。

### (一)国家相关部门的支持

资金短缺一直是困扰各级政府部门引导和开展群众体育活动的难题。因此,政府部门应对群众体育活动增加财政拨款并形成制度,以用于扩建体育场馆和辅助设施等。

### (二)人民群众的支持

对于休闲体育资金的投入,光靠国家财政拨款是不可行的,还需要人们的共同努力。首先,需要相关部门积极引导和鼓励,依靠社会力量对群众体育进行赞助;其次,要积极促进国民花钱买健康的思想观念的形成;最后,在国家、社会、个人共同出资出力的条件下,需要人们共同努力做好利国利民的大事。

## 七、构建不同阶层参与休闲体育的文化模式

在参与休闲体育活动方面,各个阶层所表现出来的模式化倾向并不是完全分开、截然不同的,而是较多地呈现出相互渗透,相互重叠的现象。由此,各个阶层参与休闲体育活动的文化模

式大致可以分为以下三种类型。

**（一）以文化作为特质的自我实现文化模式**

休闲体育为人们获得和保持健康提供了一种特殊的途径，而最终它将会成为一种生活方式的文化基础和价值观。因此，通过对休闲体育文化特质进行关注来达到实现自我人格发展的目标，也就很自然地成为社会上层、中上层参与休闲体育活动的文化模式。在这一社会阶层中，企事业管理人员、事业单位人员、公务员、私营企业主等社会精英及等级较高的白领阶层中的人员所组成。对与这一阶层的人员来说，他们参与休闲体育活动除了锻炼身体，增进健康外，更多地是对休闲体育中自我发展空间和生活的文化意义的关注。从参与休闲体育活动的动机来看，休闲体育的文化功能是这一阶层群体所关注的。休闲体育活动除了能够缓解身心紧张和疲劳外，还可以满足人们的兴趣爱好、情感交流、提高运动技术水平、健美体型、品位生活等。此外，为了能直接得到更好的发展，这一阶层中的人们也非常重视人际之间的交流和互动，通过相同的休闲体育活动爱好来与同一阶层或更高阶层的人建立其良好的社会关系，形成一个稳定的交际圈，为以后自身的发展积累其更多的社会资本。

1.休闲体育消费倾向专业性

对于处于社会上层和中上层的人群来说，他们的时间成本相对较高。在选择和参与休闲体育活动时，首先会考虑时间与消费的比列问题，也就是说，他们更倾向于选择在更短的时间内进行更多的消费。社会上层和中上层的人除了将休闲体育活动作为获得和保持健康的手段外，与其他阶层相比，他们更加关注休闲体育项目的文化性，主要体现在在消费中追求休闲体育的专业化。这种专业化并不是追求休闲体育技能，而是从该休闲体育项目所包含的文化丛集上进行考虑。社会上层及部分中上层群体对休闲体育的消费并不是指对休闲体育本身的消费，而是将对休闲体育的消费在很大程度上转化为对某种富有文化精神内涵的意义消费，此外还有对某种生活方式的认同。

2.休闲体育方式具有阶层特征

与其他阶层不同，由于具有较高的文化教育水平，社会上层及部分中上层群体选择休闲体育的活动方式、场所、时间及伙伴有着一定的模式化特征。例如，对于舞蹈、跑步、羽毛球、游泳、健身操、乒乓球、瑜伽等休闲体育项目，社会上层及部分中上层群体选择率都很高，而且像高尔夫、网球等休闲体育项目几乎成为了社会上层和中上层的专利。从每周参与休闲体育活动的次数来看，社会上层及部分中上层参与次数也比其他阶层多，而且倾向于时间长的休闲体育活动。他们在选择伙伴时主要是以兴趣和业务两方面的朋友为主。他们通常会选择具有一定档次的现代化设施的场馆和提供专业性服务的休闲体育俱乐部来参与休闲体育活动，在满足自身健身需要的同时，也成为一种享受生活的方式。

**（二）以娱乐为特质的情趣体验文化模式**

娱乐是休闲体育活动所具有的基本功能之一，丰富多彩的休闲体育娱乐活动能够引人入胜，参与其中，从而达到缓解身心疲劳、宣泄精神压力的目的。这一阶层主要包括部分中上层和部分中下层群体。这一阶层人群参与休闲体育活动的目的就是追求消遣和娱乐的文化情趣。

他们除了注重休闲体育所具有的强身健体功能外，更看重休闲体育所具有的缓解身心紧张与疲劳、娱乐与消遣的功能。

### 1.休闲体育消费更加理性

这一阶层的群体处于一种中间形态,他们选择参加一定的休闲体育消费,但也避免过高的消费,他们更加注重休闲体育活动的娱乐性、实在性和便利性。他们在进行休闲体育消费时,往往采取适可而止的行为和方式。对于处于社会中层的人群来讲,他们在拥有一定社会资源的同时,也会受到收入的影响,在进行休闲体育消费时具有敏感性。他们往往会根据不同的情况而表现出一定的偶然性和淡然性,是受"体验经济"影响最大的群体。

对处于中间阶层的部分个体来说,他们所参与休闲体育的方式具有"他人导向型"倾向,也就是说不是积极营造的,而是表现出对新奇事物的尝试与追逐。他们参与休闲体育活动,更像一种从众行动,其强调的是求同去异的心理机制。与规范、标准的"大众"保持一致,失去了自身风格,在众多休闲体育消费活动选择上往往表现为被动接受。

### 2.休闲体育行为方式大众化

社会中间阶层的以娱乐为主要目的的休闲体育活动,在项目的选择上往往表现出大众体育文化倾向。他们所选择的休闲体育活动,往往具有一定的共性,即简单易学,难度不大,并且不需要太多的消费投入。由于非常简单,容易掌握,这类休闲活动在选择伙伴方面并没有过高的要求,很容易通过血缘关系和地缘关系找到合适的伙伴。他们对活动场所没有太高的要求,只要环境和设施能够满足娱乐需要即可。

## (三)以健身为特质的康乐文化模式

这种文化模式多对应的社会阶层是部分中下层和社会下层的人群。

这一阶层的群体,生活水平相对较为贫困,缺乏购买能力,主要包括体力工人、失去经济来源的下岗工人及部分低收入退休职工。他们是生活在社会最底层的阶层,对休闲体育活动所具有的价值意义的理解主要是从健康的角度来进行认识的。他们参与休闲体育活动主要是为了健身以获得和保持良好的身体健康状态,再就是消遣和打发时间,促使他们参与休闲体育活动的驱动力主要来源于休闲体育活动的本质性生物功能。

### 1.休闲体育消费倾向少花费、易获得

处于社会下层的群体,他们占有的是整个社会阶层中最低的经济资源,流动性约束是影响他们的主要因素,即他们更多受到较低收入的影响。这就使得他们在休闲体育消费中表现出明显的滞后性。他们除了在一些体育运动服装方面进行消费投入外,很少进入商业性的休闲体育场所,对于休闲体育活动器材的投入也十分有限。他们在获得休闲体育消费信息方面表现的非常消极。

### 2.休闲体育活动方式简约化

时间密集型和体能密集型是这一阶层参与休闲体育所表现出来的基本特征。也就是说,在对休闲体育活动进行投入的时间和消费比例方面,要远远高于其他阶层。强身健体是他们参与休闲体育活动的主要目的。由于缺乏一定的技术,他们在选择休闲体育项目方面选择较为单一,主要选择体能投入较多的项目,如羽毛球、跑步、散步、舞蹈等。与其他阶层不同,他们很少去专业场馆里面打羽毛球,也常常在自然环境中进行跑步和散步活动,所参与的舞蹈类活动也大都是

由一些自发组织的在广场、公园空地上进行的自娱自乐式的或交谊舞等休闲活动。对于他们来说,参与休闲体育活动也只是满足基本的健身需要和休闲需要。由于受到诸多因素的限制,他们不会选择那些超出有限消费支出的场地和服务,更不会在邀请专业教练方面进行消费投入。他们参与休闲体育活动的主要场所是不收费或者收费较少的广场、公园以及周围的学校等。

## 八、加强休闲体育资源的开发

### (一)城市休闲体育资源的开发

1.城市休闲体育资源开发的内容

(1)公共类城市休闲体育资源

公共类休闲体育资源是最受城市居民喜爱的资源,它主要包括城市居民居住区域内的公共社区体育设施、器材、小区中的开阔空地、社区健身活动中心;城市大中型绿地、道路及沿街绿地或空地、开放型公墓陵园、环城绿地游憩带、市区级综合性公园、主题公园、城市中用于居民进行休闲体育娱乐活动的公共广场等。

(2)场馆类城市休闲体育资源

一般来说,这一类休闲体育资源的经济实力较突出,对有一定规模的城市来说要丰富一些。中小型城市的此类休闲体育资源则较为贫瘠。

场馆类主要包括省市区各级城市中政府出资建造的大型综合性体育馆和田径场地,各城市内允许部分对外开放的学校体育场馆、场地设施。例如,篮球馆、排球馆、羽毛球馆、乒乓球馆、壁球馆、田径场或室内田径场、舞蹈体操馆等;室外网球场、高尔夫球场、足球场、室外篮排球场地等。

(3)会所类城市休闲体育资源

此类休闲体育资源主要以一些社会俱乐部、单项体育活动组织、体育活动协会等为主,需要城市居民通过经济上的一定支出来获得享受的权利。

会所类休闲体育资源主要包括现代健身会所或俱乐部,其中设置了现代人热衷于追求的各种健身课程以及健全的健身器材;受大部分女性喜爱的瑜伽、普拉提等会馆;跆拳道、武术馆;街舞、体育舞蹈班;自行车协会、轮滑协会等。

(4)自然类城市休闲体育资源

这一类休闲体育资源主要针对自然地理环境优越的城市而言,主要集中在我国地势多丘陵、盆地及湖泊、河流的城市。就这类丘陵形成的山丘来说,海拔一般较低,易攀爬,山路并不陡峭,而且山上存在多处平坦空地或在城市规划工作下修建的山上广场都可为此座城市中居民提供进行休闲体育的场地。又如拥有河流和湖泊的城市,一些滨水游憩区能够为城市居民进行游船、垂钓等休闲体育活动提供必要的空间。

(5)服务类城市休闲体育资源

这一类城市休闲体育资源主要包括为城市居民的休闲体育活动或健身活动提供指导的社会体育指导人员、健身教练、老师;在各种休闲体育场所工作并为城市居民提供有关休闲体育各方面服务的工作人员等。

(6)事件类城市休闲体育资源

这一类城市休闲体育资源主要是以某一项赛事或体育活动为主要吸引物,吸引城市居民通过观看体育比赛达到心情上的愉悦,同时能激发其热情,产生兴趣,促使其更多地参与到体育运动中来。

(7)商业类城市休闲体育资源

这一类城市休闲体育资源主要是对整个城市休闲体育起辅助和促进作用。主要包括休闲体育的用品类、器材类及服装类、新闻媒体的宣传、一些商家举办的有关休闲体育的活动等。

2.城市休闲体育资源开发的原则

在开发城市休闲体育资源时,需要遵循一定的原则,这些原则主要包括可行性原则、适应性原则、社会效益与经济效益相统一原则、保护性开发与利用原则等。

(1)可行性原则

可行性原则主要包括两个方面的含义:第一,从经济角度考虑,城市休闲体育资源开发是否具有可行性。休闲体育资源的开发具有经济活动的特征,既要规划开发的投资和资金的来源,还要考虑开发后取得的经济效益。经济上的可行性原则就是要考虑开发投资上的量力而行和开发后的经济效益。第二,从开发方案角度考虑的可行性。主要包括休闲体育资源开发的组织、计划实施是否可行,开发的目标是否符合实际需要,开发的产品是否具有广泛的需求,以及市场前景、开发效应的预测等。

(2)适应性原则

休闲体育资源开发的适应性,是指休闲体育资源的开发必须与社会、政治、经济、科技等因素以及体育运动开展水平相协调和适应。开发的滞后或超前无助于体育事业的发展,也会造成资源的浪费,或带来不良的社会效果。如不切实际地兴建高档体育休闲娱乐场地和设施,或盲目的大量投资开发自然资源的体育项目,不能正确估量体育市场发展和体育需求状况,就会造成资源闲置,投资浪费。

(3)社会效益与经济效益相统一的原则

社会主义体育事业的发展,要求把社会效益放在首位,而市场经济的客观规律又要求考虑经济效益,从根本上说,这两者是可以相统一的。但在具体实践中,社会效益和经济效益两者之间又往往会产生矛盾,这种矛盾也会发生在休闲体育资源开发中。休闲体育资源的开发要力求做到社会效益和经济效益相统一,无经济效益的资源开发是不可取的,但局部的经济效益要服从整体的社会效益。

(4)保护性开发与利用原则

开发资源的目的在于利用资源,发挥其效益。开发的过程对某些休闲体育资源来说,开发的本身就意味着一定程度的"破坏"。因此,处理好开发与保护的可持续性发展十分重要,没有开发的保护是没有根基的保护,没有保护的开发是不可持续的开发。保护性开发并不是把保护绝对化,开发依然是目的,但保护是前提,如果不善加保护,最终都将丧失开发和经营赖以存在的基础。

**(二)农村休闲体育资源的开发**

1.农村休闲体育资源开发的种类

根据我国农村的地理环境、经济水平、社会文化特色的先决条件,结合我国休闲体育产业的市场需求,认为我国农村休闲体育开发的重点应该放在依托山水的体育旅游和健身资源开发和依托农村具有民族特色的休闲体育资源开发。一方面,满足人们休闲健身的需求,回归自然,愉悦身心的目的;另一方面,在参与和观赏独具特色的民族特色休闲体育活动和文化中形成独特的感受和体验。一般来说,农村休闲体育资源开发的种类主要包括以下两个方面。

(1)依托山水的体育旅游和健身资源开发

我国地域广阔,东西南北的气候差异明显,且分布着各具特色的山川,河流及湖泊等地理资源,这类开发主要以登山、攀岩、探险、水上漂流、游泳、冲浪、滑雪、滑冰、徒步旅行、野营等以注重参与性和体验性的项目为主。这类开发一方面要求开发的产品具有自身的特色,另一方面,对当地的生态环境要求较高。因而在开发的过程中要充分利用好当地的山水资源也要保护好这些资源,确保资源的开发走在科学,健康可持续发展的道路上。

(2)依托农村民族特色休闲体育资源开发

我国的少数民族大多分布在农村地区,他们是我们传统文化的传承者和继承人。民族特色休闲体育不仅包括具有民族特色的传统民族体育活动,也包括因此所衍生的民族特色的休闲体育文化。这种特色的休闲体育资源源于不同民族的文化和历史,具有较强的稳定性,同时与其他民族的资源呈现出较大的差异。我国是多民族国家,且少数民族地区面积占了国土面积的60%以上,这为我国丰富的农村休闲体育资源提供了基础。目前,我国已经发现和记载的民族特色传统体育项目已接近700项,摔跤、高跷、武术、风筝、赛马等诸多项目对国内外群众都具有强大的吸引力。

2.农村休闲体育资源开发的过程

一般来说,相对于城市,农村经济的发展状况一般,在这样的情况下,农村地区的年轻人进城务工,持续贫困的居民和政府,缺乏就业机会,农村社区缺乏一个稳定的基础设施。乡村休闲体育产业虽然带来了新的希望,但是显然并不足以解决所有的乡村问题。现实的问题还在于,政府或者企业对于农村休闲体育的开发过程并不清楚。一位著名的研究者指出,通常我们花了很多时间研究产业开发产生的影响,却也在很大程度上忽略了开发过程。本研究将农村休闲体育资源的开发分为以下几个阶段。

(1)进行市场调查与市场细分

细分市场的目的是为了确定最终的目标市场,各地的各乡村的条件和特色不同,根据自身条件,因地制宜,选择适合自己的细分市场,是避免盲目开发的重要前提。从资源角度,如东北地区着重开发冰雪项目,西部内陆地区着重开发山川与河流资源,南部沿海则开发水上资源,少数民族地区着重发民族传统体育项目等。从消费者来分,有些项目可以针对大众群体,具有广泛的适应性;而有些对技术、装备、身体素质等要求较高的项目,对不同年龄段的人群进行分类调研,市场主体的选择更明确,也更具较强的针对性。

首先要通过市场调查对农村当地的基本情况进行了解,包括人口数量,市场容量,经济水平,地理位置,民俗文化,传统体育项目,体育场地设施,体育组织和活动等,确定开发的价值和能开发的项目。同时还要了解当地或邻近地区是否存在可以与之竞争的已经开发或正在开发的项目,尽量避免同质化的竞争。农村休闲体育的开发通常始于个体或者组织认为有某一资源可以被用来发展休闲体育产业,能够吸引游客前来游玩和消费。这种资源可能是自然的也可能是文化的,比如环青海湖的自行车赛道,是借助于青海沿线的美丽风景和平缓的地势;宜昌的漂流基地通常都是在长江的支流水域等,这些是典型的自然资源开发。而珠三角地区的绿道网,更多的是政府出于民生、经济和社会的综合考虑提出的这样一个概念并付诸实施,最终形成了一个农村休闲体育集群。然后进行市场分析,主要包括在当地进行休闲体育产业开发的优势、劣势,开发者自身的优势和劣势条件,以及在开发过程中所拥有的机会,可能面临的威胁和条件。在市场分析的基础上,确定市场开发的总体目标。

（2）"形式化"农村休闲体育开发过程

在确定好开发的目标后,农村休闲体育资源开发者还要进行一定的战略计划,如营销策略、产品策略、价格策略、渠道策略等。当开发的意向产生之后,需要建立正式的组织来正式筹备开发的过程、组织开发的实施。比如政府的相关部门、参与开发的企业,当地的居民都要参与进来,以开始计划休闲体育市场为起点,对整个开发过程和项目进行科学的规划。同时积极寻求稳定的资金来源和财政支持。

（3）建立过程与检查机制,效果评估机制

开发开始后,营销也要全面展开。最新的品牌模型认为品牌可以由多个元素构成,诀窍是要让这些元素合适的组合在一起。尽管联合品牌是否会被市场很好的接受需要经验支撑,但是显然创建一个联合品牌是必要的。这也符合了农村休闲体育复合性的特征。另外在这个阶段的开发过程中,相关的配套服务设施建设也应当启动。

最后,当休闲体育产业发展到一个成熟的阶段,社区可以建立一个正式的休闲体育管理组织。因此,我们需要的是一个资源的指导,提出了农村休闲体育发展的不同方法和提供可靠、真实的案例。模型的构建农村休闲体育开发的重要程度如何,也许现在还不能给出最确切的答案。事实上也并不存在万能的公式,因而模型的意义在于告诉人们在开发的过程以及要注意的问题,避免在农村休闲体育开发的过程中同样的错误一犯再犯。

3.农村休闲体育资源开发的对策

（1）政府方面

在新形势下,我们要充分意识到发展农村休闲体育的重要性,切实转变政府职能部门和民众观念,倡导绿色消费与生产。将农村休闲体育作为解决农村人口就业的有效途径,同时这也是优化农村公共服务和投资环境的战略选择。在社会文化方面,农村休闲体育是调节地区收入差距,促进社会公平的手段,顺应我国服务业发展潮流,促进农村精神文明建设。具体而言,促进农村休闲体育资源的开发,政府需要做到以下几点。

①加强政府的宏观指导

针对农村休闲体育资源的开发,政府要加强对其的宏观指导,从农村社区全面发展的角度,进行科学合理的规划,注重综合效益的发挥,形成可持续发展的产业格局。国内外众多实例已经明确的传递出要进行科学规划的重要性。如果没有科学的规划,那么休闲体育产业的潜力可能就得不到很好的开发。尤其是对当地社会文化条件的忽略,强调社区参与是规划的一个必要条件而不是参与条件。同时还要注重加强与其他的产业关联,共同扶持,共同推进。

②制定相关政策,加大资金投入

经过一段时间的发展,虽然国家给予了农村发展很多政策上的倾斜,但是对休闲体育资源开发的政策目前还远远不够,同时资金的扶持力度较小,农村的经济条件相对落后,需要政府积极的财政投入来改善基础设施条件,创建良好的农村体育公共服务系统,为企业创造相对成熟和理想的开发环境。

③加强法制建设

加强法制建设,规范农村休闲体育的开发,在农村休闲体育产业发展的初期通过试点和国内外的经验总结,有预见性地制定规范性政策和措施,培育和形成合力的市场监管体系,避免后期出现市场混乱的局面,保障农村休闲体育的健康可持续发展。

④加强社会保障制度建设

加强社会保障制度建设,提高城市人口的带薪休假等制度,鼓励城市人口积极到农村消费,鼓励农村居民积极参与休闲体育产业开发。

⑤建立农村休闲体育研发机构

组织和成立农村休闲体育研发机构,研究国内外的成功经验,创立结合我国实情的农村休闲产业理论,政策和实践经验。

(2)企业方面

在产品设计上,企业要根据市场的需求,设计出富有特色的休闲体育产品,要避免简单的复制,盲目跟风,合理的定位市场。针对各农村地区不同的资源特色和社会文化环境,打造具有特色的产品和品牌。

在产品的开发过程中,注意协调好不同利益主体之间的关系,争取得到政府职能部门和资源所有者及乡村居民的大力支持。

开发出休闲体育产品后,在对其管理的过程中,一方面要改善企业内部的人才结构,积极吸纳高层次人才参与产业的经营管理;另一方面要注重人才的培养和当地人力资源的合理利用。虽然农村居民的文化素质不是很高,但是他们对于当地的社会文化和资源环境熟悉程度远远超过外来人口,有选择性的对部分人群进行培训,并将他们分配在合理的岗位,积极发挥他们的人脉关系和能力,促进企业与乡村居民之间的和谐共存。在产品营销过程中,结合农村地区的其他资源和文化进行整合营销,树立整体品牌战略,同时积极开发市场,即让更多的人参与到休闲体育当中。

(3)农村方面

在农村休闲体育资源开发的过程中,农村社区的社会文化是休闲体育产业开发的主要壁垒,因而农村应该以开放的姿态来吸引外界资本的进入。首先要改变的就是陈旧的观念,这包括对休闲娱乐、体育活动的认识偏差,还有对企业和政府开发行为的冷漠和怀疑态度,事实上积极的参与才能更好地让政府或者企业听见他们的声音和诉求,才能避免自己对本社区无法控制的失落感,同时也才能够改变乡村社区和居民的经济困境。其次,要提高自身的商业意识和经营管理能力,对于长期务农的农村居民来说,商业意识可能是个陌生的词汇,但是收益的吸引力却并不小。因而,除了积极地改变保守而陈旧的观念,还需要社区为他们提供更多的培训和指导,使他们能够迅速的适应外来开发所带来的巨大变化。

# 第五章　休闲体育运动实践所需的理论知识阐释

## 第一节　参加休闲体育运动所需的营养学知识

### 一、营养素

营养素是食物中对机体有生理功效的成分,能维持人体正常生理功能,促进生长发育和健康的化学物质,分为七大类:脂肪、蛋白质、维生素、糖、矿物质、食物纤维和水。一般来说,脂肪和蛋白质为人体提供热能,维生素、糖、矿物质、水和食物纤维则在人体内起着调节生理机能的作用。

#### (一)脂肪

脂肪是高热能物质,1克脂肪可供热9千卡。在膳食中,脂肪供给的热量可占总热量的22%~25%。应注意的是,脂肪过多容易导致高血脂病、高血压、冠心病等,并且与某些癌症的发生有关。脂肪的来源比较广泛,许多食物中都含有脂肪,肥猪肉含脂肪90.8%,瘦猪肉含28%,鱼含4%,鸡肉含2.5%。

脂肪是长时间运动的主要能源物质,但是脂肪供能时耗氧比较多。在氧气不充足的条件下,脂肪代谢不完全,不仅浪费脂肪,而且使体内酸性增高,降低身体机能水平和运动能力。在有氧运动中,脂肪中的脂肪酸参与供能,从而减少了体内的脂肪含量。

#### (二)蛋白质

蛋白质是一切细胞和组织结构的重要成分,是生命的物质基础。蛋白质是供给机体生长、更新和修补组织的材料,它占细胞内固体成分的80%以上。当蛋白质长期供给不足时,会引起蛋白质缺乏症。一般表现为机能下降,抵抗力降低,应激能力减弱。具体表现为:儿童生长发育迟缓,成年人体重下降、肌肉萎缩、贫血、血压降低以及心律减慢等,妇女发生月经失调。

氨基酸是构成蛋白质的基本单位。食物蛋白质中的氨基酸一部分在人体内不能合成,或合成量甚微,不能满足需要,但又是维持机体生长发育所必需的,这部分氨基酸称为"必需氨基酸";其他氨基酸在体内可以合成,称为"非必需氨基酸"。根据所含必需氨基酸的种类是否齐全,可将蛋白质分为完全蛋白质、半完全蛋白质和不完全蛋白质。蛋白质在人体内的贮存量甚微,因此需要从膳食中摄取。但要注意,蛋白质的供给量不足,会造成蛋白质缺乏,引起人体的不适;供给量过多,过多的蛋白质分解成尿素等排出体外,不仅浪费了蛋白质,而且增加了肝脏和肾脏的负担,也对人体有害。目前,膳食蛋白质的来源主要是粮谷类蛋白质和豆类蛋白质。

运动使蛋白质的代谢发生变化,但是不同性质的运动项目对蛋白质的作用也不同。耐力性运动使蛋白质分解加强,合成速度减慢;力量性运动也使蛋白质分解加强,但同时蛋白质合成速度也加快,并且大于分解速度,所以,肌肉体积增大,肌肉力量增强。

### （三）维生素

维生素是调节生理机能所必需的物质。维生素一般分为脂溶性和水溶性两类：脂溶性维生素不溶于水，不能从尿液中排出，摄入过多会导致中毒，包括维生素 A、维生素 D、维生素 E 等；水溶性维生素摄入过多则会引起代谢紊乱，包括维生素 $B_1$、维生素 $B_2$、维生素 C 等。

#### 1.维生素 A

维生素 A 是细胞结构和代谢的重要成分，因此，它的缺乏会引起发育不良。维生素 A 还是眼睛内感光物质的组成成分，与眼睛对弱光的感受能力紧密相连。上皮组织的健康也与维生素 A 相关，它的不足会使细胞角化增生，出现皮肤干燥等现象。天然维生素 A 只存在于动物性食物中，如动物肝脏和蛋黄。但是，植物性食物中含有一种可在体内转变成维生素 A 的物质——胡萝卜素，胡萝卜素一般存在于红黄色和绿色蔬菜及一些水果中。

#### 2.维生素 $B_1$

维生素 $B_1$ 在能源代谢方面起了重要的作用，它是保证糖顺利代谢的重要物质，还能加速磷酸肌酸的分解。如果维生素 $B_1$ 缺乏，就会阻碍能量的供应。正是因为维生素 $B_1$ 是糖代谢过程中的重要物质，而神经系统的能量来源又是葡萄糖，因此维生素 B 在神经系统的正常工作上起到了保障作用。而且，维生素 $B_1$ 加强胃肠蠕动、刺激消化腺分泌，能有效提高消化系统的功能。维生素 $B_1$ 的缺乏会引起脚气病，因此要满足机体对其的需求量。维生素 $B_1$ 主要可以从粮食中获得，胚芽和外皮中的含量最丰富，但同时也要注意到加工越精细，维生素 B 流失也越多。另外，豆类、花生、瘦猪肉、肝、肾、心中含量也较多。

#### 3.维生素 $B_2$

维生素 $B_2$ 是构成酶的重要物质，还参与蛋白质的代谢，因而在物质代谢过程中发挥着不可或缺的作用。缺乏维生素 $B_2$ 会引起口角炎、眼睑炎、视力疲劳等症状，并会导致肌肉蛋白质的合成率降低，影响肌肉的发育。维生素 $B_2$ 在食物中的分布并不广泛，相对而言，动物性食物中维生素 $B_2$ 的含量较高，如动物内脏、奶、蛋等。

#### 4.维生素 C

维生素 C 参与构成组织胶元，组织胶元能够维护结缔组织、骨骼、毛细血管等结构的完整性。因此，当肌肤破损或骨骼发生骨折时，维生素 C 有利于其愈合；能促使类固醇转变成肾上腺皮质激素，从而提高机体对寒冷、高温、缺氧等外界环境的应激能力；能增加人体对食物中铁和草酸的吸收率，使机体的造血功能得到提高；有助于胆固醇的排泄，防止了动脉粥样硬化；促进抗体的生成和提高白细胞的噬菌能力，增强了机体抗感染的能力；还起到了解毒和抗癌的作用。还有一点值得提出，维生素 C 具有很强的还原性，增加了大脑中氧的含量，延缓了疲劳的出现。维生素 C 在食物中的分布广泛，主要分布于植物性食物中，几乎所有的蔬菜和水果中都含有，其中以辣椒、菜花、酸枣等的含量最为丰富。

#### 5.维生素 D

维生素 D 可促进矿物质钙和磷的吸收，维生素 D 缺乏会引起不同年龄阶段的不同疾病，如儿童易患佝偻病，成年人发生软骨病或骨质疏松。维生素 D 存在于动物性食物中，在鱼肝油、肝、蛋黄中含量较多，但不宜摄取过多，过量会引起中毒。另外，人体皮肤下的 7-脱氢胆固醇在紫外线照射下可转变为维生素 D,因此,人们应当适当接受阳光的照射。

### 6.维生素 E

维生素 E 可以防止细胞被氧化,能起到延缓衰老的作用;维生素 E 能促使毛细血管增生,从而改善微循环;维生素 E 能提高氧的利用率,使耐力得到提高。维生素 E 对人体内的作用十分丰富,在食物中的分布也十分广泛,其中植物性油脂中含量最高,如麦胚芽油和玉米油。

### (四)糖

糖参与构成了细胞膜、结缔组织、神经组织等,而且是人体最主要的热源物质。糖的摄入有利于氨基酸的活化,促进蛋白质的合成。而且,葡萄糖的代谢产物可与脂肪在氧气不足的条件下产生的中间产物相结合,使其继续氧化,降低体内的酸性,延长运动能力。糖还是大脑的主要能源,血糖水平正常才能维持大脑的正常工作。

根据分子结构的简繁,糖可分为单糖(葡萄糖、果糖等)、双糖(蔗糖、麦芽糖等)和多糖(淀粉、纤维素等)。单糖吸收较快,多糖相对较慢。体内糖原可由蛋白质和脂肪异生,一般情况下不会缺乏,而且体内多余的糖会转化为脂肪,因此不要摄入过多的糖。淀粉是糖的主要来源,这是因为:首先,淀粉来源广泛,如粮谷等食物中含有;其次,淀粉消化吸收较慢,使血糖维持在较稳定的水平上。

糖是运动中的重要能源物质。体内糖原贮量与运动能力成正比关系,糖原贮备减少,机体的耐久力下降。运动前和运动中合理的补糖,可以减少糖原的消耗,提高运动能力。运动时肌肉的摄糖量是安静时的 20 倍以上,体内的糖大量消耗,因此运动后应适量补糖以促进糖原贮量的恢复。

### (五)矿物质

矿物质在人体中起着调节生理机能、参与构成机体组织、维持正常代谢等作用,人体需要元素的种类很多,其中最主要的是钙、钾、钠、镁、磷、硫、氯这七种是"常量元素",其他元素如铁、铜、碘、锌、锰和硒,由于含量较少,又称"微量元素"。这些矿物质在人体内也发挥着独特的功能。

### 1.钙

钙的最重要的生理功能是构成人体骨骼和牙齿的重要成分,95％的钙存在于骨骼与牙齿中。如果缺钙,儿童患佝偻病,成年人患骨软化病,老年人患骨质疏松。在调节生理机能方面,钙可维持神经肌肉的正常兴奋性与心跳节律,而且钙是激活凝血酶起到凝血作用的重要物质。乳类、蛋黄、海带、芝麻酱、虾皮、豆类、油菜、芥菜等食物中含钙量丰富,但是要注意一点,植物中的草酸、谷类中的植酸、过多的脂肪可与钙生成不溶性的钙盐而不能被人体所吸收。但是,蛋白质和维生素 D 又可以促进钙的吸收。

### 2.磷

在构成机体组织方面,磷和钙生成的磷酸钙参与构成了骨骼和牙齿;磷和脂肪等生成的磷脂是神经组织和细胞膜的重要成分。在调节生理机能方面,许多酶的构成元素中都有磷,因此物质代谢的过程与磷紧密联系;三磷酸腺苷和磷酸肌酸是肌肉收缩的动力,是能量代谢中的重要能源物质;而且,磷酸盐还可以维持血液的酸碱度。磷广泛存在于植物性和动物性食物中,其中,乳类、蛋、肉、豆类和绿色蔬菜中含量更为丰富。在一般情况下,不会出现磷缺乏的情况。

### 3. 钾

98%的钾存在于细胞内,维持着细胞的渗透压,调节着细胞的水平衡。钾还维持着神经肌肉的应激性和心脏的正常跳动,一旦缺钾就会引起反应迟缓、动作迟钝连锁现象,血清钾浓度降低还会导致心律紊乱。另外,蛋白质和糖原的生成也都离不开钾的参与。钾广泛存在于各种食物中,因此一般不会缺钾。蔬菜和水果中的钾含量较高。

### 4. 镁

镁是一些酶的激活剂,因此它在物质能量代谢中起了一定的作用。它维持着神经肌肉的正常兴奋性,当血清镁浓度降低时,神经肌肉异常兴奋,肌肉容易发生痉挛。还有,镁可以保护心脏和预防高胆固醇饮食引起的冠状动脉硬化。人体对镁的需求量较小,因此不会出现体内镁的缺乏。植物性食物中镁的含量较高,如粗粮、豆类和蔬菜等。

### 5. 氯化钠

钠是细胞外液中的主要阳离子,维持着细胞的渗透压,调节着细胞的水平衡和酸碱平衡。钠还可以提高神经肌肉的兴奋性,钠缺乏时,表现出心率加快、肌肉无力。氯是胃酸的主要成分,在消化活动中发挥着重要作用。众所周知,氯化钠还是饮食中的调味剂。饮食中含盐过量容易造成体内的盐储留,使体液增多,血液循环加快,从而加重心脏和肾脏的负担。因此,食物的口感尽量清淡。氯化钠的主要来源是食盐。

### 6. 铁

铁是合成血红蛋白的重要原料之一,参与氧的运输和组织的呼吸。在缺铁的情况下,血红蛋白含量也会随之减少,血液运输氧的能力下降,从而影响了机体的正常工作。严重的甚至会引起缺铁性贫血,人感觉乏力、头晕等不适。铁的吸收率较低,而且过多的脂肪妨碍铁的吸收。但是,维生素C和蛋白质可以帮助吸收和利用铁。动物性食物中铁的吸收率高于植物性食物,因此肝脏中铁的吸收率最高,依次是瘦肉、蛋类、鱼类、豆类和绿色蔬菜等。同时也要注意,过量的铁对人体也是有害的。

### 7. 碘

碘是组成甲状腺素的主要成分,能促进机体的生长发育和新陈代谢,来源于海产的动植物食物。

### 8. 锌

锌是很多金属镁的组成成分或酶的激活剂。许多研究表明,锌与酶和蛋白质的合成有密切联系。海产品是锌的良好来源,奶类和蛋类次之。

### (六)食物纤维

食物纤维是一种大分子的多糖,分为非溶性和可溶性两类。非溶性食物纤维是植物细胞壁的组成部分,所以,在禾谷和豆类种子的外皮和植物的茎和叶中,非溶性食物纤维含量丰富;而可溶性食物纤维存在于细胞间质中。只要不吃过分精制的食物,食物纤维的摄入量是可以满足机体的需求的。麦麸、米糠、嫩玉米、花生、菠萝和生食的蔬菜等食物纤维的含量较为丰富,但是过多食物纤维的摄入会阻碍钙、镁等矿物质的吸收和利用。

对于热衷于减肥的人群来说,食物纤维应是他们首选的食物,这是因为食物纤维可以防止过多的热量囤积在体内转为脂肪。那么,对于热爱健康的人们而言,食物纤维也是一种健康的食物。食物纤维能够促进肠道的蠕动,可以预防便秘;而更重要的功效是稀释致癌物质,从而达到防癌的作用。

### (七)水

水是机体重要的内环境,必须保持稳定,才有利于物质代谢的进行和维持正常机能。人体内的水主要来源于直接饮用的液体、摄入食物中所含的水分及物质代谢过程中产生的水分。

不容置疑的是,水是机体的主要成分,水占成人体重的 $50\% \sim 70\%$,其中,血液含水 $90\%$,肌肉含水 $70\%$,骨骼含水 $22\%$。流动的水在体内循环,运输养料,同时也排泄废物。水的一个显著特征是可以调节体温,一方面,水的比热大,使体温变化较小;另一方面,通过水的蒸发可以调节体温。

在休闲体育运动中,首先主要动用的是肌糖原供能,其次脂肪燃烧供能,最后才是蛋白质分解供能。因此,在运动前要贮备足够的营养物质,在运动后又要补充一定的营养物质,通过休闲运动和科学饮食的结合才能使身体更加的健康。那么,为了保证在运动中有充足的热能供应,应摄入较多的糖、磷和维生素 C;为了维持血红蛋白的水平,应摄入较多的蛋白质、铁、维生素 $B_2$ 和维生素 C。

## 二、营养的作用

随着时代的发展,人们对生活质量的要求和追求越来越高,对健康的渴望和向往也越来越强烈,人们对于食物的营养也有着越来越多的追求。合理的膳食营养和适量的体育运动是身体健康的保证,在进行休闲体育运动的同时,也不能忽视营养的作用。

### (一)提高运动能力

人在剧烈运动时,体内细胞的破坏与新生也相应增加。红细胞的组成成分是蛋白质和铁,若不足,可发生运动性贫血,影响运动时氧代谢能力,降低耐久力。因此,及时地适量地补充蛋白质是很必要的。剧烈运动时,体内维生素的消耗也明显增加,激素和酶的反应也很活跃,这些物质的补充都需要通过饮食。另外,在剧烈运动时,体内酸性代谢产物堆积,也需要补充相应的矿物质,以消除疲劳。一般塑身类休闲体育运动的能源物质是以糖类为主,其次是脂肪。强度较高的休闲体育运动则需要更多的脂肪和蛋白质。同时,还需相应地增加维生素及某些微量元素。这样才能提高运动能力,加速运动后体力的恢复,并且真正实现强身健体的目的。

### (二)促进机体发育

第二次世界大战后,许多交战国的人民由于营养不良,儿童的身体发育遭受严重的影响。以日本人为例,1948 年(战后)日本 12 岁儿童的平均身高比 1939 年(战前)平均下降 2.8 厘米。经过三年的经济恢复,儿童身高才达到战前的平均水平。以后随着国民经济的迅速发展,营养状况不断改善,身体素质不断提高。1970 年日本 12 岁儿童平均身高比 1953 年增高 3.9 厘米。日本儿童身体素质的提高主要归功于营养条件的优化。1935 年日本平均每人每年吃肉 2.15 千克、蛋 2.15 千克、奶及奶制品 12.7 千克、油脂 1.1 千克。1971 年提高到肉类 13.1 千克、蛋 14.95 千克、奶及奶制品 27 千克、油脂 9.45 千克。由于营养水平的提高,日本人的身体普遍增高。目前日本全国高中三年级学生(17 岁)的平均身高已超过 1.7 米,比 25 年前同龄人身高增长 5.8 厘米。

我国随着经济的快速发展,城乡人民生活逐步得到改善,青少年的身体素质也有明显的提高。以湖南省为例,2000 年与 1995 年比,城市 7～22 岁男生身高平均增长 1.72 厘米,体重平均增长 2.82 千克,城市 7～18 岁女生身高平均增长 2.22 厘米,体重平均增长 1.41 千克。乡村男生身高平均增长 1.62 厘米,体重平均增长 1.23 千克。乡村女生身高平均增长 1.03 厘米,体重略有下降。这些事实充分说明营养改善对青少年身体发育有明显的促进作用。

### (三)促进智力发育

中枢神经系统和大脑的发育与营养的关系更为密切,营养能为神经细胞和脑细胞合成各种重要成分提供所需要的物质,促进智力发育。成年人如果营养不良也会导致记忆力的衰退。为了维持脑的正常功能,成年人尤其是脑力劳动者应保证有足够的营养。

### (四)减少疾病

营养不足或缺乏可直接或间接引起某些疾病,例如机体缺铁导致贫血,缺碘易患甲状腺肿大,维生素 D 和钙缺乏则易患佝偻病等。营养不良使机体免疫力下降,抵抗力降低,传染病的发病率增加,病程延长,影响健康。营养不良还可以引起内分泌失调,并导致一些功能障碍。营养问题是人类生存中重要的问题之一。人的身体在持续不断地进行着自身结构的更新——每天都会造出一些新的肌肉、骨骼、皮肤和血液,用以代替旧的组织。如果摄入的能量过多,身体就会增加一些脂肪,反之则会消耗脂肪。最好的食物应该能制造并维持强健的肌肉、完好的骨骼、健康的皮肤和充足的血液,也就是说食物不仅要提供能量,还要包含充足的营养素,即足够的水、糖类、脂肪、蛋白质、维生素和矿物质。因而,要精心选择、搭配食物,以保证充足的能量和各种营养素,防止营养不良而导致的疾病。

## 三、营养食物

不同的食物,所含的营养素的种类、数量及比例也各不相同。因此,不同种类食物的营养价值存在着很大差别。

### (一)肉类

肉类食物包括家畜、家禽的肌肉、内脏及其制品,肉类食物含有各种丰富的营养素,是人类蛋白质、脂类、矿物质与维生素的重要来源。肉类食物中碳水化合物含量极低,仅少量以糖原形式存在于肌肉和肝脏中。肉类食物含丰富的蛋白质,其氨基酸组成和人体蛋白质的结构接近,营养价值高。瘦肉含矿物质也较多,有磷、钾、钠、镁、氯等,红色瘦肉还含有铁。不过肉类缺少钙,乳类是钙的最好的食物来源。肉类食物中矿物质的含量在 0.6%～1.0% 之间,主要有磷、钙、铁等,肉类铁的存在形式有 40% 左右是血红素铁,由于不受膳食因素的干扰,其生物利用率高。

肉类食物虽然含有丰富的营养物质,但这类食物中含有一定量的动物脂肪,脂肪含量与肉的肥瘦度有关,肥肉脂肪多,瘦肉蛋白质多。对于肥胖者来说还是适量食用为好。在适量范围内,尽量选择脂肪含量少的瘦肉、鸡鸭肉等。肥胖的人,特别是患有高胆固醇血症的肥胖者,每天吃鸡蛋最好不超过 1 个，尽量少吃动物内脏、肥肉，以减少脂肪和胆固醇摄入量，有利于控制体重和血脂。

### （二）鱼类

鱼类食物包括淡水、海水鱼类与虾、贝类等等，是低脂肪、高蛋白的食品，其中海产鱼还含有丰富的碘。鱼类矿物质含量较高于畜禽肉类，为 1%～2%，其中钙含量也较畜禽类多，特别是小鱼、小虾，如虾皮中含量可高达 2%。鱼类含有利于提高免疫力的锌，这对运动爱好者是一种很重要的微量元素。锌在肌肉组织、骨骼和性器官的生长和发育方面起很大作用。其中沙丁鱼还有助于提高免疫力和延缓衰老。鱼类食物中脂肪含量较少，对于肥胖者来说十分适合。

### （三）蛋类

蛋的蛋清、蛋黄两部分营养素有很大的不同。蛋清约占全蛋的三分之二，主要是蛋白质。其蛋白质的营养价值很高，还含有较多核黄素，是核黄素的良好食物来源。生蛋清中有抗生物素和抗胰蛋白酶，前者妨碍生物素的吸收，而后者可抑制蛋白酶活力，从而影响蛋白质的消化。以上两种成分在蛋煮熟后，均可被破坏。蛋黄约占全蛋的三分之一，蛋黄中除含有蛋白质外，还有多种营养成分，其中维生素 A、维生素 D、维生素 $B_1$ 与维生素 $B_2$ 含量均较丰富。脂肪也主要存在于蛋黄中，约占蛋黄总重量的 30%，大部分为中性脂肪，也含有较多的卵磷脂，胆固醇含量也较高，每 100 克全蛋中约含 400～600 毫克。蛋黄中还含有卵黄高磷蛋白，可干扰本来蛋中含量就比较低的铁的吸收，所以蛋中铁的吸收率仅 3%。

### （四）奶类

奶类食品是一种营养丰富、食用价值很高的食品。各种动物乳汁所含的营养成分与其幼畜的生长速度有关，对各种初生动物都是一种完全食品。动物奶类对于人类也是一种理想食物，尽管其成分与人乳不同，但增加奶类制品，对于改善我国居民膳食结构有非常重要的意义。除了人体所必需的蛋白质、脂类和碳水化合物外，牛奶中矿物质约含 0.6%～0.7%，其中以钙、磷、钾含量较高，每 100 克鲜牛奶中约含钙 100～120 毫克。其吸收率高，是人体钙的良好食物来源。牛奶中较多的是维生素 A 和胡萝卜素，此外，还富含维生素 B、维生素 C 和生物素。但奶中维生素含量与饲养条件和季节有一定关系。如当饲以青饲料时，其维生素 A 和维生素 C 的含量较喂干饲料时有明显增加；奶中维生素 D 含量不高，夏季日照多时，其含量有一定增加。

奶是钙的最佳来源，对牙齿健康与骨骼强健有极大帮助，妇女尤其需要大量钙质，以预防骨质疏松症。酸奶作为奶制品的主要种类之一，是一种有助于消化，还能有效地防止肠道感染，提高人体的免疫功能的食品。与普通牛奶相比，酸奶脂肪含量低，钙质含量高，还富含磷、钾，以及维生素 B 这些元素都对人体大有裨益。

### （五）谷薯类

谷类和薯类包括稻谷、小麦、大麦、燕麦、玉米、高粱、红薯等，以及由谷类制作的各种食品。这类食物主要为机体提供糖类、蛋白质、矿物质、维生素和 B 族维生素，是身体能量供应的主要来源。一个人每天吃多少谷薯类食物，主要取决于他的能量需求、生活习惯、劳动强度以及食物供应状况。正常情况下，从事中等劳动强度的健康成年人，每天需要 500 克左右的谷类食物。在我国居民的膳食中，约有 60％～70％的热能和 60％的蛋白质来自谷类，是膳食中 B 族维生素的重要来源，同时也提供一定量的无机盐。由于谷类种类、品种、生成地域、生长条件和加工方法不同，其营养成份也有很大差别。谷类所含的营养素主要是碳水化合物，主要成分是淀粉，平均含量约占碳水化合物的 90％，消化利用率很高；其次是蛋白质，一般在 7.5％～15.0％，燕麦和青稞分别可达 15％和 13％，由于谷类是我国人民传统主食，所以目前它仍是我国居民膳食蛋白质的主要来源。在谷类蛋白质必需氨基酸的含量中，赖氨酸较低，尤其是小米和小麦中赖氨酸最少，马铃薯的蛋白质中赖氨酸最丰富。玉米蛋白质中缺乏赖氨酸和色氨酸，而小米和马铃薯中色氨酸较多。因此，把多种粮食混合食用，可以起到蛋白质的互补作用，提高谷类蛋白质的营养价值。谷类中脂肪含量一般都不高，约占 2％。谷类含无机盐约 1.5％～5.5％，以谷皮和糊粉层含量最多，其中约一半为磷。谷类的钙含量并不高，每百克含 40～80 毫克，而铁更少，每百克含 1.5～3.0 毫克。谷类是我国居民膳食中维生素的重要来源。泛酸、尼克酸、硫胺素和核黄素的含量依次减少。在小米和黄玉米中，还含有少量胡萝卜素和维生素 E。薯类如山芋和土豆，它们不含脂肪，是一种很好的复合碳水化合物，却比胡萝卜含有更多的维生素 C 和维生素 E，也是自然界中最重要的防癌食物之一。

与精细粮食相比，粗杂粮含有更多的膳食纤维、矿物质和维生素，不仅营养物质丰富，而且相对体积大、能量少、耐饥饿，在身体内的消化吸收过程较长，吸收率也低一些，这对于需要控制体重的超重者来说是非常好的食物选择。精制大米和面粉，由于谷胚和谷皮被碾磨掉，使维生素的含量明显减少。为了提高膳食中谷类的营养价值，可以采取多种粮食混合食用，如谷类、豆类和薯类混合食用，能达到蛋白质的互补作用和氨基酸平衡。为了减少谷类 B 族维生素和无机盐的丢失，粮食碾磨和加工不可过度精细。可以适当以糙米为主食，提高高蛋白、糖类、纤维、各种矿物质的摄取量，尤其是锌。如全麦面包，除了富含蛋白质、铁、纤维、钾及其他矿物质外，还有丰富的维生素 B，能使人神采饱满，眼睛明亮。

## （六）豆类

豆类食物一般可以分为大豆和杂豆两大类，大豆包括黄豆、黑豆和青豆，杂豆主要包括豌豆、蚕豆、绿豆、豇豆、赤小豆与芸豆等。大豆中蛋白质含量达 35％～40％，脂肪含量也很高，脂肪中不饱和脂肪酸较多，还有少量磷脂和胆固醇，碳水化合物含量较低。其他豆类与谷类的营养成分相似，碳水化合物含量较高，蛋白质含量为 20％左右，较大豆低，脂肪含量很少。豆类是人类重要的食物，它所提供的蛋白质和脂肪较谷类食物高出数倍。充分开发利用豆类，对改善我国人民膳食与营养状况，补充蛋白质来源，增进健康有极重要意义。豆类除含有丰富的蛋白质、脂类和碳水化合物外，含有丰富的矿物质与维生素，每 100 克豆类食物中钙的含量为 370 毫克左右，磷的含量为 570 毫克左右，铁的含量为 11 毫克左右，均高于谷类食物。硫胺素、核黄素与烟酸含量在植物性食物中也属较高，比谷类食物多数倍，且含有一定量的维生素 E 和胡萝卜素。

豆类含有大量蛋白质、维生素 B 及铁质，其营养价值等同于肉类，但却有肉所缺乏的纤维。豆类富含铁，在细胞的供氧和氧气的利用过程中起着关键性的作用。由于缺铁而引起的贫血常常带来浑身无力或者是容易疲劳的症状。豆类食物中的碳水化合物中有一半不被人体消化吸收，不会增加太多能量，再加上豆类产量丰富，食用方法多样，价格比动物性食物低廉，又不含胆固醇，是很好的减肥塑身食品。

### （七）蔬菜水果类

新鲜蔬菜都含有大量水分,多数蔬菜的含水量在90％以上,碳水化合物的含量不高,蛋白质含量少,脂肪含量更低,因此不能作为能量和蛋白质的来源。但是他们在膳食中却非常重要,因为它们是矿物质、维生素和膳食纤维的重要来源。蔬菜含有丰富的膳食纤维,它能促进肠道蠕动,利于大便排泄、减少油耗物质与肠黏膜的接触时间,还能降低血胆固醇,对预防控制动脉粥样硬化、糖尿病和肥胖都有好处。如洋葱和大蒜,它们含有钾、氟、硫、磷肌酸、维生素A和维生素C,具有消炎、去敏的功效,能降低胆固醇、高血压、减少心脏病的发病率。最近的研究表明,每天吃半个洋葱的人胃癌的发病率比普通人低50％;每周吃蒜的人,结肠癌的发病率也比普通人低50％。原因可能在于它们富含的硫化物具有去毒功能。又如花菜和西兰花,西兰花含有健美皮肤的维生素B、维护牙齿的维生素C和矿物质(如铁、钙、钾等),花菜中则含有大量抗癌酶,其含量远远超过其他含酶食物。此外,花菜中还含有可以防止骨质疏松的钙质、女性常常缺乏的铁元素以及有益于孕妇的叶酸。再如菠菜和香菜,菠菜和香菜中除了富含铁质外,更含有大量维生素A与C,对皮肤、牙齿十分有利。香菜中还富含钙、锌、钾、维生素A和维生素C等元素,可利尿,有利于维持血糖含量并能防癌。

鲜果类的营养价值与新鲜蔬菜相似,含有大量水分、很少的蛋白质和脂肪,但水果中的糖类与蔬菜不同,主要是果糖、葡萄糖、蔗糖,在未成熟的水果内则含有淀粉。水果所含的矿物质和维生素也不如蔬菜多。水果具有芬芳的香味、鲜艳的颜色,并含有许多有机酸,这些是蔬菜所不具备的特点。蔬菜和水果都含有大量水分,相对其他事物来说体积大、能量低,从控制能量的角度考虑,超重和肥胖的人应该多吃一些这样的食物。如木瓜和草莓,它们含有丰富的维生素C,两者的维生素C含量都远远多于橘子,有利于皮肤结实嫩滑。而且木瓜有助于消化,还能够防止胃溃疡。木瓜尤其有助于消化人体难吸收的肉类,因而能有效地预防肠道疾病。草莓不但汁水充足,味道鲜美,而且热量很低,同时还含有维生素A与钾,可以健康头发和皮肤。

### （八）坚果类

坚果类食物都富含锌、铁、锰、硒等多种微量元素,如核桃、花生、瓜子、榛子、芝麻等。有人称坚果是微量元素的宝库,经常吃一些坚果对人体十分有益,然而,坚果里的脂肪含量却着实不菲,通常达到40％以上。这样算来1.5～2个核桃或15～20粒花生米或一大把瓜子都相当于10毫升油的能量。生活中,人们常有这样的体会,吃坚果上瘾,一吃就停不住嘴,常常在不知不觉中吃进去很多,经常过量摄入坚果很容易导致肥胖。因此,为了避免过量吃坚果引起肥胖,同时又能满足身体和口欲对坚果的需要,可以采用限量食用的方法。在饮食不油腻的情况下,每天不超过15克坚果仁,基本上能获得它们给健康带来的好处。

## 四、健康的饮食习惯

### （一）运动期间饮食

#### 1.时间和食物的选择

休闲体育运动大多属于智力性运动,此时大脑正处于交感神经兴奋的应激状态,消化机能较弱。所以,在运动前,如果吃一些易消化的食品会有利于运动能力的提高,较快消除疲劳。由此可见,不同食物在体内的消化时间,对于一个人的运动能力有着重要的影响。食物中脂肪的消化时间最慢,糖最快。运动前应以高糖类、低脂肪的食物为主,如面包、饭、面和水果等。因这些食物容易消化,又能提供糖原,如运动超过1小时,应以单、双糖食物,如水果、奶、米饭为主,这些食物易被消化并及时供能。高纤维的食物也含糖类,如全麦面包,但这些食物消化时间长,容易造成运动锻炼时肚子不适。

在进行运动前进餐,进餐的时间应根据运动锻炼的时间和不同食物的消化时间来决定。但基本原则是运动前所食用的食物能供给运动所需的充足的营养和能量,而又不会在运动过程中造成肠胃不适。高热量或高脂肪的食物,往往需要较长的时间才能被消化。一般而言,正常的一餐食物需3~4小时的消化时间,才不致于使人在运动中感到肠胃不适,而食量较少的一餐需2~3小时的消化时间。少量的点心只需1小时就能被消化。

人在运动时对胃中的食物的感觉还会因运动的不同而有所差异。如果是身体上下震动较大的运动,过量的食物就会令人感到饱胀不适,那么就需要在运动前更早的时间进食,让食物有更长的时间被消化,或者减少对食物的摄取,以减轻这些症状。所以,运动前的饮食和进食时间应因人而异。每个人都需要在练习时进行体验,找出最合适、最有效的食物和进食时间。

2.食用的方法

(1)运动前

早上运动前,很多人习惯于不吃早餐,这样锻炼时可能会感觉很累、无力。因为经过一个晚上,人体内糖类的供应量不足,所以早上健身锻炼应适当补充一些能量,可以吃一些苹果、全麦谷片等低升糖指数的食物,喝些牛奶、果汁、豆浆等饮品,既可以补充水分,又可使人有饱足感。如果你还想再多吃一点,则可以加一片高纤维饼干或吐司。补充糖类的最佳时间应是在进行运动前10~30分钟,但在运动前和运动间要避免吃太多的脂类食物。而如果运动前已吃过轻食(以碳水化合物为主的食物)了,那么运动后的早餐分量不妨少一些。因为"不过饱"是运动饮食的原则。

午间运动前,经过一早上的辛勤工作后,为避免运动时"饿得头晕眼花",在接近中午时,可以先吃些轻食填填肚子,以维持血糖的浓度。如果不是太饿,暂时不吃也无妨,可在运动后再吃午餐,但在运动前后需补充水分。一般来说,运动锻炼前吃含碳水化合物的轻食,能使人运动时精力充沛,运动得更有劲。结束运动后,不妨吃点含碳水化合物的食物,这是帮助肌肉燃烧脂肪的动力来源,如谷类、豆类等,都可以维持肌肉中的肌糖原。如果进行肌力一类的运动,则应多吃含蛋白质的食物,以促进肌肉组织的生长。

晚间运动前,可在下午4~5点时或下班前吃些点心,以维持血糖的浓度,储备运动精力。为此,可以先准备一些小包装的轻食,如高纤维饼干、葡萄干、麦片等,但不可以大吃大喝。事实上,通过休闲运动想达到控制体重和维持良好身材的目的,就更应正确地吃。因运动后的几小时内,身体正忙着移除肌肉中未用完的肌糖原,此刻可以吃些富含糖类的食物,如谷类、新鲜水果、淀粉类、蔬菜等。晚餐则应该少吃一些,因为在晚上人的新陈代谢率较低,为避免囤积多余的卡路里,应该对食量有所控制。

(2)运动后

运动后应主动积极地补充运动时所消耗的能量和营养以促进恢复,为明天的活动做好准备。

所以,进行休闲体育运动后的营养补充应重点从以下几方面着手。

第一,补充水分。运动会使人体内大量的水分经出汗流失而导致脱水,因为即使只流失体重的1%的水分,体温也会变得更高,使人比较容易疲劳,如损失体重的3%的水分,就会显著地影响运动的表现,即使在运动中就已经补充了水分,通常都少于流失的水量。因此在运动后,绝大部分的人都处于不同程度的缺水状态,需要积极地补充水分。那么怎样知道在运动中流失了多少水分呢?方法有两种。其中最直接的方法就是:计算运动前和运动后的体重差别,以此作为估计水分流失的参考依据,然后依照这一数据,每减少1千克的体重,就至少需要补充1升的水,甚至更多。因为人体在运动后,仍然会持续流汗和排尿。若是不方便测量体重,也可以根据口渴的感觉来补充水分。但是人的口渴感觉并不灵敏,即使身体已经处于缺水状态,仍然不会觉得口渴,或是虽然喝了水,并不足以完全补充流失的水分,但是已经足以缓解口渴。所以,在长距离的登山、极限类出汗较多的时尚运动中千万不要等到口渴或有机会时才摄取水分,应有计划地补充水分。即使已经不觉得口渴了,至少还需要再喝2~3杯的水,才能补充足够的水分。另一个明显的指标是排尿的情形。如果在运动后1~2小时中,排尿量很少或是完全没有,而尿液的颜色很深,就表示身体正处于缺水的状态,需要赶快补充水分,直到排尿量恢复正常,且尿液颜色变成很淡或无色,才表示身体已经有了足够的水分。

第二,避免酸性食物。许多人在体育运动后,常会有肌肉发胀、关节酸痛、精神疲乏之感。为了尽快解除疲劳,他们就会买些鸡、鱼、肉、蛋等大吃一顿,以为这样可补充营养,满足身体的需要。其实,时尚运动后不宜吃这些食物,因为此时食用这些食品不但不利于解除疲劳,反而对身体有不良影响。一方面,这是由于人类的食物可分为酸性食物和碱性食物,而判断食物的酸碱性,并非根据人们的味觉和食物溶于水中的化学性,而是根据食物进入人体后所生成的最终代谢物的酸碱性而定的。通常含有钾、钠、钙、镁等金属元素,在体内代谢后生成碱性物质。能阻止血液向酸性方面转化的食物为碱性食物,如蔬菜、海带、西瓜等。所以,酸味的水果,一般都为碱性食物而非酸性食物。而鸡、鱼、肉、蛋、糖等食品,味虽不酸,但却是酸性食物。另一方面,因为正常人的体液是呈弱碱性的,人在进行大多数的运动后,之所以会感到肌肉、关节酸胀和精神疲乏,其主要原因是运动时,人体内的糖、脂肪、蛋白质被大量分解,而在分解过程中,会不断地产生乳酸、磷酸等酸性物质,刺激人体组织器官,致使人感到肌肉、关节酸胀和精神疲乏。如果此时单纯食用富含酸性物质的肉、蛋、鱼等食品,反而会使体液更加酸性化,不利于疲劳的解除。但若食用蔬菜、甘薯、柑橘、苹果之类的水果,由于它们的碱性作用,可以消除体内过剩的酸,降低尿的酸度,增加尿酸的溶解度,从而减少酸在膀胱中形成结石的可能性。所以,人在进行时尚健身锻炼后,应多吃一些碱性的食物,如水果、蔬菜、豆制品等,以利于保持人体内酸碱度的基本平衡,保持人体健康,尽快消除运动带来的疲劳。

第三,补充糖原。糖原是运动时的主要能量来源之一,存在于肌肉和肝脏中。肌肉中的糖原只能供肌肉细胞所用,而肝脏中的糖原则可以葡萄糖的形式释放到血液中,供肌肉及身体其他器官所需。因此,体内肝糖原的存量不足以应付运动时的所需,是造成人体疲劳、运动表现降低、无法持续运动的原因之一。若运动后体内肝糖原的存量显著降低,而又没有得到及时的补充,那么人体在下次运动时的表现,就会因肝糖原不足而受到影响。据研究显示,在运动后的2小时内,身体合成肝糖原的效率最高,而2小时后,则会恢复到平时的水准。因此运动后,应迅速地补充运动中体内消耗的肝糖原。具体方法有:①在较激烈的如健身、塑体、极限类时尚运动后的30分钟内,摄取含高碳水化合物的餐点。②视需求情况,在长距离时尚运动中提供适当的食物和饮料。③依照自己的体重，每2小时供给约等于体重1‰重量的碳水化合物，直到恢复正常的饮食。④在恢复期进行运动时，对碳水化合物的需求将会增加。因此，每千克体重每天需摄取8～10克的碳水化合物，以维持肌肉最佳的肌糖原储存量。⑤肌肉受伤会影响体内肌糖原的储存量，因此，可于恢复期最初的24小时内，增加碳水化合物的摄取量。⑥含碳水化合物的饮料、运动营养补充品以及单糖类食物，可以为参与运动锻炼提供一个实际及综合的碳水化合物来源。⑦少量多餐可以帮助运动者在减少肠胃不适的情况下获得较高的碳水化合物，而当需要考虑摄取的总热量及胃肠舒适度时，如：进行极限类时尚运动时，必须限制高脂肪饮食和过量蛋白质食物的摄取。⑧含营养密度高的碳水化合物食物及饮料，因其可以提供其他的营养素，因此，这类食品对于运动后的恢复过程是很重要的。

第四，补充电解质。汗液中主要的电解质是钠和氯离子，还有少量的钾和钙。除了长时间的时尚运动，或是在酷热的天气下连续剧烈运动数小时，大部分只会流失体内非常小部分的电解质，而体内的储存会自动释放到血液中，以维持电解质的恒定。因此在一般的休闲运动后，不需要特别补充电解质。对于例外情形，可以在运动后，以稀释的盐水或是含高钠的运动饮料来补充水分和电解质。但一些含有酒精或咖啡因的饮料，因会增加人体的排尿，不仅会降低人体内的水分，减少肝糖原的合成，而且还会影响受伤组织的复原，对运动后的恢复有非常大的副作用，所以并不是理想的水分补充饮料。然而，一些训练有素的运动者，或是常在酷热天气下运动的人，其汗液中的电解质含量也会变得较少，所以，即使他们的流汗量和平常人一样多，其流失的电解质要比平常人少。

第五，补充强壮食品。强壮食品与兴奋剂不同，它是既能强身，又能提高运动效率的食品。兴奋剂大多属于激素一类的药物，运动者注射或用后，虽能在比赛时发挥最高的运动效率，但对身体极端有害。因此，国际奥委会明令禁止使用兴奋剂。而强壮食品是一些用来补充运动时体内消耗的营养物质，所以它对身体是有益无害的。强壮食品一般包括葡萄糖、维生素、麦芽油、天门冬氨酸盐、碱盐等，它们对提高运动的效率有一定的作用。

### （二）饮食的搭配

合理的饮食搭配，对于人体的生长发育、增强免疫力、健身塑形都有着十分积极的影响。在参加休闲体育运动时，运动者由于体力消耗较大，往往更需要进行合理的饮食以及时补充能量，在维持机体的正常需求的基础上保持正常运动锻炼的供能。因此，运动期间的饮食搭配要保证所含营养素数量充足、种类齐全、比例适当，并与机体的需要保持平衡。只有各种食物搭配合理，才能最大限度地满足身体需要，从而达到促进健康的目的。

#### 1.饮食搭配的基本要求

合理搭配的饮食应该能提供足够的热能和各种营养素，满足人体正常生理的需要，还可以保持各种营养素之间数量的平衡。因而，饮食搭配要求能够达到热量的平衡和维生素的供给充足。

（1）热量平衡

热量是人体进行活动的能源，热能的供给应以消耗为准，热能供给过多或不足都会影响健康，甚至引起疾病。长期热能不足，会导致营养不良症的发生，表现为基础代谢降低，逐渐消瘦，精神不振，皮肤干燥，对疾病的抵抗力下降等等；而热能过剩，则可造成脂肪在体内积累而形成肥胖。所以，饮食搭配中热量必须恰当。热能是否恰当，可用体重的变化作粗略的估计。饮食搭配中蛋白质、脂肪和糖的比例对机体的代谢状况和工作能力也有一定影响。一般情况下,脂肪含量应少,糖和蛋白质相对较多。蛋白质、脂肪和糖的合适比例按重量计为 $1:0.7:5$。

(2)维生素充足

饮食搭配中的维生素十分重要。一方面可以补充机体在运动时损失的维生素,另一方面合理增加维生素的供给量,可以改善机体的工作能力,提高运动水平,保证运动质量,加速机体疲劳的消除。但维生素的摄入量亦不应过多,经常应用过多的维生素,对机体有不良影响。长期摄入过多的维生素,机体的维生素代谢提高了,一旦饮食中摄取的维生素突然减少会产生维生素缺乏症。机体摄入维生素时,最好从天然食物中摄取。如应用维生素制剂时,最好用复合维生素。

按照热量和营养素标准,选择食物的种类和数量,即可组成平衡的饮食。食物可以简单分为以下几类:①粮食类,供给人体淀粉、蛋白质、无机盐、B族维生素和纤维素;②肉、蛋、鱼及大豆类,供给人体优质的蛋白质、脂肪、部分无机盐和维生素;③奶或奶制品类,供给人体优质的蛋白质、脂肪、维生素 A、维生素 $B_2$ 和钙等;④水果和蔬菜类,供给人体维生素、无机盐及膳食纤维素。

2.饮食搭配的基本原则

(1)荤素搭配

素食含热量低,蛋白质与脂肪严重不足,长期以素食为主容易引起营养不良。安徽医科大学对九华山一些寺庙中的九十多名僧尼检查发现,多数人存在着不同程度的营养不良。长期吃素的妇女所生的孩子往往存在生长发育障碍。蛋白质是建造和修补人体细胞组织的主要原料,长期缺乏则对机体的抗病能力影响极大。脂肪产热量很高,不饱和脂肪酸更是“人脑的食粮”,对促进大脑智力发育极为重要,所以长期素食对生长发育迅速的青少年危害更甚。经常吃素的少女往往月经来潮推迟,吃素的女运动者容易发生继发性闭经。

素食还容易引起微量元素和维生素缺乏症。人体必需的微量元素如锌、钙、铁等主要来自荤食。锌主要来源于动物性食物,饮食中 80% 的钙来自奶类,80% 的铁来自肉类和蛋类。素食中锌、钙、铁含量少,其中含有较多的植酸和草酸,反而会阻碍锌、钙和铁等微量元素的吸收。例如菠菜中含有的草酸能结合豆腐里的钙成为草酸钙,不为人体吸收。因此,长期食素者容易发生因缺乏微量元素而引起的一些疾病。缺乏锌可引起小儿厌食症、异食癖和成年人的性功能下降、不育症;缺钙会引起小儿佝偻病和中老年人骨质增生、骨质疏松症;缺铁会引起贫血和影响小儿智力发育。食品中脂肪缺乏会影响脂溶性维生素 A、维生素 D、维生素 E、维生素 K 的吸收。缺乏维生素 A 容易得夜盲症和呼吸道感染,皮肤变得粗糙;缺乏维生素 D 易患小儿佝偻病和骨质疏松症;缺乏维生素 E 会引起溶血性贫血、脂溢性皮炎和氨基酸代谢障碍、免疫力下降;缺乏维生素 K 则易引起各种自发性出血。长期素食还容易引起维生素 $B_{12}$ 缺乏症,导致恶性贫血和神经退化。

在饮食以高热量、高脂肪为主的发达国家,肥胖症、高血压、冠心病、糖尿病等“现代病”患病率很高,因此,在这些国家开始提倡素食。然而我国的饮食结构是以碳水化合物为主,蛋白质、脂肪的摄入量远比西方发达国家要低,不应提倡素食。全国性的调查表明,我国城镇居民多数人的饮食中蛋白质、钙和核黄素尚处于低水平。营养学家们认为,增加蛋白质摄入量是当今改进我国饮食结构的重要内容。显然,这也表明了长期素食的不科学性。根据我国的国情,应选择荤素结合的饮食结构为宜。对于肥胖症、糖尿病、心血管疾病者,可适当多吃点素食,而对于生长发育期的儿童及营养不良、微量元素缺乏者,不妨多吃点荤食。

休闲健身操的运动者应按照科学的方法饮食,要荤素结合、比例适当,保证身体正常运转及运动所需的能量。

（2）每日饮食搭配

在一天的不同时间内,人体所需热量和各种营养素的量不尽相同。合理的饮食搭配有助于机体建立条件反射,用餐时间一到,人就会产生食欲,并预先分泌适合各餐膳食的消化液,以利于对食物的充分消化、吸收和利用。正常情况下,一般每日三餐比较合理。两餐之间的间隔要适宜,最好控制在4～6小时,因为食物一般在胃中停留4小时左右。若两餐间隔时间太长,加重了饥饿感,人会感觉心慌、没有精神,降低了学习和工作的效率。两餐间隔时间太短,胃还没来得及排空,下一餐的食物就迫不及待地又进来了,消化器官就没有休息和调整的机会,影响食欲和食物的消化。混合性食物在胃中排空的时间为4～5小时,故两餐间的间隔时间至少也应为4～5小时。每日最好能用四餐,同时,注意用餐时间应和生活规律、工作制度相配合。

每餐食物数量要与生活工作习惯相适应。"早吃好、午吃饱、晚吃少"是比例合理的搭配方法。早餐占全天食物总能量的30％;午餐应多吃一些,占到40％;晚餐不要吃得太多,占总能量的30％比较合适。因晚餐后活动很少,能量消耗不大,吃得太多,特别是吃太多不易消化的油腻食物,容易影响睡眠,增加心脑血管发病的危险。当然,不需要教条地完全照搬上面的食物分配比例,可以根据自己的实际情况,灵活调整。例如早上起得很晚,距离中午饭的时间比较短,就可以少吃一些早餐;如果晚上睡得很晚,晚餐就可以稍微多一些,或在临睡前和晚餐之间来一点加餐。假如工作不是很紧张,时间也比较充裕,采用少量多餐的办法也不错。三个正餐都不要吃得太饱,匀出一些食物放在两餐之间吃更有利于控制体重。

特别要注意的是晚餐不宜过饱。晚餐通常是许多家庭一天当中最丰盛的一餐,家人团聚,时间充裕,早、午餐的简单凑合,都是晚餐丰富的原因。晚餐吃得丰富一些本无可厚非,但如果鸡、鸭、鱼、肉、各种美味菜肴一股脑地摆满餐桌,吃得油腻、吃得太饱,不仅影响塑身,而且影响肠胃健康。大量食物进入身体后,血液中的血糖浓度升高刺激胰岛素大量分泌。再加上人们没有晚餐后活动的习惯,餐后不是坐在沙发里看电视,就是躺在床上看书,要不就是坐在电脑前上网玩游戏,能量消耗很少。此时,多余的能量就会在胰岛素的作用下转变成脂肪储存在体内,久而久之人就会变得肥胖。另外,油腻食物中的大量动物脂肪让人的血液变得黏稠,并容易附着在血管壁上,形成动脉粥样斑块。所以晚餐应吃得清淡、量少,餐后休息半个小时后出去走走,增加些运动。

**3. 饮食搭配的注意事项**

（1）在锻炼时,由于代谢旺盛,激素分泌增加,排汗量增多,维生素的缺乏会提前出现,这时容易出现运动能力下降、疲劳等不良反应。因此,早餐应含丰富的蛋白质和维生素。

（2）合理地摄入热量,通常比不运动时稍多些。

（3）运动前的进食,食物不宜过多,但要提供一定的热量,要易消化,含有较多的糖、维生素和磷,少含脂肪和纤维素;运动后的进食,量可以大些。

（4）晚餐不宜过多,且不宜吃含脂肪和蛋白质过多以及刺激性较强的食物,以免影响睡眠。

（5）在冬天锻炼时,由于能量消耗过多,所以要加强能量和维生素的摄入,可适当增加脂肪的摄入;在夏天锻炼时要注意适时适当饮水。

# 第二节　参加休闲体育运动所需的运动损伤学知识

## 一、运动损伤的概念与分类

### (一)运动损伤的概念

运动损伤是个体在运动过程中所发生的各种损伤的统称。

在休闲体育运动过程中,从事内容不同,运动损伤的性质也不同,另外,运动损伤与运动的安排、运动环境、运动者的自身条件以及休闲体育运动中运动者的动作方法等有密切的关系。

掌握运动损伤的相关知识,切实做好预防工作,使之最大限度地减少或避免休闲体育运动中出现的运动损伤,对运动者的身心健康具有重要的意义。

### (二)运动损伤的分类

根据不同的练习方法,常见的运动损伤的分类主要有以下几种。

(1)运动损伤按照损伤组织的种类,可分为神经损伤、肌肉肌腱损伤、滑囊损伤、关节囊和韧带损伤、内脏损伤、脑震荡、关节脱位、骨折等。

(2)运动损伤按照损伤组织创口界面,可分为开放性损伤和闭合性损伤。前者主要是指损伤组织有裂口与外界空气相通,如擦伤、刺伤、切伤与开放性骨折等。后者主要是指损伤的组织无裂口与外界空气相通,如挫伤、肌肉韧带损伤与闭合性骨折等。

(3)运动损伤按照损伤病程,可分为急性损伤和慢性损伤。前者主要是指人体在一瞬间遭受直接暴力或间接暴力的损伤;后者主要是指劳损和陈旧性损伤。劳损是因局部负荷过重或多次微细损伤积累而成,陈旧性损伤常因急性损伤处理不当转变而成。

(4)运动损伤按照个体运动能力丧失的程度,可分为轻伤、中等伤和重伤。伤后仍然能够按照计划进行休闲体育运动的为轻伤;伤后不能按照计划进行休闲体育运动,需要减少或停止患部活动的为中等伤;伤后完全不能运动的为重伤。

## 二、休闲体育运动中产生运动损伤的原因

### (一)外在原因

运动损伤的外在原因有很多,最常见的主要有运动前未进行充分的热身活动;运动量过大;运动方法有错误;身体某一部位练习重复过多;技术动作缺少准确性;场地设施不合要求;没有接受充分的运动指导;自我保护能力弱等;忽视了身体状况;忽视了运动的安全准则;缺乏适当的休息;所穿的衣服、鞋子不适合参加休闲体育运动等。

### (二)内在因素

运动损伤的内在因素主要有以下几种。

1.性别

实践证实,在休闲体育运动中,女性运动性损伤的发生率较男性高。这主要是因为女性骨骼比男性重量轻,坚固度低,抗压抗弯能力只有男性的2/3。另外,女性体脂含量高,肌肉重量占体重的比例少,力量比同龄男性小20%～25%。

2.身体状况

如果运动者在身体机能状况不好的情况下继续参加休闲体育运动,就会因肌肉力量较弱、身体协调性较差、对意外事件缺乏敏锐的判断力和准确的保护反应而导致损伤。影响身体机能的常见原因有:患病或伤病初愈阶段;睡眠或休息不好;疲劳;贫血等。

3.心理状态

对于在运动中有畏难、恐慌、害羞、犹豫不决或过分紧张等不良心理状态的人来讲,他们很容易在休闲体育运动中因心理状态不佳,而造成运动损伤。

4.运动技能

运动技能的好坏和运动损伤发生率的高低具有密切的联系。一般的,锻炼者由于运动技术不熟练或技术动作上存在缺点和错误,违反了人体结构的特点和各器官系统功能活动的规律时,就容易引发运动损伤。

5.思想意识

运动性损伤的发生,常与思想麻痹、情绪急躁、急于求成有关。一些运动者常因年轻气盛,活泼好动,爱表现自己,却又缺乏运动性损伤的防范意识,忽视各种预防措施,而在休闲体育运动过程中不遵循循序渐进和量力而行的原则,这样大大增加了运动损伤发生的概率。

## 三、休闲体育运动中运动损伤的预防原则

(1)加强思想意识。从思想上重视对运动性损伤的预防,学习并掌握有关预防运动性损伤的知识和方法。锻炼时遵循体育锻炼的一般原则,加强身体的全面锻炼、易伤部位锻炼及肌肉力量的锻炼。

(2)做好准备活动。良好的准备活动有助于运动损伤的减少和消除,应注意的是,运动者的准备活动的内容要与练习的内容相结合;准备活动的量,要根据身体特点、气象条件和休闲体育运动项目而定。准备活动一般以身体感到发热,微微出汗为宜。准备活动结束与正式运动之间的时间不要过长,一般为3分钟。

(3)注意科学运动。科学运动不仅包括在休闲体育运动过程中遵循运动的全面性、渐进性、个别性、经常性、意识性(前三个方面对预防损伤极其重要),还包括在运动过程中,运动者应根据自身的健康状况和运动技术水平,合理安排运动量;运用各种形式的运动方法,全面提高身体素质,防止机体局部疲劳而引发运动损伤。

(4)运动中突出性别特点。运动者的性别不同,个体的生理条件也会有很大的差异,因此针对不同性别进行休闲体育运动能在一定程度上预防运动损伤。如果选择不合适,要么会导致练习不到位,要么就会给身体带来一定的损伤。

(5)选择喜爱的运动项目。运动者可以根据自己的目的进行有选择性的休闲体育运动。有

肥胖、睡眠不良、体力下降、便秘等特殊情况的运动者可以选择医疗体育。

（6）创造良好的运动环境。体育器具、设备、场地等在运动前都应进行严格的安全检查。在进行休闲体育运动时，女性的项链、耳环等锐利物品应暂时摘去。

（7）加强自我保护。掌握休闲体育运动过程中可能发生意外时的自我保护方法，防范运动技术损伤的发生。学会运动后肌肉酸痛、关节不适等常见症状的处理方法，及时发现、处理运动性损伤等，都能将运动损伤对人体的伤害减少到最低。

## 四、休闲体育运动中常见运动损伤的处理

### （一）擦伤

擦伤是指肌体表面与粗糙的物体相互摩擦而引起的皮肤表层的损害。

1. 损伤症状

表皮剥脱，有小出血点和组织液渗出。

2. 损伤处理

（1）较轻较小的擦伤：可用生理盐水或其他药水冲洗伤部，涂抹红药水或紫药水，不需包扎，一周左右就可痊愈。

（2）较大面积的擦伤：需用碘酒或酒精在伤口周围消毒，如果创面中嵌入沙粒、炭渣、碎石等，应用生理盐水棉球轻轻刷洗，消除异物，消毒后撒上云南白药或纯三七粉，盖上凡士林纱布，适当包扎。若不发生感染，两周左右即可痊愈。

（3）面部擦伤：宜涂抹 0.1% 新洁尔溶液。

（4）关节周围的擦伤：首先进行清洗和消毒，最好用磺胺软膏或青霉素软膏等涂敷在关节擦伤部位。

### （二）挫伤

挫伤是指肌体某部位受钝性外力作用，引起该处及其深部组织的闭合性损伤。挫伤是休闲体育运动中较常见的运动损伤，最常见的部位是大腿的肱四头肌和小腿前部的骨膜和后部的小腿三头肌、腓肠肌，此外，腹部、上肢、头部的挫伤也时有发生。

1. 损伤症状

疼痛、肿胀、皮下出血，有功能障碍。

2. 损伤处理

（1）轻度挫伤：受伤后应立即进行局部冷敷，外敷新伤药，适当加压包扎，并抬高患肢，以减少出血和肿胀。

（2）严重挫伤并伴有部分肌纤维的损伤或断裂、组织内出血形成血肿的：应将肢体包扎固定后，立即送医院医治。肱四头肌和小腿后群肌肉的严重挫伤多伴有部分肌纤维的损伤或断裂，组织内出血形成血肿，应将肢体包扎固定后，迅速送医院诊治。

（3）严重挫伤并伴有休克症状的：应仔细观察呼吸、脉搏等情况。头部、躯干部的严重挫伤可能会伴有休克症状，休克时先进行抗休克处理，使伤员平卧休息、保温、止痛、止血，疼痛剧烈者，

可给肌肉注射杜冷丁,并立即送医院诊治。

### (三)扭伤

扭伤是指关节发生异常扭转,引起关节囊、关节周围韧带和关节附近的其他组织结构损伤。

1. 损伤症状

(1)关节扭伤时,关节及周围出现疼痛、肿胀,有明显的压痛感觉,皮有下瘀血,关节活动障碍。

(2)腰扭伤时,如是肌肉轻度扭伤,则疼痛显著,脊柱不能伸直;因肌痉挛而引起脊柱生理曲线改变者为较重的扭伤。如是棘上韧带与棘间韧带扭伤,则受伤当时感到局部突然撕裂样疼痛,过度前弯腰时疼痛加重,腰伸展时疼痛较轻,棘突上或棘突之间有局限而表浅的明显压痛点。若是筋膜破裂,则多发生在骶棘肌鞘部和髂嵴上、下缘,伤处有明显的压痛点,弯腰和腰扭转时疼痛较重,腰伸展时疼痛较轻。如果是小关节交锁,受伤当时即有腰部剧烈疼痛;呈保护性强迫体位,不敢做任何活动,亦惧怕任何搬动,尤其不能做腰后伸活动,疼痛位置较深,不易触到压痛点,叩击伤处可引起震动性剧烈疼痛。

2. 损伤处理

扭伤的一般急救处理为,先仔细检查韧带是否部分撕裂或完全断裂,肢体是否失去功能,注意以冷敷、加压包扎或固定关节为主,外敷活血止痛的药物。受伤严重时马上送医院作进一步的诊治。扭伤后要加强休息,使肌肉放松,可在扭伤部位垫个薄点的软枕头,以减轻疼痛。针对身体不同部位的扭伤,处理方法有一些差别,具体如下。

(1)关节扭伤:关节扭伤是指关节发生异常扭转,并导致关节囊、关节周围韧带和关节附近的其他组织结构损伤。踝关节扭伤是运动中最常见的一种关节韧带损伤,它是因踝关节过度内翻或外翻而导致踝关节内、外侧韧带受损。急救处理时,应仔细检查韧带是否部分撕裂或完全断裂,关节是否失去功能,注意以冷敷、加压包扎或固定关节为主,并外敷活血止痛的药物。

(2)韧带损伤:可用粘带支持固定,并以弹力绷带包扎。如果怀疑是韧带断裂,最好用海绵垫或较大的棉花垫作压迫包扎,包扎时,应与受伤时位置相反,如踝内翻损伤者,则在外翻位置包扎固定。

(3)腰扭伤:腰部扭伤是腰部软组织的损伤。有明确的外伤史,伤后立即或一、二日后发生腰痛,为急性腰部扭伤,亦称"闪腰"。腰部扭伤后,要停止活动立即休息。如果不休息、不及时治疗,容易反复发作留下病根,造成慢性腰腿疼。扭伤后,用热敷疗法较好。具体方法是把大盐、麸子或沙子炒热,用布包起来,敷在疼痛最厉害的地方,每天 2 次。另外,可对扭伤部位进行针灸、拔火罐、推拿、按摩、理疗、注射强的松龙等。

### (四)拉伤

肌肉拉伤是指在外力直接或间接作用下,使肌肉过度主动收缩或被动拉长所致的肌肉纤维损伤或断裂。休闲体育运动中,大腿后群肌肉和小腿后群肌肉的拉伤最为常见。

1. 损伤症状

局部疼痛、压痛、肿胀、肌肉发硬、痉挛、功能障碍。肌肉拉伤轻者,可仅有少许肌纤维撕裂或肌膜破裂;重者,可造成肌肉大部分或完全断裂。如果肌肉断裂,伤员受伤时多有撕裂感,随之失去控制相应关节的能力,并可在断裂处摸到凹陷,在凹陷附近可摸到异常隆起的肌肉断端。

2.损伤处理

(1)肌纤维轻度拉伤及肌肉痉挛者:抬高患肢,局部冷敷并加压包扎,用针刺疗法会取得良好的效果。

(2)疼痛明显者:可酌情给止痛药。24小时后开始理疗和按摩。按摩时手法宜轻柔,伤部仅能做些轻推摩,伤部周围可做揉、捏、搓等,同时配合点压穴位(宜取伤周穴位)。

(3)肌肉、肌腱部分或完全断裂者,应在局部立即采用氯乙烷镇痛喷雾剂等进行局部冷敷,加压包扎,固定患肢后,把患肢放在使受伤肌肉松弛的位置,以减轻疼痛,马上送医院诊治,必要时还要接受手术治疗。

### (五)撕裂伤

撕裂伤是指受物体打击而引起的皮肤和皮上组织均出现规则或不规则的裂口。

1.损伤症状

皮肤有细微的裂口或伴有渗血现象。

2.损伤处理

(1)裂口较轻者:可先用碘酒或酒精消毒,然后用云南白药或其他药物和方法止血,再用消毒纱布覆盖,并适当加压包扎。如不能制止出血,应尽量在靠近伤口处按规定缚以止血带,立即送医院治疗。

(2)伤口较大、较深、污染较严重者:应立即送医院进行清创缝合手术,并口服或注射抗菌素药物预防感染,并按常规注射破伤风抗霉素。

### (六)胫骨痛

胫骨痛在运动医学中称为胫腓骨疲劳性骨膜炎。此病多发生在跑、跳项目。多因运动者在休闲体育运动过程中使大腿屈肌群不断收缩,而过度牵扯其胫腓骨的附着部分,引发胫骨痛。

1.损伤症状

骨膜松弛,骨膜下出血,有肿胀、疼痛等炎症反应。

2.损伤处理

适当控制用足尖跑、跳的运动量,但不应停止练习,使下肢在不加重症状的情况下,逐步适应过来。运动前要做好准备活动,运动后加强局部按摩。严重时,去医院求医。

### (七)肩袖损伤

肩袖损伤是指肩袖肌腱或合并肩峰下滑囊的损伤性炎症病变。

1.损伤症状

肩外展疼痛,有时会向上臂、颈部放射。肩外展或伴内、外旋时,疼痛加重,压痛局限于肩峰与肱骨大结节之间。急性期常伴有三角肌痉挛疼痛,慢性期继发三角肌萎缩乏力。

2.处理方法

适当休息,用物理治疗、针灸、按摩、外敷中药或痛点封闭等方法治疗,效果都较好。还要注意活动运拉肩关节和上肢,有肌腱断裂者应送医院进一步检查和诊治。

### (八)腰肌劳损

腰肌劳损又称腰部肌肉筋膜炎,其病理改变包括神经、筋膜、肌肉、血管、脂肪及肌腱的附着区等不同组织的变化。通常多系急性扭伤腰部后治疗不彻底即参加运动逐渐劳损所致或运动中出汗受凉所致。

1.损伤症状

局部酸疼发沉等自发性疼痛,腰椎 3、4、5 两侧骶棘肌鞘部疼痛,或同时感觉有疼麻放射到臀部或大腿外侧;或表现为运动前后疼痛;或在进行脊柱活动时,尤其是前屈时,在某一角度内出现腰痛。

2.损伤处理

避免过劳、矫正不良体位;可采用理疗、按摩、针灸、封闭、口服药物、用保护带(围腰)及加强背肌练习等非手术治疗手段;对顽固病例可手术治疗。治疗上以非手术治疗为主,如各种非手术疗法无效者,可施行手术治疗。

### (九)髌骨劳损

髌骨具有保护股骨关节面、维护关节外形和传递股四头肌力量的作用,是维护膝关节正常功能的主要结构。一般是由膝关节长期负担过重或反复损伤积累导致。

1.损伤症状

膝关节酸软疼痛,髌骨压迫痛,单足半蹲的时候有痛感。少数患者长期疼痛不敢用力而肌肉萎缩或有少许关节积液。

2.损伤处理

(1)采用按摩、中药外敷、针灸等方法。

(2)加强膝关节肌群力量练习,比如采用高位静力半蹲,每次保持 3～5 分钟即可,每日进行 1～2 次。

### (十)出血

在休闲体育运动中,如果运动不当会引起机体内出血或外出血。

1.损伤症状

(1)内出血:无明显症状或皮下有淤青,胸腔或肝脏破裂多有严重的休克。

(2)外出血:主要为血管内的血外渗或外流。

2.损伤处理

(1)止血

①指压止血:根据损伤部位,选用腋动脉或肱动脉压迫点。腋动脉压迫点为外展上臂 90°,

在腋窝中用拇指将腋动脉压向肱骨；肱动脉压迫点为用食、中、无名三指的指腹把肱动脉压向肱骨。出血部位不同，压迫点也不同。掌指出血，分别按压桡动脉及尺动脉；下肢出血、大腿或小腿大出血，用两手拇指重叠起来，在腹股沟中点稍下方，将股动脉用力压在耻骨上支上；足部出血，在足背及内踝后方压迫胫动脉和胫后动脉。

②止血带止血：用皮管、皮带及气止血带缚在出血部的近端，压力不应小于200毫米汞柱动脉压力。缚上止血带以后，局部会出现疼痛，时间长了还可能使肢体缺血坏死，造成残废，甚至危及生命。所以使用止血带时要严格按照正确的方法进行操作。缚上止血带时应多垫棉花或衣服，上肢每半小时、下肢每1小时分别放松一次，以免肢体麻痹或坏死。

③充填：针对躯干的大伤口或不能上止血带的部位，用消毒纱布充填伤口压迫止血。

（2）包扎

用绷带和三角巾包扎出血部位或肢体。其中，三角巾的包扎一般用在对伤肢的固定以及悬吊，如上臂的骨折、脱位，手及头部的包扎等。下面重点介绍绷带包扎出血部位或肢体。

①环形包扎法：针对手腕、小腿下部、额等部位的出血，将绷带斜置于被包扎部位，一手大拇指压住绷带斜端，另一手绷带绕伤处一周，再将带头斜角折回，依次反复进行；结束时采用别针或将绷带剪成两条将末端进行固定。

②扇形包扎法：针对关节部位的出血，可从关节上向关节下缠绕，即实施向心性扇形包扎；或从关节向关节的上下缠绕，实施离心性扇形包扎。

③螺旋形包扎法：针对上臂、大腿下端、手指等部位的出血，将绷带先从粗端环形包扎，然后将绷带斜缠，后一圈盖前一圈的1/2或1/3；结束固定同环形包扎。

④"8"字形包扎法：针对肘、膝、腕、踝、肩等部位的出血，将绷带先从关节下方环形包扎，然后将绷带斜形由下向上，再由上向下绕过关节成"8"字形，反复缠绕；结束应在关节下方，如同环形包扎。

⑤反折式包扎法：针对前臂、大腿、小腿等部位的出血，先用绷带进行环形包扎，然后按螺旋形进行，但每一圈需将绷带上缘向下折成人字形，再向后绕绷带并拉紧；每反折一次应压前一圈的1/2或1/3，注意反折线不应在伤口处；结束固定同环形包扎。

（3）急救

用查血色素、红细胞及血球容积的方法诊断。严重休克者，应及时输血或手术治疗。

**（十一）关节脱位**

关节脱位是指关节面失去正常的联系的现象。

1. 损伤症状

伴有关节囊撕裂，关节周围的软组织损伤或破裂；受伤关节疼痛，有压痛和肿胀，关节功能丧失，受伤的关节完全不能活动；关节出现畸形，关节内发生血肿等。

2. 损伤处理

（1）肩关节脱位：取三角巾两条，分别折成宽带，一条悬挂前臂，另一条绕过伤肢上臂，于肩侧腋下缚结。

（2）肘关节脱位：用铁丝夹板，弯成合适的角度，置于肘后，用绷带缠稳，再用小悬臂带挂起前臂，也可直接用大悬臂带包扎固定。

无论是什么关节脱位,都应及时进行复位。如果复位不及时,血肿会机化而发生关节粘连,增加关节复位的困难。当然,如果没有修复技术,关节脱位后不可以做修复回位的手术,以免加重损伤,应在及时固定伤肢后,尽快将伤者送往医院进行治疗。

### (十二)骨折

骨折是指骨的完整性遭到破坏的损伤,可以分为闭合性骨折和复杂性骨折两种。

#### 1.损伤症状

(1)闭合性骨折:骨折处皮肤完整,骨折端不与外界相通。

(2)开放性骨折:骨椎端穿破皮肤,直接与外界相通,易感染,易发生骨髓炎与败血症。

(3)复杂性骨折:骨折断端刺伤了血管、神经等主要的组织与器官,发生严重的并发症,引发危及生命的一些症状。

#### 2.损伤处理

(1)固定骨折伤肢前,不要移动伤肢,以免增加伤员的痛苦和伤情,应尽快固定伤肢,限制骨折断端的活动。

(2)固定骨折伤肢后,注意保暖,确保固定牢固。四肢固定时要观察肢端是否麻木、疼痛、发冷、苍白或青紫,如出现这些情况则应放松一些,避免肢体麻木。

(3)有伤口或开放性骨折者:先用止血带法和压迫法止血,然后用消毒巾或纱布包扎,并及时送医院治疗。应注意的是,不要将已暴露在伤口外的骨折断端放回伤口内或任意去除,以免引起感染或导致骨骼缺失。

(4)骨折时若伴有休克和大出血等危及生命的并发症者:立即抢救休克和止血,使伤者平卧保暖,给予伤员较强的止痛药物,针刺其人中等穴。

# 第三节　参加休闲体育运动所需的医疗卫生知识

## 一、休闲体育运动的医务监督

### (一)休闲体育运动的医务监督内容

#### 1.用医学的手段监控休闲体育运动

如何控制运动负荷不超出运动者的生理极限,使休闲体育运动达到目的,却又不会引起机体过度疲劳积累,这是休闲体育运动医务监督研究的主要课题。

#### 2.进行体格检查

训练医务监督的另一内容是通过体格检查和机能测试,对运动者身体机能状况进行综合评定。这种检查可在不同的阶段和不同的状态(如安静状态、训练过程、恢复过程)下进行。除阶段性的定期检查外还可进行动态观察和比较。

#### 3.运动性伤病的预防和治疗

为了使运动者正常参加休闲体育运动,就要及时发现和正确处理运动者的运动性伤病。掌握运动者患各种疾病和运动损伤后开始恢复运动的适宜时机、运动的内容和运动量等等。

4.消除运动性疲劳

休闲体育运动引起的精神疲劳和身体机能的下降，是人体为维护正常的功能做出自我保护的一种生理现象。所以，对运动者的精神疲劳要给予充分的重视和采取有效措施，以免引发机体调节的紊乱和过度疲劳。

**（二）休闲体育运动的医学监测**

1.常用医学监测指标

（1）一般医学指标的监测：体重、体脂、血压、心率、肌力和肌张力等。

在安静时，正常成年人脉搏（心率）在 70 次/分钟左右，正常范围是 60～100 次/分钟。如安静时心率超过 100 次/分钟者，称为窦性心动过速；安静时心率低于 60 次/分钟者，称为窦性心动过缓。心动过速常见于心脏疾病、甲状腺机能亢进、发热等。经常参加休闲体育运动的人心率较低。训练有素的耐力项目运动员，常常出现窦性心动过缓，即安静时脉搏低于 60 次/分钟。这是由于长期训练，迷走神经紧张性增高所致，是心血管系统对长期训练产生适应的表现。运动员窦性心动过缓是普遍存在的。

可以通过脉搏来了解运动量的大小。在休闲体育运动时，如脉搏超过 180 次/分钟者，为大运动量的运动；150～180 次/分钟为中等运动量；脉搏低于 144 次/分钟为小运动量。以脉搏恢复时间 5～10 分钟为标志，在 5～10 分钟内恢复运动前的脉搏次数者，为小运动量；在 5～10 分钟后比运动前快 2～5 次/分钟者，为中等运动量；在 5～10 分钟后比运动前快 6～9 次/分钟者，为大运动量。

血压是体循环动脉血压的简称，是指血液在血管内流动时，作用于血管壁的压力，分为收缩压和舒张压。正常成年人动脉收缩压低于 18.6 千帕（140 毫米汞柱），舒张压低于 12 千帕（90 毫米汞柱）。血压是反映运动者机能状态及疲劳程度的常用指标。正常情况下，清晨血压比较稳定。排除健康原因，如果清晨血压较平时增高 20%，或经常在 18.66/9.33 千帕毫米汞柱以上，且持续两天以上不恢复者，常常是运动量过大、过度疲劳或机能下降的表现。

青少年由于受到神经、内分泌系统发育的影响，易引起血压升高，称为青春期高血压。患青春期高血压的运动者，应避免进行连续紧张、激烈的运动，尽可能少参加有屏气动作的休闲体育运动项目。

（2）心肺功能监测：心电图、心输出量、超声心动图、台阶试验、PWC170、活动平板、最大摄氧量和无氧阈等。

心电图是记录心肌发生电激动的图形，既是临床上检查心脏疾病的一种重要方法，又是观察运动者机能状况的重要指标。训练有素的耐力项目运动员，由于迷走神经作用加强，心脏产生适应性变化，心电图往往表现出某些特征，如窦性心动过缓、房室传导阻滞等。当运动者的运动量和运动负荷过大时，由于运动过度，也会出现窦性心动过缓等。如果心电图出现多发性早搏、显著窦性心律不齐、长期存在的不完全性右束枝传导阻滞、S～T 段降低和 T 波倒置等假缺血性复极异常改变，尤其要密切关注。这是由于过度运动、过度疲劳等引起的心肌损害、心功能下降的典型表现。运动者如果常常有更明显的不良感觉，应调整运动计划或暂停运动，进行临床检查。

最大摄氧量既是反映人体在有氧极限运动负荷时心肺功能水平的一个重要指标，又是判断运动者身体工作能力的重要依据。最大摄氧量受民族、性别、年龄、遗传和训练等多种因素的影响。正常成年人为 $2\sim3$ 升/分钟,训练有素的运动员可达 $5\sim6$ 升/分钟。最大摄氧量值的高低,主要取决于最大心输出量,即与心功能的强弱密切相关。新参加运动的运动者,在训练期间最大摄氧量值稳步提高,说明其计划制定得当,心肺功能提高明显,机体功能状况良好。经过长期运动,特别是经过耐力练习的休闲体育运动运动者的最大摄氧量要高于从事其他运动项目的休闲体育运动运动者。

(3)血尿常规指标监测:红细胞、血红蛋白、白细胞和白细胞分类、尿红细胞和尿蛋白等。

血红蛋白是红细胞中具有携氧功能的含铁蛋白质,是评定身体机能状况的一个重要生理指标。我国正常男子血红蛋白含量为 $120\sim160$ 克/升,女子为 $105\sim150$ 克/升。在运动期间,血红蛋白浓度正常,说明机体功能状况好;如血红蛋白下降 $10\%$ 以上,男子低于 $120$ 克/升,女子低于 $105$ 克/升,称为运动性贫血。同时,如果在休闲体育运动中的表现下降,则表示身体机能状况不好,应当注意调整运动量。一般说来,在一次高强度的运动后,血红蛋白普遍下降,但经过调整,大都能恢复至运动前水平。

(4)免疫系统功能监测:IgG、IgM、IgA、CD4/CD8 比值及 NK 细胞表现等。

(5)血尿生化指标监测:血乳酸、乳酸脱氢酶、磷酸肌酸激酶、儿茶酚胺、血睾酮、皮质醇、血尿素、尿胆原、尿蛋白和尿素氮等。

2. 常用医学监控指标

近几年来,生物化学监控指标越来越受到人们的重视,并被当作监控休闲体育运动当中的主要指标。通过对运动者在整个运动过程当中的安静时、运动时和恢复期各脏器及血液、尿液、汗液、唾液中某些化学成分的测定和比较,可以为机能评定提供客观依据,为制定和修正运动者的运动计划提供科学真实的机能状态反馈数值,并对身体机能测试出现的各项指标提出较为客观的理论分析结果。

(1)监控运动者运动前身体机能的生理生化常用指标

尿常规指标:早晨,在安静时,尿常规各指标均应在正常值范围内。

血尿素:运动前,早晨,于安静时,血尿素值应保持在正常范围的上限,即 $5\sim7$ 毫摩尔/升。

血红蛋白:运动前,血红蛋白应处于本人最高水平。

血清肌酸激酶:早晨,安静时,血清肌酸激酶活性应降至 $100$ 国际单位/升以下。

血睾酮/皮质醇:运动前,血睾酮值高,且血睾酮/皮质醇比值应在正常值范围或自身的高水平上。

IgG、IgM、IgA:各指标均应在正常值范围内。

(2)监控运动者身体机能恢复的生理生化常用指标

血尿素:如果运动次日晨,血尿素在 $4\sim7$ 毫摩尔/升以下为正常。在持续 3 天仍不能恢复者,说明运动负荷过大,超过了其承受能力,或者是运动者的机能降低,应调整运动量。

心率:于晨,在安静时心率恢复到平时的正常值,运动者机能恢复良好。

血乳酸:如果运动后,血乳酸消除地快,恢复时间短,表示有氧代谢能力强。

尿蛋白:在运动后,尿蛋白于次日晨消失,表示机体能适应,恢复机能良好;如果持续多日仍有出现,则说明机体不能适应该运动负荷或者机能降低。

尿胆原:运动次日,晨尿胆原值低于安静正常范围是机能恢复的表现。

（3）监控运动负荷强度和负荷量的生理生化指标

监控训练负荷强度和负荷量的生理生化指标包括血乳酸、乳酸阈值、血尿素、尿蛋白、血清肌酸激酶、尿胆原和尿潜血。具体如下。

乳酸阈值（LT）：亦称无氧阈值，指当运动强度达到一定程度的时候，体内的乳酸产生速度超过了身体分解和排除乳酸的速度，导致乳酸开始在肌肉和血液里积累。在达到无氧阈值的时候，血液中的乳酸含量一般在 4 毫摩尔/升左右，即乳酸阈值为 4 毫摩尔/升。酸域值可以反应运动者有氧耐力水平，如果在很低的运动强度下就达到了乳酸阈值，通常说明肌肉中的"有氧能源"工作得很差。如果它们能高水平的工作，会把乳酸盐转化成二氧化碳和水，阻止乳酸盐进入血液循环。乳酸域值通常根据个人最大心率百分数来评定，普通人的乳酸阈值在最大心率的 70%～75% 之间，运动员的乳酸阈值介于最大心率的 85% 和 90% 之间。优秀的运动员拥有很高的乳酸阈值，甚至可达 90% 以上。乳酸阈值可通过训练来推迟。一般无氧运动后血乳酸值升高幅度大，表示运动强度大；无氧训练适应后，伴随运动成绩的提高最大乳酸值升高。

血乳酸（BLA）：是当前体能性项目运动中应用最多的生化指标，正常值为小于 2 毫摩尔/升。血乳酸指标主要用于监控有氧代谢能力，从而监控训练负荷强度和负荷量。另外在选材、训练效果的评估、运动成绩的预测和有氧、无氧代谢能力的评价等，也得到了很好的应用。乳酸是糖代谢（无氧酵解）的重要产物，运动时乳酸的产生与运动强度、运动持续时间、运动者的练习程度以及运动项目等因素有着密切关系。因此可用以评定运动者负荷强度以及训练方法是否得当。如果用在同一个大运动量训练前后的血乳酸浓度比较时，则可以评定训练效果。

尿蛋白：正常值为随意尿 <10 毫克每百毫升，全日尿 <150 毫克每百毫升。尿蛋白排出多少与运动者身体机能状况、运动环境、年龄和运动量有密切的关系。现在尿蛋白多用于评定运动者个体的机能状态和承受的运动负荷大小。大运动量训练伊始，运动者会因为身体不适应造成尿蛋白排出增多，坚持训练一段时间后，尿蛋白排出会减少。一般运动后 15 分钟取尿测定，若机能状态正常，而尿蛋白含量多时，说明运动负荷大。若运动负荷与以往相同，而尿蛋白排出量增多，则说明运动者身体机能状况下降。在评定时应注意运动者个体差异及其他因素的影响，如尿量、训练时间等。

血清肌酸激酶（CK）：正常值为男 10～300 国际单位/升，女 10～200 国际单位/升。一般情况下长时间大强度训练后 4～6 小时，血清 CK 显著增加，24 小时达到峰值。负荷越大则运动后血清上升越明显，恢复到正常水平所需的时间越长。相同负荷运动后，训练水平高的运动者血清 CK 升高的幅度相对较小。

血尿素：正常值为 2.9～7.1 毫摩尔/升。运动中血尿素主要作为评定运动负荷量大小的指标。在运动训练中，血尿素值升高通常出现在训练 30 分钟以后，训练水平较高者或运动强度不大时，大多数则出现在 40～60 分钟后。一般身体对运动负荷适应能力越差，运动时生成的尿素越多。血尿素可以通过晨起第一次排尿血尿素变化评定机体适应情况。如果晨起血尿素含量上升，然后逐渐恢复正常，证明运动量足够大，但机体能够适应；如果晨起血尿素含量没变，证明运动量小，对机体刺激不大；如果晨起血尿素含量逐日增高，证明运动量过大，机体无法适应。

尿潜血：在大负荷训练后，出现尿潜血，表明机体对负荷量不适应或机能下降。

尿胆原：尿胆原排出量增大，即在大运动量训练次日晨高于 200 国际单位/升时，表明负荷量过大或机能下降。

（4）监控过度疲劳的常用生理生化常用指标

主观体力感觉等级：18 级以上。

脉搏：于晨，如脉搏明显加快，为疲劳表现。

红细胞、血红蛋白：红细胞或血红蛋白水平较低或下降趋势，为疲劳表现。

血尿素：于晨，安静值在 8 毫摩尔/升以上，且连续几天超过 8 毫摩尔/升或持续升高，为疲劳表现。

血乳酸：于安静时，血乳酸值超过正常值范围，运动时的最大乳酸值和乳酸域值下降时，属疲劳表现。

尿蛋白：一般大负荷训练期间，晨尿蛋白值高于 10 毫克每百毫升为轻度疲劳，持续高于 20 毫克每百毫升为过度疲劳。

血睾酮/皮质醇：血睾酮/皮质醇下降 25％为疲劳；下降 30％或持续下降为过度疲劳。

血清肌酸激酶：早晨，于安静时，血清肌酸激酶值持续高于 200 国际单位/升，或完成定量负荷时的值明显升高，或运动后比原来负荷后的值突增 3～4 倍，为疲劳的表现。

尿潜血：完成定量负荷后，尿潜血出现阳性或连续在晨安静时为阳性，为疲劳的表现。

尿胆原：大运动量训练后，于晨，尿胆原连续超过 3 安氏单位，为疲劳的表现。

IgG、IgM、IgA：各项明显下降，为疲劳的表现。

皮肤两点辨别阈：明显下降。

闪光融合频率：比值在 1.5～2.0 之间为轻度疲劳，超过 2.0 为过度疲劳。

（5）监控高原训练的生理生化常用指标

红细胞：高原训练中、后期，红细胞值下降，表明训练强度过大。

血乳酸：高原训练中、后期，血乳酸域值应增高。

血红蛋白：高原训练中、后期，血红蛋白值下降，表明训练负荷过大。

血睾酮：高原训练期间，血睾酮值应不低于正常值范围的下限。即正常成年男性：300～1 000 纳克/分升，女性：20～100 纳克/分升。

血尿素：早晨，于安静时，血尿素值应控制在正常范围的上限，即 5～7 毫摩尔/升之间。

尿蛋白：早晨，于安静时，连续 3 天或 3 天以上尿蛋白值均超过 20 毫克每百毫升时，表明训练量过大，应调整训练量。

血清肌酸激酶：早晨，于安静时，血清肌酸激酶活性应低于 200 国际单位/升，连续 3 天或以上超过正常范围是负荷强度过大和疲劳的表现，应调整训练量。

尿胆原：早晨，于安静时，连续 3 天或以上均超过 3 安氏单位时，应调整训练量。

尿潜血：尿潜血显阳性时，表明训练负荷强度过大。应考虑高原缺氧的影响，运动者易出现尿潜血现象，从而调整运动量。

## 二、休闲体育运动场地卫生

### （一）休闲体育运动建筑设备的一般卫生要求

#### 1.基地的选择及坐落方向

体育建筑的选址应避开空气、土质污染和噪音较严重的地区，应选择地势稍高，且土质颗粒较大、通透性好的地方。

室内体育建筑要充分利用日照,一般应坐北朝南,或偏向东南、西南,使建筑物的长轴尽量与赤道平行。室外运动场的方位最好是正南北方向,即运动场的长轴与子午线平行,避免阳光直射眩目。

### 2.采光与照明

良好的采光与照明,除了有利于体育活动的进行外,还具有保护体育运动者的视力、杀菌、预防疾病和调节室温等积极作用。采光照明可分为自然采光和人工照明两类。

自然采光:是指利用日光作为光源的采光。体育馆拥有自然采光可以很好地节约能源。自然采光一般以采光系数作为评定指标。采光系数即建筑物门窗面积与室内地面面积之比,系数越大,光线越好。对运动建筑物来说,系数的标准应为 1∶3～1∶5。

采光系数＝窗门面积/室内面积

人工照明:人工照明一般以照度作为评定指标。照度是指物体被照明的程度,用照度计测量,光照度的计量单位是勒克斯。体育场馆应注意照度充足,室内光照度不能低于 50 勒克斯。夜间使用的场地,照明要充足、光线柔和而均匀,又不眩目,照度应为 50～100 lx,有利于提高运动成绩和避免发生运动创伤。

### 3.通风

室内通风要好,保持恒温和空气新鲜。比如体操馆内镁粉盒应加盖,勿使镁粉到处飞扬。室外场地周围应无空气污染。通风的目的是更新室内空气。室内运动建筑应有良好的通风设施,通风可分为自然通风和人工通风两种,自然通风是指通过门窗和气流作用,与外界进行气体交换。人工通风是指使用机械手段促进气体交换。

### 4.采暖与降温

室内运动建筑应保持适宜的温度,室内的适宜温度一般应控制在 21℃ 左右。采暖最常用的方法是蒸汽和热水管道采暖。室内降温的方法有自然通风、人工通风、冰块降温和空气调节等多种方式。

### 5.体育器械及其放置

使用年限过长的器械应予更新,体操器械放置应保持一定距离,否则练习时可能发生冲撞而受伤。

### 6.辅助建筑

运动场地应有必要辅助建筑,如更衣室、休息室、浴室等,饮水供给要符合卫生标准,还应设立医务室。

## (二)休闲体育运动建筑设备的卫生

为顺利进行休闲体育运动,促进身体健康,防止运动创伤,提高运动技术水平,现代化国际标准的体育设施和一般的运动场馆都应达到一定的卫生要求。运动场地卫生应注意事项。

### 1.体育馆

体育馆的大小应根据用途和卫生要求来设计。体育馆的地面应平坦、坚固、防滑和不眩目,以木质地板为好。体育馆的墙壁应无明显的棱角和突出部分,空调、采暖设备应尽可能地安装在墙内。

2.田径场

田径场的跑道、直道一般取南北方向,这样,训练和比赛时光线由侧面射来,不致影响视线而妨碍运动。

田径场和球场地面要平坦、硬度适宜;田径场的跑道应坚固,不怕雨水冲淋,并具有一定的弹性。跑道还应具备渗透能力,便于雨水向底层渗透。跑道的表面应平坦,无凹坑、碎石、浮土和其他杂物,不能太滑,以防运动者滑倒摔伤。

跳跃场地的方位安排应合理,在助跑跳跃时,应能避免阳光耀眼。助跑场地应平坦、结实和富有弹性,起跳板与跑道应处于同一平面上。沙坑内沙子应松软,没有砖头、石块等硬物,在干燥的季节里不会起尘土。

投掷区应有明确的划分。铅球和铁饼的练习区应设置保护网,投掷场地的助跑区应平坦、坚实而富有弹性。

田径器械应合乎规格,长度、高度和重量要符合不同年龄对象的需要。练习前应检查器械的安全性能,如跳高架是否结实,标枪杆有无裂纹等。

3.球场

足球场地应平坦,最好铺有草皮,草地上不应有石子、砖块、碎玻璃、铁钉等硬物。在场地周围 2.5 米内不宜放置任何东西在炎热干燥的季节里,练习或比赛前 30～40 分钟应在场地上洒水。

篮球、排球场地面应平坦、结实、无碎石和浮土,地面不宜过硬、过滑,以减少震动和防止跌倒时摔伤。

运动场上,人数不宜过多,要加强管理,避免投掷物伤人和互相冲撞。

4.体操房

体操房的使用面积平均每人至少 4 平方米,地面应为平坦木地板,室内光线应均匀,照度不低于 50 lx,应有良好通风设备,建立可行的清扫制度,体操垫子和其他器械须保持清洁,室内禁止放置与运动无关的物品。

5.游泳馆(场)

人工游泳池建筑设计应符合卫生要求,跳水池水深应为跳台高度的一半,跳台高度 10 米,水深应为 5 米,跳台高 5 米时,水深应为 3.8 米,一般水深不能小于 3.5 米。池水清洁,细菌总数每 1 毫升水中不应超过 1 000 个,大肠菌群数每升水中不得超过 18 个。池水含氯量每升水中为 0.2～0.5 毫克。水温 22℃～25℃,室温 24℃～25℃。池水应经常更换。如池水含氯量过高,会刺激上呼吸道和眼结膜,长期游泳还会使头发变黄,因此要定期进行水质检查,同时运动者采取个人防护措施,要强调训练时戴游泳帽和防水眼镜的重要性。利用天然水源开辟的游泳场,水质必须清洁,无工业废水和污物污染,无传染疾病的危险。要注意岸边和水底情况,岸边禁止倾倒与排泄污物,粘土河岸易滑倒,河底有石块、淤泥时下肢易受伤。在浅水中跳水极为危险,有发生颈椎骨折、头部损伤、造成残废、甚至死亡的可能,故应严格禁止在不明水底情况下进行跳水。

游泳池消毒药品(设备)有许多种,目前常用的消毒方法和消毒药品(设备)主要有液氯、次氯酸钠发生器、臭氧等。液氯含有 100% 的有效氯,杀菌力强,并有较强的持续杀菌能力,加之设备投资和材料消耗费用低,是一种较为成熟的消毒剂,被各地广泛应用,但液氯作为消毒剂,对人体和环境造成的二次污染也很明显。次氯酸钠发生器是将盐水电解后生成次氯酸钠溶液，有机氯化物和氯酚的生成极少，在适宜的浓度时，其消毒效果与液氯相同，其优点是无嗅、无味，设备简单、投资少，但其发生器的重要部件，电极易损，电耗、盐耗相对较大。臭氧消毒效率高，有极强的氧化能力，对各种病毒、细菌均有杀灭能力，对降解各种有机毒物，除色、除嗅、除味，改善水质效果极佳，但臭氧装置比较复杂、占地面积极大，设备投资昂贵，系统繁杂，运转费用大，但由于它对人体和环境危害最小，应大力推广。

另外，需要注意的是，在为游泳池进行消毒时，应遵守以下原则。

（1）消毒方式必须具有强烈的杀菌作用，即在 30 秒内消灭 99.99％的微生物。

（2）灭菌效果应有合理的延续时间，能使游泳者带入池中的污物被有效控制。

（3）在消毒的同时，防止二次污染。

（4）管理操作方便，投加量必须容易控制。

（5）设备投资和运行费应具有合理的经济性。

6.轮滑场

轮滑场的地面应平坦、光洁且无裂纹，场地表面应保持清洁，无碎石、纸屑和尘土，每次训练前均应进行安全检查，以防意外事故的发生。

7.冰场

冰场的表面应平坦、光洁、无裂纹。如果利用天然冰修建冰场，为确保安全，冰的厚度不得少于 25 厘米，人工冰场冰的厚度不得少于 15 厘米。

**（三）运动场的训练卫生**

1.服装

运动者平时的衣服、鞋子要符合季节要求，且要保持清洁。运动服装应符合运动项目要求，能防止运动创伤，有利于提高运动成绩，如冰球、橄榄球运动者要带护具、头盔及特制服装等；自行车运动时应穿短袖上衣，较长的短裤，带护掌和头盔；越野跑及马拉松比赛时最好穿旧鞋及旧运动衣，防止发生足部水泡和皮肤擦伤。如果是炎热夏季，运动衣应质轻、宽松和色淡。如果是在冬季，室外滑冰滑雪时，服装要保暖，但不宜过厚，以防妨碍动作的完成。运动后，潮湿的衣服应立即换掉，以免受凉感冒。

2.锻炼

事实上，人体经常受外界因素的影响，如日光、空气和水，机体和外界环境经常保持平衡，在气温降低时，身体增加产热减少散热来维持体温的恒定。所谓锻炼，就是利用日光、空气和水刺激机体的调节能力，使机体能迅速适应外界气象条件，从而增强人体对感冒等疾病的抵抗力。举一个很简单的例子，即把冰块放在肢体上时，皮肤会变白，此时是因为血管受冷刺激后发生收缩，当取下冰块，血管扩张，皮肤转红，而这一过程的快慢与测试者的运动程度有关，一般有锻炼者皮肤很快变红，无锻炼者则慢慢变红，也就是血管扩张迟缓，经过锻炼可使血管调节能力加强。也正因此，有锻炼者较少患感冒、咽炎、肺炎等疾病。

（1）空气锻炼

锻炼因素有温度、流动、湿度和电离作用。在休息、运动和劳动时都可同时进行，穿背心和短裤,使身体尽量暴露。空气中阴电荷可刺激中枢神经系统,加强新陈代谢和提高机体抵抗力。

(2)日光锻炼

日光锻炼主要利用其温暖和生物化学作用。光能被身体吸收,转变为热能,引起体温改变,增强代谢作用。日光中的红外线和紫外线是不可见光线,红外线主要是温暖光线,紫外线有杀菌作用,能防止佝偻病发生。紫外线照射后,皮肤有色素沉着,可保护皮肤免受更多的紫外线作用。日光对人体影响较大,进行锻炼时,应遮盖头部,避免长时间暴晒,因过量日光照射会损害皮肤,发生日晒病,还有产生皮肤癌变的可能。

(3)水锻炼

水锻炼主要是利用水的温度、机械作用和化学作用进行锻炼。冷水易引起兴奋,使心跳加快、呼吸加深和代谢作用加强。进行冷水浴时,首先出现皮肤毛细血管收缩,皮肤变白,汗毛竖起,感觉冷;其次,毛细血管反射性扩张,皮肤变红,有温暖感觉。需要注意的是,冷水刺激时间过长,皮肤毛细血管再次收缩,皮肤又变白,起鸡皮疙瘩,口唇发紫,即第二次寒冷感觉。冷水锻炼以不产生第二次寒战为适宜。锻炼后用毛巾擦身,并活动身体。温水刺激抑制过程,可使血管扩张、血压降低、嗜睡。水的压力和流动对身体起按摩作用。

水中的化学物质(如氯化钠、碳酸镁、碘等)对皮肤有刺激作用。海水浴后要用淡水淋浴。水锻炼方式有擦身、冲洗、淋浴等。注意出汗时不宜进行冷水浴。

无论是进行何种锻炼,都要坚持循序渐进和持之以恒的原则,逐渐增加刺激强度和持续时间。锻炼一般从温暖季节开始,如冷水锻炼,宜从夏季开始,逐渐降低水温及加长锻炼时间;且要一年四季坚持不懈,如长期停止锻炼、锻炼效果即消失。再者,为提高对不同刺激的适应能力,需进行多样化锻炼。虽然寒冷刺激能增强耐寒能力,但不能提高对高温的适应,反之亦然。

## 三、运动者的个人卫生

### (一)饮食卫生

运动者应养成良好的饮食卫生习惯,如饭前便后洗手,不喝生水,生吃瓜果要用流动的自来水洗净并削皮或用开水洗烫或用消毒液浸泡,不吃腐败变质食物,防止暴饮暴食。此外,也要注意合理膳食。

### (二)皮肤卫生

皮肤里有汗腺和皮脂腺,汗腺排出部分代谢产物,并调节体温;皮脂腺分泌皮脂,保持皮肤滑润。运动者应经常保持皮肤清洁。因为当汗腺孔及皮脂腺孔堵塞时,细菌会繁殖起来,发生毛囊炎或疖病。且洗澡时,应避免用过热的水、长时间淋泡,因为会使皮肤过分脱脂而干燥,同时也使人嗜睡或全身无力。游泳后要淋浴。脚趾间皮肤易脏,易发生糜烂,会感染足癣,要注意清洗。患足癣者应积极治疗,指甲经常剪短。

### (三)睡眠卫生

睡眠是消除运动疲劳的重要措施之一,睡眠可使人的体力得到提升。睡眠前应保持安静,避免刺激,一般睡前1小时应停止运动,以免兴奋而影响睡眠。若有失眠,次日可稍减运动量。运运动者应保证有8～9小时睡眠,经常睡眠不足会引起过度疲劳。另外,为保证睡眠质量,卧室应保持整洁、温度适宜、空气新鲜、卧具清洁保暖。且晚饭不应过饱,睡前不宜用脑过多。

（四）日常生活卫生

为了增进健康,达到休闲体育运动的目的,运动者应建立和保持相对稳定的生活制度,按时起床、早操、进餐、训练、休息、工作、学习和睡眠。外出比赛如有时差影响,应尽快调整,适应新环境。

# 第六章 休闲体育之球类运动习练指导

## 第一节 三人制篮球

### 一、三人制篮球概述

美国是出现三人篮球最早的地区。起初,美国街头、社区和学校都比较流行三人篮球,这一运动在美国具有浓郁的大众化色彩。任何人走上街头或社区、学校,只要有最基本的场地和篮圈,就可以随意组成三人一队进行比赛,有些国家的比赛还在音乐的伴奏下进行,把打球、娱乐、健身以及游戏融为一体。20世纪90年代以来,我国各大城市也广泛开展了这项活动,在北京、上海、广州以及其他的一些省市已经形成一种传统性的篮球赛事,而且盛况空前,形成了寓健身与文化为一体的篮球运动大众化的独特景观。它具有技巧性高、趣味性强和比赛周期短以及普及面广等特点。总之,三人制篮球所体现出的健身娱乐休闲等特点深受大众的喜爱。作为一种大众性运动形式和手段,三人制篮球已经引起广大体育健身群体和学校社区民众的重视。通过进一步推广和普及,能够使其为全民健身运动的开展发挥更大的作用。

参与三人制篮球运动有利于均衡地发展身体素质,使人体感受器官的功能增强,促进分配和集中注意力的能力的提高。此外,进行三人制篮球运动还有利于时间、空间的感觉能力和定向能力的增强及中枢神经的灵活性的提高。

### 二、三人制篮球技术习练

#### (一)移动技术

移动技术又称为"脚步动作",是队员在场上改变位置、方向,争取主动,以及采用运球、传接球、投篮、突破、防守等各项技术的基础。它要求技术动作具有一定的突然性、快速灵活性及多变性。下面就起动、跑、滑步、急停、转身等几种常用的移动步法进行介绍。

1. 起动

起动是指运动员在篮球比赛场上由静止状态变为运动状态的一种动作,它是运动员获得位移初速度的一种方法。起动时,上体前倾,重心前移的同时,后脚或异侧脚的前脚掌快速用力蹬地,两臂积极配合,快速起动。

2. 跑

跑是运动员在篮球比赛中为了改变位置、争取时间完成进攻或防守任务而采取的脚步移动方法,具有快速、灵活、突然、多变的特点。下面就其中几种常用的跑进行介绍。

(1)侧身跑

侧身跑是指运动员在跑动的过程中,为观察场上情况而常用的一种跑动方法。在采用侧身跑时，脚尖应指向跑动方向，头部和上体自然向有球方向扭转，以便观察场上情况。

（2）变速跑

变速跑是运动员在跑动中，利用速度变化完成攻守任务的一种方法。跑动中，由慢跑变快跑时，上体迅速前倾，前脚掌迅速蹬地，前两步短促迅速，两臂快速摆动；由快跑变慢跑时，步幅加大，上体抬起，重心稍降，前脚掌抵地，减缓冲力。

（3）后退跑

后退跑时，用两脚的前脚掌交替蹬地向后摆动，同时上体放松挺直，两臂屈肘配合摆动，保持身体平衡，两眼平视，观察场上情况。

（4）变向跑

变向跑是运动员在跑动过程中利用方向的变化完成进攻或防守任务的一种跑动方法，具有较强的突然性。以从右向左变向跑为例，变向时，最后一步屈膝着地时，膝关节内收，右脚尖指向跑动方向，右脚前脚掌内侧用力蹬地，向左前侧方转体，移动重心，左脚迅速向左前方跨出一小步，用力蹬地，右脚迅速向左侧前方跨出一大步，继续加速跑动。从左向右变向跑时，方法相同，动作相反。

3. 滑步

滑步是防守时的一种主要方法。它易于保持身体平衡，可向任何方向移动。滑步可分为：侧滑步、前滑步和后滑步。以侧滑步为例，两脚左右开立同肩宽，膝微屈，上体稍前倾，两臂侧伸，眼平视，盯住对手。向左滑步时，右脚前脚掌内侧蹬地，同时左脚向左跨出，在落地的同时，右脚迅速随同滑行，然后继续重复上述动作。滑动时，重心平稳，身体不上下起伏，两脚不并步、不交叉。动作结束时，恢复原来的身体姿势，并根据攻守情况，迅速转换到下一个动作。向右侧滑步时，动作方法相同，方向要相反。

4. 急停

急停是在运动中，运动员突然制动、挺直的一种脚步动作，分跳步急停和跨步急停两种。

（1）跳步急停

运动员在跑动中用单脚或双脚起跳，上体稍后仰，两脚同时平行落地，控制好身体平衡。落地时，用全脚掌着地或脚跟向前脚掌过度。落地后，双膝微屈，重心下降，两臂自然弯曲，保持身体平衡。

（2）跨步急停

在快速跑动过程中突然急停时，先向前跨出一大步，全脚掌抵地的同时，迅速屈膝，重心下降，身体后仰，减缓前冲力；接着迅速跨出第二步，用前脚掌内侧着地，脚尖内扣，膝关节内收，身体侧转微前倾，重心在两腿间，两臂自然弯曲张开，控制身体平衡。

5. 转身

转身是以一脚为中枢脚，另一脚向不同方向跨出后，改变身体方向的一种转向方法。转身前，两脚开立约肩宽，两膝微屈，上体稍前倾，重心落在两脚之间。转身时，重心移动到中枢脚、提踵，以前脚为轴，用力碾地，同时移动脚用力蹬地，上体随移动脚转。身体重心要沿一个水平面转动，不要上下起伏。转身后，保持身体平衡，以便衔接下一个动作。

转身有前后之分。移动脚向中枢脚前方跨步移动，从而改变身体方向的叫前转身；移动脚向中枢脚后面撤步转动，从而改变身体方向的叫后转身。

## （二）运球技术

运球是篮球进攻技术中重要的基本技术，是组织全队进攻配合和突破防守的手段。运球的关键技术环节有三点：手型、发力、控球变向。下面就三人篮球中常用的运球技术进行介绍。

### 1. 低运球

低运球常在运球行进过程中摆脱防守对员的抢截时使用。在运球行进中遇到防守队员时，减速弯腰屈腿、屈腕，用手指和指根部位短促地按拍球的后上部，使球控制在膝关节高度，从防守人的一侧超越。

### 2. 高运球

高运球技术通常在没有防守队员时使用，这种运球方式，球反弹较高，便于观察场上情况。同时在行进中按拍球的速度较为均匀，因此动作简单易学。运球时两腿微屈，上体稍前倾，两眼平视。以肘关节为轴，前臂自然前伸，手腕和手指柔和而有力地按拍球的后上方，用指根及指腹部位触球，食指向前。球的落点控制在运球手同侧脚的外侧前方，使球的反弹高度在胸腹之间，手脚协调配合。快速运球行进时，手触球的部位要向后移，用力要稍加大，球的落点离脚更远些。

### 3. 体前变向换手运球

体前变向换手运球是运球队员利用突然改变运球方向来摆脱防守的一种运球方法，常在防守队员堵截运球前进路线时使用。以右手运球为例，运球队员要从防守队员右侧突破时，上体先向防守队员左侧虚晃，当防守队员向左侧移动重心时，运球队员突然变换运球方向，右手按拍球的右侧上方，并靠近身体向左侧按拍球，使球在身体左侧反弹，同时，右脚内侧蹬地，左脚向左前方跨出，上体左转侧肩保护球，迅速换用左手按拍球左侧后方，从防守队员右侧突破，继续前进。

### 4. 胯下运球

当防守队员迎面堵截时，可使用胯下运球来摆脱防守。以右手运球为例，变向时，左脚在前，右手拍按球的右侧上方，将球从两腿之间运至身体左侧，然后上右脚，换手运球，加速前进。

### 5. 背后运球

背后运球可在防守队员堵截运球一侧且距离较近时使用，通过在背后突然改变运球方向，来突破防守。以右手运球为例，当至防守队员左侧时，右脚在前，右手将球拉到身体右侧后，迅速转腕按拍球的右后方。在左脚上步的同时，将球从身后拍至左侧前方，换左手加速运球超越防守队员。

## （三）传球技术

传球是指在比赛中，队员之间有组织、有目的的转移球的方法。传接球技术要快速、准确、隐蔽、多变。下面就三人篮球中的单手肩上传球、双手胸前传球、双手头上传球及单手体侧传球等进行介绍。

### 1. 单手肩上传球

单手肩上传球是单手传球中一种最基本的方法。这种传球的力量大、速度快，常用于中、远距离传球。

以右手传球为例,传球时,左脚向传球方向迈出半步,右手托球。同时将球引到右肩上方,肘部外展,上臂与地面近似平行,手腕后仰。左肩对着传球方向,重心落在右脚上,右脚蹬地,转体,右前臂迅速向前挥摆,手腕前屈,通过食指、中指拨球将球传出。球出手后,右脚随着身体重心前移而向前迈出半步,保持基本的站立姿势。

### 2.双手胸前传球

双手胸前传球是比赛中最基本、最常用的传球方法,这种方法传出的球快速有力,可在不同方向、不同距离中运用,而且便于和投篮、突破等动作结合运动。

双手持球于胸腹之间,手指自然分开,用指根以上部位触球,掌心空出,拇指相对成"八"字形,两肘自然屈于体侧,身体成基本站立姿势,两眼注视传球方向。传球时,后脚蹬地,重心前移,同时手臂前伸,手腕翻转,拇指用力下压,食指、中指用力拨球将球传出。球出手后,掌心和拇指向下,其余四指向前,根据传球距离的远近,决定脚蹬地用力的大小和伸臂、抖腕速度的快慢。

### 3.双手头上传球

双手头上传球的传球点高,摆臂动作幅度小,便于与假动作结合,不利于和突破、运球结合。常用于近距离传球,如快攻第一传、外围队员之间转移球和外围队员传给中锋的高吊球等。

双手举球于头上方,两肘微屈,持球方法与双手胸前传球相同。近距离传球时,前臂前伸、屈腕,同时拇指、食指、中指用力拨球将球传出。传球距离较远时,两脚用力蹬地,腰、腹用力伸展,带动上臂发力,前臂前甩,手腕前扣,手指用力拨球将球传出。

### 4.单手体侧传球

单手体侧传球主要用于近距离的外线队员向内线队员传球。

双手胸前持球,右手传球时,左脚向左跨半步,右手将球引至身体右侧,拇指向上,手心向前,左手离球。臂向前做弧线摆动,手腕前屈,用食指、中指的力量将球拨出,出球部位在体侧。

### (四)投篮技术

投篮技术是三人篮球的一项关键性技术,是比赛得分的手段,投篮得分的多少将决定着比赛的胜负。目前投篮技术具有出手快、变化多、出手点高、准确性强的特点。常见的几种投篮技术有原地单手肩上投篮、运球急停跳起投篮、行进间单手低手投篮、行进间单手肩上投篮等,具体内容如下。

### 1.原地单手肩上投篮

单手肩上投篮是现代篮球比赛中运用较多的一种方式,它是行进间和跳起单手肩上投篮的基础,出手点高,突然性强,便于和其他技术动作相结合,适用于不同位置和不同距离的投篮。

以右手投篮为例,右手五指自然张开,指根以上部位持球于肩上,手腕后屈,左手扶球左侧,右脚在前,左脚在后,脚尖对准投篮方向,右臂屈肘,肩关节放松,上臂与地面平行,前臂与地面垂直。投篮时,两脚用力蹬地,身体向前上方伸展,同时向前上方抬肘伸臂,手腕前屈,手指拨球,通过指端将球投出。在球出手后,手臂要随球自然伸直,脚跟提起。

### 2.运球急停跳起投篮

运球急停跳起投篮是一种非常实用的投篮方法。在篮球比赛中,当防守者距离较远或与防守者形成错位时或运球突破防守队员后使用。

在快速运球中,运用跳步或跨步急停,突然向上起跳,同时两手持球上举。当身体接近最高点时,前臂向前上方伸直,手腕前屈,食指、中指用力拨球,通过指端将球投出。

### 3. 行进间单手低手投篮

行进间单手低手投篮是在切入至篮下后,常用的投篮方法,其特点是出球稳定性好,出手速度快,伸展距离远,远离防守队员等。在现代篮球比赛中,多数运动员采用一步低手上篮技术。

以右手投篮为例,右脚向前跨大步同时接球,左脚接着跨小步并用力起跳,右腿抬起,同时双手向前上方举球。右手心朝上托球下部,手臂向上伸展,接近球篮时,食指、中指用力挑球,通过指端使球向前旋转,将球投出。

### 4. 行进间单手肩上投篮

行进间单手肩上投篮是在比赛中切入至篮下近距离时所采用的投篮方法。

以右手投篮为例,当球在空中运行时,右脚向来球方向或投篮方向跨出一大步,同时接球,左脚向前跨出一小步,脚跟先着地,上体稍后仰,并用力蹬地起跳,右腿屈膝,左脚蹬高地面。同时,双手向前上方举球,腾空后,右臂向前上方伸展,腕指动作同原地单手投篮。投篮出手后,两脚同时落地,两腿弯曲,以缓冲落地的力量。

### (五)持球突破技术

持球突破是指持球队员运用脚步和运球技术超越对手的一项攻击性技术。它是由以下四个环节组成:蹬跨、转体探肩、推放球、加速。下面就三人篮球中常用的持球突破技术进行介绍。

#### 1. 原地持球同侧步突破

原地持球同侧步突破的特点是突破方向与跨步方向相同,起跨突然迅速。运用时,对中枢脚移动和放球、加速运球之间的协调配合要求较高;配合欠佳,易造成走步违例。

以左脚做中枢脚为例,突破时左脚内侧蹬地,右脚迅速向防守队员左侧方跨出一大步,同时向右侧转体探肩,重心前移,球移至右手并推放球于右脚斜前方,左脚迅速跨步抢位,加速超越防守队员。

#### 2. 原地持球交叉步突破

原地持球交叉步突破是突破技术的基础,常在防守队员靠近时采用,其特点是跨步后与防守队员接触面小。便于跨步、抢位护球。

以右脚做中枢脚为例,突破时,左脚向前方跨出半步,做向左突破的假动作,当防守队员重心向右移动时,左脚前脚掌内侧迅速蹬地,向防守队员左侧跨出一大步,同时上体右转探肩,贴近防守队员;球移至右手,向左脚右斜前方推放球,右脚迅速蹬地跨步,加速超越防守队员。

#### 3. 转身突破

转身突破是突破队员背向突破方向接球后,结合前、后转身突破的方法,是内线队员常用的进攻技术。

(1)前转身突破

以左脚为中枢脚为例,突破前的准备动作与后转身准备动作相同。突破时重心移至左脚上,右脚前脚掌内侧蹬地,左脚为轴,右脚随着前转身而向球篮方向跨出,左肩向球篮方向压,右手运球后左脚蹬地,向前跨出,突破对手。

（2）后转身突破

以左脚为中枢脚为例,背向突破方向持球站立,屈膝降低身体重心。突破时,右脚向右侧后方撤步,左脚用力碾蹬转身,上体右转,右脚落地后,脚尖指向突破方向时,迅速放球,左脚内侧蹬跨,加速运球超越防守队员。

### （六）防守技术

防守技术是指运动员在比赛中,运用脚、手、身体完成的各种干扰、封堵和破坏对方进攻的技术方法。常见的防守技术有防守有球队员和防守无球队员。

1. 防有球队员

进攻队员有球时,对防守队员来说是有威胁的,因此,必须尽可能地去阻挠和影响他的各种进攻技术的运用。常见的防有球队员技术有防传球、防运球、防突破、防投篮。

（1）防传球

当进攻队员善于传球进攻时,防守队员要积极阻挠其传球。防守时要根据其位置和视线,判断其传球意图。防守队员有时上前贴近对手,挥动手臂封堵其传球,最好将球打掉或干扰其传球的路线、速度和落点,或迫使其向攻击威胁弱的位置传球。

（2）防运球

当进攻队员在距离球篮 7 米以外持球时,投篮的准确性较差,进攻队员往往会通过运球来逼近球篮,这时,防守者的任务主要是防运球。一般情况下,为了不让进攻队员运球超越自己,防守队员应与对手保持一臂左右的距离,两臂侧下张开,两腿弯曲,在积极移动中保持正确的防守姿势,准确判断,随时准备抢球、打球。在防守时应遵循两条原则:一是堵其强手迫使其用弱手运球;二是堵中路迫使其向纵深边、角运球。通常采取平步防守姿势来扩大防守面积,堵截进攻队员向纵深方向运球。当对手开始运球时,防守队员应将视线集中于对手运球的手和球上,并抢先快速向运球方向滑动,以身体的躯干对着球的着地点,阻止进攻队员从中路运球突破。此外,防守队员应根据本方的防守策略和进攻队员的特点,采用不同的防守方法和策略。

（3）防突破

防守进攻队员持球突破时,要根据其习惯、技术特点来采取相应对策,如进攻队员以左脚为中枢脚,用交叉步从防守队员的右侧突破时,防守队员可稍偏于进攻队员的左侧站立,以右脚在前的斜步或平步防守堵其左脚侧,与前脚同侧的手臂前伸指向球的部位,并伺机以小臂和手的短促动作挑打球,另一手侧伸防进攻队员突破;当进攻队员突破时,要及时用撤步、交叉步或滑步继续防守。

（4）防投篮

当进攻队员在离篮 6 米左右的范围内时,威胁很大,可以采取直接投篮。防守队员应站在进攻队员与球篮之间,采用斜步防守,同进攻队员保持一臂的距离。防守队员应全神贯注,注意对手眼神和重心位置的交换,判断进攻队员的进攻意图,不要被其假动作迷惑。当进攻队员举球准备投篮时,防守队员要及时起跳,伸直手臂用手腕封球,干扰其投篮弧度,并争取"盖帽"。

2. 防无球队员

常见的防守无球队员技术主要有防接球、防摆脱、防切入等,具体内容如下。

（1）防接球

防守无球队员的首要任务就是防止进攻队员接球。防守队员要有较强的预测性并积极采取行动去限制或减少进攻队员触球，特别是在有效攻击区内的接触，并在接球队员处于被动情况时，防守队员也要积极跟防、追堵，破坏对手顺利地接球。

在防守进攻队员接球时，防守队员要始终保持对手和球在自己的实际范围内，要做到"人球兼顾"，保持良好的防守姿势，屈膝降低身体重心，随时能够向任何方向起动，要特别注意起动与移动步法的衔接和平衡的控制，在动态中始终保持在进攻队员与球之间向进攻队员一侧的断球线上，同时伸出同侧手臂形成"球—我—他"的钝角三角形的防守选位。

（2）防摆脱

防摆脱是指进攻队员在半场范围内，通过摆脱进入具有进攻威胁的区域，准备接同伴的传球时，防守队员正确组合运用几种移动步法，有效地阻止、延误和破坏其顺利的接球。一般来讲，进攻队员在后场的摆脱，主要是快下接球攻击，防守队员必须积极追防，并注意传向自己对手的球，抢在近球侧的路线上准备堵截。比赛时要想完全控制进攻队员无球时的行动是很困难的，主要是不能失去防守队员有利的位置，如阵地进攻时，对手采取先下后上、先左后右的摆脱，即便是对手接到球，但还可以继续进行防守；内线队员向外移动，可以采取错位防守或利用绕步、攻击步抢前防守，近球一侧手臂干扰其接球，另一手臂则应伸出防其转身、背切等行动，关键在于不让他抢占有利位置，尽可能封堵接球路线，不让他轻易接到球。

（3）防切入

防切入是指对进攻队员企图切入或已摆脱切入的防守。防切入一定要坚持"人球兼顾、防人为主"的原则，一旦对手有所行动，必须采取个步堵截、凶狠顶挤、抢前等防守方法，使其不能及时起动或降低其速度。如果对手迎球方向切入，则主动堵前防守，背对球方向则防其后，目的都是切断对手接球路线。对手切入后只要没有获球，其威胁会大大降低。

关于溜底线的切入，有两种跟防方法：一是背向球，面向对手、观其眼神，封阻其接球；二是用后转身，面向球，背靠防守用手触摸，紧贴其身跟随移动。防反切则以后脚为轴快速向内侧转身，快速堵逼，抢占近球内侧位置，不让对手接球，并准备断球和打球。

### （七）抢篮板技术

抢篮板球技术可分为进攻队员抢篮板球技术和防守队员抢篮板球技术两种。

1.进攻队员抢篮板球

进攻队员一般位于防守队员外侧，离抢篮板球区域较远，处于不利的位置上。进攻队员要积极摆脱对手进行"冲抢"，先冲后抢。

在本方队员或自己投篮后，首先要根据球的反弹方向，利用假动作绕开防守挤到前边，抢占有利位置。离得较远时，借助跑动，起跳到最高点补篮或完成二尺进攻。落地后，根据防守情况，重新组织进攻。

2.防守队员抢篮板球

在准备抢篮板球时，防守队员一般站位于进攻队员的内侧，处于抢篮板球的有利位置，采用"挡抢"，即先阻挡后拼抢。

两腿弯曲，重心在两脚之间，两臂屈肘侧张，扩大占据面积。当进攻队员投篮出手后，注意观察进攻队员的动向,运用合理的脚步动作,把对手挡在身后,根据球的反弹规律做好起跳准备。起跳时,两脚用力蹬地,身体充分伸展,两臂用力伸展,跳到最高点时,用双手或单手抢球或点拨球给同伴,落地后,应保持平衡,侧对前场,保护好球。

# 第二节　五人制足球

## 一、五人制足球概述

南美是最早出现五人制足球运动的地区,起初只有生活在社会最底层的穷人孩子才会接触这一项娱乐活动,他们在街头巷尾,在每一块空地上尽情地享受足球给他们带来的乐趣,同时期望有朝一日能成为职业足球选手,一些优秀的球星就是在这样的环境中成长起来的,如贝利、加林查、肯佩斯、马拉多纳等。

20世纪50年代中期,五人制足球运动得到了广泛开展。1982年首届世界五人制比赛在巴西举行,当时是非正式的,1988年,国际足联制定了正式的五人制竞赛规则,如今已有20多年的历史,1989年荷兰举办首届世界五人制足球锦标赛以来,自此以来巴西在前3届都是冠军。目前,五人制足球赛获得大力推广。

我国首次举办五人制足球赛是在1984年,赛事在广州举办,1989年中国足协赴荷兰观摩首届世界室内五人制足球锦标赛后,积极宣传开展该项运动比赛。2003年7月1日在广州举办了首届全国室内五人制锦标赛。中国足协为了与国际接轨,尽快提高我国五人制足球的水平,正式将室内五人制足球比赛纳入中国职业联赛的正式项目,每年举办一次联赛。2003年12月20日在大连举办了第1届全国室内五人制足球甲级联赛,北京、上海、广州、武汉、大连、成都6支球队集中一地开展了打单循环赛,然后6个城市轮流举办一次循环赛。

五人制足球运动具有极高的健身价值和观赏价值。经常参加五人制足球运动,能够有效地发展身体素质,增强体质,提高人体各器官系统的功能。

## 二、五人制足球技术习练

### (一)传球技术

传球是五人制足球运动中运用最多的一项基本技术,它按脚踢球的部位可分为脚背正面、脚背外侧、脚内侧、脚背内侧等。其中脚内侧传球在五人制足球运动中运用较多。

1.脚背正面传球

踢定位球时,直线助跑,最后一步稍大、支撑脚积极地以脚跟着地,踏在球的侧后方10~15厘米处,膝关节微屈,足尖正对出球方向;摆动腿以膝关节为轴,大腿带动小腿屈腿积极向前摆动,当膝盖摆至接近球的垂直上方时,小腿做爆发式的前摆,使膝盖处在球的正上方时用脚背正面击球的后中部。击球时脚面绷直、踝关节紧张、上体稍前倾、两臂配合协调摆动。

2.脚背外侧传球

踢定位球时,正面直线助跑,最后一步稍大,支撑脚积极踏位以脚跟着地,踏在球的侧后方

10～15 厘米,膝关节微屈,足尖正对出球方向;摆动腿以髋关节为轴,大腿带动小腿屈膝积极向前摆动,当膝盖摆到接近球的垂直上方时,小腿加速前摆,同时足尖内转,脚面绷直,脚趾扣紧,足尖指向斜下方,用脚背外侧击球的后中部。踢球后,踢球腿随球向前继续摆动,两臂配合踢球动作协调摆动。

**3.脚内侧传球**

踢定位球时,正面直线助跑,最后一步稍大,支撑脚踏在球的侧方 10～15 厘米处,足尖正对出球方向,膝关节微屈。与此同时,摆动腿以髋关节为轴,大腿带动小腿由后向前摆动,在前摆过程中髋关节、膝关节外展,足尖翘起,脚掌与地面平行,用脚内侧击球的后中部。在击球的刹那间身体稍前倾,踝关节紧张,足跟前送,两臂配合协调摆动,将球击向预定目标。

**4.脚背内侧传球**

踢定位球时,斜线助跑,助跑方向与出球方向约成 45°。支撑脚外侧积极着地,踏在球的侧后方 25～30 厘米处,膝关节微屈,足尖指向出球方向,身体稍前支撑脚一侧倾斜并转向出球方向,腿带动小腿积极前摆,当膝盖摆动接近球内侧垂直方向时小腿加速前摆,同时足尖稍外转,脚面绷直,脚趾扣紧,足尖指向斜下方,以脚背内侧击球的后中部。踢球后,踢球腿随着继续前摆、两臂随踢球动作自然摆动。

### (二)停球技术

停球是指用身体的合理部位把运行中的球接到所需要控制的范围内,以便衔接下一个技术动作。常用的接控球部位有脚内侧、脚底、脚背正面、脚背外侧、胸部、头部、大腿、腹部等。

**1.脚底停球**

停地滚球时,身体面对来球方向,当球接近体前,支撑脚踏在球的侧后方,足尖正对来球,膝关节微屈。停球脚抬起,膝弯曲,脚跟离地低于球,脚尖翘起高于球,当球刚刚接触脚掌时,脚掌轻轻下压球的中上部,将球停于脚下。

停反弹球时,支撑脚踏在球落点的侧后方,膝关节微屈维持身体平衡。停球腿膝关节弯曲,足尖翘起,前脚掌对准球的反弹方向,当球弹离地面的一刹那,用停球脚的前脚掌触球的后上部并下压,将球停留在脚下。

**2.脚内侧停球**

停地滚球时,身体正对来球方向,支撑脚的脚尖与来球方向一致,膝微屈。停球腿提起屈膝外转并前迎,逐渐稍翘起,使足内侧对准来球,当脚与球接触前的刹那开始后撤,以缓冲来球的力量,把球停留在便于衔接下一个工作的控制范围内。

停反弹球时,支撑脚跨步踏在球落点的侧前方,膝关节微屈,上体稍前倾并转向停球方向。停球脚提起,踝关节放松,脚内侧对准球反弹方向,当球刚弹离地面时,用脚内侧推压球的中上部,将球停留在便于衔接下一个动作的控制范围内。

**3.脚背外侧停球**

停地滚球时,停球脚稍提起,膝关节和脚内转,用脚背外侧对准来球,在支撑脚的前侧方接触球的侧后方(偏支撑脚一侧),脚与球接触的刹那向外侧轻拨,将球停在侧方或侧前方。

停反弹球时,面对来球,支撑腿的膝关节微屈,停球脚在支撑脚前方稍提起,脚内翻,使小腿与地面成一定角度,踝关节放松,当球刚反弹离地时,用脚背外侧触球的侧上部,将球停在体侧。

4. 胸部停球

挺胸停球时,身体正对来球,两脚前后开立,两膝弯曲,上体后仰,重心落在两脚之间,两臂自然张开,微收下颌,当球运行到胸部接触的刹那间,两脚蹬地,胸部上挺、憋气,使球触胸后向前上方弹起、改变运行方向然后落于体前。

收胸停球时,身体正对来球,两脚前后开立,两臂自然张开,重心前移,挺胸迎球,当球运行至胸部接触前的刹那,重心迅速后移,收胸、收腹以缓冲来球力量,将球停于体前。

5. 脚背正面停球

停球前,身体面对来球,支撑腿微屈维持身体平衡。停球腿屈膝抬起,小腿前伸主动迎球,用脚背正面接触球的底部,当脚背触球前的一刹那,小腿下撤以缓冲来球力量,同时膝关节和踝关节放松,将球停留于体前适当的位置。

### (三)运球过人技术

运球过人技术是指运动者有目的地用脚的各个部位连续推拨球,使球处于自己控制范围内的触球动作。其基础是运球技术,运球是指用脚的某部位推拨球的技术。常见的运球技术动作有脚内侧运球、脚背正面运球及脚背外侧运球等。运球过人技术有利用变速、变向、假动作等运球过人的技术。

1. 脚内侧运球

运球时,支撑脚向前跨,踏在球的侧前方,膝关节稍弯曲,上体前倾向里转。随着身体向前移动,运球脚提起,在落地之前,用脚内侧推球的后中部。在改变方向运球时,经常是用两只脚交替拨球。

2. 脚背正面运球

运球时,身体正对运球方向,运球脚提起时,膝弯曲,脚跟提起,足尖下指,迈步前伸落地,用脚背正面推拨球的后中部,向前跑动时身体自然放松,上体稍前倾,两臂自然摆动。

3. 脚背外侧运球

运球时,支撑脚保持在球的侧后方,运球脚抬起时,脚跟提起,足尖稍内转,迈步前伸落地,用脚背外侧推拨球。向前跑动时身体自然放松,上体稍前倾,两臂自然摆动。

### (四)射门技术

射门是指进攻到对方门前时,运用不同的脚法(或头顶法)将球踢(或顶)向对方的大门。射门是得分的主要手段,而破门则是比赛的最终目的。但是,射门常常是在与对手激烈的竞争中进行,需要摆脱对方的阻截、冲撞甚至一些不符合规则的粗野动作,这就要求进攻者技术全面,动作快速,真假结合,起脚突然、准确有力和良好的射门意识以及高尚的道德修养,这样才能抓住战机、破门得分。

射门技术根据射门方式的不同把它分成直接射、运射、接趟射、过人射和踢定位球等五种,直接射、运射、接趟射、过人射往往采用踢球力量较大的脚背正面、脚背内侧或脚背外侧脚法。其中头顶射门也是重要的得分途径。掌握好射门技术的关键是起脚时机、脚法正确、准确有力。

### （五）守门员技术

守门员是全队防守的核心，其主要任务是防止对手破门进球得分。守门员技术主要有发球，准备姿势、移动、选位，接球，扑球，托击球等。

#### 1.发球

发球是守门员接球后组织进攻的手段。它常用的方法有手抛球和脚踢球两种。无论采用哪种，都要求及时、准确、战术目的明确。

#### 2.准备姿势、移动、选位

两腿屈膝，重心前移，左右开立，两臂在胸前自然弯曲，并注视来球。移动则主要采取滑步、交叉步以及跑步。选位是守门员的站位应在球与两球门柱所形成的分角线上，以扩大防守面积。

#### 3.接球

低手接球：主要接地滚球、低于胸部的平直球。接球时，成准备姿势，正对来球，两臂并肘前迎，两手小指靠近，掌心朝前上方。在手触球的刹那，随球后引并屈肘、屈腕，两臂夹紧将球抱于胸前。

高手接高球：用于接胸部以上的来球。身体正对来球，两臂上伸迎球，两手拇指相对成"八"字，手指自然张开，手掌对球做包球状。当手触球时，手腕和手指适当用力将球接住，并顺势屈肘，回收下引，迅速转腕将球抱于胸前。

#### 4.扑球

守门员来不及移动正对来球时，常采用扑球动作接球。常用的有倒地扑侧面的低球、鱼跃扑球等。

#### 5.托击球

在守门员没有把握接住球或有对方猛烈冲门情况下，为了避免接球脱手造成被动，常采用拳击球或用手将球托出界的方法，以避免球入球门。拳击球有单拳或双拳击球；托球也有单掌或双掌托球。

# 第三节　乒、网、羽球类运动

## 一、乒乓球运动

### （一）乒乓球运动概述

乒乓球运动起源于19世纪中期的英国，流行于欧洲，其起源与网球的发展有着密切联系，乒乓球运动的英文名叫 Table Tennis，即桌上网球。乒乓球运动具有球体小、速度快、变化多和趣味性强等特点，运动量可大可小，不同年龄、性别和身体条件的人都可以参加，所以深受人们喜爱。经常参加乒乓球运动的人，不仅可以发展灵敏性和协调性，提高动作的速度和上下肢活动的能力，改善心血管系统的机能，增强体质，而且有助于培养人的勇敢顽强、机智果断、沉着冷静、敢于斗争、敢于胜利的优良品质。

20世纪初，乒乓球运动逐渐在世界各国开展起来。1926年1月，在柏林举行第一次国际乒乓球比赛时，召开了一次有德国、英国、奥地利和匈牙利乒协代表参加的座谈会，会议决定成立国际乒联。1926年12月，国际乒联在英国伦敦举行了第一次全体会议，会议明确规定全体代表大会为国际乒联的最高权利机构，并且通过了《国际乒联章程》和《乒乓球比赛规则草案》，选出了国际乒联领导机构，第一任主席是英国的蒙塔古。目前，世界性的乒乓球大赛有"世界乒乓球锦标赛"和"世界杯乒乓球比赛"等。1988年，乒乓球运动被列为奥运会正式比赛项目。

我国乒乓球运动是在1916年开展起来的。1952年，我国加入国际乒联。1953年，我国参加了第20届世乒赛。1959年，在第25届世乒赛上，我国优秀运动员容国团第一次夺得世界锦标赛男子单打冠军。1961年，我国主办了第26届世界乒乓球锦标赛。在这届比赛中，我国运动员夺得男子团体和男、女单打3项冠军。从此，我国乒乓球运动水平走到了世界前列。经过几代人的努力，我国乒乓球运动的技术水平得到进一步提高，逐步形成了"快、准、狠、变、转"的中国独特的近台快攻打法，并在国际大赛中屡建奇功，特别是在第36届世乒赛上，我国运动员夺得全部7项金牌，创造了世界乒乓球史上的奇迹，为祖国赢得了荣誉，也为世界乒乓球运动的发展做出了贡献。此后，中国乒乓球队始终站在世界乒坛的最高峰。

随着乒乓球运动水平的不断提高，活动范围的加大，运动量的增加，参加乒乓球运动不仅能够提高速度素质、力量素质和身体的灵敏性、协调性，而且能够使肌肉发达、结实、健壮，关节更加灵活稳固。经常参加乒乓球运动还能使心血管系统的结构和机能得到改善，使神经系统的活动性得到提高，具有良好的健身价值。

**（二）乒乓球技术习练**

1. 握拍技术

（1）直握法

直握法主要有直拍弧圈握拍法和直拍快攻握拍法两种。

①直拍弧圈握拍法

中式弧圈球握拍法：中式弧圈球握拍法与直拍快攻打法的握拍法基本相同，只是在正手拉弧圈球时，拍后的三个手指略微伸直，以利于攻球时较好地保持拍形前倾稳定。

日式弧圈球握拍法：拇指紧贴拍柄左侧，食指扣住拍柄，形成一个小环状。正手拉球时，中指和无名指基本伸直，以第一指节握住球拍；反手推挡时，食指向内扣得更深，拇指放松并稍翘起（图6-1）。

**图 6-1**

②直拍快攻握拍法

运用直拍快攻握拍法时，食指自然弯曲，食指的第二指节和拇指的第一指节分别压住球拍两肩，食指与拇指间的距离要适中。其他3指自然弯曲叠放，中指的第一指节侧面顶在球拍背面约

1/3 处(图 6-2)。

图 6-2

(2)横握法

横握时,中指、无名指和小指自然地握住拍柄,拇指在球拍的正面轻贴于中指旁边,食指自然伸直斜放于球拍反面,虎口轻贴于拍,但虎口不宜太紧地贴在球拍上,否则会影响手腕的灵活性。正手攻球时,食指压拍,以拇指第一指节作为支点,与中指协调控制拍形并传递击球的力量,甚至可将食指略向球拍中部移动,以使其压拍的用力点与球拍正面的击球点更为接近,利用食指制造弧线并辅助发力(图 6-3)。反手进攻时,则是以食指根部关节为支点,拇指压拍控制拍形并传递击球力量,同样,也可令拇指略向上移去接近正面的触球点,靠拇指控制拍形、发力和制造弧线。注意避免中指、无名指、小指和手掌将拍柄握得过紧。

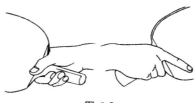

图 6-3

2.基本步法

基本步法是乒乓球运动员为选择有利的击球位置所采用的脚步移动方法。乒乓球的基本步法有以下几种。

(1)单步:用一只脚的前脚掌为轴,另一只脚向前、后、左、右的不同方向进行移动,当移动完成时身体重心也随之落到摆动脚上。在还击近网短球或追身球时经常采用这种步法。

(2)跨步:来球方向异侧脚要用力蹬地,另一只脚向来球方向侧跨一大步,而蹬地脚也要迅速跟着移动,球一离拍后快速还原,同时要保持准备姿势。削球运动员有时会用跨步来对付对方突然的攻击。

(3)并步:先以来球异侧方向的脚用力蹬地向另一只脚移(或叫并)半步或一小步,另一只脚在并步落地后即向同方向进行移动。进攻型运动员或削球型运动员在左右移动时经常采用这种步法。

(4)垫步:两脚的前脚掌几乎要同时上下轻轻跳一下或踮一下,有时两脚是不能离开地面的。垫步可以向前、后、左、右移动,其要点体现在"垫"上,垫的动作幅度只是正常步法的半步。

(5)跳步:来球异侧方向脚的前脚掌内侧要用力蹬地,让两脚同时离开地面向前、后、左、右跳动,蹬地脚先落地。这是弧圈球打法在中台向左、右移动或侧身移动时经常用的步法。

3.发球技术

(1)平击发球

平击发球是乒乓球初学者掌握和学习发球的入门技术,它具有运行速度慢、力量轻、旋转弱的特点。它又分为反手平击发球和正手平击发球两种。

①反手平击发球

反手平击发球时,运动员站位于球台中间偏左处,右脚稍前或平行站立,身体略向左转,含胸收腹,将球抛至身体左侧前方的同时,向左后方引拍。右臂外旋,拍形前倾,在球的下降期击球的中上部并向右前方发力,使球的第一落点在球台的中段区域。

②正手平击发球

发正手平击球时,运动员身体离球台约40厘米,两脚开立,略宽于肩。抛球时向后上方引拍,球拍拍面略前倾。在球的下降期击球的中上部并向前方发力,使球的第一落点在球的球台的中段附近。需要注意的是,抛球和引拍的时机要准确,挥拍击球是有一个略微向前下方压球的动作。

（2）反手发右侧上（下）旋球

发球时,右脚稍前,重心置于左右脚上。抛球的同时向左后方引拍,腰略向左转,拍面稍后仰,手腕适当内旋,当球下落时手臂自左上方向右下方挥摆。在触球瞬间加大前臂、手腕的爆发力,同时注意配合转体动作,使腰、臂协调用力,有利于增大发球的速度和力量,以增强球的旋转。发右侧上旋球,触球时拍面从球的中下部向左侧上部摩擦（图6-4）。发右侧下旋球,触球时拍面从球的左侧中下部向右侧摩擦。

**图6-4**

（3）反手发急下旋球

反手发急下旋球时球速快、弧线低、前冲大,迫使对方后退接球,有利于抢攻,常与发急下旋球配合使用。

拍面稍后仰,手腕配合前臂向前下方弹击,触球瞬间手腕稍作转动,以增加球的下旋力。注意手腕的抖动发力,第一落点在本方台区的端线附近（图6-5）。

**图6-5**

4.接发球技术

乒乓球的比赛首先是从发球和接发球开始的,每局比赛双方接发球的机会与发球相同,每一分的争夺都是从接发球开始的。接发球技术是各项基本技术的综合运用,只有比较全面的掌握各种接发球的方法,才能在比赛中减少被动,力争主动。接发球技术具有以下几种具体方法。

(1)接侧旋球

接侧旋球最重要的是调节拍形和用力方向。如对方发左侧旋,拍形应偏向对方右角,并稍向对方右角用力。对方发右侧旋,拍形应偏向对方左角,触球时稍向对方左边用力。至于拍形偏多少、用力方向和用力大小的掌握,皆应因球而宜。

(2)接下旋球

接下旋球时,运动员应用拉球回接,击球时间为下降前期,多向上用些力,增加摩擦球的动作,若来球下旋强烈,拍形还可稍后仰。用推挡回接,拍形稍后仰,下降前期击球,触球瞬间有一向上摩擦球的小转腕动作。亦可用搓球回接,视来球下旋强度,调整拍形和用力方向。下旋强烈时,拍形后仰,多向前用些力,反之则减少拍形后仰度,稍增加向下用力。

(3)接平击发球

接平击发球时,运动员的站位靠近球台,球拍对准来球的弹起方向。在来球刚刚弹起时,用平挡回接,拍行基本与台面垂直,借来球之力将球挡回。若用快推回接,以借口为主,并配合向前推击。用快攻接,击球时间为上升期或高点期,以向前发力为主,略带向前上方摩擦球。亦可用前冲弧圈球回接,击球时间为上升后期或高点期,以向前用力为主。

5.推挡球技术

推挡球是推球和挡球的总称,是左推右攻打法的主要技术之一,也是其他类打法不可缺少的技术。推挡球技术具有以下几种具体方法。

(1)挡球

以右手为例,挡球时,两脚要平行或左脚稍前,身体离球台大约50厘米。击球之前,前臂与台面应平行伸向来球。拍触球时,前臂和手腕要稍向前移动,主要是借助对方来球的反弹力把球挡回。在上升期,击球的中部,拍形与台面接近垂直。击球之后,快速收回球拍,快速还原成击球前的准备姿势。

(2)快挡

常见的快挡有反手快挡和正手快挡两种。

①反手快挡

球拍要置于身前,前臂要自然弯曲。准备击球时,拍稍要向后移。如果挡直线,当球从台面弹起时,前臂要向前迎球,拍形应稍前倾,让拍面对着对方右角,在上升期击球中上部。如挡斜线,手腕在触球瞬间稍向外转动,让拍面对着对方左角,再触球的左侧上部。

②正手快挡

在准备击球时,前臂要稍向右移动。如果要挡直线,当球从台面弹起时,前臂要快速向前迎球,手腕应略向外展,拍稍微竖起,让拍面对着对方左角,在上升期击球中上部,拍形要稍前倾。如果挡斜线,手腕稍向内转,让拍形对着对方右角,触球的中上部。

(3)快推

左脚要稍前,或两脚要平行,自然开立,身体离台大约50厘米。持拍手上臂和肘关节内收,前臂略向外旋。击球时,前臂开始要向前推击,同时手腕外旋,食指压拍,拇指放松让拍形前倾。在上升期,击球中上部,将球快推回去。击球后,手臂继续前送,手腕要配合外旋使球拍能下压。

6. 攻球技术

攻球是乒乓球比赛中争取主动和获得胜利的重要技术。它具有快速有力的特点，能体现积极主动、快速进攻的指导思想。运用的好能使对方限于被动，进而取得优势。

(1)正手攻球

常见的正手攻球技术有正手扣杀、正手快攻、正手拉攻等。

①正手扣杀

站位的远近视来球的长短而定，短的来球站位近台，长的来球站位中远台。整个手臂要随腰部的转动而向后引拍，以便获得更大的加速度，借以加大击球力量。手腕起控制落点的作用，与整个手臂一起直接向前向下发力，触球中上部将球击出。球击出后，迅速还原，准备连续扣杀。

②正手快攻

站在近台位置，左脚稍前，离台约40厘米。击球前，持拍手向身体右侧引拍，身体略右转，重心也右移，上臂与躯干的夹角为30°～40°。手腕与前臂几乎成直线并与地面平行，以前臂发力为主，拍形稍前倾，在上升期击球的中上部，并向左前上方挥拍。触球时，拇指压拍，食指放松，前臂内旋；击球后，球拍顺势挥至左额附近，重心随击球动作由右脚移至左脚。球击出后，迅速还原，手臂放松，准备下一板击球。

③正手拉攻

左脚稍前，身体离球台约60厘米。击球前，持拍手臂向右后下方引拍，球拍比半横状略下垂些，拍形稍后仰。当球从高点开始下降时，上臂由后向前上方挥动，在将触球前，前臂加速用力向左上提拉，同时配合手腕动作向上摩擦球，在下降期击球中部或中下部，拍形接近垂直。遇来球低或下旋较强时，腰部应配合向上用力。击球后，要随势将球拍挥至额前，重心移至左脚。

(2)反手攻球

常见反手攻球有反手远攻、反手拉攻、反手快攻等。

①反手远攻

右脚要稍前，身体离球台1米以外。击球之前，持拍手的上臂和肘关节要靠近身体，前臂向左下方移动，把球拍移至腹前偏左的位置，拍形稍后仰。击球之时，手臂由后向前挥动，前臂在上臂带动下，向前上方用力，同时要配合向外转腕动作，在下降期击球中下部。击球之后，大臂随势前送，肘关节离开身体，把球拍挥至头部高度，同时身体重心要移向右脚。

②反手拉攻

右脚要稍前，身体离球台大约60厘米。击球之前，持拍手臂的上臂靠近身体，前臂向左下方移动，把球拍移至腹前偏左的位置，球拍要略下垂并稍低于台面，拍形要稍后仰。击球之时，上臂要稍向前，同时要配合向外转腕动作，前臂向右前上方迅速挥动，在下降期击球中部或中下部，同时腰部应辅助用力。击球后，随势将球拍挥至额前，同时身体重心移至右脚。

③反手快攻

两脚自然开立，站位中近台。击球前，上体左转，引拍至左腹前，上臂贴近身体，前臂与台面略平行。击球时，以前臂发力为主，食指压拍控制拍面角度(直握拍者)，前臂外旋，在来球上升期击球中上部，前臂和手腕由左向右前上方挥动。击球后重心由左脚移至右脚，然后迅速还原，准备下一板击球。

7. 弧圈球技术

弧圈球技术的方法很多,大致可以分为反手和正手两种。

(1)反手弧圈球

两脚平行或左脚稍后站立,两膝微屈,重心较低。击球前,将球拍引至腹部下方,腹部略内收,肘部略向前,手腕下垂,拍形前倾。当球从球台弹起时,以肘关节为轴,前臂迅速向上挥动,结合手腕向上转动的力量,在下降期用拍擦击球的中部或中上部。在击球过程中,两腿向上蹬伸,重心上提。击球后,手臂顺势向前上方送过头部,并迅速还原。

(2)正手高吊弧圈球

准备击球前,两脚开立,右脚稍后,身体略向右转,两膝微屈,重心放在右脚上。准备击球时,持拍手臂自然下垂,并向后下方引拍,右肩略低于左肩,拇指压拍使拍形略为前倾,呈半横立状,并使拍形固定。当来球从台面弹起时,手臂向前上方挥动,前臂在上臂带动下爆发性用力做快收动作。将要触球时,手腕向前上方加力,在球下降期用拍摩擦球的中部或中上部。球拍擦击球时,要注意配合腰部向左上方转动和右腿蹬地的力量。击球后,重心移至左脚。

8. 搓球技术

乒乓球的搓球技术可分为快搓和慢搓、搓转与不转球。

(1)快搓

搓球时,右脚稍前,身体靠近球台。来球在身体左侧时,可运用反手搓球。击球时,上臂迅速前伸,前臂跟随向前,拍形稍后仰,利用上臂前送力量,在上升期击球中下部。来球在身体右侧,可以运用正手搓球。搓球时,身体稍向右转,手臂向右前上引拍,然后前臂和手腕向前下方用力,在上升期击球中下部。

(2)慢搓

搓球时,正手慢搓的站位是右脚稍前,身体离球台约50厘米,持拍手臂向右上引拍。击球时,前臂和手腕向前上方用力,同时配合外旋转腕的动作,拍形后仰,在下降后期搓击球中下部。击球后,前臂保持不动。

(3)搓转与不转球

搓转与不转球技术的动作方法与快搓技术的动作相同。决定转与不转要看击球作用力是否通过球心。搓转球时,除击球速度、击球力量和拍面后仰角度要加大以外,还要在球拍切击球时摩擦球的中下部,使其作用力远离球心,形成较旋转的球。而搓不转球时,减小拍面后仰角度,手腕向前用力,击球中下部并向前上推送,使击球力量接近或通过球心,这样就形成相对的不转球。

9. 削球技术

削球是我国乒乓球传统手法之一,也是乒乓球防守技术之一,削球技术具有以下几种具体方法。

(1)近削

近削也有正手近削和反手近削两种。

①正手近削

正手近削时,左脚稍前,身体离球台50厘米左右,上体稍向右转。击球时,手臂弯曲,把球拍引至与肩同高,拍形稍后仰。触球时,前臂用力向左前下方挥动,手腕配合下压,在上升后期或高点期,击球中部或中下部。

②反手近削

反手近削时,右脚稍前,手臂弯曲向左上引拍。击球时,前臂向右前下方挥动,手腕配合用力下压,在上升后期或高点期,击球中部或中下部。

(2)远削

远削可分为正手远削和反手远削两种。

①正手远削

正手远削时,运动员站在中台站位,左脚稍前,上体稍向右转,重心落于右脚,持拍手臂自然弯曲于腹前。顺来球方向向右上方引拍与肩同高,拍面后仰。当球从台上弹起时,持拍手上臂带动前臂由右上向左前下方加速切削,手腕向下转动用力,在右侧离身体40厘米处击准下降期球的中下部,并顺势前送。

②反手远削

站在中台站位,右脚稍前,上体左转,重心落于左脚,持拍手自然弯曲放松置于胸前。顺来球路线向左上方引拍约与肩高,拍柄向下。当球弹起时持拍手从左上方向右前下方挥动,拍面后仰,用前臂和手腕加速用力切削,球拍在胸前偏左30厘米处击准下降期球的中下部,并顺势挥至右侧下。削球的重点难点是手臂、腰、腹和腿的协调用力。

(3)削追身球

①正手削追身球

当来球在身体中间偏右时,右脚后撤,含胸收腹,向右后转腰。上臂靠近身体,前臂稍外旋向右上方引拍,拍面竖立,在下降前期击球的中部或中下部,上臂带动前臂向下用力压球,控制球的弧线。击球后,手臂随势向下挥拍,放松后迅速还原(图6-6)。

**图 6-6**

②反手削追身球

当来球在身体中间偏左时,左脚后撤,含胸收腹,向左后转腰。上臂贴近身体,前臂稍内旋向左上方引拍,拍面竖立,在下降前期击球的中部或中下部,前臂带动手腕向下用力摩擦球。击球后,手臂随势向下挥拍,然后迅速还原(图6-7)。

**图 6-7**

## 二、网球运动

### （一）网球运动概述

网球与高尔夫球、保龄球、桌球并称为世界四大绅士运动。它的起源可以追溯到 12—13 世纪的法国，当时在传教士中流行着一种用手掌击球的游戏，方法是在空地上两人隔一条绳子，用手掌将布包着头发制成的球打来打去。14 世纪中叶，这种供贵族消遣的室内运动从法国传入英国，16—17 世纪是英法宫廷从事网球活动的兴盛时期，平民无缘涉足，网球被称为"贵族运动"。

古代网球起源于波斯湾及古希腊一带，10 世纪传入法国。15 世纪发明了穿弦的球拍，16 世纪室内网球有了规则。

近代网球起源于英国，当时叫作"司法泰克"。1875 年，草地网球取代了司法泰克。两年后，在英国伦敦郊外温布尔顿举办了首届草地网球锦标赛。1881 年，世界上第一个全国性网球协会在美国成立。

1873 年，会打古式网球的英国人 M·温菲尔德在羽毛球运动的启示下，设计了一种适用于户外的、男女都可以从事的网球运动。1874 又进一步确定了场地大小和网的高低。1875 年，英国板球俱乐部制定了网球比赛规则。1877 年 7 月由全英板球俱乐部在温布尔顿举办了第 1 届草地网球赛，后来这个组织把网球场地改为长方形（长 23.77 米，宽 8.23 米），每局采用 15、30、40 等记分法，球网的高度为 99 厘米。1884 年，由英国伦敦玛丽勒本板球俱乐部把球网高度改为 91.40 厘米。从此网球运动冲出宫廷，走向了社会。1912 年 3 月 1 日，澳大利亚、英国、法国等 12 国的网协代表在巴黎召开会议，成立了国际网球联合会，总部设在伦敦。1980 年，中国网球协会被接纳为该会正式成员。用 15 分为记分法始于 15 世纪，它是参照天文学中的六分仪而来。

20 世纪 70 年代以后，职业选手被允许参加温布尔顿等锦标赛，职业选手与业余选手的界限被取消，从而大大增加了比赛的激烈程度，促进了运动员技术水平的提高。进入 90 年代，网球运动向力量、速度型方向发展；同时，随着各种大赛奖金的不断提高，网球的职业化、商业化程度越来越高。网球运动正以其独特的魅力和不断发展的技术，赢得越来越多的爱好者。

在网球运动中，需要参与者有集中的注意力和敏捷准确的判断力，对来球的弧度、速度做出准确的判断，然后做相应的移动或跑动，快跑或慢跑，还要根据对方的位置、身体姿势以及可能做出的反应等来决定自己的击球动作和方向，而这一系列的动作都是在大脑的指挥下在瞬间完成的。由此可以看出，网球运动在促进人体健康方面起着非常重要的作用，有利于促使人体机能全面发展。

### （二）网球运动技术习练

1.握拍技术

（1）东方式握拍

①东方式正手握拍

拍面与地面垂直，手握拍柄好像与人握手一样。准确地说，用握拍手的虎口对正拍柄右上侧棱,手掌根与拍柄右斜面紧贴,拇指垫握住拍柄的左垂直面,食指稍离中指压住拍柄右垂直面,五指握紧拍柄。这种握法能增大正手击球的力量(图6-8)。

②东方式反手握拍

从正手握拍法把手向左转动90°(或拍柄向右转动90°),使虎口对正拍柄左侧棱面上,即用手掌根压住拍柄的左上斜面,拇指直贴在拍柄的左垂直面上,食指压住拍柄右上斜面(图6-9)。

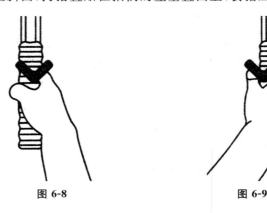

图6-8　　　　　　　　　　　图6-9

(2)西方式握拍

在美国西部加利福尼亚州的水泥硬地球场上发展起来的。这种握法的正反手击球都使用网拍同一个面。用这种握法,在打反弹球时,正手能打出强劲的上旋球,反手多打斜球。特别适合打跳球和齐腰高球,但对截击球和低球,特别是反手近网球,极不方便(图6-10)。

①西方式正手握拍

拍面与地面平行,用手从拍上面抓住拍柄,手掌根贴在拍柄右下斜面,拇指和食指都不前伸,拇指压在拍柄上部小平面,食指下关节握住拍柄的右下斜面。

②西方式反手握拍

虎口"V"字形向右转动,对准拍柄右垂直面,掌根贴往右下斜面。与拍柄底部齐平。拍面翻转,用与正拍击球时同一拍面击球。即正手握拍后,把球拍上下颠倒过来,用同一拍面击球。

(3)双手反手握拍

双手反手握拍法即右手以反手东方式握法,左手以正手东方式握法,左手紧贴右手上方。双手反手握拍法适合初学者,这是因为初学者打网球时,由于力量小,握不紧拍,也挥不动拍或反手存在些毛病,所以只好用双手反手握拍法去击反手球(图6-11)。

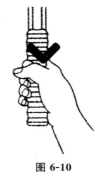

图6-10　　　　　　　　　　图6-11

2.击球技术

（1）正手击球

以右手握拍为例，左肩对网，左脚与底线约成 45°，右脚与底线平行，左臂屈肘前伸，协助保持身体平衡。当右手引拍到两肩在一条直线上的时候，拍头向上略高于手腕，拍面要保持平放，拍头指向身体后面。击球时，应以肩关节为轴，手腕要关闭（不要动），用大臂挥动，带动小臂、手腕及球拍。球拍面在整个击打过程中应保持与地面垂直或者略开一点。球拍从后引开始到向前挥击，应是一个完整动作。当球拍击中球的瞬间，应该是球拍的"甜点"（网球拍的中点）击在球体水平轴的后部。球拍与球撞击后，整个击球动作并没有结束，而应该是继续向前充分随挥，拍子的击打姿势要结束在左肩的后上方（图 6-12）。

1    2    3    4    5

图 6-12

正手击球有上旋球、下旋球、平击球、侧旋球等不同旋转的打法，网球的各种打法与旋转很有关系，下面介绍几种不同的正手击球法。

①上旋球

正手上旋球是球拍自后下方向前上方挥动，摩擦整个球体产生球由后下朝前上方转动，故叫做上旋球。这种打法是在击球时，加大向上提拉挥动的幅度，使球产生较为急剧的上旋。

上旋球的特点是飞行幅度高，下降快，落地弹起的反射角度较小，前冲力较大。打上旋球最大的优点是便于加力控制，是正手击球中既能发力大，又能控制进入场区减少失误的击球方法，由于是快速跑动，故调整精确的击球点很难。而上旋球则有较大的把握性，其他击法容易失误，另外，正拍上旋球的飞行路线呈彩虹状，过网后有急剧下降，可以打出短的斜线球，把对方拉出场外回击取得主动。上旋球还是破坏对方上网的有力武器。较低的上旋球落在对方上网人的脚下，使其难于还击。

②下旋球

和上旋球相反方向的是下旋球，俗称"削球"。击球时，球拍稍向后倾斜，挥拍是由后上方至前下方打球的后下部产生下旋转，球是由前上方向后下方旋转并向前飘行，过网时很低，落地后弹起也很低并伴有同弹（走）现象。下旋球的特点是其落点容易控制，也可以打对方的深区，常用于随击上网，可以协调连贯地把随击与上网结合起来，利用球的飞行时间和深而准的落点冲至网前截击，也可以作为变换旋转和节奏的打法，扰乱对方的节奏，使之失误。

③侧旋球

击球时球拍由后部向内侧平行挥动（也称"滑击"），使球产生由外向内的侧旋转，故称侧旋球。侧旋球的特点是球飞行路线呈水平向外侧的弧线飞行，落地后向外跳，常用于正拍直线进攻。在实践中,球的旋转常是混合性能的,球的旋转与来球的方向、力量、旋转速度和击球时的挥拍路线、触球时的拍面角度等因素有关。因此,要掌握正拍击球的不同旋转球方法,需要在平时训练中反复练习。

④平击球

挥拍击球的路线向上较平缓,击球时拍面几乎垂直地面。击球的正后部,用同样的力量击球。平击球的特点是球速最快,球落地后前冲力大,球的飞行路线较平直。但其准确性和控制力较差,因此这种击法在比赛中较少使用。

(2)反手击球

①单手反手击球

以右手握拍为例,从准备姿势开始,以左脚为轴,向左转肩转髋,同时右脚跨出一步,使两脚与肩同宽,身体右侧对球网,重心移至左脚上。转肩同时左手转动拍颈使右手成东方式反手握拍,并带动球拍后引与身体平行,击球肘贴近身体,左手轻持拍颈,拍头略低于来球。击球时身体重心移至右脚,左手放开拍颈,以右脚为轴向右转髋转肩,带动右手臂由下向前上挥拍,击球中部偏下,击球点在右脚侧前方。击球后球拍随惯性继续挥至右肩上方,并迅速恢复成准备姿势,随时回击下一次来球。

②双手反手击球

当判断准来球是飞向反手方向时,在移动到位的最后一步应保持右脚在前,身体右侧朝向来球方向。双手握球拍向左后方摆动,右臂伸展较大,左臂弯曲。在迎球过程中,挥臂与转体动作配合,使球拍由低向高挥动,击球点在右脚侧前方,拍面垂直,触球的中部。击球后双手随势挥至右侧头部高度,身体重心移向右脚。动作完成后,迅速恢复成准备姿势(图 6-13)。

| 1 | 2 | 3 | 4 | 5 | 6 |

**图 6-13**

3.发球技术

(1)平击发球

侧对球网站立,前脚与端线约成 45°,指向右侧网柱,身体重心在左脚上,左手托住球拍的拍颈,手臂放松,稍微弯曲并保持在胸部的高度。双臂同时稍下放,在其最低点抛球手臂与击球手臂分开,但以不同的速度向上摆动;在眼睛的高度将球抛出,击球臂向后、向下、向上引拍,身体重心移至右腿上;在手臂伸展到最高点时,身体重心又移到左腿上,同时,通过髋关节前移,降低身体重心;左腿支撑身体向前、向上运动。击球肩膀转向前面,前臂旋内,充分向前、向上伸展击球臂,在最高点击球,击球瞬间,拍面几乎垂直地面。击球后右前臂继续向外转动,球拍随挥至身体的左侧,左臂在体前的位置做相反运动。击球后随球上网或站在端线附近准备击球。

（2）下手发球

面对球网，两膝微屈，身体重心落在前脚掌，左手持球，右手持拍放松。上体向右后方扭转，球拍后摆，左脚向前上步，左手将球稍向上抛，两眼始终盯着球。肩向前扭转，手腕关节微打开，在球落地前，在身体一侧的前面击球。击球后，击球手臂和球拍顶端尽可能长的向前上方随挥，重心前移，然后还原成准备姿势，准备下一次击球。

（3）切削发球

切削发球是一种以左侧旋转（略带下旋）为主的发球法，是由球的右上往左下切削发球。该发球不但球速快，威胁大，而且容易提高发球命中率。在发球时把球抛到右侧斜上方，球拍快速从右侧方至左下方挥动。击球部位在球的中部偏右侧，使球产生右侧旋转。

（4）旋转发球

旋转发球的抛球要比平击球和切削球抛的更靠近身体，在头后偏左的位置。旋转发球发力越强，旋转越快，弧线就越大，命中率也就越高。落地后反弹较高，给对方回击球造成困难，同时也给发球上网带来了时间。为了造成所需的旋转，球拍应向上翻越过球，这就需要与切削球和平击球发球有不同的击球位置和明显的扣腕动作。

挥拍的前半部分与切削球和平击发球基本相同。要求球拍后拉平稳，身体后仰成弓形，重心落在后面，然后两腿蹬地，向上挥拍并猛扣手腕。球拍快速从左下向右上挥动，从下向上擦击球的背面，并向右带出使球产生右侧上旋。如果以一个钟面来说明，即站在 12 点位置，击球点在钟面的 10～12 点钟位置，挥拍路线必须从 7 点钟急速地向上擦击球并翻越到 1 点钟位置上。球拍向上的力量来自击球时手腕的扣击动作，扣腕要从击球持续到球离开拍面。向前的动作来自挥拍时手臂和身体的向前运动以及两腿蹬地后身体重心的前移。击球后球拍继续向前运动，在身体的一侧或者正前方挥下，利用惯性作用随挥至身体的另一侧。击球后，球拍横挥过身，结束随挥动作。

4.接发球技术

接发球技术是指还击对方发球的技术。比赛中接发球的好坏将直接影响比赛的局势，特别是随着发球技术的进步，为争取主动，对接发球的技术提出了更高的要求。因此在学练中要加强练习，以求在比赛中争取主动，打破对方发球的优势。

握拍法要根据运动员的习惯来决定。当球一离开对方的球拍，就应该决定是否要转变球拍。向后小拉拍时改换握拍法要做到迅速及时，才能还击好来球。做准备姿势以要能最快的速度还击来球为原则。当对方发球前，可以膝盖弯曲，两腿叉开，拍头保持向上，身体向前弯下，重心放在前脚掌；当对方抛球准备击球时，可以重心升起两脚快速交替跳动，并判断来球迎前回击。通常第一发球和第二发球的接发球位置是不同的。一发接球一般站在底线后稍远的地方，而二发接球则相对比较近一些，可以在场地内。判断清楚来球后，迅速转动完成引拍动作，握紧球拍，手腕固定，主动迎前顶击来球，尽量加长球拍触球的时间，做好随挥动作。对于较弱的发球，应抓住时机，采用攻击性较强的抽击球，以先发制人。不论来球快慢，接发球者眼睛必须盯住球，击球后应立刻移动到自己场地的中央，准备下一次接球（图 6-14）。

5.截击球技术

（1）正手截击球

截击时站在网前 2～3 米的位置，准备姿势与一般击球基本相同，但球拍要举得高一些，约与眼部同高。截击时后摆动作要小，击球点保持在身体前方，拍触球瞬间手腕固定，用力握紧球拍，略加向前推击的动作。截击较近的球，左脚跨出一小步，截击较远的球要跨出一大步（图 6-15）。

图 6-14

图 6-15

（2）反手截击球

准备姿势同正手截击球。击球点要比正手截击球靠前一些，因此要及早跨出右脚，重心也要置于右脚。击球时手腕固定，用力紧握球拍，拍面稍前倾，触球中上部。击球后右臂伸展，向前下方压送（图 6-16）。

图 6-16

（3）近网截击球

近网正手截击要判断清楚对方来球的质量,包括球速、球离网高及球的角度,以便于迅速起动调整位置,控制拍面。如来球快而平,球拍面应稍开,击球中下部,手腕紧固,以短促的动作向前向下顶撞来球。如来球快而高,并略带上旋,拍面应竖直垂直,击球中部,以短促的动作向下向前顶撞来球,手腕紧固。身体重心向前,后摆动作小,转体带动后摆同时也完成后摆动作,击球点在身体侧前方。击球时左脚应向侧前方跨出,同时重心落在左脚上,肘关节与身体距离不应太远(除扑击球外),以便顶住重球。动作短促简单,随球动作小,并迅速准备下一板截击球(图6-17)。

图 6-17

（4）近身截击球

网前截击时,朝身体飞来的"追身球"要采用近身截击球技术,即把球拍放在身体的前面用反拍截击,保持手腕笔直和绷紧,拍面在体前正对着球截击,如要加力截击,身体向左转,没有后摆动作直接把球击出。击球后,身体前倾,球拍对准球落地的方向,随挥出去。

（5）中场截击球

准备动作与正拍相同,判断来球后,向左侧转肩转胯同时左手托拍颈向后引拍,拍面略开至身体前面,后引动作不超过左肩。击球时右脚向侧前方 45°跨出,重心落在后脚上,同时向前向下截击来球,击球点位于右脚尖前面,手腕固定,肘关节微屈,利用前臂与手腕向前下方击球。击球后的跟进动作与中场正拉一样,稍长一些,但要简短,随时准备截击下一板球。不论正拍还是反拍截击中场球,拍面应随着对方来球的高度随时进行变化,截击中场高球,拍面应向前向下击球;截击中场低球拍面应打开,击球的中下部向前搓顶球。

6.高压球技术

（1）跳起高压球

跳起高压球类似于羽毛球的跳起扣杀动作,其目的是不让球从头上方漏过去,失去主动进攻得分的机会,并能从高处增加击球的力量和角度。基本要领是:面向较高的来球,快速侧身滑步或交叉步向后退,同时持拍手直接后引向上举起球拍。到达击球位置时,一般以与持拍手同一侧的脚蹬地起跳同时挥拍,击球应尽量在最高点,利用手腕旋内扣腕动作将球压入对方场地。落地时异侧脚先着地,挥拍击球时双脚在空中有个前后换位的动作,这是转体发力所产生的维持平衡的自然动作。

（2）凌空高压球

凌空高压球是指以高压球技术迎击对方高空来球的技术动作,多在中前场使用。凌空高压球比打落地高压球难度大。因为凌空球下落的速度比反弹起来再下落的球快很多,击球时机不容易把握,打早了或迟了都会影响击球的效果,所以除了要求准确的判断和熟练的步法以外,拉拍动作应该更加迅速、及时,挥拍击球也应该更加果断。

(3)落地高压球

落地高压球是指以高压球技术迎击落地反弹高的来球的技术动作。在来球很高时,可以让球落地反弹后再寻找高点扣杀。打落地高压球需要一边侧身跑位,一边用小的垫步快速调整,同时高举球拍准备扣杀。击球点的位置和发球一样,在身体的前上方,双脚蹬地,充分伸展手臂,手腕击球时做"旋内"的扣腕动作,争取最高点击球。在击球的瞬间,手臂、手腕和球拍保持在一条直线上,身体稍向前倾。击球之后扣腕动作仍旧继续,手臂顺势向下,在身体的另一侧完成随挥动作。当落地球弹跳不够高时,可做屈膝半蹲高压。

7.挑高球技术

(1)进攻性挑高球

通过放网前短球,或是让对手误以为要打"穿越球",将对手引诱到网前,或利用对方随球上网,待球的质量不高的时机,再挑高球的打法。在准备挑高球的时候,要注意隐蔽自己的意图,后摆是应顺着球向后收拍,让击球点靠后。击球前要保持正确的姿势,像打落地球那样击球,同时要注意肩部不要过于用力,以免造成动作变形。基本技术同打落地球相似,区别在于要拍面上仰,击球瞬间迅速向前上方提拉,使球产生强烈的上旋,越过对方至底线或者是对手无法回球的角度上。

(2)防守性挑高球

当跑到离球场很远的地方接一个非常被动的球时,势必要使用防守性挑高球。眼睛要注视着球,在跑向球时要让球拍后摆,直到球拍后摆指向身后的挡网,击球动作与普通的正手相同,使对手不知道你是抽球还是挑高球。击球时,拍面要打得更开些,击球的下部,可以打下旋球,手腕绷紧,球拍与球接触时间要长一些,拍和手向前上方送出,眼睛始终盯住球,尽量往高处和深处打。球拍顺着球飞行的路线向上做随挥动作,动作在身体前面高处结束。然后迅速跑回到场地的有利位置上。这时挑高球的目的是为了调整站位,恢复到有利的击球位置,因此,挑高的球要高些,落点要深些。如果以抽球的假动作迷惑对手,则效果更佳。

挑高球的基本技术同正反手击球相似,只是拍面上仰,击球的后下部,并带有向上送球的动作。实际比赛中,可根据具体情况打出上旋球、下旋球和不旋转的高球。

8.放短球技术

(1)正手放短球

放短球时,使用击打落地球的握拍方法,或用大陆式的握法来增加旋转,向后高引拍,比截击球的引拍动作要大一些。当球拍向前挥动时,握拍要放松,拍的底边在前面,直接向前下方挥拍,保持拍头高于手腕。当球拍要接触到球时,打开拍面准备击球,用球拍的底边去切球,使球产生向后的旋转,击球后要保持放松握拍。随着球和拍的渐渐分离,球拍继续前挥,高于球网,拍面对准击球方向,使用不持拍的手帮助保持平衡。

(2)反手放短球

转肩,向后高引拍,使用反手旋转球的方法握拍,眼睛注视来球。用球拍的下边缘摩擦球的下部,然后向前挥拍,保持拍面打开,这样可使球容易过网,向前随挥球拍,在身体的远端触球,击球点向前一些,保持拍面的方向,同时头部稳定,另一侧肩向后,拍头对准击球方向,使用不持拍的手帮助保持平衡。

## 三、羽毛球运动

### (一)羽毛球运动概述

现代羽毛球运动诞生于英国。19 世纪 60 年代,一批退役的英国军官把这种浦那游戏带回英国,并不断改进,研制出羽毛、软木做成的球和穿弦的球拍,逐步使它演变成一项竞技运动。1877 年英国制定第一本羽毛球比赛规则,其中一些内容在今天的羽毛球规则中仍保留使用。1893 年,英国成立了世界上最早的羽毛球协会。1899 年,该协会举办了第 1 届全英羽毛球锦标赛。现代羽毛球运动自在英国诞生以后,很快流行开来,并迅速从不列颠诸岛流传到英联邦各国和斯堪的纳维亚半岛,随后又流传到美洲、亚洲、大洋州各地,最后传到非洲,至今已成为全世界盛行的体育项目。

随着世界上开展这项运动的国家越来越多,1934 年,英国、法国、加拿大、丹麦、新西兰、荷兰、爱尔兰、苏格兰、威尔士等国家和地区联合成立了国际羽毛球联合会,总部设在伦敦。1939 年国际羽毛球联合会通过了各会员国共同遵守的《羽毛球竞赛规则》。目前,国际羽联管辖的世界性羽毛球比赛主要有:汤姆斯杯赛(世界羽毛球男子团体锦标赛)自 1948 年开始,每 3 年举办一届,1982 年后改为每两年举办一届;尤伯杯赛(世界羽毛球女子团体锦标赛)自 1956 年开始,每 3 年举办一届,1982 年后改为每 2 年举办一届;苏迪曼杯赛自 1989 年开始,每 2 年举办一届;世界羽毛球单项锦标赛自 1977 年开始,每 3 年举办一届,2005 年后每 2 年举办一届(奥运会年除外);世界杯赛自 1981 年开始,每年举办一届;奥运会羽毛球比赛自 1992 年第 25 届奥运会开始正式成为比赛项目。

我国羽毛球运动在世界羽坛占有重要的地位。2000 年悉尼奥运会,获得 4 金 1 银 3 铜;2004 年雅典奥运会,获得 3 金 1 银 1 铜;在 2006 年世界杯赛中,林丹夺得男单金牌;在 2008 年北京奥运会上,林丹再次获得男单金牌。在 2012 年伦敦奥运会上,我国包揽了男单、男双、女单、女双及混合双打全部金牌。中国羽坛有充足的后备人才,将创造更辉煌的业绩。

参加羽毛球运动不仅锻炼人的体能,还能提高人的技能。羽毛球运动要求脑、眼、手、脚密切协作,全身心地投入。羽毛球运动量大,速度快,能有效地消耗多余的脂肪,调节肌肉密度,塑造优美形体,还有助于缓解眼睛、大脑和颈椎的疲劳状况。经常参加羽毛球运动,可提高机体的灵敏性、协调性,改善人体代谢功能,提高吸氧能力,提高人体抵御外界侵袭的能力。

### (二)羽毛球技术习练

1. 握拍技术

常见的羽毛球握拍方法有正手握拍法和反手握拍法两种。

(1)正手握拍法

先用左手握住球拍的中杆,使拍框与地面垂直。张开右手,使虎口对准拍柄斜棱上的第二条棱线(此时眼睛从左至右可同时看见 4 条棱线),然后用近似握手的方法握住拍柄,拇指和食指贴在拍柄两侧的宽面上,其余的三指自然握住拍柄,五指与拍柄呈斜形(图 6-18)。

（2）反手握拍法

在正手握拍的基础上，将球拍柄稍向外旋，拇指稍向上提，拇指内侧顶贴在拍柄第一斜棱旁的宽面上，也可将大拇指放在第一、二斜棱之间的小窄面上，食指稍向下靠，下三指放松。反手握拍击球时，靠食指以后的三指紧握拍柄，同时拇指前顶发力击球（图6-19）。

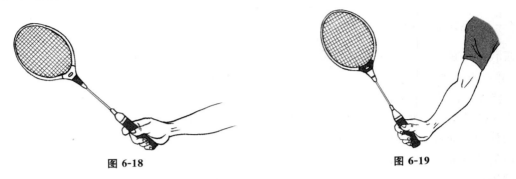

图6-18 　　　　　　　　　　　　　　图6-19

**2.步法技术**

（1）场上移动步法

①上网步法

从中心位置移动到网前击球的步法，称为上网步法。根据上网时脚步移动方法的区别，上网步法可分为跨步（又称交叉步）上网、垫步上网和蹬跳步上网。不论正手或反手，根据来球远近，上网步法可采用三步、两步或一步上网击球。

A.跨步（交叉步）上网

站位于球场中心稍靠后，两脚左右开立。右脚略前，上体稍前倾，两眼注视对方击球。当对方吊网前球时，在对方击球瞬间，脚跟提起轻跳并迅速调整重心至后脚以协助快速起动。左脚迈一小步，用脚掌内侧起蹬，右脚向前跨大步，以脚跟和脚掌外侧着地滑步缓冲，脚尖外斜，右脚屈膝成弓箭步，左脚随即向前挪动，以协助右脚回蹬。击球后用并步或交叉步退回中心位置。如果对方来球较近，可用左脚蹬地随即右脚跨一大步上网（图6-20）。

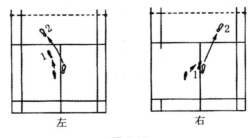

左　　　　　　　右

图6-20

B.垫步上网

准备姿势同跨步上网。右脚先迈一小步，左脚随即垫一小步靠近右脚跟（或后交叉迈小步），并用脚掌内侧起蹬，接着右脚迅速向前跨大步上网（着地后要求同跨步上网）。击球后用并步或交叉步退回中心位置（图6-21）。

C.蹬跳步上网

蹬跳步上网是为了提早击球，争取击球点在网顶上空，以起到突击的作用，一般常用于上网扑球。在做好扑球思想准备的基础上,并判定对方发或放网前球时,右脚稍向前,脚一点地便起蹬,侧身扑向网前(或左脚蹬地扑向网前),当球飞至网顶即行扑击,在触球的同时右脚先着地,左脚随身体惯性在右脚后着地,并立即退回中心位置(图6-22)。

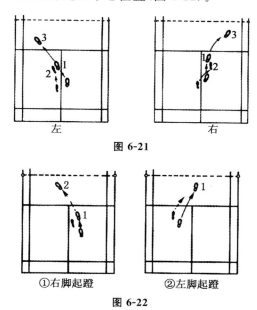

图 6-21

①右脚起蹬　　②左脚起蹬

图 6-22

②中场两侧移动步法

从中心向左右两侧移动到击球点上击球的步法,称为两侧移动步法。中场两侧移动步法多用于接对方的杀球或半场低平球,其站位和准备姿势与上网步法基本相同。

A. 向左侧移动步法

根据来球,调整重心,上体稍倒向右侧,右脚掌内侧用力起蹬,左脚同时向左侧转跨大步。来球较远时,左脚先向左侧移半步,上体向左转身的同时右脚向左前交叉跨大步。

B. 向右侧移动步法

两脚左右开立,脚跟稍提起,根据来球,调整重心,上体稍倒向左侧,左脚掌内侧用力起蹬,右脚同时向右侧转跨大步。如距来球较远,左脚向右垫一小步再起蹬,右脚同时向右侧转跨大步。

(2)后退步法

从中心移动到后场各个击球点的位置上击球的步法,称为后退步法。后退步法有反手后退步法和正手后退步法。

①反手后退步法

调整重心后,右脚后撤一步,接着上体左转,左脚随即向左后退一步,右脚再跨出一步,背对网,做底线反手击球。反手后退步法应根据来球距离的远近调整步法。

如离来球较近,可采用两步后退步法,上体向左后转,左脚同时后撤一步,右脚再向左后跨一步,做底线反手击球。如距来球较远,则采用三步或五步后退步法,右脚先垫一步,而后左脚向后方跨一步,再按右、左、右向后退。但无论是几步,反手击球后退步法最后一步应右脚在后,重心在右脚上。

②正手后退步法

正手后退步法有侧身并步后退和交叉步后退两种。

A. 侧身并步后退步法

在对方击球前霎那间,脚跟提起轻跳,迅速调整重心至右脚。接着右脚蹬地快速向右后撤一小步,上体右转侧身对网,紧接着左脚并步靠近右脚,右脚再向后移至来球位置。在移动中做好手部动作准备,待来球在右肩上方下落时做正手底线原地击球或跳起击球。击球后并步或小步跑回中心位置。

B. 交叉步后退步法

站位与准备姿势同侧身并步后退步法。右脚撤后一小步后,左脚从体后交叉后退一步,右脚再后移至来球位置。

3. 发球技术

(1)正手发球

常见的正手发球技术有正手发网前球、正手发后场平高球、正手发后场高远球及正手发后场平快球等。

①正手发网前球

正手发网前球是以正手握拍,以正拍面击球,使球轻轻擦网而过,落在对方前发球线附近的一种发球。发网前球时,正手发网前球时站位稍靠前。握拍尽量放松,上臂动作要小,重心在左脚上,右脚跟提起。击球时,由前臂带动手腕使拍面从右向左斜切击球,控制用力,使球刚好贴网而过,落在对方前发球线附近。击球后,还原成准备姿势(图6-23)。

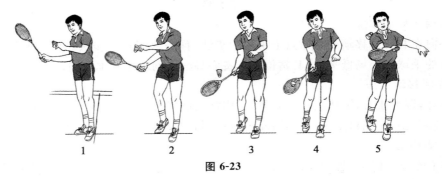

**图 6-23**

②正手发后场平高球

正手发后场平高球是以正手握拍,以正拍面击出飞行弧度较发后场高远球低的一种发球。发后场平高球时,运动员的站位与准备姿势以及引拍时的轨迹都与发高远球基本相同,只是在发平高球的瞬间前臂加速带动手腕发力,拍面稍向前上方推进,动作幅度比发高远球小。发球后,应迅速准备回击。

③正手发后场高远球

正手发后场高远球是用正手握拍,以正拍面将球击得又高又远,球飞行到对方的端线上空后突然改变方向,呈垂直下落至端线(底线)附近的一种发球。发后场高远球时,左手持球,自然弯曲置于胸前,右手持拍向右后上方摆起,身体重心前移,右脚跟提起,身体放松。左手放球使其下落,在右臂向前上方挥动的同时,右脚蹬地,腰腹向正前方转动。使下落的球与拍面在身体右侧前下方的交叉点碰触,球触拍面的中上部。击球瞬间,握紧球拍,闪动手腕,向前上方鞭打击球,在击球的同时,手臂随击球后的惯性自然往左肩上方挥起,身体重心也由右脚移到左脚。击球后,重心下沉,微屈双膝,随时准备回击对方的来球(图6-24)。

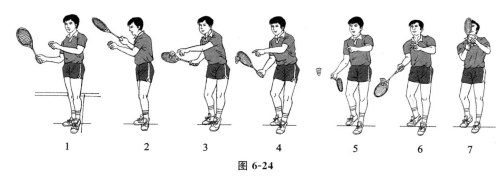

图 6-24

④正手发后场平快球

正手发后场平快球是以正拍面击球,球被击出后的飞行弧度要比后场平高球低。这种发球的飞行弧度略高于球网且需高于对方球员跳起挥拍的高度,直奔对方后场底线附近,球速快,有较强的突击性,羽毛球单、双打发球抢攻战术中经常会对这一发球方法进行运用。在比赛中,如果发球的一方做好了充分的准备,而对方没有做好准备,或是对手接发球的站位比较靠前时,这种发球能以其快速、突变性使接发球方处于被动地位。

正手发后场平快球时,站位略微靠后,要充分利用前臂带动手腕的爆发力快速击球,使球从对方肩稍高处越过,迅速插入对方反手后场或空当处。击球后,收拍到胸前,回至中心位置并做好回击对方来球的准备。

(2)反手发球

反手发球主要靠挥动前臂和伸腕闪动发力,具有动作小、出球快、动作一致性好、对方不易判断的特点。反手发球有反手发网前球和反手发平球两种情况。

①反手发网前球

反手发网前球时,小臂带动手腕发力,球拍由后向前推送,拍面呈切削式击球,使球过网后急速下落至对方场区的前发球线附近。

②反手发平球

反手发平球时,球拍的挥动方向与反手发网前球动作一致,只要在击球的瞬间,抖动手腕,突然发力,拍面要有"反压"动作。

4.接发球技术

接发球是还击对方发过来的球,它与发球一样,都是羽毛球运动最基本的技术,在比赛中同样起着重要的作用。发球与接发球是一对矛盾,发球方想方设法发出各种不同弧线的球,以此来控制对方;而接发球方则以后发制人来达到反控制的目的。下面介绍一下接发球技术的站位、准备姿势以及接发来球的方法。

(1)站位

单打接发球站位应距前发球线约1.5米。在左发球区接发球,一般选择有效发球区域中心位置站位,能照顾到前后左右发来的各种落点球;在右发球区接发球,一般选择有效发球区域中心稍靠近中线的位置站位。

(2)准备姿势

左脚在前,全脚掌着地。右脚在后,前脚掌触地。双膝稍微弯曲,身体重心在左脚上。右手持拍自然举放在胸前,左手自然屈肘于左侧,保持身体平衡,两眼注视前方,判断对方的发球方向,准备接发球(图 6-25)。

图 6-25

(3)接发来球

球路与变化直接关系到接发球技、战术的运用,因此接发球与发球一样在比赛中有着同样重要的作用。要想合理地运用各种接发球技术来达到反击的目的,首先要提高后场的击球能力。在单打比赛中多采用发高远球或平高球,可以用平高球、吊球或杀球还击。当对方发平快球时,可采用平高球、平推球、劈吊、劈杀还击,以快制快,掌握主动。也可用高远球还击,充分做好再次还击的准备,要加强预判能力,不能仓促击球,只要回球质量稍差,就可能遭受反击。当对方发网前球时,可用平高球、平推球、挑高球、放网前球还击,有机会还可以用扑球还击。发球抢攻是最常用的战术,要及早发现对方的意图,避强就弱,准确及时地应用放网和平推球还击,落点尽量远离对方的站位,限制对方进攻。遇到对方连续发球抢攻时,接发球一定要沉着、冷静,控制住球,尽可能减少让对方抢攻的机会。

5.击球技术

(1)前场击球技术

①放网前球

以正手放网前球,侧身对右边网前,上体稍前倾,右手握拍于体前。右脚向右侧前方大跨一步成弓步。正手握拍,球拍向右前上方斜举。击球时,右臂自然后伸,手腕稍后伸,小臂稍外旋,手腕由后伸至稍内收转动,右手轻松握拍,食指和拇指夹住球拍,在手腕和手指的控制下,轻击球托底部将球轻送过网。击球过程中左手要向后平举以协调动作。击球后,还原成下次击球前的准备姿势(图 6-26)。

1      2      3      4

图 6-26

②推球

推球技术击球点高,动作小,发力距离短,速度快,且落点变化多,是前场击球技术中进攻底线的一种很有威力的球,在单、双打中都较常用。

以正手推球为例,正手推球指在网前较高的击球点上,以正手握拍法,用推击的方法向对方底线击出弧度较平、速度较快的球。正手推球时,要移动到位,球拍向右侧平举。推球前,前臂稍外旋,手腕后伸同时球拍也稍往后摆,拍面对准来球。这时小指与无名指稍松开,使拍柄离开手掌,这样能充分发挥手指的力量。推球时,拍面尽力后仰,手腕由后伸直并且闪腕,食指向前压下,小指、无名指突然握紧拍柄,球拍快速地由右经前向左挥动(图 6-27)。推球后,在回动过程中回收球拍于胸前。

图 6-27

③勾球

勾球是把在本方右(左)边的网前球击到对方左(右)边网前去的技术动作。

以正手勾球为例,正手勾球即在网前右场区,用屈腕的动作调整球拍角度,轻巧地将球回击到对方斜对角的网前右场区内。正手勾对角握拍,一般采用并步加蹬跨步上网的步法。在步法移动的同时,球拍随着前臂往右前上方举起。前臂前伸,稍有外旋。手腕微后伸,这时的握拍稍有变化——将拍柄稍向外捻动,使拇指贴在拍柄的宽面上,食指的第二指节贴在与其相对的另一个宽面上,拍柄不触及掌心。击球时,靠前臂稍有内旋往左拉收,手腕由稍后伸至内收。球拍拨击球托的右侧下部,由手腕和手指控制拍面角度。击球后,球拍回收至胸前(图 6-28)。

(2)中场击球技术

①中场平抽球

A.正手平抽球

移动到位,最后一步右脚向右侧跨出,侧身对网,上体向右侧倾,重心在右脚上,右臂侧上摆,前臂稍外旋,击球时主要靠前臂带动腕部由下往右侧平地抽压,抖动挥拍。击球后,右脚蹬地,身体重心置于两脚之间(图 6-29)。

B.反手平抽球

移动到位,最后一步左脚向左侧方跨一步,重心落于左脚,后脚脚跟提起,右臂屈肘,肘部稍上抬,小臂内旋,手腕内屈,引拍至左肩后。击球时,右脚蹬地,髋关节向右转动,臂在挥拍时外旋,手腕由内屈到伸直抖动。挥拍击球托的后下部,击球后,球拍回收至胸前,身体重心置于两脚之间。

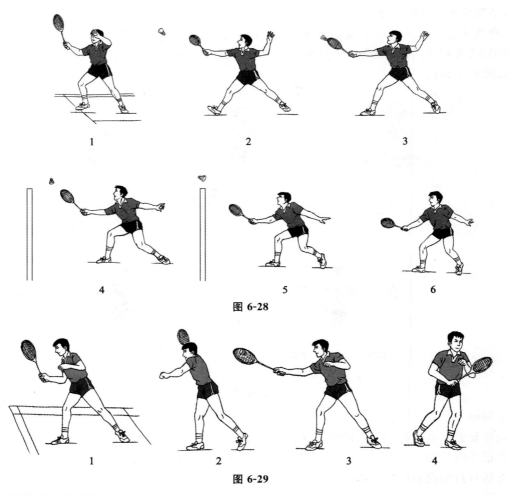

图 6-28

图 6-29

②半蹲式中场平击球

在中场区域范围内,采用半蹲击球势,将大约在肩部高度且较平快的球,以与网齐平的高度迅速平抽快挡过去的球称为半蹲式中场平击球。

根据来球的不同方向及击球方的具体位置,可采用半蹲正手击球和反手击球两种击球姿势。

A. 正手平击

两脚与肩同宽自然分开,脚掌触地,脚跟提起,半蹲准备姿势站立。右手持拍举于肩上或置于胸前,两眼注视来球方向。以肩为轴,前臂向后经外旋回环带动手腕伸展引拍。击球时迅速向前内旋,肘关节后摆,带动手腕屈收发力,向前推压击球为平抽球,挡球的击球点较平抽球低一些,击球时发力预摆动作小,向前推进发力击球。击球后惯性动作小,应迅速收拍,做好回击下个球的准备。

B. 反手平击

反手握拍,用反拍面向来球方向伸出,其余动作同中场正手平抽快挡球。以肩为轴,上臂带动前臂内旋回旋引拍。击球时前臂外旋带动手腕屈收闪动,利用拇指的顶力向前推送发力击球。前臂伴有一定的制动动作,其余动作同中场正手挡球技术。

③快打技术

快打技术是在中场击从对方过来的、肩以上至略高于头部之间的平球。快打技术主要表现出快速、凶狠、紧逼对方、主动进攻的特点,多用于双打比赛中。它分为正手快打和反手快打两种。

A. 正手快打

在中场区,两脚平行站或右脚稍前站均可,两膝弯曲成半蹲,举拍(正手握拍)于肩上。击球点选在右肩上方,击球时,前臂向前,手腕由后伸至前屈闪动挥拍击球托的后部,使球平直、急速地飞向对方中场区的附近。击球后,球拍顺势前盖,右脚往右前方迈一步,站在中线两边稍偏后的位置上,球拍由左下回举至前上方,准备迎击下一次来球。

B. 反手快打

两脚平行站在左场区,重心在右脚,举拍于右侧前。当判断来球是在右场区时,右前臂往左摆,身体稍向左转至右肩对网,左脚也往左侧迈一小步,前臂内旋,手腕外展引拍于左侧后。击球时,前臂外旋,手腕伸直闪动,手指突然抓紧拍柄,前盖球托后部,使球比较平直地向前飞行。击球后,球拍由右下回举至前上方,准备下次击球。

(3)后场击球技术

①后场击高远球

后场高远球是将对方击至本方后场端线附近的球回击得又高又远,落至对方端线附近的一种球。它包括正手和反手两种击法。

A. 正手击高远球

在进行正手击高远球时,首先要准确地判断出来球的方向和落点,迅速移动到位,使下落的球处于右肩的前上方,同时,侧身左肩对网,重心在右脚上,右臂屈肘自然举拍于右肩上方,左手自然高举,眼睛看球,待球下落到合理的击球高度时,右脚蹬地转髋,同时右臂以肩关节为轴,向前转动成肘关节朝前并高于肩部,拍头向下。球拍贴背与地面垂直,放松握拍。然后在蹬地、转体收腹的协调用力下,大臂带动小臂向前上方甩腕,在手臂伸直的最高点上击球,击球时重心向上。击球后,手臂顺惯性将球拍挥至腋下并收拍至体前,同时重心顺势向前,右脚自然向前跨出成准备姿势(图 6-30)。

图 6-30

B. 反手击高远球

当球飞向左场区的底线附近时,击球者用正手击球无法移动到位时则采用反手击高远球。首先要判断来球的方向和落点,迅速移动到位,右脚前交叉跨到左侧底线附近,背对网,重心移至右脚上,使球处于右肩的前上方。肘部上抬略高于肩,拍面朝上。击球时,以肘关节为支点,前臂带动手腕,通过手腕的抖动和拇指的侧压,自下而上甩臂将球击出。同时左脚支撑右脚蹬跨回收,使整个击球动作协调自然。击球后,顺势转体面向球网,迅速返回中心位置,准备还击(图6-31)。

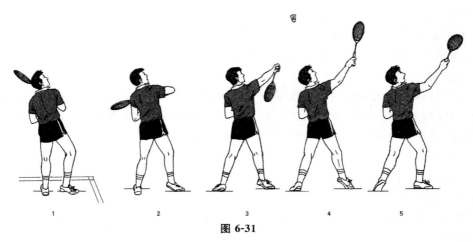

图 6-31

②后场吊球

吊球是从后场将球回击到对方网前区域(前发球线附近与球网之间)紧靠边线两角的近网小球,球的飞行弧度以球过网后迅速下落为宜。吊球技术主要有正手和反手两种手法。

A. 正手吊球

击球准备和前期动作同正手高球。只是击球时拍面稍向内倾斜,手腕做快速切削下压动作,击球托的后部和侧后部。若吊斜线球时,则球拍切削球托右侧并向左下方发力;若吊直线球,则拍面正对前方向下方切削。

B. 反手吊球

用反手握拍以反拍面在后场击吊球为反手击网前吊球。反手吊球准备动作同反手击高球,只是击球时,握拍的方法、拍面的掌握和力量的运用有所区别。吊直线球时,用球拍反面切削球托的后中部将球击出,落点在对方右场区前发球线附近;吊斜线球时,用球拍反面切削球托的左侧部将球击出,落点在对方左场区前发球线附近。

③后场杀球

杀球是在后场或中场争取尽量高的击球点,并全力将球由高点向下往地方中后场区扣压下去的一种技术。杀球时击球力量最大,速度最快,在比赛中通常是进攻直接得分的重要手段。

后场杀球技术主要有后场正手杀球和反手杀球两种击球方法。根据杀球力量的不同可分为重杀和点杀,根据出球距离和落点的不同可分为长杀(落点在双打后发球线附近)和短杀(落点在中场附近),以及利用时间差而采用的突击杀等多种杀球。

A. 后场正手杀球技术

准备姿势和动作要领同正手击高球,不同的是击球点的位置和最后用力的方向。首先要移动到位,侧身屈膝重心下降,准备起跳。起跳时,右肩上提,球拍上举。起跳后,右上臂经右后上摆,身体后仰成反弓形在空中收腹用力,前臂全速往前上挥动,手腕充分后伸。击球时,前臂内旋,手腕快速闪动发力杀球。击球后,迅速回收球拍向中心位置移动。

B. 反手扣杀球

反手扣杀球的准备动作与反手击高球相同,只是击球点较高远球靠前,力量较高远球大,击球时拍面的仰角较高远球小。击球前的挥拍用力要大,跳起后身体反弓加上手臂、手腕的延伸、外展的鞭打用力,可向对方的直线或对角线的下方用力,击球瞬间球拍与扣杀球方向的水平夹角应小于 90°。为了获得最大的击球力量,击球要靠左脚的蹬力和腰腹力、肩力以及上臂带动前臂由外旋至内旋快速闪动,屈指发力用反拍的正拍面击球托的后部。击球瞬间拍面向正前下方压为反手杀直球,击球拍面向斜前下方压则是反手杀斜线球。

# 第七章　休闲体育之传统武术习练指导

## 第一节　太极拳

### 一、太极拳运动概述

太极拳在我国的武术文化中有着很高的地位,在民间更是广为流传。太极拳可谓是东方文化的瑰宝,是中华武苑的古老奇葩。作为我国的国粹,太极拳的起源和发展历来是广受人们重视的一个问题。关于太极拳的起源有各种各样的传说,学者们认为,最早传习太极拳的是明末清初河南温县的陈王廷。他结合古代的导引养生术和经络学说,研究道家的《黄庭经》,参照戚继光的《拳经》,博采众长,加以继承和创新,创编了陈式太极拳,迄今已有近四百年的历史。他综合当时各家拳法之长,结合导引吐纳,采用腹式呼吸后,使在练拳时汗流浃背而不气喘,并加强爆发力量的训练,使动作畅通。又融合了以阴阳为基础的经络学说,成为内外双修,身心并练,将意识、呼吸、动作三者结合为一的内功拳法。动作松柔入手,练劲养气,形成刚柔相济,内外相合,上下相通,快慢相兼,形意结合。太极拳适合任何年龄、性别、体型与身态者。经常练习太极拳,对于身心健康有意想不到的收获,是一种简单而又高深的运动,练气、蓄劲、健身、养生、防身、修身,一辈子受益无穷。太极拳是中国武术的优秀拳种之一。

太极拳在长期演变中形成许多流派,其中流传较广的有陈式、杨式、吴式、武式、孙式等。各式太极拳虽然各有其具体特征,但拳理相同,练习时身体各部位的姿势要求和运动特点基本一致。新中国成立后,原国家体委为了推广普及太极拳,从 20 世纪 50 年代起,先后编写了二十四式简化太极拳、四十八式太极拳以及太极拳的竞赛套路。

### 二、二十四式太极拳习练动作分析

#### (一)第一组

1.起势(图 7-1)

(1)两脚并拢,身体自然直立,头颈正直;两臂自然下垂,两手指尖轻贴大腿侧;眼向前平视。

①　　②　　③　　④

**图 7-1**

（2）左脚向左慢慢开步，与肩同宽，脚尖向前。

（3）两臂慢慢向前平举，两手高与肩平，与肩同宽，手心向下。

（4）上体保持正直，两腿屈膝下蹲；同时两掌轻轻下按至腹前，两肘下垂与膝相对；眼平视前方。

2.左右野马分鬃（图 7-2）

（1）上体微向右转，身体重心移至右腿上；同时右臂收在胸前平屈，手心向下，左手经体前向右下划弧放在右手下，手心向上，两手心相对成抱球状；左脚随即收到右脚内侧，脚尖点地；眼视右手。

（2）上体微向左转，左脚向左前方迈出，同时左右手随转体慢慢分别向左上、右下错开；眼视左手。

（3）上体继续左转，右脚跟后蹬，右腿自然伸直成左弓步；左右手随转体继续向左上、右下分开，左手高与眼平，手心斜向上，肘微屈；右手落在右胯旁，肘也微屈，手心向下，指尖向前；眼视左手。

（4）上体慢慢后坐，身体重心移至右腿，左脚尖翘起，微向外撇（45°～60°），同时两手准备抱球。

（5）左脚掌慢慢踏实，左腿慢慢前弓，身体左转，身体重心再移至左腿；同时左手翻转向下，左臂收在胸前平屈，右手向左上划弧放在左手下，两手心相对成抱球状；右脚随即收到左脚内侧，脚尖点地；眼视左手。

（6）上体微右转，右腿向右前方迈出，同时左右手随转体慢慢分别向左下、右上错开；眼视右手。

（7）左腿自然伸直成右弓步；同时上体继续右转，左右手继续随转体分别慢慢向左下、右上分开，右手高与眼平，手心斜向上，肘微屈；左手落在左胯旁，肘也微屈，手心向下，指尖向前；眼视右手。

（8）与（4）解同，唯左右相反。

（9）与（5）解同，唯左右相反。

（10）与（6）解同，唯左右相反。

（11）与（7）解同，唯左右相反。

图 7-2

3.白鹤亮翅（图7-3）

（1）上体微向左转，左手翻掌向下，左臂平屈胸前，右手向左上划弧，手心转向上，与左手相对成抱球状；眼视左手。

（2）右脚跟进半步，上体后坐，身体重心移至右腿；上体先向右转，面向右前方，眼视右手；然后左脚稍向前移，脚尖点地，成左虚步；同时上体再微向左转，面向前方，两手随转体慢慢向左下、右上分开，右手上提停于右额前，手心向左后方，左手落于左胯前，手心向下，指尖向前；眼平视前方。

图 7-3

（二）第二组

4.左右搂膝拗步（图7-4）

（1）右手从体前下落，由下向后上方划弧举至右肩外侧，肘微屈，手与耳同高，手心斜向上；左手由左下向上、向右下方划弧至右胸前，手心斜向下；同时上体先微向左再向右转；左脚收至右脚内侧，脚尖点地；眼视右手。

（2）上体左转，左脚向前（偏左）迈出成左弓步；同时右手屈回由耳侧向前推出，高与鼻尖平，左手向下由左膝前搂过落于左胯旁，指尖向前；眼视右手。

图 7-4

（3）右腿慢慢屈膝，上体后坐，重心移至右腿，左脚尖翘起微向外撇，随后脚慢慢踏实，左腿前弓，身体左转，重心移至左腿，右脚收到左脚内侧，脚尖点地；同时左手向外翻掌由左后向上划弧至左肩外侧,肘微屈,手与耳同高,手心斜向上;右手随转体向上向左下划弧落于左胸前,手心斜向下;眼视左手。

(4)与(2)解同,唯左右相反。

(5)与(3)解同,唯左右相反。

(6)与(2)解同。

5. **手挥琵琶**(图 7-5)

(1)右脚跟进半步,上体后坐,重心移至右腿上,上体半面向右转。

(2)左脚略提起稍向前移,变成左虚步,脚跟着地,脚尖翘起,膝部微屈;同时左手由左下向上挑举,高与鼻尖平,掌心向右,臂微屈;右手收回放在左臂肘部里侧,掌心向左;两手成侧立掌合于体前;眼视左手食指。

图 7-5

6. **左右倒卷肱**(图 7-6)

(1)上体右转,右手翻掌(手心向上)经腹前由下向后上方划弧平举,臂微屈,左手随即翻掌向上;眼的视线随着向右转体先右视,再转向前方视左手。

(2)右臂屈肘折向前,右手由耳侧向前推出,手心向前,左臂屈肘后撤,手心向上,撤至左肋外侧;同时左腿轻轻提起向后(偏左)退一步,脚掌先着地,然后全脚慢慢踏实,身体重心移到左腿上,成右虚步,右脚随转体以脚掌为轴扭正;眼视右手。

图 7-6

（3）上体微向左转。同时左手随转体向后上方划弧平举，手心向上，右手随即翻掌，掌心向上；眼随转体先左视，再转向前方视右手。

（4）与（2）解同，唯左右相反。

（5）与（3）解同，唯左右相反。

（6）与（2）解同。

（7）与（3）解同。

（8）与（2）解同，唯左右相反。

### （三）第三组

7. 左揽雀尾（图7-7）

（1）上体微向右转，同时右手随转体向后上方划弧平举，手心向上，左手放松，手心向下；眼视右手。

（2）身体继续向右转，左手自然下落，逐渐翻掌经腹前划弧至右肋前，手心向上；右臂屈肘，手心转向下，收至右胸前，两手相对成抱球状；同时身体重心落在右腿上，左脚收至右脚内侧，脚尖点地；眼视右手。

（3）上体微向左转，左脚向左前方迈出，上体继续向左转，右腿自然蹬直，左腿屈膝成左弓步，同时左臂向左前方掤出（即左臂平屈成弓形，用前臂外侧和手背向前方推出），高与肩平，手心向后；右手向右下落，放于右胯旁，手心向下，指尖向前；眼视左前臂。

（4）身体微向左转，左手随即前伸翻掌向下，右手翻掌向上，经腹前向上、向前伸至左前臂下方；然后两手下捋，即上体向右转，两手经腹前向右后上方划弧，直至右手心向上，高与肩平，左臂平屈胸前，手心向后；同时身体重心移至右腿；眼视右手。

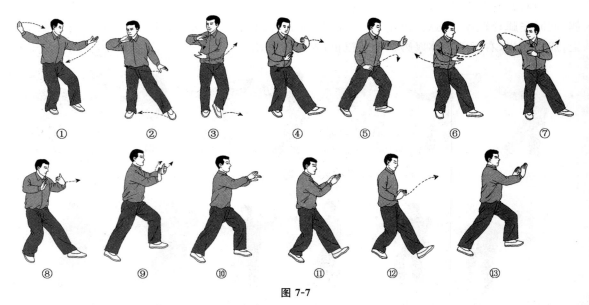

① ② ③ ④ ⑤ ⑥ ⑦

⑧ ⑨ ⑩ ⑪ ⑫ ⑬

图 7-7

（5）身体微向左转，右臂屈肘折回，右手附于左手腕里侧（相距约5厘米），上体继续向左转，双手同时向前慢慢挤出，左手心向后，右手心向前，左前臂要保持半圆；同时身体重心逐渐前移变成左弓步；眼视左手腕部。

（6）左手翻掌，手心向下，右手经左腕上方向前、向右伸出，高与左手齐，手心向下，两手左右分开，宽与肩同；然后右腿屈膝，上体慢慢后坐，身体重心移至右腿上，左脚尖翘起；同时两手屈肘回收至腹前，手心均向前下方；眼向前平视。

（7）上式不停，身体重心慢慢前移，同时两手向前、向上按出，掌心向前；左腿前弓成左弓步；眼平视前方。

**8.右揽雀尾**（图7-8）

（1）上体后坐并向右转，身体重心移至右腿，左脚尖里扣；右手向右平行划弧至右侧然后由右下经腹前向左上划弧至左肋前，手心向上；左臂平屈胸前，左手掌向下与右手成抱球状；同时身体重心再移到左腿上，右脚收到左脚内侧，脚尖点地；眼视左手。

（2）同"左揽雀尾"（3）解，唯左右相反。

（3）同"左揽雀尾"（4）解，唯左右相反。

（4）同"左揽雀尾"（5）解，唯左右相反。

（5）同"左揽雀尾"（6）解，唯左右相反。

（6）同"左揽雀尾"（7）解，唯左右相反。

**图7-8**

**（四）第四组**

**9.单鞭**（图7-9）

（1）上体后坐，重心逐渐移至左腿，右脚尖里扣；同时上体左转，两手（左高右低）向左弧形运转，直至右臂平举，伸于身体左侧，手心向左，右手经腹前运至肋前，手心向后上方；眼视左手。

（2）重心再渐渐移至右腿上，上体右转，左脚向右脚靠拢，脚尖点地；同时右手向右上方划弧（手心由里转向外），至右侧时变勾手，臂与肩平；左手向下经腹前向右上划弧停于右肩前，手心向里；眼视左手。

（3）上体微向左转，左脚向左前侧方迈出，右脚跟后蹬，成左弓步；在身体重心移向左腿的同时，左掌随上体的左转慢慢翻转向前推出，手心向前，手指与眼齐平，臂微屈；眼视左手。

图 7-9

10. 云手（图 7-10）

（1）重心移至右腿上，身体渐向右转，左脚尖里扣；左手经腹前向右上划弧至右肩前，手心斜向后，同时右手松勾变掌，手心向右前；眼视左手。

（2）上体慢慢左转，重心随之逐渐左移；左手由脸前向左侧运转，手心渐渐转向左方；右手由右下经腹前向左上划弧，至左肩前，手心斜向后；同时右脚靠近左脚，成小开立步（两脚距离 10～20 厘米）；眼视右手。

（3）上体再向右转，同时左手经腹前向右上划弧至右肩前，手心斜向后；右手向右侧运转，手心翻转向右；随之左腿向左横跨一步；眼视左手。

（4）同（2）解。

（5）同（3）解。

（6）同（2）解。

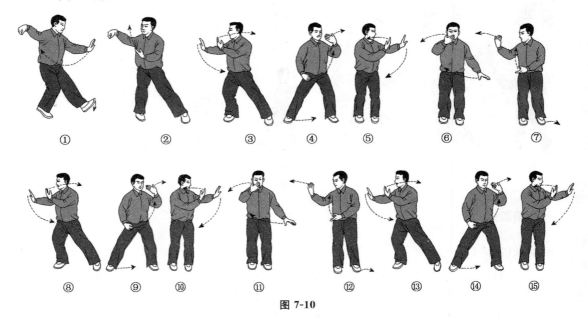

图 7-10

11. 单鞭（图 7-11）

（1）上体向右转，右手随之向右运转，至右侧方时变成勾手；左手经腹前向右划弧至右肩前，手心向内；重心落在右腿上，左脚尖点地；眼视右手。

（2）上体微向左转，左脚向左前侧方迈出，右脚跟后蹬，成左弓步；在身体重心移向左腿的同时,上体继续左转,左掌慢慢翻转向前推出,成"单鞭"式。

图 7-11

（五）第五组

12.高探马（图 7-12）

（1）右脚跟进半步,身体重心逐渐后移至右腿上;右勾手变成掌,两手心翻转向上,两肘微屈;同时身体微向右转,左脚跟渐渐离地;眼视左前方。

（2）上体微向左转,面向左前方,右掌经右身旁向前推出,手心向前,手指与眼同高;左手收至左侧腰前,手心向上;同时左脚微向前移,脚尖点地,成左虚步;眼视右手。

图 7-12

13.右蹬脚（图 7-13）

（1）左手手心向上,前伸至右手腕背面,两手相互交叉,随即向两侧分开并向下划弧,手心斜向下,同时左脚提起向左前侧方进步（脚尖稍外撇）;身体重心前移;右腿自然蹬直,成左弓步;眼视前方。

（2）两手由外圈向里圈划弧,两手交叉合抱于胸前,右手在外,手心均向后;同时右脚靠拢,脚尖点地;眼平视右前方。

（3）两手臂左右划弧分开平举,肘部微屈,手心均向外;同时右腿屈膝提起,右脚向右前方慢慢蹬出;眼视右手。

图 7-13

14. 双峰贯耳（图 7-14）

（1）右腿收回，屈膝平举；左手由后向上、向前下落至体前，两手心均翻转向上，两手同时向下划弧，分落于右膝盖两侧；眼视前方。

（2）右脚向右前方落下，重心渐渐前移，成右弓步，面向右前方；同时两手下落，慢慢变拳，分别从两侧向上、向前划弧至面部前方，成钳形；两拳相对，高与耳齐，拳眼都斜向内下（两拳中间距离为 10～20 厘米）；眼视右拳。

① ② ③ ④

图 7-14

15. 转身左蹬脚（图 7-15）

（1）左腿屈膝后坐，身体重心移至左腿，上体左转，右脚尖里扣；同时两拳变掌，由上向左右划弧分开平举，手心向前；眼视左手。

（2）身体重心再移至右腿，左脚收到右脚内侧，脚尖点地；同时两手由外圈向里圈划弧合抱于胸前，左手在外，手心均向后；眼平视左方。

（3）两手臂左右划弧分开平举，肘部微屈，手心均向外；同时左腿屈膝提起，左脚向左前方慢慢蹬出；眼视左手。

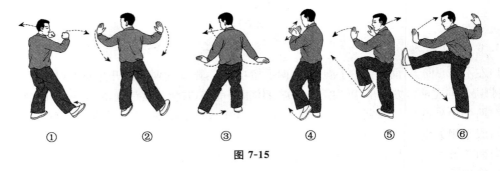

① ② ③ ④ ⑤ ⑥

图 7-15

## （六）第六组

16. 左下势独立（图 7-16）

（1）左腿收回平屈，上体右转；右掌变成勾手，左掌向上、向右划弧下落，立于右肩前，掌心斜向后；眼视右手。

（2）右腿慢慢屈膝下蹲，左腿由内向左侧（偏后）伸出，成左仆步；左手下落（掌心向外）向左下顺左腿内侧向前穿出；眼视左手。

（3）身体重心前移，左脚跟为轴，脚尖尽量向外撇，左腿前弓，右腿后蹬，右脚尖里扣，上体微向左转并向前起身；同时左臂继续向前伸出（立掌），掌心向右，右勾手下落，勾尖向后；眼视左手。

（4）右腿慢慢提起、平屈,成左独立式;同时右勾手变掌,并由后下方顺右腿外侧向前弧形上挑,屈臂立于右腿上方,肘与膝相对,手心向左;左手落于左胯旁,手心向下,指尖向前;眼视右手。

①　　　　②　　　　③　　　　　④　　　　　　⑤　　　　　⑥　　　　⑦

**图 7-16**

17. **右下势独立**(图 7-17)

（1）右脚下落于左脚前,脚尖着地,然后以左脚前掌为轴,脚跟转动,身体随之左转,同时左手向后平举变成勾手,右掌随着转体向左侧划弧,立于左肩前,掌心斜向后;眼视左手。

（2）同"左下势独立"(2)解,唯左右相反。

（3）同"左下势独立"(3)解,唯左右相反。

（4）同"左下势独立"(4)解,唯左右相反。

①　　　　　②　　　　③　　　　　④　　　　　⑤　　　　　⑥　　　　　⑦

**图 7-17**

**（七）第七组**

18. **左右穿梭**(图 7-18)

（1）身体微向左转,左腿向前落地,脚尖外撇,右脚跟离地,两腿屈膝成半坐盘式;同时两手在左胸前成抱球状(左上右下);然后右脚收到左脚内侧,脚尖点地;眼视左前臂。

（2）身体右转,右脚向右前方迈出,屈膝弓腿成右弓步;右手由脸前向上举并翻掌停架在右额前,手心斜向下;左手向左下,再经体前向前推出,高与鼻尖平,手心向前;眼视左手。

（3）身体重心略向后移,右脚尖稍向外撇,随即身体重心再移到右腿,左脚跟进,停于右脚内侧,脚尖点地;同时两手在胸前成抱球状(右上左下);眼视右前臂。

（4）同(2)解,唯左右相反。

19. **海底针**(图 7-19)

（1）右脚向前跟进,身体重心移至右腿,右脚稍向前移举步;右手下落经体前向后、向上提抽至肩上耳旁,左手下落至体前侧。

（2）左脚尖点地成左虚点;同时身体稍向右转;右手再随身体左转,由右耳旁斜向前下方插出,掌心向左,指尖斜向下;与此同时,左手向前、向下划弧落于左胯旁,手心向下,指尖向前;眼视前下方。

图 7-18

图 7-19

20. 闪通臂（图 7-20）

（1）上体稍向右转，左脚微回收举步，同时两手上提；眼视前方。

（2）左脚向前迈出，脚跟着地；左右两手分别向左前、右后分开；左手心向内，右手心向外；眼视前方。

（3）重心前移，左腿屈膝弓成左弓步；同时右手屈臂上举，停于右额前上方，掌心翻转斜向上，拇指朝下；左手由胸前随重心前移慢慢向前推出，高与鼻尖平，手心向前；眼视左手。

图 7-20

**（八）第八组**

21.转身搬拦锤（图 7-21）

（1）上体后坐,身体重心移至右腿上,左脚尖里扣;身体向右后转,然后身体重心再移至左腿上;与此同时,右手随着转体向右、向下(变拳)经腹前划弧至左肋旁,拳心向下;左掌上举于头前,掌心斜向上;眼视前方。

（2）向右转体,右拳经胸前向前翻转撇出,拳心向上;左手落于左胯旁,掌心向下,指尖向前;同时右脚收回后(不要停顿或脚尖点地)即向前迈出,脚尖外撇;眼视右拳。

（3）身体重心移至右腿上,左腿向前迈出一步;左手上起经左侧向前上划弧拦出,掌心向前上方;同时右拳向右划弧收到右腰旁,拳心向上;眼视左手。

（4）左腿前弓成左弓步,同时右拳向前打出,拳眼向上,高与胸平,左手附于右前臂里侧;眼视右拳。

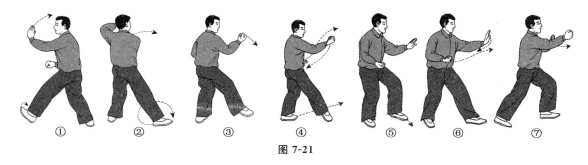

图 7-21

22.如封似闭（图 7-22）

（1）左手由右腕下向前伸出,右拳变掌,两手手心逐渐翻转向上并慢慢分开回收;同时身体后坐,左脚尖翘起,身体重心移至右腿;眼视前方。

（2）两手在胸前翻掌,向下经腹前再向上、向前推出;腕部与肩平,手心向前;同时左腿前弓成左弓步;眼视前方。

图 7-22

23.十字手（图 7-23）

（1）屈膝后坐,身体重心移向右腿,左脚尖里扣,向右转体;右手随着转体动作向右平摆划弧,与左手成两臂侧平举,掌心向前,肘部微屈;同时右脚尖随着转体稍向外撇,成右侧弓步;眼视右手。

（2）身体重心慢慢移至左腿,右脚尖里扣,随即向左收回,两脚距离与肩同宽,两腿逐渐蹬直,成开立步;同时两手向下经腹前向上划弧交叉合抱于胸前,两臂撑圆,腕高与肩平,右手在外,成十字手,手心均向后;眼视前方。

图 7-23

24.收势(图 7-24)

(1)两手向外翻掌,手心向下,两臂慢慢下落,停于腹前;眼视前方。

(2)两腿缓缓蹬直,同时两掌慢慢下落至大腿侧,然后收左脚成并步直立;眼视前方。

图 7-24

# 第二节　散打

## 一、散打概述

传统武术是以套路和技击两种运动形式所表现的民族传统体育项目,散打是武术技击的重要表现形式之一。散打也叫散手,古时称之为手搏、技击等,是中国传统武术的擂台形式,也是中国武协为了使武术能够与现代体育运动相适应所整理而成的。散打是中国武术的精华,它不仅具有强身健体等与其他体育项目相同的特性,还具有对抗性强、实用性强等特殊的作用和功能;不仅能防身自卫,而且还能在对敌斗争中克敌制胜。

散打运动起源于原始的生存和生产劳动。后来,随着私有制的产生,出现了频繁的战争与争斗,原始的生产劳动技能转化为军事需要,这就是散打运动出现的根本原因,这一社会形势的转变也标志着散打运动的雏形出现了。夏、商、西周时期,由于人们对拳勇的崇尚之风,再加上战争和统治阶级的需要,逐渐形成了具有一定技巧的拳技搏斗之术。到了春秋战国时期发展为"相搏"。这一时期,散打体系得以初步形成,手搏技能比夏、商、西周时期有了更进一步的发展,由徒手搏斗发展为相互较量,从而使技术更趋于成熟,大大促进了散打运动的发展。

20 世纪 70 年代,随着全国"武术热"的兴起,1979 年 3 月,原国家体委决定在浙江省体委、北京体院和武汉体院三个单位进行武术对抗性项目试点训练,同年 5 月,在南宁市举行的全国武术观摩交流大会上,试点单位做了汇报表演,同年 10 月举行的"第 4 届全运会"期间,散打队进行了公开表演。1981 年 5 月在沈阳市举办的全国武术观摩交流大会上,北京体院与武汉体院进行了第一次公开表演赛。1983 年全国散打竞赛、规则研究会制定了《散打竞赛规则》(初稿),1983 年11 月采用了上述"规则",在北京举行了全国十单位武术散打邀请赛。1989 年,散打被批准列为我国正式的体育竞赛项目,这是武术散打发展史上的一个新的阶段。

## 二、散打基础进攻技术练习

### (一)实战姿势

以正架式为例,两脚左前、右后开立,略比肩宽,两脚尖微内扣,两膝微屈,重心在两腿之间,前脚掌内侧与后脚脚跟内侧在一延长线上。两手左前、右后握拳,拳眼均朝上,左臂弯曲,肘关节夹角在 90°～110°之间,左拳与鼻同高,右臂弯曲,肘关节夹角小于 90°,大臂贴近右侧肋部,相距约 10 厘米,身体侧立,下颌微收,闭嘴合齿,面部和左肩、右拳正对对手。

### (二)步法

1.滑步

(1)前滑步

后脚掌蹬地,前脚稍离地向前滑出 20～30 厘米,后脚随之跟进相同距离,身体重心保持在两脚之间,整个动作完成后仍为原来的姿势(图 7-25)。

(2)后滑步

前脚掌蹬地,后脚稍离地向后滑出 20～30 厘米,前脚随之后退相同距离,身体重心保持在两脚之间,整个动作完成后仍为原来的姿势(图 7-26)。

2.垫步

从预备姿势开始,重心前移,后脚蹬地向前脚内侧并拢,随即前脚屈膝提起,根据情况使用蹬、踹腿法;上动不停,在使用腿法的同时,支撑腿随蹬(踹)腿向前再垫出一步,脚跟斜向前(图7-27)。

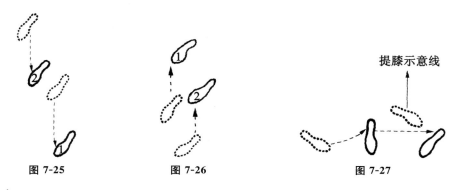

图 7-25　　　　　　图 7-26　　　　　　图 7-27

3.纵步

以前纵步为例,从预备姿势开始,两脚同时蹬地,使身体向前或向后移动(图 7-28)。启动前不宜过分减低重心,不然容易暴露动作意图;动作主要靠脚踝的力量向前纵出,但不宜过于腾空;向后纵步,动作要领与向前纵步相同,但方向相反。

4.交换步

从预备姿势开始,前后脚同时蹬地稍离地面,在空中左右腿前后交替,转体120°左右,同时两臂也做前后体位的交换,完成动作后成与原来相反的预备姿势(图7-29)。在运用交换步时,转换时要以髋部力量快速带动两腿交换,同时身体不能腾空过高,否则就会影响步法的运用效果。

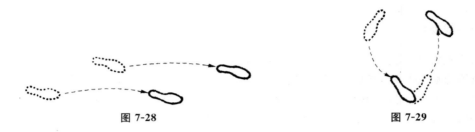

图7-28                               图7-29

5.击步

(1)向前击步

从预备姿势开始,重心前移,后脚蹬地向前脚内侧迅速靠拢,在后脚着地的同时前脚向前方迅速跃出,着地后两脚成预备姿势步型(图7-30)。

(2)向后击步

从预备姿势开始,重心后移,前脚蹬地向后脚内侧迅速靠拢,着地后两脚成预备姿势步型(图7-31)。

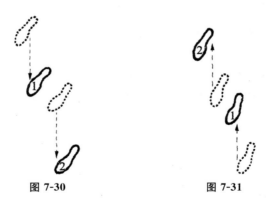

图7-30                图7-31

6.闪步

(1)左闪步

从预备姿势开始,上体保持原来的姿势,前脚向左侧迅速蹭出20~30厘米,紧接着后脚以前脚为轴迅速向左滑动,角度在45°~90°以内,动作完成后成预备姿势的步型(图7-32)。

(2)右闪步

从预备姿势开始,后脚向右方横向蹭出,随后以髋部带动前脚向右侧滑动,身体转动一般在60°~90°之间,动作完成后成预备姿势(图7-33)。

图 7-32　　　　　　　　　　　　　　　　图 7-33

### （三）拳法

**1.冲拳**

（1）左冲拳击头

从基本搏斗姿势开始，右脚掌蹬地，使重心快速前移到左脚上，身体右转，右脚跟稍向内转一下，在转体同时，探左肩，左臂迅速向前伸出，力量集中在拳头顶部，在击拳瞬间应该感到肩部有冲劲。左膝稍弯曲一下。右手防护下颌，肘部防护身体；左手击打完成后应尽快收回成开始姿势（图 7-34）。

图 7-34　　　　　　　　　　　　　　　　图 7-35

（2）右冲拳击头

从基本搏斗姿势开始，以右脚前脚掌支撑蹬地，同时脚跟外转，把蹬地力量传至全身。身体随左后转，旋右臂向前沿直线冲出，在接近目标刹那合肩，将拳握紧。随出拳瞬间，重心移在左脚上，全脚着地。右脚微向左脚踵跟进，右膝靠近左膝。收左手防护头及上体（图 7-35）。

（3）右冲拳击上体

从基本搏斗姿势开始，重心移向右脚，以右前脚掌为支点，用力蹬地，身体随之左后转；重心前移到左脚，全脚着地。在身体左后转的同时，左膝屈约 $100°\sim130°$，重心在后脚。与转腰同时，右手臂沿直线向前冲出。左手护头，肘护肋（图 7-36）。

（4）左冲拳击上体

从基本搏斗姿势开始，重心移至左脚。左脚微向里扣，脚跟微外转，左膝屈成 $110°\sim120°$。重心向左脚移动。右脚蹬地，身体随之右转。同时左臂沿直线快速冲出。右手防护不变（图 7-37）。

图 7-36　　　　　　　　　　　　　图 7-37

**2.贯拳**

(1)右贯拳击头

从基本搏斗姿势开始,右脚尖蹬地,脚跟微外转,身体随之猛向左拧转,右臂由侧横向成弧形摆动。边摆边前冲,再加上肩部动作一起向击打方向送出。身体重心略移到左脚。击打后,身体稍降低,微向左侧偏,以防身体前倾失去重心、暴露弱点。击打的刹那左肩比右肩略低。击打后的右手不要离开身体过远。左手保护下颌(图 7-38)。

侧　　　　　　正　　右贯拳
　　　　　　　　　　发拳时的动作特征

图 7-38

(2)右贯拳击上体

从基本搏斗姿势开始,上体向右转。同时身体微俯,右拳屈臂横向向左击出。边出拳边抬肘,碾脚,蹬地、转体带臂,重心左移。拳触目标时向里推击,防止对方把腹部绷紧。击后迅速成开始姿势。

(3)左贯拳击头

身体重心移至右脚,随之向右转体带臂,左肘微屈,使左拳前送并成横向从左向右摆动。同时左脚蹬地,脚跟微外转,随之全脚掌着地,左膝屈约 110°～120°。右手保护下颌(图 7-39)。

(4)左贯拳击上体

重心右移,两膝微屈,重心下降。同时身体及腰部向右突转带动左手臂(左臂微屈)将拳成横向朝对方上体击出。右手保护头部(图 7-40)。

**3.抄拳**

(1)右抄拳击头部

从基本搏斗姿势开始,重心微降,右脚前脚掌蹬地,重心移至左脚。上体略向击打方向伸直,腰微左转、前送,借转体力量带臂(臂屈约 45°～80°)将拳自下而上,用挺展力量击出。击打刹那

间拳心向内。

图 7-39　　　　　　　　　　　图 7-40

（2）右抄拳击上体

从基本搏斗姿势开始，身体重心移至右脚，体位略下沉。右脚猛蹬地，使腰部突然微左转挺展带动手臂将拳由下向上抄起，击打对方腹部，同时重心移至左脚。一般随出拳向前跨一步（图 7-41）。

（3）左抄拳击头

从基本搏斗姿势开始，重心移向左脚，体位微下沉，腰部和左腿瞬间挺直，借挺展力量带动手臂，将拳由下往上抄起。击打刹那间，拳心朝内。

在运用此拳法时，既可以直接击头，也可用于当对方右冲拳击己方头部时，己方向右侧闪，同时用左抄拳击对方头部。需要注意的是在运用时，为了取得较为理想的效果，要注意动作的标准性。

（4）左抄拳击上体

左抄拳击上体的动作方法与左抄拳击头基本相同，不同之处在于左抄拳击上体的身体弯曲度加大（图 7-42）。

图 7-41　　　　　　　　　　　图 7-42

**4. 鞭拳**

（1）右鞭拳击头

从基本搏斗姿势开始，重心前移，上身前探，右臂旋臂前伸，随之以肘为轴，猛甩腕翻拳，用拳背击打对方头部（图 7-43）。

（2）左鞭拳击头

从基本搏斗姿势开始，重心前移，上身前探，左臂旋臂前伸，随之以肘为轴，猛甩腕翻拳，用拳背击打对方头部。

图 7-43

### (四)腿法

**1. 正蹬腿**

支撑腿微屈,另一腿蹬地屈膝上抬,脚尖微勾起,展髋向正前方猛蹬冲。同时上体微后倾,髋前送,右脚触及目标瞬间全身肌肉绷紧,力达足跟,再次发力用前脚掌点踏(图 7-44)。

图 7-44

**2. 边腿(侧弹腿)**

前脚向前滑动一步,前移约 10～20 厘米,带动后脚前移,支撑身体重量。几乎在落步同时,屈膝向斜前抬大腿,带小腿,随之用力拧腰转髋,猛挺膝,横向由外向内用力踢出,力达足背(图 7-45)。

图 7-45

3.小边腿

重心略后移,支撑腿微屈;另一腿抬起,快速向斜下侧弹出。上体自然朝踢击方向微转(图7-46)。

图 7-46

4.侧踹腿

支撑腿脚尖微外转,腿微屈,侧对对方;另一腿屈膝高抬,脚尖自然勾起,脚外沿朝向对方,腿部猛然伸直,用脚掌沿直线蹬踹目标。发力瞬间转髋,加大旋转劲,以助腿部鞭打效果。踹腿时上体自然向相反方向倒体,踹腿越高倒体越大(图7-47)。

图 7-47

（五）快摔法

1.抓臂按颈别腿摔

对方用右贯拳或右直拳向己方头部击来,己方迅速向左微转体,用左前臂向左上架格挡住,左手下滑抓其腕部，随身体左转上右脚，用右腿别住对方右腿，右臂向左挟拧对方颈部时身体再向左拧转，左手用力向左后拉对方右臂，右臂向左下猛挟拧对方颈部，继续用力使对方倒地（图7-48）。

图 7-48

**2. 接腿搂颈摔**

己方右脚在前，对方起右脚蹬己方上体时，己方用左臂由外向内抓其小腿，右手搂其颈部并外旋。左手猛力上抬对方右腿，右手继续向右后下方边搂边抓压，形成力偶，同时用右脚截其支撑腿使其倒地（图7-49）。

图 7-49

**3. 抱腿别摔**

对方用左边腿击己方上体，己方迅速靠近对方，用右手从上抓其左脚腕，并屈左臂用肘窝夹住其左膝窝。随即躬身用左手由裆下穿，用左手掌扣住其右膝窝，右手往右后扳拉其左脚腕。身体右后转，同时下降重心，右手继续向右后扳拉，形成力偶，迫使对方瞬间失去重心而倒地（图7-50）。

图 7-50

**4.抱腿压摔**

对方用左边腿击己方上体,己方迅速靠近对方,用右手从上抓握其左脚踝,并屈左臂用肘窝夹住其左膝窝。右脚向右后撤一步,上体随之右后转并屈膝降重心。左臂夹紧其膝部,右手先向左后拽拉,后向上扳其小腿。左肩前靠,形成力偶,使对方向后倒地(图 7-51)。

图 7-51

**5.格挡搂推摔**

对方左脚在前,用左冲拳或贯拳向己方头部击来。己方用右手臂上架来拳,并屈臂顺势向右后经由对方左臂外侧由上往下滑动,用力卡住其左臂。上左腿,右手下滑至对方左大腿时,向回按扒,同时用左手猛推对方左胸部,使其失去重心倒地(图 7-52)。

图 7-52

**6.闪躲穿裆靠摔**

对方左脚在前,用左冲拳或贯拳向己方头部击来。己方迅速屈膝下潜,使对方击打落空。下潜的刹那,上右脚落于对方左脚后。同时用左手抓按对方的左膝,右臂沿对方左腿内侧伸进裆内,别住其右膝窝处,用头顶住对方胸部,上体用力向后猛靠使对方倒地(图7-53)。

图 7-53

## 三、散打基础防守技术教学

### (一)拍压

拍压主要用于防守对方以直线手法或腿法向己方中、下盘进攻,如下冲拳和蹬、踹腿等。左(右)拳变掌,以掌心或掌根为力点,由上向前下拍压(图7-54)。

图 7-54

### (二)拍挡

拍挡主要用于防守对方以直线拳法或横向腿法向己方上盘进攻。左架实战势开始(以下同),左(右)手以手腕为力点,向里横向拍挡(图7-55)。

图 7-55

（三）外挂

外挂是指结合左、右闪步，挂防对方蹬、踹腿或横踹腿攻击己方中盘以下部位。实战势开始，以左手外挂为例。左拳由上向下、向后左斜挂，拳心朝里，肘尖朝后，臂微屈（图 7-56）。

在运用外挂时，需要注意左臂肘关节微屈，肘尖里收朝后，左臂向左后斜下挂防。这样往往能够取得较为理想的防守效果。

图 7-56

（四）里挂

里挂主要是指结合左闪步防守对方向己方正面或偏右以腿法攻击我方中盘部位。实战势开始，以左手里挂为例。左臂内旋，左拳由上向下、向右后斜下挂防，拳眼朝内，拳心朝后（图 7-57）。

图 7-57

### （五）挂挡

挂挡主要用于防守对方以横向的手法或腿法向己方中、上盘进攻，如右（左）贯拳或左（右）横踢腿等，即用左（右）手屈臂向同侧头部挂挡（图 7-58）。

图 7-58

### （六）外抄

左（右）手臂外旋弯曲，上臂接近垂直，前臂近似水平，手心朝上。同时右（左）手屈臂紧贴胸前，立掌，手心朝外，手指朝上（图 7-59）。

图 7-59

### （七）里抄

里抄主要是抄、抱对方直线腿法或横线腿法向己方右侧攻击上、中盘部位，如正面的蹬、踹腿和左横踢腿等。左（右）臂微屈并外旋，紧贴腹前，手心朝上。同时右（左）手屈臂紧贴胸前，立掌虎口朝上，掌心朝外（图 7-60）。

图 7-60

### （八）掩肘阻格

掩肘阻格主要是防守对方以由下至上的手法攻击己方中、下盘部位，如抄拳等。实战势开始，以左掩肘为例。左臂弯曲，前臂外旋，在腰微向右转的同时向内、向腹下滚掩，拳心朝里，以前臂尺骨下端（小指侧）为防守力点，含胸、收腹、低头（图7-61）。

在运用掩肘阻格时，需要注意：上体含缩，两手紧护胸腹，以腰带臂，滚掩如关门闭户。否则就防守效果就会受到一定程度的影响。

图 7-61

### （九）提膝闪躲

提膝闪躲主要用于防守对方从正面或横向以腿法攻击己方下盘部位，如低踹腿、弹腿、低横踢腿和勾踢腿等。实战势开始，前腿（左前右后）屈膝提起离地（图7-62）。

在运用提膝闪躲时，需要注意的是：重心后移，含胸收腹，提腿迅速，根据对方腿法进攻的路线和方位，膝盖分别有里合、外摆或垂直向上的变化。把握好这一点，通常就能够取得较为理想的防守效果。

图 7-62

# 第三节　摔跤

## 一、摔跤概述

摔跤是两人直接接触、互相搂抱或抓握着，把对方摔倒的一种对抗性运动。古代的摔跤是为适应社会生活的需要而产生的。中国摔跤运动是民族形式的体育项目,历史悠久。早在两千多年前,中国就已经有了摔跤活动。1975 年在湖北江陵出土的木篦上绘有古代摔跤的画面,这是迄今为止发现年代最早的有关古代摔跤实物的资料。另外,在河南密县汉墓出土的西汉壁画上也绘有摔跤图画。此外,陕西省长安客省庄汉墓出土的铜牌上隽刻的摔跤图,画面上两位农民打扮的男子在树下休息时对摔,田间地头成了竞技场,这说明当时摔跤运动已得到了普遍的开展。

目前,古典式摔跤和自由式摔跤被列为现代奥运会比赛项目的国际摔跤。这两种摔跤类型的不同之处在于使用动作的部位,其中,古典式摔跤只许用手臂握抱对方的头、颈、躯干和上肢,不许握抱对方下肢和用腿使绊;自由式就比较自由一些,不仅可以使用古典式动作,而且可以抱腿和用腿使绊。

古典式、自由式摔跤在我国开展较晚,1955 年,我国开始在体育学院研究和练习古典式、自由式摔跤。1958 年 4 月,国家体委在北京体育学院举办古典式、自由式摔跤教练员训练班,为我国培养了第一批古典式、自由式摔跤的教练员,从此古典式、自由式摔跤在我国广泛地开展起来。1979 年在第四届全运会上,古典式、自由式摔跤被列为正式比赛项目。进入新世纪以来,我国摔跤运动取得了长足的发展,在一些国际赛事上都取得了优异的成绩。

## 二、摔跤基础技术练习

### (一)基本姿势

#### 1.站立姿势

在摔跤运动中,站立姿势是一种实战姿势,要求运动员一脚站于另一脚的斜前方,两脚之间的距离约为一脚宽,两膝微屈,上体略前倾,两肘贴紧肋部,前臂向前伸出,尽量使身体重心平均分配在两腿上。

一般来说,根据摔跤运动员双脚放置的位置,可将实战姿势分为平行站立、左式站立、右式站立三种;而根据重心的高低,又可以将实战姿势分为高站立和低站立。

#### 2.跪撑姿势

摔跤运动员两膝跪在垫子上,两手撑垫,两膝间距离大约与肩同宽,足尖撑地,两手间距离略宽于肩,手与膝肩的距离不得小于 20 厘米,两脚不得交叉。

在摔跤练习中,摔跤运动员在掌握跪撑姿势之后,还应学会如何从跪撑姿势迅速站起来成站立姿势或从跪撑姿势迅速摆脱对手的控制,这对于掌握摔跤运动技术来说十分重要。

### (二)抓握方式

在抓握对手时,摔跤运动者除单手的正常抓握外,两手的联合(搭扣)主要有以下三种方式。

(1)两手掌心相对,手指相对并互握。

(2)一手握住另一手腕处或小臂。

(3)一手放在另一手上,掌心相接触。

需要指出的是,不采用两手手指相交错的联合,是因为这种握抱不能迅速及时地分开,而且容易使运动者的手指受伤,尤其是由站立倒下时。

### （三）步法移动

在摔跤比赛中双方攻防动作变化快,这使摔跤运动者不可能保持静止姿势,必须不停地进行步法移动,随时调整与对手的距离,从而捕捉和寻找适宜的进攻机会及阻止对手的进攻。

上步:运动者平行站立,左(右)脚先向前迈出一步。

跟步:在上步的基础上右(左)脚立即再上一步。

后撤步:运动者平行站立,左(右)脚向后撤一步或双脚同时后撤一步。

背步:双方均平行站立,一方右脚先上步至对方右脚前,然后左脚从自己右脚跟后上步至对方左脚前,同时身体左后转,背对对方,重心保持平稳或下降,左脚即为背步。

### （四）转移技术

#### 1.接臂转移

以右实战姿势组合为例,甲左手抓乙右手腕处,用右手从里抓握乙右上臂,并向自己右下方用力拉,同时右脚上步于乙右脚内侧,以右脚为轴,上左步于乙右脚后,左手换抱乙腰部,右手迅速与左手搭扣环抱乙腰,准备使用抱腰过胸摔等其他动作;或是右手继续向右后下方用力拉,整个身体向右后方倒,迫使乙成跪撑状态,甲在乙上面把持住(图7-63)。

防守与反攻:甲使用接臂转移时,乙左手握住甲手腕处,右肩插入甲右腋下,降低重心,变成"单臂背",将甲从背上摔出。

图 7-63

#### 2.推臂潜入转移

以右实战姿势组合。趁乙向前顶的时机甲身体突然下降,同时左手推乙右上臂,右手抱乙左侧腰部向自己身体方向拉,头潜入到乙右腋下,同时上左步于乙右脚后,左手换抱乙腰部,从后面将乙把持住。迫使乙成跪撑状态(图7-64)。

防守与反攻:甲使用此技术时,乙迅速降低重心,下压被推起的臂阻止甲的进攻。

图 7-64

3. 绊腿接臂转移

技术动作双方右势站立,甲左手抓乙右手腕处,用右手抓乙左上臂内侧,并向自己右下方用力,同时右脚上步于乙两脚之间靠近乙右脚内侧,以右脚为轴,身体右转,上左步于乙右脚后,左手换抱乙腰部,右手继续向右后下方用力拉,整个身体向右后方下倒,右腿绊住乙右腿,迫使乙成跪撑状态。甲在乙身后把持住(图 7-65)。

图 7-65

防守与反攻:甲使用绊腿接臂转移时,乙用右手反抓握甲右臂,同时身体尽量不左转,借甲后倒之势,身体向下压,并用腿勾绊甲右腿,使甲后倒失分。

4. 握颈潜入转移

甲乙互相搭扣锁颈,或甲右手握乙颈部,左手插棒,乙用右臂锁甲左肩时,甲用左臂上架住乙右臂,右手向右下方拉乙颈部,同时上左脚于乙右脚后,头从乙右腋下潜入,左手握抱乙腰部,迫使乙成跪撑,转移到乙身后把持住(图 7-66)。

防守与反攻:甲使用此技术时,乙用力搭扣锁甲颈部,使乙不能下潜或尽量避免与甲互相搭扣。

图 7-66

5. 抱单腿转移

甲乙右势站立,甲上右步于乙两脚之间,头部紧贴乙右腹部,双手抱住乙右大腿,右脚上步于乙右腿外侧,同时向右甩头并向右转体,右手换抱乙腰部,将乙转移成俯撑状态并在后把持住(图 7-67)。

防守与反攻:当甲抱腿时,乙向后蹬右腿,身体下压或用右腋下压甲头颈迫使甲放弃进攻;乙采用抱肩颈滚或向后翻技术;乙用右腋下压甲头颈并转移至甲身后把持;乙转体使用腿挑动作。

图 7-67

6. 后倒背转移

甲乙互相插捧,甲用左臂夹住乙右前臂于左腋下,上左步于乙右脚外侧,同时右脚上步于乙右脚外侧(位于自己左脚内侧),右手从乙右腋下插入并环抱乙右上臂,身体向后倒(挺胸)并向左转体,迫使乙成跪撑。甲左手换抱乙腰部,头从乙右腋下抽出,把持住乙(图 7-68)。

防守与反攻:当甲后倒时,乙右臂用力下压甲胸部,倒地后尽力抽臂并移动身体,阻止甲的抱腰动作。

图 7-68

### (五)站立摔法

**1.过肩摔法**

**(1)抱单臂挑**

甲乙右势站立,互相插捧,甲先用左臂将乙右臂夹在自己左腋下,上左步于乙右脚外侧,同时用右臂从乙右腋下插入并上夹住乙右上臂,上右腿从外侧别在乙的右大腿后面,身体向右前下方用力,向左侧转体甩脸,右腿向后上方挑腿,使整个身体向下压乙单臂,使乙向后摔倒成仰卧姿势(图 7-69)。

防守与反攻:当甲出腿别乙时,乙先用力转髋回顶,缓解甲的力量,再使用抱单臂挑摔反攻甲。

图 7-69

**(2)握臂过肩摔**

甲乙右势站立,甲用右臂将乙右臂夹在自己右腋下(或右手握住乙左上臂),上右步于乙右脚前,背右步于乙右脚前(或乙的两脚之间),同时转体屈膝,降低身体重心,右肩插于乙右腋下,将身体贴紧对方,上体前倾,双臂向下拉,向右甩脸,发力蹬双腿,将乙从肩上摔过成压桥状态(图7-70)。

防守与反攻:使用侧面抱躯干摔来反攻。当甲将右肩插于乙右腋下时,乙用力阻抗并用右手抱住甲腰,与右手搭扣将甲抱起向后摔。当甲插肩时,乙可使用接臂转移或身体下沉,阻止甲插肩并向右下方压,迫使乙放弃单臂背。

图 7-70

（3）钻扛向后摔

甲左势站立,乙右势站立。甲快速用右手抓握住乙右手腕从胸前拉向自己的右侧,用左臂圈住乙右上臂,并用右侧脸部贴紧乙右胸部,身体先右转,用胸部压挤乙右臂。乙为了不随甲转动,往往会向后挣,甲趁机降低身体重心,右膝跪地,头部潜入乙右腋下,用右臂抱住乙腰,身体先向上再向左后方倒下,将乙摔倒在自己身后并控制住乙（图 7-71）。

防守与反攻:甲潜入时,乙快速下降身体重心,同时向后下方夹臂而阻止甲的进攻。甲潜入腋下时,乙双腿后撤,右腋向下压迫甲头颈变前抱肩颈滚桥或转移。

图 7-71

2.过背摔法

（1）抱肩颈过背摔

甲乙右势站立,甲左手从乙右腋下插入,右手从乙颈部左侧圈住乙头颈并与左手搭扣,甲双手向右后方向引移乙,上右脚于乙右脚前,背左步于乙左脚前,转体填腰,降低身体重心,屈膝将乙背在腰上,同时发力蹬腿,双手向下压,向左甩脸,上体前倾并向左转,将乙从背上摔倒成压桥姿势（图 7-72）。

防守与反攻:在甲要做动作前,乙先抢先一步转体使用抱肩颈过背摔,迫使甲防守并放弃抱肩颈搭扣。

图 7-72

（2）握颈和臂过背摔

甲乙右势站立，甲左臂将乙右臂夹在腋下（或用左手握乙右臂），右手臂握乙颈部，上左步于乙左脚前，左脚背步于乙左脚前，转体填腰，降低身体重心，屈膝将乙背在腰上，伸膝蹬双腿，提腰，背起对方，同时左手向下夹压乙颈部，左手拉，向左甩脸，将乙从背上摔出，并控制住乙于垫上（图 7-73）。

防守与反攻：当甲转体时，乙身体下沉，抬头挺髋，同时两手抱甲腰部，蹬腿将甲抱起并向侧或向后摔倒。

图 7-73

（3）握臂和躯干过背摔

甲乙右势站立，甲左手握抱乙右臂（或用左臂将乙右臂夹在腋下），上右脚于乙右脚前，背左步于乙左脚前，同时右手从乙左腋下穿出扶在乙的后背部，转体填腰，降低身体重心，屈膝将乙背在腰上，同时发力蹬双腿（伸膝、提腰），左手拉，右手向上捧，上体前倾，向左甩脸，将乙从背上摔出并控制乙于垫上（图 7-74）。

防守与反攻：当甲转体时，乙身体下沉，抬头挺髋，同时两手抱甲腰部，蹬腿将甲抱起并向后或向侧摔倒。

3.过胸摔法

（1）正抱躯干过胸摔

甲乙右势站立，甲乙互相搂抱对方肩颈，甲上右步于乙两脚之间，左脚跟步（或左脚上步于乙右脚外侧），两膝微屈，两臂勒紧乙上体并将乙的左臂抱住，然后甲主动后倒，同时两腿蹬地发力，用腹部撞击乙腹部，抬头后仰挺胸，当甲后脑部快要着地时，向左转体将乙摔倒在垫上并控制住

（图7-75）。

防守与反攻：当甲要使用此技术时，乙也可提前使用正抱躯干过胸摔进行反攻。甲主动后倒时，乙身体迅速下沉，顺势变抱腰折反攻。

图7-74

图7-75

（2）捧臂过胸摔

甲乙右势互相插捧，甲用左臂将乙的右臂夹在左腋下，用右臂从乙左腋下插出并向上捧，同时甲上右步于乙两脚之间，左脚上步于乙右脚外侧，两膝微屈，右臂猛力向上捧，同时甲主动后倒，两腿蹬地发力，用右侧腹部撞击乙腹部，抬头向左侧后仰挺髋、挺胸、甩脸，发力将乙两脚捧离地面时向右过胸将乙摔倒（图7-76）。

防守与反攻：乙重心下降，身体向后挣脱甲的捧臂。乙双手环抱甲腰，乘甲主动后倒时，乙身体迅速下沉，顺势变抱腰折反攻。

（3）侧面抱躯干过胸摔

甲乙右势站立，先用右手握乙左手腕，用左手换握乙左上臂并向自己左侧方向拉，同时右脚上步于乙的左脚后，从乙身体左侧用两手臂将乙左臂和躯干一同抱住，屈膝并发力蹬腿，挺腹后仰，向右后方后倒（成桥），将乙向后摔倒（图7-77）。

防守与反攻：乙迅速用左手握紧甲的左臂并向前折，趁势转体使用单臂背技术摔倒甲。

（4）后抱腰过胸摔

甲利用接臂转移或潜入转移之机转到乙身后抱住乙腰，两膝微屈，降低身体重心，两臂勒紧乙腰部,甲主动后倒,同时两腿蹬地发力,用腹部撞击乙臀部,后仰抬头挺胸、挺腹,将乙仰面摔倒(图 7-78)。

防守与反攻:甲要利用接臂转移或潜入转移时,破坏甲的动作使甲不能绕到乙的身后。甲绕到乙的身后时,乙要快速降低身体重心,趴在垫上。

图 7-76

图 7-77

图 7-78

（5）锁双臂过胸摔

甲乙互相插捧，甲让乙用双手环抱住自己胸部，甲趁机用双臂从其外侧经腋下插入其胸前用双臂锁夹乙双臂，自己两手可搭扣，上右步于乙两脚之间，左脚跟步（或左脚上步于乙右脚外侧），两膝微屈，紧接着主动后倒，同时两腿蹬地发力，用腹部撞击乙腹部，抬头后仰挺胸，当甲后脑部快要着地时，向左转体将乙摔倒（图7-79）。

防守与反攻：在甲使用此技术时，乙要迅速降低身体重心，并挣脱掉甲双臂的夹抱。另外，乙可使用抱腰折技术反攻甲。

图 7-79

4.抱绊腿摔法

（1）抱单腿压摔

甲乙右势站立，甲上右步于乙两腿之间，左脚跟步，双手握抱乙左大腿向上提拉，左脚向右后方撤步，左手下滑握抱乙左脚跟，身体向左侧侧倒，用肩向下压对方膝部，使得身体向左侧倒下，将乙压倒（图7-80）。

防守与反攻：被抱住腿后，乙转身蹬腿逃脱。在甲抱腿枕压时，乙左转身体同时左腿骑于甲身上。

图 7-80

（2）穿腿前摔

甲右势站立，左手紧握乙右上臂（或用左臂向上架起乙的右臂），上右步于乙两腿之间，左脚跟步（也可屈膝跪地），同时左手向左后下方拉乙右臂，头潜入乙右腋下，右手从乙两腿中穿过抱住乙右大腿根处并向上撩，蹬两腿，低头将乙摔在自己身体的前方（图7-81）。

防守与反攻：当甲钻进时，乙及时后撤腿，同时身体向下压。

图 7-81

（3）抱双腿前摔

甲乙右势站立，甲上右步于乙两腿之间，左脚跟步，同时两臂分别插向乙的左右大腿外侧，并环抱乙腿部，同时胸部与乙的腿部贴紧，向上扛起乙，两臂环抱紧乙两腿，身体左转，向左前屈体和两膝弯曲，向下摔倒乙。在乙仰面倒下的同时，甲向乙左侧移动，而两手抱甲左腿继续向上提拉，使乙双肩着垫（图7-82）。

防守与反攻：当甲抱双腿时，乙向后蹬双腿，同时身体向下压甲，迫使甲放弃。

图 7-82

（4）夹颈挑

甲乙右势站立，甲左臂将乙右臂夹在腋下（或用左手握乙右臂），右手（臂）握乙颈部，上右步于乙右脚前，左脚背步于乙左脚前，转体填腰，降低身体重心，将右腿放在乙右腿外侧，同时右手向下夹压乙颈部，左手拉，向左甩脸，右腿上挑乙右腿，身体向左前方转动将乙摔出，并控制住乙于垫上（图7-83）。

防守与反攻：当甲转体时，乙身体下沉，抬头挺髋，同时两手抱甲腰部，蹬腿将甲抱起并向侧或向后摔倒。

图 7-83

（5）内勾腿摔

甲乙互相插捧，甲双手用力向自己方向拉乙，同时右腿从乙两腿内侧向外勾乙左腿，同时上体向前撞击乙胸腹部，将乙摔倒在垫子上（图 7-84）。

防守与反攻：身体前压，乙向后快速后撤左腿。当甲伸右腿从内侧勾乙时，乙用左腿从外侧勾住甲右腿，并向左前方压扭。

图 7-84

（6）搂腰扫腿摔

甲乙右势站立，互相插捧，甲上右脚于乙两脚间，将乙右臂圈在内并使自己两手搭扣，两臂勒紧的同时用左腿从外向内横扫乙右腿，将乙摔倒（图 7-85）。

防守与反攻：乙身体向后，两臂前顶，挣脱甲的搂抱。

5.抱折摔法

（1）抱单臂折

甲乙右势站立，互相插捧，甲用左臂将乙右臂夹在自己左腋下，用右手换握乙右上臂，成两手握抱乙右臂，然后向右后方用力引牵乙（目的使乙向甲的右后方移动），双手突然向左前下方用力，使整个身体向下折乙单臂，使乙来不及调整身体重心而向后摔倒成仰卧姿势（图 7-86）。

防守与反攻：当甲使用抱单臂折时，乙一方面尽量保持身体重心，另一方面用另一只手环抱甲腰部，使用接臂转移。

图 7-85

图 7-86

（2）抱腰折

甲乙右势站立，互相插棒，甲右臂插进乙左腋下向上棒，身体突然向下沉，左手插进乙右腋下并与右手搭扣（或从外将乙左臂一起抱住），上右步于乙两脚之间，左脚跟步，将右侧脸部紧贴乙的胸腹部，两臂环抱乙腰部并用力向前勒腰，头向前下方用力，将乙折成仰卧（图 7-87）。

防守与反攻：当甲抱腰时，乙快速降低身体重心，同时转体使用夹颈背摔。当甲抱腰时，乙立即使用抱单臂过胸摔。

图 7-87

# 第八章　休闲体育之民间体育习练指导

## 第一节　风筝

### 一、风筝概述

风筝是人们以重于空气的物质材料,经工艺美化制成的体积、重量、形状各异,利用自然的空气动力,不使用任何机械动力和电力能源于地面或水面,由人工操纵牵引的飞行器。风筝是一项在世界各国广泛开展的休闲娱乐活动。中国是风筝的故乡,中国风筝已有两千多年的历史。早在12世纪时,中国的风筝就已经传到了西方,从此,风筝这项古老的活动在各国的发展中形成各具特色的风筝文化。

我国的风筝起源于2 000多年前的春秋战国时期。当时因为战争的需要,人们以鸟为形,以木为料,制成可在空中飞行的"木鸢"。随着我国丝织业和造纸术的发明,风筝也不断演变、发展。唐朝建立后,由于采取了缓和阶级矛盾、安定社会秩序、减轻人民负担、发展经济生产等一系列措施,社会很快走向安定和繁荣,成为我国古代文化经济全面发展的时期。社会的安定、文化经济的发展,带来了中国传统节日的盛行。五代时期,亳州刺史李邺在纸鸢上装制竹哨,风入竹哨,声如筝鸣,风筝之名由此而来。宋代城市文化经济的繁荣,民间手工业的兴起,传统的节日风俗的提倡,为风筝的发展和成为节日的娱乐活动提供了良好的条件。因此宋代成为我国风筝的发展阶段。明代以前,我国民间放风筝的习俗,主要流传在南方广大地区。清代,放风筝之戏在我国普遍兴起。清末,在内容、题材上,我国传统风筝都有了较大发展。风筝造型新颖,形式和内容更加新鲜,吸引了成千上万的民众观看放风筝,为我国风筝的发展开辟了广阔的道路。在山东潍坊,风筝运动极为兴盛,潍县风筝艺人扎制出的"龙头蜈蚣风筝",从形式到内容,符合广大群众的文化心理和审美观点,加之其精湛的扎制工艺、别具特色的绘画艺术和最佳的放飞效果,被称为潍坊传统风筝一绝,受到中外风筝爱好者的好评。

风筝有很多种分类,按风筝的大小可以分为:巨型风筝,指一切大型风筝。例如,我国的"板门鹞"以及日本人在1936年制作的重达八吨的大风筝等;微型风筝,指一切最小的风筝。例如,我国的小沙燕"掌上仙";日本只比邮票稍大一点的小型江户风筝;中型风筝,一般以风筝的最大宽度来划分各种尺寸不同的风筝。

按风筝的形象可以分为:鸟形风筝,如鹰、燕、鸽、雁、鹦鹉、凤凰、海鸥、仙鹤风筝等;虫形风筝,如蜻蜓、知了(蝉)、甲虫、蝴蝶风筝等;水族风筝,如金鱼、鲶鱼、双鱼、蛙蟹风筝等;人物风筝,如孙悟空、飞天、胖娃娃、老寿星、散花天女等神话故事人物风筝等;字形风筝,如双喜字风筝,福、寿字风筝等;器皿风筝,如花篮、扇子、钟、宫灯风筝等;其他变形图案或几何图形风筝,如瓦片、屁股帘、八卦、五角星以及江南的六角形风筝等。

按风筝的构造可以分为:硬翅风筝,如沙燕等是用上下两根横竹条做成的翅膀构架;软翅风筝,如鹰、燕等是用上面一根竹条做成的翅膀构架;拍子风筝,如脸谱风筝、双鱼风筝、青蛙风筝、钟、鼎、蝉风筝等;直串风筝,如蜈蚣、串雁等串形风筝;平挑风筝,如双燕、双鸽等横向并行排列的风筝;软风筝,没有骨架或只有很少纵向骨架,靠风的压力而形成的风筝;桶形风筝,由一个或多个圆筒或其他形状的筒组成的风筝,如宫灯就是桶形风筝的一种。

此外,风筝还可以有很多种分类方法,这里不再一一介绍。

放风筝是老幼皆宜、健康身心的休闲娱乐活动。它既能就地取材、简易制作,也可以精工细作,显示不同民族的工艺水平和艺术构想。近年来,由于放飞技术的发展,风筝日益成为竞技性很强的体育活动。当今放风筝活动在对外文化交流、发展经济和旅游事业中发挥着重要作用。

## 二、风筝技术习练指导

### (一)起飞

#### 1.根据风筝大小放飞

(1)大型风筝的起飞

由于大型的风筝体积较大,不便于一个人放飞,需要一个助手帮助,这时,一个人拿住放飞线,另外一人在远处十几米或几十米以外,迎风而站立。待有风吹来之时,提线之人发出信号,拿风筝的人将风筝往上一举并松开手,而提线的人顺势收线。这时风筝就会迎风而起。

(2)中小型风筝的起飞

中小型风筝可以一手持线轮,一手提住风筝的提线,等到有一股来风之际,乘势将风筝放出,由于有人身体对风的影响,需要不断地边抖边放,克服风的扰流影响。风筝左偏向左甩线;风筝右偏向右甩线。

#### 2.原地放飞风筝

如果风速合适,又有一定的放飞经验,可以在原地放飞风筝,这种方式是中国民间常用的方法。有人称之为"采提之术"或"提带之法"。

### (二)上升和操纵

风筝起飞以后,就要通过一系列的方法和技巧,来使风筝尽快地上升,并且达到一定的高度。这里重点介绍以下两种技术方法。

#### 1.原地操控和提升风筝

原地操控和提升风筝是最理想的放法,即放风筝的人站在原地不动,只靠机动灵活地收放线,用手操纵风筝,把它放上去。具体来说,可以将原地放风筝时风筝的爬升过程分为三个阶段,具体如下。

(1)风筝起飞后,先用持线的手向后拉线,由于增加了风筝与迎面气流的相对速度,所以风筝会上升一段。

(2)慢慢地松线,这时风筝会略有下沉,但不会下降很多,然后再一拉线,使风筝上升一段。

(3)采用一拉一松的方法使风筝上升一段以后,再以适当的速度放线,这时风筝会后退,并稍稍下沉,然后再反复收放线,使风筝又上升一段。

2.跑动操控和提升风筝

放风筝的必要条件是要有一定的风速,风速太小或放风筝经验还不足的人,不跑是很难把风筝放上去的。在跑动中操控和提升风筝的技术方法具体如下。

放风筝的人在跑动过程中一手持线,一手持轮。要侧着身体跑,不时向后看着风筝的情况,决不能低头猛跑,不看风筝。也不能只看风筝,而向后退着跑。这种方法主要适用于放风筝的初学者和技术水平较低者。

此外,除了放风筝的动作方法要正确,还要注意一定的跑速。要根据实际情况进行适当的调整。跑速决定于风筝上升的情况和手上风筝线拉力的大小。风筝上升快,线的拉力大时,则要放慢脚步;风筝上升慢,线的拉力小时,应增加跑的速度。风筝在空中出了毛病,要跌下来时,必须立即松线、停跑,使风筝自己恢复过来再上升。在风筝上升时要同时以适当的速度放线,放线太快了,风筝上不去,放线太慢了,风筝也升不高,要控制在风筝能稳定上升的速度放线,使风筝向上不断爬高。

### (三)不稳定飞行的调整

1.风筝偏向一侧

风筝始终偏向一侧斜着飞行,调整方法是调整风筝的上提线。如果风筝偏向左侧,可以将上提线向左侧移动一点,直到风筝飞向稳定。每次调整的移动量不宜大。

2.风筝左右摇晃

风筝像醉酒一样,忽左忽右。产生这种情况的原因主要是提线的重心位置靠上。调整的方法是将下提线缩短一点,逐渐调小,不要过多。

3.风筝直往远飞

风筝直往远飞即风筝见远不见高。调整的方法是将上提线缩短一些,或是减轻尾部的重量。

4.风筝扎跟头

风筝扎跟头就是风筝飞起后不久,不等飞行稳定,一遇到风力变化,风筝便一头扎下来,没有返起的机会。产生这种飞行状态的因素较多。调整的方法是将风筝的尾部加重,先不要调整提线,如果不行的话,再进行提线的调整,可将上提线缩短。两种方法试过以后仍然不行的话,说明这只风筝的制作是失败的。补救的方法是在风筝的尾部加上两根细细的线绳即可,这是无奈的办法。

5.风筝旋转

风筝旋转就是风筝放起后还未稳定,就像风轮一样边转边往下飞去。如果风筝放飞以后出现这种情况,可以肯定地说,这只风筝制作已经失败。简单的补救方法是在尾部加上细线作为风筝的尾巴。

6.风筝前飘

风筝前飘就是风筝表现为线上无力,稍微一拉提线风筝就会顺势往下飘去。调整方法是将下提线缩短。

# 第二节　拔河

## 一、拔河概述

拔河作为我国民间广泛流传的一项传统体育活动,有着悠久的历史。相传,拔河运动始于春秋战国时期楚越两国水军交战时,鲁国的工匠设计了一种称"钩强"的兵器,用于阻挡和钩住敌船,而在阻和钩时需要战士具有强大的力量,因此,当时把钩强对拉作为军事训练的重要内容。随着历史的发展,这项军体运动逐渐演变为一项民间的体育娱乐活动,有的地区还形成了一种习俗,每逢佳节就用"牵强"之戏来进行庆贺。唐朝时,将这一游戏改称为"拔河",当时用的是四五十米长的粗大麻绳,绳索两头分别系有数百根小绳,每一根小绳由一人牵拉。这项运动在唐代宫廷和民间都很流行,据《全唐诗话》中记载:"唐中宗李显于景龙四年三月一日清明,幸梨园,命侍臣为拔河之戏。"《资治通鉴》中记载:"景云元年春,上御梨园球场,命文武三品以上抛球及分朋拔河。"这些记载表明,我国古代帝王公卿、达官显贵均以拔河取乐。开元年间,在宫中曾多次举行拔河比赛,唐玄宗为此做诗助兴。在薛胜《拔河赋》中称"皇帝大夸胡人,以八方平泰,百戏繁会,令壮士千人,分为二队,名拔河",详尽地描绘了拔河比赛的壮观场面。另据文献记载,唐中宗李显还组织过女子拔河比赛,这充分说明了唐代社会的开放和妇女地位的提高。据《观拔河俗戏》记载,武则天在宫廷中举行拔河比赛,人数之多、规模之大为历史罕见。

拔河不仅成为宫廷中的主要娱乐活动,而且在民间也得到广泛流行,民间称拔河为"俗戏",这种游戏自古就有双重意义,一是用来训练军士的体力和意志,二是用来祈求丰收。春季是一年农事的开始,人们常在这个季节举行不同形式的拔河游戏以祈求农业丰收。据《隋书·地理志》记载:"钩初发动,皆有鼓节,群噪歌谣,震惊远近。俗云以此庆胜,用致丰穰。其事亦传于他郡。"反映出民间举行拔河时的热闹欢腾、欣欣向荣的景象,正是由于拔河具有增强体质、培养意志的功能和庆祝、祈求丰收的含义,故为人民所喜爱。

拔河的形式多种多样,有两人对抗,也有多人对抗;有徒手对抗,也有利用器械进行对抗等。现在,我们通常所说的拔河是指多人平均分成两队进行的徒手对抗。比赛时,参赛两队的人数必须相等,按事先确定的方位分别站于绳的两端,并握好绳,此时,绳的标志带应垂直于中线。待裁判员鸣哨后,两方各自一起向自己的方向用力拉绳,以一方把标志带拉过自己一侧的河界为胜方。

拔河运动具有较强的健身性、娱乐性,同时又不受时间、季节、场地、器械等影响,因此便于开展。参与此项活动既能增强力量、耐力、灵敏、灵巧等身体素质,又能培养顽强拼搏的意志品质和集体主义的优良作风。

## 二、拔河技术习练指导

### (一)握绳

一种是手心朝上,另一种是两手心相对,不论采用何种握法,都必须握得紧,能用上劲。两手握绳后,两臂弯曲,向内收紧,靠绳一侧的腋窝夹住绳子,上体靠向绳子,使力量集中于一处,嘴紧闭,臼齿咬着,从头到腰基本保持一条直线,两膝稍屈,身体下沉。

### (二)站位

一种是八字步,两脚稍分前后站立,一般是哪个腋下夹绳,哪只胳膊弯曲在后,同侧腿是主要的,稍在后,两脚跟相距约一拳,两脚尖分开成八字,脚掌抓地,脚跟和脚的外沿用力,两膝微屈,以便起动时向后用力。另一种是丁字步,两脚前后成丁字站立,前脚跟与后脚弓相距约一拳,前腿自然伸直,后腿稍屈膝,重点用力在后脚上,这种站法适合于快速进攻。

### (三)身体姿势

起动后蹬腿、挺腰、仰头、全身向后用力,形成 45°左右的倾斜直线。使握绳、夹绳、蹬脚的地方和身体用力的方向,要同拔河绳基本上保持在一个垂直面上,保证全队的力量都集中到拔河绳上,形成一种直线向后的强大力量。

### (四)队员排列

拔河队员的排列要注意到便于集中并发挥全队的力量,保证绳子不起伏、不摇摆、不偏斜。队员站位有单边站和两边站,一般采用两边互站,一边站一个方法较好。前后两个人的距离以10～20 厘米为宜。如果本方队员身高及力量差异较大,一般采用身高力量较大的反应快的排在前面作先锋,也需选几个在后面做后桩。排首力争稳住阵脚有灵敏反应及时为全队采取相应措施;排尾选手要保证全队向一个方向用力,不左右摇晃。

### (五)起动

拔河过程中,争取主动很重要,特别是起动时,一定要拉在对方的前面,在裁判员发出开始信号后,全队立即起动猛力蹬地,使全队力量拉着绳子猛向后挺,合成一股力量猛然迸发出来。全队在比赛中要始终形成一个动作,使绳子像一根棍似的穿过每个队员的腋下。

### (六)指挥技术

拔河时要有一个指挥员,负责鼓舞全队的斗志,指挥全队的行动,根据比赛中的情况,果断采取对策,因势利导,夺取胜利,常用的指挥方法有号子指挥、手势指挥等。

1.号子指挥

喊号子,以旗子或两手进行配合,喊的号子一般有"一、二、拉!""一、二!""拉—拉!""拉!拉!"。这四种号子中,第一种预备时间最长,第二种次之,第三种预备时间最短,第四种是快攻时喊的号子,基本上没有预备时间,一直是拉。

2.手势指挥

指挥员站在队排头的侧前方,背向本队,眼看对方,两手伸向背后,用手势进行指挥。一般采用的手势为:握拳表示准备,张开表示拉,两手握拳表示坚持或刹住。

3.混合指挥

混合指挥就是没有什么固定的指挥方法,根据需要运用各种指挥方法。

# 第三节　秋千

## 一、秋千概述

秋千也称"荡秋千""打秋千",属于少数民族传统体育项目,有着悠久的发展历史。在我国北方地区和西南少数民族区域比较流行这项活动,在我国朝鲜族、满族、蒙古族、白族、壮族、苗族、哈尼族、阿昌族、维吾尔族等少数民族地区的秋千活动已经成了节日里固定的活动项目。

目前常见的秋千可以分为两种。一种是以朝鲜族秋千为代表的单一踏板秋千;另一种是南方少数民族地区常见的圆形多个踏板秋千,如"八人秋""轮子秋"。

荡秋千活动在我国具有悠久的发展历史,《古今艺术图》记载:"秋千,北方山戎之戏,……齐桓公伐山戎还,此戏始传中国。"秋千在春秋时代已有出现,也有相传是汉武帝为求千秋之寿而逐步形成的游戏。荡秋千风俗曾盛行唐宋,唐代有《秋千词》说:"长长丝绳紫复碧,袅袅横枝高百尺。少年儿女重秋千,盘巾结带分两边……"到了明清仍有其游戏可见,《济南府志·风速考》说,"清明,插柳、簪柳、妇女归宁作秋千之戏"。秋千也曾是宫廷中的一项娱乐活动,刘若愚的《酌中志·明宫史》说:"三月初四日,宫眷内臣换罗衣。清明,则'秋千节'也,戴柳枝于鬓。坤宁宫后及各宫,皆安秋千一架。"后来,最初在宫廷仕女中所流行的秋千,慢慢传至民间。

新中国成立后,荡秋千成了一种群众性的娱乐体育活动,得到了迅速发展,且已成为我国传统体育的一项竞赛项目,它在朝鲜族荡秋千的基础上进行规范,制定了较为完善的竞赛规则,并且保留了传统习俗,只限女子参加。1982 年,在内蒙古呼和浩特举办的第 2 届全国少数民族传统体育运动会上,朝鲜族秋千作为表演进行了展示,得到了观众的好评。此后,秋千技术和运动成绩也有迅速提高。1986 年,新疆举办的第 3 届少数民族传统体育运动会将秋千列为正式比赛项目。

秋千运动要求人站立在秋千踏板上不断地做蹲起的动作,从而获得动力,使整个秋千在空中形成钟摆式的摆荡运动。因此,运动具有强度大、升空高、速度快、弧线往返等十分显著的特点。在运动形式方面,秋千系以悬挂点为圆心做周期性的钟摆式圆弧运动,一个周期要完成两次站起和两次下蹲的动作,而且,站起是在接近最低点时开始,按照单摆运动规律,这时运动速度最大、惯性离心力最大,站起需要克服的阻力很大。下蹲是在摆至最高点后迅速完成,人需要克服高空运动的恐惧感。在身体动作方面,下肢需要反复做猛力站起和迅速下蹲的动作,站起时肌肉做远固定向心性收缩,需要强大的爆发力,下蹲时肌肉做退让性离心收缩。上肢则需要配合反复做屈臂引体向上的动作,肌肉也是做远固定向心性收缩,同样需要强大的爆发力。此外,圆弧运动产生的离心力使血液由下肢、下腔回流困难,易造成头部和上肢缺血缺氧,产生头晕、疲劳和全身不适现象。

秋千运动的这些特点使其具有良好的锻炼价值,可以有效提高人体的力量、速度、耐力、平衡、灵敏和协调等身体素质,提高运动系统、呼吸系统、心血管系统、神经系统及前庭的功能水平,经常进行秋千锻炼可以发展腿部蹬力、臂及肩带引力和腕指抓握力,提高全身协调素质。同时,对于提高心肺功能和改善神经系统特别是自主性神经及前庭功能具有较高价值。此外,还能调节情感,培养机智勇敢、顽强拼搏的优良品质。我国一些少数民族至今仍把秋千作为迎春佳节的一项主要体育游戏,许多学校、公园及健身娱乐场所都设有不同高度不同形式的秋千,就是为了开发秋千运动的这些特殊价值。

## 二、秋千技术习练指导

### (一)基本动作习练

1. 单人高度

单人高度动作由出发和预摆两个技术动作组成。

(1)出发

使身体迅速摆脱静止状态,获得向前的最大冲力,为提高前荡高度创造有利条件。出发动作包括准备、预备、起荡三个过程。

①准备

系好安全带,双手紧握秋千绳,将秋千绳向后拖至极限处,然后一只脚用力踏上秋千踏板的一端(踏板腿的大腿尽量抬高,回收小腿),双臂扣紧,背部微弓,眼睛平视。

②预备

听到口令后,将站立支撑脚脚跟上提,以前脚掌支撑,踏板脚向后勾板,重心上提,集中注意力听"哨声"。

③起荡

听到哨声后,将重心从支撑脚移向踏板脚,同时支撑脚迅速向下蹬离起荡台,踏上秋千踏板,深吸一口气。

(2)预摆

要求保持下蹲姿势,臀部后翘,双肩下压,使双臂肌肉形成适宜的伸展拉长,胸部向大腿贴近。全身力量集中在前脚掌和秋千踏板上,双手紧握绳,为随后的加速用力蹬板做好准备。充分利用荡幅,待秋千下落至距秋千柱20°~25°时,两腿积极快速向前有力蹬伸,大腿积极下压。待两腿充分蹬伸后,双手用力拉绳,迅速向前直膝、挺胯,同时将膝关节前送,整个上体前挺贴绳,随着身体重心上移,脚跟迅速上提,挺胸、抬头,身体直立,踝、膝、胯关节充分伸展,上体保持充分伸展的姿势向上腾起,两臂锁肩,两手用力向两侧支撑分绳。到达最高点时,胯由上挺转向后翘,然后,迅速后蹲,胯积极后压,双臂充分伸展下压,全身力量集中在前脚掌,压在秋千踏板上,顺势回落。待落至距秋千柱20°~25°时,大腿、膝关节、双肩积极下压,重心下沉,然后双脚迅速向后勾板,双手用力向后拉绳,顶膝、立胯。身体重心上提,收腹、挺胸、抬头,后脚跟顺势上顶,双肩紧锁,双手用力向两侧支撑分绳。秋千荡至后摆最高点时,臀由向上过渡到后翘,然后塌腰为下一荡出发做好充分准备。

2. 单人触铃

(1)预摆

预摆同单人高度荡法技术动作相同,发力点距秋千柱20°~25°,蹬腿发力、挺胯和勾板回拖。

(2)触铃

在高度较充分的最后一次预摆时,蹬、伸、挺速度稍加快,当胯充分向前挺伸时,重心迅速上提,两臂向身体方向回收拉绳,上体前贴,两臂保持屈肘贴绳姿势,此时不分绳。当身体重心全部落在踏板的一瞬间,踝、膝、胯迅速向上伸展,重心上提,身体突然前腾,整个身体好似压缩的弹簧一样,猛地向前上方弹起,身体稍向前倾,单手或双手触铃。

3. 双人高度

双人高度动作由准备、预备、起荡三个技术动作组成。

(1)准备姿势

两名练习者面对面站好在起荡台上,双手套好保险带,抓住秋千绳,触铃人双手向前抓紧秋千绳,送秋人将脚用力踏上踏板,支撑脚脚跟提起,以支撑腿向后移动,将秋千绳拉至极限处,成单人姿势,脚向后用力勾板,待送秋人站好后,触铃人靠近送秋人站立,双手抓绳支撑,保持秋千踏板的稳定,将一只脚踏上秋千踏板,同样展胯,支撑脚稍提后跟,重心前移,抓住秋千绳,准备好后,注意听预备口令。

(2)预备

听到预备声后,2人将重心上提,送秋人含胸收腹,触铃人挺胸收腹,保持好秋千的稳定,等待哨声。

(3)起荡

听到哨声后,2人同时降重心,使重心从支撑脚移向踏板脚,支撑脚迅速向下蹬离起荡台,踏上秋千踏板。这时,送秋人将臀部后翘、塌腰,2人同时将胯向下压。待秋千落至秋千柱中点时,2人迅速蹬压踏板发力,同时呼气。送秋人蹬板后,用力拉绳,快速送胯、顶膝、挺身,重心逐步上提。与此同时,触铃人双脚用力勾板,双手回拉秋千绳,先将胯向后上方挺起,顶膝、蹬板、挺身动作须配合一致。随着重心的上提,2人同时收腹、挺胸、抬头,使秋千踏板荡上前摆的最高点。此时,2人一齐吸气,为下面的后摆做好充分准备。

(二)**基本技术习练**

1. 荡秋千的基本姿势

日常生活中,常见的荡秋千姿势有坐式荡秋千、站立式荡秋千和半蹲式荡秋千等。

(1)坐式荡秋千

坐在秋千的踏板上,两腿前伸,两臂屈肘,两手紧握秋千绳。摆荡秋千时,两手腕前压、后拉用力,并运用身体与坐板之间的角度来增大预摆的力度。荡秋千时,重心要随着身体的前荡后摆自然移动。

(2)站立式荡秋千

站立式荡秋千是目前秋千比赛中,参赛者普遍采用的姿势。

练习者站在秋千的踏板上,目视前方,屈肘,两手紧握秋千绳,利用腿的蹬力,膝关节稍弯曲,按惯性方向向前摆荡。站立时重心要稳,腿部动作要协调有力。

(3)半蹲式荡秋千

半蹲在秋千的踏板上,两臂屈肘,两手紧握秋千绳,利用屈膝时对木板的蹬力来增加前后摆荡的力度和高度。蹬腿的幅度要大,充分利用身体的重力和腿的蹬力使预摆力增大,蹬腿的时机要掌握在秋千从最高点下降的那一瞬间。

2. 荡秋千的基本技术

从技术结构上分,荡秋千技术由站位、握法、起荡、前摆、后摆、触铃、停摆七个部分组成。

（1）站位

系好安全带后，练习者单腿站立，前脚踏在脚踏板上，后脚提踵用前脚掌支撑在起荡台上，脚、背、颈部自然放松，两臂、两膝微屈，调整好呼吸，向裁判员示意准备起荡。

（2）握法

荡秋千的握法包括：绑系安全带方法、手握绳高度两个部分。

①绑系安全带方法

每条安全带应能承受 100 千克的拉力，安全带由一条宽幅的长布两头打结后连成环状，两头分别套在秋千绳和练习者的手腕上。

②手握绳高度

双手用拇指压住食指和中指，牢牢地握住秋千绳。套上安全带后，手抓握秋千绳的高度一般在胸与髋关节之间。

（3）起荡

听到出发命令后，练习者吸气，双手用力向后向上拉绳，后脚快速用力蹬离起荡台，同时前脚向后上吸提，拉板做"吸板"动作，使身体重心尽量上升，提高起荡瞬间的身体重心高度。后脚蹬离起荡台后，积极上抬与前脚并拢，放置在脚踏板上，人体尽量在脚踏板后缘，屈腿成半蹲姿势。然后两腿用力向前向下蹬，推出脚踏板，同时双手推绳，使身体向下方运动，以获得较大初速度，开始第一次前摆。

（4）前摆

后脚蹬离起荡台后，两脚踏在秋千板上或后摆至最高点时，屈膝，双手向后拉绳，两肩充分拉伸、身体后移、身体重心下降成半蹲姿势，下坠秋千绳；随着秋千绳的摆荡，双腿积极快速地向前下方蹬踏脚踏板，加快秋千的前摆速度，同时，身体重心也随着双腿的蹬伸而继续下坠秋千绳，完成前摆时的第一次蹬伸。接着在秋千绳靠近垂直面之前，双手用力拉绳，两腿屈膝，腰腹用力，使身体重心前移第二次成半蹲姿势；当秋千绳靠近垂直面时，双手用力上拉使双手和秋千绳靠近体侧，双脚的前脚掌向下向后用力蹬板，同时，腰腹用力，向前挺膝、送髋、挺腹、挺胸、抬头屈肘，身体完成挺身起的波浪式动作，当秋千绳前摆至最高点时，身体充分伸展，完成前摆时的第二次蹬伸。在身体将要接近最高点时，两臂用力向体侧打开，完成"分绳"动作，身体积极前移至秋千绳前方，空中形成两臂侧下举直立姿势。

预摆中，当后摆至最高点后，屈膝、双手向后拉绳、身体下降成半蹲，下坠秋千绳，开始完成前摆技术动作，动作要点同第一次前摆要求。

（5）后摆

当人体摆至前摆的最高点后，人体随秋千的回摆，双手紧握秋千绳，两臂由分绳的打开回收至腰侧，双腿屈腿半蹲成空中半蹲姿势；然后，两臂向前上推秋千绳，双腿同时向前上蹬脚踏板，伸肘、含胸、屈腹、屈髋、伸膝、臀部下坐、躯干成弓形，下坠秋千绳，使身体重心尽量下降，形成空中的悬垂举腿姿势。下坠秋千绳，一是减少了阻力；二是对秋千绳产生向下、向后的拉力，因此身体重心的投影点应尽量低于脚踏板和远离秋千绳；随秋千绳后摆，将要靠近秋千架时，双手用力拉绳，屈膝、两前脚掌向下、向后压板、小腿向后回收完成双腿向后的"吸板"动作，成空中上体稍后仰的屈膝半蹲姿势，接着，在接近垂直面时，双手用力向后、向上拉绳，双腿向后蹬踏脚踏板，腰腹同时用力，身体在空中完成挺身起动作；当人体接近后摆最高点时，两臂用力外展，完成"分绳"动作，身体在脚踏板上，秋千绳后的两臂成侧下举直立姿势。

（6）触铃

①单人高度的触铃技术

感觉下一次前摆的高度可触到铃时，在后摆至最高点，加快下蹲和站起的速度，身体快接近铃杆时，髋关节充分前挺，重心迅速上提，两臂向身体的方向回收拉绳，上体前贴，两臂保持屈肘贴绳姿势。当整个身体重心全部集中至踏板的一瞬间，髋、膝、踝迅速向上方伸展，重心进一步往上移，身体适宜前倾，用单手或双手触铃。另一种方法是身体前摆将至最高点时，快速向侧分绳，收腹举腿用双脚触铃。

②单人触铃的触铃技术

单人触铃比赛的触铃技术与单人高度比赛的触铃技术差不多，但是一般不采用用脚触铃的方法。同时，练习者摆荡过程中在能够触铃的前提下，应尽量缩短每一个摆荡周期所用的时间，因此要掌握好摆幅，这样既可以减少人体能量的消耗又增加了触铃的次数。

③双人高度的触铃技术

当下一次前摆有可能触铃时，面对秋千架站立的人（送铃人）要提醒触铃人注意，当双人后摆至最高点时，迅速下蹲和站立，站立后送铃人将身体挺身向前，紧贴对方回收拖绳，将绳拉至身体两侧，当秋千达到最高的一瞬间，快速向前推手发力，整个身体向前上方腾起，将触铃人向前推出碰铃。同时，触铃人用力回拖绳，将身体向上拉起贴绳，到达最高点时感到送铃人向前推动的一瞬间，快速向前支撑绳，两臂伸直，锁肩将身体向后上方运动，身体挺直，稍含胸，下颌微收，头上顶触铃。

④双人触铃的触铃技术

其触铃技术与双人高度的触铃技术基本相同。同单人触铃比赛一样，在保证能够触铃的前提下，注意减少身体能量的消耗，掌握好摆荡的幅度，在规定的时间尽可能多地触铃。

（7）停摆

高度比赛中触铃成功后或触铃比赛中听到"时间到"的敲锣声时，双手抓稳秋千绳，站立或坐在秋板上随秋千绳自然摆荡，当秋千绳的摆动幅度小于 30°时，可以随秋千的摆动惯性跳下秋千跑出场地或等待秋千自动停止后跳下。

# 第四节　抖空竹

## 一、抖空竹概述

抖空竹也称"抖嗡""抖地铃""扯铃"。关于抖空竹的起源，至今也没有较为具体的说法，只是有一些流传较为普遍的传说，我们可以从这些方面来了解抖空竹的起源。一种传说是，在远古时期，玉帝派九天玄女帮助皇帝打败了蚩尤，黄帝为了庆祝胜利，就命令丞相风后依据九天玄女的"乾坤八门旋转阵"的样式改造一种游戏之物。这就是最初的空竹，当时的人们将此物称为"伶伦"，后又误称其为"铃轮"。由这个传说可以得出一个结论：空竹源于太极而成于八卦。另一种传说是，在唐代古都洛阳的南门外住一竹匠，他手艺精湛，名扬百里，并且为人诚实、憨厚，深受乡亲爱戴，人称"编竹老人"。编竹老人膝下一女，生来聪明伶俐。有一天，老人在睡梦中梦到山神之女给他一张竹鼓的编织图，老人就按照图和女儿编制出了山神之女所说的竹鼓，即最初的空竹形象。

抖空竹是我国汉族民间游艺活动之一,在我国有着悠久的历史,并且一直深受人们的喜爱和青睐。在三国时期,曹植写过一首诗《空竹赋》;宋朝的宋江写过一首有关空竹的诗:"一声低来一声高,嘹亮声音透碧宵,空有许多雄气力,无人提挈漫徒劳。"明代刘侗、于奕正更是在《帝京景物略》卷二中详细记述了空钟(空竹)的制作方法及玩法,为后人留下了较为详细的资料。清代坐观老人记述:"京师儿童玩具,有所谓空钟者,即外省之地铃。两头以竹筒为之,中贯以柱,以绳拉之作声。唯京师(指北京)之空钟,其形圆而扁,加一轴,贯两车轮,其音较外省所制,清越而长"(《清代野记》)。

在中国民间,"抖空竹"是中国传统杂技中,以简单小巧、信手可得的物件,练出高超技艺的代表节目。早为宫廷玩物,在古代,年轻女子玩空竹被视为高雅之举,现代年轻女子表演空竹被视为绝妙之技。

发展至近现代,抖空竹活动已经流行于全国各地,在天津、北京及辽宁、吉林、黑龙江等地尤为盛行。1986年,我国的抖空竹曾荣获"明日杂技艺术节法兰西共和国金奖",为中国赢得巨大荣誉。

目前,我国正在大力推行全民健身运动,抖空竹活动成为大众健身活动中不可缺少的重要组成部分,此外,作为非物质文化遗产,抖空竹本身所具有的社会经济价值包括社会和谐和经济开发两种价值,反映了人类文化活动及其成果,具有不容忽视的历史文化价值,是我国优秀的传统文化和传统体育项目之一。

抖空竹有很多分类方法,根据规格分类,空竹的大小尺寸不等,多达几百种规格,其最小的直径才有2厘米,最大的可达40厘米以上,但经常用的空竹(练习或表演)一般都是10~13厘米的。不同规格大小的空竹具有不同的健身功能,小的空竹可练技巧;大的空竹可练臂力,练腰劲,练腿劲。

根据空竹的结构,可以将空竹分为五类,主要包括单头空竹、双头空竹、双轴空竹、地轴空竹、楼子空竹等。单头空竹是一个轴连接一个发声轮。双头空竹是在一个轴的两端各连接一个发声轮。双轴空竹是在发声轮的中心两侧各连接一个轴。地轴空竹是一个发声轮中心贯穿一根棍,另配有一根线绳及一个打孔的竹板。楼子空竹是连接多个发声轮(2个以上),如单轴楼子(目前最多加到九层);双头楼子(目前最多加到12层);双轴楼子(目前最多3层)。

根据空竹制作的原材料,可以将空竹大致分为五大类,即竹木空竹,塑钢、塑木空竹,玻璃钢与木材空竹,塑胶加金属结构的空竹,尼龙空竹。下面做具体介绍:第一,竹木空竹是用粗竹杆与木材这两种材料组合成的,这是最传统的做法。其优点是发出来的声音悦耳好听。缺点是强度差,易损坏,使用寿命相对较短。第二,随着现代科学技术的发展,空竹的制作工艺也相对改善,塑钢、塑木空竹是一种利用新材料,如用ABS工程塑料注塑而成,然后再与金属轴或木轴连接的空竹。其优点是质量较好,不易变形,使用寿命是竹木结构空竹的3倍左右。缺点是抖轴容易松动。第三,玻璃钢与木材空竹中的玻璃钢材料是用环氧树脂和玻璃丝布制作而成。此类空竹的优点是声音洪亮,强度高,韧性好,使用寿命长,一般是竹木结构空竹的3~5倍。缺点是维修相对来说比较困难。第四,塑胶加金属结构的空竹是利用橡胶或是改性塑料制成与金属轴连接。其优点是不易损坏,使用寿命更长。缺点是抖动起来虽然有声音,但是音量很小,和国内此类空竹相比,国外生产的这种空竹根本就没有声音。第五,尼龙空竹是采用尼龙材料制作而成的空竹。其优点是强度高,耐摔,不易变形,使用寿命相对较长。缺点是价格比较昂贵,一般人消费不起。

根据空竹的功能,可以将空竹分为四大类,即练习表演空竹、工艺品空竹、电子空竹、夜光空竹。练习表演空竹是一般规格的空竹。工艺品空竹采用贵重或稀有材料做成。具有两种功能,既可以抖着玩,又有观赏收藏的价值。电子空竹是把电子音乐、彩色灯光结合在一起的一种空竹。抖起来既有彩色灯光,又有音乐。这种空竹多用来做演示。夜光空竹采用注塑工艺,在生产时掺入一定量的荧光材料。常用于夜间抖练,在夜色中空竹的抖动形成不同的线路和图案,十分美观。

在练习抖空竹的活动过程中,可以通过上肢的提、拉、抖、盘、抛、接等动作,下肢的走、跳、绕、骗、落、蹬等动作,腰部的扭、随动作,头部的俯仰、转等动作充分提高身体各部位的协调性和灵活性,长期练习,可做到反应快、动作灵敏,能有效改善心血管系统的功能,是大众在闲暇时间里能够轻松习练的一种有益户外活动形式。

## 二、抖空竹技术习练指导

### (一)预备姿势

身体应面南背北,两脚平行并立,膝伸腿直,二目向前平视;胸腹放松,头顶正直,下颏微收,舌抵上腭;左右手各持抖竿并自然垂于相应体侧。要保证全身放松,神舒体静,心平气和,无任何杂念。空竹放于身前地上,轴尖朝上。在做准备姿势时需要注意的是,全身肌肉要放松,四肢骨节拉开,两脚底板全部着地。另外,还要注意集中意念,保持呼吸均匀。

### (二)起势

以单轮空竹的起势为例,此类空竹的起势有六种之多,这里重点介绍比较常见的三种起势,具体如下。

1.手捻法

练习者左手持双竿,绳套打开。右手拿住空竹的轴尖部位,将发音轮前侧朝向自己从绳套中穿过,并使绳挂住空竹于主绳槽中。右手将空竹从左向右绕过左绳和右绳达两圈后,右手拇指、食指与中指按顺时针方向捻动空竹,使空竹在绳上转动。同时右手接竿抖动空竹,待空竹转动一周绳位正确后则按正常抖法抖动。

2.捞月法

练习者左右手持竿;右手同时用拇指、食指和中指捏住空竹轴尖端;三个手指捻动空竹按顺时针方向旋转;同时将空竹向右前方送出,右手做捞月动作收住空竹并进行抖动。

3.地面拎起法

将空竹轴尖朝上放在地上。由起势的平行步改成右脚向前上一步,右手绳从空竹轴外由左向右把抖绳绕在主绳槽中,使抖绳在主绳槽中绕两圈。右手绳从轴心到抖竿头的距离在10厘米左右。待抖绳绕好后,两手同时用力将空竹从地面拎起。在拎起的同时,左手抖绳缓慢放松,右手竿子逐渐提高,使空竹在绳上开始转动,并有一定的速度。空竹转动后,左手竿子放低,使绳从轴尖边脱下一圈,保证绳在主绳槽中有一圈,而且右手绳在轴向侧,左手绳在发音轮侧,形成交叉状。这时右手徐徐向上拉起,逐步用力,左手随之下送。待空竹旋转平稳后加速,右手竿子用力向右上方挑,左手竿子下垂,两手往返运动,空竹速度升起。在进行这一起势方法的过程中,注意空竹的轴尖应始终对向身体,同时,身体应随空竹的转动向左缓慢转身。

### (三)上竿

上竿是抖空竹的重要技术之一,要求练习者在起势的基础上,保持身体与空竹轴相平行。左手竿将绳子向上垂直拉起,使空竹落于右手竿上进行旋转。待空竹速度缓慢时,右手竿子放下,使空竹从右手竿子上滑到绳上进行加速运动。

### (四)捞月

由起势起动平稳后,逐步调整,使空竹轴与身体平行,发音轮在左。左手竿绳在外,右手竿绳在里,也就是靠近身体前侧。右手竿与身体垂直,左手竿向右前方斜伸。右手竿垂直向上将空竹拉起,同时左手竿迅速向下沉,使空竹脱离绳子至肩高。左手竿由后向上,右手竿由前向下移动,使绳子上下垂直。当空竹开始下落时,右手竿也同时随空竹下移。空竹下落到大腿上下高度时将空竹捞住。

### (五)拉月

拉月在抖空竹中应用得也比较多,具体来说,拉月主要包括单拉月和连续拉月两种技术形式,这两种形式都要求练习者应做到动作舒展大方、连贯均匀、协调完整。

1. 单拉月

练习者在完成起势动作后,身体在原地不动。待空竹旋转一周后,右手绳在外,左手绳在内,发音轮向前,空竹轴尖对着身体,并使空竹的位置处在身体偏左侧。左手竿不动,右脚后撤一步,使身体向右转90°,同时右手竿用力向上拉起空竹划半圆,使空竹随绳从头顶划过,恢复原状。在练习中,还可以用转体的方法,使右手绳在外,左手绳在内。转身时,以左腿为支点,向右转动180°。

2. 连续拉月

当空竹随着拉起落下时,以右脚尖为中心,身体由左向右转动,同时右手再次用力将空竹拉起。连续重复该动作。

### (六)跳绳

练习者在完成起势动作后,使空竹转速提高。空竹转动平稳后,把抖绳由交叉状调为打开状,也就是使空竹轴尖朝外,发音轮对向身体。右手竿头放低,形成左高右低的态势,使空竹两侧抖绳夹角大于90°,空竹在角处旋转,并置于身体左侧。右腿、左腿分别从绳上跳过,脚尖先落地。左脚尖点地,以其为中心,右腿从右向左划圆,转身90°。左手向上将空竹弹起,右手竿将空竹捞住。

### (七)跳跃

练习者在完成起势动作后,逐渐调整身体与空竹的相对位置,使空竹轴与身体平行。右手竿绳靠近身体,右手抖竿垂直向上将空竹弹起,使空竹置于右肩前方。右手竿沿左肩绕过头顶将绳子落于膝盖窝处。两竿竿头相向,与肩同宽,使弹起的空竹自由地落于右绳上。如果做肩跳时,待空竹落于右绳后,可以按左右手交替动作的频率,向前走步。右手将空竹向上带起,并使空竹落于左绳上。左、右手交替向上抖动,使空竹在左手绳和右手绳之间跳来跳去。在左右手交替向上抖动时,左手抖竿向右前下方成 45°,右手抖竿向左前下方成 45°,不能在绳子的上方。结束时,左手或右手向上将空竹提起脱线,做捞月收住空竹即完成跳跃。

### (八)骗马

练习者由起势开始,抖转空竹,按捞月的动作要领将空竹捞住提起,将空竹置于右前上方与肩同高。待空竹开始下落时,右手竿捞住空竹。当右手竿头接触空竹时,抬起右腿。随着空竹与竿的逐渐下落,右腿也相应地抬高。当竿与空竹下落到一定位置(腿绳接触)时,腿向右侧摆动,右手腕同时将空竹向上挑起,空竹从腿下脱绳而出。空竹脱绳后,身体左转,做捞月收住空竹。做左腿骗马时按上述动作抬左腿。

### (九)背翻

以左背翻为例。练习者按正常起势起动空竹时,调整空竹使其在低转速下运行。左、右脚先后从绳上跨过,使抖绳在身后与身体平行。右手用力抖动空竹,使空竹转速提高。在抖动空竹时,为了增加动作的灵活性和观赏性,应边抖空竹边向前走三步,然后再后退三步。同时随空竹的旋转不断调整身体的位置,保证抖绳与轴的垂直。转速提高后,右手向右侧方送,使空竹同绳送出的高度在手臂的下方。左、右手同时向身后左侧运动,带动空竹到身后左侧。左手臂自然弯曲,左手竿头略向上翘,竿随左手臂做顺时针旋转,使空竹从左臂上翻过,这时发音轮朝向左侧。左手臂上抬,带动空竹从绳上垂直弹起脱绳。右手做捞月收住空竹。按照上述动作反复练习。

### (十)背挑

练习者在完成起势动作后,使空竹中速运转。待空竹运转平稳后,调整空竹轴与身体平行,发音轮朝向左侧。右手用力将空竹向上垂直拉起,将空竹置于右前上方与肩齐高。使空竹落于右手竿绳的交接处。左手竿高举,右手竿带动空竹由前向后下落,并经身体右侧移至左臀处。同时右脚向前上一步,上身以尾骨为中心右扭。这时应保证右手手心向上,不得向外。右手腕稍用力向上挑,将空竹经左腰侧向左前方送出。右脚后撤,做捞月收住空竹。

### (十一)背溜

练习者在完成起势动作后,使空竹中速运转。空竹随右手回收到身体前面,使空竹轴与身体平行,右手绳在里,抖绳为打开状。按跳跃动作要领做跳跃动作,右手抖竿向上提,使空竹弹起至腰高。右手绳从空竹轴上向下迅速挂住空竹向背后送,同时身体左转。空竹沿绳溜向左手竿端,然后做成背翻状。左手抖竿带绳向上提,使空竹离绳向上,做捞月收住空竹。

### (十二)背穿

练习者在完成起势动作后,使空竹中速运转。空竹随右手回收到身体前面,使空竹轴与身体平行,右手绳在内,抖绳为打开状。按跳跃动作要领做跳跃动作。使空竹落于右手绳上平稳后,右手竿向后方拉,空竹离绳向后运行(也可以使空竹从右手绳上弹起后,落于右手竿上,右手带竿由左向后转动,使右手竿头在背后朝向左方,空竹顺绳自然地滑向左手竿)。右手抖竿迅速后移,同时身体右转,右手挂住空竹向左方送,空竹顺绳自然地滑向左手竿。这时,空竹的发音轮朝后。空竹到左手竿后,左手向上提起空竹弹起,同时身体左转,做捞月收住空竹。

### (十三)高抛

练习者在完成起势动作后,使空竹中速运转,并将空竹置于身体前方,使空竹发音轮朝向身体,轴尖向外。这时抖绳为打开状。两竿竿头向外,两竿向左右分开并与胸部齐高。左右手用力向外拉伸抖绳,使抖绳像弓弦那样将空竹向上弹起。左手抖竿向左前方伸,同时右手抖竿向上,使眼、竿头与空竹主绳槽在同一直线上。这时左手抖竿较低,右手竿头较高。空竹落于右手抖绳上部并顺绳滑下,两竿放平,快速抖转空竹。

### (十四)沿丝

沿丝,又称"风摆荷叶"、"鲁班拉锯"、"左右翻飞"。主要包括上沿丝和下沿丝两种技术形式,具体如下。

#### 1.上沿丝

以内向上沿丝为例,练习者起动空竹后,当空竹运行到身体右侧时,左手由右向左做拉月动作,将空竹从下向上提起并向左侧运行。当空竹运行到身体左侧时,右手从左向右运行,并带动空竹由左向右运行,反复进行上述动作。

#### 2.下沿丝

练习者按正常起势起动空竹,将空竹转速逐渐提高。当空竹运行到身体右侧后,右手竿由右向左运动,使空竹在抖绳的带动下到达身体左侧,同时左手竿应向右侧摆动,使左右手臂成为交叉状。空竹运行到左侧后,右手竿再急速向右侧运行,使空竹再从左侧向右侧运行,同时左手竿由右向左返回,左右手相背运动。重复空竹运行到身体左右侧的运动,使空竹一左一右往复运行。

### (十五)盘丝

练习者按正常起势起动空竹,使空竹保持中速运行。初学者应将身体左侧与空竹运行路线成45°夹角,即使空竹轴尖对住右腿。右手向左摆动,带动空竹左移,同时将空竹提起从左侧划弧向右前方送去。这时左手竿在上,右手竿在下。当右手带动空竹向右前方送去的同时,左手竿在下由右向左划弧移动,这时右手竿在上,左手竿在下。左右手连续地重复动作,使空竹在竖直平面内连续地进行圆周运动。

### (十六)收势

收势意味着抖空竹动作的完成,抖空竹的收势形式有很多,下面重点介绍直接收势和二郎担山收势两种形式。

**1. 直接收势**

直接收势是大多数人经常采用的一种收势形式,具有直接、果断、简单的特点,通常来说,这种起势主要包括两种做法,第一种做法是将立盘变为平盘,再由平盘改为抖空竹,然后右手将空竹托起,右手竿递到左手,右手直接接住空竹;第二种做法是在套路最后一个招式为立盘丝时,空竹运行到左侧后,做脱绳动作,空竹离绳后从左侧平旋并向右飞移下落,用手接住空竹轴。

**2. 二郎担山收势**

二郎担山收势动作相对较难,具有直截了当、感染力强、形象逼真、效果突出的特点,除此之外,还具有一定的戏剧性,更多的是应用于比赛中。具体做法为,调整空竹平行于身前,发音轮朝左。用高捞月法将空竹向上弹起于右上方,双手同时从前过顶到身后,并左右向外拉直抖绳,好像一根扁担斜放于右肩膀上。用抖绳的右端接住弹起下落的空竹,并保证空竹在绳的中部自由旋转。约 3 秒钟后,将空竹上弹后重新落于绳上。这样不断弹起和接住空竹,同时走步下场。在二郎担山收势中,左右换肩来做,效果更好。

# 第五节 珍珠球

## 一、珍珠球概述

珍珠球,俗称"采珍珠""投空手",是满族中流传的体育项目。据《文献通考》记载,珍珠球作为一种传统体育项目在民间广为流传,距今已有三百多年的历史,现已成为全国少数民族传统体育运动会的竞赛项目。

珍珠球源于古代满族采珍珠人的劳动情景。在古代,居住在松花江、牡丹江以及嫩江一带的满族采珠人将采珍珠的工具——抄网当作游戏器材,并模仿采珍珠的劳动过程发明了"采珍珠"游戏。此游戏最初在河中进行,后来移至陆地上。居住在白山黑水之间的青年男女在采珠之余,欢庆收获之际,用布包、绣球或猪膀胱(充气)代表珍珠,竞相往鱼篓中投,或用抄网将球抄入网中,投(抄)中者预示未来出海时可以采集到更多的珍珠。同时为了表示人们与风浪拼搏的艰险,更将蛤蚌神化,"蛤蚌精"张开贝壳,防卫着珍珠不被采走,于是演变成一种攻防兼备的满族传统体育运动项目。

采珍珠游戏后来发展为满族儿童用内装黄豆的布包进行投接的一种游戏活动。它模仿采珍珠的劳动情景,在活动中用"绣球"象征珍珠,竞相往网中投掷,同时,要有 1～2 人每人手拿两片大蛤蚌壳,用以阻止珍珠进网,不让采走珍珠,于是一种与生产劳动紧密相连的有攻有守的,以跑、跳、传、投为主的体育项目便形成了。随着满族进入辽、沈后分居于北京、河北、内蒙古、新疆等地,采珍珠活动随之也带到了与汉族杂居的地方。

新中国成立后,民族传统体育进入了一个崭新的发展阶段,许多民族、民间传统体育经过挖掘与整理显现出新的活力。1983 年北京市民委组织在京的民族传统体育专家、学者对"采珍珠"游戏进行挖掘、整理、改进,同时参照篮球、手球规则编写出"采珍珠"游戏规则,并正式更名为"珍珠球"。1986 年 8 月 10—17 日在新疆乌鲁木齐市举行的第 3 届全国少数民族传统体育运动会上,北京代表团首次按照新的规则表演了这一项目,受到大家的好评,从而为珍珠球成为全国少数民族运动会竞赛项目奠定了基础。珍珠球运动发展到今天,已成为比赛项目,并制定了《珍珠球竞赛裁判法》,从1990年第4届全国少数民族传统体育运动会把珍珠球列为正式比赛项目起,以后的全国民族运动会上都有此项目的比赛。1991年11月在广西南宁市第4届全国少数民族传统体育运动会上,珍珠球首次作为正式比赛项目顺利亮相,有来自全国的10支代表队参加了比赛。此后,珍珠球运动在全国迅速开展起来。

珍珠球运动具有以下三个方面的主要特点。首先,珍珠球比赛在水区的运动类似于篮球和手球,要求运动员跑、跳、运、传、射。同时,由于持网人位置不固定,要求水区的练习者和得分区的练习者要密切配合,所以从某种角度上讲比篮球、手球的比赛更加变化多端和激烈。其次,珍珠球比赛得分的入球点并不像篮球、手球得分的入球点那样固定,而是在不断地变化着。一方面,抄网队员活动区域大、活动范围广。他可以在0.80×15米区域及以此区域任何一点作为起跳点向端线和边线外起跳抄球得分;另一方面,持拍队员的活动范围则受限制。如持拍队员身体的任何部位(含器械)不得接触封锁区以外的地面,不得将身体(含器械)的任何部位越过得分线进入得分区内,造成珍珠球比赛易攻难守的情况。珍珠球比赛攻、防对抗的不平衡性表现出此项运动的不完善性,因为一个集体项目攻、防对抗的不平衡,在一定程度上影响了该项运动的普及和推广。最后,珍珠球的基本技术和战术可以借鉴篮球、手球运动,并根据珍珠球比赛的自身特点加以提高和精练。

珍珠球运动的锻炼价值也主要体现在三方面。首先是娱乐性和观赏性。珍珠球运动由于其场地器材比较简单,比赛竞争激烈,可操作性和观赏性都比较强,有一定篮球和手球运动基础的人很快就能够进入角色,因此,深受接触过此项运动的人士喜爱。其次是健身性。珍珠球运动对人的身体素质要求比较全面,需要良好的力量、速度、耐力、灵敏素质和弹跳力。因此,通过参加此项运动,能够增强呼吸和循环系统的功能,提高速度、弹跳及力量素质。最后是科学性。珍珠球运动发展到今天,已成为一些普通院校公共体育课的选修课的内容。其独特的运动形式能够提高人的观察、判断、反应和协作能力,培养参加者勇敢顽强的意志品质和集体主义精神。

## 二、珍珠球技术习练指导

### (一)传球技术

1. 传球技术解析

传球是珍珠球运动中进攻队员之间有目的的转移球的方法,传球的好坏直接影响比赛的成绩和团队配合的质量。下面介绍两种常用的基本传球技术:单手肩上传球和单手体侧传球。

(1)单手肩上传球

单手肩上传球是珍珠球比赛中最基本的一种传球方法,具有迅速有力的特点,在不同距离、不同方向、不同位置均能运用,与射球结合运用得好,能具有较强的攻击性,可运用于快攻长传和外围转移球。

单手肩上传球的具体动作方法是两脚前后开立,两膝微屈,重心落在右(后)脚上,左肩侧对传球方向,右手持球于体侧。准备传球时,右手将球由下向后引至肩上,掌心对着传球方向;传球时右(后)脚蹬地,重心前移并向左转体,以肩带肘,向前挥臂,在球即将离手的瞬间屈腕,用食指、中指、无名指的力量将球传出。

（2）单手体侧传球

单手体侧传球也是珍珠球比赛中基本的传球方法，具有出手快、动作幅度小，便于突破时与其他射球技术结合运用的特点，能创造良好的进攻机会，多用于外围转移球及供内线球。

单手体侧传球的具体动作方法是两脚前后开立，两膝微屈，重心落在右（后）脚上，右手持球于体侧。传球时，利用右脚蹬地，向左转体带动右臂，以肘领先，前臂与地面平行向传球方向挥摆，掌心对着传球方向，最后用屈腕和食指、中指、无名指的力量将球传出。

2.传球技术的练习

（1）原地传球

两人一组，相隔 3～5 米，进行原地传球，反复练习。

（2）行进间传球

两人或三人一组，相互间隔 3～5 米，按顺序练习行进间传球。练习者之间可交换位置，便于各个方位的练习。

（3）四角传球

4 人一组，可站成正方形、长方形或其他任意四边形，按照一定的顺序进行传球练习。

（4）移动传球

可集体进行全场移动传球练习。

### （二）运球技术

运球是珍珠球运动中一项最基本的技术，是持球队员在原地或移动中，用单手连续拍按从地面反弹起来的球。这是珍珠球比赛中个人进攻的一项技术，是实现战术配合和战术目的的重要手段，也是练习者熟悉球性、提高控制球能力和支配球能力的最好方法。通过运球可以提高队员的观察能力、脚步移动的灵活性和全身用力的协调性。

1.运球技术解析

两眼平视，五指自然分开，以肘为轴，手心向下，用力向前下方拍按，球的落点在身体侧前方，球的反弹高度在胸腹之间。如果向前直线运球，拍在球的后上方；如果向左或右变向时，拍球的部位有所改变，要拍在球的右或左侧后方。

2.运球技术的练习

（1）原地运球

根据哨音或手势，做各种方式运球。掌握按拍球的动作和增强手对球的控制能力。如高、低运球、左右手交替横向运球、前推后拉运球以及胯下"∞"字运球、两手同时运两球等。

（2）行进间运球

①直线运球

选定一段距离，从起点运球直线到达终点，距离的远近可根据练习者水平而定。

②绕杆运球

在场地上随机设定几根标志杆，运球绕过每根标志杆，运球速度可越来越快。

（三）接球技术

接球是与传球紧密衔接的重要进攻技术。准确熟练的接球技术,不仅能减少传球失误,而且为顺利完成下一个连续进攻动作做好准备,从而加强个人的攻击能力。

1.接球技术解析

根据来球的部位不同,可分为接胸部高度的球、高球和低球三种,根据接球的手法不同,可分为双手接球和单手接球两种。

（1）双手接球

接球时,两眼注视来球,两臂向来球伸出主动迎球,五指自然分开稍向上翻,手掌向前成半球状,当球触及手指的瞬间,两臂迅速随球向后回收缓冲把球接住,同时保持身体平衡,以便接下一个动作。

（2）单手接球

五指自然分开成勺形,向来球伸出,当球触手后,手臂顺势回收缓冲,然后直接挥臂射球或成单手持球姿势。

2.接球技术的练习

（1）两人一组,原地传接球练习。

（2）行进间两人（或三人）传接球练习。

（3）四角传接球练习。

（4）全场移动传接球练习。

（四）持球突破技术

持球突破是持球队员运用脚步动作和运球技术超越对手的一项攻击性技术。

1.持球突破技术解析

参与珍珠球运动中,需要掌握好突破时机,合理地运用突破技术,既能直接切入得分,又能打乱对方的防守部署,创造更多的攻击机会,增加对手的犯规,给对方防守造成较大的威胁。如能把突破与投球、分球结合运用,进攻就会更加机动灵活,效果更为显著。

2.持球突破技术的练习

（1）原地持球练习交叉步突破和顺步突破的动作。

（2）向前、侧方抛球,然后起动,跳步急停接球后练习不同的突破技术方法。

（3）结合假动作,做不同的突破技术练习,提高运用动作的变化能力和动作的变化速度。

（4）两人一组,一攻一防做原地持球突破。

（五）抄网技术

抄手技术是珍珠球运动中最主要的基本技术之一。珍珠球体积小,抄网队员活动范围大（得分区、端线及其边线以外的空间）,使得水区队员的投球点多面广,方式多样,从而创造了更多的得分机会。但是由于有2名持拍队员防守1名持网队员,所以,水区队员投球的弧度、速度、节奏和球的落点以及抄网队员抄球的时机、角度和抄球点等将直接关系到比赛的胜负。

1. 抄网技术解析

（1）抄平快球

抄平快球时，应掌握好时间差和空间差，向前平伸抄网引导投球队员将球抄中。

（2）抄高抛球

抄高抛球时，采用侧身站立，使抄网面与来球成直角，并抄球的低点；若来球是低弧度球或球的落点在得分区时，采用排球扣球技术抄球的高点。

（3）抄反弹球

抄反弹球时，应与水区队员建立目光和信号联系，使网面朝下抄反弹球。

2. 抄网技术的练习

（1）无防守原地练习

二人一组，一人投不同高度、不同方式的球，另一人练习抄网得分技术。

（2）有防守的原地练习

三人一组，一人投入不同高度、不同方式的球，一人在中间持拍防守，另一人练习抄网得分技术。

（3）移动中抄网得分技术练习

二人一组，在移动中，一人投球，一人练习抄网得分。

（4）有防守的移动抄网得分技术练习

三人一组，在移动中，一人投球，一人持拍封锁防守，另一人练习抄网得分技术。四人一组，在移动中，一人投球，两人持拍封锁防守，另一人练习抄网得分技术。

## （六）防守技术

防守对手是指防守队员合理地运用各种防守动作，积极抢占有利位置，阻挠和破坏对手进攻，以争夺控制球权为目的的动作方法。在比赛中，它与进攻技术有着同等重要的作用。因此，重视个人防守技术的训练，提高个人防守的能力，有利于促进集体防守与进攻技术、战术的学习与提高。

1. 防守技术解析

封锁区队员防守应侧身站位，多采用滑步、交叉步和侧身跑技术，将抄网队员置于 2 名持拍队员之间，当来球弧度高、速度快时，采用单拍上捅方式改变球的路线，破坏对方抄网。当来球弧度平时，用双拍封挡、夹接球。另外，2 名持拍队员要注意配合，组成更大的防守面积；当 1 名持拍队员防高点时，另 1 名持拍队员防低点，在规则允许的范围内影响抄网队员的视线；当 1 名持拍队员防前点时，另 1 名持拍队员防后点以及防止持网队员反跑抄球。

2. 防守技术的练习

（1）防守无球队员的方法。

（2）两端线间一攻一守的攻防练习。

# 第六节 毽绳运动

## 一、毽球运动

### (一)毽球运动概述

毽球运动是从我国踢毽活动发展而来的民族传统体育项目。我国踢毽活动源于汉代,盛于六朝、隋唐,至今已有 2 000 多年历史。宋代高承著《事物纪原》一书记载:"今日小儿以铅锡为钱,装鸡羽,呼为鞋子,三五成群走踢,有里外兼、拖抢、耸肩、突肚、佛顶珠、剪刀、拐子各色……"在南宋的都城临安(今日的浙江杭州)踢毽子曾风靡一时。《武林旧事》载:"以经营毽子为食者,则有数十家之多……"可见当时踢毽子是何等普及。明清时,民间的踢毽水平已相当高。清代阮葵生著《客余茶话》记载:"千态万状,高下远近旋转承接,不善铢黍,其中套数家门凡百十种。"《帝今岁时记胜》记载:"手舞脚蹈,不少停息若首若面,团转相帮,随其高下,动合机宜,不致堕落……"

踢毽子在我国近代也很盛行。陈忠著的《文华书院的体育活动》中对武汉文华书院 1899—1900 年间学生活动的描述:"晚饭后,操场里呈现生气蓬勃的景象。这儿一组学生在踢毽子,他们用脚板把毽子踢到高空中,或者用手甚至用脸来接毽子……"。1947 年广州市的三轮车工人闲暇时以绳代网,进行隔网对抗的踢毽"网毽"比赛。

解放后,广州市体委制定出《网毽竞赛规则》。随后,全国各地迅速推广网毽运动。1984 年国家体委有关部门进一步对"网毽"运动进行挖掘、改进,逐步完善了毽球竞赛规则,正式将"网毽"定名"毽球",并列为国家的比赛项目,定期举办全国毽球锦标赛、全国职工毽球赛、全国甲级联赛及全国大、中、小学生毽球比赛等。1995 年国家体委、国家民委正式将毽球列入全国少数民族传统体育运动会竞赛项目。1996 年将毽球正式列入全国农民运动会竞赛项目。2012 年,第 7 届全国农运会在河南南阳举行,各地毽球队员踊跃参与,促进了毽球运动的传播与发展。

毽球运动具有如下几个特点。

(1)普及性。人们可以随意控制踢毽子的运动量,可依据自己的体能来确定运动量。毽球运动不会与人争抢冲撞。不受场地限制、占地小、器具简单、投资少、男女老少都可参加。毽子的踢法多种多样,有单人踢、双人踢、多人踢;有正踢、反踢、交叉踢等。踢毽子寓游戏于运动之中,只要玩得开心,合理掌握运动量,不但能够达到强身之目的,还能享受到其中的乐趣。

(2)群众性。男女老少都适合踢毽子,只要利用点滴时间就可进行这项运动。老年人和慢性病患者,可以通过踢毽子锻炼身体,但不宜选择不十分激烈的动作进行练习。老年人腰腿不便是常见的慢性病,踢毽子基本在于腰腿,如经常适度踢毽,对舒筋活血、益寿保健,有一定的效益。

(3)融合性。毽球运动融入了足球的脚法、羽毛球的场地和排球的战术,因此踢毽运动有利于提高其他体育项目的运动技术。踢毽子与踢足球有很多共同点,如果把它作为足球训练的一种辅助练习,是有价值的。踢足球和踢毽子都是利用足内侧、足外侧、正脚面来控制,同样需要踝关节、膝关节和髋关节的灵活协调。踢毽子的接和落都要给予缓冲,这有助于加深青少年足球练习时对接传球的体会。

参加毽球运动锻炼,有利于强身健体,踢毽子对身心健康非常有益。踢毽子时主要是下肢运动,用腿和脚做踢、接、落、跳、绕等动作,使下肢的关节、肌肉、韧带得到充分的锻炼,但同时对全身的影响也很大。毽子的跳踢,不但要跳,腰部的动作、上肢的摆动也同时完成。连续跳踢数十次,可使心率增加到每分钟 160 次左右。由此可见,踢毽子是一项全身运动,活动量很大,有时甚至还很激烈。经常参加踢毽子运动,不仅可以使下肢肌肉变得有力、韧带富有弹性、关节灵活,而且可以使心肺系统得到全面锻炼,促进血液循环,帮助肠胃消化,还能调节视力。通过健身运动,在促进身体健康的同时,人的心情也会随之变得开阔,注意力变得集中,对生活和学习的态度也会发生转变,对心理健康有一定的促进作用。

**(二)毽球技术习练指导**

1. 准备姿势与移动

准备姿势与移动是毽球的基本技术,对其他各项技术的运用起串联和纽带作用。准备姿势与移动是相辅相成的:准备姿势是为了更好的移动,而快速的移动是以准备姿势为基础的。

(1)准备姿势

准备姿势是指毽球活动中,练习者在起动、移动和击球前的身体姿势。根据两脚开位的不同,可以将准备姿势分为两种,即左右开立准备姿势和前后开立准备姿势。

①左右开立

两脚左右开立,略比肩宽,两膝弯曲,上体前倾,微微提踵,重心在前脚掌,两肩的垂直面超过膝部,两臂自然弯曲放在体侧,全身肌肉适度紧张,双目注视来球。

②前后开立

两脚前后开立与肩同宽,两脚尖正对前方,后脚跟稍提起,膝关节保持一定的弯曲。上体稍前倾,重心靠前,两臂放松,自然弯曲置于体侧。全身肌肉不宜过分紧张,应适当放松,两脚保持微动状态,两眼注视来球。

(2)移动技术

移动是指队员从起动到制动之间所采用的身体位移方法,使用最多的是两三步的短距离移动。最常用的移动步法主要有左右滑步、前上步、后撤步、跨步、跑步、并步、交叉步、转身等多种。

①左右滑步

左右开立准备姿势,左(右)脚用力侧蹬,重心侧移,同时右(左)脚向侧迈出,左(右)脚迅速蹬地滑动,跟随右(左)脚移动,可连续滑步。

②前上步

前上步或斜上步时,踢球脚蹬地,支撑脚向前或斜前方迈一步,踢球脚跟上,成踢球准备姿势。

③后撤步

后撤时,支撑脚向后蹬,重心后移,同时踢球脚向后迈出一步,支撑脚跟上,成踢球准备姿势。

④跨步

支撑脚向前或斜前方蹬地,重心降低前移,击球脚沿地面跨出,插入球下成救球姿势,两手臂自然摆动保持身体平衡。该动作一般多在来不及移动或快速移动后衔接使用。

⑤跑步

当球的落点距离身体较远时采用。跑步时,起动的步子要小,步频要快,然后逐渐加大步幅,两臂要配合摆动,在接近来球时,减速制动,逐渐降低重心做好击球前的准备姿势。

⑥并步

前并步时,右(左)脚向前蹬地,身体重心前移,左(右)脚向前迈一步,同时右(左)脚跟上并步。左(右)侧并步时,右(左)脚向左(右)侧蹬地,重心向左(右)移,左(右)脚向左(右)侧迈出一步,右(左)脚跟上并步。

⑦交叉步

若向右侧交叉步移动时,上体稍向右移,左脚内侧蹬地从右脚前面向右交叉迈出一步,然后右脚再向右跨出一步,同时身体转向来球方向,保持击球前姿势。

⑧转身

转身时,以中枢脚的前脚掌为轴,重心移到中枢脚上。如向两侧变向,应用蹬地脚的前脚掌内侧蹬地;如前后转身时,则用前脚掌蹬地,加之腰部的转动,改变身体的方向。一般情况下,转身变向后常与跑步、跨步等移动步法衔接使用。

2.发球技术

发球不但是毽球运动的开始,也是进攻的开始。要想提高运动技术水平,就必须发出既有攻击性,又有准确性的球。发球技术可分为正面脚内侧发球、正面脚外侧发球、正面脚背发球、侧身脚背发球等。

(1)正面脚内侧发球

正面脚内侧发球是指身体正对球网站立,用脚的内侧面击球的发球动作(图8-1)。

前后开立准备姿势站好,发球时,左手把球垂直向上轻轻抛起,球约在右脚内侧前方40厘米处下落;发球队员重心前移,右腿、髋、膝关节外翻,屈膝向前摆动,当身体重心超过人体垂直面后,支撑脚向后蹬地,加速重心前移,右髋、膝关节猛力外翻,加力前推,右脚踝关节背屈,用脚弓内侧中部把球发入对方场区,而后发球脚迅速着地保持身体平衡。

(2)正面脚外侧发球

正面脚外侧发球指身体正对球网,用脚外侧面击球的发球动作。

两脚前后开立,左脚在前,抛球于右脚前,右腿由后向前摆动,足踝内转,用脚外侧加力将球击入对方场区(图8-2)。

(3)正面脚背发球

正面脚背发球是指身体正对球网站立,用脚背面击球的发球动作。

前后开立准备姿势站好,左臂自然前伸,掌心托球于体前。发球时,左手把球垂直向上轻轻抛起,球约在右脚前方40厘米处下落;发球队员重心前移,右脚踝关节绷直,利用抬大腿、踢小腿的动作,在离地面20厘米高度击球,把球发入对方场区。脚的击球部位应在脚背正面食趾的跖趾关节处(图8-3)。

(4)侧身脚背发球

侧身脚背发球是指身体侧对球网站立,用脚的背面击球的发球动作。

身体侧对球网,左脚在前,两膝微屈,重心落在两脚之间,左臂自然前伸,掌心托球于体前。发球时,左手把球垂直向上轻轻抛起,球约在右脚内侧体前50厘米处下落;发球队员身体重心前移,以支撑脚的前脚掌为轴向左转体,踢球腿以髋关节为轴,大腿带动小腿由后向前摆动,脚背自然绷直,拇趾尖向斜下指,以脚背正面或稍外侧一点的跖趾关节部位击球,将球击入对方场区。

图 8-1

图 8-2

图 8-3

3.传接球技术

（1）脚部传接球

脚部传接球是毽球运动中最常用的传接球技术。脚部的灵活性比头部、胸部和腿部都要强，因此，脚部传接球的方式也就较多。下面具体介绍脚部传接球的几种锻炼方法。

①脚背传接球

脚背传接球是脚部传接球中最常用的方法，具有灵活性较高，活动范围较大，成功率也相对较高等特点，在训练和比赛中被锻炼者广泛运用，并收到较好的技术运用效果。

准备用脚背传接球前，两膝微屈，重心下降，作好准备姿势。接球时，一脚支撑身体，另一脚主动插入球下，脚背与地面基本呈水平，当球快落到脚背上时，利用适度的伸膝和踝关节背屈的协调勾踢动作，把球向上踢起。击球部位应在脚的跖趾关节处，离地面10～15厘米的高度适宜作为击球点。为了提高或保证传接球的准确性和成功率，具体可通过脚背面的变化、踝关节背屈勾踢的程度来调整击出球的方向、弧度和落点。

②脚内侧传接球

脚内侧传接球也是比较常用的传接球方法，但脚内侧传接球相对脚背传接球来说，其简易性要差一些，主要表现在：灵活差一些，对身体的平衡性有一定的要求，传接球者必须及时调整好身体姿势才能去进行传接球，否则就会出现失误。

准备用脚内侧传接球时，两脚前后自然开立，踢球脚在后，两膝微屈，两手臂放松自然下垂于体侧。眼睛注视来球，接球时，身体重心应移到支撑脚上，踢球腿大腿带动小腿由后向前上方摆动。在摆动过程中应逐渐形成髋关节外张、膝关节弯曲、踝关节内翻的基本姿势。击球的一刹那脚部击球面端平，击球部位应在脚弓内侧面的中部，击球点一般应在支撑腿膝关节高度之体前40厘米处。为了保证传接球的质量，要注意击球的全过程应柔和协调，大腿、小腿应完成向前上方送球的动作，尽量准确的做每一个动作。

③脚外侧传接球

由于脚外侧传接球具有活动范围较小，对击球方向的把握准确性较低，不利于得分的缺点，一般比赛中很少用到这种传接球方法。

确定好要用脚外侧传接球时，两脚自然开立，两膝微屈，双眼注视来球。接球时，重心移到支撑脚上，击球腿的髋、膝关节内扣，踝关节背屈，膝、踝关节外翻，使脚外侧尽量与地面平行，击球是利用小腿快速屈膝上抬的动作向体后上方击球。脚接触球的部位在脚外侧面的中部或中后部。为取得较好的传接球效果，要注意保证击球点的高度，一般以不超过膝关节为宜。

（2）膝盖传接球

一腿支撑，另一腿以髋为轴，抬大腿屈膝上提，插于来球下方。在膝关节上部10厘米处将球接起，落于身前或直接拱入对方网前，可原地拱，也可转身或移动上步拱球（图8-4）。

（3）胸部传接球

准备传接球时，判断来球，移动胸堵。当来球偏低时，可采用屈膝姿势，偏高则可跳起胸堵。击球时，两手臂微屈自然置于体侧，身体自然挺胸、伸膝，身体重心上移，给球向前上方一个作用力，使球呈小弧度飞行下落。由于胸部活动范围小，一定要控制好球的飞行方向，可根据具体情况运用左右转体，压肩动作对球的飞行方向进行适当调整（图8-5）。由于胸部传接球的灵活性较差，不太方便发力，因此，为保证传接球的质量和成功率，一定要注意把握好来球的速度和方向。

图 8-4　　　　　　　　　　　　　　　图 8-5

（4）肩部传接球

当来球至肩侧时，两腿屈膝，重心下降，快速沉肩插到球下方。在垫球一刹那，利用腿的蹬伸和耸肩动作将球垫落在身前或直接垫入对方场区（图8-6）。

（5）头部传接球

头部传接球按动作可分原地传接球、原地跳起传接球和助跑起跳传接球，按顶球部位又可分前额正面传接球和侧面传接球。

以助跑起跳前额正面传接球为例。直线或斜线助跑2～3步，左（右）脚跨出最后一步，步幅稍大，右（左）脚要迅速并上落在左（右）脚侧方，双脚用力蹬地起跳，上体后仰，两臂张开，使身体腾空成反弓形，目视来球。在击球的一刹那，快速收腹。上体前屈、甩头，将球用前额正面顶出（图8-7）。

图 8-6　　　　　　　　　　　　　　　图 8-7

4.攻球技术

攻球是获得发球权和得分的重要手段,是进攻中最积极有效的武器。将高于球网上沿的球直接攻入对方场区的一种击球动作,即为攻球技术。攻球是毽球的基本技术之一,是在比赛中起重要作用的技术,有着不可忽视的地位。

根据击球时所采用的部位不同,攻球技术可分为头攻技术和脚攻技术两大类。其中脚攻球又可分为脚踏攻球、倒勾攻球和吊球,具体如下。

(1)头部攻球

当来球的位置较高,脚及腿部无法或很难够到时,一般采用头部攻球,并根据场上情况将球攻入对方场区,使对方因来不及判断球的落点和速度而失误。

队员站在限制线后1.5米左右的地方,正对球网,面对来球,观察二传的传球情况,根据传球的弧度和落点不同,采用不同的助跑方式进行起跳,上体挺胸展腹、扭腰、向后预摆头,使身体呈反弓形。当球离头10厘米左右时,利用收腹转腰来带动屈颈"狮子摆头"动作,用头发在额前如挥鞭子式地抽击动作将球攻入对方场区。落地时,应由前脚掌过渡到全脚掌,同时顺势屈膝,以缓冲下落的力量,并立即准备做下一个动作。落地姿势可以用单脚,也可以用双脚,依个人习惯和喜好而定即可。

(2)脚部攻球

脚部攻球是进攻得分的主要手段,也是训练和比赛中,使用最为广泛的攻球方式。根据攻球所用的脚部位的不同,可分为脚背攻球和脚掌攻球,具体如下。

①脚背攻球

A.外摆脚背倒勾攻球

传起的球在击球脚同侧外面,进攻队员运用脚背外摆,加之膝、踝关节的倒勾动作把球攻入对方的一种进攻手段,就是外摆脚背倒勾攻球。这是倒勾攻球最基本、最常用的方法,在训练和比赛中运用比较广泛。

准备好用外摆脚背倒勾攻球技术时,稍向右侧身背对球网站立,两膝微屈,两眼注视二传来球情况。起跳时,膝踝关节充分蹬直,摆腿和摆臂动作有力。身体腾空后,击球腿迅速屈膝上摆。击球时,当球落在头上方右侧约50厘米处时,击球腿迅速外摆,膝关节猛力伸踢,最后用踝关节的勾踢动作把球攻入对方场区。击球后,应控制击球腿在空中的动作幅度,以防触网犯规。落地时,注意摆动腿应先落地缓冲,击球腿随后落地,以使身体保持平衡,并做好准备迎接下一个来球。

B.里合脚背倒勾攻球

击球点在攻球脚异侧肩的前上方,进攻队员利用转体大腿里合、膝踝关节的倒勾动作把球攻入对方的一种进攻手段,即里合脚背倒勾攻球。这种方法难度较大,一般只有擅长或技术水平较高的队员才会使用。

背对球网站立,两膝微屈,判断二传来球,调整好准备姿势。助跑起跳要充分,摆腿和摆臂动作要协调有力,并准备向左侧转体。起跳腾空后,摆动腿膝外展,向左转体,击球腿由外向内里合摆腿,使身体向左旋转。击球时,当球落在左侧的头上方时,膝关节快速发力,最后用踝关节的勾踢动作把球攻入对方场区。击球后摆动腿先落地缓冲,击球腿随后落地,马上进行下一个动作的准备。

C. 凌空里合脚背倒勾攻球

传起的球在击球脚异侧肩外面的前上方,进攻队员充分起跳,身体凌空平卧在空中,利用转体,加之膝、踝关节的倒勾动作把球攻入对方的一种进攻手段,即为凌空里合脚背倒勾攻球。这种方法也经常出现在比赛中。

背对网两膝微屈做好准备姿势。二传传球后,攻球队员判断二传球离网的远近和弧度,及时采用适合的助跑方式进行助跑起跳,起跳时,摆动腿和手臂积极上摆,并伴有向左转体的动作。身体腾空后,摆动腿膝外展,身体后仰左转,起跳腿迅速屈膝里合上摆,踝关节自然绷直,整个空中击球过程中身体几乎处于平卧凌空状态。击球时,当球落在左肩外侧、头的前上方时,击球腿充分抬高,利用腰腹力量的转动和小腿的加速摆动,最后用踝关节有力的勾踢动作把球攻入对方场区。攻球结束后,为保持身体的平衡,身体继续左转,击球腿下摆,然后右脚和左脚依次缓冲着地,准备迎接下一个来球。

②脚掌攻球

A. 正面脚掌前踏攻球

进攻队员身体面对球网,运用腿充分提起后快速下压的动作,以脚掌击球,把球踏入对方的一种动作,即为正面脚掌前踏攻球。这种方法对来球方向的判断准确性要求较高,使用时应注意。

队员两膝微屈面对球网站立,判断二传来球,通过适合的助跑选择最佳支撑脚的位置,随后击球腿的踝关节自然背勾,大腿带动小腿迅速上摆到最高点,支撑腿伸直。提踵或跳起提高击球点,两臂自然上摆,身体向上伸展,控制平衡。击球时,一般当球落在头前上方离身体 50 厘米处时,击球腿依次利用髋、膝、踝的力量"鞭打式"下压,用脚掌前 1/3 处击球。远网球可展髋发力,近网球可屈膝踏球,还可利用身体方向的变化打出不同线路的球。

B. 侧身里合脚掌前踏攻球

侧身里合脚掌前踏攻球,是指队员身体侧对球网站立,当传起的球飞到体前高于球网时,可突然采用转体里合摆腿动作,用脚掌将球攻入对方场区的一种动作。比赛中这种方法的使用也较为普遍。

身体侧对网站立,判断来球的情况,支撑腿上步调整人与球的最佳位置,随后击球腿直腿向上里合摆动到最高点,脚自然绷直,踝关节内翻。击球时,当球落在头前上方靠击球腰内侧时,迅速利用转身里合腿的动作,加快摆腿速度并用脚掌的前 1/3 处击球。在大腿里合摆动的同时,应加上小腿屈膝的协调动作,增大攻击的威力。击球后应屈膝收腿,以防触网,击球腿落地时,身体应向异侧方向转体 $90°\sim180°$,控制好身体的平衡,准备迎接下一来球。

C. 正面倒勾脚掌吊球

进攻队员先做倒勾动作,在空中突然改变击球动作,采用脚掌托送动作把球吊入对方场区的一种进攻手段,即为正面倒勾脚掌吊球。这种攻球方法在比赛中一般被技术水平较高的队员所采用。

攻球前,攻球队员背对网,两膝微屈做好准备姿势,两眼注视来球情况。当判断二传来球离身体较近,落点在头前上方附近时,原地或调整一小步,保持好人与球之间的合理距离起跳,起跳动作要与脚背倒勾强攻的动作基本相似,身体腾空后突然变脚背倒勾动作为脚掌吊球。击球时,击球腿微屈上摆,逐步伸直,踝关节背屈,当摆到脚底与地面几乎呈水平时脚掌击球,运用腿向后摆的托送动作,把球吊入对方场区空当。完成空中击球动作后,击球腿自然前摆下落,摆动腿先落地缓冲,控制身体平衡,并做好准备,迎接下一来球。

5.拦网技术

拦网是一种封堵对方攻球的有效的防守技术,是指防守队员在球网附近跳起,用身体的有效部位封堵对方攻球。根据拦网方式不同,可将拦网技术大致分为两种,即原地拦网和移动拦网。

(1)原地拦网

即在原地直接跳起拦网的一种技术。

准备拦网时,拦网队员站在网前,离网30～40厘米,两膝微屈,与肩同宽,自然收腹,上体稍前倾,两臂自然置于体侧,目视攻球者。当对方攻球时,两脚用力蹬地起跳,两臂自然下垂,夹紧放于体侧稍前,身体保持提腰收腹挺胸的迎球姿势,原地跳起拦网。

(2)移动拦网

即根据来球的方向,通过跑动而移动到合适的位置进行防守攻球的一种技术。

准备拦网时,盯住对手击球点,网前滑步选准位。两膝微屈,与肩同宽,自然收腹,上体稍前倾,两臂自然置于体侧,目视攻球者。准确把握好起跳时机,当对方攻球时,及时移动选择好封堵主要线路,两脚用力蹬地起跳,将球拦至对方场地。封网击球可根据情况采用压肩主动击球和保持迎球姿势被动击球。击球后,身体应控制平衡自然下落,双脚前脚掌先着地,并屈膝缓冲,准备完成下一个动作。

## 二、跳绳运动

### (一)跳绳运动概述

跳绳是我国民间流行的一项体育活动。我国古代有很多关于跳绳的记载,如唐代称跳绳为"透索",每年八月十五日以"透索"为戏。宋代称跳绳为"跳索"。明代的《帝京景物略》一书中称跳绳为"跳白索",并生动地描述了当时的跳绳活动:"童子引索略地,如白光轮,一童跳白光中,曰跳白索。"清朝的《有益游戏图说》一书也记载有跳绳活动,并称其为"绳飞",民国初年才改叫跳绳。

到了近代,跳绳运动有了长足的发展,在绳子的制作上,原来跳绳用的绳子都是草绳或者麻绳,不仅质地粗糙而且笨重,而现在用的绳子在制作材料上有了很大的进步,使其更加轻便,而且在短绳的两端加上手柄,更有利于摇绳。绳子的色彩多采用鲜艳、明朗的色调,使其更加具有趣味性,更加人性化。喜爱这一运动的人越来越多,而为了更好地对这个项目进行组织和推广,先后成立了世界跳绳联盟、欧洲跳绳总会、中国跳绳网、中国香港跳绳总会、美国跳绳网等。这些组织和网站的出现在一定程度上说明跳绳已经不是单纯的游戏,它也具备了作为一个独立的运动项目而存在的一些特征,这些组织和网站会定期举行一些比赛,为喜爱这项运动的朋友构建了一个舞台。特别是在我国的第7届全国民族传统体育运动会上,设立了跳绳表演比赛,取得了很好的效果。

无论男女老幼均可从事跳绳运动,因为它能够适应每个人的体力。而且只要准备一副跳绳在任何地方都可以从事这种运动。无论任何季节,只需要极短的时间就能轻易地充分满足运动需求。跳绳运动不但能单独按照课程的进度实施,亦可以团体方式进行。跳绳可以根据各种不同的目的,按课程进度循序渐进地练习,也可以在不同的情况下自由选择练习的项目。

跳绳运动之趣在于可以向自己尚不纯熟的技术挑战,进而努力钻研,创造出尚未开发的新技术。跳绳运动与其他运动不同,它能带给人一种独特的喜悦与快乐。全世界大约出版了600~800种关于跳绳运动的书,可是仍有许多技术尚未被发现,跳绳运动正如源源不断的活水一般,可以不断地创造出新的技术。

人在跳绳时,身体以下肢弹跳和后蹬动作为主,手臂摆动,腰部也得配合上下肢活动而扭动,腹部肌群配合提腿,上下肢不停地在交替运动。跳绳时呼吸加深,使胸、背、膈肌都参加了活动,全身上下都在跟着转动,大脑也须不停地活动。手握绳头不断地旋转会刺激拇指的穴位,进而增加脑细胞的活力,从而提高大脑的思维和想象能力。与此同时,跳绳也有效地增强了各关节的灵活度和韧带的柔韧性,促进血液循环和机体的新陈代谢,提高神经系统的协调支配能力,改善平衡功能。据日本的研究发现,每天坚持原地跳300下,10周后可减轻体重10千克以上。有人曾测出跳绳15分钟,消耗热量70~150千卡,相当于8分钟内跑了1601米。另外,跳绳对少女会阴的肌群还是一种很好的锻炼,能增强成年后的怀孕和分娩时的腹压耐受性,从而避免子宫变位和脱肛等。此外,跳绳时要有一定的节奏,它有助于培养人的韵律感。

我国传统医学认为,脚是人体之根,它不仅是人类进化的关键,也是健康长寿的标志。人体有6条经脉及众多穴位在这里交错汇集。跳绳可促进血液循环,使人顿感精神舒畅,行走有力,更重要的是可起到通经活络、健脑和温煦脏腑的作用。利用休闲时间,在户外跳跳绳,既强身又健脑,还能增添生活的情趣,不失为趣味性较强的一种休闲娱乐健身活动。

**(二)跳绳技术习练指导**

1. 单摇跳

单摇跳是最基本、最简单的跳绳技术,主要包括以下三种,即前单摇双脚跳、单摇双脚交换跳、两臂体前交叉摇绳跳。具体如下。

(1)单摇双脚跳

单摇双脚跳主要包括前单摇双脚跳和后单摇双脚跳两种技术形式,锻炼方法如下。

①前单摇双脚跳

跳绳者双手持绳两端,绳在背后,向上、向前摇绳,摇绳时应以肘关节为轴,用前臂与腕部力量进行,并与双脚跳跃动作协调配合,在绳将到脚下时,双脚跳起越过绳用前脚掌落地,如此连续跳跃。

②后单摇双脚跳

跳绳者将绳放在体前,双手由前向后摇绳回环,两脚同时跳起让绳从体后向前通过。除摇绳方向相反,其他动作同前单摇双脚跳。

(2)单摇双脚交换跳

单摇双脚交换跳的特点是跳得高,跳得快,跳的时间比较持久。前后单摇双脚交换快速跳绳常用于个人定时记数比赛。单摇双脚交换跳主要包括前摇两脚交换跳和后摇两脚交换跳两种技术形式,技术方法如下。

①前摇两脚交换跳

跳绳者先由体后向前摇绳一回环,两脚交替单脚跳起,即原地跑步跳绳(图8-8),也可以向前方做跳绳跑。随后,在原地两脚交换跳时,小腿屈膝上抬,不要后摆,两脚依次蹬地并交替放松休息。

②后摇两脚交换跳

后摇两脚交换跳则是由前向后摇绳做两脚交换跳练习。

图 8-8

（3）两臂体前交叉摇绳跳

两臂体前交叉摇绳跳的具体技术方法为，当跳绳者在向前摇至体前方向下落的过程中，应将两臂在体前顺势交叉摇绳，当脚跳过绳后，绳摇至头上时，两臂向左右分开，摇跳一次，这样一摇一交叉摇绳跳（图 8-9）。

另一种方法是在臂交叉后不立即分开，在两臂前交叉的姿势中继续摇绳跳若干次，分开跳几次之后再进行交叉。或者在向后摇绳过程中，用以上方法进行臂体前交叉摇绳跳，对于脚下的跳跃动作，既可采用双脚跳，也可以采用单脚交换跳的方式练习。此方法常用于花样定时记数或定数记时比赛。

图 8-9

2.双摇跳

双摇跳又称两摇跳、双飞跳，是指身体跳起时，加快摇绳速度，使摇绳在脚下通过两次的跳绳技术。双摇跳又可分双摇单脚跳和双摇双脚跳两种技术形式。

（1）双摇双脚跳

①前双摇跳

前双摇双脚跳是各种双摇跳的基础技术。跳绳者在学习双摇跳技术之前可先做几个单摇跳，使摇绳回环有了初速度，再突然加快摇绳，双脚同时高跳起，每跳跃一次摇绳两回环。双摇跳技术的关键在摇绳与跳跃的配合，高速快摇有利于完成动作；初练双摇跳，可稍收腹并屈腿，有利于增加腾空时间，使跳绳能顺利通过脚下两次，掌握技术后可以连续做双摇跳练习。

②后双摇跳

后双摇跳是由前向后摇绳两回环跳，后双摇跳可将跳绳放长一些，两臂稍外展，快速摇绳使绳有打地声的跳绳技术,该跳绳技术有助于跳绳者灵活自如地控制起跳时机和节奏。

（2）双摇单脚跳

双摇单脚跳的技术方法与双摇双脚跳基本相同,不同之处在于用单脚跳起通过摇绳两回环。在掌握了双摇双脚跳以后方可做双摇单脚跳练习。

3.带人跳

带人跳绳是一种常见跳绳形式,也是一种比较容易掌握的跳绳技术,它具有较强的趣味性和娱乐性等显著特点,不仅能够起到积极的健身效果,还能够使参与者的机体有协作精神和团队意识。带人跳绳的形式有很多,下面重点介绍以下几种技术方法。

（1）一人带一人摇跳

技术方法为一人摇绳,另一人可以从背后或体前趁机跑入跳绳,也可以趁绳摇至头顶上方时,由摇绳者的体侧跑至体前或体后,又可以原地或行进间做共同移动的跳跃(图8-10)。带人跳时,要求摇绳速度均匀,两人面对面距离稍近,相互密切配合、协调动作。可先做两人定位的带跳练习,熟练后被带者再做切入跳绳练习。被带者可将手扶在摇绳者的腰部,这样就容易做到同时起跳,默契配合。

图 8-10

（2）钻绳洞

两人一组,甲摇绳带乙,先相对站立。甲前摇绳带乙,甲乙齐跳 3 次后,甲放慢摇绳速度并将左臂抬高些摇绳,乙弯腰从甲的左臂下快速钻跑到甲的身后(图8-11),两人再齐跳 3 次。在进行第四次摇绳时,乙再从甲的右臂下快速钻到甲的身前(图8-12)。这样三跳一钻有规律的双人跳绳十分活泼有趣,乙在跳绳中像钻洞一样,故称为钻绳洞。熟练后甲可以带 2～3 人做钻绳洞游戏。

图 8-11

图 8-12

（3）双人外手摇绳带人跳

三人一组，两人并立，均用外侧手分别握同一条跳绳的两端，互相配合进行摇跳，熟练后可在中间、前、后带人一齐跳（图8-13）。三人能够协调摇跳时，还可以同时向前移动（称为跳进），用单脚交换跳的方法，跑两步跳一次绳。

（4）双人双摇跳

双人双摇跳（带人双摇跳）过程中，两人均应保持直体上跳，不要弯腰，避免因相互撞头、碰脸而造成伤害。可把跳绳适当缩短，这样既可加快速度又省力。要求双方都能熟练掌握双摇跳，这种带人双摇跳互相配合的要求更高。被带者可用双手扶在带人者的腰部，以便把握起跳和落地时机，以及跳绳节奏（图8-14）。

图 8-13          图 8-14

4.跳长绳

跳长绳是一项由多人参与的跳绳活动，娱乐性和游戏性较强。在跳长绳的过程中，可以加上摇跳短绳和其他的游戏活动，这样就使得跳长绳的形式变得更加丰富多样了。常见的跳长绳锻炼形式主要有以下几种。

（1）原地跳长绳

原地跳长绳是跳绳者预先站在跳绳的位置上，摇绳者用口令指挥，从静止绳开始摇起。当绳摇至跳绳人脚下时，跳绳人跳过绳。集体跳长绳时，跳绳人按顺序站在两位摇绳人中间，在绳一侧成一路纵队，面向摇绳人。发令后摇绳人向同一方向一起摇绳，跳绳者听口令一起原地跳绳，让绳通过脚下。摇绳者连续摇绳，跳绳者随摇绳节奏连续跳，可以双脚齐跳，也可以单脚跳或两脚交替跳。跳长绳时，一般跳绳者站在任一摇绳者的体侧，靠近绳转区，绳打地之后摇至远离跳绳者一侧之时，快步跑到摇绳打地的中间位置，当绳摇到脚下时，跳起让绳通过，反摇跳摇绳方向相反，其他动作与要求相同。

（2）跳长绳耍球

两人摇绳，一人或多人跳绳，摇绳人匀速摇绳。跳绳人持球（篮球、排球、皮球等）上绳，边跳边连续拍球（图8-15）；也可脚落地时向上扔球，跳起在空中接球。可以抛高球，也可以抛低球，边跳边耍球，锻炼跳绳人的灵巧、协调能力。

（3）跳长绳拾物

两人摇绳，一人或多人跳绳，跳绳人快步上绳，边跳边放物品（沙包、毽子、小石子等）于地上，然后再跳一次绳,将物品拾起来,放、拾若干次以后跑出(图 8-16)。

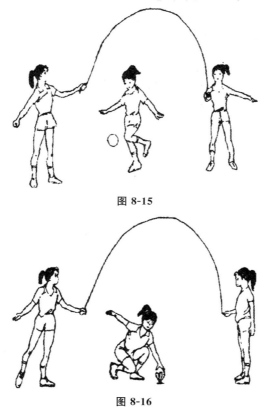

图 8-15

图 8-16

(4)二长绳交替跳

两人对面站立,手持两条平行的长绳,分别握绳两端,两臂交替(一绳在先,一绳在后),进行向外(内)摇绳至一绳在上、一绳在下的时候,跳绳者由正面或斜面跑至绳的着地点附近,用单脚交换跳的方式进行跳绳。

(5)长短绳齐摇跳

三人一组,两人摇一条长绳,进行跳跃的人持一条短绳,当长绳向上摆起的时候,跳跃者带短绳跑入长绳,自摇短绳进行各种跳跃动作,要求短绳与长绳节拍一致,如果长绳摇绳速度较慢时,跳者可采用跳绳一次加垫跳一次的方法进行(图 8-17)。

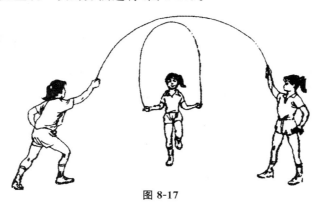

图 8-17

（6）二长一短跳绳

三人一组，两人左右手中各持一条长绳，然后交错摇两条长绳，跳绳人上绳，上绳前将短绳置于体后，双手举绳，使绳不要拖地。上长绳后，跳几次长绳，然后开始摇跳短绳。第一次跳起，一条长绳和短绳一起通过脚下，再跳跃一次，另外一条长绳和短绳通过脚下，如此连续摇跳（图8-18）。

图 8-18

（7）集体跑"8"字跳长绳

两人摇一长绳，跳绳者在摇绳者身后依次排成半月形，排头站在摇绳者身旁，准备上绳。第一个跳绳人上绳，跳一次绳，直线跑出，绕过另一个摇绳人，准备再向回跳。接着第二个人上绳，也跳一次跑出，排在第一名队员身后。如此一个接一个上绳，再跑出。跳绳人按"8"字路线连续跑上、跳绳、跑出，这种跳法为集体跑"8"字跳长绳（图8-19）。也可以分成两队，每队5～8人，分别在绳一侧两端排好队，教师发令后甲队第一名先上绳，跳一次，下绳到乙队排尾去排队。接着乙队第一名上绳，跳一次，下绳到甲队排尾去排队。如此两队队员轮流交替上绳形成交叉"8"字跑跳绳，这种跳法俗称穿梭跳绳。

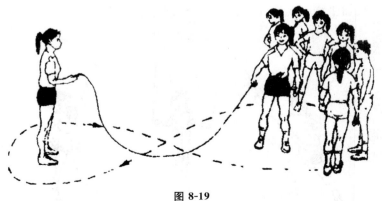

图 8-19

# 第九章　休闲体育之养生功法习练指导

## 第一节　五禽戏

### 一、五禽戏概述

#### (一)五禽戏的功法源流

五禽戏有着悠久的历史,最早可以追溯到我国的远古时代。根据史料记载,在远古时期,中原大地江河泛滥,湿气弥漫,不少人都患上了当时被称之为"重腿"的不利于关节的病,为此,当时的远古人类就"乃制为舞""以利导之",而这种具有"利导"的"舞"就与模仿飞禽走兽动作、神态有关。1973年湖南长沙马王堆三号汉墓出土的44幅帛书《导引图》也有不少模仿动物姿态的,如"龙登""鹞背""熊经",虽然有的图注文残缺不全,但仍然可以看出其模仿动物的形状。

《三国志·华佗传》中记载:"吾有一术,名五禽之戏,一曰虎,二曰鹿,三曰熊,四曰猨(猿),五曰鸟。亦以除疾,并利蹏(蹄)足,以当导引"。可见五禽戏的正式出现则是源于东汉末医学家华佗。而南北朝《后汉书·华佗传》中的记载也与《三国志·华佗传》的记载基本相同,这些史书也证明了华佗编创五禽戏确有其事。

发展到现在,五禽戏已形成了众多的流派,这些流派都有自己特殊的风格和特点,但从总体上看来,他们都是根据"五禽"动作,结合自己练功体验所编出来的"仿生式"导引法,都具有活动筋骨、疏通气血、预防疾病、健身延年的目的。这些五禽之戏中,有外功型,也有内功型。外功型多偏重肢体运动、模仿"五禽"动作、意在健身强体,也就是我们通常所说的五禽戏。内功型多仿效"五禽"神态、以内气运行为主,重视意念锻炼,如五禽气功图就是其中的典型代表。

五禽戏功法动作简便易学,适合各种人群健身,尤其适合中老年人运动。因此,随着国家体育总局的大力推广,"五禽戏"已经成为我国现代社区体育运动的重要项目之一,深受人们尤其是中老年人的欢迎和喜爱。

#### (二)五禽戏的特点及功能

##### 1.五禽戏的特点

(1)形松意充

在进行五禽戏的练习时,要求练习者的身体要保持放松状态,肌肉松而不弛,做到舒适自然,放松,不僵硬,不软塌。五禽戏练习时,也只有做到肢体松沉自然,才能以意引气,气贯全身;以气养神,气血通畅,达到形松意充的效果。

(2)安全可靠

在五禽戏运动中,所有的动作都力求简捷,做到左右对称,平衡发展,练习者除了将全套进行连贯练习外，还可以有针对性的多练某戏，或者只练某戏，其运动量也较为适中，属于有氧运动，适合各类人群进行练习。人们可以根据自身的实际情况来调节每势动作的运动幅度和强度，完全可以做到在保障安全的情况下，达到理想的练习目标。

（3）动静兼修

五禽戏通过对"五禽"动作和姿势的模仿，可以很好的舒展肢体和活络筋骨，同时在功法的起势、收势以及每一戏结束后，都会配以短暂的静功站桩，以此来诱导练习者进入相对平稳的状态和"五禽"的意境，帮助练习者宁心安神、调整气息，起到"外静内动"的功效。

在习练五禽戏功法的过程中，人们把意识、神韵贯注于动作中，排除杂念，思想达到相对的"入静"状态；进行静功站桩时，虽然形体处于安静状态，但是必须体会到体内的气息运行以及"五禽"意境的转换。动与静的有机结合，两个阶段的相互交替出现，实现了练养的互补。

2.五禽戏的功能

（1）五禽戏的一般健身功能

①五禽戏动作的健身功能

五禽戏的练习动作虽然相对简单，但每一动作无论是动态或静态，都有精化、细化的余地。如"虎举"，手型的变化就可细化为撑掌、屈指、拧拳三个过程；两臂举起和下落又可分为提、举、拉、按四个阶段，并将内劲贯注于动作的变化之中，眼神要随手而动，带动头部的仰俯变化。待动作熟练后，还可按照起吸落呼的规律以及虎的神韵要求，内外合一地进行锻炼。

五禽戏动作不仅可以锻炼四肢筋骨，还可以使五脏六腑得到全方位的运动，能有效地改善机体各部分功能，调和气血，畅通经络，活动筋骨，灵活关节，达到强身健体的作用。如猿戏多指尖和眼神的运动，指尖和眼神可以反映末梢神经的功能。因此，猿戏的练习能促进神经系统的反应，增强肌肉系统和神经系统的协调功能，能够有效地防治神经反应缓慢和四肢动作的过早衰老。

五禽戏的动作体现了身体躯干的全方位运动，包括前俯、后仰、侧屈、拧转、折叠、提落、开合、缩放等各种不同的姿势，对胸椎、颈椎、腰椎等部位进行了有效的锻炼。总地来看，以腰为主轴和枢纽，带动上、下肢向各个方向运动，以增大脊柱的活动幅度，增强健身功效。首先，五禽戏中的躯干运动很多，有含胸、拔背、侧弯腰、旋转腰、脊柱伸缩等运动。躯干的运动能改善人体的血液循环、活跃身体各部位机能，有调节内脏器官的作用，还能防治脊柱畸形及其他病变。其次，五禽戏的四肢运动包括上肢运动和下肢运动。上肢运动主要体现在伸展、收缩、旋转等动作上。如熊戏、虎戏、鸟戏中有大量展臂的动作；鹿戏、猿戏中有很多臂的收缩动作。这些上肢运动的方式及各种手形变换能牵动肩、肘、腕、掌、指等各个关节。下肢动作主要体现在步法、步型中，能锻炼腿部的支撑力、稳定性和灵活性，这些动作对腿部的主要关节有良性的润滑作用。五禽戏的四肢运动利于疏通经络、活跃气血、强壮筋骨、增强人的体质。

②五禽戏调节呼吸的健身功能

在气功锻炼中，呼吸又称为吐纳，是其最为重要的环节之一。腹式呼吸是五禽戏主要的呼吸方法，它可以增强人体的腹肌和肠肌力，在运用这种呼吸方法呼吸的过程中，肠肌的上升与下降能对腹腔等器官起到很好的按摩作用。同时，增强胃的活动能力，可以改变腹腔的血液循环。此外，五禽戏的呼吸方法还可以加强呼吸功能、有效地促进肺循环，增加血液中的含氧量。

五禽戏的呼吸方式细、匀、深长,呼吸方法变化多端,既有缓慢的,又有稍快的,并且两臂上举形成扩胸和展胸的姿势,能减小对心肺的挤压,让肺功能可以得到充分发挥。例如,在结合鸟戏中的鸟翔动作时,呼吸是长吸长呼式的,呼吸速度缓慢,这种呼吸方法能加深呼吸深度。又如,做虎戏中的虎扑动作时,运用的是慢吸快呼的呼吸方法,使"气自丹田吐",能张开肺气、增强肺功能。另外,五禽戏所要求的腹式呼吸运动形式,需要在意识的调节下进行。值得注意的是,有意识的呼吸锻炼可以调节人体的植物神经系统,而植物神经系统能有效调节人体内脏活动,是调节内脏活动的重要神经结构。因此,五禽戏的呼吸可以改善内脏器官的机能。

③五禽戏意念运用的健身功能

意念在五禽戏中有着非常重要的作用。它要求练习者在习练过程中要进入一种意境,使自己进入到禽戏的角色,并将自身融入到大自然的环境中。

五禽戏意念的运用,可以使人产生回归自然、返朴归真的感觉,如"虎"的威猛刚劲、"鹿"的轻捷舒展、"熊"的拖沓沉浑、"猿"的机敏灵动、"鸟"的悠然自得等。这种意境可以有效地改善和活跃人体各个器官的机能。意念的张弛交替,刚柔相济和虚实转换,可以让人的"神"得到充分的锻炼、修养。此外,与一般的静功不同的是,五禽戏的意念还具有导引功能,这种意念活动不是将意守在特定的部位,而是采用形、意结合的形式转回意守。意念跟随动作,动作到哪里,意念就到哪里,使气达周身,即达到所谓的"周天按穴转"的效果。

(2)五禽戏各式动作的养生保健功能

①虎戏的养生保健功能

虎为兽中之王,神态威武,体例刚强。而虎戏的重点在于模仿虎的威猛和神态。这种威主要生于爪,神威犹怒虎搜山,无物可挡,也就是要习练者能够力达指尖;神发于目,就是在练习时要圆睁双目。研究发现,爪与目都属肝,因此在习练虎戏时,练习者的双臂需配合虎举与虎扑动作而向上拔伸,这样就使得身体两侧的肝胆经随之得到锻炼,所以说如果能够长期坚持习练此式,就可以调理习练者的气血,从而起到舒筋、养肝、明目的养生效果。

②鹿戏的养生保健功能

鹿性温和,身体轻捷,爱角抵,善奔走。而鹿戏的重点就在于腰部和尾闾,其原因在于鹿在站立时喜欢伸颈远望,也喜欢左顾右盼,所以鹿戏在习练时,练习者需要把鹿的探身、伸脖、缩颈、奔跑、远望等神态都表现出来,这就使得鹿戏对活动习练者全身的关节,特别是下肢有着良好的锻炼效果。一般而言,在练习鹿戏时,习练者的腰部会左右扭动,尾闾也会跟着运转。我们知道,腰为肾之腑,而在习练时需含胸凸脊,成竖弓状,脊柱的运转会使命门打开,这就使得督脉得到锻炼进而强壮。可见鹿戏通过腰、脊的运动可达到刺激肾脏、壮腰强肾的养生效果,这也有利于改善、调节生殖系统。

③熊戏的养生保健功能

熊性刚强不屈,勇敢顽强,体壮有力。在习练熊戏时,练习者要模仿左右摇晃的熊步,这个动作可使中焦气血通畅,随之对脾胃会起到挤压养生功效。也要模仿熊的气势,这种气势就需要在前腿和攀登时,要发出内劲,这种左右摇晃的熊势,能够调理人的脾胃,我们知道,脾胃主导人体的五谷水食。练习熊戏不仅能够增强消化系统功能,还能够使身体得到充足的营养物质。故而长期习练熊戏,不仅有疏肝理气、健脾保胃的功效,而且还能够防治挑食、腹胀腹痛、便泄便秘等症状。

④猿戏的养生保健功能

猿最灵巧,好模仿,动作敏捷,善于用上肢采食,也善于躲避其他动物的袭击。所以在习练猿戏时,习练者需要模仿猿的神态,如手臂需夹于胸前、收腋等,研究发现,手臂内侧有心经循行,而这个动作的习练幅度一般较大,所以习练该猿戏可以对心经循行起到良好的促进作用,同时也能够使胸廓得到较好的锻炼。如果能够进行长期习练,猿戏就能够起到促进习练者心经血脉的涌畅,改善心悸、心慌、失眠多梦、盗汗、肢冷等症状的养生效果。

⑤鸟戏的养生保健功能

鸟体轻盈,好高飞争鸣。所以在练习鸟戏时,常常有双臂的升、降、开、合的动作,这些习练动作能够起到牵拉肺经,按摩胸廓的目的,这就使得习练者的肺经气血得到有效的疏通,如果能够长期习练鸟戏,就可以调理习练者的肺部功能,促进肺的吐故纳新,也能达到改善人体呼吸功能,减轻胸闷气短,鼻塞流涕等症状的养生效果。

**(三)五禽戏习练要领**

五禽戏的练习要领可用四个字来概括,即"形""气""意""神"。

1. 形

"形"主要就是指五禽戏中动作的姿势。就如"形不正则气不顺,气不顺则意不宁,意不宁则神散乱"中所说,练习时的姿势好坏会对最终效果产生直接的影响。保证高质量的"形"是练好五禽戏的基础。

在五禽戏中主要包括了含胸垂肩、头身正直、体态自然等身体形态,这可以使身体各部位保持放松、舒适的状态。同时也要保持精神上的放松,逐步进入练功状态。练习时练习者要根据动作的名称含义,做出与之相适应的动作造型,动作到位,合乎规范,努力做到"演虎像虎""学熊似熊"。而且要特别注意动作的高低、起落、轻重、缓急,要分辨出动作的虚实,做到柔和灵活、不僵不滞、形象逼真。

2. 气

"气"就是在进行五禽戏练习时对人体呼吸的锻炼,也常被称为调息。它是练习者有意识地对呼吸进行调整,不断地去体会、掌握、运用与自己身体状况或与动作变化相适应的呼吸方法。

古人常说:"使气则竭,屏气则伤"。在进行五禽戏练习时,要注意人体呼吸与动作的配合,要做到起吸落呼,开吸合呼,先吸后呼,蓄吸发呼。五禽戏的呼吸方式主要包括自然呼吸、腹式呼吸、提肛呼吸等,可根据姿势变化或劲力要求而选用。但是,不管选用什么样的呼吸形式,都要求松静自然,不能憋气。同时,呼吸的"量"和"劲"都不能太大、太过,以不疾不徐为宜,逐步达到缓慢、细匀、深长的程度,以利身体健康。同时在练习五禽戏时,调整呼吸一定要注意遵循循序渐进的原则。

3. 意

"意"所指的就是练习五禽戏时的意念和意境。《黄帝内经》指出:"心为五脏六腑之大主,心动五脏六腑皆摇。"其中的"心"就是指的大脑,也就是说,很多时候人的思维活动和情绪变化会对其五脏六腑的功能产生影响。

在习练五禽戏时,人们要尽可能排除影响身体健康的不利情绪和思想,努力创造一个美好的内环境。开始练功时,可以通过微想腹部下丹田处,使思想集中,排除杂念,做到心静神凝。练习每一式时,逐步进入"五禽"的意境,模仿不同动物的不同动作。具体操作内容如下所述。

(1)练习"虎戏"时,要把自己想象成山林中的万兽之王,伸展肢体,抓捕食物。

(2)练习"鹿戏"时,要把自己想象成原野上的梅花鹿,众鹿戏抵,伸足迈步。

(3)练习"熊戏"时,要把自己想象成强壮的黑熊,转腰运腹,自由漫行。

(4)练习"猿戏"时,要把自己想象成置身于花果山中的灵猴,活泼灵巧,摘桃献果。

(5)练习"鸟戏"时,要把自己想象成江边仙鹤,抻筋拔骨,展翅飞翔。

**4.神**

"神"就是指练习五禽戏时的神韵与神态。在养生之道中常会提出的"形神合一",在练习五禽戏时也应当做到"惟神是守"。只有"神"守于"中",而后才能"形"全于"外"。例如虎戏要仿效虎的威猛气势,虎视眈眈;鹿戏要仿效鹿的轻捷舒展,自由奔放;熊戏要仿效熊的憨厚刚直,步履沉稳;猿戏要仿效猿的灵活敏捷,轻松活泼;鸟戏要仿效鹤的昂首挺立,轻盈潇洒。这些都需要习练者用其"神"来深刻的表现。只有充分掌握了"五禽"的神态,进入游戏、玩耍的意境,神韵方能显现出来。

## 二、五禽戏的手型、步型和平衡

### (一)基本手型

(1)虎爪。五指张开,虎口撑圆,第一、二指关节弯曲内扣。

(2)熊掌。拇指压在食指指端上,其余四指并拢弯曲,虎口撑圆。

(3)猿钩。五指指腹捏拢,屈腕。

(4)鹿角。拇指伸直外张,食指、小指伸直,中指、无名指弯曲内扣。

(5)鸟翅。五指伸直,拇指、食指、小指向上翘起,无名指、中指并拢向下。

(6)握固。拇指抵掐无名指根节内侧,其余四指屈拢收于掌心。

### (二)基本步型

(1)弓步。两腿前后分开一大步,横向之间保持一定宽度,右(左)腿屈膝前弓,大腿斜向地面,膝与脚尖上下相对,脚尖微内扣;左(右)腿自然伸直,脚跟蹬地,脚尖稍内扣,全脚掌着地。

(2)虚步。以右脚虚步为例,右脚向前迈出,脚跟着地;脚尖上翘,膝微屈左腿屈膝下蹲,全脚掌着地,脚尖斜向前方,臀部与脚跟上下相对。身体重心落于左腿。

(3)丁步。两脚左右分开,间距10~20厘米;两腿屈膝下蹲,左(右)脚脚跟提起,脚尖着地,虚点地面,置于右(左)脚脚弓处,右(左)腿全脚掌着地踏实。

### (三)平衡

(1)提膝平衡。以右腿提膝为例,左腿直立站稳,上体正直;右腿在体前屈膝上提,小腿自然下垂,脚尖向下。

(2)后举腿平衡。以右腿后举为例,左腿蹬直站稳,右腿伸直,向体后举起,脚面绷平,脚尖向下。

### 三、五禽戏功法习练

#### (一)虎戏

1. 虎举

(1)两脚分开,稍宽于肩,两膝微屈,松静站立,意守丹田;两手掌心向下,十指撑开,再弯曲成虎爪状,目视两掌。

(2)两手外旋,由小指先弯曲,其余四指依次弯曲握拳,两拳沿体前缓慢上提。至肩前时,十指撑开,举至头上方再弯曲成虎爪状;目视两掌。

(3)两掌外旋握拳,拳心相对;目视两拳。

(4)两拳下拉至肩前时,变掌下按。沿体前下落至腹前,十指撑开,掌心向下;目视两掌。

(5)两手自然下垂于体侧,目视前方。

2. 虎扑

(1)两脚开立,两手自然下垂于体侧,目视前方。

(2)两手握空拳,沿身体两侧上提至肩前上方。

(3)两手向上、向前划弧,十指弯曲成"虎爪",掌心向下;同时上体前俯,挺胸塌腰;目视前方。

(4)两腿屈膝下蹲,收腹含胸;两手向下划弧至两膝侧,掌心向下;目视前下方。随后,两腿伸膝,送髋,挺腹,后仰;同时,两掌握空拳,沿体侧向上提至胸侧;目视前上方。

(5)左腿屈膝提起,两手上举。左脚向前迈出一步,脚跟着地,右腿屈膝下蹲,成左虚步;上体前倾,两拳变"虎爪"向前、向下扑至膝前两侧,掌心向下,目视前下方;随后上体抬起,左脚收回,开步站立;两手自然下落于体侧,目视前方。

虎戏的基本动作如图 9-1 所示。

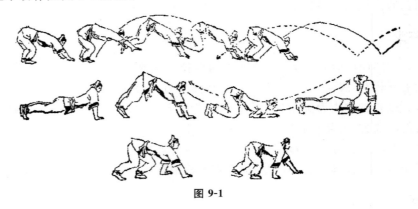

**图 9-1**

#### (二)鹿戏

1. 鹿抵

(1)两脚开立,两手自然下垂于体侧,目视前方。

(2)两腿微屈,身体重心移至右腿,左脚经右脚内侧向左前方迈步,脚跟着地;身体稍右转;两掌握空拳,向右侧摆起,拳心向下,高与肩平;目随手动,视右拳。

(3)身体重心前移;左腿屈膝,脚尖外展踏实;右腿伸直蹬实;身体左转,两掌成"鹿角",向上、向左、向后划弧,掌心向外,指尖朝后,左臂弯曲外展平伸,肘抵靠左腰侧;右臂举至头前,向左后方伸抵,掌心向外,指尖朝后;目视右脚跟。随后,身体右转;左脚收回,开步站立;两手向上、向右、向下划弧,两掌握空拳下落于体前;目视前下方。

2.鹿奔

(1)两脚开立,两手自然下垂于体侧,目视前方。

(2)左脚向前跨一步,屈膝,右腿伸直成左弓步;同时,两手握空拳,向上、向前划弧至体前,屈腕,高与肩平,与肩同宽,拳心向下,目视前方。

(3)身体重心后移;左膝伸直,全脚掌着地;右腿屈膝,低头,弓背,收腹;同时,两臂内旋,两掌前伸,掌背相对,拳变"鹿角"。

(4)身体重心前移,上体抬起;右腿伸直,左腿屈膝,成左弓步;松肩沉肘,两臂外旋,"鹿角"变空拳,高与肩平,拳心向下;目视前方。

(5)左脚收回,开步直立,两拳变掌,回落于体侧;目视前方。

鹿戏的基本动作如图 9-2 所示。

**图 9-2**

（三）熊戏

1.熊运

(1)两脚开立,两手自然下垂于体侧,目视前方。

(2)两掌握空拳成"熊掌",拳眼相对,垂于下腹部;目视两拳。

(3)以腰、腹为轴,上体做顺时针摇晃;同时,两拳随之沿右肋部、上腹部、左肋部、下腹部划圆;目随上体摇晃环视。

(4)两拳变掌下落于体侧;目视前方。

2.熊晃

(1)两脚开立,两手自然下垂于体侧,目视前方。

(2)身体重心右移;左髋上提,牵动左脚离地,再微屈左膝;两掌握空拳成"熊掌";目视左前方。

(3)身体重心前移;左脚向左前方落地,全脚掌踏实,脚尖朝前,右腿伸直;身体右转,左臂内旋前靠,左拳摆至左膝前上方,拳心朝左;右拳摆至体后,拳心朝后;目视左前方。

(4)身体左转,重心后坐;右腿屈膝,左腿伸直;拧腰晃肩,带动两臂前后弧形摆动;右拳摆至左膝前上方,拳心朝右;左拳摆至体后,拳心朝后;目视左前方。

(5)身体右转,重心前移;左腿屈膝,右腿伸直;同时,左臂内旋前靠,左拳摆至左膝前上方,拳心朝左;右拳摆至体后,拳心朝后;目视左前方。

（6）右脚上步，开步站立；两手自然垂于体侧。

（7）两掌向身体侧前方举起，与胸同高，掌心向上；目视前方。屈肘，两掌内合下按，自然垂于体侧；目视前方。

熊戏的基本动作如图9-3所示。

**图 9-3**

### （四）猿戏

1. 猿提

（1）两脚开立，两手自然下垂于体侧，目视前方。

（2）两掌在体前，手指伸直分开，再屈腕撮拢捏紧成"猿钩"。

（3）两掌上提至胸，两肩上耸，收腹提肛；同时，脚跟提起，头向左转；目随头动，视身体左侧。

（4）头转正，两肩下沉，松腹落肛，脚跟着地；"猿钩"变掌，掌心向下；目视前方。

（5）两掌沿体前下按落于体侧；目视前方。

2. 猿摘

（1）两脚开立，两手自然下垂于体侧，目视前方。

（2）左脚向左后方退步，脚尖点地，右腿屈膝，重心落于右腿；同时，左臂屈肘，左掌成"猿钩"收至左腰侧；右掌向右前方自然摆起，掌心向下。

（3）身体重心后移；左脚踏实，屈膝下蹲，右脚收至左脚内侧，脚尖点地，成右丁步；右手向下经腹前向左上方划弧至头左侧，掌心对太阳穴；目先随右掌动，再转头注视右前上方。

（4）右掌内旋，掌心向下，沿体侧下按至左髋侧；目视右掌。右脚向右前方迈出一大步，左腿蹬伸，身体重心前移；右腿伸直，左脚脚尖点地；右掌经体前向右上方划弧，举至右上侧变"猿钩"，稍高于肩；左掌向前、向上伸举，屈腕撮钩，成采摘势；目视左掌。

（5）身体重心后移：左掌由"猿钩"变为"握固"；右手变掌，自然回落于体前，虎口朝前。随后，左腿屈膝下蹲，右脚收至左脚内侧，脚尖点地，成右丁步；左臂屈肘收至左耳旁，掌指分开，掌心向上，成托桃状；右掌经体前向左划弧至左肘下捧托；目视左掌。

（6）右脚向右横开一步，两腿直立；两手自然垂于体侧。两掌向身体侧前方举起，与胸同高，掌心向上；目视前方。屈肘，两掌内合下按，自然垂于体侧；目视前方。

猿戏的基本动作如图9-4所示。

图 9-4

## （五）鸟戏

1. 鸟伸

（1）两脚开立，两手自然下垂于体侧，目视前方。

（2）两腿微屈下蹲，两掌在腹前相叠。

（3）两掌向上举至头前上方，掌心向下，指尖向前；身体微前倾，提肩，缩项，挺胸，塌腰；目视前下方。

（4）两腿微屈下蹲；两掌相叠下按至腹前；目视两掌。

（5）身体重心右移；右腿蹬直，左腿伸直向后抬起；两掌左右分开，掌成"鸟翅"，向体侧后方摆起，掌心向上；抬头，伸颈，挺胸，塌腰；目视前方。

（6）左脚落下，两脚开步站立，两手自然下垂于体侧；目视前方。

2. 鸟飞

（1）两脚开立，两手自然下垂于体侧，目视前方。

（2）两腿微屈；两掌成"鸟翅"合于腹前，掌心相对；目视前下方。

（3）右腿伸直独立，左腿屈膝提起，小腿自然下垂，脚尖朝下；两掌成展翅状，在体侧平举向上，稍高于肩，掌心向下；目视前方。

（4）左脚下落在右脚旁，脚尖着地，两腿微屈；两掌合于腹前，掌心相对；目视前下方。

（5）右腿伸直独立，左腿屈膝提起，小腿自然下垂，脚尖朝下；两掌经体侧，向上举至头顶上方，掌背相对，指尖向上；目视前方。

（6）左脚下落在右脚旁，全脚掌着地，两腿微屈同时，两掌合于腹前，掌心相对；目视前下方。

（7）两掌向身体侧前方举起，与胸同高，掌心向上；目视前方。屈肘，两掌内合下按，自然垂于体侧；目视前方。

鸟戏的基本动作如图 9-5 所示。

图 9-5

# 第二节　六字诀

## 一、六字诀概述

### （一）六字诀的功法源流

根据相关文献记载,六字诀最早见于南北朝时梁代陶弘景所著《养性延命录》中。《养性延命录·服气疗病篇》中记载:"纳气有一,吐气有六。纳气一者,谓吸也;吐气六者,谓吹、呼、唏、呵、嘘、咽,皆出气也。……委曲治病。吹以去热,呼以去风,唏以去烦,呵以下气,嘘以散寒,咽以解极。"同时指出:"心脏病者,体有冷热,吹呼二气出之;肺脏病者,胸膈胀满,嘘气出之;脾脏病者,体上游风习习,身痒痛闷,唏气出之;肝脏病者,眼疼愁忧不乐,呵气出之。"这就是"六字诀"或"六字气诀"的最早起源。

在之后的每个朝代都有关于六字诀的记载,并在六字诀的方法理论和应用方面有了更多的补充和发展。其中较具有代表性的:隋代佛教天台宗高僧智顗在其《童蒙止观》中将六字诀用于佛学坐禅止观法门;唐代著名医学家孙思邈在《备急千金要方》中对陶氏六字诀的吐纳法进行了发挥,"大呼结合细呼";唐代道教学者胡愔在其《黄庭内景五脏六腑补泄图》中改变了六字与五脏的配合方式,改肺"嘘"为肺"呬",改心"呼"为心"呵",改肝"呵"为肝"嘘",改脾"唏"为脾"呼",改肾"咽"为肾"吹",另增胆"嘻"之法。

从现有文献来看,明朝以前的六字诀不配合肢体动作,只是单纯的吐纳功夫。明朝以后,六字诀开始有了肢体动作,将吐纳和导引结合起来。例如,胡文焕的《类修要诀》和高濂的《遵生八笺》等著述中都有《去病延年六字法》总诀的记载:"肝若嘘时目睁精(精同睛),肺知呬气手双擎,心呵顶上连叉手,肾吹抱取膝头平,脾病呼时须撮口,三焦客热卧嘻宁。"这是最早的六字诀配导引动作的记述。

从当代功法流派来看,易筋经、峨眉庄、八卦掌、形意拳、大雁功等虽有六字诀的相关应用,但与原始独立的六字诀功法已不完全相同,在武术动功中大多已变为助力练气的声法练习。今人马礼堂在研究养气功时,根据传统的六字诀文献,编创了"养气功六字诀",用于临床治病,在社会上产生了广泛的影响。

发展到现在,六字诀在功法上已经形成了一个比较完整的体系:在功法理论方面,保持了唐宋以来按中医五行五脏学说为阐述的主体框架,逐渐统一了呼吸口型和发声方法;在肢体的动作导引与意念的导引方面,遵循中医经络循行规律的原则。但是目前在功法的规范性上,仍存在一些问题。例如,各种功法的呼吸发音与肢体导引动作之间的关系各有特色,尚缺乏统一的科学论证;个别字诀(呵、咽)的发音、六字的吐音口型及发声与否、六字与脏腑的对应、六字在练习中的排列顺序等都存在着一些歧义。正是在这个基础上,"健身气功·六字诀"课题组作了进一步的规范化研究论证,以此来编创便于群众练习的、科学健康的健身气功新功法。

**(二)六字诀的特点及价值**

1.六字诀的特点

(1)舒缓柔和。六字诀的动作缓慢柔和,舒展大方,如行云流水,婉转连绵,表现出独特的阴柔宁静之美,具有浓郁的气功特色。同时,要求吐气发声匀细柔长,动作导引舒缓,开始和结束时静立养气,动中有静、静中有动,动静结合。

(2)口型独特。六字诀具有特定的读音口型,目的是调整与控制体内气息的升降出入,形成"嘘、呵、呼、咽、吹、嘻"六种特定的吐气发声方法,分别对应于人体的肝、心、脾、肺、肾、三焦,进而调整脏腑气机平衡。六字诀重新规范和探索了六字的读音和口型,使其具有系统性,各字诀之间既独立又统一,相辅相成。

(3)简单易练。"嘘、呵、呼、咽、吹、嘻"六字的每个字诀都有简单的导引动作,加上起势、收势和预备势共九个动作,简单、易记、易学、易练。六字诀中既没有复杂的意念,也没有难度高、幅度大的动作,适合广大人群习练。

2.六字诀的价值

(1)六字诀的一般价值

六字诀是一种吐纳法。它是通过咽、呵、呼、嘘、吹、嘻六个字的不同发音口型,唇齿喉舌的用力不同,以牵动不动的脏腑经络气血的运行。经常练习六字诀功法,能强化人体内部的组织机能,诱发和调动脏腑的潜在能力来抵抗疾病的侵袭,防止随着人的年龄的增长而出现的过早衰老。

(2)六字诀的具体价值

①预备势的价值

可使练习者身体放松,心平气和,渐入练功状态,并且具有沟通任督二脉,利于全身气血运行的作用。可起到集中注意力,养气安神,消除疲劳及内心焦虑的作用。

②起势的价值

通过两掌托、按、拨及拢及下肢的节律性屈伸,同时配合呼吸,外导内行,可以协调人体"内气"的升、降、开、合,并且有促进全身气血畅旺的作用,同时也为以下各式的练习做好准备。腰膝关节柔和的节律运动,有利于改善和增强中老年人的腰膝关节功能。

③嘘(xū)字诀的价值

中医认为,"嘘"字诀与肝相应。口吐"嘘"字具有泄出肝之浊气、调理肝脏功能的作用。同时,配合两目圆睁,还可以起到疏肝明目的功效。掌心向上从腰间向对侧穿出,一左一右,交替练习,外导内行,使肝气升发,气血调和。身体的左右旋转,使腰部及腹内的组织器官得到锻炼,不仅仅能提高中老年人的腰膝及消化功能,而且还能使人体的带脉得到疏通与调节,全身气机得以顺利升降。

④呵(hē)字诀的价值

中医认为,"呵"字诀与心相应。口吐"呵"字具有泄出心之浊气、调理心脏功能的作用。通过捧掌上升、翻掌下插,外导内行,使肾水上升,以制心火;心火下降,以温肾水,达到心肾相交、水火既济,调理心肾功能的作用。两掌的捧、翻、插、拨,肩、肘、腕、指各个关节柔和连续地屈伸旋转运动,锻炼了上肢关节的柔韧性、功能的协调性,有利于防治中老年人的上肢骨关节退化等病症。

⑤呼(hū)字诀的价值

中医认为,"呼"字诀与脾脏相应。口吐"呼"字具有泄出脾胃之浊气、调理脾胃功能的作用。通过两掌与肚脐之间的开合,外导内行,使整个腹腔形成较大幅度的舒缩运动,具有促进肠胃蠕动、健脾和胃、消食导滞的作用。

⑥呬(sī)字诀的价值

中医认为,"呬"字诀与肺相应。口吐"呬"字具有泄出肺之浊气、调理肺脏功能的作用。通过展肩扩胸、藏头缩项的锻炼,使吸入的大自然之清气布满胸腔,同时小腹内收,使丹田之气也上升到胸中。先天、后天二气在胸中会合,具有锻炼肺的呼吸功能,促进气血在肺内的充分融合与气体交换的作用。立掌展肩与松肩推掌,可以刺激颈项、肩背部周围的穴位,并能有效地解除颈、肩、背部的肌肉和关节疲劳,防治颈椎病、肩周炎和背部肌肉劳损等病症。

⑦吹(chuī)字诀的价值

中医认为,"吹"字诀与肾相应。口吐"吹"字具有泄出肾之浊气、调理肾脏功能的作用。"腰为肾之府"。肾位于腰部脊柱两侧,腰部功能的强弱与肾气的盛衰息息相关。本式动作通过两手对腰腹部的摩按,具有壮腰健肾、增强腰肾功能和预防衰老的作用。

⑧嘻(xī)字诀的价值

中医认为,"嘻"字诀与少阳三焦之气相应。口吐"嘻"字有疏通少阳经脉、调和全身气机的作用。通过提手、分掌、外开、上举和内合、下按、松垂、外开,分别可以起到升开与肃降全身气机的作用。两者相反相成,共同达到调和全身气血的功效。

⑨收势的价值

通过收气静养按揉脐腹,由炼气转为养气,可以达到引气归元的作用,进而使练功者从练功的状态恢复到正常状态。

**(三)六字诀习练要领**

1.校准口型,体会气息

吐气发声是六字诀独特的练功方法,因此,应特别注意口型的变化和气息的流动。气息通过喉、舌、齿、牙、唇时的流动线路与口型的变化密切相关。六种口型产生特定的六种气息运动方式,进而对内气与相应的脏腑功能产生影响。因此,练习者必须注意口型的要求,校准口型。口型正确与否体现在两个方面,一是出声时体会字音是否准确,二是体会每个字的正确口腔气流流动方式。此外,练习时还要掌握好"先出声,后无声"的原则。练习者在初学时可采用吐气出声的方法,以便于校正口型与读音,防止憋气;在练习熟练以后,可逐渐过渡为吐气轻声,渐至匀细柔长,最后吐气无声的状态。

2.注意呼吸,微微用意

呼吸的方法最常用的有自然呼吸或腹式呼吸,腹式呼吸又分为两种:顺腹式呼吸与逆腹式呼吸。腹式呼吸是"健身气功·六字诀"主要的呼吸方法。这种呼吸方法的要领是:鼻吸气时,胸腔慢慢扩张,而腹部随之微微内收,口呼气时则与此相反。这种呼吸方法使横膈膜升降幅度增大,对人体脏腑产生类似按摩的作用,有利于促进全身气血的运行,并且功效非常明显。但初学者应切记,呼吸时一定要注意微微用意,做到吐惟细细,纳惟绵绵,有意无意,绵绵若存,不能用力,绝不可故意用力使腹部收缩或鼓胀。

3.寓意于气,寓意于形

本功法强调意念与舒缓圆活的动作、匀细柔长的吐气发声相结合,寓意于气(呼吸),寓意于形,不过分强调意念活动。练习时要注意协调自然,勿忘勿助。倘若用意过重,则易导致动作僵硬、呼吸急促,反而达不到松静自然的要求。同时,在形体上也要放松自然,不要过多注意肢体运动的规格,形松神静才能让呼吸渐缓、脉搏频率降低,使气机的升降开合调整到最佳状态。如果心意过重,导致肢体动作僵硬,必然破坏机体的内部平衡,也就达不到调整气机的作用。在本功法中"吐纳为主,导引为辅"的要求,就是讲两者间的有机结合,而不是简单的"吐纳加导引"。

4.动作松柔舒缓,协调配合

本功法是以呼吸吐纳为主,同时又辅以动作导引的功法。动作导引有活动关节、强筋健骨的作用。练习时要注意与呼吸吐纳、吐气发声的协调配合,动作要做到舒、缓、松、柔,以不破坏呼吸吐纳和吐气发声的匀细柔长为基本规律。

5.循序渐进,持之以恒

练功时应注意循序渐进,不可急于求成,尤其是年老体弱者对于动作幅度的大小、运动量的大小、呼吸的长短、练功次数的多少都要注意因人而异,量力而行。练功结束,可以做一些简单的保健功法,如擦面、搓手、全身拍打及散步等,以便从练功状态充分恢复到正常状态来。练功时宜选择空气清新、环境幽静的地方,最好穿运动服或者比较宽松的服装,以利于动作的完成与身体气血的流通。同时,要始终保持全身放松、心情舒畅、思想安静,以专心练功。练功中要树立信心与恒心,相信气功具有强身健体、养生康复的作用,做到持之以恒,坚持不懈。

## 二、六字诀功法习练

### (一)预备势

两脚平行站立,约与肩同宽,两膝微屈;头正颈直,下颏微收,竖脊含胸;两臂自然下垂,周身中正;唇齿合拢,舌尖放平,轻贴上腭;目视前下方。

### (二)起势

接上式。屈肘,两掌十指相对,掌心向上,缓缓上托至胸前,约与两乳同高;目视前方。两掌内翻,掌心向下,缓缓下按,至肚脐前;目视前下方。微屈膝下蹲,身体后坐;同时,两掌内旋外翻,缓缓向前拨出，至两臂成圆。两掌外旋内翻，掌心向内。起身，两掌缓缓收拢至肚脐前，虎口交叉相握轻覆肚脐；静养片刻，自然呼吸；目视前下方。

### （三）嘘（xū）字诀

接上式。两手松开，掌心向上，小指轻贴腰际，向后收到腰间；目视前下方。两脚不动，身体左转90°；同时，右掌由腰间缓缓向左侧穿出，约与肩同高，并配合口吐"嘘"字音；两目渐渐圆睁，目视右掌伸出方向。右掌沿原路收回腰间；同时身体转回正前方；目视前下方。身体右转90°；同时，左掌由腰间缓缓向右侧穿出，约与肩同高，并口吐"嘘"字音；两目渐渐圆睁，目视左掌伸出方向。左掌沿原路收回腰间，同时，身体转回正前方；目视前下方。如此左右穿掌各3遍。本式共吐"嘘"字音6次。

### （四）呵（hē）字诀

接上式。吸气，同时，两掌小指轻贴腰际微上提，指间朝向斜下方；目视前下方。屈膝下蹲，同时，两掌缓缓向前下约45°方向插出，两臂微屈；目视两掌。微微屈肘收臂，两掌小指一侧相靠，掌心向上，成"捧掌"，约与肚脐相平；目视两掌心。两膝缓缓伸直；同时屈肘，两掌捧至胸前，掌心向内，两中指约与下颏同高；目视前下方。两肘外展，约与肩同高；同时，两掌内翻，掌指朝下，掌背相靠。然后，两掌缓缓下插；目视前下方。从插掌开始，口吐"呵"字音。两掌下插至肚脐前时，微屈膝下蹲；同时，两掌内旋外翻，掌心向外，缓缓向前拨出，至两臂成圆；目视前下方。两掌外旋内翻，掌心向上，于腹前成"捧掌"；目视两掌心。两膝缓缓伸直；同时屈肘，两掌烹捧至胸前，掌心向内，两中指约与下颏同高；目视前下方。两肘外展，约与肩同高；同时，两掌内翻，掌指朝下，掌背相靠；然后两掌缓缓下插，目视前下方。从插掌开始，口吐"呵"字音。本式共吐"呵"字音6次。

### （五）呼（hū）字诀

当上式最后一动两掌向前拨出后，外旋内翻，转掌心向内对肚脐，指尖斜相对，五指自然张开。两掌心间距与掌心至肚脐距离相等；目视前下方。两膝缓缓伸直；同时，两掌缓缓向肚脐方向合拢，至肚脐前约10厘米。微屈膝下蹲；同时，两掌向外展开至两掌心间距与掌心至肚脐距离相等，两臂成圆形，并口吐"呼"字音；目视前下方。两膝缓缓伸直；同时，两掌缓缓向肚脐方向合拢。本式共吐"呼"字音6次。

### （六）呬（sī）字诀

接上式。两掌自然下落，掌心向上，十指相对；目视前下方。两膝缓缓伸直；同时，两掌缓缓向上托至胸前，约与两乳同高；目视前下方。两肘下落，夹肋，两手顺势立掌于肩前，掌心相对，指尖向上。两肩胛骨向脊柱靠拢，展肩扩胸，藏头缩项；目视前斜上方。微屈膝下蹲；同时，松肩伸项，两掌缓缓向前平推逐渐转成掌心向前亮掌，同时口吐"呬"字音；目视前方。两掌外旋腕，转至掌心向内，指间相对，约与肩宽。两膝缓缓伸直；同时屈肘，两掌缓缓收拢至胸前约10厘米，指间相对；目视前下方。两肘下落，夹肋，两手顺势立掌于肩前，掌心相对，指间向上。两肩胛骨向脊柱靠拢，展肩扩胸，藏头缩颈；目视斜前上方。微屈膝下蹲；同时，松肩伸项，两掌缓缓向前平推逐渐转成掌心向前，并口吐"呬"字音；目视前方。

### （七）吹（chuī）字诀

接上式。两掌前推，随后松腕伸掌，指尖向前，掌心向下。两臂向左右分开成侧平举，掌心斜向后，指尖向外。两臂内旋，两掌向后划弧至腰部，掌心轻贴腰眼，指尖斜向下；目视前下方。微屈膝下蹲；同时，两掌向下沿腰骶、两大腿外侧下滑，后屈肘提臂环抱于腹前，掌心向内，指尖相对，约与脐平；目视前下方。两掌从腰部下滑时，口吐"吹"字音。两膝缓缓伸直；同时，两掌缓缓收回，轻抚腹部，指尖斜向下，虎口相对；目视前下方。两掌沿带脉向后摩运。两掌至后腰部，掌心轻贴腰眼，指尖斜向下；目视前下方。微屈膝下蹲；同时，两掌向下沿腰骶、两大腿外侧下滑，后屈肘提臂环抱于腹前，掌心向内，指尖相对，约与脐平；目视前下方。本式共吐"吹"字音6次。

### （八）嘻（xī）字诀

接上式。两掌环抱，自然下落于体前；目视前下方。两掌内旋外翻，掌背相对，指间向下；目视两掌。两膝缓缓伸直；同时，提肘带手，经体前上提至胸。随后，两手继续上提至面前，分掌、外开、上举，两臂成弧形，掌心斜向上；目视前上方。屈肘，两手经面部前回收至胸前，约与肩同高，指尖相对，掌心向下；目视前下方。然后微屈膝下蹲；同时，两掌缓缓下按至肚脐前。两掌继续向下。向左右外分至左右髋旁约15厘米，掌心向外，指间向下；目视前下方。从上动两掌下按开始配合口吐"嘻"字音。两掌掌背相对合于小腹前，掌心向外，指间向下；目视两掌。两膝缓缓伸直；同时，提肘带手，经体前上提至胸。随后，两手继续上提至面前，分掌、外开、上举，两臂成弧形，掌心斜向上；目视前上方。屈肘，两手颈面部前回收至胸前，约与肩同高，指尖相对，掌心向下；目视前下方。然后微屈膝下蹲；同时两掌缓缓下按至肚脐前，目视前下方。两掌顺势外开至髋旁约15厘米，掌心向外，指间向下；目视前下方。从上动两掌下按开始配合口吐"嘻"字音。本式共吐"嘻"字音6次。

### （九）收势

接上式。两手外旋内翻，转掌心向内，缓缓抱于腹前，虎口交叉相握，轻覆肚脐；同时两膝缓缓伸直；目视前下方；静养片刻。两掌以肚脐为中心揉腹，顺时针6圈，逆时针6圈。两掌松开，两臂自然垂直于体侧；目视前下方。

# 第三节　八段锦

## 一、八段锦概述

### （一）八段锦的功法源流

八段锦也有着悠久的历史，在湖南长沙马王堆三号墓出土的《导引图》中，我们可以看到，其中至少有四幅图势与八段锦图势中的"调理脾胃须单举""双手攀足固肾腰""左右开弓似射雕""背后七颠百病消"相似。最早出现"八段锦"的是南宋洪迈所著的《夷坚志》："政和七年，李似矩为起居郎……尝以夜半时起坐，嘘吸按摩，行所谓八段锦者。"这也说明八段锦在北宋已获得了一定的发展。

在南宋曾慥著《道枢·众妙篇》中，最早出现了有关于立势八段锦的描述，"仰掌上举以治三焦者也；左肝右肺如射雕焉；东西独托，所以安其脾胃矣；返复而顾，所以理其伤劳矣；大小朝天，所以通其五脏矣；咽津补气，左右挑其手；摆鳝之尾，所以祛心之疾矣；左右手以攀其足，所以治其腰矣。"而这时还未对八段锦进行定名。真正定名"八段锦"的是南宋陈元靓所编的《事林广记·修真秘旨》，书中将八段锦定名为"吕真人安乐法"，其文已歌诀化，文献中有记载可考证："昂首仰托顺三焦，左肝右肺如射雕；东脾单托兼西胃，五劳回顾七伤调；鳝鱼摆尾通心气，两手搬脚定于腰；大小朝天安五脏，漱津咽纳指双挑。"

直到清末的《新出保身图说·八段锦》中，首次以"八段锦"为名，并绘有图像，形成了较完整的动作套路。其歌诀为："两手托天理三焦，左右开弓似射雕；调理脾胃须单举，五劳七伤往后瞧；摇头摆尾去心火，背后七颠百病消；攒拳怒目增气力，两手攀足固肾腰。"从此，传统八段锦动作被固定下来，并在民间广为流传。

新中国成立后，民族传统体育受到党和政府的高度重视。于是，在20世纪50年代后期，由唐豪、马凤阁等人编著的《八段锦》在人民体育出版社出版，并随后组织学者对传统八段锦进行了深层次的挖掘和整理。由于政府的重视，习练八段锦的群众逐年增多。到20世纪70年代末80年代初，八段锦作为民族传统体育项目开始进入我国大专院校，这些有效的措施和积极的政策都极大地促进了八段锦的发展。而今随着大众健身的热潮不断升温，八段锦也成为人们休闲健身的重要手段。

**（二）八段锦的特点及功能**

1.八段锦的特点

（1）柔和缓慢

这一特点主要反应在习练八段锦时，动作的不僵不拘，轻松自如，舒展大方，身体重心平稳，虚实分明，轻飘徐缓。练习八段锦可以使人在柔和缓慢的节奏中，体会到神清气爽、体态安详的状态。

（2）圆活连贯

八段锦的动作路线带有弧形，不起棱角，不直来直往，符合人体各关节自然弯曲的状态。它以腰脊为轴带动四肢运动，上下相随，节节贯穿。其动作的虚实变化和姿势的转换衔接，无停顿断续之处。既像行云流水连绵不断，又如春蚕吐丝相连无间，充分体现出了其"圆活连贯"的特点。

（3）松紧结合

在习练八段锦时，肌肉、关节以及中枢神经系统、内脏器官都处于较为放松的状态。在意识的主动支配下，逐步达到呼吸柔和、心静体松，同时松而不懈，保持正确的姿态，并将这种放松程度不断加深。而在做动作时，需要练习者适当用力，且缓慢进行，主要体现在前一动作的结束与下一动作的开始之前。这些都说明了八段锦具有松紧结合的特点。在八段锦的练习中，紧在动作中只是一瞬间，而放松须贯穿动作的始终。松紧配合得适度，有助于平衡阴阳、疏通经络、分解粘滞、滑利关节、活血化淤、强筋壮骨，达到增强体质的效果。

（4）动静相兼

八段锦运动中的动与静主要体现在练习者身体动作的外在表现。动，就是在意念的引导下，动作轻灵活泼、节节贯穿、舒适自然。静，则是在动作的节分处做到沉稳，特别是动作的缓慢用力之处，在外观上看略有停顿之感，但内劲没有停，肌肉继续用力，保持牵引抻拉。

（5）形、神、气相结合

八段锦最高的习练境界就是形、神、气的融合一体。这也是八段锦运动健身中的一个重要特点。八段锦的每势动作以及动作之间充满了对称与和谐，体现出内实精神、外示安逸，虚实相生、刚柔相济，做到了意动形随、神形兼备。并且通过精神的修养和形体的锻炼，促进真气在体内的运行，以达到强身健体的功效。

2.八段锦的功能

（1）提高人体肾脏和腰部的功能

在八段锦的练习过程中，大部分动作都是以手臂的旋转为主要形式，通过两臂的内外翻旋，加大手臂的扭转、加大对手臂的压力。而在手臂的屈伸过程中，可以加强对肘部的刺激，使练习者达到畅通心肺经络的目的，还可以刺激命门和任督二脉，起到固肾壮腰的功效。而下肢动作则可以有效刺激练习者足三阴三阳经、调节脾胃，起到疏肝、利胆、健腰的功效。

（2）减脂降压的功能

八段锦是一项非常好的有氧运动，它的运动强度相对较小，时间较长，在长时间的缓慢动作中，可以有效的消耗人体多余的能量。而在人体中，脂肪是供能的首推系统，血液对血管壁压力会随脂肪代谢的增加而减小，因此，八段锦对减脂降压有良好的功效。

（3）醒脑宁神的功能

在八段锦的功法练习中，重点就是畅通肾经，强调手指的抓握变化，重视踮脚趾及上下肢的配合，可以有效的锻炼到大脑，起到增智冲慧、醒脑宁神的功效。

（4）改善骨骼结构的功能

在进行八锻锦练习时，经常会出现躯干折叠、站桩以及行进间蹲起的练习，这些动作都可以有效的发展练习者的腿部力量，使重心更加稳定，还可以防止血钙的流失，起到强健骨骼的功效。

（5）提高身体柔韧性的功能

在八段锦的练习中，有许多抽筋拔骨的伸展性运动，这些运动在长时间的练习过程中，可以有效的改善练习者身体各部位的柔韧性。

**（三）八段锦习练要领**

**1.准确灵活**

准确，主要是指练功时的姿势与方法要正确，合乎规格。在学习初始阶段，基本身形的锻炼最为重要。本功法的基本身形，通过功法的预备势进行站桩锻炼即可，站桩的时间和强度可根据不同人群的不同健康状况灵活掌握。在锻炼身形时，要认真体会身体各部位的要求和要领，克服关节肌肉的酸痛等不良反应，为放松入静创造良好条件，为学习掌握动作打好基础。在学习各式动作时，要对动作的路线、方位、角度、虚实、松紧分辨清楚，做到姿势工整，方法准确。

灵活，是指习练时对动作幅度的大小、姿势的高低、用力的大小、习练的数量、意念的运用、呼吸的调整等，都要根据自身情况灵活掌握，特别是对老年人群和体弱者，更要注意。

**2.松静自然**

松静自然，是练功的基本要领，也是最根本的法则。松，是指形体与精神两方面的放松。形体上的放松,是指关节、肌肉及脏腑的放松;精神的放松,主要是解除心理和生理上的紧张状态。放松是由内到外、由浅到深的锻炼过程,使形体、呼吸、意念轻松舒适无紧张之感。静,是指思想和情绪要平稳安宁,排除一切杂念。放松与入静是相辅相成的,入静可以促进放松,而放松又有助于入静,二者缺一不可。

自然,是指呼吸、意念、形体都要顺其自然。具体来说,呼吸自然,要莫忘莫助,不能强吸硬呼;意念自然,要"似守非守,绵绵若存",过于用意会造成气滞血淤,导致精神紧张;形体自然,要合于法,一动一势要准确规范。需要指出的是,这里的"自然"理解为"道法自然",而不是指"听其自然""任其自然",需要习练者在练功过程中仔细体会,逐步把握。

3.循序渐进

八段锦对于初学者来说有一定的学习难度和运动强度。因此,在初学阶段,习练者首先要克服由于练功而给身体带来的不适,如肌肉关节酸痛、动作僵硬;紧张、手脚配合不协调、顾此失彼等。只有经过一段时间和数量的习练,才会做到姿势逐渐工整,方法逐步准确,动作的连贯性与控制能力得到提高,对动作要领的体会不断加深,对动作细节更加注意等。

在初学阶段,本功法要求习练者采取自然呼吸方法。待动作熟练后,逐步对呼吸提出要求,习练者可采用练功时的常用方法——腹式呼吸。在掌握呼吸方法后,开始注意同动作进行配合。这其中也存在适应和锻炼的过程,不可急于求成。最后,逐渐达到动作、呼吸、意念的有机结合。

由于练功者体质状况及对功法的掌握与习练上存在差异,其练功效果不尽相同。良好的练功效果是在科学练功方法的指导下,随着时间和习练数量的积累而逐步达到的。因此,习练者不要"三天打鱼,两天晒网",应持之以恒,循序渐进,合理安排好运动量。

4.练养相兼

练,是指形体运动、呼吸调整与心理调节有机结合的锻炼过程。养,是通过上述练习,身体出现的轻松舒适、呼吸柔和、意守绵绵的静养状态。习练本功法,在要求动作姿势工整、方法准确的同时,要根据自己的身体情况,调整好姿势的高低和用力的大小,对有难度的动作,一时做不好的,可逐步完成。对于呼吸的调节,可在学习动作期间采取自然呼吸,待动作熟练后再结合动作的升降、开合与自己的呼吸频率有意识地进行锻炼,最后达到"不调而自调"的效果。对于意念的把握,在初学阶段重点应放在注意动作的规格和要点上,动作熟练后要遵循似守非守,绵绵若存的原则进行练习。

练与养,是相互并存的,不可截然分开,应做到"练中有养""养中有练"。特别要合理安排练习的时间、数量,把握好强度,处理好"意""气""形"三者的关系。从广义上讲,练养相兼与日常生活也有着密切的关系。能做到"饮食有节、起居有常",保持积极向上的乐观情绪,将有助于提高练功效果,增进身心健康。

## 二、八段锦的手型和步型

### (一)基本手型

(1)拳。大拇指抵掐无名指根结内侧,其余四指屈拢收于掌心。

(2)掌。①掌一:五指微屈,稍分开,掌心微含。②掌二:拇指与食指竖直分开成"八"字状,其余三指第一、二指节屈收,掌心微含。

（3）爪。五指并拢，大拇指第一指节，其余四指第一、二指节屈收扣紧，手腕伸直。

## （二）基本步型

马步：开步站立，两脚间距约为本人脚长的 2～3 倍，屈膝半蹲，大腿略高于水平。

## 三、八段锦功法习练

### （一）预备式

身体直立，两臂下垂，全身放松，舌抵上腭，目光平视（图 9-6）。

### （二）两手托天理三焦

随着吸气，两臂从体侧缓缓上举至头顶，掌心朝上；两手指交叉，内旋翻掌向上撑起，肘关节伸直，如托天状；同时两脚跟尽量上提，抬头，眼看手背。随着呼气，两臂经体侧缓缓下落；脚跟轻轻着地，还原成预备式（图 9-7）。

图 9-6 图 9-7

### （三）左右开弓似射雕

左脚向左横开一步，屈膝下蹲成马步，同时两臂屈肘抬起，右外左内在胸前交叉。左手拇指和食指撑开成八字，其余三指扣住，缓缓用力向左侧平推，同时右拳松握屈肘向右平拉，似拉弓状，眼看左手，此为"左开弓"。两臂下落，经腹前向上抬起，在胸前交叉，右手在内，左手握拳在外。然后做右开弓姿势（图 9-8）。

图 9-8

### （四）调整脾胃须单举

并步直立，两臂屈肘上抬至胸前，掌心向下。左手内旋上举至头顶，同时右手下按至右胯旁，此为"左举"。左手向下,右手向上至胸前;右举与左举动作相同,唯左右相反(图9-9)。

图 9-9

### (五)五劳七伤往后瞧

两脚并步,头缓缓向左、向后转,眼看后方。上动稍停片刻,头慢慢转回原位。头缓缓向右、向后转,眼看后方(图9-10)。

图 9-10

### (六)攒拳怒目增力气

左脚向左平跨一步成马步,两手握拳抱于腰间,眼看前方。左拳向前用劲缓缓冲出,小臂内旋拳心向下。左拳变掌,再抓握成拳收抱腰间。右拳向前用劲缓缓冲出,小臂内旋拳心向下。左、右侧冲拳的方法与左、右前冲拳动作相同,方向由前变为侧(图9-11)。

图 9-11

### (七)双手攀足固肾腰

两脚并步,上体后仰,两手由体侧移至身后。上体缓缓前俯深屈,两膝挺直,两臂随屈体向前、向下,用手攀握脚尖(或手触地),保持片刻(图9-12)。

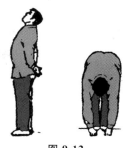

图 9-12

### （八）摇头摆尾去心火

左脚向左横跨一步成马步，两手扶按在膝上，虎口朝里。随着吸气，头向左下摆，臀部向右上摆，上体左倾。随着呼气，头向右下摆，臀部向左上摆，上体右倾。上体前俯，头和躯干向左、向后、向右、向前绕环一周（图 9-13）。

图 9-13

### （九）背后七颠百病消

两手左里右外交叠于身后；脚跟尽量上提，头上顶，同时吸气。足跟轻轻落下，接近地面，但不着地，同时呼气（图 9-14）。

图 9-14

# 第四节　易筋经

## 一、易筋经概述

### （一）易筋经的功法源流

易筋经是从我国古代的导引术中逐渐演变、发展和变化而来的。在《庄子·刻意篇》中有过这样的记载："吹呴呼吸，吐故纳新，熊经鸟申（伸），为寿而已矣。此导引之士，养形之人，彭祖寿考者之所好也。"目前，也有一些关于易筋经由来的说法，但都缺乏一定的考证。

易筋经的流传可以说是非常复杂的，在各个时期流传与发展的过程中，被广泛地篡改。在清代咸丰八年潘蔚辑录的《内功图说》中就对流传至今的易筋经十二势版本进行了相关的记载，这一版本是较为广泛地得到认可的。总的来看，传统易筋经从中医、宗教、阴阳五行学说等视角详细阐述了功理、功法，并逐渐形成了具有不同特点的各种流派。

总的来说，易筋经将传统易筋经十二势的精要继承了下来，并且融普及性和科学性集于一身，具有格调古朴、蕴涵新意的显著特征。发展到现在，易筋经已成为人们健身的一种重要手段。

**（二）易筋经的特点及功能**

1. 易筋经的特点

（1）简单普及。易筋经的动作刚柔相济，十分简单，各类人群都容易学会，体弱多病和中老年人练习易筋经可以锻炼身体，起到治病的效果。练习易筋经也不需要对场地有过高的要求，只要可以保证双脚平稳站立，活动不受阻碍就可以。

（2）柔和匀称。易筋经的动作往往呈现出连贯舒展、柔畅协调、动静相兼的特点，给人以美的享受。易筋经的各个动作之间连接紧密，动作变化的过程清晰柔和，前后、左右、上下是整套动作的运动方向；简单的直线和弧线是肢体运动的主要路线。易筋经在动作力量上要求肌肉相对放松，动作轻柔，不使很大的力，刚柔相济。

（3）动作舒展。易筋经对练习者的各个肢体动作都有一定的要求，不论是上肢、下肢还是躯干的每个动作，都应充分屈伸、外展并扭转身体，从而使人体的骨骼及关节可以多角度、多方位活动。多方位的身体活动可以牵拉人体各关节的肌腱、韧带等结缔组织，促进身体内的血液循环，使得软组织的营养代谢过程得到改善，提高肌肉、肌腱、韧带等软组织的活动功能，促进身体健康。

2. 易筋经的功能

（1）全身运动，强筋健骨

肢体舒展是练习易筋经的基础，因而练习易筋经时，四肢、关节、躯干都需要完全、彻底、充分地屈伸、扭转，从而牵拉机体各部位骨骼及关节，并且尽可能多角度、多方位地活动，争取使身体处于柔和而充满力道的"动"中。

长期练习，可提高肌肉、肌腱、韧带等组织的柔软性、灵活性，还可促进血液循环，促进机体新陈代谢，从而达到强健筋骨的目的。

（2）祛疗病疾，调整生理功能

现代医学证明，练习易筋经有很多益处，如可加强人体血液循环，改善内脏功能，延缓衰老，防治心血管疾病、呼吸系统疾病、消化系统疾病以及头痛头晕、尿频尿急、失眠多梦等病症。另外，练习易筋经时要求心情宁静，全身放松，保持一种良好的情绪，再配合身体的扭转拉伸、手足推挽，既有利于调整失调的生理功能，也可达到祛疾健身、延年益寿的目的。

需要注意的是，易筋经运动量较大，动作难度较高，适宜体力充沛者练习。对于体质虚弱的人，则要量力而行，适时调整练习难度及练习时间等。

（3）平衡阴阳，畅通气血

《内经》有语："阴平阳秘，精神乃治；阴阳离决，精气乃绝。"大意就是，人体阴阳之气决定身体健康。而练习易筋经,可增强人体真气的运行,让大脑和身体得到充分的放松休息,进而达到全身阴阳平衡、形神统一、全身协调的效果。

中医认为:"气为血之帅,血为气之母。"气,是维持生命活动最基本的物质,可温养肌肤、抵御外邪,同时还参与着脏腑的活动。血,是神经活动的补给站,它穿行于全身,起着营养滋润全身的作用。而易筋经正是以中医经络走向和气血运行来指导气息的升降,可使关窍通利,气血流畅,从而调节改善气血运行,达到强身健体的目的。

### (三)易筋经习练要领

#### 1. 刚柔并济,虚实相兼

易筋经是一项宜刚宜柔的武术运动,在习练的过程中,应正确地掌握好这一特点以便更好地进行锻炼。

本功法动作有刚有柔,且刚与柔是在不断相互转化的;有张有弛,有沉有轻,是阴阳对立统一的辩证关系。如"倒拽九牛尾势"中,双臂内收旋转逐渐拽拉至止点是刚,为实;随后身体以腰转动带动两臂伸展至下次收臂拽拉前是柔,为虚。又如"出爪亮翅势"中,双掌立于胸前呈扩胸展肩时,肌肉收缩的张力增大为刚,是实;当松肩伸臂时,两臂肌肉等张收缩,上肢是放松的,为柔;两臂伸至顶端,外撑有重如排山之感时,肌肉张力再次增大为刚,是实。这些动作均要求习练者在用力之后适当放松,松柔之后尚需适当有刚。这样,动作就不会出现机械、僵硬或疲软无力的松弛状况。因此,习练本功法时,应力求虚实适宜,刚柔相济。要有刚和柔、虚与实之分,但习练动作不能绝对的刚或柔,应做到刚与柔、虚与实的协调配合,即刚中含柔、柔中寓刚。否则,用力过"刚",则会出现拙力、僵力,以致影响呼吸,破坏宁静的心境;动作过"柔",则会出现疲软、松懈,起不到良好的健身效果。

#### 2. 呼吸自然,贯穿始终

练习易筋经时,有些要领是要特别注意并且贯穿始终的,例如最为重要的一条呼吸要领,那就是呼吸自然。即习练本功法时,要求呼吸自然、柔和、流畅,不喘不滞,以利于身心放松、心平气和及身体的协调运动。相反,若不采用自然呼吸,而执著于呼吸的深长绵绵、细柔缓缓,则会在与导引动作的匹配过程中产生"风""喘""气"三相,即呼吸中有声(风相),无声而鼻中涩滞(喘相),不声不滞而鼻翼扇动(气相)。这样,习练者不但不受益,反而会导致心烦意乱,动作难以松缓协调,影响健身效果。因此,习练本功法时,要以自然呼吸为主,动作与呼吸始终保持柔和协调的关系。

呼吸要领是易筋经中自始至终都强调的一条标准。另外,在功法的某些环节中也要主动配合动作进行自然呼或自然吸。如"韦驮献杵第三势"中双掌上托时自然吸气;"倒拽九牛尾势"中收臂拽拉时自然呼气;"九鬼拔马刀势"中展臂扩胸时自然吸气,松肩收臂时自然呼气,含胸合臂时自然呼气,起身开臂时自然吸气;"出爪亮翅势"中两掌前推时自然呼气等。因为人体胸廓会随着这些动作的变化而扩张或缩小,吸气时胸廓会扩张,呼气时胸廓会缩小。因此,习练本功法时,应配合动作,随胸廓的扩张或缩小而自然吸气或呼气。

#### 3. 放松精神,形意合一

在易筋经练习中,练习者的精神状态也是极为重要的一个方面。练习中要求精神放松,意识平静,不做任何附加的意念引导。通常不意守身体某个点或部位,而是要求意随形体动作的运动而变化。即在练习中,以调身为主,通过动作变化导引气的运行,做到意随形走,意气相随,起到健体养生的作用。同时,在某些动作中,需要适当地配合意识活动,如"青龙探爪"时,要求意存掌心。而另一些动作虽然不要求配合意存,但却要求配合形象的意识思维活动,如"倒拽九牛尾势"中拽拉时,两膀如拽牛尾;"出爪亮翅势"中伸肩、撑掌时,两掌有排山之感;"三盘落地势"中下按、上托时,两掌有如拿重物;"打躬势"中脊椎屈伸时,应体会上体如"勾"一样的卷曲伸展运动。这些都要求意随形走,用意要轻,似有似无,切忌刻意、执著于意识。

4.循序渐进,个别动作配合发音

在武术锻炼中,任何一个动作或者是一套套路的形成与练习都不是一天就能形成的,应遵循着循序渐进的原则来进行系统的练习。在练习易筋经的过程中,不同体质、不同年龄、不同健康状况、不同身体条件的练习者,可以根据自己的实际情况灵活地选择各势动作的活动幅度或姿势,如"三盘落地势"中屈膝下蹲的幅度、"卧虎扑食势"中十指是否着地姿势的选择等等。同时,练习时还应遵循由易到难、由浅到深、循序渐进的原则。

另外,在练习易筋经某些特定动作的过程中,要求呼气时发音(但不需出声)。如"三盘落地势"中的身体下蹲、两掌下按时,要求配合动作口吐"嗨"音,主要是为了下蹲时气能下沉至丹田,而不因下蹲造成下肢紧张,引起气上逆至头部;同时口吐"嗨"音,气沉丹田,可以起到强肾、壮丹田的作用。因此,在该势动作中要求配合呼气、吐音,并注意口型,吐"嗨"音口微张,音从喉发出,上唇着力压于龈交穴,下唇松,不着力于承浆穴。这是本法中"调息"的特别之处。

## 二、易筋经的手型和步型

### (一)基本手型

(1)握固。大拇指抵掐无名指根节,其余四指屈拢收于掌心。

(2)荷叶掌。五指伸直,张开。

(3)柳叶掌。五指伸直,并拢。

(4)龙爪。五指伸直、分开,拇指、食指、无名指、小指内收。

(5)虎爪。五指分开,虎口撑圆,第一、二指关节弯曲内扣。

### (二)基本步型

(1)弓步。两腿前后分开一大步,横向之间保持一定宽度,前腿屈膝前弓,大腿斜向地面,膝与脚尖上下相对,脚尖微内扣;后腿自然伸直,脚跟蹬地,脚尖微内扣,全脚掌着地。

(2)丁步。两脚左右分开,间距10～20厘米。两腿屈膝下蹲,前脚脚跟提起,脚尖着地,虚点地面,置于后脚足弓处;后腿全脚掌着地踏实。

(3)马步。开步站立,两脚间距约为本人脚长的2～3倍,屈膝半蹲,大腿略高于水平。

## 三、易筋经功法习练

### (一)预备

两脚并拢站立,两手自然垂于体侧;下颏微收,百会虚领,唇齿合拢,舌自然平贴于上腭;目视前方。

### （二）韦驮献杵第一势

（1）左脚向左侧开半步，约与肩同宽，两膝微屈，成开立姿势；两手自然垂于体侧。

（2）两臂自体侧向前抬至前平举；掌心相对，指尖向前。

（3）两臂屈肘，自然回收，指尖向斜前上方约30°，两掌合于胸前，掌根与膻中穴同高，虚腋；目视前下方。动作稍停（图9-15）。

### （三）韦驮献杵第二势

（1）接上式。两肘抬起，两掌伸平，手指相对，掌心向下，掌臂约与肩呈水平。

（2）两掌向前伸展，掌心向下，指尖向前。

（3）两臂向左右分开至侧平举，掌心向下，指尖向外。

（4）五指自然并拢，坐腕立掌；目视前下方（图9-16）。

### （四）韦驮献杵第三势

（1）接上式。松腕，同时两臂向前平举内收至胸前平屈，掌心向下，掌与胸相距约一拳；目视前下方。

（2）两掌同时内旋，翻掌至耳垂下，掌心向上，虎口相对，两肘外展，约与肩平。

（3）身体重心前移至前脚掌支撑，提踵；同时，两掌上托至头顶，掌心向上，展肩伸肘；微收下颌，舌抵上腭，咬紧牙关。

（4）静立片刻（图9-17）。

图 9-15　　　　　　　　　图 9-16　　　　　　　　　图 9-17

### （五）摘星换斗式

（1）右足稍向右前方移步，与左足成斜八字形（右足跟与左足弓相对，相距约一拳），随式身向左微侧。

（2）屈膝，提右足跟，身向下沉成右虚步；两上肢同时动作，左手握空拳置于腰后，右手指掌握如钩状下垂于裆前。

（3）右钩手上提，使肘略高于肩，前臂与上臂近乎直角钩手置于头之右前方。

（4）松肩，屈腕，肘向胸，钩尖向右；头微偏，目视右掌心，舌抵上腭；含胸拔背，直腰收臀，少腹含蓄，紧吸慢呼，使气下沉；两腿前虚后实，前腿虚中带实，后腿实中求虚。左右两侧交替锻炼，姿势及要求相同（图9-18）。

图 9-18

### （六）倒拽九牛尾式

（1）左腿向左平跨一步（其距较两肩为宽），两足尖内扣，屈膝下蹲成马裆式；两手握拳由身后划弧线形向裆前，拳背相对，拳面近地；上身略前俯，松肩，直肘，昂头，目前视。

（2）两拳上提至胸前，由拳化掌，成抱球式，随式直腰；肩松肘曲，肘略低于肩；头端平，目前视。

（3）旋动两前臂，使掌心各向左右（四指并拢朝天，拇指外分，成八字掌，掌应挺紧），随式运劲徐徐向左右平（分）推至肘直；松肩，直肘，腕背屈，腕、肘、肩相平。

（4）身体向右转侧，成右弓左箭式（面向左方）。两上肢同时动作，右上肢外旋，屈肘约成半圆状，拳心对面，双目观拳，拳高约与肩平，肘不过膝，膝不过足尖；左上肢内旋向后伸，拳背离臀，肩松，肘微屈，两上肢一前（外旋）一后（内旋）作螺旋劲，上身正直，塌腰收臀，鼻息调匀。左右两侧交替锻炼，姿势相同（图9-19）。

### （七）出爪亮翅式

（1）两手仰掌沿胸前徐徐上提过顶，旋腕翻掌，掌心朝天，十指用力分开，虎口相对，中、食指（左与右）相接；仰头，目观中指、食指交接之处，随式足跟提起，离地约10～13厘米，以两足尖支持体重。肘微屈，腰直，膝不得屈。

（2）两掌缓缓分开向左右而下，上肢成一字并举（掌心向下），随式足跟落地；翻掌，使掌心朝天，十指仍用力分开，目向前平视，肩、肘、腕相平，直腰，膝勿屈（图9-20）。

图9-19　　　　　　　　　　　　　　图9-20

### （八）九鬼拔马刀式

（1）足尖相衔，足跟分离成八字形，腰实腿坚，膝直足霸。同时两臂向前成叉掌立于胸前。

（2）运动两臂，左臂经上往后，成钩手置于身后（松肩，直肘，钩尖向上）；右臂向上经右往胸前（松肩，肘略屈，掌心向左，微向内凹，虎口朝下），掌根着实，蓄劲于指。

（3）右臂上举过头，由头之右侧屈肘俯掌下覆，使手抱于颈项。左手钩手化掌，使左掌心贴于背，并在许可范围内尽可能上移。

（4）头用力上抬，使头后仰；上肢着力，掌用劲下按，使头前俯，手、项争力。挺胸直腰，腿坚脚实，使劲由上贯下至踵。鼻息均匀，目微左视。

（5）运动两臂，左掌由后经下往前，右上肢向前回环，左右两掌相叉立于胸前。左右交换，要领相同（图9-21）。

### （九）三盘落地式

（1）左腿向左平跨一步，两足之距较肩为宽，足尖内扣，屈膝下蹲成马裆式，两手叉腰，腰直胸挺，后背如弓，头端平，目前视。

（2）两手由后向前抄抱，十指相互交叉而握，掌背向前，虎口朝上，肘微屈，肩松；两上肢似一网盘处于上胸。

（3）由上式，旋腕转掌，两掌心朝前。运动上肢，使两掌向左右（划弧线）而下，由下成仰掌沿腹胸之前徐徐运劲上托，高不过眉，掌距不大于两肩之距。

（4）旋腕翻掌，掌心朝地，两掌（虎口朝内）运劲下按（沿胸腹之前）成虚掌置于膝盖上部。两肩松开，肘微屈曲，两臂略向内旋；前胸微挺，后背如弓，头如顶物，双目前视（图9-22）。

### （十）青龙探爪式

（1）左腿向左平跨一步，两足之距约当肩宽，两手成仰拳护腰式。身立正直，头端平，目前视。

（2）左上肢仰掌向右前上方伸探，掌高过顶，随式身略向右转侧，面向右前方，目视手掌，松肩直肘，腕勿屈曲。右掌仍作仰拳护腰式。两足踏实勿移。

（3）由上式，左手大拇指向掌心屈曲，双目视大拇指。

（4）左臂内旋，掌心向下，俯身探腰，随式推掌至地。膝直，足跟不离地，昂首，目前视。

（5）左掌离地，围左膝上收至腰，成两仰掌护腰式，如本式（1）。左右手交替前探，要领相同（图9-23）。

图 9-21　　　　　　　　图 9-22　　　　　　　　图 9-23

### （十一）卧虎扑食式

（1）右腿向右跨出一大步，屈右膝下蹲，成左仆腿式（左腿伸直，足底不离地，足尖内扣）。两掌相叠，扶于右膝上。直腰挺胸，两目微向左视。

（2）身体向左转侧，右腿挺直，屈左膝，成左弓右箭式，扶于膝上之两掌分向身体两侧，屈肘上举于耳后之两旁，然后运劲使两掌徐徐前推，至肘直。松肩，腕背屈，目视前方。

（3）由上式，俯腰，两掌下按，掌或指着地，按于左足前方之两侧（指端向前，两掌之距约当肩宽），掌实，肘直，两足底勿离地，昂首，目前视。

（4）右足跟提起，足尖着地，同时在前之左腿离地后伸，使左足背放于右足跟上，以两掌及右足尖支撑身体。再屈膝（膝不可接触地面），身体缓缓向后收，重心后移，蓄劲待发。足尖发劲，屈曲之膝缓缓伸直。两掌使劲，使身体徐徐向前，身体应尽量前探，重心前移；最后直肘，昂起头胸，两掌撑实。如此三者连贯进行，后收前探，波浪形地往返进行，犹如饿虎扑食。左右交换，要领同左侧(图 9-24)。

图 9-24

### (十二)打躬式

(1)左腿向左平跨一步,两足之距比肩宽,足尖内扣。两手仰掌徐徐向左右而上,成左右平举式。头如顶物,目向前视,松肩直肘,腕勿屈曲,立身正直,腕、肘、肩相平。

(2)由上式屈肘,十指交叉相握,以掌心抱持后脑。勿挺胸凸臀。

(3)由上式,屈膝下蹲成马裆式。

(4)直膝弯腰前俯,两手用力使头尽向胯下,两膝不得屈曲,足跟勿离地。

### (十三)工尾式

(1)两手仰掌由胸前徐徐上举过顶,双目视掌,随掌上举而渐移;身立正直,勿挺胸凸腹。

(2)由上式,十指交叉而握,旋腕反掌上托,掌心朝天,两肘欲直,目向前平视。

(3)由上式,仰身,腰向后弯,上肢随之而往,目上视。

(4)由上式俯身向前,推掌至地。昂首瞪目,膝直,足跟再离地。

# 第十章 休闲体育之健身健美运动习练指导

## 第一节 健美操

### 一、健美操概述

#### (一)健美操的概念

健美操的概念是以有氧运动为基础,以身体练习为基本手段,配合音乐节奏所进行的一项体育运动项目。它在健、力、美的特征之余,具有健身性、竞技性、娱乐性和观赏性的价值,这也是现代文明的重要组成部分。

另外,健美操在国外也被称作"有氧体操"。它是在氧气供应充足的情况下,以有氧系统提供能量的一种运动形式,其运动特点是持续一定时间的、中低强度的有氧运动。健美操主要发展身体各部位的协调性和柔韧性,锻炼练习者的心肺功能,是进行有氧耐力训练的一种有效方式。

经过长期的实践发展,健美操逐渐变成了一项独立的体育竞赛项目。在运动形式、动作技术特征以及竞赛组织方法等方面有其自身特点。

#### (二)健美操运动的作用

健美操内容丰富,简单易学,变化繁多,不受年龄、性别、场地、器械的限制,可使全身各关节都得到充分的活动,各部位的肌肉得到均衡的发展,塑造出良好的体态。具体来说,健美操运动的功能主要有以下几种。

1.强身健体

1990年,WHO对人体健康的定义是:具有健康的躯体和心理,良好的社会适应能力和道德品质。世界卫生组织(WHO)其实早在1948年成立之出的《宪章》中就明确指出"健康不仅是没有疾病和不衰弱,而且是使身体、心理、社会功能三方面的完满状态。"这也是强身健体的核心含义。

健美操运动是以能够提高心肺功能的有氧运动为基础的。长期参加健美操锻炼可以使心肌增厚、心脏容量增大、血管弹性增强,从而使心搏有力,心输出量增加,进而提高心脏的功能,提高全身供氧能力;使呼吸肌变得有力,增大了肺部的容积和吸氧量,安静时呼吸加深,次数减少,运动时吸氧量增大,提高了有氧代谢能力,增长了人体的耐力。长期保持健美操运动锻炼可以有效的避免心血管疾病和呼吸系统疾病等。

经常参加健美操运动对人体各关节的灵活性和各器官的功能有很大的提高。健美操运动可以提高肌肉力量,使肌肉韧带、肌腱等结缔组织的弹性提高;使关节面骨密质增厚,肌腱和韧带增粗,增强关节的稳固性;提高人的动作记忆能力和再现能力,提高神经系统的灵活性和均衡性;腰腹部和臀部的活动,加强了胃肠蠕动,增进了消化能力,有利于充分吸收和利用营养元素。

## 2.调节心理健康

社会发展和时代进步给予人们舒适便利的生活条件,但与此同时,社会竞争所带来的精神压力也随之加强,由此所引起的心理疾病逐渐成为社会所关注的热点。同时因为这些精神压力还产生了许多的躯体疾病,如高血压、心脏病、癌症等。健美操运动以其动作优美协调、全面锻炼身体,同时有节奏强烈的音乐伴奏而著称。可缓解精神压力,预防各种心理疾病的产生。在轻松优美的健美操锻炼中,排除心理上的紧张与烦恼,尽情享受健美操运动所带来的欢乐,得到内心的安宁,从而缓解精神压力,使人具有更强的活力与最佳的心态。

另外,健美操是集体运动,这就让很多健美操爱好者同聚一处,增强了人们的社会交往。目前,国内外人们参加健美操锻炼的方式是去健身房,在健美操教练的带领和指导下集体练习。而参与健美操锻炼的人形形色色,来自不同的阶层、不同的环境,因此,这种形式扩大了人们的社会交际面,把人们从工作和家庭的单一环境中解脱出来,接触人群,开阔眼界,学会与人沟通,从而为生活开辟另一个天地。在大家共同锻炼的同时,互相增加了友谊,有些人因此成为终生的朋友。因此,健美操锻炼不仅能强身健体,同时还具有娱乐功能,可使人在锻炼中得到一种精神享受,满足人们的心理需要。

## 3.塑造完美形体

形体的塑造是通过体型、体态两个方面来进行的。体态主要是指身体各部位所表现出来的外部形态;体型主要是指整个身体的形状,即整个身体从头到脚各部位之间的比例及各肌肉群曲线的大小。

健美操对站立姿态、坐姿、走姿都有着严格的要求。例如,在站立姿态中,要求头正直、两眼平视、下颌微收、两肩下沉、挺胸、收腹、立腰等。通过严格的要求就能够改正人们日常生活中所造成的脊柱弯曲、驼背含胸等不良的形态,塑造正确的体态,从而表现出一种良好的气质与修养,给人以朝气蓬勃、健康向上的感觉。

在塑造体型方面,健美操既可以塑造肌肉的围度,还可以雕琢人体的曲线。健美操通过增粗肌纤维,增大肌肉体积,使肌肉围度发生变化,给人"力"的美。此外,健美操练习能够消耗体内多余的脂肪,维持人体吸收与消耗的平衡,具有减肥的效果。例如腰腹部健美操、髋部健美操等,减少这些部位堆积的脂肪,使人体变得匀称健美。

## 4.提高身体素质

身体包括力量、速度、耐力、灵敏、柔韧和协调等各方面的素质,健美操运动对提高身体素质这几个方面起着积极作用。例如,健美操运动前的准备活动,如压腿、热身等,以及运动时各种伸展性动作,都使肌肉处于充分拉伸或收缩的状态,能够提高肌肉、肌腱和韧带的弹性和柔韧性。另外,健美操运动的一系列动作是上肢、下肢及躯干协调完成的,要求动作优美、舒适,协调一致,因此,可以有效的提高身体的协调性。

## 5.医疗保健

健美操运动在强身健体的同时也是医疗保健的手段。健美操作为一项有氧运动,其特点是内容丰富、强度低、密度大、运动量可以因人而异,因此对健康的人具有良好的健身效果,对一些病人和老年人也是一种医疗保健的理想手段。例如,对孕妇可以进行水中有氧操运动练习,也可在床上采用卧姿的形式进行练习;对一些下肢瘫痪的病人来说,可在地上或椅子上做操进行练习,一方面防止下肢技能进一步衰退,另一方面,也使上肢和躯干得到较好的锻炼。只要控制好运动量和运动范围,就可以让健美操发挥最佳的医疗保健的目的。

## 二、健美操运动习练指导

### (一)身体素质训练

1.力量素质的训练

(1)力量素质训练的基本原则

力量训练的基本手段是负重抗阻训练。健美操的力量虽然有项目特点,但必须遵循以下一般原则,才能获得良好效果。

①专门性原则

力量的增长不仅是肌肉内部变化的结果,还与中枢神经系统对肌肉群协调性的调节密切相关。每种力量练习在力量与速度的关系方面,各肌群协调性方面都具有各自的特点,与技术练习一样,力量也具有专门性特点。这就要求在选择力量练习的方法时,要密切结合专项技术特点发展专门性力量。

②超负荷原则

超负荷是指超过平常遇到的阻力,使肌肉或肌群对抗最大或接近最大的阻力。只有超负荷才能使肌肉最大地收缩,从而刺激肌肉产生相应的生理适应,而导致肌肉力量的增加。如果训练负荷不足,那么训练的结果是肌肉耐力的增强,而不是绝对力量的增加。

③肌群轮换练习原则

在进行多种力量练习时,要安排大肌群练习在先,小肌群练习在后,这是因为小肌群比大肌群易疲劳。另外,在安排练习顺序时,要使不同肌群轮换练习,这样可使各肌群有劳有逸,保证各肌群有一定的恢复时间。

④渐增阻力原则

在长期训练过程中,肌肉由于超负荷训练力量增加,原来的超负荷已不再是超负荷,不能再更有效地达到增长力量的效果了。这时应增加负荷,使肌肉得到超负荷训练。一般来说,运动者完成某一力量练习时,尽最大努力完成的次数不超过 8 次,这时的阻力称为超负荷。

(2)力量素质训练的基本内容

①腰腹力量训练

应重点发展腹部肌群和背部肌群的力量,如仰卧起坐,上体前屈;仰卧举腿(快速、慢速、静力控制);助木举腿脚过头;前臂和脚分别置于健美操凳上,俯卧静力控制练习;头和脚分别置于健美操凳上,身体挺直仰卧静力控制练习;俯卧起上体或两腿伸直后上摆起;体侧屈肌群练习,固定下肢,上肢向上侧屈。上肢练习也可负重进行。

②上肢力量训练

应重点发展肩带肌、肱二头肌、肱三头肌、胸大肌的力量,可采取以下训练方式:类似于俯撑类力量训练,包括手脚在同一平面的俯撑屈伸、俯撑击掌和脚置于高位的俯卧撑,并采用快速、慢速和变速进行练习;推掌力量的练习,如双杠的支撑摆动屈伸,可采用身体负重的臂屈伸练习,并逐步增加练习的次数;运用杠铃和哑铃练习各种卧举、坐举、颈后举等;引体向上至胸与杠平或颈后与杠平;各种支撑,包括分腿、屈腿、直角、半劈叉等的静力练习,控制 5～10 秒,并逐渐加大难度进行练习,如双脚单臂、单脚单臂俯卧撑;在增加负荷情况下练习俯卧撑;手腕系沙袋,练习臂向各个方向摆动,以提高速度力量。

③下肢力量训练

以发展弹跳力为主。如负重练习、原地连续纵跳或负重连续纵跳、快速跳绳、30 秒连续综合跑跳练习或增加负荷。

（3）训练要求

力量训练应以动力性练习为主。在保证动作幅度的情况下,尽量快速的完成动作,培养肌肉快速收缩、放松的能力,这样才能适应竞技健美操在快速运动中完成动作的特点。力量训练应与柔韧、放松练习相结合,以便提高肌肉的伸展性,避免练成僵硬的肌肉。力量练习应安排在每次课结束前,也可安排专门的身体素质训练课,但要注意恢复手段。

（4）力量素质训练的方法

①等长训练

等长力量的负重主要是自身的体重。等长训练具有"关节角度特征",即在某个关节角度训练,这个关节角度的静止性力量明显增加,而在其他关节角度力量增加并不明显。因此,健美操运动者进行等长训练时应以自身体重负荷,以健美操中静止用力动作为主,进行专门性练习。

采用静止用力动作进行等长训练时,运动者应尽最大努力保持静止时间 5～7 秒钟,这时的负荷量有利于增长绝对力量。如果静止时间在 20 秒以上则主要是增长力量耐力。负荷强度可以通过在运动者身上负重或给予适当助力来调整。每种练习的次数应在 5～10 次。

等长训练的具体方法主要有:俯卧静力练习(前臂和脚分别置于山羊上,在腰部负重);靠墙倒立支撑(面向墙 45°的斜倒立);吊环,双杠的水平支撑;仰卧、侧卧静力练习。

②等张训练

等张训练法是以肌肉等张收缩为主的联系方法,也称为动力性练习法。等张练习的负荷量应控制在运动者最大完成次数的 8 次左右,这时的运动负荷增长力量效果最好。例如,采用引体向上的方法练习力量,如果运动者可完成 20 次,则应在运动者身上负重,使其只能完成 8 次左右。在训练实践中,有很多力量练习负荷不足,每组完成次数偏多,练习的效果偏向发展力量耐力,不利于发展绝对力量。

等张力量训练的具体方法主要有以下几点。

A.腰腹力量训练

负重的仰卧起坐;悬垂举腿(肋木或单杠);腿后举(上体俯卧纵马上,两手抱马身,两腿向上摆起)。

B.上肢力量训练

上肢拉引力量:负重引体向上;引体向上成支撑;爬绳(杆)。上肢推撑力量:负重双杠臂屈伸;手倒立类练习,包括推倒立,提倒立(利用吊环,双杠,倒立架等器械);卧推杠铃,上肢直臂内收,外展。前举力量:拉橡胶带;俯卧压"十"字;压"十"字(根据情况使用橡胶带)。

C.下肢力量训练

下肢力量在健美操难度动作跳与跃中起重要作用。根据生物力学分析研究,起跳动作由缓冲和蹬伸两个技术环节构成,缓冲阶段肌肉进行离心收缩,蹬伸阶段肌肉进行向心收缩。所以弹跳力训练应抓住缓冲与蹬伸两个技术环节的结合。"跳深"是最符合这些条件的练习方法。"跳深"是从40厘米高的台上跳下,并立刻反弹跳起,跳上同样高度的台上,反复跳上,跳下。要求缓冲时间要短,跳起速度要快。练习时可根据能力负重。

③循环训练法

循环训练是广泛采用的一种练习法,它既可以发展力量,也可以增强心肺功能。循环训练的效果主要取决于循环训练的内容。用于发展力量的循环训练主要由负重抗阻练习组成。循环训练要根据运动者的能力分别设计,由5~6种力量练习组成,每个练习循环一遍为一组,一般应排3~5组。训练实践证明,循环训练在发展力量方面有明显效果。

2.耐力素质的训练

耐力是人体抵抗长时间工作产生疲劳的能力。运动时的耐力包括肌肉耐力,心血管耐力和神经过程耐力。健美操,特别是竞技健美操是一个需要较强耐力的项目。新规则规定一套操需要1分45秒左右(误差不超过5秒)。这期间运动者需在不停地快速跑跳和难度动作中完成动作,而一堂训练课也要做几套甚至几十套这样的练习。因此没有较强的耐力是不行的。

(1)耐力素质训练的要求

要在发展一般耐力基础上加强力量耐力和速度耐力的训练,提高心肺在缺氧条件下进行工作的时间、负荷量和强度要超过比赛时的负荷,一般耐力和专项耐力训练相结合。耐力训练比较枯燥艰苦,内容的选择和安排,以及练习方法要多样化,运动量及局部负担要合理,可采用间歇训练法为主,配以循环训练法和重复训练法。耐力训练一般安排在训练课的后半部分进行。

(2)耐力素质训练的方法

发展耐力素质的方法主要有:中长跑、变速跑、规定时间的原地跳、跳绳等。这些方法可以提高一般耐力。把身体各部分力量练习的动作编成一小套,进行循环练习,可以很好地提高力量耐力。但练得比较多的应是专项耐力,因为它更结合实际。发展专项耐力的方法有:竞技健美操跑跳动作组合练习(要求有一定的时间和量),半套、成套、超成套或多套动作练习。专项耐力训练可收到一举两得的效果。

3.柔韧素质的训练

柔韧是指肌肉、韧带的弹性和关节活动的范围及灵活性。柔韧性的好坏在健美操运动训练中起着重要的作用。良好的柔韧性能增加动作的幅度,使动作更加舒展、优美、完善,它是高质量完成的柔韧性。

(1)柔韧素质训练的基本内容

①躯干部柔韧性练习

A.体前屈

a.两腿并拢直立体前屈,两手握踝或抱腿,并保持一定时间。

b.两腿站立在高处体前屈,两手尽量下伸。

c.分腿站立体前屈,上体在两腿间连续弹振,两手向后伸。

d.练习者坐在地上,两腿侧分置于30~40厘米高的垫上,上体前屈,同伴按其背部并下压。

以上这些练习都要求两腿伸直,上体尽量贴近两腿。

B.体后屈

a.仰卧成桥。

b.分腿站立,开始向后下成桥状。

c. 甩腰。可站立向后甩腰成桥,也可一手扶把杆,一手上举向后甩腰。

d. 吊腰。分腿或并腿站立,两臂上举,上体向后弯屈到一定程度停住,保持一定时间。

e. 单脚或双脚的前后软翻。

②肩胸部柔韧性练习

肩胸部柔韧性练习的方法主要有以下几种。

A. 面对肋木和横马站立,两手扶腰的位置上,体前屈,挺胸,向下振动压肩(同伴可加助力)。

B. 背对肋木悬垂,另一个用背顶练习者的背(站在练习者与肋木之间),帮助练习者挺胸拉肩。

C. 背对肋木站立,两臂上举或侧举,两手握肋木,抬头挺胸向前振动,使肩角拉开。

D. 转肩练习。两手握距因人而异并努力逐渐缩短,直至相握可完成前后转肩。

E. 单杠翻握悬垂,正握和反握后悬垂吊肩。

F. 俯卧地上,两臂上举,同伴将实心球至于练习者背上,用膝顶住球向前下方用力,同时两手握练习者肘部向后上方拉。

③腿部柔韧性练习

腿部柔韧性练习主要是发展髋关节,即大腿肌群柔韧性的练习。

A. 压腿

要求腿直,髋正。常见的有前压、侧压和后压。

B. 踢腿

踢腿的方式很多,如扶把杆原地踢,行进中踢,方向有前、侧、后等。

C. 劈腿

有纵叉和横叉两种。

D. 搬腿

由教练员把一腿掰起和加助力按压,运动者可背对墙站立,也可躺在地上。

E. 控腿

腿举至一定部位停住,并保持一定时间,用于训练腿的控制能力。

(2)柔韧素质训练的基本要求

发展柔韧素质要与放松练习交替进行,有利于韧带和肌肉的伸展和放松,避免损伤;要把主动训练和被动训练相结合;柔韧素质的训练应安排在准备活动中或早操中进行。力量练习后也可适当安排柔韧性练习。

(3)柔韧素质训练的方法

发展柔韧素质的方法主要有两种:一是主动的柔韧性练习;二是被动的柔韧性练习。

①主动柔韧性练习

主动柔韧练习是指通过与某关节有关肌肉收缩来增加关节灵活性的方法。这一方法与专项动作的表现形式相一致,易于体现在健美操动作之中,但要想在原来的基础上进一步提高比较困难。

②被动柔韧性练习

被动的柔韧性练习是指依靠外力的作用促使关节灵活性增大。这一方法可使柔韧指标迅速提高,但与实际应用有一定的距离,运动者承受痛苦较大。

4.协调能力的训练

协调能力是指运动者有机体各部分在时间和空间上的相互配合,合理有效地完成各种动作的能力。协调能力是健美操运动者不可缺少的一项极其重要的素质,它是完成高难度动作的基础,是健美操的灵魂。

发展协调能力与提高专项知觉——时空,频率,用力的感觉以及平衡能力有密切关系。因此,提高协调能力的练习应具有复杂性、非传统性和新鲜性的特点。发展协调能力的方法主要有一般技术训练,专项身体训练以及舞蹈,基本健美操等练习;各种舞蹈组合如爵士舞组合、迪斯科组合,徒手健美操、一般性健美操及竞技健美操跑跳动作等组合的练习。

除此之外,发展协调能力的方法还有如下几种。

(1)变换组合

经常变换练习组合方式,使运动者在不习惯的条件下练习,提高其协调性。

(2)多种类型

让运动者尽可能地学习,掌握各种类型的基本动作。掌握动作类型越多,基础条件反射建立越多,动作技能迁移就越容易。

(3)采取一些专门练习手段

①练习不对称动作。

②反向完成动作。

③改变动作的速度和节奏。

④要求运动者完成"创造性"的动作。

⑤按信号(灯光、声响、口令等)完成特定动作。

⑥采用改变负荷的静止或用力练习,提高运动者区别完成动作时肌肉不同程度用力的能力。

在训练中,协调性训练应经常变换舞蹈、徒手健美操、健美操组合等的练习内容。动作编排应有对称练习和不对称练习,选择的动作应有不同肌群参加运动,特别是小肌群参加运动的动作。训练内容的安排可贯穿于准备活动、舞蹈、基本动作训练、身体训练和成套动作训练之中。

## (二)技术训练

科学地进行技术训练,掌握各种运动技能,创造最好的运动成绩,是健美操训练最根本的任务。健美操训练的主要任务是掌握基本的健美操技术和提高运动者的身体素质。其技术训练的主要内容有基本动作训练、难度动作训练和舞蹈训练。

1.基本动作训练

下面是常见健美操的基本动作的训练。

(1)健身健美操

健身健美操是最常见的一种健美操运动形式之一,它是竞技健美操的基础。通过健身健美操的练习,可以训练动作的节奏感和韵律感,肌肉紧张、放松的用力感觉,动作刚柔变化和柔韧性;训练健美操的动作风格,培养健美操的意识。健身健美操一般以段落练习为主,也可编排成套音乐进行练习。

(2)徒手健美操

徒手健美操是由身体各部位的各种不同动作组成的单个动作和成套动作。徒手健美操内容丰富、动作简单,通过徒手健美操的练习可以培养运动者身体各部位正确的姿态、规范的动作。它所特有的动作对称性,可以使肌肉得到全面的发展,这些部位可做屈、伸、绕和环绕等运动,上肢还可以做举、振等动作,下肢可做举、踢、蹲、跳、弓步等动作的练习。做这些动作时,可根据需要进行某个部位的专门练习,也可进行全身的综合性练习。

进行徒手健美操练习可以采用单个动作练习,也可编排成套结合音乐进行练习,可安排在课上练。一般把徒手健美操列为准备活动的内容比较好。这样既能达到提高基本姿态正确性的目的,又可节省课上时间,同时还起到了活动身体的作用。

(3)竞技健美操

竞技健美操是运动技术最为复杂的一种健美操形式,它的基本动作配以多种手臂变化和七种基本步伐及各种跑跳的动作。通过竞技健美操基本动作的练习,可以训练肌肉快速紧张放松的用力感觉,强调动作的自然屈伸和弹性及动作的力度。动作的力度是人体运动时发力的速度变化,是指动作从加速到短暂制动的表现程度。动作力度时间是健美操特点之一,特别是在竞技健美操中它显得尤其重要,它是健美操的灵魂。力度是一种比较难以训练的动作感觉,它不是外在的、表浅的,运动者需要通过一段时间的训练,对动作有了较深的了解之后,才能逐渐地表现出动作的力度来。

竞技健美操基本动作的训练方法有:原地和行进间的各种基本步伐、姿态跳、分腿跳,交换腿跳等练习,以手臂、躯干、头部动作配合各种跑跳练习,运用有氧操的练习达到活动关节,增加动作素材的目的,以变换动作节奏的形式训练运动者的手形,建立各个不同位置的本体感觉。也可运用各种相近、有特色的舞蹈动作为训练和发展机体局部而配套成各种组合练习,有针对性地选择不同组合练习,以提高识别和运用音乐与动作内涵结合的能力。

竞技健美操的基本动作的训练还可以提高弹跳能力、动作的节奏感、腿和脚的灵活性以及全身的协调性。它的组合成套练习也是提高耐力素质的有效手段,具有既练习动作又练习耐力,也不枯燥的优点。所以,竞技健美操越来越受到社会大众的喜爱。

2.难度动作训练

难度动作主要包括俯卧撑、旋腿与分切、支撑与水平、跳与跃、柔韧与平衡等,它是指新规则中规定必须成套做的几类动作。

各类难度动作水平的训练,应根据运动者的实际技能和所掌握的能力来选择。在训练难度动作过程中,可采用相应的辅助练习、分解练习和专项技能练习,以及素质练习等手段,使运动者通过一段时间的训练,逐渐建立所学的动作中难度动作的正确概念,达到掌握其技能、自如完成动作的最终目的。

3.舞蹈训练

舞蹈训练是健美操训练的主要训练方法之一,在健美操训练中起着非常重要的作用。舞蹈是训练基本功、优美姿势和协调性最有效的手段,它既可以训练节奏感、音乐感和培养不同的动作风格以及表现力,还可以训练肌肉运动感觉,提高运动者的艺术修养水平,培养舞蹈和健美操意识。在此基础上,运动者才能把动作表现得更加完美,使健美操具有艺术观赏性。因此,这些训练内容和训练方法是学习健美操必需的。

舞蹈训练的主要内容有芭蕾舞、现代舞、爵士舞、迪斯科及其他具有代表性的舞蹈等。这些舞蹈的练习形式主要有:单一舞蹈基本动作练习、把杆基本功练习、舞蹈组合动作练习等几种。

（1）单一舞蹈基本动作练习

芭蕾舞蹈中的 7 个手位和 5 个脚位的练习以及在此基础上的变化位置：各种手臂基本动作（摆动、绕环和波浪）和身体波浪（躯干波浪、向前或向后的全身波浪和左右的身体波浪），各种舞步（如变换步、华尔兹、跑跳步和波尔卡等），各种转体和跳步。转体和跳步都是技巧性很强的动作，它可以很好地训练身体的灵活性、协调性及肌肉的控制能力和稳定性。通过转体和跳步的训练能够提高运动者的技能和技巧。

转体和跳步的种类有很多。转体有原地转体、移动转体和空中转体。它既可以是单脚支撑或者是双脚支撑的转体，还可以是以背、臀、膝为支撑点的转体，转体时身体可以做各种舞姿造型、练习。转体时，要注意身体中心的重心位置和转动轴。

跳步有小跳、大跳加转体的跳步，原地和进行间完成的跳步。跳步根据起跳和落地的方式可分为双起双落、双起单落、单起单落、单起双落。跳起时可以在空中做各种身体造型。跳步练习时，主要注意起跳、空中造型和落地三个环节。在进行转体和跳步练习时要注意循序渐进、由易到难，注意基本动作的训练。

（2）把杆基本功练习

把杆基本功的练习能帮助运动者很好地掌握身体平衡，能有效地、有重点地训练身体的各个部位，主要是训练躯干、腿、脚的肌肉运动感觉。竞技健美操中的把杆练习，不完全等同于芭蕾舞的把杆练习，主要是训练开、绷、直、立以及对身体各部位肌肉的控制和用力等，如借助于把杆进行不同方向的踢腿、控腿、弹腿、身体屈伸、波浪、移动、转体等练习。爵士舞、迪斯科等舞蹈的基本动作也可以结合把杆来练习。把杆练习安排在竞技健美操的开始训练阶段，对初学者或基础较差的运动者或学生也可多安排这种练习。

（3）舞蹈组合动作练习

竞技健美操训练中更多的是采用舞蹈组合动作的练习，舞蹈组合练习可以综合地训练运动者的协调性、灵活性、节奏感、音乐感、肌肉运动感觉及表现力，舞蹈组合可以是各种风格的舞蹈。在竞技健美操训练中，一般较多地采用爵士舞、迪斯科舞、拉丁舞等，因为它们更接近于健美操。

### （三）心理训练

心理训练是指运动者为完成专项运动所需的心理素质的训练。通过训练使运动者的心理素质得到稳定的加强和提高，并学会调节心理状态的各种方法，以便在训练和比赛中身体达到较好的状态，技战水平得到正常和超常的发挥。

健美操训练中常用的方法主要有以下几种。

1. 表演训练法

表演训练，是指训练后期或者赛前期让运动者经常参加各种文艺表演活动，以提高运动者的表现力和提高运动者的上台的表演经验，克服其紧张、害怕的心理。在健美操的习练当中，这种心理训练的方法也是积极有效的。

2. 模拟训练法

模拟训练法，是指按比赛的条件和环境专门安排的训练。这是为了培养运动者适应比赛的心理状态，加强他们自我控制和调节的能力，以提高运动者在临场比赛时的适应能力。模拟训练不仅要在赛前进行,还要在平时的训练中创造条件,经常给运动者增加一些心理压力,制造比赛的气氛。模拟训练的具体方法可采用:布置与比赛场地相同的环境,按比赛规定的时间,出场顺序进行训练(如请裁判、观众参加,增强灯光等),组织表演或测验。通过这些手段让运动者学会自我调整心理紧张的方法,更好地控制自己。这些方法一般安排在赛前的训练阶段。在模拟训练中,应让运动者从思想上、行动上都进入角色,感到是在正式比赛,否则模拟训练就失去了它真正的意义。

3.念动训练法

念动训练,是指运用运动表象并结合自我暗示,在运动者的头脑中重复再现原有动作形象的训练方法。念动训练能帮助运动者通过视觉和肌肉活动的概念的再现,更好地掌握动作,节省能量的消耗,使肌肉更合理地工作。念动训练针对训练和比赛能起到较好的作用,应引起教练员的足够重视。在练习成套动作前,训练的间歇时间、睡觉前或比赛开始前都可进行念动训练。教练员要注意平时的训练和培养,到比赛时运动者才能运用自如。赛前念动训练对运动者来说非常重要,它能帮助运动者排除干扰,调节紧张心理,把注意力集中到比赛的动作上。

**(四)意识训练**

健美操的意识训练主要有表现力、优美性训练和乐感的培养三种。

1.表现力训练

表现力是指人的内在精神气质和外在动作表现的统一。它反映在表情、激情等方面。在竞技健美操比赛中表现力是至关重要的。如果运动者的表演缺乏激情,没有表情,那么他的表演就不能达到最佳效果,因为它缺少竞技健美操的所特有的表现年轻人对生活的热爱,富有青春活力的特点。竞技健美操要求运动者的表演要热情,奔放,充满激情,对观众具有感染力。

2.优美性训练

优美性是健美操技术动作达到完美程度所必需的。美是对动作的一种艺术加工。没有美,健美操就失去了它本来的意义。当然动作完成的质量是优美性的基础,运动者需要通过一段时间的训练,具有一定的艺术修养水平,才能很好地表现出动作的美。美是运动者通过自身内外诸因素的和谐而表现出来的。

表现力和优美性之间有着相辅相成密不可分的关系。它是一个长期培养的过程。它通过各种舞蹈的练习,一般性健美操训练来培养提高,特别是不同风格的舞蹈组合练习是训练表现力、优美性的较好手段。在平时安排这些训练内容时就要注意强调动作的表现力和优美性。所以,教练员在训练时的启发是非常重要的。教练员要善于启发运动者,多加以引导,让运动者去想象。这种启发要贯穿于每次课,不要等到赛期临近时才来强调。通过反复诱导启发和练习,才能使运动者感悟美的真谛,达到自然流露,挥洒自如的境界,把动作、音乐、表情完全融于一体。

3.乐感的培养

乐感是一种能力,它不是一朝一夕就能培养出来的,需要一段较长的时间的培养和训练才能得到提高。培养乐感的主要方法是多听各种类型、各种节奏的音乐,但应以与健美操有关的音乐为主,首先是锻炼听力。在安排各种训练内容时,如把杆练习、各种舞蹈组合练习、徒手健美操、一般性健美操和素质练习等,尽量根据不同动作选择不同节奏和旋律的音乐进行伴奏,使运动者适应各种旋律和节奏,培养他们的音乐节奏感。乐感的培养不应仅限于上训练课,要让运动者养成平时多听音乐的好习惯。特别是比赛成套动作的音乐,课上课下都要多听,平常听时要一边听一边想动作。

# 第二节　瑜伽

## 一、瑜伽概述

　　"瑜伽"一词是梵文"Yoga"的译音,是连接、联合的意思。瑜伽是东方最古老的强身术之一,是一种非常古老的能量修炼方法,它集哲学、科学和艺术于一身,是生理上的动态运动与心灵上的练习。瑜伽是一门哲学,它的最终目的是把人们的健康体魄和健康心灵相结合。瑜伽学练的技巧不但对肌肉和骨骼的锻炼有益,也能强化神经系统、内分泌腺体和主要器官的功能,通过激发人体潜在能量来保持身心健康。现在一般来讲,瑜伽是指一种锻炼方法,一种生活方式,主要用来加强人们的身体、心智和精神的健康。严格地说,瑜伽是东方的一种关于人生的哲学与实践的综合体,其基础是建筑在古印度哲学上的。瑜伽起源于印度并于全世界流行,是人类智慧的结晶。数千年来,心理、生理和精神上的戒律已经成为印度文化中的一个重要组成部分。瑜伽作为印度文化中的重要内容,一直被印度人们传承和发扬,并广泛流行至今。

　　瑜伽起源于古老的印度,距今有五千多年的历史,其被人们称为"世界的瑰宝",是古代印度哲学弥曼差等六大派之一。有考古学家在印度河流域发掘到一件保存完好的陶器,其上描画了瑜伽人物作冥想时的形态。这件陶器距今至少已有五千年历史,因而可以推断瑜伽的历史可以追溯到更久远的年代。

　　关于瑜伽的起源,有很多种说法,很多人认为可以追溯到很久以前的史前文明时期。而据可查的考古研究表明,在公元前3000年以前,在人类文化历史上便出现了瑜伽的雏形。一般认为瑜伽发源于印度北部喜马拉雅山麓地带。那时,古印度瑜伽修行者在大自然中修炼身心,无意之间发现各种动物与植物天生具有治疗、放松、睡眠或保持清醒的方法,他们在患病时能不经任何治疗而自然痊愈。于是古印度瑜伽修行者就根据动物的姿势观察、模仿并亲自体验,创立出一套有益身心的锻炼系统,这套系统也就是今天说的体位法。历经了五千多年的锤炼,这些瑜伽的姿势教给人们的治愈法,让世世代代的人从中获益。

　　起初,人们把瑜伽当作掌握咒法的一种手段,试着静坐。大约公元前500年,随着农耕文化兴起,印度阿里西人在祭祀时曾用多种方法用来统一和集中精神,这有可能是瑜伽的开始。在古代,由于瑜伽技术是保密的,所以没有记载下来或者是公开的内容给公众观看,而是宗教领袖或瑜伽老师以口述的方式代代相传下来流传至今的。

　　如今,瑜伽已成为当今世界上最有效、最安全的强身健体运动项目之一。在当今社会中,人们的生活节奏快,各方面的压力大,身体和心理素质都有待提高,有规律的练习瑜伽有助于消除心理紧张,避免由于疏忽身体健康而体能下降。练习瑜伽能保持活力并能令人思维清晰。近年来,瑜伽在全世界范围内广泛传播,成为一种现代人常见的健身运动项目。

## 二、瑜伽运动习练指导

### (一)瑜伽基本动作训练

1.基本坐姿

(1)简易坐

以直腿并腿坐为预备姿势,坐在地上或垫子上,两腿向前伸直,弯起右小腿,把右脚放在左大腿之下,弯起左小腿,把左脚放在右大腿之下。把双手放在两膝之上,头、颈和躯干都应该保持在一条直线上,而毫无弯曲之处(图10-1)。

(2)雷电坐

以直腿并腿坐为预备姿势,两膝跪地,两小腿胫骨和两脚脚背平放地面,两脚靠拢。两个大脚趾互相交叉,使两脚跟向外指,伸直背部,将臀部放落在两脚内侧,在两个分离的脚跟之间(图10-2)。

图 10-1

图 10-2

(3)至善坐

以直腿并腿坐为预备姿势,弯曲左小腿,右脚捉住左脚使左脚跟顶住会阴,左脚板底紧靠右大腿。屈右小腿,将右脚放于左脚踝之上。右脚跟靠紧耻骨,右脚板底放在左腿的大腿与小腿之间。背、颈、头部保持挺直。闭上双眼,内视鼻尖处,保持若干分钟之后交换两腿位置(图10-3)。

(4)半莲花坐

以直腿并腿坐为预备姿势,坐在地上或垫上,两腿向前伸直,弯起右小腿并让右脚脚板底顶紧左小腿内测,弯起左小腿并把左脚放在右大腿上面。尽量使头、颈和躯干保持在一条直线上,以这个姿势坐着直至感到极不舒服,然后交换两腿的位置,继续再坐下去(图10-4)。

图 10-3

图 10-4

(5)莲花坐

先做坐下的姿势,坐在地上或垫上,双手抓住左脚,将其放于右大腿上,脚跟放在肚脐区域下方,左脚底板朝天。双手抓住右脚,扳过左小腿上方,放在左大腿上,把右脚跟放在肚脐区域下方,右脚板底也朝天。脊柱要保持伸直,尝试努力保持两膝贴在地上,尽量长久地保持这个姿势,交换两腿位置,并重复这个练习(图10-5)。

2.常用姿势

(1)前伸展式(图10-6)

坐在地上,两腿向前伸直;上身躯干向后方倾,同时两掌移向两髋的后方,十指指向两脚;弯曲双膝,把两脚平放在地面上;呼气(收缩腹部),一边轻柔地将臀部升离地面;然后将两脚移向前边,从而两膝变成伸直不屈;两臂应垂直于地上,身体重量落在两臂、两脚之上;把头抬起或让它垂下;正常地呼吸,保持这个姿势10~30秒钟;呼气,慢慢把身体放回起始的姿势;休息。

 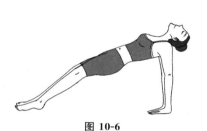

图 10-5          图 10-6

(2)树式(图10-7)

开始时直立,两脚并拢,两手掌心向内,两臂靠近左右大腿内侧,然后将右脚跟提起到腹股沟和大腿上半部区域,右脚尖向下,右脚放稳于左大腿上。一边用左腿平衡全身站着,一边双掌合十。两臂伸直,高举过头。保持这个姿势30秒~1分钟之后还原站立姿势,继续把左脚放在右腿上,重复练习。

(3)骆驼式(图10-8)

两大腿与双脚略分开跪在地上,脚趾指向后方,吸气,两手放在髋部,将脊柱向后弯曲,然后在呼气的同时,把双掌放在脚底上,保持两大腿垂直于地面,头向后仰。一边保持这个姿势,一边将颈项向后方伸展,收缩臀部的肌肉,伸展下脊柱区域。保持30秒之后,两手放回髋部,慢慢恢复预备姿势。

图 10-7          图 10-8

（4）顶峰式（图 10-9）

跪下，臀部放在两脚脚跟上，脊柱挺直；两手放在地上，抬高臀部，两手两膝着地跪下来；吸气，伸直两腿，将臀部升得更高；双臂和背部应形成一条直线，头部应处于两臂之间。整个身体应像一个三角形的样子；将脚跟放在地面上。脚跟不能停留在地面上，就应该让脚跟上下蹦弹，来帮助伸展腿腱；正常的呼吸，保持这个姿势约 1 分钟；呼气，回复两手两膝着地的跪姿；重复 6 次。

（5）三角伸展式（图 10-10）

直立，两腿伸直，两脚宽阔地分开。脚尖应微微向外；两臂向两侧平伸，与地面平行；呼气，慢慢向右侧弯腰，在弯腰过程中要保持两臂与躯干成 90°；向侧边弯腰时，要避免腰部以上躯干也同时向前弯曲的倾向。向前弯的做法只会减弱这个姿势的效果；尽量向侧边弯曲，保持这个姿势，数 1～10，舒活地呼吸；吸气，慢慢回复到基本三角式。然后在左边做同样的步骤；如果身体变得颇为柔软的话，应该用右手碰触右足踝或右脚、双臂垂直于地面；吸气，慢慢地、从容地恢复到原来开始的姿势上；再弯向左边做同样的练习，保持姿势 10 秒钟左右每边各做 5 次这个练习。

图 10-9

图 10-10

（6）脊柱扭动式（图 10-11）

挺直身子坐着，两腿前伸，左小腿向内收，左脚底挨近右大腿内侧。将左臂举起，放在右膝外侧，伸直左臂抓住右脚。伸出右手，高与眼齐，双眼注视指尖。右臂保持伸直，慢慢转向右方，直至右手背放在左腰上。做深长而舒适的呼吸，保持这个姿势 15～20 秒。用完全相反的顺序恢复原态，再做相反方向的练习。

（7）单腿背部伸展式（图 10-12）

做起始式，两腿向前伸出。微微向前弯曲，两手刚刚放在右膝盖以下。先用右腿本身力量，再用两臂肌肉力量把右脚收到腹股沟部位，让它安稳地紧靠着左边大腿上段的内侧。两臂向前伸，两手并拢，与眼睛同一高度。慢慢吸气，两手上升高过头部，向后靠约数英寸。慢慢呼气，向前弯身，用两手抓着左腿，尽量抓得靠近脚的位置，但不要勉强。把躯干慢慢拉近腿部，方法是轻柔而坚定地向下拉，并将两肘向外弯曲。放松颈部肌肉，让颈项向下垂。闭目，把注意力集中在两眉之间的中点上。保持姿势 10 秒钟，如果愿意，可以更长点。把这个练习做得很熟练以后，头部就能靠落在双膝之上，于是在练这单腿交换伸展式时你会更愿意抓住脚部，而不是抓住小腿或脚踝了。从这个姿势回复常态，则伸直双臂，吸气，慢慢抬高躯干，再次挺直身子坐着，右脚紧靠左大腿。将右脚沿左腿滑动出去，把它放直，以便恢复到起始姿势。休息 20 秒，然后用右腿重复同样的练习。每条腿可以做两次这个单腿交换伸展式。

图 10-11

图 10-12

(8)眼镜蛇式(图 10-13)

练习开始时俯卧,双手贴在身旁。两腿并拢,让随便一边脸颊着地。全身完全放松。转动头部,让前额靠在地面上。张开双眼,眼珠向上翻。仅仅使用面部和颈部的肌肉慢慢把头翘起,头部向后翘得越多越好。然后发挥背部肌肉的作用(不要用手),把双肩和躯干逐步抬高,尽可能向后翘。在做这个动作的过程中,要慢慢吸气。把两手置于双肩之下,两手手指相对。慢慢推起来,让背部继续上升和翘起来(成反拱)。只在必要时才使用双手,要让背部肌肉做大部分翘升的工作。达到了这个动作的最大限度时,放松,保持这样的姿势数 1～10(约 7～12 秒钟)。保持这一姿势时要蓄气不呼。

复原方法:慢慢呼气,逐渐把躯干放回地板上,其程序和原先举起躯干的方法恰恰相反。在放下躯干时,有必要才使用双手,当不需用手时,将它们放回身旁两侧。下背部的脊椎先向下贴,循此做下去,一节脊椎接一节脊椎地放下,直到胸部回到地面上,前额接触地面为止。在放下躯干的同时,可以让双眼从原先向上翻看逐步转为向下看。把头转向一边,把全身放软。这样松弛约 20 秒钟。然后再做 4 次。

较慢做法所用的呼吸交替程序:由在抬起躯干的全过程中只做一次吸气改为吸气吸至将两手放至双肩下面的时候为止。至此时稍停一下,呼气。然后再慢慢举起躯干,同时慢慢吸气。

图 10-13

(9)肩倒立式(图 10-14)

这个姿势的梵文名字原意是"全身",因为它有益于整个机体。开始时仰卧,两臂向下按以求平稳,慢慢将腿抬离地面。当椎垂直于地面时,升起髋部,将腿部向头部后方送得更远,让两腿伸展在头部之上。接着用手托住腰部两侧,支撑起躯干。收紧下巴,让它顶住胸部。舒适地呼吸,保持这个姿势至少 1～3 分钟。

(10)战士一式(图 10-15)

先从基本站立式开始,两脚并拢,两臂靠着躯体两侧。双掌合十,高举过头并尽量伸展。然后吸气,两腿分开。呼气,将右脚和上身躯体向右方转 90°,左脚只须向同样方向(即右方)略转过来。然后屈右膝,直到大腿与地板平行,而小腿则与地板及大腿成垂直角度。将左腿向后伸,膝部挺直。头向上方仰起,两眼注视合十的双掌,尽量伸展脊柱。有规律地呼吸。保持这个姿势20～30秒钟。恢复到基本站立式,按相反方向做同样的练习。

图 10-14                 图 10-15

(11)拜日式(图 10-16)

拜日式又叫"向太阳致敬式",是人们最常做的瑜伽姿势之一。拜日式由以下一系列动作组成:放松站立,两脚靠拢,两掌在胸前合十,正常呼吸。双手食指相触,掌心向前,双臂高举过头顶,缓慢而深长地吸气,上身自腰部起向后方弯下。呼气,慢慢向前弯身,用双掌或两手手指接触地面,不要弯曲双膝。以不感到太费力为限,尽量使头部靠近膝盖。保持手掌和右脚不离开地面,慢慢吸气,同时左脚向后伸展。慢慢把头部向后上方抬起,胸部向前方挺出,背部则呈凹拱形。一边慢慢呼气,一边将右脚向后拉,使两脚靠拢,脚跟向上,臀部向后上方收起。伸直四肢,身体好像一座山峰的样子。一边呼气,一边让臀部微微向前方摇动,一直到两臂垂直于地面为

图 10-16

止,然后蓄气不呼,弯曲两肘,胸膛朝地板方向放低。一边保持胸部略高于地面,一边慢慢呼气,胸部前移,直到腹部和大腿接触地面。然后吸气,慢慢伸直两臂,上身从腰部向上升起。头部像眼镜蛇式那样向后仰起。呼气,同时臀部升高,双手、双脚支撑地面。一边吸气,一边弯曲左腿并将左脚伸向前面。头部向上看,胸部向前挺,脊柱呈凹拱形。试图把这个动作和上一个动作做连贯,一气呵成。一边保持两手掌放在地板上,一边慢慢呼气,右脚收回放在左脚旁边。低下头,伸直双膝。一边慢慢抬高身躯,两臂伸直举过头顶,背部向后弯。一边呼气,一边恢复到开始的姿势,两手掌在胸前合十。

### (二)瑜伽组合动作训练

**1. 头部动作**

(1)跪坐,身体向前弯曲,把前额放在地面上,两手在腿的两侧,呼气,臀部慢慢抬起,大腿与地面垂直。头部和颈部承受身体的一定的重量,保持正常呼吸,停 20～30 秒。慢慢吸气,臀部坐在脚跟上,重复 2～3 次。

(2)平仰卧,吸气,收腹,双腿上抬慢慢下压,呼气,两腿自然下沉;双手撑住腰部,臀部上抬,慢慢双手放在地面上,停住,保持正常呼吸,停 20～30 秒,吸气,慢慢还原,重复 2～3 次。

(3)平仰卧,吸气,收腹,双腿上抬,双手托起腰部,两肘关节撑住地面,使双腿向上伸,慢慢伸直躯干,保持 1 分钟左右,慢慢吸气,放下背、腰、腿,身体躺平,重复 2～3 次。

**2. 肩部动作**

(1)两指尖轻轻点肩上,两肘向前绕圈由小圈过渡到大圈,绕 12 圈;两肘向后绕圈由小圈过渡到大圈,绕 12 圈。

(2)两指尖轻轻点肩上,吸气,手背在头后相对,呼气,手背分开两肩下沉,重复 12 次。

(3)两指尖轻轻点肩上,吸气,两肩向内含,呼气,挺胸,重复 12 次。

(4)两膝跪地,同时两脚分开,臂在两个小腿中间,吸气,双手上举两手相交,呼气,一只手臂弯曲肘关节向上,手在头后,另一只手从身体后上屈,抓住头后的手,之后反方向做,每个方向重复 3～4 次。

(5)两腿开立,两臂体前绕环 12 圈,两臂向后绕环 12 圈,呼吸配合手臂。

**3. 胸部动作**

(1)坐地面上,双腿伸直,两手侧撑在身体两侧,吸气时胸腹向上抬头,自然放松,重复 2～3 次。

(2)跪地,吸气,胸腹向上,脊柱后弯;呼气,手掌压在脚掌上,自然呼吸,保持 5～10 秒,然后吸气,慢慢还原,重复 2～3 次。

(3)仰卧,慢慢把头上抬头顶着地,背部伸直颈部吸气双腿上抬,双手合掌,撑起,正常呼吸,保持 5～10 秒,慢慢还原,重复 2～3 次。

(4)跪撑,两肘撑地弯曲相抱,呼气,下颚、胸部下沉向地面,同时臀部上提,保持正常呼吸,慢慢吸气,臀部后坐。重复 2 次,每次保持 30 秒～1 分钟。

**4. 腹部动作**

(1)躺在地面上吸气,单腿弯曲,双手抱住腿;起上身,下额触膝,尽量呼气;吸气落下,反方向再做；之后双腿同时弯曲，每个动作重复 4～6 次。

(2)躺在地面上吸气，上身上起，两臂前伸，同时两腿离开地面上抬，保持 2～3 次呼吸，吸气，慢慢落下，手放腿的两侧，重复 2～3 次。

5.髋、腹部动作

(1)两腿前伸，另一只腿弯曲，脚掌贴于大腿内侧，膝关节下沉，反方向做，重复 3～4 次。

(2)双手抱起一条腿，靠近胸部，保持正常呼吸，停 20～30 秒，反方向做，每个方向重复 3～4 次。

(3)吸气，腿向内转，呼气，腿向外转，重复 3～4 次。

(4)身体躺平，两腿弯曲离开地面，两腿依次向下做蹬自行车动作，再反方向做，每个方向 15～20 次。

(5)身体躺平，单腿上抬，顺时针做画圈运动，再逆时针方向做，每个方向 12 次。

(6)身体坐直，两脚对撑，吸气，头向上，脊柱立直；呼气，身体向前压，保持呼吸，停 20～30 秒，重复 2～3 次。

6.腰背动作

进行腰背动作的练习时，每个姿势要做到最舒服的位置，每次只做一个背柱姿式（下移到第 4 个动作后），不仅可使整个背部得到充分的锻炼和伸展，加强背部的力量，而且可保护腰部，消除轻微的背柱损伤。

(1)两腿开立，吸气，双手头上伸十指相交，呼气，身体前屈，两眼注视手背。吸气，身体向右转动，呼气，身体转向左侧，重复 4～6 次，吸气，身体上起、立直。

(2)两腿分开在地面上，吸气，两臂侧举，呼气，身体右后扭转，左手指尖触右脚趾，吸气转正，呼气反方向，重复 4～6 次，眼睛注视后手。

(3)趴在地面上，两臂在身体两侧，吸气，头抬起身体上抬，头、肩、胸离开地面，保持正常呼吸，停 30～40 秒，吸气，抬身，重复 4～5 次。

(4)趴在地面上，双手抓住脚踝，吸气，头和脚同时上抬保持正常呼吸，吸气，慢慢放下，重复 2～3 次。

(5)趴在地面上，双手撑地身体上起，吸气，头上抬，同时弯曲双膝，自然呼吸，吸气，慢慢还原，重复 2～3 次。

(6)趴在地面上。吸气，头和腿同时上抬，双手在背后、十指交叉，停住，正常呼吸，吸气，慢慢还原，重复 3～4 次。

(7)趴在地面上，双手在额头下，吸气，右腿上抬，呼气，右腿向左侧压，眼睛从左侧看右脚，停 10～20 秒，吸气，慢慢还原，反方向做，重复 2～3 次。

7.腿部动作

腿部的伸展，每个姿势保持 20～30 秒，吸气时腹部向外，呼气时腹部向内收，在停顿中体会身体伸展的感觉。

(1)分开腿慢慢蹲下，身体前屈，手放在两脚底之下，保持自然呼吸，两腿伸直，停 20～30 秒，慢慢还原，重复 2～3 次。

(2)坐在地面上，伸直双腿，吸气，双手相对上举，呼气，身体下压，手抓住小腿，身体放松，保持正常呼吸，停 20～30 秒，吸气的同时抬身，重复 2～3 次。

（3）坐地面上，右腿弯曲，脚掌紧贴右腿内侧，吸气，双手上举，呼气，身体下压抓脚，头上抬，让腹部紧贴左腿，正常呼吸，吸气，慢慢抬起身体，反方向做，每个方向重复3～4次。

（4）坐在地面上，两腿分开，吸气，两手侧举，呼气，身体下压，两手抓住脚踝，正常呼吸，吸气，慢起，重复3～4次。

（5）站立，双手在身体后相交，吸气，抬头挺胸，呼气，身体向前弯曲，头向腿方向贴，双手上抬，正常呼吸，停20～30秒，吸气，慢慢抬身，重复2～3次。

（6）跪撑，吸气，臀部上抬，呼气，肩下压，腿伸直，脚跟向地面沉，正常呼吸，停20～30秒，吸气，还原，重复3～4次。

**8. 脊柱动作**

（1）跪撑，吸气低头，整个脊部上拱，低头，收腹；呼气，背部下塌，头上抬，臀上伸，腰放松，重复10～12次。

（2）跪撑，吸气低头，右腿收到腹前；呼气抬头，右腿后伸上抬重复10次，之后换左腿，每个方向重复2～3组。

（3）身体站直，吸气，两腿分开，两臂侧平举，呼气，身体右后转的同时右手放在腰后，左手扶在右肩上，保持呼吸，吸气，身体转正，两臂放下，之后反方向做。

（4）身体坐直，两腿伸直，左膝弯曲，左脚在右腿外侧，吸气；右手臂交叉在右腿外侧，手撑地，左手在臀后撑，脊柱直立，呼气；上身向左后扭转，在最舒服的位置停住，保持缓慢的呼吸；吸气，身体转回，还原，之后反方向做，每个方向重复3～4次。

（5）身体坐直，两腿伸直，左腿弯曲，脚放在右腿的髋部；吸气，左手抓住右脚，呼气，身体和头向右后扭转，右手放在腰背后，保持呼吸，吸气，还原，之后反方向做，每个方向重复2～3次。

**9. 平衡动作**

（1）站立，右腿弯曲放在腹股沟上，吸气，双手上举，手心相对，呼气，左腿弯曲，两臂侧举，保持正常呼吸，腿慢慢放下，再反方向做，重复2～3次。

（2）站立，右脚后点地，双手上举，手心相对，吸气，手臂向前伸同时右腿上抬，使手臂、臀、腿保持在一个平面上，正常呼吸，吸气，慢慢起上身，腿落下，再反方向做。

（3）双腿开立，手臂侧平伸，右脚尖向右转45°，右腿弯曲，右侧身体向右腿靠，右手慢慢撑地，同时左腿侧抬，左手向左脚方向伸，吸气，慢慢还原，之后反方向做，每个方向重复2～3次。

# 第三节　体育舞蹈

## 一、体育舞蹈概述

体育舞蹈是以人自身的形体动作为物质手段，通过充满生命活力的韵律，抒发人内心情感的身体活动。其集体育、音乐、舞蹈于一体，具有竞技、消遣、娱乐、审美文化等价值，除此之外，最显著的是健身价值。当前体育舞蹈受到广大群众，尤其是女性的欢迎与喜爱，是她们生活中非常重要的一项休闲健身运动项目。

体育舞蹈也称"国际标准舞"，简称"国标"，它的前身是交际舞。交际舞的起源可以追溯到公元 10 世纪以前,从欧洲古老的民间舞发展演变而来。部落成员最初跳集体舞,且男女同性别的集合在一起跳舞,以后逐渐发展成为男女圈舞,即男跳外圈、女跳内圈的转圈集体舞;在男女求偶、婚礼喜庆等活动中,逐渐发展成男女拍手舞、异性对舞。真正蕴含着交际舞意识形态的男女对舞是最早出现在欧洲的农民舞蹈,如"低舞"(1350—1550 年)和"孔雀舞"(1450—1650 年),这两种舞都是由男女成对配合跳的。16 世纪,在英国被称为"乡村舞"的队列舞盛行。17 世纪,在法国"小步舞"受到广泛的欢迎。18 世纪中期,华尔兹舞在维也纳郊区和奥地利高山地区产生。到了 18 世纪末,这种古老的奥地利农民舞蹈逐渐被上流社会所接受,在法国流行起来,法国革命后,资产阶级立即全面地接受了华尔兹舞。19 世纪初,华尔兹舞出现了近距离的握抱形式,这种男女舞伴"近距离搂抱"的舞蹈猛烈抨击了传统的交际舞观念,使交际舞发生革命性的变化。稍后,同是"近距离搂抱"的"波尔卡"接踵而来,这种舞蹈成了当时交际舞的时髦。进入 20 世纪后,又出现了狐步舞、探戈舞等交际舞。现代交际舞的内涵也逐渐明晰起来,它是指舞伴距离较近的,在舞厅中活动的交际舞蹈。

体育舞蹈包含标准舞(摩登舞)和拉丁舞两大类共 10 个舞种,标准舞中有华尔兹、探戈、狐步、快步和维也纳华尔兹;拉丁舞有伦巴、恰恰恰、桑巴、斗牛和牛仔舞。每个舞种均有各自的舞曲、舞步及风格。

体育舞蹈强调娱乐性和健身性,对身体的和谐发展较为重视,是人们交流思想、抒发情感、相互沟通的最好形式之一。体育舞蹈的技术动作并不复杂,动作难度也不高深,它所要求的是鲜明的艺术性和观赏性,在给予人们强烈的美感的同时,还能够达到理想的健身效果。

## 二、摩登舞习练指导

### (一)狐步舞

1.羽毛步

预备姿势:闭式位(男士面向斜中央,女士背向斜中央)。

(1)男:面向斜中央,右脚向前。

女:背向斜中央,左脚后退。

(2)男:左脚向前,左肩引导准备到舞伴外侧,不转。

女:右脚向后,右肩引导,不转。

(3)男:右脚向前成 CBMP 到舞伴外侧,方位不变。

女:左脚向后成 CBMP,方位不变。

2.左转步

预备姿势:闭式位(男士面向斜中央,女士背向斜中央)。

(1)男:面向斜中央,左脚向前,开始转向左,有反身动作。

女:背向斜中央,右脚向后,开始转向左,有反身动作。

(2)男:右脚向侧,1、2 步间左转 1/4 周,背向斜壁。

女:左脚并向右脚(跟转),1、2 步间左转 3/8 周,面向舞程线。

(3)男:左脚向后,2、3 步间左转 1/8 周,背向舞程线。

女:右脚向前,不转。

（4）男：右脚向后，方位不变，继续转向左。

女：左脚向前，方位不变，继续转向左。

（5）男：左脚向侧稍向前，4、5 步间左转 3/8 周，指向斜墙，身体转少些。

女：右脚向侧，4、5 步间左转 1/4 周，背向墙，身体转少些。

（6）男：右脚向前成 CBMP 到舞伴外侧，不转动，结束于面向斜墙。

女：左脚向后成 CBMP，5、6 步间左转 1/8 周，结束于背向斜墙。

**3. 三步**

预备姿势：闭式位（男士面向斜墙，女士背向斜墙）。

（1）男：面向斜墙壁，左脚向前，有反身动作。

女：背向斜墙壁，右脚后退，有反身动作。

（2）男：右脚向前。

女：左脚向后。

（3）男：左脚向前。

女：右脚向后。

**4. 右转步**

预备姿势：闭式位（男士面向斜墙，女士背向斜墙）。

（1）男：面向斜墙壁，右脚向前，开始转向右，有反身动作。

女：背向斜墙，左脚向后，开始转向右，有反身动作。

（2）男：左脚向侧，1、2 步间右转 1/4 周，背向斜中央。

女：右脚并向左脚，1、2 步间右转 3/8 周，面向舞程线。

（3）男：右脚向后，2、3 步间右转 1/8 周，背向舞程线。

女：左脚向前，不转。

（4）男：左脚向后，方位不变，继续转向右，有反身动作。

女：右脚向前，方位不变，继续转向右，有反身动作。

（5）男：右脚向侧小步（跟拖），4、5 步间右转 3/8 周，面向斜中央。

女：左脚向侧，右脚刷向左脚，4、5 步间右转 3/8 周，背向斜中央。

（6）男：左脚向前，不转动，方位不变，有反身动作。

女：右脚刷步经过左脚向后，不转动，方位不变，有反身动作。

**5. 换向步**

预备姿势：闭式位（男士面向斜墙，女士背向斜墙）。

（1）男：面向斜墙，左脚向前，开始转向左，有反身动作。

女：背向斜墙壁，右脚向后，开始转向左，有反身动作。

（2）男：右脚斜向前，右肩引导，左脚并向右脚，稍向前，无重力，1、2 步间左转 1/4 周，结束时面向斜中央。

女：左脚斜向后，左肩引导，并且右脚并向左脚，稍向后，无重力，1、2 步间左转 1/4 周，结束时背向斜中央。

（3）男：左脚向前成 CBMP，不转。

女：右脚向后成 CBMP，不转。

6.右扭转步

预备姿势:闭式位(男士面向斜墙,女士背向斜墙)。

步序与步位:

(1)男:面向斜墙壁,右脚前进。开始向右转。

女:背向斜墙壁,左脚后退。开始向右转。

(2)男:左脚向侧。1、2 步间右转 1/4 周。背向斜中央。

女:右脚并左脚(脚跟运转)。1、2 步间右转 3/8 周。面向舞程线。

(3)男:右脚交叉于左脚后面。2、3 步间右转 1/8 周。背向舞程线。

女:左脚前进,左肩引导,向舞伴外侧移动。几乎面向斜墙,继续转动。

(4、5)男:双脚扭转结束时右脚小步向侧,侧向拉步。4、5 步间右转 1/2 周。结束在面向舞程线位置。

女:在反身动作位置外侧舞伴中右脚前进。2、4 步间右转 1/8 周。面向斜墙。

女:左脚向侧右脚刷步。4、5 步间右转 3/8 周。背向舞程线。

(6)男:左脚向侧并稍前进。5、6 步间左转 1/8 周。指向斜中央。

女:右脚向侧。方位不变,身体稍向左转。

(7)男:在反身动作外侧位置中右脚前进。身体不转动。面向斜中央结束。

女:在反身动作外侧位置中左脚后退。6、7 步间左转 1/8 周。结束在背向斜中央位置。

## (二)探戈舞

1.二常步

二常步有两步,节奏为 S、S。

男士:左脚前进,跟掌;女士:右脚后退,掌跟。

男士:右脚前进,右肩引导,跟掌,左转 1/8 周;女士:左脚后退肩引导,掌跟,左转 1/8 周。

2.四快步

四快步有四步,节奏为 Q、Q、Q、Q。

男士:左脚前进,跟掌;女士:右脚后退,掌跟。

男士:右脚横步稍后,掌跟,1~2 左转 1/8 周;女士:左脚横步稍前,全脚,1~2 左转 1/8 周。

男士:左脚后退,掌跟;女士:右脚外侧前进,跟掌。

男士:右脚后退并于左脚,全脚,3~4 右转 1/8 周;女士:左脚前进并于右脚,重心在左脚,全脚,3~4 之间右转 1/8 周。

3.行进旁步

行进旁步有三步,节奏为 Q、Q、S。

男士:左脚前进,跟掌;女士:右脚后退,掌跟。

男士:右脚横步,右肩引导,跟掌;女士:左脚后退,右肩引导,掌跟。

男士:左脚前进,跟掌;女士:右脚后退,掌跟。

4.侧行右转

侧行右转有四步,节奏为 S、Q、Q、S。

男士:左脚横步侧行,跟掌;女士:右脚在侧行位置下横步,跟掌。

男士:右脚在侧行位置及反身位置交叉前进,跟掌;女士:左脚在侧行位置及反身位置下交叉前进,跟掌。

男士:左脚横步稍前,掌跟,右转 3/8 周;女士:右脚前进,跟掌,右转 1/8 周。

男士:右脚前进,跟掌,右转 1/4 周;女士:左脚横步,掌跟,右转 1/4 周。

### 5. 左足摇步

左足摇步有三步,节奏为 Q、Q、S。

男士:重心转移左脚,掌跟;女士:重心转移右脚,跟掌。

男士:重心转移右脚,跟掌;女士:重心转移左脚,掌跟。

男士:左脚后退,掌跟;女士:右脚前进,跟掌。

### 6. 右摇转步

右摇转步有三步,节奏为 Q、Q、S。

男士:右脚前进,右肩引导,跟掌;女士:左脚后退,右肩引导,掌跟。

男士:左脚向侧并稍后,掌跟;女士:右脚前进,稍向右侧,跟掌。

男士:重心回立右脚,右肩引导,跟掌,1～3 之间右转 1/4 周;女士:左脚后退,稍向右侧,左引导,掌跟,1～3 之间右转 1/4 周。

### 7. 开式左转步

开式左转步有六步,节奏为 Q、Q、S、Q、Q、S。

男士:左脚前进,跟掌转,左转 1/8 周;女士:右脚后退,掌转,左转 1/8 周。

男士:右脚横步,掌跟,左转 1/8 周;女士:左脚横步稍前,掌跟,左转 1/8 周。

男士:左脚后退,掌跟,左转 1/8 周;女士:右脚外侧前进,跟掌,左转 1/8 周。

男士:右脚后退,掌跟,左转 1/8 周;女士:左脚前进,跟掌,左转 1/8 周。

男士:左脚横步稍前,脚内侧,左转 1/8 周;女士:右脚横步稍后,脚内侧,左转 1/8 周。

男士:右脚并于左脚,全脚,左转 1/8 周;女士:左脚并于右脚,全脚,左转 1/8 周。

## 三、拉丁舞习练指导

### (一)斗牛舞

#### 1. 基本动作

站闭式舞姿。

(1)男士:右脚前进;女士:左脚后退。

(2)男士:左脚前进;女士:右脚后退。

以上动作反复做,共跳八步形成向左行进的弧线。

#### 2. 原地踏步

从闭式舞姿开始。

(1)男士:右脚掌原地踏下;女士:左脚掌原地踏下。

（2）男士：左脚掌原地踏下；女士：右脚掌原地踏下。

以上动作反复做，可连跳四步。

### 3. 左追步

准备时站立闭式舞姿，男士面对墙壁，女士背对墙壁。

（1）男士：右脚掌原地踏步；女士：左脚掌原地踏步。

（2）男士：左脚横步；女士：右脚横步。

（3）男士：右脚并左脚；女士：左脚并右脚。

（4）男士：左脚横步；女士：右脚横步。

### 4. 右追步

站立闭式舞姿，男士面对中央，女士背对中央。

（1）男士：右脚掌向右横步；女士：左脚掌向左横步。

（2）男士：左脚并右脚；女士：右脚并左脚。

第（3）（4）步重复第（1）（2）步的动作，一般连续跳四步即可。

### 5. 攻进步

站立闭式舞姿，男士面对中央，结束时男士背对舞程线。

（1）男士：右脚原地跺步；女士：左脚原地跺步。

（2）男士：左脚前进一大步，左手轻推女士，后半拍时左转 1/4 周；女士：右脚后退一大步，后半拍时左转 1/4 周。

（3）男士：右脚向旁大步滑出，屈膝成大弓步，左脚直腿旁伸，左臂向外划弧旁伸，与腰同高，身向左倾斜；女士：由男士带领做相反的动作。

（4）男士：左脚收回并步；女士：右脚收回并步。

### 6. 西班牙舞姿

以 P. P. 舞姿为准备动作。

（1）男士：右脚 P. P. 前进；女士：左脚 P. P. 前进。

（2）男士：左脚横步右转 1/4 周；女士：右脚横步左转 1/4 周。

（3）男士：右脚后退，脚尖向外，右转 1/4 周；女士：左脚后退，脚尖向外，左转 1/4 周。

（4）男士：左脚弯膝，脚尖外开，点踏在右脚的右斜前方，右腿直膝原地不动；女士：右脚弯膝，脚尖外开，点踏在左脚的左斜前方，左脚直膝原地不动。

（5）男士：左脚在开式 C. P. P. 位上前进；女士：右脚在开式 C. P. P. 位上前进。

（6）男士：右脚横步，同时左转 3/8 周；女士：左脚横步，同时右转 3/8 周。

（7）男士：左脚后退，脚尖向外，左转 1/4 周；女士：右脚后退，脚尖向外，右转 1/4 周。

（8）男士：右脚弯膝，脚尖外开，点踏在左脚左斜前，左腿直膝原地不动；女士：左脚弯膝，脚尖外开，点踏在左脚左斜前，右腿直膝原地不动。

### （二）桑巴舞

#### 1. 左进基本步

节奏是 1、a、2、a、1、a、2。

男士:左脚前进,膝稍弯,手臂的高度与眼睛平;女士:右脚后退,膝稍弯。

男士:右脚掌开左脚,膝稍伸直;女士:左脚掌并右脚,膝稍伸直。

男士:重心移至左脚,膝稍弯;女士:重心移至右脚,膝稍弯。

男士:重心仍在左脚,膝稍直;女士:重心仍在右脚,膝稍直。

男士:右脚后退,膝稍弯;女士:左脚前进,膝稍弯。

男士:左脚掌并右脚,膝稍弯;女士:右脚掌并左脚,膝稍弯。

男士:重心移至右脚,膝稍弯;女士:重心移至左脚,膝稍弯。

**2.右进基本步**

节奏是 1、a、2、1、a、2。

男士:左脚后退,膝稍弯(闭式舞次开始);女士:右脚前进,膝稍弯。

男士:右脚掌并左脚,膝稍伸直;女士:右脚前进,膝稍伸直。

男士:重心移至左脚;女士:重心移至右脚。

男士:右脚前进,膝稍弯;女士:左脚前进,膝稍弯。

男士:左脚掌并右脚,膝稍直;女士:右脚掌并左脚,膝稍直。

男士:重心移至右脚,膝稍弯;女士:重心移至左脚,膝稍直。

**3.叉形步**

节奏是 1、a、2、1、a、2。

男士:左脚横步;女士:右脚横步。

男士:右脚尖点踏在左脚跟后交叉点;女士:左脚尖点踏在右脚跟后交叉点。

男士:重心移至左脚,膝稍弯;女士:重心移至右脚,膝稍弯。

男士:右脚横步;女士:左脚横步。

男士:左脚尖点踏在右脚跟后交叉点;女士:右脚尖点踏在左脚跟后交叉点。

男士:重心移回右脚;女士:重心移回左脚。

**4.P.P.舞姿的桑巴走步**

节奏是 1、a、2、1、a、2。

男士:右脚前进(脚掌平进);女士:左脚前进(脚掌平进)。

男士:左脚脚尖向后退,左腿伸直后撑;女士:右脚脚尖向后退,右脚伸直后撑。

男士:右脚向后拖退一小步;女士:左脚向后拖退一小步。

男士:左脚前进;女士:右脚前进(脚掌平进)。

男士:右脚脚尖向后退,右脚伸直后撑;女士:左脚脚尖向后退,左脚伸直后撑。

男士:左脚稍向后拖一小步;女士:右脚稍向后拖一小步。

**5.左转**

节奏是 1、a、2、1、a、2。

男士:左脚前进,稍左转;女士:右脚后退,稍左转。

男士:右脚横步稍后,左转;女士:左脚横步稍后,左转。

男士:左脚交叉前进在右脚前,左转;女士:右脚并左脚(三步共转 3/8 周)。

男士:右脚横步斜后,左转;女士:左脚前进,左转。

男士：左脚小横步，左转；女士：左脚前进，左转。

男士：右脚并左脚，左转；女士：左脚在右脚交叉，左转（再转 3/8 周，六步共转 6/8 周）。

**6.桑巴的旁步**

节奏是 1、a、2。

男士：右脚前进，这一步可从 P.P. 位开始；女士：左脚前进。

男士：左脚向旁横步，重心移一半，右转 1/4 周；女士：右脚向旁横步，重心移一半，左转 1/4 周。

男士：右脚向左拖退一小步；女士：左脚向右拖退一小步。

**7.影子位点滑步**

节奏是 1、a、1、a、2。

男士：左脚前进，左转准备；女士：右脚前进，右转准备。

男士：右脚向旁横步，重心移一半，向左转；女士：左脚向旁横步，重心移一半，向右转。

男士：右脚前进，右转准备；女士：左脚前进，左转准备，此时舞伴正处于交叠姿态。

男士：左脚向旁横步，重心移一半右转；女士：右脚向旁横步，重心移一半左转。

男士：重心移至右脚，1～3 步共转 1/4 周；女士：重心移至左脚，1～3 步共转 1/4 周。

# 第四节　普拉提

## 一、普拉提概述

### （一）普拉提的起源与发展

普拉提由其创始人的名字而来，是一项超过 80 年的组合运动系统疗法。它的起源要追溯到 1914 年战争中的集中营。

德国人约瑟·亨伯特斯·普拉提 1880 年出生于德国，自小体弱多病，患有风湿病、哮喘和佝偻垂病，为了克服这些疾病，他曾进行健美训练、体操等各类运动，并研习东西方不同类型的运动方法。

1912 年，普拉提先生搬居英国。在第一次世界大战期间，他的独特有效的运动疗法，帮助了大批囚犯康复身体，因而受到大众的关注。

1926 年，普拉提移民美国纽约。在前往美国的船上遇见了未婚妻克拉拉。在纽约他们夫妇设立了普拉提工作室，专门为著名的舞蹈家、演员、运动员提供针对性的运动疗法训练。由于效果显著，从此誉满美国，后来更逐步获得世界各国及各界的认同和肯定。

普拉提汲取了东方古老的瑜伽、太极与西方古罗马、希腊的传统养生术的精髓，再通过姿势练习将呼吸、冥想、柔韧和平衡有机地结合在一起，从而达到加强人体核心肌肉、提高柔韧壁性、改善不良体态、均衡雕塑形体、缓解压力的多重目的。

普拉提的练习目标非常全面，在令全身得到锻炼的同时，它主要针对人体的核心肌肉（由腹肌、壁臀肌、下背肌环绕组成）进行练习，所以对腰、腹、臀等女性重点部位的塑造效果尤为突出。

普拉提没有复杂的动作组合,学起来很容易。它的动作以动静结合为主。其动静结合的动作安排,使身体既有紧张也有放松,既有节奏的转换又有放松的调息,让练习者更容易控制身体,减少错误姿势对体态的负面影响;它的运动速度平缓,不会对关节和肌肉产生伤害,在舒缓的状态下,全身的每一块肌肉、每一块骨骼都得到了锻炼;它的适应性很强,能适很大年龄段的人习练;它还可以借助于哑铃、弹力带等进行全方位的身体训练。

普拉提既不像有氧健美操那样剧烈,也不像瑜伽那样繁复高深是一种大众的健身方法。

在 20 世纪三四十年代,普拉提训练法被美国"舞蹈协会"接受并认可。在专业的舞蹈训练中,因为运动强度过大,很多动作姿势过分违背人体的生理弯曲,所以大多数舞者都有伤病,尤以腰部病例者占多数。普拉提训练法在给伤病舞者进行身体康复的过程中,有着积极促进作用。随后,普拉提相继被体操、跳水、田径等运动列为特殊的训练项目。

20 世纪 90 年代,很多理疗师将普拉提运用于理疗的各个领域,其中包括外科、老年医学、治疗慢性疼痛等等。到了 20 世纪末,普拉提更广泛地被运用于医疗康复机构。在包括外科学、慢性疼痛研究、老年医学等领域,发挥其辅助治疗的功效。如今,在欧美国家,普拉提已成为最时尚、最受欢迎的健身方法之一。许多影视明星、超级各睡对普拉提更是钟爱有加,纷纷把它作为塑身美体、释放压力的秘密武器。

普拉提效果显著,动作简单易学,对于形体塑造来说,是一种很好方法。

### (二)普拉提的主要特点

#### 1.简单易学

其动作与瑜伽相比要简单,没有复杂的动作组合,简单且易于掌握。普拉提最大的特点是简单易学,不仅动作平缓,而且能有目的地针对手臂、胸部和肩部锻炼,同时又可以增强身体的柔韧性。而且,这项运动不受活动地点的限制,无论专业健身房还是起居室,同样能够练习。

#### 2.理论的科学性

普拉提集东方和西方运动概念的二者之长,吸取了古老的瑜伽和太极的动作精髓,用节奏把呼吸、冥想、柔韧、平衡有机结合在一起,并且兼容了当时的心理学与生理学的相关研究成果,其中包括现代运动科学及康复学,是很科学的健身理论。

#### 3.全面有效

它借助于哑铃、体操棒、垫子交叉进行身体训练,虽然动作较为稳健,看起来并不火爆,但却是全方位的。既有针对手臂、胸部、肩部的练习,又有腰腹部和背部的力量练习,也有增强柔韧性的伸拉训练,各个部位能够得到充分绷紧和拉伸,所以全面有效。

#### 4.挑战性与娱乐性相结合

由于动作缓慢,加上肌肉的控制、呼吸的配合,让本来看似简单的动作,做起来会有一定的难度。普拉提的练习环境,配合舒缓优美的音乐,能使人充分放松,动作的转换则流畅自然,训练者在练习过程中惬意自在,不会出现过度劳累的感觉。

#### 5.安全性

普拉提的运动速度平和,是静力状态的运动,几乎不会产生对关节和肌肉的伤害。与此同时,普拉提动静结合的动作安排,使身体既有紧张也有放松,既有步伐的转换又有打坐的调吸,这就使锻炼的人更容易控制身体,减少因姿势错误造成的负面作用。因此,在安全方面,普拉提运动是系数最高的运动之一。

6.强调静止控制,不加大肌肉

普拉提强调静止控制,使得训练者在增强肌肉力量的同时却不加大肌肉体积。普拉提的轻器械练习就是遵循着小重量多次数的原则,令肌肉充满弹性而又不会使肌肉变得太突出。它的运动强度不是特别大,但它讲究控制、拉伸和呼吸,对腰、腹、臀等女性重点部位的塑造有非常好的效果。这更适合女子在现实生活中对形体美的要求。

7.糅合东方和西方运动概念而成的运动

西方人着重于身体肌肉能力的训练,如锻炼腰、腹、背、胸等肌肉。而东方人着重呼吸和心灵的训练,如冥想、瑜珈和太极。普拉提把东方的柔韧和西方的刚毅合二为一,既吸取了古老的瑜伽和太极的动作精髓,用节奏将呼吸、冥想、柔韧、平衡有机结合在一起,达到伸展脊椎拉长韧带的功能,同时,还提高了本体神经的感受,深层肌肉的调动能力,躯干的稳定性和周围神经的动员,让肌肉柔韧性得到改善,增进肌力,增强躯干的控制能力、平衡能力、稳定能力。

8.限制较小,具有较强的实用性

普拉提不受场地的限制,没有太多的要求,价值简单易学,效果全面,因此,实用是很强的。

### (三)普拉提的主要功效

1.能够很好地塑造体型

普拉提的强度不是很大,但每个动作都讲究控制、伸拉,对腰、腹、臀部位的塑造效果极佳。而在减肥方面,普拉提表现出来的持久性与稳定性比一些有氧运动更强。

2.对于关节的健康有积极的促进作用

普拉提通过拉长身体,从而能够减少骨关节疼痛。恰当的普拉提运动对于治疗关节炎很有疗效。因为它通过拉伸运动可以增加人体的柔韧性,减少关节疲劳。拉伸还会让营养物质流向肌肉肌腱,让肌肉健康。普拉提还可以刺激关节润滑剂的产生,缓解腿、背、颈和肩膀的一些病痛。

3.促进脊柱的生理功能恢复

我们的脊柱随着年龄的增长,也会出现退行性改变。特别是现代人的工作生活压力越来越大,长期伏案、坐拥电脑的人越来越多,却很少有人细心地去呵护自己的脊柱,从而使出现脊柱病变的人群数量不断增加。

脊柱承受着人体完成前屈、后伸、左右侧屈和自身扭转动作带来的压力,而由一节节脊椎骨以及其中间的椎间盘组成的脊柱,本身并不存在活动能力,支持脊柱运动的主要是附着在脊柱周围的韧带和肌肉。普拉提训练法注重腰背肌及其深层肌肉力量的提升训练,练习者通过对腰背肌训练,加强了脊柱周围肌肉和韧带的力量,而这强有力的肌肉及韧带就像在脊柱周围包裹了一层保护膜一样,很大程度地提高了我们脊柱的安全性,并起到恢复正常脊柱生理弯曲的作用。

4.挺拔身姿

拉伸练习是普拉提训练法的重要组成部分,其借助了瑜伽、芭蕾的姿势,并在每组动作结束后都要针对目标肌肉进行伸拉。拉伸的益处主要表现在以下几个方面。

（1）可以有效预防运动损伤的产生。

（2）缓解疲劳，促进体能恢复。

（3）充分而正确的拉伸练习，使膨胀的肌细胞纵向伸展，塑造均匀、修长的肌肉线条，并改善肌肉的柔韧性。

（4）在拉伸的过程当中，机体器官的功能也同时可以得到强化。

5.增加肌肉力量，却不会增大肌肉体积

普拉提训练法强调静止中的控制，利用自身体重，遵循小重量多次数的训练原则，令肌肉丰盈、充满弹性而不会增大肌肉的体积。这更加符合职业女性对形体美的要求，使训练者的动作更加流畅，改善了对肌肉的控制能力，减少肌肉的僵硬感。

6.发展核心力量，均衡发展肌肉

普拉提让身体产生一个强壮的"核心"，或者可以说是身体的中心。而这个核心的构成部分就是深层的腹部肌肉连同离脊柱最近的肌肉。这个很强的中心力量，使躯干、骨盆和肩带成为一个稳定的整体。

普拉提能够照顾到全身的所有部位，甚至包括踝关节和足部，没有一组肌肉会产生训练不足或过度训练的情况，使锻炼者的肌肉能平衡地得到锻炼，从而使肌肉能够平衡地发展。这样，锻炼者就会拥有线条优美的肌肉。

7.有利于缓解压力，保持良好的精神状态

普拉提可以促进情感健康。平缓的，稳定的动作可以让人心灵平静，缓解紧张的精神。在拉长和加强肌肉的时候，可以促进循环系统的运转，扫除你的紧张情绪。每一个动作都会让人感到平静，协调和有活力。把注意力集中，消除压力。

## 二、普拉提基本动作习练指导

### （一）站姿热身

动作要领：靠墙站立，脊柱于中轴位置。从颈椎至尾骨充分伸展，后脑勺及腰、背、臀贴于墙面。扩展胸腔，沉肩，收腹，脚跟与墙相距1步。静止吸气。呼气时，下颌抵进锁骨，后脑勺离开墙面，臀部紧贴墙面不动，自然呼吸，而后吸气，还原动作。

### （二）仰卧踏步

动作要领：仰卧，屈膝90°，双足着地。背部和臀部后侧靠紧地面；吸气时，将一只脚抬起离开地面，直至大腿与地面垂直，膝盖角度不变；呼气，慢慢下放回原位。然后交换另一侧腿部（图10-17）。

**图 10-17**

### （三）跪式游泳

动作要领：四足支撑，手臂和双腿垂直于地面，保持腰背部挺直并平行于地面；吸气，将左腿向后延伸然后抬高到髋部的高度，不改变后背的姿势。同时抬起右手向前延伸，不改变肩的姿势；呼气，收缩腹部，将左腿和右手同时收回。重复练习，交换对侧的手臂和腿部向两侧伸展（图10-18）。

图 10-18

### （四）卷腹抬起

动作要领：仰卧屈膝90°，腰背部自然靠紧地面，两膝之间保持一拳距离，双手手指交叉置于头后侧；吸气，将肋骨向两侧分开，躯干保持不动，不要耸肩；呼气，把肋骨向下滑动，收缩腹部，将头部和肩部卷离垫子，直至肩胛骨下角刚触及地面，目视前方；吸气，躯干保持稳定不动，保持上半身弧线；呼气，收紧腹部，开始慢慢舒展脊椎卷回垫上，回到动作开始姿势（图10-19）。

图 10-19

### （五）卷腹旋体

动作要领：仰卧屈膝，双腿与髋同宽，脊椎处于自然中立位，双膝90°，双手手指交叉置于头后侧；吸气，接着在呼气时，收缩腹部，将头部和肩部卷离垫子，直至肩胛骨下角刚触及地面；吸气，躯干保持稳定不动，保持上半身弧线；呼气，收缩腹部斜肌，让肩对准对侧的髋部转动身体，缩短两者间的距离；呼气，回到中间，保持头肩的高度和上半身的弧度；呼气，慢慢再转动向另一侧（图10-20）。

图 10-20

### （六）百次拍击

动作要领：仰卧，抬起双腿，屈膝屈髋90°；吸气，做准备；呼气时，凝聚核心力量，卷起抬高头和肩；吸气，拍击手臂5次，保持躯干稳定和手臂伸直；呼气，拍击手臂5次。这样一个过程为一个练习组，继续拍击，保持呼吸和动作的协调（图10-21）。

**（七）骨盆上抬**

动作要领：仰卧，双手放在臀部两侧，弯曲双膝90°，双腿分开与臀部同宽，双脚平放于地面，脚掌放松，保持脊椎自然中立位；吸气，开始于脊椎中立位，并保持好姿势。吸气躯干作为一个单向向上提升；呼气降低，脊柱及骨盆同时放下并且重复（图10-22）。

图 10-21　　　　　　　　　　　　　　　　图 10-22

**（八）单腿画圆**

动作要领：直腿仰卧，手放在体侧。抬右腿至大腿与地面保持90°；吸气，右腿越过身体向内至另一侧，保持骨盆稳定紧贴于垫上；右腿继续弧状划圈，在空中往下划至身体中线。呼气，带动腿部继续往右划圈，接着回到开始位置（图10-23）。

图 10-23

**（九）反向卷腹**

动作要领：仰卧，手放在身体两侧，保持脊椎处于自然中立位，两腿弯曲，膝盖脚踝相互交叠，大腿垂直于地面；呼气，收紧核心，引领下背部随之卷起离开垫子；吸气，有控制的脊椎逐节还原到原位（图10-24）。

**（十）侧踢腿**

动作要领：侧卧，髋部微屈，双腿向前与身体约成30°上下交叠。肘关节支在垫子上，手在耳后撑住头部,上侧手放在胸前支撑;吸气,提起上面的腿指向天花板方向,避免移动髋部或塌缩腰部。肩膀和髋部都要保持固定;呼气,有控制的放低上面的腿,和下侧腿并拢还原(图10-25)。

图10-24

图10-25

### (十一)两头伸展

动作要领:仰卧,屈膝抬腿,卷起头肩部和上背部至肩胛下角触地,两手放在膝盖上方把两腿拉向靠近胸口;吸气,保持上半身的弧线不变,双腿并拢以60°往前斜线伸展,同时手臂往双耳方向向后打开尽量伸展;呼气,两腿收回到胸前,手臂从侧面扇形回到开始姿势,放到膝盖上方(图10-26)。

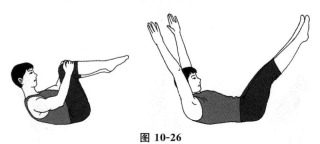

图10-26

## 三、普拉提组合动作习练指导

### (一)侧卧单腿划圆

动作要领:

(1)右侧卧,右臂屈肘,手掌托住头。左手置于胸腹前侧地面,起辅助支撑作用。

(2)双腿伸直并拢,收缩"核心部位"及臀腿肌肉。

(3)双腿屈膝,大小腿、大腿与躯干分别成90°,收腹,收臀。

(4)将左腿抬升至骨盆高度,向体前垂直伸膝,勾脚尖,脚跟远蹬,伸展腿后侧肌肉和韧带。

(5)左腿以大腿根部为轴,整条腿做顺时针的连续画圈动作。保持自然呼吸。

锻炼功效:塑造臀部及大腿肌肉线条。

注意事项:

(1)要保持躯干、骨盆的稳定。

(2)确保双肩膀和骨盆都垂直于地面。

(3)动力腿画圈时,应保证是以其大腿根部为轴,速度一致,力度均衡。且要直膝、勾脚尖。

### (二)腹内外斜肌练习

动作要领:

(1)屈右肘侧撑,头不要沉进肩膀,左手掌轻触胸前地面,加强平衡。

(2)后背保持稳定,双腿向前移动45°。

(3)保持躯干稳定,吸气,左腿抬升至骨盆高度。

(4)呼气,右腿向左腿贴靠。静止吸气。

(5)呼气,保持躯干稳定,左手置于左耳附近,用侧腹肌肉力量,控制双腿在半空中向上提升。

(6)吸气时还原至动作(4)。

锻炼功效:

(1)充分刺激腹直肌,有效锻炼腹内外斜肌。

(2)改善腰部形态,减少腰腹周围赘肉。

注意事项:

(1)双臂只起辅助的支撑作用。

(2)目视前方,颈部伸展,腹部收缩。

### (三)侧卧横摆腿

动作要领:

(1)右侧卧,右臂屈肘,拖住头部,左手于胸腹前伏地,起辅助支撑作用。

(2)双腿成"普拉提腿姿",收缩"核心部位"及臀腿肌肉,整个身体侧向垂直地面。

(3)双腿向前移动45°。再将左腿抬离右腿,至骨盆高度,仍维持"普拉提腿姿"。

(4)吸气,左腿水平向前摆动,伸展,直膝,勾脚尖,同时保持躯干与骨盆稳定。

(5)呼气,左腿水平向后摆动,伸展,绷起脚背。

锻炼功效:

(1)加强"力量库"的肌肉力量。

(2)有益于身体平衡、控制能力。

注意事项:

(1)躯干和骨盆保持稳定且侧向垂直地面。

(2)动力腿应在骨盆高度上做水平摆动。

### (四)天鹅戏水

动作要领:

(1)俯卧,准备姿势同"单侧对飞"的准备动作。

(2)呼气,调动"力量库"的肌肉,将双臂、双腿正面及胸腔缓慢有控制地抬离地面。伸展脊柱,此时头作为颈椎的延长线,双眼望地面,收腹,收臀。

(3)吸气,提升右臂和左腿,再快速换异侧完成此动作,像拍水一样。

(4)吸气拍 5 次,呼气拍 5 次。

锻炼功效:

(1)令周身血液循环、心率加速,强化心肺功能。

(2)使体温快速升高,调动周身肌肉,锻炼肩、髋关节。

(3)促进躯干稳定性提高,改善了四肢的协调能力。

(4)提升对脊柱的保护能力。

注意事项:

(1)不要屈肘和膝关节,四肢始终处于伸展状态。

(2)躯干与骨盆要稳定,臀部应夹紧。

(3)不要仰头亦不要垂头。

(4)拍打"水面"动作应均匀有力,幅度在 20 厘米左右。

### (五)球式滚动

动作要领:

(1)坐姿,从下颌抵进锁骨开始,脊椎骨由上而下逐节前屈至圆背姿态。

(2)双腿屈膝并拢,肘关节外展,双手环抱住大腿后侧,脚尖离地,重心维持于尾骨。后背如英文字母"C"一样圆润,持续收腹,团身如球。

(3)吸气,重心向后转移,如球一样向地面滚动落下。

(4)继续滚动至肩胛骨平展于地面时,呼气,逆向滚动回复。

锻炼功效:

(1)按摩腰背,放松脊柱。

(2)能治疗腰椎伤病。

注意事项:

(1)坐姿准备时,不要将头后仰,下颌应轻抵进锁骨。

(2)滚动时,使身体的形态保持不变,后脑勺不要落地。

(3)动作速度不要过快。

(4)动作不要出现挺拔平直状态。

### (六)人鱼拍水

动作要领:

(1)俯卧,双手交叠,额头轻触手背,沉肩。"普拉提腿姿"。臀腿肌肉收缩,肚脐拉向腰椎,静止吸气。

(2)呼气,保证骨盆稳定,收缩臀腿肌肉,在双腿保持"普拉提腿姿"不变的基础上,抬离地面。

(3)双腿在直膝的基础上,快速完成上下拍水动作。

(4)吸气拍 5 次,呼气拍 5 次。

锻炼功效:

(1)有助于改善边平下坠的臀部形态,使臀部肌肉弹性加强。

（2）加强臀腿肌肉的练习。

（3）美化大腿肌肉线条。

注意事项：

（1）放松肩膀，沉下肩胛骨，伸直膝关节。

（2）脊柱在自然中轴位置上伸展。

### （七）单侧对飞

动作要领：

（1）俯卧，额头轻轻置于垫上，双臂与肩同宽，分别置于头两侧并向头顶伸展。双腿做"普拉提腿姿势"，臀部收紧，脊柱伸展。静止吸气。

（2）呼气，调动"力量库"的肌肉，分别将左臂、右腿的正面在垂直地面的前提下抬高。

（3）脊柱于自然中轴位置上伸展，头作为颈椎的延长线。静止吸气。

（4）呼气时将左臂、右腿缓慢有控制地向地面降落，回复至初始动作。

（5）再次静止吸气。

（6）呼气，动作要领和（2）相同，换右臂、左腿完成动作。

锻炼功效：

（1）加强脊柱两侧肌肉韧带的能力。

（2）改善"脊柱侧弯"。

（3）改善四肢的协调性。

注意事项：

（1）双腿长期保持"普拉提腿姿"。

（2）不要将身体倾向一侧，保持躯干和骨盆的相对稳定。

（3）不要将躯干重量施压于地面的手掌上。

### （八）摇摆式

动作要领：

（1）站立，头顶牵引脊柱向上伸展，双臂打开稍宽与肩膀的宽度，向上做"V"形伸展，掌心相对，扩胸。

（2）双腿分开至两个骨盆的宽度，脚尖向外侧打开，保持躯干、骨盆的平衡。

（3）吸气，双腿屈膝下蹲，拉伸大腿内侧肌肉。

（4）呼气，运用躯干肌肉的力量保持躯干的稳定，左脚脚掌用力推地，躯干向右侧倾斜重心压于右脚掌上。

（5）吸气，还原至动作（3）。

（6）呼气，按上述要领完成反方向的动作。

锻炼功效：

（1）发展躯干的稳定性和控制能力。

（2）有效地塑造和改善腿部肌肉线条。

注意事项：

（1）保持脊柱伸展，躯干稳定。

（2）下蹲时，膝关节朝向同侧脚尖方向，膝盖不要超过脚尖位置。

### （九）侧撑双腿夹球

动作要领：

（1）屈右肘侧撑，大臂垂直地面，小臂向斜外方45°打开。

（2）左掌轻扶胸前地面，以加强平衡。双腿成"普拉提腿姿"，向远方延伸为躯干的延长线，骨盆与大腿侧面着地。

（3）吸气，调动"力量库"以保证躯干、骨盆的稳定及下背和腰部的安全，利用腰侧和腹内外斜肌的力量将左腿抬升至骨盆高度，并向远处延伸。

（4）呼气，右腿直膝缓慢地向左腿提升夹靠，于半空中双腿内侧并拢，保持"普拉提腿姿"，足跟相对。

（5）静止吸气。呼气时双腿同时回落。

锻炼功效：

（1）塑造和改善侧腰部肌肉形态。

（2）使腿的肌肉也得到锻炼。

注意事项：

（1）双腿做"普拉提腿姿"，下腿抬离地面时，主要利用大腿内收肌的力量。

（2）目视前方，颈部伸展，腹部收缩。

### （十）美人鱼式

动作要领：

（1）双腿并拢屈膝于身体右侧，双脚重叠使左侧臀部坐于垫上，右手握住右脚踝关节，左臂贴左耳并向上伸展，延伸脊柱，收腹。

（2）吸气，将左臂继续向上伸展并带动躯干延伸。

（3）呼气，躯干向右侧倾斜侧弯，左手像被一根绳子向身体的右侧拉动一样伸展，扩展胸腔，身体正面向着正前方。

（4）吸气，将左手于身体左侧，走最远路线收回，并将手掌置于左臀外侧，指尖向外，将右手经身体侧方提升至贴于右耳并向头顶延长线方向伸展。

（5）呼气，屈左肘，头颈位置不变，耳垂远离肩膀，右臂紧贴于右耳，将躯干向左倾斜，右臂、脊柱同向伸展。

（6）吸气，将身体带回坐姿。

锻炼功效：

（1）增加脊柱的弹性。

（2）拉伸躯干两侧的肌肉。

（3）改善脊柱侧弯现象，恢复正常体态。

注意事项：

（1）抬升的手臂贴近同侧耳朵。

（2）注意收缩腹肌以维持动作的正确有效。

（3）双腿保持重叠，而且上下要整齐。

### （十一）跪撑平衡伸展

动作要领：

（1）跪撑，双掌分置同侧肩膀正下方，指尖向前，手臂垂直地面，双腿屈膝并拢跪于垫上，大腿垂直地面，脸颊于水平地面从颈椎向胸椎、腰椎方向伸展，拉长脊椎骨间隙。收缩"核心部位"，静止吸气。

（2）呼气，在躯干、骨盆稳定的基础上，同时抬起右臂、左腿，分别向指尖和脚尖方向，做水平地面的最长延伸。

（3）当动力手、脚伸展至尽头时，吸气，缓慢、有控制地同时将右臂、左腿向躯干拉回至初始位置。

（4）呼气，换异侧再做。

锻炼功效：

（1）加强躯干"力量库"肌肉协调能力。

（2）加强腰背肌肉，使肌肉得到平衡发展。

（3）改善脊柱畸形，回复其自然生理弯曲。

注意事项：

（1）在完成整套动作时，都应使脸颊水平于地面，头作为颈椎的延长线。

（2）不要抬头或垂头，否则将使颈椎过于疲劳。

（3）脊柱都处于自然中轴位置，并水平地面伸展，应避免背柱侧弯或腰椎向地面下沉。

（4）确保骨盆稳定。不要将身体重量倾向承重腿及其同侧髋部，要使承重的大腿始终垂直地面。

（5）保证躯干、骨盆稳定的前提下，应使动力手、腿在肩膀、骨盆的宽度内沿着身体纵轴去完成动作。

### （十二）"V"字平衡发展

动作要领：

（1）坐姿，收腹，挺拔脊背，双腿屈膝并拢，大腿正面拉向腹部，脚尖轻触地面，双手分别握住两脚踝关节外侧，静止吸气。

（2）呼气，躯干微微后倾，在腹部及大腿肌肉的主动控制下，将脚尖缓慢、有控制地抬离地面，至小腿水平地面停住。

（3）吸气，保持躯干的平衡稳定，双腿在半空分开，至双膝间的距离与胸廓同宽停住。

（4）呼气，双腿于半空中并拢回复至动作（2）。

（5）吸气，将左腿在骨盆的宽度内，直膝向上伸展，与地面成 45°，呼气时左腿恢复至水平地面位置，之后右腿重复左腿的动作。

锻炼功效：

（1）改善身体平衡能力。

（2）锻炼腹横肌和髂腰肌。

注意事项：

（1）保持脊柱挺拔延伸。

(2)重心落在尾骨上,躯干、骨盆稳定。

(3)双手只起到辅助平衡的作用。

(4)双腿于半空中屈膝并拢时,膝关节不要分开。

### (十三)侧撑展体

动作要领:

(1)侧卧,眼望前方。右臂屈肘撑于垫上,小臂向斜外方 45°打开,将躯干推离地面,双腿上下重叠并拢后左腿屈膝,小腿垂直地面,左脚掌置于右膝前方,左臂水平地面向右脚尖伸展。

(2)扩展胸腔,骨盆及右腿侧面着地,收腹收臀,静止吸气。

(3)呼气,收缩"力量库"的肌肉,将骨盆抬离地面,同时将左臂垂直向上伸展,收腹,收臀。

(4)吸气,左臂向头顶方向伸展。

(5)呼气,左臂向左腿外侧贴近并伸展。

锻炼功效:

(1)加强腰侧肌肉能力,紧实腰侧肌肉。

(2)会使腰围变小,有益于形体。

(3)发展手臂力量,"核心部位"肌肉的整体能力也随之增强。

注意事项:

(1)不要将重量都压在承重臂上。

(2)要收紧"核心部位"及臀部肌肉。

### (十四)卷腹摇臂

动作要领:

(1)仰卧,双腿依次抬离地面后,于半空中屈膝并拢。

(2)大腿垂直地面,小腿水平地面,右臂贴于右耳并向头顶伸展。左臂贴于身体左侧并向脚尖伸展。

(3)收腹,静止吸气。

(4)呼气,利用腹部肌肉收缩的力量,将头和肩膀抬离地面。双臂依然置于原来位置,眼睛看大腿正面。

(5)吸气,在保持躯干、骨盆及双腿稳定的基础上,双臂在肩膀宽度范围内,沿身体纵轴做位置交换。

(6)完成后即左臂贴于左耳,右臂贴于身体右侧。要保证在手臂伸直的前提下沿身体纵轴走直线的完成动作。

(7)再次吸气,双臂回复起始位置。

锻炼功效:

(1)练习三角肌前束。

(2)加强躯干、骨盆区域的稳定能力。

注意事项:

(1)不要使膝关节倾向身体,导致"骨盆后倾"。

(2)除肩关节做屈、伸动作外,尽量保持躯干、骨盆及双腿稳定。

(3)下背及腰部稳妥地贴于垫上。

(4)脊柱处于自然中轴位置,避免出现脊柱侧弯和倾斜。

### (十五)侧卧起身

动作要领:

(1)右侧卧,右臂屈肘,手掌托住头,左手于胸腹前扶地,起辅助支撑作用。

(2)双腿伸直并拢,左腿屈膝,大小腿成90°,置于前侧地面。右腿直膝伸展。收腹、收臀,静止吸气。

(3)呼气,保持躯干和骨盆稳定,用右腿内收肌的力量,将右腿抬离地面,脚背放松。

(4)吸气,右腿缓慢回落地面。

(5)右臂伸直,右颊置于右臂上,身体其他部位位置不变。两肩上下垂直,收腹、收臀,右腿作躯干向下的延长线,静止吸气。

(6)呼气,骨盆保持稳定,用右腿内收肌的力量,将右腿抬离地面,同时腰侧肌肉将头和躯干抬离地面,右手辅助支撑,至左侧腰肌及右腿内收肌收缩到最大限度。

锻炼功效:

(1)锻炼腰侧肌肉和大腿内收肌。

(2)改善腰部深层肌肉的结构。

(3)塑造大腿内收肌的形态。

注意事项:

(1)左右肩膀上下垂直重叠。

(2)臀部夹紧,持续收腹。

### (十六)云端超人

动作要领:

(1)俯卧,脊柱伸展,胸部稍抬起,脸颊水平地面,头作为颈椎的延长线,双手掌心向内,贴于躯干两侧。双腿在"普拉提腿姿"的基础上,分别向两侧分开至骨盆的宽度。

(2)吸气,耸起肩膀向耳垂靠拢贴近。

(3)呼气,将双腿稳固牢靠地贴于地面的基础上,肩膀向后、向下绕环至远离耳垂的位置,手臂及双腿同时用力向后伸展,胸部抬离地面。

(4)静止吸气。呼气,还原。

锻炼功效:

(1)伸展脊柱,加强腰背肌力量。

(2)对肩部三角肌后侧及手臂肱三头肌有塑形作用。

注意事项:

(1)避免仰头,眼睛看向地面。

(2)胸腔扩展开,不要将双手于后腰处抓紧,保持手臂抬高的力量主要源于肱三头肌和三角肌。

(3)不要出现一手臂高、一手臂低的现象。

## （十七）蚌式

动作要领：

(1)坐在垫上,脊柱前屈。肚脐区域肌肉收缩向腰椎。

(2)屈膝,双膝分开至骨盆的宽度,双脚尖轻轻点地在一起,双手握住两脚踝关节处,静止吸气。

(3)呼气。调动躯干"力量库"的肌肉力量,控制躯干由双腿朝向相反方向慢慢像两扇贝壳张开一样打开,脊柱从腰椎开始逐节向地面沉下。

(4)继续向地面打开双臂和双腿,至臀、腰、下背部贴于垫上。头、肩膀和四肢并不落地。

(5)静止吸气,呼气时经(2)恢复至(1)。再反复。

锻炼功效：

(1)加强躯干"力量库"。

(2)改善脊柱的灵活性。

注意事项：

(1)动作(1)~(2),要让脊椎骨有控制地逐节向地面滚动落下。

(2)动作不要依靠手臂的带动。

(3)要控制速度。

## （十八）侧腰塑形

动作要领：

(1)右侧卧,右臂屈肘,手掌托住头。左手于胸腹前扶地,起辅助支撑作用。双腿伸直并拢后,将左腿屈膝,大小腿成90°,置于前侧地面。右腿直膝伸展,作为躯干向下的延长线。收腹,收臀,静止吸气。

(2)呼气,确保躯干及骨盆稳定的基础上,利用右腿内收肌的力量,将右腿抬离地面,脚背放松。

(3)吸气,右腿缓慢回落地面。

(4)右臂伸直,右颊置于右臂上,身体其他部位位置不变。两肩上下垂直,收腹,收臀,右腿作为躯干向下的延长线,静止吸气。

(5)呼气,稳定住骨盆,利用右腿内收肌的力量,将右腿抬离地面,同时腰侧肌肉用力将头和躯干抬离地面,右手辅助支撑,至左侧腰肌及右腿内收肌收缩到最大限度。

(6)然后吸气回复。

锻炼功效：

(1)练习腰侧肌肉和大腿内收肌。

(2)有助于腰部深层肌肉的结构改善。

(3)塑造大腿内收肌的形态。

注意事项：

(1)左右肩膀应上下垂直重叠。

(2)完成腿上动作时,确保躯干和骨盆稳定。

### (十九)仰卧举腿

动作要领：

(1)仰卧，双手分别置于耳侧，扩展胸腔。

(2)双腿于半空屈膝并拢，大腿垂直地面，小腿水平或稍高地面，骨盆稳定中立，收腹。静止吸气。

(3)呼气。收缩腹肌，下颌抵进锁骨，后脑勺和肩膀依次抬离地面，保持双臂的平展，不要夹肘。

(4)吸气。保持躯干及骨盆稳定，将双腿保持屈膝状态且在大小腿角度不变的基础上，从髋关节处缓慢地向远处地面下降，大腿与地面接近45°时停住。

(5)呼气，利用小腹肌肉力量将双腿"拉回"至(2)动作。

锻炼功效：锻炼双腿和下腹部力量。

注意事项：

(1)主动利用腹肌力量完成动作。

(2)动作中不要将膝关节过分拉向胸腔。

(3)不要向内夹肘。

(4)躯干、骨盆始终保持稳定。

### (二十)仰卧振臂拍水

动作要领：

(1)仰卧，收腹，双臂与肩同宽，向上做垂直伸展。骨盆中立位置并保持稳定，双腿分开至骨盆的宽度。

(2)屈膝。膝关节和脚尖均指向身体正前方，静止吸气。

(3)呼气，调动"力量库"，将头和肩膀依次抬离地面，双臂置于大腿外侧，水平地面向脚尖伸展。

(4)充分维持头、躯干、骨盆的稳定，双臂在完全伸直关节的基础上做垂直地面的上下拍水动作。

(5)手臂每次向地面拍下的时候都配合呼吸，即每呼或吸1次拍1下。

锻炼功效：

(1)使全身的血液循环加速，体温升高，有利于训练的开始。

(2)增加腹肌力量的同时，更可以加强躯干的稳定性。

注意事项：

(1)保持躯干、骨盆的稳定，双脚掌如同被胶水粘在地面上一样牢固。

(2)做动作时，尽量呼吸平稳、均衡，避免一次性吸气过满，以致后面几次无法正常吸气，而导致屏气。

(3)手臂拍水时，要均匀有力，幅度约20厘米。

(4)双臂像两根木棍一样直，切不要屈肘，或手腕垂下。

### (二十一)举肩搭桥

动作要领:

(1)仰卧,双手分别置于身体两侧,掌心向下,双腿分开骨盆的宽度。

(2)屈膝,双脚掌置于同侧臀部正后方,膝关节和脚尖均指向身体正前方。静止吸气。

(3)呼气。收缩臀部及腰背肌肉,将尾骨、骶椎到腰椎、胸椎逐节地、有次序地、滚动式地抬离地面。膝、骨盆、胸部三点构成一条直线时,于半空停住,双手辅助支撑。

(4)吸气。保持躯干、骨盆稳定。右脚离开地面,同时右腿于半空屈膝成90°。

(5)呼气。右脚缓慢向地面回落至脚尖轻轻点地。

锻炼功效:

(1)加强躯干肌肉。

(2)提高脊柱韧带及其周围神经和肌肉的敏感性。

(3)使得脊椎更为灵活、柔韧。

(4)结实美化臀部肌肉线条。

注意事项:

(1)收腹,收臀。

(2)在动作过程中,始终保持躯干、骨盆的稳定和平衡,不要将动力腿同侧骨盆向地面塌陷。

### (二十二)侧撑摆腿

动作要领:

(1)跪立,双腿分开至骨盆宽度。

(2)右臂于右膝外侧垂直支撑,左手置于左耳处,肘关节指向上方,敞开胸腔,右大腿垂直地面,小腿指向身体正后方,左腿直膝伸展,脚尖轻触地面。

(3)在保证躯干、骨盆稳定的基础上将左脚尖抬起至左腿与地面水平,并向远方伸展。

(4)吸气,左腿水平前踢,至尽头再踢一次。

(5)呼气,左腿水平后踢,至尽头再踢一次。

锻炼功效:

(1)有助于练习者的身体控制能力、平衡能力。

(2)加强"核心部位"的力量

注意事项:

(1)确保整个动作过程中,身体始终侧向垂直地面。

(2)动力腿在完成动作时,应保持与地面水平。

(3)不要将重量戳进承重肩膀,感受承重肩膀与同侧耳垂距离拉长。

### (二十三)俯撑腿弹压

动作要领:

(1)俯撑,双掌分别置于同侧肩膀正下方。双腿内侧并拢,脚趾抓紧地面,且于脚跟正下方。臀腿夹紧,腹部收缩。

(2)吸气,将左脚抬离地面,直膝向后伸展,并仍维持臀部及双腿内侧夹紧。

(3)呼气,右脚跟向地面踩压,伸展腿部后侧肌肉及跟腱。保持躯干及骨盆的稳定。

(4)吸气,右脚眼前拉回复。

锻炼功效:伸展和放松小腿肌肉、韧带、肌腱。

注意事项:

(1)收腹、收臀,不要蹋腰翘臀。

(2)抬起一腿时,不要将骨盆向承重腿方向侧倾或掀起同侧臀部。

### (二十四)俯撑抬腿

动作要领:

(1)跪撑,双掌置于同侧肩膀正下方,双腿屈膝并拢,脚趾紧抓地面,整个脊柱从头顶至腰椎做水平地伸展,收腹,收臀,静止吸气。

(2)呼气,收缩"核心部位",膝关节推离地面,身体平衡于双掌及脚趾之间。收腹,收臀,双腿内侧夹紧。

(3)吸气,左脚缓慢抬离地面,大腿及双膝内侧仍保持夹紧。

(4)呼气,左脚回落地面。

锻炼功效:

(1)有助于"核心部位"的稳定以及加强其力量。

(2)有助于躯干"力量库"的肌肉以维持身体的稳定和平衡。

(3)加强股四头肌的力量。

注意事项:

(1)从头顶至腰椎的整根脊柱应水平地面直线伸展。

(2)不要蹋腰翘臀。

(3)不要将肩膀上戳,导致肩胛骨内收。

### (二十五)腰部扭转

动作要领:

(1)站立,头顶牵引脊柱向上伸展,双臂在身体两侧水平伸展,扩胸,双腿将重心转移至右脚,左脚跟抬离地面,脚趾轻触地面,但不承受体重,保持收腹收臀,身体平衡。静止吸气。

(2)呼气,以腰腹为轴,由躯干带动头及双臂转向身体左侧,躯干转动至最大幅度,脊柱保持挺拔延伸,双臂与胸腔处于同一平面。

(3)吸气,还原。

(4)呼气,以相同方法将躯干转向右侧。

(5)呼气,保持躯干、骨盆稳定,调动躯干的肌肉,来完成前倾、左腿向后伸展的动作,使头部、脊柱及左腿形成一条水平于地面的直线时停住,眼望地面。双臂置于身体两侧,做水平地面伸展。

(6)吸气,身体保持稳定,慢慢还原。换右腿练习。

锻炼功效:加强躯干与骨盆各自的控制能力及身体的整体平衡能力。

注意事项:

(1)练习时保持上半身的整体转动,下半身稳固。

（2）转动时由躯干的力量带动双臂和头部进行同步转动。

（3）脊柱应始终向上牵拉伸展，收腹、收臀、立腰背。

### （二十六）仰卧起坐

动作要领：

（1）仰卧，下颌向胸锁骨处微微收回，拉长颈后肌肉。

（2）双臂与肩同宽，分别置于头两侧，并向头顶伸展。

（3）双腿分开骨盆的宽度向远处伸展，向下颌方向勾回脚尖，脚跟向远处蹬出，收腹。

（4）吸气，双臂向上做垂直伸展，同时保持肩背放松。

（5）呼气，调动躯干的肌肉，让下颌贴近胸锁骨处，后脑勺离地，将整个脊柱由颈椎起，逐节向胸椎、腰椎过渡剥离地面，同时，双腿仍稳贴地面。

（6）自然呼吸，骨盆与双腿姿势不变，脊柱继续前屈并将头置于双臂中央位置，脸颊与地面水平，向指尖的延长线伸展，肚脐区域的肌肉收向腰椎。

（7）吸气，由腰椎开始，逐节脊柱骨滚动回落地面，还原。

锻炼功效：

（1）使脊柱更灵活，柔韧性更好。

（2）腹肌力量得到加强。

注意事项：

（1）练习过程中，避免脊椎僵硬、腰背平直。

（2）沉下肩胛骨，不要拱起肩膀。

### （二十七）奋力向上

动作要领：

（1）仰卧，下颌向胸锁骨处微微收回。拉长颈后肌肉，双臂与肩同宽，分别置于头两侧。并向头顶伸展。

（2）脊柱处于自然中轴位置上。骨盆稳定，双腿分开骨盆的宽度向远处伸展，向下颌方向勾回脚尖，脚跟向远处蹬出，收腹。

（3）吸气。双臂向上做垂直伸展，同时保持肩背放松。

（4）呼气。调动"力量库"的肌肉，首先将下颌抵进胸锁骨处，后脑勺离开地面，将整根脊柱由颈椎起，有次序地逐节向胸椎、腰椎过渡剥离地面。与此同时，双腿依旧稳贴地面。

（5）骨盆及双腿依旧稳定，脊柱继续前屈并将头置于双臂中央位置，脸颊向指尖的延长线伸展，肚脐区域的肌肉收向腰椎，胸椎、腰椎有向后"挣脱"的感觉。

（6）吸气。由腰椎开始，逐节脊椎骨滚动回落地面，还原最初动作。

锻炼功效：

（1）使脊柱的灵活性和柔韧性。

（2）加强腹肌力量。

注意事项：

（1）骨盆和双腿始终保持稳定。

（2）沉下肩胛骨，不要拱起肩膀。

（3）避免脊椎僵硬、腰背平直,动作要准确到位。

## （二十八）仰卧夹腿

动作要领:

（1）仰卧,双臂分别置于身体两侧,双腿依次屈膝并拢,大小腿成45°,收腹,静止吸气。

（2）呼气,将左腿垂直伸向上方,并外旋大腿做"普拉提腿姿"。

（3）静止吸气。

（4）呼气,将左腿向外侧横向打开,在骨盆、腰、背仍旧稳定的前提下,外开至最大幅度。

（5）静止吸气。

（6）呼气,同时沿刚才打开的轨迹收腿回复。

锻炼功效:

（1）加强躯干稳定性。

（2）塑造和改善大腿股四头肌、内收肌群及小腿腓肠肌的线条,并加强其力量。

注意事项:

（1）仰卧时,不要仰起下颌,肩胛骨应平展。

（2）腿完成外开动作时,应是横向的直线。

（3）调动"力量库"以维持躯干、骨盆的稳定。

（4）避免动力腿完成外开动作时,对侧肩背和臀部抬离地面。

（5）双臂及脚掌应始终紧贴于地面,像被胶水粘贴住一样。

## （二十九）跪立俯卧撑

动作要领:

（1）俯撑,双手分别置于同侧肩膀的正下方,双腿屈膝,腿内侧贴紧,小腿翘升,收臀,收腹,脊柱伸展。

（2）吸气,大臂紧贴肋骨两侧,屈肘,躯干向地面下落并与之水平。

（3）呼气,保证躯干的平板状态下手臂推撑还原。

锻炼功效:

（1）锻炼手臂和胸肌。

（2）提高躯干的力量。

注意事项:

（1）两臂贴紧躯干,肘关节不要外开。

（2）收腹、收臀,不要塌腰翘臀。

（3）头不要抬起或垂下。

## （三十）坐姿划船

动作要领:

（1）坐姿,从下颌抵进锁骨开始,逐节脊椎骨由颈椎向胸椎、腰椎过渡,前屈,整根脊柱呈英文字母"C"的形状。

（2）收腹,双腿分开至骨盆的宽度,并屈膝,大小腿成90°。脚尖向身体正前方,膝关节向着脚尖方向。

(3)双臂分开与肩同宽,向脚尖方向做水平地面伸展。静止吸气。

(4)呼气。脊柱前屈状态不变的基础上,腹肌用力,双手握住"船桨"像抗着水的阻力一样前推,将躯干向前方推出。

(5)吸气。仍保持脊柱前屈,腹肌再次用力,将躯干向后拉动,腰椎不要落地。

锻炼功效:

(1)改善脊柱的灵活性和柔韧性。

(2)加强腹肌力量。

注意事项:

(1)避免出现膝关节内侧夹紧的现象。

(2)动作中脊柱始终是屈曲的,不要出现脊柱的生硬平板动作。

(3)双脚掌不要抬起或移动。

(4)躯干后倾时,腰椎不要落地。

# 第十一章　休闲体育之室内外运动习练指导

## 第一节　室内休闲运动

室内休闲运动不受气候、季节的限制，也不需要太大的场地，而且器材简单，容易开展。目前，随着休闲体育的不断发展，大众室内休闲体育运动逐渐增多，这里重点介绍影响范围最广、最受大众喜爱的台球运动、保龄球运动、中国象棋以及飞镖运动。

### 一、台球

#### （一）台球概述

台球，也叫"桌球""打弹子"，是一种用球杆在台上击球、依靠计算得分确定比赛胜负的室内娱乐体育运动项目，也是一项在国际范围内流行的高雅的室内休闲类体育运动。

现代台球起源于欧洲，相传，早在 15 世纪法国就已经出现"台球"一词；英国詹姆斯一世执政期间（1603～1625 年），在他的宫廷已出现早期的台球。世界上第一张台球桌出现在 1400 年，当时球桌上没有袋，只有拱门或门柱。在英国的维多利亚女王时代，台球作为一项正式的休闲项目，进入了英国上流社会。18 世纪台球运动开始逐渐完善，到 19 世纪，英国人克·卡首创出用来擦杆头的巧克粉，并开创了英式打法。1885 年由业余与职业球手组成了台球协会，并制定了第一套正式的比赛规则。1940 年成立了世界台球联盟，负责世界性的台球比赛，当前台球比赛主要有世界职业锦标赛（专为职业斯诺克选手设立）、F. U. T. 国际赛、ROTHMANS 大奖赛、英国公开赛、世界锦标赛等。

台球传入中国较晚，距今还不到一百年。直到 20 世纪 80 年代，英式斯诺克和美式台球才得以在中国普及。1986 年，我国成立了中国台球协会，各省市也相继成立地方的台球协会。目前，台球运动在中国已经相当普及。我国选手也已经取得了世界级的冠军。当前，我国台球界的领军人物主要有丁俊晖，傅家俊，潘晓婷等。其中，丁俊晖是我国台球界的领军人物，素有"台球神童"之称，他曾夺取过 2005 年中国台球公开赛冠军、2005 年英国斯诺克台球锦标赛的冠军、2009年英国斯诺克台球锦标赛的冠军、2011 年温布利大师赛的冠军和 2012 年斯诺克威尔士公开赛冠军。2012 年，世界斯诺克中国公开赛中丁俊晖止步半决赛，艾伯顿夺得冠军。2013 年世界斯诺克球员巡回赛 PTC 总决赛中，丁俊晖夺排名赛第 6 冠。2014 年 12 月，世界台联宣布中国斯诺克球手丁俊晖已确定在新的世界排名榜上跃居世界第一，他也成为台联有史以来第 11 位世界第一，同时也是首位登上世界第一的亚洲球员。2015 年 1 月 30 日，丁俊晖在世界台联排名重回第一位置。

台球运动是一项高雅的大众休闲体育运动项目，它集娱乐和健身于一体，具有"静中有动、动中有静、急中见稳"的特点，在参与台球运动过程中，参与者需要不断地思索和走动，有助于促进参与者血液循环，加强机体的新陈代谢，有益于增进健康、提高体质、开发智力，锻炼意志品质，养成稳重的性格,获得强健身心的效果。此外,台球运动还有助于陶冶情操,并通过以球会友提高交际能力、拓展交际圈。

### (二)台球技术习练指导

**1.身体姿势**

良好的台球击球姿势应该是站于台前,身体面向所击的主球与目标球,两脚约齐肩宽站立(左脚稍前),左腿向前微屈,右腿伸直,右脚尖向外侧自然转动 45°~80°。上体前俯,右肘提起,握杆手与肘关节处在同一条与地面相垂直的线上(图 11-1)。弯身向前俯,全身的重量要压在脚上,面部中线与球杆和右臂处在一个垂直面上,全身放松,双目平视(图 11-2)。

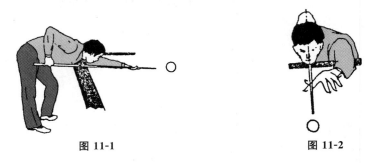

图 11-1                    图 11-2

**2.握杆方法**

正确的握杆为,球杆的重心位置控制在杆尾 1/4~1/3 处,凭手感大约可以估计出来。重心的测量方法:伸直左手或右手的食指,将球杆摆在食指上,然后慢慢调整球杆位置,能使球杆平衡的那一点即是球杆的重心位置。找到重心后,握杆的位置就可以确定了,一般是离重心向杆尾一端的 6~9 厘米。击打不同位置的球时,握杆位置也要适当变化。握杆时要握牢球杆,不使球杆滑动,但又要使手处于松弛状态,以做到击球时富有力量和弹性。

**3.击球方法**

(1)瞄准

瞄准是台球选手在击球开始前必须做的动作。在击球前,应先走到目标球附近,看看目标球的下球行进路线,再看一下目标球的下球击点,并确定瞄准点,最后需要做的就是去击打主球,完成击球,使目标球落袋。

具体来说,正确的瞄准需要做到以下几点。

首先,确定目标球线路。确定目标球进哪个袋更为有利。同时,确定目标球的中心点和袋口中心呈一条直线,并没有其他影响整个球体顺利进袋。

其次,确定目标球击点。在确定了目标球下球线路后,即可确定目标球的击点。由目标球所对的球袋中心,经过目标球中心点延长,这条线与目标球球体外缘相交,这个相交点便是目标球的击球点。可先用球杆在目标球的击点上瞄一下,以便在心中留下一个清晰的目标球击点印象。

最后,确定瞄准点。确定目标球上的击点后,着手确定目标球的瞄准点。从目标球的击点向后再量出一段与球体半径相等的长度,这个半径长度的最远点,就是瞄准点。主球的位置在目标球中心与袋口中心点直线延长线左、右两侧的 90°范围内。只要瞄准点不变,在此范围都能将目标球击入球袋。

（2）架杆

架杆是台球运动中球员准确击球的重要步骤，是打好台球的重要的环节。具体是指球员用手给球杆一个稳定支撑和对杆头在主球的击球点进行调节的姿势。

①基本架杆方法

一般来说，在台球中，球员可以结合自身情况选择以下基本架杆方法中的一种。

"V"形架杆（图11-3）：先将整个手掌放在台面上，将拇指以外的四指分开，手背稍微弓起，拇指翘起和食指的根部相贴形成一个"V"形的夹角，球杆放在"V"夹角内。需要注意的是，架杆手的掌根、小拇指、食指以及拇指处大鱼际部位要充分地贴住台面，切勿使架杆向左侧或右侧翻起，以确保架杆的稳定。这种架杆方法常用在斯诺克台球中。

凤眼式架杆（图11-4）：左手指张开，指尖微向内弯曲，用拇指和食指扣成一个指环，并与球杆成直角，掌握和中指、无名指、小指构成稳定支撑。这种架杆方法多用在开伦台球、美式台球中。

台球比赛中，根据击打主球点不同，架杆手背可以由平直、稍弓起和弓起去找击球点的下、中、上点。

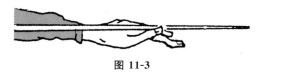

图 11-3

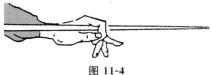

图 11-4

②特殊架杆方法

在台球比赛中，主球的位置是千变万化的。当主球靠近库边以及主球后面有球时，都需要运用特殊的架杆方法。具体如下。

A. 当主球靠近台面边时，架杆手需用四指压在台边上。

B. 当主球和台边有一定距离时，架杆手可以用四指抓住台边。

C. 当主球后有一其他球时，架杆上手需要将四指立起来，避免球杆碰到球。

（3）运杆

①运杆：做好击球准备，在确定击打主球的部位后，便开始做运杆动作。运杆时，要求身体保持稳定，持杆手的手臂进行前后运杆，运杆时应尽可能使球杆平直运摆。运杆是为了获得击球的准确性，运杆的次数不宜太多，但运杆的节奏要均匀。

②后摆：球员的后摆的幅度大小取决于所需要的击球力量。在肌肉用力相同时，后摆幅度大，球杆击球力量也要大，后摆动作要做到"稳"和"慢"以保证出杆的平直。

③暂停：在台球运动中，运杆的暂停更像一个蓄势待发的动作，暂停是在出杆前的一个短暂的停顿，略屏呼吸，减少胸廓由于呼吸产生的起伏，以此保证平稳出杆。

（4）出杆击球

进行有效击球必须要做到正确的握杆、身体姿势、架杆以及运杆，和前几个技术环节相比，出杆触击球则是台球击球动作结构中最重要的环节，决定最终击球的效果。出杆击球是在后摆停顿后所完成的动作。具体动作如下。

以肘关节为轴，前臂向前送出，触击球瞬间，根据击球的要求，注意对手腕力量使用的控制，避免由于过分抖动手腕造成击球的不准确。出杆时，肩部和身体不要用力，出杆动作要果断、清晰、准确。

(5)随势跟进

击球后，球杆跟进，目的在于保证击球的力量充分作用在主球上以及击球动作的协调连贯。适当的跟进动作对击球动作的完成起着重要的作用，如果跟进太多，杆头出得太长，会使肩、肘下沉，破坏击球动作的正确性，影响击球质量；如果跟进太少，则会使击球动作发紧，力量不能有效作用于主球，也不能保持好出杆击球的稳定性。

4.击球技术

现代台球种类众多，有中式八球、英式落袋台球、美式落袋台球、俄式落袋台球、开伦台球和斯诺克台球等，各种台球的击球技术方法复杂多变，其基本的杆法与应用如下。

(1)推进球

握杆击球时，应保持轻松的姿势，球杆击主球的中心点或中上点，进杆的力量取决于主球与目标球的位置，并有明显旋转前进的特点。正确的推进球技术的实施结果应是目标球向预定的方向前进，而将主球置于距下一个球较为有利的位置。

(2)跟进球

击球前，做好击球准备，握杆手保持球杆水平，手架靠近主球，击主球的中上点，出杆的力量根据主球走位距离的长短而定。打跟进球的目的就是为了在主球碰撞目标球后，主球能继续向前滚动，并停在打下一个目标球的位置上，主球跟进的距离比主球推进距离明显要长。

(3)定位球

击球前，做好击球准备，球杆保持水平。击主球的中心点，使之平衡滑行前进。出杆时要有爆发力、有弹性、短促有力，如目标球较远，可击打主球的中心点稍偏下，以确保主球的定位。当主球撞击目标球时，将动能传递给目标球，目标球由此而向前滚动，主球却停在撞击目标球时的位置上。

(4)缩杆球

击球前，做好击球准备，击球时架杆手尽量放低平些，球杆保持水平，击主球的中下点，出杆时要果断、迅速，进杆后要保持击杆的姿势，不可回撤或转动球杆。主球碰撞到目标球后，目标球沿主球作用力的方向直线向前滚动，而主球却逆向向后滚动。在同力度下，由于主球和目标球的距离不同，缩杆的效果也不同。

(5)侧旋球

击侧旋球时，球杆要保持水平，击球点要准确，出杆时要略向前送。击球时球杆呈水平状态，主球直线前进；击球时随握杆手的提高，主球前进路线的弧度增加。撞击主球左侧形成顺时针方向的旋转，碰到目标球时，主球运动方向向右偏转，目标球产生相反方向的自旋；撞击主球右侧形成逆时针方向的旋转，碰到目标球时，主球运动方向向左偏转，目标球产生相反方向的自旋。

## 二、保龄球

### (一)保龄球概述

保龄球(Bowling)，最初叫"九柱戏"，也称"地滚球"，是在木板道上滚球击柱的一种室内休闲球类运动。

保龄球运动起源于公元 3 至 4 世纪的德国,它是当时欧洲贵族间一种广为流行的高雅的游戏。不过,它首先被作为教会仪式的活动之一,人们在教堂的走廊里放置 9 根柱子(象征着叛教徒和邪恶),然后用球滚地击倒它们,叫做打击"魔鬼",用于测试教徒的诚心。16 世纪荷兰移民将九柱球戏带到了美国。由于它具有娱乐性、抗争性和趣味性,又能满足人性破坏的本能,很快便被美国人接受,并渐渐由户外转到室内。19 世纪,保龄球由原来的 9 柱增加了 1 柱,变为 10 柱,并流行于美洲、欧洲、澳洲、亚洲各地,被承认为运动项目之一。1875 年,美国组成了世界上第一个保龄球协会,它规定了保龄球球道的长度和球柱的大小。国际保龄球协会联合会成立于 1951 年,总部在芬兰的赫尔辛基。国际保联分美、欧、亚三大区域,每年在不同的国家和地区举行一次世界杯赛,每两年举行一次区域大赛,每 4 年举行一次世界大赛。1988 年的第 24 届奥运会将保龄球列为表演项目,1992 年第 25 届奥运会将保龄球正式列为比赛项目。1996 年亚特兰大奥运会上,保龄球成为表演项目。目前,在亚洲,保龄球运动已经成为亚运会的正式比赛项目。

保龄球运动于 20 世纪初传入我国,最初只在少数人中流行,改革开放以后,保龄球运动在各大、中城市迅速开展。1985 年中国保龄球协会成立,1987 年中国加入国际保龄球联合会。目前,中国的保龄球运动的发展水平还比较低,只相当于 20 年前的日本或 30 年前的美国,中国保龄球未来的路还很长。

保龄球运动是大众休闲类球类运动之一,主要流行于青中年人群中,也受到一些老年人的喜爱,它具有娱乐性、趣味性、竞争性和技巧性,给人以身体和意志的锻炼。由于是室内活动,不受时间、气候等外界条件的影响,也不受年龄的限制,易学易打,所以它成为男女老少皆宜的健身运动,目前,在全世界范围内广泛流行。

**(二)保龄球技术习练指导**

**1. 握球技术**

握球时,球员应将双手放在球的左右两边,将球从回球机上捧起。左手靠左腹把球托住,右手的中指和无名指插入指孔,再把大拇指深插进拇指孔;手心贴着球弧面,把球牢牢握住。有四种放法:自然并拢;食指和小指匀称分开;食指分开,小指并拢;食指分开,小指弯曲作垫。根据技术打法的不同,主要有以下三种握球方法。

(1)传统持球

如图 11-5 所示,中指、无名指插入指孔后,第一指节至第二指节皆没于指孔内的持球法。这种握球方法是目前最通用的方式,由于控球容易,因此是初学者及力量较弱的女性的最佳持球法。

(2)半指节握球

如图 11-6 所示,半指节握球法是将中指和无名指伸入指孔到第一指节和第二指节之间。该握球方法容易投出转速较快的飞碟球及曲线球,同时更能体会保龄球的趣味性,这是半专业的球员常使用的方法。

(3)满指节握球

如图 11-7 所示,将中指与无名指第一指节伸入指孔,然后再将拇指伸入指孔。这种握球法摆动费力,容易增加两指指端的负担,很难控制球,但能投出转速很快的大曲线球,较适合于有经验的高手,是职业球员在比赛时所采用的握球方法。

图 11-5　　　　　　　　　　　　　　　　　图 11-6

**2.持球技术**

**(1)持球手型**

现代保龄球有三种持球手型,分别是:手腕挺直、手腕向内侧弯曲或手腕向外侧张开(图11-8),这三种姿势将决定投球的形式。绝大多数球员采用前两种姿势。但无论是挺直、弯曲或张开,姿势必须始终如一,决不能因推球、摆球等动作而中途改变持球的形式。

图 11-7　　　　　　　　　　　　　　　　　图 11-8

**(2)持球姿势**

以四步助走为例,在犯规线前背对投球方向向前跨出四大步,然后再跨出半步的滑行距离。在这个点上向后转,并依据自己的打法,向左或向右移动,以此确定站立位置的标示。

投球之前确定好站立位置后,走到回球机前,将球从回球机上捧起,走到设定的站立点上。脚尖对准瞄准标示点,双脚稍微并拢,使脚尖和瞄准点的连线与右肩整个摆动线平行(图11-9)。

以右手投球为例,在设定位置站立好后,左手托住球,右手的中指和无名指插入指孔,大拇指插入拇指孔,手腕伸平,手心贴着球弧面,牢牢握住球。手臂与腰部尽量靠拢,手臂与肩膀成90°,球的位置在腰与肩之间。握球力右手为60%,左手为40%。两肘紧靠腰部,上身稍微弯曲,腰部挺直,两膝微曲,眼睛瞄准目标及目标线,两肩水平正对目标,集中精神,做好投球准备。

图 11-9

**3.投球技术**

从置球台拿球后走到设定的站立点上,将脚尖对准瞄准点,双脚稍微并拢,这时再按握球动作要领握好球。同时必须注意手腕与地面平行、手臂与腰部尽量靠拢、整个上臂与肩部成90°,

使球的位置在腰与肩之间,球的中心与手臂成一条直线。握球右手稍紧,左手稍松,两肘紧靠肋部。上身稍微屈曲,腰部挺直,两膝微屈,保持一点弹性,眼睛瞄准目标及目标线。两肩必须平行并正对着目标。两眼注视前方,集中精神准备投球。想要打好保龄球,不仅要求球员具备良好的节奏感,而且还要求球员具有良好的身体平衡及手与脚协调配合的能力,在投球过程中,球员应注意做好推球、摆动动作,这有助于最后的投球发力。动作技术具体如下。

(1)推球

以右手投球为例,以四步助走为例,在设立位置站定后,眼睛直视目标箭头,身体重心移到左脚。右脚起步的同时,双手将球向着瞄准点平直推出,上臂与前臂约成45°,左手离球向外侧运动。脚尖、推出的球与目标箭头在一个平面上(图11-10)。

(2)摆动

根据钟摆的原理,做好保龄球的摆动动作,具体来说是指球员在投球前在体侧做的一个前后摆动动作(图11-11)。摆动时,手臂和肩膀不能摇晃;手肘绝对不能弯曲;后摆要低,保持与肩同高的自然后摆高度;与瞄准点保持一种直线式的摆动方向;同时,整个摆动行进过程要保持动作流畅、自然。

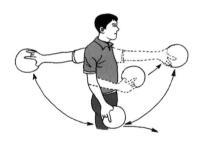

图 11-10　　　　　　　　　　　　　　　图 11-11

保龄球的投球前手臂摆动动作主要分以下三个动作阶段完成。

直下摆:当第一步完成的同时,已推出的球依自身的重量自然向下坠落,左脚紧跟跨出稍大一步,左手继续外展。当持球手臂下摆至摆动曲线的最低点位置时,平稳地完成第二步(图11-12)。

垂直后摆:当第二步完成的同时,握球的右手在球的重力及惯性作用下,从垂直下摆过渡到后摆,此时右脚应向前跨出第三步,左手继续外展(图11-13)。

图 11-12　　　　　　　　　　　　　　　图 11-13

　　垂直前摆：当第三步完成的同时，球在重力作用下向前回摆，此时应跨出左脚并滑行20～40厘米，在距离犯规线前5～7厘米处，滑行动作完成。右脚向左后方伸出，左手向外侧平伸（图11-14）。

图 11-14

　　（3）投球

　　两肩与犯规线保持平行，眼睛要直视设定的瞄准点，下颌不可往上抬；在依靠手臂力量的同时，还应合理动用全身的力量来投球；当球达到一个定点以后，拇指先离开球孔，然后靠中指和无名指来做球的旋拉动作。

　　当身体自然向前滑步完成时，利用重力球垂直回摆到距犯规线15～20厘米处的高度，此时手腕不做任何人为的加力和转动。大拇指在10点钟位置，中指和无名指在4～5点钟位置顺势把球往目标箭头送出（图11-15）。投球出手后，手臂随出球方向向前垂直上举，上身充分向前伸展，保持投球姿势。看清球的落点及球是否滚过瞄准点，看清球的运行路线、进入瓶位的角度及击球情况（图11-16）。投球过程中，始终保持身体的平衡。

图 11-15　　　　　　　　　　　　　图 11-16

　　4.摆动助走技术

　　在保龄球运动中，有威力的投球必须在摆动中加助走，二者应完美结合。保龄球的助走可分为3步助走、4步助走、5步助走三种。以右手投球为例，介绍一下最常用的4步助走投球法。

　　第一步——右脚（图11-17）：

　　（1）持球时身体重心放在两脚上。重心移向左脚时开始起步。

　　（2）右脚完全离开地面，左腿支持体重，保龄球慢慢地前伸出。此时左手未离开球。

　　（3）右脚悬在空中，左手准备离开保龄球。

　　（4）右脚落地，身体重心移至右脚。右手伸展到最前位置，左手离开保龄球。

　　第一步的动作，应自然地从固定位置起步，起步这是行动的开始。踏出右脚的同时，两手持球向前伸出，比平常的步幅要小，平稳地滑出。两肩正对前方，身体微微前倾。持保龄球的要领是不用力,向前伸满后,保龄球自然下落,摆动开始。

**图 11-17**

第二步——左脚(图 11-18):

(1)第一步完成时左脚抬起,同时保龄球伸满落下。左手向侧方伸展。

(2)左脚完全离开地面,右手持球加速下落。

(3)左脚着地时保龄球应下落到最低点,并与身体的中心线成一条直线。

第二步的动作重点是利用保龄球的重力自然下落。不可加力下落,步幅比第一步要稍大。一般的,当保龄球下落时,身体重心移到右脚,此时开始迈出左脚。左手离开保龄球,在球下落开始时向身侧摆动。左脚落地后,右手臂应伸直,保龄球下落到摆动弧线的最下方,和上身成一条直线。两肩保持平衡。

**图 11-18**

第三步——右脚:

(1)右脚踏出,保龄球移向身体后方。保持左手平衡,逐渐向左侧、向上方展开。

(2)在右脚快落地时,后摆达到最高位置,与肩头齐平。第三步比第二步步幅更大,速度更快。

(3)右脚完全落地,左脚即将抬起。上身稍向前倾。一切即将进入最后阶段。此时保龄球后摆到最高位置,在下落回摆时,有一个定格停顿的时间。左手充分扬起。

在第三步的动作完成过程中,自然后摆最重要。最高点应和肩头一样高。后摆过高,虽然可以加大投球的力度,但这会造成第四步不适当地加速迈出,从而破坏身体平衡。经过前两步的动作后,保龄球继续由身体的中心线部位向后摆动,此时第三步右脚大步迈出。由于球的后摆,上身自然地前倾,身体重心前移。球摆的高度,要达到和肩平的状态。后摆时,需伸左手来保持身体平衡。

第四步——左脚(图 11-19):

(1)后摆到最高位置时进入第四步。这时左脚顺势朝前迈出,右手持球迅速下落。

（2）在略有前倾的姿态下，左脚尖着地。注意一定要脚尖先落地，此时进入滑步，右手持球下落到最低位。

（3）滑步徐徐前进滑行20～40厘米。在出手线处保龄球出手投出。

（4）滑步停止在犯规线前。保龄球出手后，右手自然顺势继续上扬高过头顶。两眼直视目标，身体重心完全移至左腿，右腿到身后与左腿交叉。左手由身体左侧移至身体后方。

最后一步在保龄球出手后，做好滑步与收势。当后摆到达最高位置后，改向前回摆。此时第四步左脚迈出。第四步分落脚与滑步两个部分。第四步是左膝微屈迈出，这有利于降低身体重心，准确地出球。在球下落到最低位时左脚落地，身体重心在左脚，右脚滑到身体左后方。当体重全部移到左脚后，由于摆动和助走，左脚会有20～40厘米的滑步。滑步应与之前的投球动作协调自然。

**图 11-19**

第五步滑步——左脚（图11-20）：

（1）滑步在第四步右脚尖落地后开始，到犯规线前结束。

（2）滑步时右手持球到最低位置，保持此姿势一瞬间，好以最稳定的状态，进行出手投球。

（3）在出手线处投球。

（4）在犯规线处停止，结束。

滑步过程中，身体重心全部移至左腿，左膝稍弯曲，成弓形。右腿交叉于左腿后，左手横向侧后方，维持好身体的平衡。良好的滑步动作能有效保护球员的膝盖不受伤害。

**图 11-20**

第六步——出球：

（1）投球的步法要正确，助走过程中不自己绊自己的脚。

（2）后摆正确，一定要垂直向后摆，才能直向投出。

（3）屈左膝关节，右手低位托送保龄球，滑步前进。在保龄球送到出手线前的同时，保龄球到左脚裸骨处，此时球出手。

（4）出手时根据各个选手的不同投法，运用不同的翻腕动作。

除直线球之外，曲线球、弧线球、飞碟球等都要有一个飞速的手腕翻转动作，要点是"快""准"。一般来说，保龄球在出手线前的 5 厘米处出手为宜。球在犯规线后约 15 厘米处落地，此时身体重心降到最低位。球用腰、肩，用全身的力气顺势投出。出手时拇指先离球，然后中指、无名指同时离球。在三指同时离球的瞬间，手腕做旋转动作。

最后动作——收势：

（1）收势是出手后的动作，也是整个行动的终结。因此，投球之后一定要有收势，而且必须做得完美。

（2）收势是出手投球的延续。完整的收势说明投球是正确的。球出手后，手腕顺势自然向上延伸，过头部停止。看球越过瞄准箭头，奔向目标。

（3）好的收势有六个重点，缺一不可，具体包括左腿微屈，身体重心在左腿；两眼直视滚动的保龄球奔向目标；右脚在身体后方轻交叉于左腿后；左手在身体的另一侧扬起，偏向身后以维持平衡；上身稳定地挺立站住；右手高扬过头，成敬礼状。

## 三、中国象棋

### （一）中国象棋概述

中国象棋，通称"象棋"，是一种两人轮流走子，以"将死"或"困毙"对方将（帅）为胜的健智性体育娱乐项目。

象棋是我国的传统休闲项目，早在春秋战国时期就已出现，唐宋时期称为"象戏"，直到北宋后期才定型成如今的样式。古代流传至今的有关研究象棋的著书和棋谱，明清时代出版最多，如《适情雅趣》《桔中秘》《梅花谱》《竹香斋象戏谱》等，它们保全了我们祖先的很多宝贵经验，代表了当时我国象棋的最高研究水平，是我国象棋艺术中不可多得的文化瑰宝。中华人民共和国成立以后，象棋得到了前所未有的发展。1956 年起，象棋被列为国家体育运动项目。为了进一步弘扬中国象棋艺术，传承中国象棋所蕴含的文化精神，全国各地纷纷举办各种中国象棋比赛，百姓中不乏许多象棋高手，象棋可谓是中国群众基础最为广泛的休闲娱乐项目之一。

象棋在东南亚地区流传也很广泛。近年来，亚洲各国之间的象棋交往逐渐增多，尤其亚洲象棋联合会成立后，亚洲国家或城市间多次举行了比赛，促进了中国象棋向世界的推广。目前，中国象棋，这个中华民族智慧的结晶，在世界上已吸引了愈来愈多的爱好者，并已逐步成为世界人民共同的精神财富。

中国象棋棋具简单，老幼皆宜，在中国有着广泛的群众基础。通过下象棋，人们可以达到提高智力、陶冶情操、调剂身心、增进交流的目的，故而深受人们喜欢，拥有广泛的人群基础，是打发闲余时间的最佳休闲项目之一。

### （二）中国象棋技法及规则

1. 常用技术术语

（1）将军：对局中，一方的棋子攻击对方的帅（将），并在下一着要把它吃掉，称为"将军"，或简称"将"。

（2）应将：被"将军"的一方所采取的反击、躲避或防卫的着法。

（3）将死：如果被"将军"而无法"应将"，就算被"将死"。

（4）困毙：轮到走棋的一方，帅（将）虽没被对方"将军"，却被禁在一个位置上无路可走，同时该方其他棋子也都不能走动，就算被"困毙"。

2. 对弈

比赛开始后，由红方先走，双方轮流各走一着，直至分出胜负或走成和棋为止。轮到走棋的一方，将某个棋子从一个交叉点移到另一个空着的交叉点，或者吃掉对方的棋子而占领交叉点，都算走了一着。双方各走了一着，称为一个回合。

3. 棋子的走法

（1）将、帅：每一着只许走一步，前进、后退、横走均可，但不能走出"九宫"。帅和将不准在同一直线上直接对面，如一方已先占据，另一方必须回避。

（2）士、仕：每一着只许沿"九宫"斜线走一步，可进可退。

（3）象、相：不能越过"河界"，每一着斜走两步，可进可退，即斜行"田字"的对角点，俗称象"走田"。但"田"字中央有一子不能行棋，俗称"塞象眼"。

（4）车：每一着可以直进、直退、横走，不限步数，但不能隔子行走。途中遇敌子，可消灭掉，而后停在消灭掉的棋子处。

（5）马：每一着走一直一斜，可进可退，即俗称"马走日"。如果在要去方向紧靠一直或一横的地方，有别的棋子挡住，马不能走过去，俗称"蹩马腿"。

（6）炮：在不吃子的时候，走法同车一样。但是"吃子"时必须隔一子（支炮架）打一下，不限远近。

（7）兵、卒：在没有过"河界"前，每一着只许向前直走一步，过"河界"后，每着可以向前走一步，也可以横走一步，但不能后退。

4. 吃子

走一着棋时，如果一方棋子能够走到的位置有对方棋子存在，就可把对方棋子吃掉而占领那个位置。只有炮吃才必须隔一个棋子（无论是哪一方的）跳吃，即俗称"炮打隔子"。除帅（将）外，其他棋子都可以听任对方吃，或主动送吃。

5. 象棋一般规则

（1）摸子走子：规则规定，手摸到哪个棋子，就要走哪个。如果所摸的棋子超过一个，应该走最先触摸到的棋子。

（2）落子无悔：一着棋走完后，不许更改。若棋子在棋盘上滑行，则接触的第一个交叉点就是落子点，并记违例一次。

（3）对方得胜对局时，一方出现下列情况之一，就算输棋，对方得胜。

①帅（将）被对方"将死"。

②被"困毙"。

③走棋违犯禁例，应当变着而不变。

④自己宣布认输。

(4)和棋对局时,出现下列情况之一,就算和棋。

①属于理论上公认的双方均无取胜可能的局势。

②一方走出自己轮走的一着棋之后,提议作和,对方表示同意。

③双方走棋出现循环反复已达三次,符合"棋例"中"不变作和"的有关规定,又均不愿变着时。

## 四、飞镖

### (一)飞镖概述

飞镖运动源于英国,关于飞镖运动的起源目前还没有定论,具有代表性的主要有三种起源说,一种说法称,古罗马军团的士兵被罗马皇帝派到遥远的不列颠岛,英国多雨的气候不便于这些士兵长时间在户外活动。于是,古罗马军团的士兵在板棚中,把箭投向用柞树横切面制成的靶子,由此逐渐发展成现代飞镖运动。另一种说法认为飞镖运动是由英国的弓箭手在近距离作战时使用的一种 10 英寸长的投掷武器演变而来的。第三种说法和具体的历史人物有关。英国王亨利七世体质较弱,考虑到打猎既危险又辛苦,决定不再进行打猎,制作了一种短柄镖枪向柞树的横切面投掷以达到健身的目的,不久,王宫大臣们也喜爱上了这种运动,逐步流传到民间,并广泛发展开来。

现代飞镖运动出现在 19 世纪末,英国人贝利恩·甘林首次发明了如今的飞镖计分系统。1902 年英国选手约翰·雷德第一次创造了单轮 180 分的记录。飞镖运动诞生后,这项运动得到了广泛推广并很快风靡全球,成为广大民众喜闻乐见的健身运动。今天,飞镖在英国、法国、美国已是非常普及的大众休闲运动。

飞镖运动于 21 世纪初传入我国,距今有十余年的时间,由于其技术简单易于掌握,不需要专门的场地和设施,且运动量适宜,不受年龄、性别的限制,经济实惠,正逐渐被中国的大众所接受。空闲时间扎扎飞镖,不仅可以舒展筋骨,消除疲劳,增强人们的身体协调能力,还能磨练人的意志和提高心理素质。客观上还能最大限度地吸引各阶层的人士参加,不分男女老幼皆可参与。

飞镖运动所需场地不大,随便一个空间,靶盘往墙上一挂即可进行娱乐或比赛,而且人人都可参加。飞镖的器材简便,花费经济,运动量远比其他体育项目要小,非常适合年长及身体较弱者参加。长期坚持可使身体在轻松的娱乐中得到充分的锻炼。经常从事飞镖运动,不仅可以锻炼集中注意力的能力,增进手臂力量,提高动作的准确性和空间的判断能力,而且还能培养良好的心理稳定性,不急不躁,以及办事的果断、坚毅、自信的品质。玩飞镖是体验一种气氛,它的奇妙在于一静一器,张弛有道,人们可边聊天边掷飞镖,娱乐休闲两不误。

### (二)飞镖技术习练指导

1.投掷姿势

(1)侧向投镖

如图 11-21 所示,投掷飞镖前,侧向站立,脚尖向前,身体直立,双脚与肩同宽,脚尖与投掷线成直角。

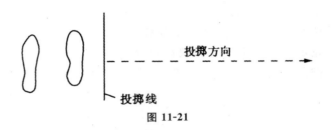

图 11-21

（2）正向投镖

投掷飞镖前，正面站立，脚尖平行，指向投掷方向，双脚与肩同宽，如图 11-22 所示。

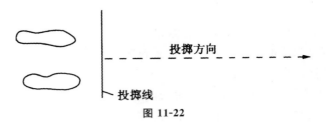

图 11-22

（3）斜向投镖

一般来说，飞镖运动的初学者可一脚在前一脚稍后，身体旋转一个角度，以站立姿势较舒适为宜，如图 11-23 所示。

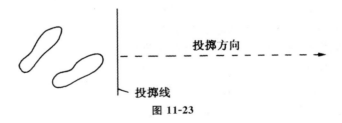

图 11-23

2.持镖技术

常用的持镖技术主要有以下几种。

（1）拿毛笔式的握法

拿毛笔式的握法是以拇指、食指、中指的末节指腹握住镖筒，镖尖向前，前臂屈起，镖的高度与眼齐平。这种方法稳定性最佳，是许多优秀投掷者常采用的一种方法。

（2）拿钢笔式的握法

拿钢笔式的握法是以拇指、食指指腹握住镖筒，中指在下抵住镖筒，镖尖向前，前臂屈起，镖的高度与眼齐平。

（3）全握法

用拇指、食指、中指、无名指握住镖筒，小指指尖在下轻抵镖筒。这种握法稳定但不灵活。

3.掷镖技术

投掷时上体微向前倾，两眼平视靶盘，持镖手可预摆几次，以肘关节为轴，前臂迅速向前挥动，手臂接近伸直时掷镖飞向靶盘。

投镖时，手和前臂要随镖前送，保证镖的飞行路线，切记不能短促出镖，这样会使镖飞行不稳,影响命中率。

初学者由于距离感、空间感及准确度有较大差距,特别是投掷动作要有一个适应过程,所以可采用近距离投掷方法,如分别采用 1 米、1.5 米、2 米、2～5 米逐步加大距离反复练习。练习到一定次数后要注意距离的变化,长、短距离交叉练习,这样能较好地控制发力,达到理想的投掷力度。

# 第二节　户外休闲运动

户外休闲运动主要是在户外开展,此类运动充分利用了大自然的山川、河流,在自然环境中开展休闲运动,追求自然与人的和谐统一,使运动者在休闲健身的同时还能欣赏美景、敬畏自然,因此深受大众喜爱。这里重点介绍轮滑、攀岩、垂钓、高尔夫运动。

## 一、轮滑

### (一)轮滑概述

轮滑运动,也称"滑旱冰",它是以有 4 个轮子的轮滑鞋为主要运动器具,以在平整地面上滑行为基础的运动,包括速滑、花样滑和轮滑球 3 大主要项目。

轮滑运动是一项历史悠久并具有国际性的体育运动。起源于 1815 年,一位名叫加尔森的法国人,为了能在夏天进行滑冰练习,而创造了用辖辘鞋"滑冰"。20 世纪 30 年代初期,轮滑运动从欧美传入我国,1980 年 9 月,我国正式加入国际轮滑联合会,目前,国际轮滑联合会有 48 个成员。1985 年,我国首次在河南省安阳市举行了全国轮滑速滑、花样滑锦标赛。1992 年第 25 届奥运会上,轮滑首次被列为表演项目。2010 年亚运会上,轮滑列入正式比赛项目。

轮滑运动集健身、竞技、娱乐、趣味、技巧、休闲于一身。它受气候和场地条件的限制较小,用具携带方便、技术容易掌握,而且具有健身休闲等多重功效,所以深受青少年喜爱。经常参加轮滑运动十分有益于人体的健康,从事轮滑运动,可以锻炼身体的协调性、灵敏性和平衡能力,培养勇敢、顽强的精神。

### (二)轮滑技术习练指导

1.原地站立技术

(1)"丁"字站立:脚穿轮滑鞋,扶物成"丁"字步站立,前脚跟卡住后脚的脚弓,上体稍前倾,双膝自然弯曲。身体重心落在后脚上。然后两脚交换位置,再呈丁字步站立,到站稳为止(图 11-24)。

(2)"八"字站立:站立时两脚跟靠近,脚尖自然分开,上体稍前倾,双膝自然弯曲,身体重心落在两脚之间。重心平衡后双脚换成平行站立,上体仍前倾,使重心落在两脚之间(图 11-25)。

(3)平行站立:两脚平行分开,与肩同宽,脚尖稍内扣,膝部微屈,重心落在两脚之间(图 11-26)。

图 11-24

图 11-25

图 11-26

2.移动重心技术

(1)原地移动重心

①原地左右移动:两脚平行站立,上体稍向一侧倾移,逐渐将重心完全转移至一条腿上支撑,待稳定后再向另一侧移动。

②原地抬腿:两脚平行站立,上体稍前倾,重心移至左腿,右腿稍抬起、放下,然后以同样方法练习左腿。练习时要注意放腿时应保持脚下的轮子同时着地。

③原地蹲起:两脚平行站立,做下蹲并站起的动作。可先做半蹲,逐渐加大下蹲的幅度,直至快速深蹲并做短时间的静蹲后再站起。练习时要注意在屈伸踝、膝、髋三个关节时的协调配合。

(2)外"八"字脚移动重心

两脚成外"八"字脚站立,重心移至左脚,右脚向前迈一小步,重心随之移至右脚上,然后左脚向前迈进一步,重心随之移至左腿上。反复进行练习,逐渐加快迈步频率和加大迈进距离。注意收脚时应尽量保持脚下的轮子同时着地。

(3)侧向移动重心

两脚平行站立,重心向右侧移动,随之左脚向左侧横跨一步,右脚迅速靠拢,待稳定后再进行向右侧的下一步。如此反复进行 5~6 步后再向左侧做相同练习。

(4)横向交叉步移动重心

两脚平行站立,先将重心移至左腿上并继续向左移动稍超出左腿支撑点,收右腿,右腿向左腿前外侧迈步成双腿交叉姿势,重心随之移至右腿上,成右腿支撑重心,接着收左腿向侧跨一步,成开始姿势。如此反复进行 5~6 步后再向右侧做相同练习。

3.蹬地技术

(1)单脚蹬地,双脚向前滑行:左脚在前成"丁"字形站立,右脚用内侧轮向身体的侧后方蹬地,左脚尖稍向外撇向前滑行,身体重心随之移至左腿上,同时右脚收成双脚着地,向前滑行。双脚滑行阶段应长些,两脚交替进行,两臂在体侧自然地摆动,肩要放松,上体前倾度应比走步时稍大。

(2)两脚交替蹬地,两脚交替单足向前滑行:左脚在前成"丁"字形站立,屈双膝,右脚用内侧轮向身体的侧后方蹬地,左脚屈膝向前滑行,身体重心逐渐移至左腿,成单脚支撑向前滑行。右脚蹬地后在左脚的侧后方自然放松地收至靠近在脚外处落地滑出,脚尖稍向外展,再用左脚内侧蹬地,重复交替进行。蹬地时身体重心应及时地转向支撑腿,单脚滑行阶段的距离尽量长些,两脚滑行的时间和距离尽力相等。

(3)前滑压步转变左脚支撑滑行:身体左倾,右脚在右后侧蹬地,蹬地后摆越左脚,在左前侧落地,身体重心移至左脚。同时左脚用外侧在右后侧蹬地,蹬地后前移至左前侧落地支撑滑行。

前滑压步右转弯与左转弯动作相同,方向相反。

(4)后滑压步转弯:以后滑压步右转弯为例,先右脚支撑后滑,身体向右倾斜,左脚在左前下方蹬地。左脚蹬地后摆越右脚尖,在右侧下方支撑落地,身体重心移至左脚,同时左脚在右侧前下方蹬地,蹬地后移至右后侧下方支撑落地滑行。这样,连续不断后压步转滑行。

4.滑行技术

(1)向前滑行技术

①双脚滑行:用右脚内刃向侧后方蹬地,把身体重心移到左脚上,蹬地后的右脚迅速收回与左脚平行成双脚向前沿行,再用左脚内刃向侧后方蹬地,蹬地后迅速收回与右脚平行成双脚向前滑行。两脚依次交替蹬地,连续向前滑行。

②前葫芦步:开始以双脚内刃站立,起滑时身体稍前倾,两膝弯曲用力,两脚尖向外,两臂自然张开帮助维持身体平衡。当双脚向前外滑出至最大弧线时(两脚稍宽于肩),两脚尖迅速内收靠拢,恢复至开始姿势。连续做双脚的分开与靠拢,就能够不断向前滑进(图11-27)。

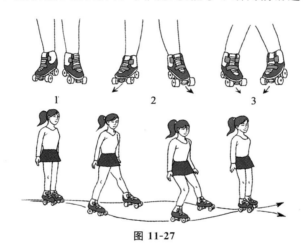

**图 11-27**

③前双曲线滑行:两脚平行站立,左脚以内刃向侧后蹬地(4轮不离地),身体重心在右脚,向右滑双脚曲线,然后右脚用内刃向侧后方蹬地,重心偏向左脚,向左滑双脚曲线,依次连续进行(图11-28)。

**图 11-28**

④单脚向前直线滑行:原地两脚成"T"形站立,左脚在前,右脚在后,两腿稍弯曲,用右脚内刃蹬地,重心慢慢移至左腿,右腿蹬直后右脚蹬离地面,成左脚向前沿行。然后收右脚在左脚侧面落地,左脚蹬地重复上述动作,成右脚单脚向前滑行。两脚交替向前直线滑行,两手自然分开,

维持身体平衡(图 11-29)。

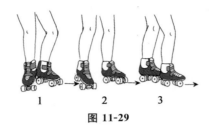

1　　　　2　　　　3

图 11-29

(2)向后滑行技术

①向后胡芦滑行:两脚稍稍分开,平行站立,脚尖稍向内,两腿弯曲,用两脚内刃向前蹬地,同时两脚跟向两边分开,向后外滑至最大弧线时,两脚跟收拢,两膝用力伸直,恢复至开始姿势,随后重复上述滑行动作,连续向后滑行(图 11-30)。

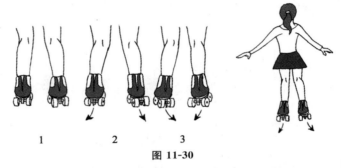

1　　　　2　　　　3

图 11-30

②向后蛇形滑行:两脚分开约一脚距离,两腿弯曲,脚尖稍向内转。用右脚内刃向前下方蹬地,身体重心移向左侧,成左脚向后滑行。右腿伸直,随即右脚放在左脚侧面,恢复开始的姿势。然后再用左脚蹬地,身体重心移向右侧,成右脚的向后滑行。左腿伸直,随即左脚放在右脚的侧面。依次重复上述动作,连续向后滑行。上体始终保持稍前倾姿势,两膝弯曲,两臂自然张开。

(3)转弯与转体技术

转弯就是改变滑行方向,主要有前滑压步转弯、后滑压步转弯。转体是指前滑转体变后滑、后滑转体变前滑的方法。

①双脚前滑转体变后滑:以左转体为例,两脚平行前滑,左脚后轮支撑,前轮离地向左转。右脚前轮支撑,后轮离地在左脚后滑行。同时上体和手臂也配合向左转体 180°,接后滑。向右转体方法相同,动作、方向相反。

②双脚后滑转体变前滑:以向左转体为例,重心移右脚,左脚提起,随上体和手臂向左转体 180°落地支撑。重心移至左脚,同时右脚蹬接前滑。向右转体方法相同,动作、方向相反。

③后滑压步转弯:以向左转弯为例,两脚前后分开后滑,右脚在前,左脚在后,身体重心落在右脚上。左脚提起,在右脚的左后方落地,身体重心移到左脚上;左脚向右侧蹬地,右脚移至左脚左前方,右膝弯曲,两脚交叉,形成压步动作,身体重心移至右脚上,上体向左倾斜。向右后方转弯,两脚动作、方向相反。转弯时,两臂张开,摆动配合蹬地,以保持身体平衡。

④前滑压步转弯:以向左转弯为例,先使身体重心落在左脚上,身体略向左倾斜;右脚向右侧后方蹬地结束后,收腿提至左脚的左前着地;左脚再向右脚步的右侧后方蹬地,推动右脚向左滑行,重心随势转移到右脚上,上体略向左转。向右转弯,动作、方向相反。转弯时两臂张开,配合

蹬地摆动,以保持身体平衡(图 11-31)。

　　(4)制动技术

　　①内"八"字制动:向前滑行中,两脚平行分开站立,然后脚尖内转,两脚以内侧轮柔和地压紧地面,两腿弯曲,上体稍前倾、下蹲,两臂前伸维持身体平衡,逐渐减速至停止(图 11-32)。

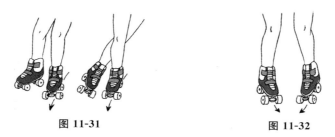

图 11-31　　　　　　　　　　　　　　图 11-32

　　②"T"形制动:单脚向前滑行,浮足在滑行脚的后跟处成"T"形放好后,将浮足慢慢放在地面上,以内侧轮柔和地压紧地面,减速向前滑行直到停止(图 11-33)。

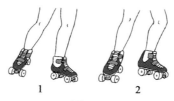

1　　　　　　　　2

图 11-33

　　③双脚急停:在向前滑行时(以顺时针为例),两脚同时做顺时针方向急转,左脚以内刃、右脚以外刃与滑行方向成 90°压紧地面,同时身体向右急转,重心移到右腿上,两膝弯曲,两臂向前侧伸,减速停止下来。

　　④向后滑行停止:在向后滑行的过程中,抬起两脚脚跟,用两脚的制动器摩擦地面,减速停止下来。停止时,身体稍前倾,两臂侧举维持平衡。

## 二、攀岩

### (一)攀岩概述

　　攀岩运动极富挑战性、惊险性、刺激性、技术性和趣味性十足,是一项不用助力工具,仅依靠手脚和身体平衡,克服自身重力,攀登陡峭岩壁或人造岩墙的新兴体育运动项目。

　　攀岩运动由登山运动派生而来,它起源于 20 世纪 50 年代的欧洲,以攀登自然岩壁为主。1865 年,英国登山家埃德瓦特首次使用钢锥、铁链和登山绳索等简单设备,成功地攀登上险峰,成为攀岩运动的创始人。世界攀岩运动在 20 世纪 60 年代末兴起并得到迅速发展。在此之前,1947 年举行首届世界杯攀岩比赛,1948 年举行首届攀岩锦标赛。这期间举行了各种形式的攀岩赛事,都是以自然岩壁为主。但由于场地、天气、交通等因素的限制,攀岩运动没有得到良好的发展,直至 1985 年法国人发明了可以自由装卸的仿真沙子、石头、玻璃纤维和其他原料混合制成的岩壁,才实现了人们要把天然岩壁搬到城区的设想。

　　当前,世界攀岩比赛分两大流派:分别是以俄罗斯为代表的"速度"派和以西欧国家为主的"难度"派。早期的攀岩比赛形式是结组攀登,以速度为主。随后,发展到以个人速度赛为主,采用上方保护。人工岩壁出现以后，主要是以技术为主的难度赛。1987年，国际攀登联合会（UIAA）规定，国际比赛必须采用人工岩壁，同年在法国举办了首届人工岩壁比赛。1989年，首届世界杯攀岩分站赛分别在法国、英国、西班牙、意大利、保加利亚和前苏联举行。1991年举行了首届攀岩锦标赛，1992年举行了首届世界青年攀岩锦标赛。在亚洲，攀岩运动开展较晚，1991年1月"亚洲竞技攀登联合会"在香港成立，标志着亚洲攀岩运动进入了一个新的阶段。1992年9月，在韩国汉城举办了第1届亚洲攀岩锦标赛。

我国攀岩运动始于20世纪80年代，1987年，我国举办了第1届全国攀岩比赛，至今已举办了22届，吸引了众多的攀登爱好者，形成了一定的声势和影响，为我国进一步开展该项运动打下了基础。2014年国内攀岩比赛的收官之战2014"搜狐杯"第22届全国攀岩锦标赛于12月7日在北京落下帷幕。中国地大学（北京）队马自达包揽男子难度、速度和攀石三个项目的冠军并名列年度难度和速度总冠军。近年来，中国一直非常注重攀岩在大众尤其是青少年中的普及与推广。在2014南京青奥会上，攀岩得以进入运动实验室，吸引了来自各国的运动员纷纷现场体验，还受到了包括奥委会主席巴赫在内的众多官员与媒体的关注。

目前，我国攀岩活动的主要参与人群是青少年，经过三十多年的发展，攀岩运动在我国已初具规模，并吸引着越来越多的人参与其中，发展前景十分可喜。

**（二）攀岩技术习练指导**

1.手的动作

（1）开握：如果支点的边缘或某些点的小洞可以支撑住手指的第二关节，手就可以平坦地靠在岩面上。这样的话，手可以张开，手指并拢，让手指与支点充分接触，整个手掌不用紧握支点。在这个动作中，大拇指的作用一般较小。

（2）抓握：同开握抓法近似，但通常需要拇指协同发力，可以用手掌去握住它，因不仅仅依靠手指，整个手掌的抓握可以增加抓握的稳定性。

（3）侧握：和侧抠点和捏握手法很像，只是拇指几乎不发力。此动作通常只用于维持身体的平衡，或用于一些侧身动作中。

（4）半紧握：抓点方式与紧握相似，只是拇指并未压在四指上。同样只有第一指关节受力，而且第一指关节弯曲程度超过90°。

（5）反扣：支点的可抓握方向朝下或与身体移动方向相反。这个动作是靠手与手或手与脚之间的反作用来实现的。

（6）指甲抠点：非常极端的抓点方法。对于可抓握部分非常薄的支点可以采用，手指指尖部分垂直顶住支点，利用手指第一指关节的力量支撑，手指甲和手指尖部要承受很大的力量，需要非常好的忍痛能力，但非常危险，可能造成指甲的损伤。

（7）换手：在攀登过程中有时可能需要在一个支点上进行换手的操作，即由左手抓支点换成右手抓支点，或由右手抓支点换成左手抓支点，这时就需要用到换手技术。整个动作的过程是比较简单的，重点是不要心急，但应注意换手之前要控制好身体的重心，将身体置于一种平衡状态，同时保证换手动作结束后身体也要保持同一平衡状态。

2.脚的动作

（1）正踩：使用鞋尖内侧边拇趾处踩点。正踩动作的特点是靠增加攀岩鞋与支点之间的压力来增大摩擦力,抬高脚跟可以尽量将身体的重心转移至脚尖,从而达到这个目的,所以做正踩动作时应尽量抬高脚跟以增加对支点的压力。

(2)侧踩:用攀岩鞋的前脚掌外侧边四趾部位踩点;侧踩的原理与正踩一样,都是靠增加压力来增大摩擦力,所以做侧踩动作时也应尽量抬高脚跟。

(3)鞋前点踩:使用攀岩鞋的正前方部位踩点。通常情况下一些比较小的支点或指洞点无法使用正踩或侧踩,而只能将前脚尖部塞进去,这时就要使用鞋前点踩法。

(4)脚后跟钩:脚后跟钩就是指用脚钩住支点,这种动作通常出现在屋檐的翻出部位上,一般是把鞋后跟放在一些合适做这种动作的支点上,脚的后跟挂住支点。在钩的过程中,伸腿、屈胸,向上直到脚能钩到支点,腿部发力将身体勾向勾点的方向,以减少手部所受的力量,达到省力的目的。脚后跟钩的动作需要攀岩者具有良好的灵活性、柔韧性和胆量,它的动作多种多样,需要不断地去实践,但它最终的目的是获得"第三只手",以保持身体平衡。

(5)交换脚:在移动脚之前确定自己所要的脚点,脚点的大小、方向和位置决定了它的实用性,如果有可能,脚点应低于手点,以减轻上体的紧张;然后,把脚准确放在脚点的最佳位置,要把自己的脚集中放在一点上;将重心平稳过渡到另一个脚点;最后,当自己站立或移动时保持脚的绝对平稳,移动时以脚踝为中心减少上身的运动。需要注意的是,脚的移动可能会使脚滑出脚点,要集中力量保持脚的平稳,保持平稳移动重心至两支点之间。

3.平衡攀登

身体每次向上移动时,应利用脚来支撑体重,手不要像拉单杠一样用力,手仅用来维持平衡。因此,攀登时不要一味往上寻找着手点,而是让自己的眼光下移,好的脚点是成功的一半。当要移动手或脚时,应将重心移至其余三点,保持平衡后才可移动该点的力量。

4.休息技能

在徒手攀登的过程中,途中休息的方法主要有以下三种。

(1)站立休息

上身外倾,远离岩壁,而腿部和臀部尽量贴紧岩壁,两脚一般分开踩于两支点上,将手臂放直以达到休息的目的。

(2)蹲点休息

一只脚采用半蹲的姿势正踩支点,将身体重心放在所踩支点之上,腿部和臀部尽量贴紧岩壁,上身稍向后倾或向侧面倾斜,放直手臂形成休息的姿势。这也是一个很好的休息动作,比较常用于垂直岩。

(3)踩点休息

主要采用双脚对侧踩点的方式,两腿成一定角度分开,两脚以正踩方法踩点,使身体重心在两腿之间,这样起到很好的休息作用,有利于放直手臂。这个动作经常出现在内角形岩壁的攀岩中。

5.侧蹬

侧蹬是一项很重要的技术动作,它能极大地节省上肢力量,在过仰角地段时被大量采用。正确的侧蹬动作方法是:身体侧向岩壁,以身体对侧手脚抓握和踩支点,另一只腿伸直用来调节身体平衡,靠单腿力量站起,抓握上方支点。以左手抓握支点为例,身体朝左,右腿弯曲踩在支点上,右脚应用脚尖踩住支点且脚跟立起来,把身体的重心大部分放在右脚上,左脚只用来维持平衡。这时,右腿蹬起,靠腿部的力量让身体站起来以节省手臂的力量。左手可做辅助性的发力,右手向上抓握支点,动作最后一步右脚应保持用脚尖踩住支点,且脚跟立起来,这样可以使右手能够抓握住更远的支点。

6.扭身锁定

将身体扭转,使身体侧对岩壁而不是正对岩壁是扭身锁定的重要特点。一般情况下,正确的动作方法是:靠一只手锁定身体,另一只手去抓握下一支点。扭身锁定的动作只是上身的动作,下身经常配合扭膝动作或侧蹬动作,尤其在斜面或屋檐地形被广泛使用,因为这个动作可以让你非常省力地抓住下一个支点。

7.器械攀登

(1)上升器攀登

上升器攀登的具体方法是:将主绳一端在上方固定好,另一端扔到岩壁下方。将上升器扣入主绳,然后通过保护绳套、铁锁、下降与安全带连接。检查安全后开始攀登,攀登时手和脚要协调配合。

(2)抓结攀登

抓结攀登的具体方法是:用两根辅助绳在主绳上打成抓结(手握端),另一端打成双套结(连脚端),不断向上攀登。其攀登的方法及要领与用上升器攀登方法一样,都是抬腿提膝使拉紧了的辅助绳松弛,将上升器沿主绳向上推进到不能再推为止,脚随之下蹬,身体重心一侧上移,另一侧也如此动作,反复进行,直到你要到达的地方。抓结是一种绳结,利用抓结攀登是在没有上升器的情况下采用的。另外,需要注意的是,在操作过程中应该保持身体平衡,始终保持面向岩壁的姿势,动作要协调、有节奏。

8.保护技术

(1)保护点的设置

岩壁上固定点的设置安装,是在保证生命安全的前提下享受攀登的快乐的重要条件。保护点的设置就是将保护的绳索固定好,绳索固定的好坏直接影响到攀登者的生命安全。保护点的设置与进行保护的第一步就是自我保护。保护者用绳索与合理的固定点连接,一旦攀登者坠落或其他状况发生时,保护者才不致发生危险。

(2)保护点装置系统的安装

绳套、铁锁、挂片、膨胀螺栓、岩石锥、机械塞等,是设置保护点所需的主要装备。使用辅助绳来安装保护系统的方法有很多,这里主要介绍两种较为常见的方式。第一种是将绳套平均分担受力,优点在于当一个固定点脱了另一个还会拉住,在较差的固定点处做这样的保护装置是比较安全的。两个固定点的角度最好是60°。第二种是将绳套打成绳结安装成保护系统。

(3)天然固定点的选择与安装

在受力方向上找出适当、牢固的物体。通常情况下,树干、大石头、岩角等是比较理想的选择。单身,需要注意的是,选择时应注意树根、树干是否牢靠,岩石根基是否牢固,岩石大小是否可以承受坠落的重力,岩角基部是否有裂纹,用手敲击岩石判断其发声频率是否正常。在安装固定点时,为了防止岩石的棱角割断绳索,必要时要加上垫布。固定点的测试要注意安全第一。操作时一定要用安全可靠的绳结系住。

## 三、垂钓

### (一)垂钓概述

垂钓,民间俗称"钓鱼",在我国有着悠久的历史,很多古籍如《战国策》《吕氏春秋》《史记》《水经注》等都有记载。在我国还有"姜太公钓鱼"的传说,相传在3 000多年前,姜太公垂钓于渭水,巧遇文王而被封侯拜相,从而流传下了一段民间佳话——姜太公钓鱼,愿者上钩。

随着人民生活水平的不断提高,闲暇时间的不断增多,垂钓这种陶冶情操、有益于身心健康的活动,愈来愈受到人们的喜爱。现代社会竞争压力大、生活节奏快,而垂钓这种慢节奏的休闲运动能调节人的情绪和心理,适于现代人作为休闲的首选运动。

垂钓是一种身静脑动、身心并用、静中有动、以静待动的运动。当鱼在水下捕食鱼饵时,只待浮漂一动的刹那间立即运用臂腕力,通过竿、线、钩巧妙的传导而将鱼儿钩牢,这种抖竿提鱼动作锻炼了人的思维,能训练人观察、判断和决策的稳、准、快而又恰到好处。经常进行垂钓活动,有利于促进肩周炎、颈椎病、支气管炎、肺气肿、消化性胃溃疡、慢性胃炎、消化不良、习惯性便秘、慢性肝炎、高血压、冠状动脉供血不足等多种疾病的治愈或好转。

### (二)垂钓技术习练指导

#### 1.熟悉鱼种

我国河流众多,我国淡水鱼的蕴藏量居世界第一位,共有700余种不入海水区的纯淡水鱼,分布在我国的东北、西北、华北、华东、华南等五大区域的湖泊、河流、水库、池塘中。

一般来说,淡水鱼可以划分成两类:一类是养殖品种,另一类是野生品种。

大多数鱼塘、水库主要养殖有草鱼、鲢鱼、鳙鱼、青鱼、鳊鱼、鲤鱼、鲫鱼、非洲鲫鱼等,这属于养殖品种。

常见的野生鱼种有乌鳢、鲶鱼、鳜鱼、嘎鱼、竿鱼、麻鲤、白鱼、红眼鳟鱼以及各类小杂鱼等。

目前,已有许多鱼塘养殖了乌鳢、鳖或桂鱼。在自然界大多数水域中是任其自生自灭的,甚至把这些鱼作为害鱼而想方设法捕杀。

不同种类的鱼,在水中活动、寻食、栖息的深度也不尽相同,这就是所谓鱼的生活习性,不同的鱼种在自然环境中喜食的天然饵料也不尽相同,这就是鱼的食性。

#### 2.判断鱼情

判断鱼情,主要依靠"看""听""闻""试",具体如下。

(1)看

①看水纹

水面平如镜,看不到小鱼活动,水下可能无鱼或鱼少或鱼不吃东西。如水波粼粼冰面不时漾起涟漪,有鱼打出水花、游涡或追逐嬉戏,时而跃出水面,表示水下的鱼很多;水面游动嬉戏的小鱼突然受惊,四处逃散,或水面有隐约的波纹,多是大鱼活动觅食所致;如果有鱼群浮在水面嚼水,这是水里缺少氧气,鱼儿不会进食。

②看水色

俗话说:水清无大鱼,浑水好藏鱼。水过清多是无鱼或鱼少,在沟河中垂钓,适合垂钓的水色多为淡绿色、淡蓝色或淡青色,如果水草较多则水色比较清淡。池塘中最适宜的水色是淡白色、淡褐色、淡绿色或清中略带点浑(围田、围垦养鱼),色泽越深越难垂钓。水色太浑,鱼看不见食饵,不宜垂钓;水色太清,如果水浅又没有浮萍水草等隐蔽,鱼容易看见人和鱼竿的影子,不敢前来摄饵,极难钓获。

③看水草

看水中有无水草长出,水草多鱼少,食草性鱼少。看水草的痕迹,如果水草头残缺不齐,草茎漂浮,表明食草性鱼类较多。水草的草叶震动,草丛中必有鱼栖聚,是垂钓的理想场所。

④看水鸟

垂钓者来到湖泊、河流,如果见到栖息在水草边的水鸭、白鹭等突然起飞,或看到白鹭在水面的上空盘旋、翱翔,鸬鹚、水鸭在水面戏水,说明此处的鱼儿较活跃,适宜下钩垂钓。

⑤看岸边有无小鱼活动

如果岸边有小杂鱼游动,则也有其他鱼类。小鱼多,其他的鱼儿也多,可以垂钓。

(2)听——听水声

具有一定垂钓经验的人都知道,根据鱼跳跃时伴随的击水声,可以判断鱼情和鱼的种类,听鱼儿吃草发出的"嚓嚓"声和大鱼追捕小鱼发出的"扑通"声,有声则有鱼,无声则少鱼或无鱼。

(3)闻——闻水味

垂钓之前,迎风站或蹲在岸边(俗称下风口),闻一闻从水面上吹来的风有无鱼腥味,或用手捧水闻闻有无鱼腥味。鱼腥味越浓,表明鱼群留下的粘液分泌物所形成的泡沫就越多,鱼也就越多,反之则无鱼。

(4)试——试水温

在一天之中,由于太阳的照射,昼夜的温差不一样,使水温发生变化。而水温的变化,是鱼儿是否出来活动觅食的主要原因。鱼儿生长的最佳水温是 15℃～30℃,在这个水温范围内,鱼儿活跃,食欲旺盛,贪食易钓。如果水温低于 5℃或高于 30℃,鱼儿就极少觅食活动,不宜垂钓。冬夏两季只要不是骤冷骤热的天气均可垂钓。

3.打窝

选择好钓点后就要下诱饵打窝。一般水面大的,窝子打远些;水面小的,窝子打近些。春天宜打在近岸的浅水区,夏天应打在阴凉的深水区,秋天可打在较远的深水区,冬天则要打在向阳背风的地方。

4.投饵与装饵

(1)投饵

一般来讲,投饵多少要看诱饵质量、水面大小和深浅,质量好的要少投些,质量差的要多投些。水深水面宽的宜多投,水浅水面小的可少投。诱饵投放要适量,过多则鱼只吃诱饵,咬钩率差,过少则鱼聚集的时间太短。

(2)装饵

钓饵有荤素之分,以蚯蚓为例,正确的装钩方法有二:一是用钩尖从其一端穿入,剩下 0.5～1 厘米长的部位不穿到,使其能摆动,以引鱼抢食;二是用钩尖从背部中间穿入留头尾不穿,在外摆动,这样更显活蹦乱跳的效果。特别应该注意的是,钩尖都不能外露。

5．下钩

正确下钩要注意四个字："轻、准、动、避"。轻就是不要有太大的声响，否则不但惊跑鱼群，而且容易使饵脱钩。准就是要把钓钩抛在窝点上，不要偏离。动就是要轻轻抖动钓线，引起鱼儿的注意。避就是要避开小鱼的干扰与抢食。

6．看钩

鱼的咬钩动作因鱼的种类而异。鲫鱼吞饵一般是头朝上，尾朝下，这时浮子的现象是先下沉一两厘米，然后浮子上送。青鱼、草鱼游动快，吞饵也快，浮子浮沉一两次后就出现"拖漂"现象。黑鱼吞饵凶猛，咬钩拖劲大。

7．提竿

鱼咬钩后应该及时提竿。提竿有很多技巧，这也是能否钓到鱼的最关键一环。提竿首先应该掌握正确的姿势：一般是竿透出肘后30～40厘米，提竿时，手腕向上一翘，同时肘部往下一压。既要用力，又不能大翘大压。在鱼竿处只需上翘5厘米左右，就能使鱼钩钩住鱼嘴内的软肉。提竿要顺着鱼浮拖的方向提或斜向提，不可向后提。提竿时还须注意的问题是：提竿时不能用力过猛，不能死拉硬拽，用手提渔线强行使鱼上岸。这样做，会把鱼嘴拉裂或只钩了个鱼唇上来，或者造成线断、钩断、鱼逃走的后果。

## 四、高尔夫

### （一）高尔夫概述

高尔夫球是一项古老的贵族运动，它起源于15世纪的苏格兰，迄今为止已有500多年的历史。早期的高尔夫球，因受场地、器材等因素的限制，多在王公贵族中进行。随着社会的进步和经济的发展，人们对精神生活的追求越来越高，高尔夫运动的参与者越来越多。到了20世纪，高尔夫球运动迎来了新的纪元，高尔夫球具的革新、比赛规则与制度的建立、国际性赛事的开展以及高尔夫球场管理水平的提高，都极大地促进了高尔夫球运动的发展，也为这项古老的运动注入了新鲜的血液和活力。

从1457年开始，高尔夫运动逐渐被欧洲人带到世界各地。17世纪，高尔夫球运动被带到美洲，18世纪高尔夫球运动传入英国，19世纪20年代又传入了亚洲，最后又传入了非洲。高尔夫球运动风靡到世界各大陆，并发展成为当今人们所熟悉和喜爱的体育休闲运动。世界各地高尔夫球竞赛繁多，主要赛事有：美国高尔夫球公开赛、美国职业高尔夫球锦标赛、美国职业高尔夫球名人赛、英国高尔夫球公开赛、英国业余高尔夫球锦标赛、世界杯高尔夫球赛。国际性赛事的开展极大地促进了高尔夫球运动的普及，赛事的开展，为不同国别的球手创造了同场竞技的机会，使这项地区性的体育运动走向国际化。

高尔夫球传入我国是在1896年，其标志是中国上海高尔夫球俱乐部的成立。高尔夫运动在我国发展迅速，到2011年止，沃尔沃中国高尔夫公开赛已成功举办17届，吸引了众多高水平选手的参与，我国选手也在比赛中发挥出色，取得了不错的成绩，其中，我国选手程军获得了1997年的冠军，张连伟获得了2003年的冠军。2012年4月，第18届沃尔沃中国高尔夫公开赛在天津举行，来自南非的选手布兰登•格瑞斯夺冠。

### （二）高尔夫球技术习练指导

**1. 握杆技术**

握杆是指球员双手握住球杆的位置和方法，是最基本的动作。正确握杆可以利于球员手臂发力，控制击球力量的大小和球的飞行方向，从而把球打到预想的位置，相反，错误的握杆法则会影响击球的效果和准确性。

**（1）重迭握杆**

重迭握杆是最广泛的一种握法，具体是将左手掌贴于球杆握柄处，手背正对目标，使球杆握柄从食指的第二关节起斜向通过掌心（图11-34）。以小指、无名指和中指将球杆握在小鱼际和小拇指指根间，食指自然收拢握住球杆。拇指沿球杆握柄纵长自然伸出，压按在握柄正中稍偏右侧，拇指与食指指根形成"V"形，其尖端指向颈部右侧与右肩之间。右手掌张开，掌心正朝向目标方向，紧贴在球杆握柄的右侧方，使握杆的纵长从食指第二关节开始通过中指与无名指指根，小指勾搭在左手的食指与中指间隙上，手指收拢，握住球杆，食指呈钩状弯曲，大鱼际包在左手拇指上，拇指与食指指根形成"V"形，其尖端指向颈部右侧。

**（2）连锁式握杆**

连锁式握杆主要用于手掌较小或力量较差的女球手（图11-35）。具体握法为左手手型同重叠式。握杆时，右手的小指插入左手食指与中指之间，与左手食指勾锁在一起。其特点是两手连锁在一起，容易产生一体感，且有利于发挥右手力量，但掌握不好会使左手食指翘起，反而破坏双手的整体感。

**（3）十指式握杆**

十指式握杆较适合于手掌较小、力量差者，高龄及女球手（图11-36）。两手手掌相向，但不重叠，用十指握住球杆，类似棒球握棒方法。右手的小指与左手的食指相贴。其特点是球手能够很好地利用右手手臂力量。但由于左右之间没有任何交叉和勾搭，不易保证双手的一体性，易导致过于使用手腕，故不利于保证球的方向性。

图11-34　　　　　　　　图11-35　　　　　　　　图11-36

**2. 击球姿势**

高尔夫的准备击球姿势就是球员握好球杆后，准备击球时身体各部位应处的正确位置，即球员做好站位，包括根据击球方向选定两脚的位置和把球杆杆面对准球的一系列动作。在障碍区内，球员做好站位即为准备击球，包括脚位、球位和身体姿势三个方面，具体如下。

**（1）脚位**

脚位，具体是指球手准备击球时两脚的站立位置，有正脚位、开脚位和闭脚位三种。

①正脚位

正脚位指球手两脚尖连线与准备击球路线平行的站位方式。全力击球时,无论使用哪一种球杆,均可采用正脚位(图 11-37)。采用此脚位,球手的腰、肩、手均与目标线成平行状态,它适用于任何一种球杆。

②开脚位

开脚位是指球手左脚略后于右脚的站位方式(图 11-38)。一般适用于短铁杆击高球或有意打右曲球。采用这种站位而球杆杆面正对击球方向进行挥杆时,由于引杆时左肩不易向内扭转,而在下挥杆和顺摆动作时身体容易打开形成由外向内的挥杆轨迹,导致右曲球。

图 11-37　　　　　　　　　　　　　　　　图 11-38

③闭脚位

闭脚位是指球手右脚略后于左脚的站位方式(图 11-39)。一般适用于木杆开球、在球道上击远球或有意打左曲球。采用这种站位时,两脚脚尖的连线朝向目标的右侧,引杆时左肩能够充分向内回旋,但容易造成由外向内的挥杆轨迹,产生左曲球。同时,对下挥杆击球时身体的回旋也不利。

图 11-39

(2)球位

球位是指球手在做好准备击球姿势时,高尔夫球被击出前所处的位置。

在高尔夫运动中,球员必须正确认识脚位与球杆、球位的关系:球手握好球杆站在击球位置上,左脚固定不动,球放在靠近左脚的位置,一般来说,球杆越短,双脚之间的距离越窄,离球也越近。

（3）身体姿势

球手握好球杆后，双手自然前伸，球杆底部轻轻着地，两脚分开约同肩宽，身体重心落在两脚上。身体从髋部前倾，背部挺直。头自然略向下俯视，以恰好看到杆头为好。双膝关节稍弯曲，稍屈髋，身体左侧朝向目标方向。

3.击球动作

高尔夫运动中，球员的击球动作可分为瞄球和挥杆击球两个环节，其中击球又分为引杆、下挥杆、击球、顺势摆动和结束动作等步骤。

（1）瞄球

杆面要正对目标，然后根据杆面的位置调整身体、站位以及其他各部分的位置。瞄球中最常见的一个问题是两脚尖的连线指向目标，而不是杆面正对目标，这样就造成站位过于封闭。

正确的瞄球姿势是两脚尖的连线要与球和目标的连线保持平行。球手要站在球后，平行地伸出双臂，其中右臂、球在一条直线上。球和目标在一条直线上，这也就是目标方向线。然后把一支球杆放在地上标出目标线的方向，将手中球杆的击球面对准球，这才是正确的姿势。

（2）挥杆击球

挥杆击球即整个身体围绕一个固定中心点完成的一种既协调又平衡的动作。正确地使用该动作能将球杆上抬、旋转并下挥，使球杆产生加速度，并尽可能以最大的准确率（在杆面中心）击球。挥杆的轨迹应是一个较为均匀的大圆弧。

①引杆

引杆是指将杆头从击球准备时的状态开始，向身体的后上方摆动的动作。正确的引杆动作应是保持挥杆时身体纵轴的稳定，身体像卷线轴一样，平稳地扭转，手臂动作舒展、缓慢。在引杆动作的最后有一个制动，"制动点"正是引杆结束进入下挥杆的分界线。引杆包括后引和上挥两个动作部分，其目的是为了使球手获得最有利的肌肉工作状态。

后引：杆面瞄准球的后方，使左臂与球杆成为一个整体，不要屈腕屈肘，保持两臂与肩构成的三角形，向球正后方引杆 30 厘米左右，自然后引时头和肩都不要动。体重由左向右移动，同时上体向右后充分转动，使身体形成扭转拉紧状态。后引动作结束时，有的球手右腿较直，身体重心略高；有的球手右腿弯曲，身体重心较低，这要根据球手的特点而定。

上挥：从引杆动作的整体来看，后引和上挥之间没有任何停顿。后引是上挥的开始，上挥是后引的延续。上挥时，继续保持肩与两臂构成的三角形，左肩向右转动，以杆头带动两臂，左臂伸直，右上臂基本保持固定，右腋夹住。头颈部与脊柱保持一体，两眼注视球，下颌抬起稍向右倾，左肩最终旋转至下颌的下方。胸部几乎对着目标相反方向，左肘关节微屈，右肘屈曲到最大限度。重心从两脚间移到右脚外侧，右膝伸直，左膝向右屈，左脚跟稍离地面，手腕弯曲，握牢球杆。球杆的杆身基本与地面平行。上挥球杆达到最高点时，背部朝向目标，上身较髋部侧转更大。

②下挥杆

下挥杆是指球杆上挥到顶点时，稍做制动，即开始向下挥杆动作。

下挥时，使重心有意识地移到左脚，左膝在下挥动作时基本保持伸直。左腿用力支撑，为右腿的蹬地送髋创造条件。随着手臂向下挥杆，臀部要快节奏地转向上挥前准备击球时的姿势，借助臀部旋转产生的力量带动手臂来增加击球的力量。此时右腿的用力推动了髋部的移动，髋部的移动和领先又拉紧了右大腿的内收肌群和股四头肌，使之更有效地推动了髋部；腰部做向击球准备时的状态复原的扭转;左肩也在下肢及腰部的作用下,自然向左转动,带动在引杆上挥时被拉伸的左臂作为杠杆向下拉引球杆,在身体重心转移到左脚的同时,右肘应到达右髋处。这时杆头仍然被留在后面。

③击球

击球动作是下挥杆的组成部分,是指运用杆头的重量及其运行速度,下挥杆使球向前运行的技术。它只是完整挥杆动作轨迹中的一点。

挥杆击球是球杆杆头通过球,而不是打向球。下挥时,保持手腕弯曲状态,至离球 30 厘米的击球区,才突然甩腕。恰好在两臂位置到达击球准备姿势时,球杆的杆头以最快的速度到达挥杆轨迹的最低点——球的位置,使杆头面触球的瞬间产生极大的冲击力将球击出。击球时尽可能击中甜蜜点。击球过程中注意头部应保持固定不动,眼睛注视球。击球时,必须击在球背的正中部位,球才能向正前方飞去。如果击球顶部,球将被击到地下,出现地滚球;而击到球背侧面,球将飞向球道两侧某一方。

④顺摆动作

顺摆动作具体是指球员在击出球后球杆杆头继续向击球方向挥动的过程。顺摆动作是触球动作的延续,由于惯性,触球后球杆必须顺势挥动。

球员触球后,身体重心逐步过渡到完全由左腿支撑,右踵提起,右膝向左膝靠拢,在右脚的推动下,腰部继续向左转动。身体仍绕轴心转动,在杆头的带动下,右臂逐渐伸直,右肩逐渐对准击出球的方向。杆头向目标方向大幅度挥出。在这个过程中头部始终保持不动,两眼注视击球前球的位置。

⑤结束动作

高尔夫的击球结束动作是整个挥杆击球过程的终点,它并不是刻意做出来的,而是正确、流畅而有节奏地挥杆的自然结果。

一般来说,当球员顺摆动作充分时,右臂继续带动右肩向下颌下方转动,杆头向左后上方运动,右臂保持伸直,左腋夹住。左臂肘部随着右臂的向上运动而向上弯曲,腰和肩向左转动,身体重量全部由左腿承担,左膝保持固定,左足支撑体重部位由足内侧向足跟部外侧转移。在臂到达右肩平直高度时,头部才随着转动轴转向目标方向,目视球的飞行。

# 第十二章　其他休闲体育运动习练指导

## 第一节　游泳运动

### 一、游泳运动概述

　　游泳运动是作为一种生存技能而产生和发展起来的,游泳是人在水里凭借肢体的动作同水相互作用而进行的活动技能。

　　人类的游泳活动源远流长,它是在古时人们的生产生活实践中逐渐形成的。追溯历史可以发现,游泳产生于居住在江、河、湖、海一带的原始群落,这里的人们沿着水源聚集居住,他们依山打猎,傍水捕鱼,为了寻觅食物,为了躲避猛兽的侵袭,不得不跋山涉水。当时,生活在这里的人们通过观察和模仿鱼类、青蛙等动物在水中游动的动作,逐渐学会了游泳。无论是为了生存时的逃避猛兽、捕猎,还是必要时的自救,游泳都是一门重要的求生技能。毫无疑问,游泳是人类最古老的生存手段之一。

　　现代游泳运动起源于英国。17 世纪 60 年代,英国不少地区的游泳活动就开展得相当活跃。18 世纪初传到法国,继而成为风靡欧洲的运动。1837 年,在英国伦敦成立了第一个游泳组织,同时举办了英国最早的游泳比赛。1869 年 1 月,在伦敦成立了大城市游泳俱乐部联合会(现英国业余游泳协会前身),游泳作为一个专门的运动项目正式固定下来,并随之传入各英殖民地,继而传遍全世界。1896 年第 1 届现代奥林匹克运动会设游泳比赛,自此游泳运动进入了竞技游泳运动的发展时期。1908 年第 4 届奥运会时,成立了国际业余游泳联合会(简称国际游联),审定了各项游泳世界纪录,制定了国际游泳比赛规则。在 1952 年第 15 届奥运会后,国际游联决定把蛙泳和蝶泳分开,作为两个独立的项目进行比赛。至此,现代竞技游泳的泳式演化基本完成,形成了以爬泳、仰泳、蛙泳、蝶泳 4 种泳式为基本技术的游泳竞赛项目群。

　　在我国,竞技游泳自 19 世纪末开始在广东、福建、上海等地流行,但技术低,发展缓慢。新中国成立后,特别是进入 20 世纪 90 年代以来,我国游泳运动员取得的成绩震撼了世界泳坛,令世界刮目相看。近年来,我国游泳运动发展迅猛,竞技游泳方面,我国运动员表现优秀,可圈可点。2013 年的巴塞罗那游泳世锦赛中,孙杨连续夺取男子 400 米、男子 800 米和男子 1 500 米自由泳金牌,成为继罗雪娟之后第二位在世锦赛中夺得五金的中国运动员。2014 年仁川亚运会上,中国游泳队获得了 38 枚金牌中的 22 枚,在男子 4×100 米自由泳接力赛中,宁泽涛绝地反超夺冠。男子 400 米自由泳中,孙杨力挽狂澜获得冠军;男子 1 500 米自由泳决赛中,孙杨以巨大优势夺得冠军。游泳项目女子三个项目的决赛,中国选手表现出色,包揽所有金牌。2015 年 4 月,在陕西宝鸡举办的全国游泳冠军赛暨世界游泳锦标赛选拔赛上,孙杨四金收官,叶诗文 400 米个人混合泳决赛夺冠,宁泽涛 100 米自由泳摘得金牌。大众游泳健身方面,为了适应现代人的游泳健身需求,我国各级体育部门不仅定期举办了各种层次的游泳指导员培训班,还依托社会力量定期举办各类游泳比赛,有效地激发了广大游泳爱好者的热情,目前,游泳健身已经深入人心,是健身健美的首选运动项目之一。

游泳运动集日光浴、空气浴、水浴于一体，对机体产生着深刻的影响。参与游泳运动能增强心肌机能，加快血液循环，促进血液更快捷、更好地流到全身各处，给身体各部分提供足够的氧气和营养。游泳还能提高运动者的内分泌功能，从而提高其在冷热的不同条件下对疾病的抵抗力，完善免疫系统。此外，在游泳特殊的水环境进行健身，能滋润皮肤、调节体温，还具有非常好的塑造形体的功能，非常适合人们进行健身锻炼。

## 二、游泳运动习练指导

### （一）蛙泳技术学练

1. 身体姿势

蛙泳运动是模仿青蛙游泳动作的一种泳姿，它是世界上最早的游泳姿势之一。其整个动作与青蛙游水十分相似，所以取名为蛙泳。蛙泳的特点是省力、持久、易观察、声音较小，头部可以出没水中呼吸，视野广阔，实用性较强。

运动员在游进过程中，身体姿势是不断变换起伏的，它是随着臂、腿及呼吸动作的周期性变化而不断变化着的。在一个动作周期中两臂前伸、两腿向后蹬直并拢时，身体几乎水平地俯卧于水中，头部夹在两臂之间，两眼注视前下方，腹部与大、小腿位于同一水平面上，臀部接近水面，身体纵轴与水平面约成 5°～10°（图 12-1①）。这种身体姿势，可以减小游进时的水阻力。

技术要点：游进过程中注意胸部自然伸展，稍收腹，微塌腰，两腿并拢，脚尖伸直，两臂并拢尽量前伸，全身拉伸成一直线。而在划水和抬头吸气时，上体会向前上方抬起，肩和背部的一部分上升露出水面，此时躯干与水面的角度较大（图 12-1②）。当两臂前伸、两腿向后蹬夹时，肩部随低头动作再次浸入水中，使身体恢复比较平直的流线型姿势继续向前滑行。

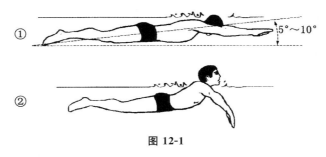

**图 12-1**

2. 腿部技术

运动员在蛙泳时的腿部动作，可以分为收腿、翻脚、蹬夹与滑行 4 个阶段。

（1）收腿阶段

收腿技术是翻脚技术、蹬夹技术的准备动作，是从身体伸直成流线型向前滑行的姿势开始的。收腿时，腿部肌肉略为放松，大腿自然下沉，两膝开始弯曲并逐渐分开，小腿和脚跟在大腿后面向前运动。收腿时，踝关节放松，脚底基本朝上，脚跟向上、向前移动，向臀部靠拢，两腿边收边分开。两小腿和两脚在前收的过程中要落在大腿的投影截面内，以避开迎面水流，减小收腿的阻力。收腿动作应柔和，不宜太用力。在收腿的过程中臀部略下降。收腿结束时，两膝内侧的距离约同肩宽；大腿与躯干约成130°~140°，大、小腿折叠紧，小腿接近于与水面垂直，整个收腿就像压缩弹簧一样，为翻脚和蹬夹做好准备（图12-2）。

技术要点：收腿速度要先慢后快，以尽力减少阻力。

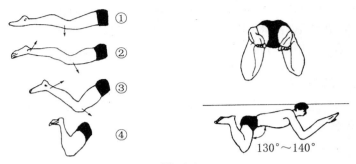

**图 12-2**

（2）翻脚阶段

翻脚技术实质上是运动员从收腿到蹬水的一个过程，是收腿的继续、蹬水的开始。它的主要目的在于使腿在蹬夹时有一个良好的对水面。在蛙泳技术中，翻脚动作的好坏会直接影响到蹬水的效果，而翻脚动作的好坏则取决于踝关节的灵活性和腿部的柔韧性。当收腿使脚跟接近臀部时，大腿内旋，两膝稍内扣，小腿向外张开，两脚背屈使脚掌勾紧向外翻开，脚尖转向两侧，使小腿和脚的内侧面向后，形成良好的对水面，为蹬夹动作做好准备。翻脚实际上是收腿的结束动作和蹬夹的开始动作。在收腿接近完成时就开始翻脚，翻脚快完成时就开始蹬夹，在蹬夹的开始阶段继续完成翻脚。

技术要点：收、翻、蹬夹三个动作应紧紧相连，一环扣一环，以在游泳过程中形成一个连贯圆滑的鞭状动作。

（3）蹬夹阶段

蹬夹技术是蛙泳游进中获得推进力的主要阶段。它在翻脚即将完成时就已开始。由于翻脚动作的惯性，脚在后蹬的开始阶段是继续向外运动，完成充分的翻脚。随后，由腰腹和大腿同时发力，依次伸展下肢各关节，两脚转为向后向内运动并稍下压，直至两腿蹬直并拢，完成弧形的鞭状蹬夹。蹬夹动作是"蹬"与"夹"的结合，两腿是边后蹬边内夹，当两腿蹬直时两膝也已并拢了。既不是完全向后蹬，也不是向外蹬直了再内夹并腿（图12-3）。蹬夹时，下肢各关节的伸展顺序是保持最大对水面积的决定因素。正确的顺序是：先伸髋关节，后伸膝关节，最后伸踝关节，直至两腿伸直并拢。蹬夹开始时，主要是大腿向后运动，膝关节不宜过早伸展，以使小腿尽量保持垂直对水的有利姿势，避免出现小腿向下打水的错误。在蹬夹过程中，脚应保持勾脚外翻姿势；在蹬夹将近结束时，脚掌才内旋伸直，完成最后的鞭水动作。如果先伸踝关节，则会破坏翻脚所形成的良好对水面，形成用脚尖蹬水的错误。

技术要点：在蹬夹过程中，脚相对于静止的水的运动轨迹是一条复杂的三维曲线，既有向后的运动，又有向外、向内、向下的运动，水对腿部动作的反作用力，由蹬腿升力和蹬腿阻力构成。在蹬夹过程中，蹬腿升力起着重要的推进作用。但由于小腿和脚的内侧面是向后对水，且相对于自身来说腿部向后运动的幅度较大，故蹬腿阻力对推进力的贡献更大些。这就要求大腿内收肌群在蹬夹过程中积极工作，限制腿脚过分的外张，以保证蹬夹方向主要向后。另外，由于升力和阻力都与速度的平方成正比，蹬夹动作的速度越快，产生的推进力就越大。强有力的蹬夹可以最大限度地提高蛙泳速度。因此,蹬夹时要充分发挥腿部肌肉的力量,逐渐加速。蹬夹开始时,动作应比较柔和,而最后伸直小腿和脚掌的动作则要快速有力。

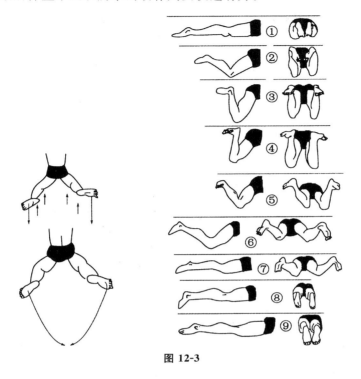

**图 12-3**

（4）滑行阶段

当运动员的蹬腿结束时,蹬夹结束后,其腿处于较低的位置,脚距离水面约为 30～40 厘米。此时,身体在水中获得最大速度,两腿伸直并拢,腰、腹、臀及腿部的肌肉保护适度紧张,使身体成流线型向前滑行,准备开始下一个腿部动作周期。

技术要点:注意保持两腿较高的位置,减少滑行时的阻力。

**3. 臂部技术**

蛙泳运动中运动员的整个手臂动作都是在水下完成的。对游泳者来说,手的划水路线近似于两个相对的"桃心形"。即两手从"桃心"的尖顶开始,不停顿地划动一周回到尖顶(图 12-4)。为便于分析,把蛙泳的一个划水动作分为外划、下划、内划、前伸等四个紧紧相连的阶段。

**图 12-4**

（1）外划动作

外划是从两臂前伸并拢、掌心向下的滑行姿势开始的。外划时两臂内旋,两手掌心转向外斜下方,略屈腕,两臂向外横向划动至两手间距离约为两倍肩宽处(图 12-5)。

技术要点:外划的动作速度较慢。

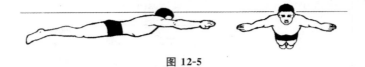

图 12-5

（2）下划动作

在运动员的手臂在继续外划的同时,前臂稍外旋,肘关节开始弯曲,转腕使掌心转为朝后下方,以肘关节为轴,手和前臂加速向下、向后划动。下划结束时,肘关节明显高于手和前臂,手和前臂接近垂直于游进方向,肘关节约屈成 130°(图 12-6)。

技术要点:在下划的过程中,手和前臂的运动速度快,幅度大,而上臂的移动不多,前臂与上臂之间的夹角迅速缩小。

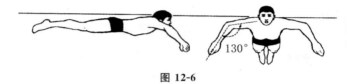

图 12-6

（3）内划动作

内划是手臂划水产生推进力的主要阶段。下划结束,掌心迅速转向内后方,手臂加速由外向内并稍向后横向划动,屈肘程度进一步加大,肘关节也同时向下、向后、向内收夹至胸部侧下方,两手划至胸前时的动作应规范,尽量将双手靠在一起(图 12-7)。

技术要点:蛙泳手相对于静止的水的运动轨迹实际上是一条复杂的三维曲线。手在划水时并没有大幅度的向后的运动,而主要表现为明显的横向和上下方向的运动,就好像是手握着一个固定的把手将身体拉引向前。蛙泳划水阻力朝内,两臂上的划水阻力互相抵消。但由于屈腕动作,手掌平面与划动方向约成 40°的迎角,所产生的划水升力起着推动身体前进的作用。手臂向下、向后的划动不仅为强有力的内划做好了准备,还可以产生升、阻力并重的推进力推动身体前进。内划阶段手臂的对水面大,手掌平面与手的划动方向约成 30°~40°的迎角,水的反作用力以划水升力为主。此时胸背部和肩带的肌群亦处于收缩发力的最有利部位,两臂的向内划动可以有很大的加速度。所以内划阶段是蛙泳手臂划水产生推进力推动身体前进的主要阶段。

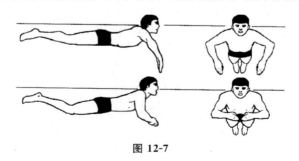

图 12-7

（4）前伸动作

当运动员的内划接近完成时,两手在继续向内、向上划动的过程中逐渐转为向上、向前弧形运动至颌下。此时两手靠拢,两掌心逐渐转向下,手指朝前。接着,肘关节不停顿地沿平滑的弧线前移,推动两手贴近水面向前伸出。与此同时迅速低头,将头夹于两臂之间。伸臂动作完成时,两臂伸直并拢,充分伸肩,两手掌心向下,成良好的流线型向前滑行(图 12-8)。

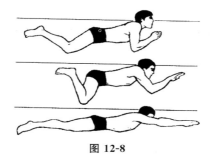

图 12-8

技术要点:初学者应注意在内划结束转前伸时,手臂不能停顿。

4.完整配合技术

蛙泳一般采用呼吸、手臂和腿 1:1:1 的配合技术,即在一个完整动作周期中,蹬夹一次,划臂一次,呼吸一次。配合游时应在充分发挥臂、腿力量的基础上,努力做到协调、连贯、有节奏和匀速前进。

(1)臂与腿的配合

蛙泳运动中,臂和腿的配合是一种交替进行稍有重叠的技术。两臂外划和下划时,两腿保持稍紧张的伸直姿势;两臂内划时,两腿放松,两膝下沉,开始收腿;两臂开始前伸时,迅速完成收腿并做好翻脚动作;两臂接近伸直时,开始向后快速蹬夹;蹬夹结束后,全身伸直成良好的流线型向前滑行(图 12-9)。对于初学者来说,注重蹬夹后的滑行具有十分重要的作用。只有在带滑行的从容游进中,才能掌握配合技术的要领,形成正确的动作节奏。

技术要点:初学者可以经常做长滑行计动作次数的游进练习来检验自己臂、腿动作的效果。

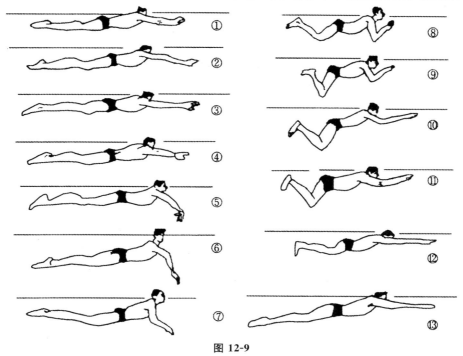

图 12-9

(2)呼吸与臂的配合

蛙泳的呼吸是和手臂的划水动作紧紧结合在一起的,主要有以下两种类型。

①早吸气配合:运动员的两臂开始外划时,颈后肌收缩,开始向上抬头,下颌前伸,使口露出水面将气吐尽;在两臂下划和内划的过程中吸气;两臂前伸时低头闭气;滑行时在水中呼气。这种呼吸方式利用了划水开始阶段手臂向外、向下划动所产生的向上的反作用力,使头部比较容易抬出水面,整个呼和吸气的时间较长,动作比较从容。早吸气配合技术比较适合于初学者采用。

②晚吸气配合:晚吸气配合技术没有明显的抬头和前伸下颌的动作。两臂外划和下划时,身体仍保持较平直的流线型姿势;在两臂内划的过程中,随着头、肩的上升,口露出水面将气吐尽;内划结束头、肩向前上方升至最高位置时快速吸气;两臂前伸时迅速低头闭气;滑行时向水中呼气。这种呼吸方式有利于减小水的阻力,同时有利于更好地发挥手臂划水的力量,动作紧凑连贯,前进速度均匀。

技术要点:无论是采用哪一种呼吸类型,都应该注意和手臂配合协调,运动者可结合自身实际情况科学选择呼吸方式。

### (二)爬泳技术学练

爬泳运动又叫自由泳运动,即自由的不受姿势限制的游泳,是四种竞技游泳中速度最快的一种泳姿,按规则要求,自由泳比赛中,可采用任何一种姿势游进。但由于游爬泳时,身体俯卧在水中,身体几乎与水面平行,有较好的流线型;两腿不停地做上下打水,两臂依次轮流向后划水,因此推进力均匀,动作结构简单,效果好;动作配合协调,既省力又能发挥最大的速度。因此,爬泳是运动员在自由泳比赛中经常采用的运动形式。

1. 身体姿势

爬泳运动中,运动员的身体应平直地俯卧在水中,身体的纵轴与水平面保持3°~5°(图12-10)。头微微抬起,这种平直的姿势能缩小前进时的截面,有助于减少阻力,颈部自然后屈与水平面成20°~30°,两眼注视前下方。两臂轮换前伸向后划水,两腿上下交替打水。在游进中身体可以有节奏地转动,这种转动一般为35°~45°(图12-11)。

技术要点:游进过程中身体保持平直,既不要收腹提臀,也不要挺胸塌腰。

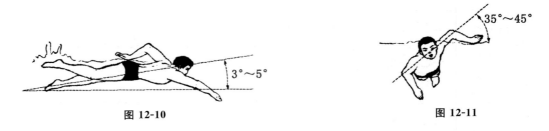

图 12-10    图 12-11

2. 腿部动作

爬泳腿的动作主要起维持身体平衡的作用,使下肢抬高,保持身体流线型,以及协调两臂有力的划水动作,并能起一定的推进作用。向下打腿时,腿自然伸直,由髋关节发力,大腿带动小腿。打水时,一般两腿间差距为30~45厘米。向下打水时,动作要快而有力,向上提腿时应放松一些。在向下打水时,由于惯性的作用,小腿和脚仍继续向上移动,而使膝关节有些弯曲,弯曲程度一般为 $140°\sim160°$。打水时脚尖自然伸直,向下打水时两腿应自然向里转一些。

技术要点:运动员在爬泳的打腿过程中,应以髋为轴,在向上直腿和向下屈腿时,大腿一直都处于领先,连续不断地做动作,所谓鞭状打水,即向上动作快要结束时就开始向下打水,向下打水快要结束时又开始向上打水,大腿领先,与膝关节和踝关节不停顿地形成时间差。向下打水要用较大的力量和较快的速度来完成,以便产生较大的推进力和浮力。

3.臂部动作

爬泳的手臂动作可分为入水、抱水、划水、出水和空中移臂五个不可分割的部分,它们共同组成了一个完整的动作,彼此之间并没有明显的界限。

(1)入水动作

运动员在完成空中移臂后,手应向前,自然放松地入水,臂入水时,肘关节略屈并高于手,手指自然伸直并拢,约与水面成 $45°$,拇指领先斜插入水,动作要自然放松,按照手—前臂—上臂的顺序入水(图 12-12)。

技术要点:注意臂的入水点应在肩的延长线上或在身体中线和肩的延长线之间。

图 12-12

(2)抱水动作

运动员的臂入水后,手掌从向斜外下方转向斜内后方,屈腕、屈肘,并保持高抬肘姿势。抱水时,上臂和水平面约为 $30°$,前臂与水平面约为 $60°$,手掌接近垂直对水,肘关节屈成约 $150°$,整个手臂像抱个球似的。

技术要点:抱水过程中,手肘高抬,手掌与对面垂直。

(3)划水动作

划水是指手臂与水平面成 $45°$ 起,向后划至与水面成 $15°\sim20°$ 止的这一过程。是获得推动力的主要阶段,这个阶段又分为两部分,从整个臂部划至肩下方与水平面垂直之前称"拉水",过垂直面后称"推水"。拉水时前臂的速度快于上臂,继续屈肘,当臂划至肩下方时,手在体下靠近身体中线,屈肘约 $90°\sim120°$(图 12-13)。整个拉水过程应保持高肘姿势,使手和前臂能更好地向后划水。在推水过程中,为了使手掌始终与水平面垂直,推水时要逐渐放松腕关节,使手伸展开与前臂构成一个约为 $200°\sim220°$。向后推水是通过屈臂到伸臂来完成的,为了使前臂、手掌能以最大面积对水,在推水中肘关节要向上,向体侧靠近。

技术要点:整个划水动作过程中,即从拉水到推水的过程中应保持动作连贯、快速,中间没有停顿。整个划水动作,手的轨迹是向下—向后—向上,划水路线呈"S"形。

图 12-13

（4）出水动作

划水结束后，借助推水后的速度惯性，利用肩三角肌、肩带肌的收缩及身体沿纵轴的转动，将肘部向上方提起，并迅速将臂部提出水面。

技术要点：出水时，放松臂部和手腕。

（5）空中移臂动作

臂出水后，在肩的转动下，带动整个手臂向前移动，移臂时仍保持高肘屈臂的姿势。整个移臂的前半部分肘关节领先，前臂和手的动作较慢，移臂完成一半时，手和前臂赶上肘部，并逐渐向前伸出，掌心也从后上方转向前下方，做好入水准备动作。

技术要点：移臂是出水的继续，两个动作应保持连贯、不能停顿，移臂时动作应放松自如，尽量不破坏身体的流线型；移动的手臂应和另一臂的划水动作协调一致。

4.完整配合技术

（1）两臂配合

爬泳两臂是否协调配合，是前进速度均匀性的重要条件。两臂配合，通常有前交叉、中交叉和后交叉三种方法。首先，前交叉是指一臂入水时，另一臂处在滑下阶段（图 12-14①）；其次，中交叉是指一臂入水时，另一臂已经进入划水阶段的中间部分（图 12-14②）；最后，后交叉是指一臂入水时，另一臂已经进入划水阶段的后半部分（图 12-14③）。中交叉和后交叉有利于发挥两臂力量和提高动作频率，加快速度，保持连续的推进力。

图 12-14

技术要点：上述三种配合形式都有其各自的特点，初学者应采用前交叉，以便其掌握正确的爬泳动作和呼吸方法。

（2）呼吸与臂部动作的配合

爬泳运动中，运动员的呼吸是利用头向左侧或右侧的转动，用嘴进行呼吸。如以向右呼吸为例：右手入水以后，嘴和鼻开始慢慢地呼气；右臂划至肩下向右侧转头，呼气量开始增加；当右臂划水即将结束，呼气量进一步加大；右臂出水时，马上张嘴吸气；移臂到一半时，吸气结束，闭气，继续转头和移臂，脸部转向前下方。头部姿势稳定时，右臂又入水开始下一次呼吸。如此反复循环进行呼吸。

技术要点：如果运动员对呼吸与臂的配合技术尚未熟练，可以多划几次臂吸一次气。而具有一定水平的游泳运动者则可以视游距长短和训练水平而定，长距离多为两划一吸或三划一吸，短距离可多划几次臂吸一次气。

（3）呼吸和完整动作的配合

完整的配合技术是游泳运动员匀速地、不间断地向前游进的保证。爬泳腿、臂、呼吸的配合动作，一般采用两臂各划水一次、呼吸一次和打腿六次的配合方法。为了充分发挥手臂作用，提高游进速度，也有采用两臂各划水一次、呼吸一次和打腿四次的配合方法。

技术要点：在配合中，呼吸和腿的动作都应该服从于手臂动作的需要。初学者应首先抓好臂腿配合，再加呼吸配合，而不宜过早强调呼吸。

**（三）仰泳技术学练**

仰泳运动又被称为背泳运动，是人体仰卧在水中进行游泳的一种姿势，同爬泳一样属于交替性动作。人们在蛙泳或踩水的过程中，发现只要将身体仰卧过来，臂腿稍微做动作就可以游动，脸部还能露出水面。最后发展为两腿上下交替踢水，两臂在体侧轮流向后划水的爬式仰泳技术。仰泳的最大优点就是游泳者的脸一直露在水面上，不存在呼吸和换气的问题，并且动作非常容易掌握，因此多数人都很喜欢这种游泳的姿势。但在游泳方向的掌握上需要花费较大的时间和精力去学习。

1.身体姿势

运动员在仰泳过程中身体要自然伸展，接近水平地仰卧于水面，头和肩部略高于臀，水齐耳际，脸部露在水面上，身体尽可能处于高的位置，腹部和两腿大约在水面下5～10厘米，游进时身体应随划水和打腿动作绕纵轴自然且有节奏地转动，转动的角度在45°左右（图12-15）。

技术要点：仰泳过程中应注意以下三个方面，首先，头部应尽量保持不动。在进行仰泳运动时，头起到了"舵"的作用，并且它还可以控制身体左右转动。头应保持相对稳定，不要上下、左右晃动，但颈部肌肉不要过分紧张，后脑处在水中，水位在耳际附近，两眼看腿部的上方。其次，腰部肌肉要保持适度的紧张，以不至于使身体过分平直和屈髋成坐卧姿势为前提。肋上提，不要含胸。快速游进时，身体的迎角能使体位升高，一些水平较高的运动者不仅可以使肩和胸部露出水面，而且还可以使腹部也经常露出水面。最后，身体的纵轴应随着两臂划水动作而自然滚动，滚动的角度根据个人的情况不同而稍有差别，肩关节灵活性不好的人滚动小，肩关节灵活性较好的人滚动大。

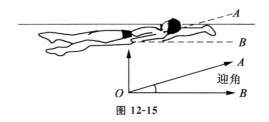

**图 12-15**

2.腿部技术

良好的腿部动作是使运动员在仰泳过程中保持身体处于较好角度、水平姿势的重要因素之一，正确的踢水动作不但可以控制身体的摆动，还能产生一定的推进力。仰泳运动中腿部动作可以分为以下两个部分。

（1）下压阶段

仰泳的腿部动作中的下压动作即直腿下压。腿向下压的动作是借助于臀部肌群的收缩来完成的。在整个腿下压动作中，前2/3由于水的阻力，膝关节充分展开，腿部肌肉放松。当大腿下压到一定程度时，由于腹肌和腰肌的控制，停止向下而过渡到向上移动，由于惯性的作用，小腿仍然继续向下，造成膝关节弯曲，所以在腿下压的后1/3是屈腿的。随着惯性的逐渐减弱和大腿的带动，小腿也开始向上移动，但此时脚仍然继续向下，直到惯性消失，大腿、小腿和脚一次结束向下的动作，构成向下"鞭打"的动作。

（2）上踢阶段

仰泳的腿部动作中的上踢动作即屈腿上踢,腿的上踢动作需要用较大的力量和速度来进行,并且逐渐加大到最大力量和速度。当大腿向上移动超过水平面时就结束向上的动作,此时膝关节接近水面。随后小腿和脚也依次结束向上,使膝关节充分伸展,构成向上"鞭打"的动作。

技术要点:首先,由于下压的动作不产生推进力,因此相对的要求速度不要太快,腿部各关节自然放松。当下压动作结束时,由于水对小腿的阻力和大腿肌肉的牵制,大腿与小腿约成135°～140°角,小腿与水平面约成40°～45°,此时大小腿弯曲到最大程度,小腿和脚对水的面积较大。其次,上踢动作是以大腿带动小腿、小腿带动脚来完成的,并且在任何情况下,尽量不要使膝关节或脚尖露出水面。上踢时,脚尖应内旋以加大对水面积。

3.臂部技术

和爬泳的摆臂一样,仰泳臂的划水动作也是由入水、抱水、划水、出水和空中移臂五部分组成,两臂的屈臂划水也是相互交替进行的,不同的是仰泳划臂在人的体侧进行,如同划船时交替划水的桨。

（1）入水动作

入水时,手臂伸直,掌心朝外,小拇指领先入水,手稍内收,与小臂约成150°～160°。入水点一般在肩的延长线与身体纵轴之间（图12-16）。

技术要点:臂入水的同时应展胸伸肩。

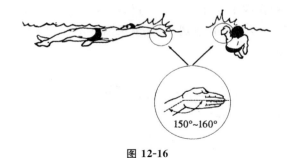

**图 12-16**

（2）抱水动作

抱水动作是为接下来的推水动作创造有利条件的。手臂入水后,要利用移臂时所产生的动量积极下滑到一定的深度,手掌向下,向侧移动,通过伸肩、屈肘、上臂内旋和屈腕的动作,配合身体的滚动,使手掌和前臂对准水并有压力的感觉。

技术要点:完成抱水动作的即刻,肘部微屈约成150°～160°,手掌距水面约30～40厘米,肩保持较高的位置。以便为接下来的推水动作做好准备。

（3）划水动作

划水动作是推动身体前进的主要动力。划水动作包含拉水和推水两个阶段。

拉水阶段:在臂前伸抱水的基础上进行。开始时前臂内旋,手掌上移,肘部下降,使屈肘程度加大,手掌和水必要保持与前进方向垂直。当手掌划至肩侧时,屈臂程度最大,约为70°～110°,手掌接近水面。

推水阶段:在手臂划过肩侧时开始,这时肘关节和大臂应逐渐向身体靠近,同时用力向脚的方向推水。当推水即将结束时,小臂内旋做加速转腕下压的动作,掌心由向后转向向下。推水结束时,手臂要伸直,手掌在大腿侧下方,借助于手掌压水的反弹力迅速提臂出水。

技术要点:整个划水动作由屈臂抱水开始,以肩为中心,划至大腿外侧下方为止。

(4)出水动作

仰泳出水动作的手形有很多种,常见的主要有以下三种:即手背先出水;大拇指先出水;小拇指先出水。这三种手形各有利弊,相对来说最后一种较好。

技术要点:无论采用哪种手形出水,都要注意使手臂自然、放松和迅速,并且要先压水后提肩,肩部露出水面后,由肩带动大臂、小臂和手依次出水。

(5)空中移臂动作

提臂出水后,手应迅速从大腿外侧垂直于水面移至肩前。当手臂移至肩上方时,手掌内旋,使掌心向外翻转(图 12-17)。

技术要点:空中移臂时,臂伸直放松。移臂的后阶段要注意肩关节充分伸展,为入水和划水做好准备。

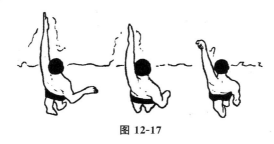

**图 12-17**

4.完整配合技术

(1)两臂配合

仰泳两臂的配合是"连接式"的,即当一臂划水结束时,另一臂已入水并开始划水;一臂处于划水的一半,另一臂正处于移臂的一半。

技术要点:在整个臂的动作过程中,两臂应几乎处在完全相反的位置。

(2)臂和呼吸的配合

仰泳的呼吸比较简单,一般是 2 次划水 1 次呼吸,即一臂移臂时开始吸气,然后做短暂的憋气,当另一臂移臂时进行呼气。在高速游进时也可以 1 次划水 1 次呼吸,但是呼吸不能过于频繁,否则会使得呼吸不充分,造成动作紊乱。

技术要点:呼吸要有节奏,使肺部呼吸正常不易产生疲劳。

(3)臂、腿配合

臂、腿配合是否合理,影响到整个动作是否平衡和协调自然。现代仰泳技术中一般都采用 6 次打腿 2 次划水的配合技术,也有少数人采用 4 次打腿的技术。

技术要点:臂划水的同时,避免腿的上踢、下压动作造成身体的过分转动,以保持身体的平衡性和协调性。

**(四)蝶泳技术学练**

由于蝶泳运动是从蛙泳运动逐渐演变而来的一种游泳姿式,最初腿部动作模仿蛙泳的蹬夹水,两臂对称由前往后划出水面经空中前摆,动作近似蝴蝶飞行,故称蝶泳。由于它腿部的游泳动作酷似海豚,所以又称为"海豚泳"。蝶泳技术是所有游泳姿势中最复杂的,对游泳者的身体素质要求较高。

1. 身体姿势

与其他泳式不同,蝶泳没有一个固定的身体姿势,头和躯干各部分的相对位置在一个动作周期中不断地发生着变化,形成上下起伏的波浪状摆动。这种波浪状的身体姿势,是由于蝶泳臂、腿及呼吸的特殊技术而自然形成的,其主要表现是头、肩、臀及腿部在水中有节奏的上下波动。在两臂入水时,由于移臂动作的惯性,头、肩随之下潜;两臂外划抓水、两腿完成第一次向下打水时,由于水对腿的反作用力的作用,臀部向前、向上升至水面;两臂拉水、两腿上摆、开始抬头吸气时,头、肩升出水面而臀部略下沉;当两臂推水结束开始出水、两腿完成第二次向下打水时,臀部略为升高,身体保持着一个相对水平的姿势;当两臂经空中前移,两腿再次上摆时,臀部又略为下沉(图12-18)。

技术要点:吸气时抬头,移臂时低头。在蝶泳的一个动作周期中,随着臂的划水和呼吸动作,头、肩有一次上下波动;随着腿部的两次打水动作,臀部有两次上下波动。

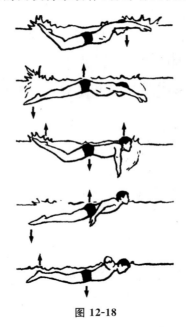

图 12-18

2. 腿部技术

蝶泳在打腿时,两腿自然并拢,两脚跟稍分开,脚掌稍内旋使两脚拇指靠拢,踝关节放松。脚的这种"内八字"姿势有利于增大脚掌打水时的对水面,提高打水效果。蝶泳打腿技术的一个动作周期可以分为向上打水和向下打水两个阶段。

(1)向上打水阶段

蝶泳过程中,向上打水时两腿应伸直,两脚处于最低点,臀部上升至水面。此时,臀大肌收缩使髋关节展开,两腿上抬。在向上抬腿的过程中,膝关节和踝关节放松,水的阻力使两腿保持自然伸直的状态。向上抬腿的动作使臀部开始下沉。当两腿上抬到脚稍高于臀部水平时,大腿停止上移并转而向下运动,髋关节开始弯曲,小腿和脚则由于运动惯性而继续上抬,膝关节逐渐弯曲。向上打水阶段结束时,臀部下降到最低点,脚抬得接近水面,膝关节屈成 $110° \sim 130°$(图

12-19①～④）。

技术要点：向上打水时，臀部向上。不要以躯干的动作带动腿的动作。

（2）向下打水阶段

蝶泳过程中，向下打水时踝关节应放松，两脚在水的阻力作用下充分跖屈，使脚背保持良好的对水面状态。此时腰部发力，收腹提臀，髋关节继续弯曲，大腿加速下压，带动小腿和脚向下运动。在向下打水的过程中，膝关节开始伸直。当两腿下打至膝关节接近伸直时，大腿即停止下压并转而向上运动。此时股四头肌做强有力的收缩，促使膝关节迅速伸直，带动小腿和脚加速向下鞭打。当两脚下打至最低点时，膝关节完全伸直。向下打水的动作使臀部上升至水面，大腿与躯干约成160°（图12-19⑤～⑦）。至此完成一个海豚式打腿的完整动作，紧接着开始下一个打腿动作周期。

技术要点：向下打水时，臀部向下。不要以躯干的动作带动腿的动作。

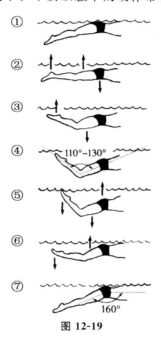

图 12-19

3. 臂部技术

蝶泳运动中，两臂的划水是推动身体前进的主要因素，其所产生的推进力大于其他泳式，躯干和腿的波浪动作均服从于手臂的动作。蝶泳的一个臂部动作完整动作周期可划分为入水、划水、出水和空中移臂四个紧紧相连的动作阶段。

（1）入水动作

入水动作应借助空中移臂的惯性顺势完成。两臂入水时，手指自然伸直并拢，臂稍内旋，肘关节稍屈并高于手，掌心朝外下方，手掌与水平面约成45°，以拇指领先在肩的延长线（通过肩关节与纵轴平行的直线）前端切入水中。入水时两手的距离同肩宽，手臂按手—前臂—上臂的顺序依次入水（图12-20）。

技术要点：入水应该柔软而不打水，以避免激起过多的水花。

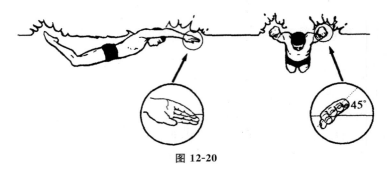

图 12-20

（2）划水动作

划水动作中，手从入水到出水这一段的划水路线在水平面上很像两个相对的"S"形（图 12-21），所以人们就把这种划水路线称为"双 S"形，也有将其称为"钥匙洞"形或"漏斗"形的。我们可以将其大体划分为抓水、拉水、推水三个阶段。

图 12-21

具体如下：

抓水：当两手入水后，应先借助空中移臂的动作惯性伸直肘关节，两臂稍内旋并稍屈腕，掌心转向外后方，手掌接近垂直于水面，并与游进方向成 40°～50°，以指尖领先向外划至约两倍肩宽处。此时肘关节开始弯曲，掌心转向外下后方（图 12-22）。

图 12-22

拉水：拉水是指手臂从抓水结束处划至肩的横切面这一阶段，根据拉水时手臂的主要运动方向可以分为"下划"和"内划"两个环节。"下划"时，手臂向下并稍向外沿弧线划动，肘关节继续弯曲形成高肘姿势，掌心朝外下后方，直至手接近划水路线的最深处（图 12-23）。紧接着，手臂开始"内划"，掌心转向内后方，手掌向内、向上和向后沿弧线划至肩下方靠近身体中线处，屈肘程度逐渐加大。当两手划至肩下方时，屈肘程度达到最大，前臂与上臂成 90°～100°，两手接近靠拢（图 12-24）。

推水：当两臂拉水至肩下时，即转入推水。此时上臂内收，肘部向体侧靠拢，掌心转为朝着外后方，两臂保持屈臂高肘姿势划至腹下，两手之间仍保持很近的距离。接着，肘关节用力伸展，使手继续加速向后、向外、向上划至大腿前外侧。推水结束时，肘关节并未完全伸直，前臂与上臂保持 150°～160°（图 12-25）。

技术要点：抓水时应注意肘动作的弯曲时机；拉水应紧接着抓水动作进行，拉水下划时应注意不要使掌心完全朝下直接向下压水,否则,产生的反作用力将主要使头和躯干向上举起,而不是使身体向前运动;推水时,手掌应往掌背的方向伸展。

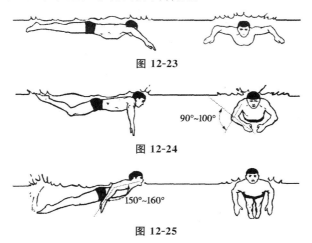

图 12-23

图 12-24

图 12-25

（3）出水动作

出水动作是在手臂推水结束后紧接着发生的动作技术,运动员在推水动作的最后阶段手划至大腿的前外侧时,肘关节已提出水面。推水一结束,手腕即放松使掌心转向内朝着大腿。此时,借助手臂向上、向外弧形划动的惯性,略屈肘,按上臂—前臂—手掌的顺序将手臂向上、向外提出水面(图 12-26)。

技术要点:整个提肘出水的动作应迅速、干脆,紧紧接着推水动作进行,中间不能有丝毫的停顿,否则动作难以完成。手出水时小指则应领先,以减小出水阻力。

图 12-26

（4）空中移臂动作

蝶泳的空中移臂动作是指运动员的两臂提出水面后,即沿身体两侧低平的抛物线向外、向前抢摆。受出水动作的影响,移臂开始时肘关节仍呈微屈状态。当两臂摆过肩的横切面时,转为向内、向前移动。此时肘关节微屈并略高于手,掌心转朝外斜下方,准备再次入水进行下一个周期的臂部动作(图 12-27)。

技术要点:两臂在空中移臂,即向外、向前抢摆的过程中自然伸直,并始终保持拇指朝下的姿势。

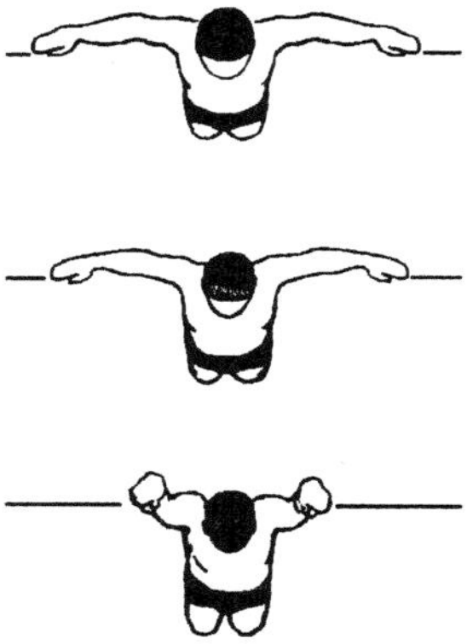

4.完整配合技术

在进行蝶泳运动时应做到臂、腿动作及与呼吸之间的协调配合。

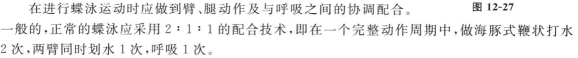

图 12-27

一般的,正常的蝶泳应采用 2:1:1 的配合技术,即在一个完整动作周期中,做海豚式鞭状打水2 次,两臂同时划水 1 次,呼吸 1 次。

（1）呼吸与臂的配合

在游蝶泳时,对于呼吸时机的掌握是非常关键的。呼吸必须与两臂的划水动作严格合拍,才能保持身体的流线型姿势,保持两臂划水的持续,并保证完整配合动作的协调连贯。正确的呼吸方法是,两臂外划抓水时,头开始上抬;在两臂下划和内划的过程中继续抬头;内划结束两臂划至肩下时头抬出水面,下颌前伸;在两臂推水及空中移臂的前半段张口吸气;两臂前摆准备入水时迅速低头,稍闭气后开始呼气。头应在手臂入水之前浸入水中,但不宜过于下潜。头部领先于手臂入水,可以使头迅速得到水的浮力作用,从而避免了由于抬头吸气和空中移臂而造成的身体下沉。这种呼吸方法叫做晚呼吸,动作协调自然,在两臂推水使身体位置上升至最高点时吸气,有利于保持身体相对水平的姿势,减小水的阻力。同时能使肩带肌和胸廓肌放松,给呼吸创造良好的条件。

技术要点:应随着两臂的划水及身体的波浪起伏而有节奏地抬头吸气。

(2)臂与腿的配合

蝶泳运动中臂的划水与腿的鞭状打水之间的配合非常严格,二者之间的精确关系若被破坏,就会对动作的连续性和协调性产生直接的影响,失去正确的动作节奏,造成推进效果的下降。臂与腿的正确配合方法是,两臂入水时双腿开始做第一次向下打水,在屈腕抓水时完成腿的下鞭;两臂拉水的过程中双腿上抬;在两臂推水的过程中双腿开始做第二次向下打水,臂出水时完成腿的下鞭;两臂空中前移的过程中双腿上抬。

技术要点:在蝶泳的一个完整配合技术动作周期中的两次打腿,用力程度应当一致或接近一致(图 12-28)。但身体位置的不同,会造成第 1 次打腿的幅度稍大于第 2 次打腿幅度的差别。第 1 次向下打水时,头、肩浸在水中,腿可以做较长时间较大幅度的下鞭,使臀部向前向上升至水面;在接下来的拉水阶段中,由于头和肩仍然没于水中,双腿有可能上抬至较高位置。第 1 次下打是在空中移臂引起身体下沉和游速减慢的情况下进行的。手臂与腿的配合应从尽量发挥游泳者的长处去考虑。

**图 12-28**

# 第二节　广场舞

## 一、广场舞概述

广场舞在我国有着悠久的历史,最早的广场舞是统治阶级用来进行宗教祭祀的一种形式和手段,是原始生活和古代社会最为常见的智力活动之一,有文字的记载就可以追溯到战国中晚期,《管子·轻重己》说:"以春日至始,数九十二日,谓之夏至,而麦熟。天子祀于太宗,其盛以麦。……"也有学者认为,早在原始狩猎生活时代,人们通过围着火堆蹦跳来庆祝狩猎成果、驱赶野兽,后来逐渐发展成为祭祀活动,如果说广场舞的前身是祭祀活动,那它的起源可以追溯到更早时期。由此看来,广场舞产生于人类早期的生产劳动中,随着时代的变迁,其意义也在不断变化,由早期的生存行为逐渐发展成后来的祭祀活动,再经过近现代的传承,最终演变成今天所说的健身广场舞。

广场舞的功能和表演区域在不断发生着重大变化,从中华人民共和国成立以来,党和政府非常重视民众文化的建设和发展。特别是进入 20 世纪 90 年代以后,政府在县级以上城市建立了许多文化广场。随着社会的不断进步和发展,广场文化作为一种社会文化现象、广场文化重要表现形式的广场艺术,已经越来越受到人们的关注。广场舞正在悄然发生大的变化,广场舞从乡村走进城市,成为城市文化建设不可缺少的内容。

当代广场舞融入现代舞蹈的意识、行为和形式,从而形成具有现代广场舞蹈的风格。21 世纪的广场舞,已经被越来越多的不同年龄层次的人肯定,大家都开始关注自己的健康,年轻人和老年人的互动也为广场舞增加了许多的乐趣。广场舞作为在现代城市广场发展的产物,不仅是一种文化现象,更成为了一种值得关注的社会现象。它一方面反映着城市社区的完善程度,一方面体现着社会主义制度下的生活满意度,是精神文明建设的一个重要指标和象征。

关于广场舞的定义,可能到目前为止还没有人给出一个确切的、权威的说法,不同的学者从不同侧面对广场舞的概念进行了探讨。一般学者把广场舞看作舞蹈的形式之一,主要从功能,特点、目的、内容等角度来界定广场舞。归纳起来主要有几种观点:一是认为广场舞是一种舞蹈类型,如"广场舞是自发性以健身为目的的在广场上进行的舞蹈"。二是认为广场舞是一种舞蹈形式,如"广场舞蹈是一种通常在广场开展的以歌舞形式呈现的具有开放性、自娱性、广泛性的群众参与性及大众化的节奏韵律感和艺术美感的舞蹈样式。"三是认为广场舞是一种社会活动,如"广场舞是一种集健身与形体舞蹈为一体,配以富有节奏感的音乐、在广场、院坝等宽敞场地开展的群众性舞蹈活动。"

广场舞是一种健身自娱活动,有学者将其定义为:现代广场舞是指人民群众自发的,在广场上进行的、统一的,以健身、自娱、交友为目的,在音乐伴奏下的以舞蹈为载体的健身活动。当然,随着人们对现代广场舞认识和研究的深入,对现代广场舞定义的理解也会进一步加深。

## 二、广场舞习练指导

### (一)《月光下的毡房》

以歌曲《月光下的毡房》为配乐,该舞蹈选取了蒙族舞蹈风格及动作元素,并结合健身健美操的一些基本步伐,音乐总时长为 3 分 32 秒。

1. **热身阶段**

0～40 秒,共 5 个八拍,其具体的动作组成如下。

(1)转体 90°迈步前进,双臂平举胸前,手腕上下运动,反方向相同。

(2)右脚前踏步,左脚后点地,双臂平举胸前手背相对,做压腕点地动作,反方向相同。

(3)右脚前踏步左脚后点地,双臂上举手背相对,做前进后退压腕动作。

2. **基本阶段**

40 秒～1 分 30 秒,共 6 个八拍,其具体的动作组成如下。

(1)左脚斜前方 45°迈步,右脚向后抬腿后并步半脚尖立,手臂胸前右下至上顺时针画圆至左下方 45°,反方向相同。

(2)向左侧并步小跳,双手从胸前向两侧打开手伸直,反方向相同,再次反向时并脚时转体 180°。

(3)迈步前进,双臂平举胸前,手腕上下运动,搓步后踏步点地双手平举。

3. **主要阶段**

1 分 30 秒～3 分 30 秒,共 20 个八拍,其具体的动作组成如下。

(1)左脚前右脚后披腿半蹲,双手提前左右摆臂,左腿向左侧迈步立半脚尖,右腿向后抬起,双臂由下向两侧打开平举,后落右脚立半脚尖,吸左腿同时转体 90°,双手由提前交叉经两侧划圆至上举,落左脚转体 360°,至左脚在前半蹲重复。

(2)右脚向前迈步并左脚半脚尖立,双手提前平举水平打开向上合并再打开至体侧,反方向相同。

4. **恢复阶段**

3 分 30 秒～4 分,共 5 个八拍,其具体的动作组成如下。

(1)左脚前右脚后半蹲后立半脚尖向左侧做小碎步横移,左手臂左侧平举右手臂膀前,双手挽花;左脚向右前方踏步,半蹲后顺时针转体 360°,接反方向。

(2)吸左腿向后迈步左脚点地,双手由两侧向上划至胸前,吸右腿向后迈步左脚点地,双手由胸前向上打开至体侧平举。

(3)右脚向前点地,前顶左胯,双手放胯前,反方向相同。

**(二)《弯弯的月亮》**

以歌曲《弯弯的月亮》为舞蹈配乐,选取现代舞蹈风格及动作元素,并结合健身健美操的一些基本步伐而创编出的一套具有现代舞元素的广场健身舞。音乐总时长为 5 分 10 秒。

1. **热身阶段**

0～1 分钟,共 6 个八拍,其具体的动作组成如下。

(1)背面半脚尖立,碎步平移同时头部做逆时针绕环,头部右转 180°,身体跟随转体 180°。

(2)右脚向前迈步,左脚跟随向前迈步点地,重心在右脚,身体前屈,双手由下经后至前,左脚向后迈步转体移重心左手前伸,反方向相同。

(3)右脚向前并脚转体 180°,右脚在前左脚在后。

**2.基本阶段**

1～2分钟,共6个八拍,其具体的动作组成如下。

(1)右手前平举,头部做左右转动后左手随右手方向前伸,左脚由后经左侧向前画圈至前上步,重心在前后的右脚和左脚间转换。

(2)右脚蹲后立起,双脚半脚尖碎步向右做"C"形移动,双手垂直提前跟随脚步摆动。

(3)双脚并步下蹲双手由右至上做小挽花,转体90°,身体直立向上,抬头。

**3.主要阶段**

2～4分钟,共6个八拍,其具体的动作组成如下。

(1)双脚起跳后右脚向右迈步,身体直立,右手背后左手上举左右挥动,重心在左右脚间转换,三次转换后原地立转360°,反方向相同。

(2)重心转换最后一拍时落在右脚上,左脚抬起90°落地,右脚跟随抬起90°落地转体45°至正面,双脚并拢,双手由左经下至右划动,胯部由右至左扭动,头部相反。

**4.恢复阶段**

4～5分钟,共6个八拍,其具体的动作组成如下。

(1)双腿打开大于肩宽,双臂自然下垂至体侧,重心在左右脚间转换,身体左右转动,手臂自然摆动。

(2)双脚跳起后左脚向前勾脚吸腿后后伸,右脚前弓步,面向2点,双手向前平举。

(3)双脚并拢直立,双手由前方收回至胸前,双脚半脚尖碎步立转体360°,双手逐渐下垂至体侧,转至8点时向后走2步立,转体右脚向后迈步伸手。

# 第三节　滑冰与滑雪

## 一、滑冰

### (一)滑冰运动概述

滑冰运动的产生与人类生活生产有密切的关系,有关滑冰的最早记载是公元936年。最原始的冰上滑行器用动物骨制成,古人将兽骨系于鞋上在冰封的湖泊、河道上滑行。瑞典是较早出现滑冰运动的国家,8—10世纪,瑞典有了骨制冰刀,随后逐渐出现了木制冰刀。1250年,荷兰人制作了固定在木板上的铁制冰刀。1572年,英格兰的一名铁匠制成了第一副有锋利内刃、外刃和前端刀尖弯曲的全铁式冰刀,标志着现代滑冰运动的开始。

**1.速度滑冰运动**

速度滑冰是指在规定距离内以竞速为目的的滑冰比赛,是一种以冰刀为用具在冰上进行的竞速运动,是冰上运动项目之一。速度滑冰是冰上运动的源头,冰上运动的其他项目都是在速度滑冰的基础上产生和发展起来的。速度滑冰具有悠久的历史。

我国的《宋史》中记载:皇帝"幸后苑,观冰嬉"。这项"冰嬉"运动延续了几个朝代经久不衰,到了清朝已经成了民间普遍的文体娱乐活动。根据乾隆年间出版的《帝京岁时纪胜》记载:"冰上滑擦者所著之履,皆有铁齿。流行冰上,如星驰电掣,争先夺标取胜。"这就是现在的速滑比赛。

现代滑冰运动是在 13 世纪的荷兰逐渐发展起来的。13 世纪中叶,一种安装在木板上的铁制冰刀在荷兰出现。1676 年,最早的速滑比赛在荷兰的运河上举行。滑冰比赛由荷兰发起后,很快扩展到欧洲和美洲国家。随着速滑比赛规模和水平不断提高,各地都纷纷建立起滑冰组织。1742 年,第一个滑冰组织——爱丁堡俱乐部在英格兰创立,这使速滑比赛有了竞赛组织,开始有序地进行竞赛活动。在此期间,美国的布什内尔于 1850 年制造了第一副钢质冰刀,使速度滑冰运动技术水平有了新的发展。

1885 年,第一次国际速度滑冰比赛在德国汉堡举行,以后类似的比赛在挪威的奥斯陆和德国汉堡又多次举行。从 1970 年起,每年举行一次世界短距离锦标赛,男女比赛项目均为两个500 米、两个 1 000 米,分两天进行。为提高青少年速滑运动水平,从 1975 年开始,增设了世界青少年速滑锦标赛,年龄在 20 岁以下的运动员均可参加比赛,比赛项目设有男子 500 米、男子 1 500米、男子 3 000 米、男子 5 000 米,女子 500 米、女子 1 000 米、女子 1 500 米和女子 3 000 米。

2.花样滑冰运动

早在新石器时期,人类为了生产和生活的需要,用兽骨制成冰刀作为狩猎和生活中必备的交通工具。后来,人们用兽骨制成绑式冰鞋在冰上活动,随着人类社会的发展,逐步分化出以游戏和娱乐为主的冰上活动,即花样滑冰的雏形。

花样滑冰在 13 世纪得到了较快的发展,并在欧洲广为流行。一些上层人物开始享受花样滑冰给他们带来的乐趣。18 世纪,花样滑冰不仅在欧洲,而且在美洲也取得了较大的发展。1742年,英国爱丁堡滑冰俱乐部制定了许多章程和条例,规定每一个花样滑冰爱好者都必须经过测验,并达到规定的标准,才能加入该俱乐部,此后,欧洲许多国家都相继成立了类似的滑冰机构。

1892 年,在荷兰的阿姆斯特丹举行了一次国际滑冰界的会议,决定在当年创建国际滑冰联合会,简称国际滑联(I.S.U),总部设在荷兰的斯奇威尼根。在本次会议上还制定了国际滑联宪章和竞赛规则,规定每两年召开一次国际滑联代表大会,对主席、副主席和理事会、各技术委员会进行改选,修改宪章和比赛规则,研究和讨论滑冰运动的发展方向等有关问题。国际滑联当年制定的许多规定沿用至今。

1896 年 2 月,俄国彼得堡举行了首次世界花样滑冰锦标赛。1906 年 1 月,在瑞士达沃斯举行的世界花样滑冰锦标赛上,首次举行了女子单人滑的比赛。1908 年,在俄国的彼得堡举行的世界花样滑冰锦标赛上,首次将双人滑正式列入比赛项目。1952 年,在法国举行的世界花样滑冰锦标赛上,冰上舞蹈首次被列为正式比赛项目。1920 年,国际奥委会在比利时安特卫普举行的奥运会上,首次将花样滑冰列入奥运会比赛项目。1921 年,在瑞士洛桑举行的奥林匹克代表大会上,通过了每四年单独举行一次冬季奥林匹克运动会的决议。

**(二)滑冰运动技术习练指导**

1.速度滑冰基本技术

(1)起跑技术

①起跑姿势

按运动员站立姿势,起跑姿势可分为正面起跑(正面点冰式起跑、"丁"字式起跑、蛙式起跑)

和侧面起跑(两刀平行与起跑线成一定角度的侧向站立的起跑);按运动项目距离,起跑姿势可分为短距离起跑和长距离起跑。起跑技术各部分动作技术如下。

A. 正面点冰式起跑

"各就位"口令下达后,前脚冰刀与起跑线约成45°,刀尖切入冰面,刀跟抬起保持稳定不动;后刀用平刃或内刃置于冰面,两刀间距略大于髋,两刀开角约在90°~120°,后刀刃应牢牢咬住冰面,以便起动时后脚冰刀快速发力;上体直立,两臂自然下垂,目视前方,体重大部分落在后腿上。

"预备"口令下达后,屈膝屈髋,降低身体重心,体重大部分移至前脚冰刀;重心前移,要做到肩超过前脚刀尖并位于前膝上方,前膝蹲曲角约为90°,后膝约为110°;头部与整个身体成直线,目视前方跑道;后臂微屈肘(约90°~110°)并后举与肩齐平或略高于肩,前臂屈肘约成90°,置于膝盖上方,两手半握。

保持上述动作静止不动两秒钟以上,鸣枪之前不改变动作。

B. 丁字式起跑

此起跑方法与点冰式起跑基本相同,不同的是:丁字式起跑两冰刀是以平刃在冰上支撑站立,重心位于两冰刀中间,即体重较均匀地置于两腿;丁字起跑的"预备"姿势,身体重心略有前移,但不能将体重大部分移至前脚冰刀,以免冰刀滑动。

②起动技术

起动是起跑的第一步,是指浮腿向前摆动迅速跨出着冰、后腿快速用力蹬离冰面的技术。具体技术方法如下。

A. 迅速向前上摆动浮腿,并使前脚冰刀尽量外转。

B. 身体重心前移,成前冲姿势,快速用力蹬直后腿,身体向前"弹出",在后腿蹬直瞬间,两刀抬离冰面,身体有个腾空阶段;两臂配合腿的蹬踏动作,屈肘做小幅度快速摆臂;髋随重心移动而前送,外转的前脚冰刀以内刃踏切动作迅速着冰,并使刀跟落于前进方向的中线上。

C. 采用蛙式起跑,两手迅速撑离冰面,两腿同时用力蹬冰,并快速前摆浮腿。浮脚冰刀无须做外转动作。

(2)直道滑跑技术

①滑跑姿势

滑跑姿势对于发挥技术、减少阻力、增加推进力并持续长时间的紧张工作有着重要作用。合理、正确的滑跑姿势可以使滑冰者保持最大用力能力、最大限度地减少滑跑中的阻力、快速地行进。

直道滑跑姿势如图12-29所示:上体放松成背弓的流线型姿势。上体应倾至几乎与冰面平行或肩背略高于臀部,与冰面形成10°~25°,上体要充分放松,团身,两肩下垂,力求接近流线型。头部微抬起,目视前方10~20米;腿部成低姿势。即大腿深屈,膝关节角度约90°~110°,踝关节角度在55°~75°,髋关节角度屈至45°~50°,并使身体重心线(是通过身体重心的假设线)从后背下部穿过大腿,经过膝盖后与脚的中后部相接。

②自由滑行

自由滑行是指蹬冰脚冰刀蹬离冰面后,另一腿借助前次蹬冰惯性,在冰上支撑滑行至该腿开始蹬冰前的滑行过程。

自由滑行技术方法如图12-30所示,滑冰者的支撑腿冰刀由外刃过渡到平刃支撑;鼻、膝、刀成三点一线的滑行姿势;身体重心放在冰刀中后部的上方;两肩保持平稳,上体朝着滑行方向稍倾斜;保持基本滑跑姿势,不得上下起伏。

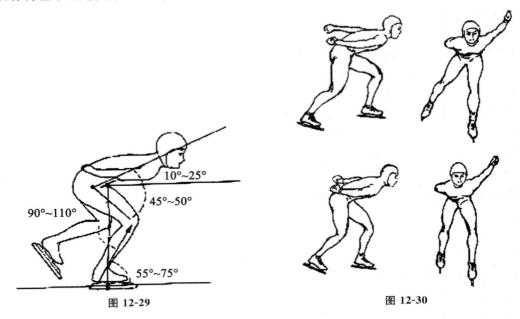

图 12-29　　　　　　　　　图 12-30

③收腿动作

收腿动作是与自由滑行动作同步的协调动作。收腿动作技术方法具体如下。

A. 起于蹬冰腿结束蹬冰变为浮腿开始收腿。

B. 利用蹬冰腿蹬冰结束的反弹力以及内收肌群收缩,将冰刀抬离冰面,完成收腿还原动作。

C. 浮腿屈膝放松,并以大腿带动,以最短路线直接内收至身体的矢状面。

D. 结束收腿时,浮腿大小腿与支撑腿靠拢,膝盖低垂,冰刀垂直于冰面。最后止于浮腿收至身体重心下方的矢状面。

④单支撑蹬冰动作

单支撑蹬冰动作的分界时机是从开始横向移重心起,到浮腿冰刀着冰止。单支撑蹬冰动作技术方法具体如下。

A. 准确的蹬冰时机。准确适时地移动重心是非常重要的,身体总重心沿横向开始移动,浮腿从支撑腿后位开始向前摆动,身体失去平衡做积极"倾倒"压冰。

B. 牢固的蹬冰支点和侧蹬方向。冰刀以内刃切入冰面,刀尖指向滑行方向,形成牢固的支点并随身体重心横向移动,将全身力量集中地作用到冰面,向侧推蹬,产生强而有力的推进力。

C. 用刀刃中部蹬冰。注意绝不能将重心置于刀的前部开始蹬冰,以免造成身体重心偏前,形成严重的后蹬冰错误,而削弱蹬冰力量。

D. 浮腿做协调配合。浮腿加速向前侧摆动,重心移动和蹬冰腿作加速展腿的协调配合动作,使蹬冰角(蹬冰腿的纵轴线与水平面之间的夹角,图 12-31)缩小、使水平分力加大,当浮腿前摆着冰时,则是快速伸膝展腿的最佳时机。蹬冰角可以决定蹬冰的力量效果,理想的蹬冰力曲线是负弦函数,经计算的蹬冰力曲线如图 12-32 所示。

图 12-31

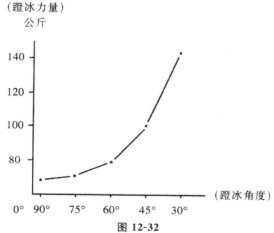

图 12-32

⑤摆腿动作

在单支撑蹬冰的同时,浮腿做摆动动作,摆腿动作是蹬冰动作的组成部分。具体技术方法如下。

A.浮腿从后位的矢状面摆向身体重心移动方向。

B.膝盖领先,以大腿带动小腿摆向身体重心移动的方向(前侧方)。

C.摆腿时,将大腿前摆置于胸下,使膝部由下垂状态向前上抬起贴近支撑腿膝部。

D.当摆腿动作即将结束时,尤其强调大腿抬送至胸下和小腿前送刀尖微翘起的动作,此时,应做到两腿、两刀尽量靠近,并将浮脚冰刀放于支撑脚刀前面,以准备用刀后部着冰,则摆腿动作结束。

⑥双支撑蹬冰动作

双支撑蹬冰动作如图 12-33 所示,具体技术方法如下。

A.自浮腿冰刀着冰开始,继续控制体重于蹬冰腿,随重心移动蹬冰角缩小,加快展腿速度,并在结束蹬冰时达到最快速度。

B.保持冰刀内刃全刃压冰向侧推蹬的蹬冰方向,刀尖指向滑行方向。

C.充分利用蹬冰腿肌肉长度,使肌肉产生尽可能多的能量,蹬冰距离(幅度)尽量延长,在加快展直腿的过程中作用力总时间相对加长,使蹬冰结束时产生最大蹬冰力量。

D.蹬冰速度达到最快时,将蹬冰腿充分展直。即在蹬冰结束时,蹬冰腿(膝、踝)关节充分展直,踝关节跖屈,蹬冰腿冰刀蹬离冰面。

图 12-33

⑦着冰动作

着冰动作也称下刀动作,是与双支撑蹬冰动作是同步协调完成的,指从浮脚冰刀着冰起,到完全承接体重止的动作。技术方法具体如下。

A.着冰前浮脚冰刀应尽量靠近支撑脚冰刀并领先 1/2 刀长的部位,刀尖稍翘起朝着新的滑行方向作好着冰准备。

B.以冰刀的外刃(或平刃)和冰刀的后半部着冰。

C.膝盖领先上抬,小腿积极前送,顺势做向前的快速着冰动作。

D.尽量缩小着冰刀的出刀角度,接近直道方向着冰,使新的滑行方向沿直线滑行。

⑧摆臂动作

摆臂动作分单摆臂、双摆臂和背手滑行(不摆臂),一般地,单摆臂多用于中长距离,以保持滑行节奏和速度的均匀;双摆臂多用于起跑、短距离和终点冲刺,以提高速度;背手滑行多用于弯道后的直道中,以延长滑步,放松一下。这里重点介绍双摆臂,摆臂时,两臂前后加速摆动,准确协调地配合是良好滑行技术的基础。摆臂力量、幅度要与腿部动作及滑跑速度相一致。如图12-34 所示,两臂摆动有三个位向点,即左(右)臂的前高点、两臂的下垂点和左(右)臂的后高点。前摆时,臂从后高点顺势下落经下垂点加速向前上方摆至前高点,然后,臂从前高点回摆下落经下垂点,接着加速向后方至后高点。

图 12-34

摆臂动作的具体技术方法如下。

A.摆臂应领先于腿部动作,当腿部高速运动时,臂与腿才同步运动。

B.两臂以肩为轴做独立的加速前后摆动。

C.前摆至最高点时,手不超过肩高。肘部弯曲夹角在短距离可小于 45°,在长距离可为

150°～170°。

D.后摆至后高点时,肘与手的动作要求是:短距离肘要保持弯曲状态,肘与肩部大致齐平,手略低于肘部,如后摆过高则摆臂路线会加长而降低摆臂速度;长距离则肘部不能弯曲,手臂在后高点可略超过头部。

E.两臂贴近大腿摆动,使之与头、支撑腿、躯干成平行摆动方向,以保持平衡。

（3）弯道滑跑技术

①滑跑姿势

滑跑弯道的滑跑姿势具体如下。

A.上体动作:上体前倾程度要比直道更接近水平状态。优秀选手上体前倾的水平角男女分别为长距离 16.5°和 14.8°,中距离为 15.7°和 13.4°。上体放松、团身背弓,成流线型并朝着滑行方向,身体成一线向左倾斜,保持平稳流线型状态。

B.头部、肩部与臀部动作:在弯道滑跑中,头部要与身体其他部分成直线,并始终要处于整个身体的领先位置;两肩始终保持平行稳定状态,并与离心力方向成一直线(即两肩处于半径延长线的平行位置);臀部始终保持与冰面平行。

②单支撑左腿蹬冰动作

单支撑左腿蹬冰动作指右脚冰刀离开冰面起,到右腿摆动后重新着冰的动作。具体技术方法如下。

A.保持两肩、臀部与冰面平行的稳定状态;大腿和膝部位于胸下,并以左刀外刃牢固咬住冰面;保持后坐使身体重心位于冰刀中部。

B.展腿时,先展髋,与此同时深屈膝踝(压膝),当浮腿摆经蹬冰腿时,蹬冰腿膝关节开始积极加速伸展。

C.沿弯道半径延长线向外侧蹬冰,使蹬冰腿肌肉完成最有效的蹬冰。

③右腿摆腿动作

右腿摆腿动作是指自右腿蹬冰结束抬离冰面起,到右腿加速摆动与左腿交叉后至右腿冰刀着冰的动作。具体技术方法如下。

A.屈膝以膝盖领先摆收右腿,在重力和屈髋、膝肌群内收的作用下,使腿部由外展动作变为内收和前跨动作。

B.右腿向左腿右前方朝着支撑腿加速摆动。

C.右腿交叉经过左腿时,右刀跟要贴近左刀尖做交叉跨越动作,以保证左脚侧蹬,并为右脚着冰动作做好准备。

④双支撑左腿蹬冰动作

双支撑左腿蹬冰动作是指自摆动后的右脚冰刀着冰起,到左脚冰刀结束蹬冰离开冰面的动作。具体技术方法如下。

A.身体重量尽量控制在蹬冰腿上,充分利用体重完成最后蹬冰动作。

B.将蹬冰刀控制在臀下,用刀刃中部做快速向侧推蹬。

C.当蹬冰结束时,在膝关节展直的基础上,重心移向冰刀的前半部,使踝关节迅速跖屈,以增加蹬冰腿做功距离和充分发挥肌肉的有效功量。

⑤右脚冰刀着冰动作

右脚冰刀着冰动作是指自右脚冰刀以内刃着冰起,到该腿完全支撑承接体重左腿蹬冰结束冰刀离冰的动作。具体技术方法如下。

A. 着冰点应在支撑脚冰刀左前方（靠近支撑脚冰刀），沿弯道滑行方向（贴近弯道切线方向），使着冰脚冰刀准确地落在重力与离心力的合力点上。

B. 刀尖抬起朝着切线方向，以刀跟内刃先着冰。

C. 右腿以前跨动作使膝部朝着弯道滑行方向，并保持右脚冰刀着冰后的小腿向左倾斜度，顺势着冰。

⑥单支撑右腿蹬冰动作

单支撑右腿蹬冰动作是指自左脚冰刀离开冰面起，到左腿摆动后重新着冰的动作。具体技术方法如下。

A. 右腿蹬冰基本与直道右腿蹬冰动作相同。

B. 左腿蹬冰结束，右腿即刻蹬冰。左腿蹬冰结束时，右腿沿着弯道切线方向滑行开始蹬冰，并逐渐滑离雪线，此时身体重心却沿着另一切线方向移动（冰刀与重心运动方向不同），随右腿滑离雪线，腿部应弯曲（压膝、踝），当左腿摆收到与蹬冰腿成交叉部位时，蹬冰腿应积极展髋、展膝，向侧蹬冰。

C. 整个身体成一线保持向左倾斜平移姿势（两肩、臀部与冰面平行），冰刀以内刃咬住冰面，沿切线方向滑行并沿弯道半径向侧蹬冰。

D. 利用冰刀内刃中部，加速完成侧蹬动作。

⑦左腿摆腿动作

左腿摆腿动作是指自左腿结束蹬冰冰刀蹬离冰面开始，到左腿冰刀着冰的动作。具体技术方法如下。

A. 借助于蹬冰结束时的反弹力和重力在股内收肌作用下摆收左腿。

B. 刀跟抬起，刀尖向下，冰刀几乎垂直于冰面，屈膝、屈髋完成提刀动作。

C. 以膝盖领先大腿带动，沿身体重心移动方向加速摆收。

D. 在摆腿过程中，大腿做向上抬送动作，使刀尖由朝下变为与冰面平行动作。

⑧双支撑右腿蹬冰动作

双支撑右腿蹬冰动作是指自左脚冰刀着冰起，到右腿蹬冰结束冰刀离冰的动作。具体技术方法如下。

A. 展腿达到最高速，右腿快速展直完成蹬冰动作。

B. 保持两肩、臀部与冰面平行移动，随蹬冰腿加速伸展，使蹬冰角达到最小角度。

C. 蹬冰时，右脚冰刀内刃牢牢地咬住冰面，避免在蹬冰结束阶段出现滑脱现象。

D. 采用新式冰刀技术时，当蹬冰结束时，重心移至冰刀前半部，使踝关节跖屈，充分展直蹬冰腿。

⑨左脚冰刀着冰动作

左脚冰刀着冰动作是指自左脚冰刀的外刃着冰起，到左脚冰刀完全承接体重右腿蹬冰结束冰刀离冰的动作。具体技术方法如下。

A. 左腿前送到位。要做到展膝屈踝，将刀尖抬起。

B. 左脚冰刀以外刃、冰刀的后部先着冰。

C. 沿着弯道标记的切线方向着冰，以便向贴近弯道标记滑进，以延长蹬冰距离。

D. 着冰动作要做到前冲、迅速，并与快速结束蹬冰动作配合同步协调。

（4）终点冲刺技术

终点冲刺是全程滑跑的一部分。在全程滑跑的最后阶段，运动员应努力保持合理的滑跑技术，竭尽全力滑完全程，并以合理有效的冲刺技术触及终点线，完成冲刺。终点冲刺的具体技术方法如下。

①保持正确的滑跑动作和已取得的滑跑速度，注重向侧蹬冰质量。同时，采用双摆臂加快蹬冰节奏。

②以"箭步送刀"的方法结束用冰刀触及终点线的最后冲刺动作。

2.花样滑冰基本技术

花样滑冰技术有单人花样滑冰技术、双人花样滑冰技术、冰上舞蹈技术三个大类，这里我们重点介绍单人花样滑冰的基本技术。

（1）基本滑行技术

①冰上站立

两脚稍分开，与肩同宽，平稳站立，冰刀与冰面保持垂直，两膝微屈，上体保持正直（稍前倾），重心落在支撑脚上，两臂在体侧前伸开，自然控制身体平衡，目视前方。

②单足蹬冰、单足向前滑行

准备姿势与双足滑行相同，在蹬冰结束后要保持重心不变和单足向前滑行姿势，蹬冰足放在滑足后，保持身体重心平稳，换脚时，浮足要接近滑足，两臂在两侧自然伸展。

③双足向后滑行

双足成内八字形站在冰面上，足尖靠近，足跟分开，身体重心在冰刀前半部，双膝微屈。开始时双足同时用内刃向后蹬冰。双足间的距离同肩宽时，将双足跟向内收紧，形成双足平行向后滑，同时两膝逐渐伸直，靠拢后再次蹬冰，如此反复进行。

④前外刃弧线滑行

以左足内刃蹬冰，用右足外刃滑出为例，身体向右侧圆弧内倾斜转体，右臂在前，左臂在后，滑足膝部逐渐伸直。换足时右足用内刃蹬冰，左足用外刃着冰，滑出前外弧线。滑膝的伸屈要和两臂及浮足的移动协调一致。

⑤前内刃弧线滑行

以右足滑前内弧线、左足内刃蹬冰为例，右足用内刃向前滑出，身体重心向左倾斜，转体，右臂在前、左臂在后，面向滑行方向，右膝微曲，左足蹬冰后沿滑线靠近滑足前移，逐渐伸直，滑足膝部逐渐伸直，换足时右足用内刃蹬冰，左足用内刃滑出。

⑥后外刃弧线滑行

双足平行站立，两肩和臂平放，面向滑行的方向，用右足后内刃蹬冰，两臂动作协调配合，右臂用力向后滑行方向摆动，左臂在前。右足蹬冰后迅速放在滑足前，左足做后外刃弧线滑行，当滑行到弧线一半时头向圆内，上体随着向外转动，浮足靠近滑足移向滑线前，上体姿势不变。然后再做右后外弧线滑行。

⑦后内刃弧线滑行

双足平放在冰面上，背向滑行方向，两臂伸向身体两侧，用右足蹬冰，左后内刃做弧线滑行，右臂在前，左臂向滑行方向用力摆动，右足蹬冰后迅速放在滑线后，滑至弧线的一半时，浮足向滑足靠近，上体均匀缓慢地向圆内转动，浮足伸向滑线前，上体保持姿势不变。换足继续滑行，方法同上,方向相反。

⑧急停

在滑冰项目中,急停不仅可以避免在练习时受伤,还可以在表演节目的段落中和结束时,增强表演的效果。

A.双足向前内刃急停:在向前滑行时,突然将足尖靠近,足跟分开,身体重心后移,两腿微屈,双膝靠近,形成用双足冰刀内刃向前刮冰的急停动作。

B.单足前外刃急停:在向前滑行时,突然用右或左足前外刃做横向刮冰急停动作,身体稍向后倾,另一足离开冰面。

(2)基本旋转技术

在花样滑冰中,旋转动作是重要技术内容之一。一般情况下,大多数人习惯于向左的逆时针方向旋转,也有少数人能掌握左右两个方向的旋转。这里主要介绍向左逆时针方向的旋转。

①双足旋转

双足旋转是由两只脚支撑冰面的旋转动作,它是旋转动作中难度较小的一种。具体技术方法如下。

A.双足直立旋转:原地直立,双足分开与肩同宽,左臂在前右臂在后,双膝微屈。旋转开始时,左臂带动左肩用力向左后摆动,右臂带动右肩用力向前摆动,双膝同时迅速伸直,使整个直立的身体形成一个旋转的轴心和两个相反的转动力,此时便形成了左后内刃—右前内刃的双足直立旋转。在旋转开始的前几圈,两臂呈对称侧平举姿势,以控制身体平衡和转动轴心。此后可收回两臂于胸前,以缩小旋转半径,加快旋转速度。在旋转结束时,伸开双臂,减缓旋转速度,用右后外刃或左前外刃弧线滑出。

B.双足直立交叉旋转:从双足直立旋转开始,在起转后,左足经右足前方,顺旋转方向滑至右足前外侧,形成双腿和双足交叉姿势,用右后外刃和左前内刃成对称的双足交叉旋转姿势,足尖靠近,足跟分开。其他要求同双足直立旋转。

②单足旋转

单足旋转是由一只脚在冰面上旋转的动作。具体包括以下几种技术方法。

A.单足直立旋转:先滑一右后内弧线,浮足在后远离滑足,右臂在后左臂在前,起转前右足用力蹬冰,将身体重心移向左足,左足滑前外刀齿制动,成后内刃转动,右足伸直摆到右前方,开始两臂侧举,待重心稳定后,两臂和浮足再靠拢身体加快转速,身体重心始终保持在冰刀的前三分之一处,结束时两肩臂侧举,左脚蹬冰,右脚用后外刃滑出。

B.单足直立快速旋转:在旋转时将右足收回,沿左腿前外侧由膝部向下滑动,使两脚形成交叉状,缩小旋转半径,加大旋转速度。

C.单足直立反旋转:在完成右前内—右后外3字转体后,立即用右后外刃在原地做旋转动作,两臂动作呈侧平举姿势,左浮足在左前外侧,当旋转重心稳定后,收回两臂和浮足,加快旋转速度。也可将左足和左腿交叉放在右腿滑足前外侧。结束时以右后外刃或左前外刃弧线滑行。

③跳接旋转

跳接旋转是将跳跃动作与旋转动作结合为一体的旋转动作。具体包括以下几种技术方法。

A.跳接蹲踞旋转:开始时,用左前外刃起跳,上体保持直立,当用刀齿制动起跳时,滑腿膝部弯曲,两臂由左右前方同时向上摆动,右腿经侧后方向前摆动,左腿在空中形成蹲踞姿势,当身体向下落时,应尽快将左足向下伸直,用刀齿触冰,然后再过渡到左后内刃上,此时右腿顺势向旋转方向自然摆动,左腿迅速下蹲,两臂收至胸前,形成蹲踞旋转。结束动作同其他旋转动作。

B.跳接反蹲踞旋转:开始时,同跳接旋转技术基本相同。起跳后,右腿在侧后方摆动向前,并尽快弯曲成蹲踞姿势,同时左腿迅速向前外侧伸展,两臂向前外方向自然伸展,保持身体平稳,身体下落时,迅速将右腿向下伸直,用刀齿触冰后下蹲,左腿向旋转方向摆动,两臂收至胸前,形成右后外刃反蹲踞旋转动作,结束动作同其他旋转动作。

(3)基本跳跃技术

跳跃技术动作是滑冰中很重要的技术动作。起跳方式分为单足刃起跳和点冰跳两大类,主要的跳跃动作有华尔兹跳、阿克谢尔跳、鲁卜跳、沙霍夫跳、点冰鲁卜跳、菲力普跳等,不同跳跃技术难度不同,同一跳跃也因在空中转体周数不同而有所差别,周数越多,难度也越高。但不管是哪一种跳跃技术,都包括以下几个技术环节。

①准备:这一阶段是从滑腿屈曲开始到起跳前为止,包括从运用滑行技术来增加速度的助滑到起跳前缓冲。跳跃的准备阶段是为增加起跳的效果作好充分准备,主要技术有滑腿屈伸与四肢预摆的配合。

②起跳:由身体重心从最低点开始到滑足即将离冰结束,包括四肢下摆、上摆、滑足蹬直制动和预转的技术配合。

③空中动作:由冰刀离开冰面开始到冰刀触冰结束,包括收回四肢(加速转)、展四肢(减速转)、转体技术及其配合。

④落冰:由落冰足触到冰面开始到身体重心降至最低点为止,包括深屈滑腿和展四肢的技术。

只有充分地掌握好以上各阶段的技术,才能更好地完成各种跳跃动作。

## 二、滑雪

### (一)滑雪运动概述

滑雪运动是指手持滑雪杖、足踏滑雪板在雪面上滑行的运动,其关键要素是"立""板""雪""滑"。滑雪运动在许多国家是冬季中最受欢迎的休闲和竞技项目。

滑雪运动,特别是现代竞技滑雪发展至今,项目不断增多,领域不断扩展。目前,世界比赛正规的大项目有:高山滑雪、北欧滑雪(越野滑雪、跳台滑雪)、自由式滑雪、冬季两项滑雪、雪上滑板滑雪等,各大项又分成众多小项。纯竞技滑雪具有竞争性、专项性的特点;休闲滑雪则是以娱乐、健身为目的,男女老幼均可参与的雪上运动。高山滑雪具有惊险、优美、自如、动感强、魅力大的特点,所以被视为滑雪运动的精华和象征,是休闲滑雪的首选和主体项目;越野滑雪是在低山丘岭地带的(平地、下坡、上坡各约占 1/3)长距离滑行,安全系数高、健身效果显著,参与性广泛;超短板、单板滑雪比高山滑雪更具有刺激性,技术更灵活,但在我国尚不普遍。

滑雪运动是在滑动中操纵技术,重心不易控制,易形成错误动作,因此参与滑雪运动初期,就应在专业人员的严格指导下进行练习。

1.越野滑雪运动

越野滑雪起源于北欧,故又称北欧滑雪。史料记载,1226 年挪威内战时期,两名被称为"桦木腿"的侦察兵,怀抱两岁的国王哈康四世,滑雪翻越高山,摆脱了敌人。现挪威还每年举行越野马拉松滑雪赛,距离 35 英里,与当年侦察兵所滑路程相同。

随着滑雪技术的日益成熟,15 世纪以后,芬兰、瑞典、丹麦和俄罗斯等国家中,滑雪被人民在日常生活和生产中广泛运用,而且这些国家还在军队中建立了滑雪部队。在 15 至 19 世纪之间,越野滑雪作为滑雪项目之一,在欧洲一些国家成为体育比赛项目。

1924 年 2 月 3 日,国际滑雪联合会(FIS)在法国夏蒙尼成立,首届主席由瑞典人霍姆奎斯特担任。会议决定自 1925 年开始,定期举行世界锦标赛(当时称世界北欧滑雪锦标赛),每年举行一次,并将 1924 年冬奥会滑雪比赛定为第 1 届世界锦标赛。当今世界性越野滑雪比赛还设有越野滑雪世界杯赛、世界青年越野滑雪赛和世界大学生冬季运动会越野滑雪比赛。

目前,越野滑雪在全世界范围内开展广泛,主要是在欧洲、亚洲、北美洲、南美洲、澳洲等国家和地区开展。其中挪威、瑞典、芬兰、俄罗斯、意大利等欧洲国家的运动水平始终处于领先地位,亚洲多数国家处于中游或中下游水平。随着亚洲国家对滑雪项目的重视和近年来滑雪运动竞技成绩的不断提高,亚洲部分国家越野滑雪的运动水平也逐渐向欧洲强国逼近,在个别项目上已经与欧洲运动员共享金牌。

2.高山滑雪运动

高山滑雪起源于北欧的阿尔卑斯地区,故又称阿尔卑斯滑雪。高山滑雪是在越野滑雪基础上逐步形成的,高山滑雪的发展主要经历了以下几个标志性阶段。

(1)1850 年,挪威的泰勒马克郡出现改变方向和停止滑行的旋转动作。

(2)1868 年,挪威滑雪运动奠基人诺德海姆等人在奥斯陆滑雪大会上表演了侧滑和 S 形快速降下技术。

(3)1890 年,奥地利的茨达尔斯基(Matthias Zdarsky)发明适合阿尔卑斯山地区特点的短滑雪板及滑行技术,他还于 1905 年在维也纳南部的利林费尔德进行了高山滑雪史上第一次回转障碍降下表演。

(4)1907 年,英国创立阿尔卑斯滑雪俱乐部,这是世界上第一个高山滑雪组织。

(5)1910 年,奥地利的比尔格里上校(Georg Bilgeri)组织具有军事性质的高山滑雪学校,第一个采用深蹲姿势持双杖快速下降、制动转弯的滑法。奥地利的施奈德(Hannas Schneider)则在 1922 年创办了高山滑雪学校。

(6)1921 年,英国的伦恩(Arnold Lunn)在瑞士组织了高山滑雪史上的首次回转和速降比赛。

(7)1931 年起开始举办世界高山滑雪锦标赛。1936 年起高山滑雪被列为冬奥会比赛项目。

目前,高山滑雪的规范竞赛项目有滑降、超级大回转、大回转、回转、全能等。高山滑雪的技术种类很多,如不同的滑降技术,多变的转弯技术,应急的加速、减速、停止技术,惊险的跳跃技术及特殊技术等。

滑雪运动爱好者们应根据自身的体育素质、年龄、滑雪基础、场地条件、可投入时间等因素,在专业人员的指导下选取高山滑雪入门的最优方案。

**(二)滑雪运动基本技术**

1.越野滑雪自由技术

20 世纪 80 年代是越野滑雪技术的一个分水岭,在 20 世纪 80 年代以前,世界各国越野滑雪运动员都是使用现在"传统技术"的各种滑法。20 世纪 80 年代初,芬兰运动员西多宁在世界锦标赛中创造性地使用了类似速度滑冰运动的"蹬冰式"滑法,并且取得了很好的成绩,此后的运动员竞相效仿。1988 年,国际雪联在加拿大卡尔加里举行的第 15 届冬奥会上明确规定:在以后的越野滑雪比赛中,分列为"传统技术项目"(Classical Techniqe)和"自由技术项目"(Free Techniqe)比赛。这里简单介绍一下越野滑雪的自由技术。

(1)蹬冰式滑行

蹬冰式滑行是指运动员在平地或缓下坡地段,两腿按速度滑冰方法蹬动与滑进,双手虽持杖但不使用,只是配合腿部动作而摆动,或将两杖夹在腋下而不摆动。一般的,运动员一腿蹬动后,身体重心必须移到滑行腿板上,使之延长自由滑进距离。上体放松前倾成弧形,以减少空气阻力;膝关节尽量弯曲,增加蹬动时间,小腿与地面夹角以 70°～80°为宜;注意蹬动方向应与雪板纵轴垂直,出板角度应尽量缩小。蹬冰式滑行适合在平地及缓坡,当滑行速度达到 7.5～8 米/秒以上时运用。蹬冰式滑行具体还可以分为以下两种类型。

①一步一撑蹬冰式滑行

一步一撑蹬冰式滑行在平地、较缓的坡地、短距离加速时均可运用。具体技术方法如下。

A. 双杖推撑的同时,右脚蹬动并移重心至左板。

B. 左脚向前滑进,右脚蹬动后向左板靠拢。

C. 自由滑进的左脚再蹬动,同时开始撑杖。

②两步一撑蹬冰式滑行

两步一撑蹬冰式滑行被广泛应用于平地及缓坡滑行,该滑行技术的特点是容易掌握,节奏性也较强。具体技术方法如下。

A. 右板向前滑进并利用内刃进行有效的蹬动,接着将重心移到左侧板上并承担体重向前滑行,同时两侧杖推撑,但左侧杖的推撑力要大于右侧杖。

B. 连续若干次后,调换至另一侧开始,如此反复。

(2)单蹬式滑行

单蹬式滑行是一种在平地或缓坡滑行时的有效方法。具体技术方法如下。

①用右腿雪板内刃向侧用力蹬动,两杖同时向后推撑。

②蹬动结束后,重心移向左侧板并承担体重向前滑进,与此同时,双杖前摆。

③左板向前滑进一段距离后,重心向右倾,右板着地后,准备再一次蹬动,两杖前摆插地。

④右脚准备再一次蹬动,两杖插入板尖两侧。

(3)登坡滑行

①两步一撑蹬冰式滑行登坡

两步一撑蹬冰式滑行登坡是上坡滑行常用的方法,它适用于不同角度的坡面。具体技术方法如下。

A. 上坡时步频不需要明显加快,由于膝关节弯曲度大,登行效果也好。

B. 两杖用力不同,滑行板侧用力较大。插杖也不对称。

C. 随着坡度的增大,两步一撑第一步滑行距离较短,往往只起到过渡作用。

②交替蹬撑滑行登坡

蹬动及撑杖的配合与"两步一撑蹬冰式滑行"一样,只是两脚的蹬动与滑行方向不同。动作节奏和每步滑行距离应随坡度变化而变化。滑行条件好时,每步的滑行距离应稍长些。

（4）转弯滑行

①身体向弯道圆心侧倾倒。

②内侧板沿弯道切线方向滑进，并时刻调整方向，勿远离圆心。

③外侧板应按弯道的法线方向向外侧蹬动，同时需要加快频率，以便与内侧板相配合，变换转动方向。

（5）滑降

自由技术滑行的滑降技术方法与传统技术的滑降技术方法相同。但因越野滑雪板的宽度与高山板不同，雪鞋后跟部也不固定在板上，速度快时不易控制，容易失去平衡。所以必要时要先控制速度，以防失去平衡。

2.高山滑雪基本技术

高山滑雪基本技术是指在高山滑雪运动中所涉及的具有共性的基本滑雪动作的技术。高山滑雪基本技术主要包括滑降和转弯两部分。

（1）滑降技术

高山滑雪的滑降技术是指从高处向低处滑下的技术。从板形上可将滑降分为直滑降、犁式滑降、斜滑降等。

①直滑降

直滑降是指双板平行，面对垂直落下线直线下滑的技术。运动者通过直滑降的练习主要应掌握基本滑行姿势，体会速度、滑行感觉及重心位置，提高对不同坡度的适应能力及对雪板的控制能力。直滑降的技术重点是用腿部的屈伸来调节并保持正确的滑行姿势。具体技术方法如下。

A.双板平行稍分开，体重均匀地放在两腿上，两脚全脚用力。

B.上体稍前倾，髋、膝、踝关节稍屈，呈稳定的稍蹲姿势，保持随时可以进行腿部屈伸状态。

C.两臂自然垂放两侧，肘稍屈以协助保持平衡，肩部应始终处于放松状态。

D.目视前方，观察场地及前方情况，防止低头看雪板。

②犁式滑降

犁式滑降是雪板呈八字形从山上直线滑下的技术动作，具体技术方法如下。

A.双膝稍屈并略有内扣，重心在两板中间，两脚跟同时向外展，推开板尾，使雪板成八字形。

B.眼睛向前看，上体稍前倾，上体、双臂及肩部放松，两手握杖自然置体侧，杖尖朝后方撑地滑行。

③斜滑降

斜滑降是指在斜滑坡上不是沿着垂直落下线下滑，而是用直线斜着滑过坡的技术。具体技术方法如下。

A.斜对山下站立，肩、髋稍向山下侧转形成外向姿势。上体稍向山下侧倾而膝部向山上侧倾，用双板山上侧刃刻住雪面。

B.在下滑过程中，时刻把握从山上向下踩住雪板的感觉，上侧板比下侧板向前一些，双板应平行；保持上述姿势并注意两肩的连线、髋的连线和两膝的连线与坡面几乎平行。

C.身体姿势变化与用刃是协调一致的，共同控制用刃强弱及速度，两臂自然放松，目视前方8～10米处。

（2）转弯技术

高山滑雪的转弯技术是指改变方向的滑行技术。转弯技术大体可分为犁式转弯、双板平行转弯、蹬跨式转弯和跳跃转弯四种。

①犁式转弯

犁式转弯是高山滑雪转弯的基础技术。适用于缓坡、中坡的一般速度，并可适应除薄冰雪面之外的各种雪质。具体技术方法如下。

A.在犁式滑降姿势的基础上将体重逐渐向一侧板上移动，保持雪板外形不变，进行自然转弯。

B.单侧腿加力伸蹬时，保持八字形不变，自然形成转弯。立刃转弯也同样如此。无论是移体重、单腿加力伸蹬还是单板加强立刃的转弯都必须注意雪板外形，身体姿势不改变。

②双板平行转弯

双板平行转弯是指两雪板保持平行状态进行的转弯技术。具体技术方法如下。

A.保持一定的速度进入转弯的准备阶段，提重心、移体重。体重向转弯内侧移，一板内刃、一板外刃蹬雪，滑入垂直落下线。

B.继续向前屈膝、屈踝，体重移动结束后点杖开始，外、内板的体重比例为7∶3。

C.上一个转弯的动作结束阶段和下一个转弯的点杖，踝关节应有蹬实踏实的感觉，身体处于直立状态。利用蹬踏的反作用力与向内倾倒，向斜上方提起体重。

D.再次滑入向垂直落下线的方向，此时应有骑自行车或摩托车时体重在转弯的内侧、轮胎（雪板）牢牢地抓住地面的感觉。

③蹬跨式转弯

蹬跨式转弯是高山滑雪转弯技术中实用性及实效性都很强的技术动作，又称踏步式转弯，具体技术方法如下。

A.在双板滑进的基础上弧内侧（右）板稍抬起并跨出，注意左板向弧外蹬出、右板跨出、左板蹬出应同时进行。

B.外侧板（左）强有力地用刃刻、蹬雪为右板增大了向新的转弯方向的推进力，右腿主要承担体重。

C.左侧板蹬板结束，重心升高，收板向左侧倾倒。然后双板平行进入新的回转弧。

④跳跃转弯

跳跃转弯是指通过双腿的伸蹬和对地形的利用，两雪板离开雪面进行变向后着雪的转弯技术。跳跃转弯能在20°～30°的陡坡上有效地控制速度，改变方向，还适用于在雪质条件较恶劣的情况下和场地条件较差的条件下运用。具体技术方法如下。

A.借助雪包或自身力量跳起，在空中改变雪板方向或变刃后着地。

B.雪板蹬出，加大转动速度，注意保持重心位置及落地缓冲。

C.适时跳跃转弯。起跳、空中动作的进行及调节、落地缓冲、继续滑进等动作应有机和连贯。

# 第四节　拓展训练

## 一、拓展训练概述

拓展训练(Ootward Bound)又称心理拓展训练、外展练习,起源于西方。拓展训练对个体来说是一种体验式学习,对团体则是一种有效的培训。拓展训练是以体育活动为载体、以自然环境为训练场所,因此,从内容到形式,从方法到目的,它都与户外运动紧密地结合在一起。

拓展训练起源于第二次世界大战期间,是由哈恩(Hahn)等人发起的。他们创办了"阿伯德威海上学校",训练年轻海员在海上的生存能力和船触礁后的生存技巧。

真正将拓展训练推广开来的是美国马萨诸塞州哈密尔顿维恩哈姆高中校长皮赫(J. Pie)。皮赫将拓展训练的方法应用到学校教育中进行摸索,最终把拓展训练的方法与现存的学校制度结合起来,为教育开辟了新的思路和新的领域。他聘请了许多拓展训练活动家作为专家,开始研究并制订新的课程大纲。以后越来越多的教师开始对此产生兴趣并参加到这项活动中来,共同研究如何开展拓展训练的实践活动。1974 年以来在美国高中课程大纲中一直沿用该计划的学校已达到 90%,1982 年,负责专门计划普及的工作人员从哈密尔顿维恩哈姆市的学校中独立出来,成立了非营利性的团体,开始拓展训练计划的普及工作。1982 年以来,除了高中以外,发展专门拓展训练计划最快的是养护教育和心理治疗领域。私人疗养机构、预防违禁药物使用的机构、美国各州郡的青少年康复机构以及精神病医院也对专门拓展训练表现出了极大的兴趣。从此,拓展训练活动在社会上普及起来,拓展训练机构也如雨后春笋般发展起来。拓展训练被引入我国是在 20 世纪 90 年代中期,当时只是作为团队训练的一种手段而存在。2002 年,在教育部的倡导下,拓展训练开始进入学校体育课程。

## 二、拓展训练典型项目习练指导

### (一)拓展训练的高空项目

1. 高空断桥

学习目的:

(1)克服恐惧,勇往直前,认识自我,战胜自我;自我说服与自我激励,鼓励他人和获取他人的鼓励。

(2)困难时的互助精神,培养团队意识;挑战顺序与团队内部组织方法,从群体至团队的培养。

(3)认知心态对行动影响,学会缓解心理压力。

布课过程:(每队不超过 16 人,在 70 分钟内完成)

(1)高空断桥,是以个人挑战为主的项目;首先学习安全带的使用方法,头盔、主锁与上升器的使用方法。

(2)在地面上演示并模拟练习在桥面上的完整动作;准备挑战的学员穿戴好保护装备之后,

接受队友的激励。

（3）利用上升器爬上距离地面 8 米的高空，空中有个断开的桥面，走到桥板的一端，两臂侧平举，然后大声的问队友："准备好了吗?"当听到"准备好了"的回答之后，自己大声喊"1、2、3"，跨步跳到桥板另一端，单脚起跳，单脚落地，然后按同样的要求再跳回来。

（4）在桥面上不允许助跑，跳跃过程中可以一只手轻扶绳子以维持身体重心，手不允许紧拽保护绳（有的学员习惯在手扶的位置打一个简单结也是一个好方法）；完成后慢慢返回地面。

项目要点：

（1）学员如有严重外伤病史，或有严重心、脑血管及精神病、慢性病及并发症者，可以不做此类挑战项目。

（2）学员穿安全带、戴头盔、连接上升器时，指定一名队友帮助，一名学员负责检查，队长最后再做一遍全面检查。

（3）不断提醒学员将上升器始终保持在自己腰部以上的位置。

（4）上断桥后，教师让其背靠立柱，保护在身体的内侧，再次检查学员安全带、头盔的穿戴情况并为其扣上保护绳主锁，然后摘去上升器连接的主锁，同时观察学员的身体反应。

（5）教师用绳与学员用绳要理顺，分别连接在平行设置的各自钢索上，不要交错。

（6）挑战结束学员下去时，先扣上升器的主锁，再摘保护绳的主锁。

（7）教师在爬升过程中必须使用上升器，也可用主锁与长扁带连接后按照全程保护原则操作。

（8）在板端时提醒学员将起支撑脚脚尖探出板端少许，然后果断跃出。

（9）遇学员不敢过桥，教师可先将其引至桥的一端，自己到另一侧引导过桥。

（10）如学员在断桥的另一侧重心不稳定、摇晃、不敢前进时，教师用背部靠住立柱，直到训练架不再共振为止。

（11）学员跳空失足的处理：拉近桥板，拓展教师帮助学员爬上断桥；学员可抓住自己的保护绳或桥板，尽力向上返回断桥，避免学员抽拉木板。

（12）学员踟蹰不前时：①使用循序渐进的方法：抓住固定物深呼吸→抓住拓展教师的手前走一步→松开教师独自站立→独自向前移动→抬脚活动或小跳→转移注意力→自我鼓励或接受学员鼓励→大喊"1、2、3"同时起跳；②20 分钟仍无效果时，拓展教师应适当接应协助完成；③建议不要使用激将法，对于极度恐惧者要多些鼓励与人文关怀。

2.垂直天梯

学习目的：

（1）全力以赴、合理分工、互相鼓励、充满信心、克服心理障碍去实现目标。

（2）培养学员相互协作的意识；体会人员合理搭配的价值；体会阶段性目标的重要意义。

（3）共同学习、总结经验；珍惜别人的帮助，懂得感恩是能够继续前进的无形助力。

布课过程：（每队 16 人左右，在 100 分钟内完成六根横木）

（1）垂直天梯是两人合作项目；穿好保护护具，拓展教师检查并接受队训激励。

（2）两人一组，向上攀登，两人共同站在第五根横木上手抱第六根横木即宣告任务完成。

（3）在攀登过程中，可以利用的只有横木和两人的身体（不得拖拽衣裤），不允许拉拽胸前的保护绳及两边的钢缆；保护者适当收紧保护绳，但不得提供拉力帮助队友完成任务。

项目要点：

(1)学员摘除身上装、佩的硬物；教师检查学员的安全带、头盔的穿戴情况；并亲自给学员摘挂铁锁，挂锁前应将保护绳的拧转去除。

(2)制止学员拉拽胸前的保护绳及利用两边的钢缆(铁链)。

(3)教师在每位学员开始攀爬之前，要求收紧保护绳，两名学员攀上第一根横木前，教师应站在攀爬学员身后，双手伸出，防止学员坠落到地面上。

(4)学员应相互协助，提醒学员使用合理的踩踏动作(如大腿或肩膀)；学员攀爬由静态转入动态时，应将保护绳收至最紧。

(5)项目过程中，不断强调安全事项；学员攀上第二根横木后，教师应站在攀爬学员对面指导。

(6)天梯下禁止站人，学员完成挑战下降时，禁止两人同时下降。

**3.沿绳下降**

学习目的：

(1)学习沿绳下降的技能。

(2)克服恐惧、挑战自我、激发潜能；用积极的心态迎接挑战。

(3)培养团队意识和相互协作的精神。

布课过程：(每队15人左右，在80分钟内完成)

(1)绳下降是个人挑战为主的项目。利用速降装备，自己控制绳索，完成从岩壁顶端，安全降落至地面的任务。

(2)学习安全带、头盔、8字环、主锁等速降装备的穿戴与使用；学习保护技术和方法。

(3)下降过程中，两腿自然分开，身体后倾顶髋，前手远离8字环扶握绳索，后手握绳固定于腰髋处，控制下降速度。

项目要点：

(1)学员如有严重外伤病史，或有严重心、脑血管及精神病、慢性病及并发症者，可以不做此类挑战项目。

(2)学员穿安全带、戴头盔、连接上升器时，指定一名队友帮助，一名学员负责检查，队长再做一遍最后全面检查。活动器械要有备份，规范操作、安全第一。

(3)至少有3名学员保护，保护人员要离开下降人员的正下方；放绳时，绳头必须打8字绳结，上方保护点要比站立点高。

**(二)拓展训练的中低空项目**

**1.信任背摔(图12-35)**

学习目的：

(1)培养团队内部的相互信任；增强学员挑战自我的勇气；发扬团队精神、互相帮助。

(2)通过挑战懂得合理突破本能的重要意义。

(3)感悟制度的制定与保障对完成任务的价值。

(4)培养学员换位思考的意识。

布课过程：(人数在12～16人之间，在40分钟内完成)

（1）信任背摔是个人挑战与团队配合相结合的项目。在一个 1.5 米高（1.5～1.8 米不等）的背摔台上，每一个学员将轮流上到台上，按照要求后倒，其他所有队友将其接住。

（2）为了确保安全，在项目开始前，各位同学必须将身上带的所有硬物摘下拿出，放到指定的安全区域。

（3）背摔（后倒）前，接受队训，绑手练习，对位练习，试压练习，搭人床练习；最后进行实际操作。

（4）团队配合、安全接人；齐心协力、轮流挑战，注意将人安全放到地上。

**图 12-35**

项目要点：

（1）学员如有严重外伤病史，或有严重心、脑血管及精神病、高度近视等不做此项目。

（2）教师应强调安全事项；关注学员动作的规范性；试压接人学员双臂，并强调每一个位置的重要性。

（3）学员在上背摔台后应安排其靠护栏站立。

（4）学员背摔时，教师应以一手拉住护栏，紧贴学员的手握住背摔绳随着学员重心移动，保持学员的后倒方向，适时松开。必要时可以不松手或将其拉回。

（5）安排学员由背摔台向外按弱、较强、强、强、较强、弱来排列，3、4 组安排男士，接人学员手臂水平或渐高。

（6）学员倒下被接住后，教师下蹲控制挑战学员的脚；学员落地站起时防止头前冲，碰到背摔台。

（7）摘除戴、装的所有硬物；从 1.8 米以上的背摔台后倒，头和肩先落，极其危险。

（8）弓步站立时，不易后撤，可以更好地保持全体手臂水平（虽然降低了高度但值得）；掌心向上与拓展教师下蹲的意义。

2. 求生电网（图 12-36）

学习目的：

（1）培养学员合理计划、有效组织、统一行动、亲密协作的意识。

（2）增强学员充分利用资源和对资源的配置能力。

（3）认识合理分工与服从组织安排的重要性；合理节约时间的意义和作用。

（4）培养团队的科学决策方法和严谨细致的工作作风。

**图 12-36**

布课过程：（每队 15 人左右，40 分钟内完成）

（1）求生电网也叫蜘蛛网，是团队合作项目，要求所有人在 40 分钟之内，从网洞中穿过，到达电网的另一边。

（2）每个网眼只能通过一人次，通过后即封闭；任何人、任何物品不可以触网；身体的任何部位触网均视为违例，包括头发、衣服；触网部位所在网眼将被封闭，正在通过的人退回重新选择网眼通过。

（3）过网的唯一通道就是未封闭的网眼，两边的学员不可从网外来回换边。

（4）活动过程中出现危险动作或拓展教师叫停时活动停止。

项目要点：

（1）检查场地是否有尖锐物体，确认绳网与立柱牢固可靠。

（2）学员把身上带的所有硬质物品放旁边安全的地方。

（3）学员被托起后，任何情况下不得将其抛起或松手，放下时先放脚，待其站稳后其他人才可松手。

（4）对学员冒然尝试、蹿跃、触摸电网等动作应做相应处罚，如封网或戴一会眼罩等。

（5）教师要注意站位，保持在人少的一边，时刻做好保护准备。

（6）设置网眼时，三角形网眼不超过网眼总数的 1/3，以适当降低对学员的心理冲击力。

（7）重点关注第一位和最后一位通过的学员，对第一位要求要严，对最后一位要据情况适当掌握尺度。

（8）发现有体重过大的学员时，在腰高的部位适当调整出相对容易通过的网眼。

3. 高台演讲（图 12-37）

学习目的：

（1）在公众面前的语言表达能力；学习和倾听能力。

（2）时间掌控和感觉能力。

（3）对主题任务、关键要点的掌握和分配能力。

**图 12-37**

布课过程:(每队 15 人左右,50 分钟内完成)

(1)高台演讲是个人挑战项目;为表现特殊压力的情景,每人轮流站在高台上演讲。

(2)演讲从双脚站在高台上开始,到 3 分钟即刻停止;如果演讲完而时间未到,要留在台上随便讲其他话题。

(3)要求 1 分钟讲你的过去,1 分钟讲你的现在,1 分钟讲你的未来。

项目要点:

(1)上、下讲台要注意安全,不能使用不文明语言。

(2)强调 3 分钟时间,过去、现在、未来各 1 分钟;尽量不要发问打断其思路。

**(三)拓展训练的地面项目**

**1.牵手结**(图 12-38)

学习目的:

(1)让学员寻找解决团队问题的方法。

(2)突破惯性思维,学习逆向思维。

(3)永不放弃、坚持到底的团队精神。

**图 12-38**

布课过程:(每队 15 人左右,40 分钟内完成)

(1)重点做肩臂部位关节的活动,可以用手臂波浪和轮流转身活动。

(2)所有学员站成一个肩并肩的面向圆心的圆圈;先举起左手,去握住与你不相邻的人的左手。

(3)再举起你的右手,去握住与你不相邻的人的右手,并且不握同一个人的手。

(4)团队成员共同努力,将其解开,整个过程不得松手用于解开绞锁的手臂;当出现反关节动作时,可在手保持接触的情况下松缚调整后再握紧。

(5)完成 2~3 回后,要求学员按照不抓相邻和同一个人的手的情况下,排列出最简单的解开组合;也可尝试人数为奇数时出现的结果以及不分左右手出现的结果。

项目要点:

(1)要做关节操热身,并要求学员摘除戒指、手镯、手链等物品。

(2)在学员出现反关节动作并且感觉痛苦时,不得强行拧转。

(3)注意在跨越学员手臂时不要用膝盖和脚碰到其他学员的脸部。

(4)在活动过程中善于观察,结合实际生活用实际案例进行项目理念的提升。

2.雷阵图(图 12-39)

学习目的:

(1)培养勇于尝试、不断探索的精神;培养创新意识,突破定式思维。

(2)树立成本观念,培养善于吸取经验教训,少走弯路的能力。

(3)善于利用工具与资源。

**图 12-39**

布课过程:(每队 15 人左右,40 分钟内完成)

(1)从布课开始拓展教师告知学员不回答任何问题;说明该项目叫做雷阵,正方形内为雷区。

(2)活动要求所有学员从雷区的入口开始,依次通过雷阵,成功地到达雷区的另一边,活动时间为 40 分钟。

(3)雷区内只允许有一人进入;每走一步只能迈进相邻的格子里,不准跳跃及试探。

(4)雷区中每走一步未被确认的新格子要听拓展教师的口令,口令有两种:"请继续"示意学员继续前进,或"对不起有雷,请按原路返回"让学员退出雷区,换另一人进入。

(5)全队按时完成为100分,每违例一次扣1分,违例现象有四种:重复触雷、未按原路返回、踩线或未进入相邻的格子,进入雷区的人数多于1人。

项目要点:

(1)场地内清扫干净;野外铺设雷阵图前要清理地上的尖、硬物体。

(2)不要过早将路封住,可以做些调整;拓展教师可以戴墨镜。

### 3.击鼓颠球

学习目的:

(1)全体学员齐心协力、团结协作、形成合力、共同达标。

(2)培养学员不怕挫折、不断进取、争创佳绩的意识。

(3)感受互相鼓励对完成任务的积极作用。

布课过程:(每队15人左右,40分钟内完成)

(1)击鼓颠球是团队配合的项目;在全体成员的配合下,不断创造新的记录。

(2)每人牵拉一根鼓上的绳索(人少时可一人牵拉2根绳索),握住绳头30厘米以内的地方,调整鼓面角度和击球的力量;使排球垂直的、力度均匀的连续在鼓面上颠击(球颠起的高度不能低于鼓面20厘米),连续次数越多越好。

(3)颠球计数开始后,鼓体和排球均不能落地,否则重新开始。

项目要点:

(1)要有足够大的平坦场地,场地上不要有石头等危险物品。

(2)移动中注意配合和安全;注意爱护活动器材。

### (四)拓展训练的其他项目

#### 1.扎筏泅渡

学习目的:

(1)培养团队决策、配合协作与集体动手的能力。

(2)提高学员一丝不苟、刻苦认真的态度。

(3)理解工作绩效的产出标准,包括安全性、实用性、经济性。

布课过程:(每队15人左右,90分钟内完成)

(1)扎筏泅渡是水上团队协作项目;对不会游泳的学员更具挑战性。

(2)在90分钟内使用提供的材料,扎成一个能容纳全体组员的木筏。

(3)全体组员共同划木筏到指定地点取"羊皮书",然后返回起点交付为完成任务。

(4)绩效考评团队扎筏的质量与完成的时间。

项目要点:

(1)首先了解学员中不会游泳的人数,并有应对准备。

(2)事先要对学员讲解示范安全防护和互救自救方法。

(3)活动中学员应穿救生衣,竹筏散落时,重点监护会游泳的人。

#### 2.抽板过河

学习目的:

(1)培养学员合理计划、有效组织、积极协作的意识。

(2)培养学员合理利用资源和科学配置资源的能力。

(3)学会合理分工,节约时间,服从组织的安排;科学决策,严谨细致的工作作风。

布课过程:(每队15人左右,40分钟内完成)

(1)抽板过河是团队协作项目;利用2块木板,合理使用,使全部成员从河的一边到达对岸。

(2)活动中不得抓桥上的纲缆,可以抓扶绳索;任何人不能离开木板,否则重新开始。

(3)每次过河人数不限,木板不能掉到水中;40分钟内完成,每组过河人次多者为胜。

项目要点:

(1)场地内不能有坚硬物品,确认器械牢固可靠。

(2)如果木板叠压上面站有学员,不能硬抽下面的木板,防止滑落。

(3)学员间要相互帮助,互救或自救。

3.感恩的心(图12-40)

学习目的:

(1)培养学员间沟通交流的能力;增进团队内学员间的感情和团队小组之间的感情。

(2)以感恩的心情梳理自己记忆的机会。

图 12-40

布课过程:(人数和完成时间视情况而定)

(1)全部人员关闭手机,分成人数相等的两个队(最好按男女性别分成两组),面对面站立。

(2)指定一组戴上眼罩,扮演盲人,另一组扮演哑人;活动中盲人不能摘下眼罩,哑人不能发出任何声音,以免盲人同伴辨认出身份。

(3)哑人学员要引领盲人学员通过一段设有障碍的路;要求引领者只用身体接触的方法引导。

(4)采用走、绕、爬、钻等方式通过设定的各种障碍物,以最快的速度到达终点。

项目要点:

(1)障碍物设置要明显,不能是尖锐的障碍物。

(2)学员戴上眼罩后不要随意移动。

(3)活动结束后,摘下眼罩后,先要闭一会再慢慢睁开眼睛。

我们从以上内容可以看到,户外拓展训练的项目种类繁多,项目内容丰富多彩。在户外拓展的实践活动中,我们也可以把户外运动中的取水取火、安营扎寨、结绳方法,以及定向运动中的山区越野、林间定向、校园寻宝等项目与户外拓展结合在一起来实践。这样会给户外拓展活动带来更多的乐趣和更多的精彩。

# 第五节 山地自行车

## 一、山地自行车概述

20 世纪 70 年代,山地自行车运动在美国加利福尼亚州的塔马尔帕伊斯开始出现。加里·费歇尔、查里·康宁安、基思·班特杰、汤姆·里奇等,常常被尊奉为山地自行车运动的奠基人。每年都有成千上万的山地自行车运动爱好者来到这里,朝拜那些勇于挑战传统、意志坚定的运动发起者们。这些先驱者把老式的游览用自行车和配有充气轮胎的自行车改造成能够在高低不平的地面上行驶自如的人力车。1979 年凯利在《外面的世界》杂志发表了第一张山地自行车的风景照,这对新的体育潮流的出现起到了决定性的作用。汤姆·瑞奇于 1978 年底制造出了他的第一辆山地自行车,1979 年一家以"瑞奇山地自行车"冠名的公司成立,这就是山地自行车这一名称的由来。

山地自行车在美国获得较快的发展,并被其国家的运动协会所接受。1983 年举行了美国山地自行车冠军赛。并且在该次比赛中,女子山地自行车水平让世界震惊。1987 年,在法国举行了一次非正式的山地自行车比赛,1988 年便正式在欧洲举行比赛。德国的根德电气制造公司组织的全欧"根德挑战杯"赛,紧接着又于 1991 年举办了"根德世界杯"。根德公司为山地自行车运动的迅速发展创造了良好的条件和环境,并且为山地自行车的发展作出了极大的贡献。

1990 年 9 月,第一次正式的世界山地自行车比赛在美国科罗拉多州多伦哥市举行,其中有 24 支国家自行车队参赛。在越野和下山比赛中分别设置了 3 枚奖牌,越障碍、爬山项目的获胜者并无头衔。1991 年举行了首届"根德世界杯"。1996 年,山地自行车越野赛成为亚特兰大奥运会的正式比赛项目。

## 二、山地自行车技术习练指导

### (一)基本操作技术

山地自行车基本操作技术是从事山地自行车运动的基础和前提。山地自行车的基本操作技术主要包括热身、身体姿势、手的姿势、踏蹬技巧、变速技术以及刹车技术。其具体内容如下。

1. 热身

大多数车手对运动前的热身运动不够重视,肌肉得不到适当的伸展,在运动中很容易受伤。即使不受伤,运动的效果也很差。骑车是一项锻炼心血管承受能力的运动,热身运动有利于相关肌肉和肌腱做好运动前的准备。先伸展一下身上的肌肉,慢慢地骑行一段时间,然后再逐渐加速,随之增大运动的强度。这样,身体能逐渐地从无氧运动过渡到有氧运动。

2. 身体姿势

正确的骑车姿势:上体较低,头部稍倾斜前伸;双臂自然弯曲,便于腰部弓曲,降低身体重心,同时防止由于车子颠簸而产生的冲击力传到全身;双手轻而有力地握把,臀部坐稳鞍座。

上坡时,要把重心移到鞍座后部,使双腿获得最大的杠杆作用。同时,上半身放低,要趴在车把上,以固定车位。

下坡时,身体重心要始终靠后。如果坡度允许,车手胸部的重心应该落在鞍座上。

### 3.手的姿势

在骑行过程中,手握车把的姿势由车手自己决定。具体来说,手的姿势应该遵循以下几个方面的要求:

首先,轻轻地握住车把,肘部稍微弯曲,肩部放松,后背伸直。

其次,车把不要抓得太紧。不然,上半身会一直处于紧张状态,很容易失去控制,而且手臂也很容易感到疲劳。

最后,骑车过程中,拇指和其他几个手指分开成空拳状握住车把,拇指和其他几个手指一起放在车把上面。这样碰到什么障碍物,手会从车把上滑下来。

### 4.踏蹬技巧

车手是否掌握正确的踏蹬技巧对其骑行速度有着重要的影响。脚蹬主要是用来传送能量的,车手应该掌握能够最大限度地传送能量的踏蹬技巧。这就是曲柄绕中轴转动,脚蹬随之进行环形运动。为了能连续、平稳地把能量传送到动力传动系统,车手应该学会如何连贯地踩动脚蹬做环形运动,不可上下猛踩脚蹬。要想掌握这一技巧,最好的方法是选择平坦的地面,或者在公路上骑车。不过,在自行车越野运动中,要想持续地保持某一节奏是根本不可能的,更不用说保持较快的节奏了。

自由式、脚尖朝下和脚跟朝下式,是山地自行车的三种踏蹬方式。每种方法都具有其独特的特点,因此,具体应该根据实际情况和需要进行有针对性的选择和运用。

### 5.变速技术

掌握变速技术对车手更好地发挥其骑行水平具有重要作用。变速装置是为更省力、更舒适而设计的,以免除因出力不均而产生的疲劳。变速的时机为上坡、下坡、路面凹凸不平、逆风以及疲劳的时候,也可以说当踩踏感觉吃力时,即为变速的时机。

### 6.刹车技术

在山地自行车运动中,车手应能够熟练运用刹车技术。刹车提供了非常好的制动力,车手只需要一两个手指就能操作刹车装置,锁住车轮,其他三个手指用于握住车把,控制自行车。一般来讲,前闸的刹车效果比后闸好。但是,根据地形和车闸刹车效果的不同,两个车闸应该谨慎使用。在短而急的斜坡上向下骑行,或者在土质疏松的地面上转弯时,除非骑车的技术非常娴熟,尽量不要使用前闸。在下坡的急转弯,需要使用到刹车时,尽量使用后刹车的力量。

### (二)骑车跨越障碍技术

骑车跨越障碍技术是专业车手需要掌握的一项重要技术。其主要包括骑车过沟壑的技术,骑车过石块、圆木的技术,骑车过"坎"(下坡)的技术,骑车跳技术,在土质松软的斜坡上重新发动自行车技术五种。

### 1.骑车过沟壑的技术

在进行山地车运动中常会遇到沟壑,因此掌握骑车过沟壑技术是山地车运动爱好者需要重视的方面。穿越沟壑时,要尽可能地使自行车保持水平状态。如果被卡在沟中,轻者会撞击一下,重者则会损坏自行车。具体要根据实际情况和需要,有针对性地调整技术方法。

(1)骑车过一般沟壑的技术方法

小沟可以跳过去,如果沟比较宽,可以从沟底骑过去。前轮碰到沟边时,先把身体重心后移,使之离开前轮,然后推动前轮下到沟内。等到了对面的斜坡时,再提起前轮并从沟中冲出去。身体重心前移时,要继续蹬踏。这一技巧与跨越比较大的石头所用的技巧相似。不过,这里不是从障碍物上面跃过去,而是从沟底冲出去(图 12-41)。

图 12-41

(2)骑车过“V”字形沟壑时采用的技术方法

由流水冲刷而成的“V”字形沟壑是比较难对付的地形之一。这种沟通常宽约 50 厘米,最深处也在 50 厘米左右。最简单的方法是把自行车从沟上面扛过去。除此之外,还有许多方法。最好的方法是在跨越沟壑时运用前轮离地平衡特技。后轮碰到沟底时身体重心稍微前移,同时继续踏蹬,直到冲出沟底。

2.骑车过石块、圆木的技术

在骑行过程中,如果遇到较大的石块、圆木等,应最好选择避开,从旁边绕过去。要想从上面跳过去,则要看石头、圆木后面是否有足够的空间,自行车落地时是否安全。如果自行车速度较慢,石头又比较大,则需要特殊的骑车技巧。靠近大石头、圆木时速度要放慢一些,同时要选择动力传动速比比较大的齿轮。一般链轮、飞轮应选用中号的。比较小的石头或细圆木可以利用“齐足跳”技术跳过去。为了便于了解和学习掌握,这里将前轮离地过“坎”技术的具体方法分为三个步骤,具体如下。

步骤一:就在前轮要碰到障碍物的时候,向上猛拉车把,通过动力传动系统用力,就像自行车前轮离地时的平衡特技一样。需要注意的是,前轮抬起来后,其高度以能够爬上圆木和石头边缘为宜。

步骤二:等前轮安全地落在圆木上面时,身体重心尽量前移,保持前冲力,并迅速移动身体,卸去后轮上的所有负重。

步骤三:继续踏蹬,让后轮落在障碍物的上面。由于车手身体大部分重量落在前轮上,并保持着一定的前冲力,后轮能够爬到圆木顶部。此时,将重心后移,恢复正常的骑车姿势(图 12-42)。

3.骑车过“坎”(下坡)的技术

“坎”也是在进行山地车运动时常会遇到的地形,因此掌握骑车过“坎”技术也是山地车运动爱好者需要重视的方面。所谓"坎"就是山地中常见到的在某段地面突然下降几十厘米甚至更多,形成一个很突然又很小的斜坡。过"坎"就是快速通过小下坡,同在泥泞的地形中骑车一样,都是山地自行车运动中不可避免的环节。

图 12-42

（1）前轮触地过"坎"技术

了解什么时候跨越障碍物,什么时候绕过障碍物非常重要。前轮触地过"坎"是下比较陡的斜坡时需要掌握的一种骑车技巧。要把身体重心尽量后移,让自行车从障碍物边缘滚过去。这一技巧通常用于坡度适中、自行车前轮能够顺利滚动,而不会被沟壑或者竖立起来的障碍物卡住的地方。如果斜坡的坡度太大,几乎是垂直的,则不要使用这一技巧。为了便于了解和学习掌握,这里将前轮触地过"坎"技术的具体方法分为两个步骤,具体如下。

步骤一:选择看上去比较容易应付的路线,然后低速靠近。当前轮抵达斜坡边界处时,身体重心后移,离开鞍座。

步骤二:开始下坡后,上身及双腿伸开,稍微弯曲,轻轻地按动后闸,但不要锁住后轮。身体重心后移有助于增加摩擦力。坡度逐渐平缓后,再将身体重心前移,然后回到鞍座上（图12-43）。

图 12-43

（2）前轮离地过"坎"技术

前轮离地过"坎"技术多在"坎"的斜坡坡度非常大,几乎是直上直下,并且坡底是水平地面时使用。

为了便于了解和学习掌握,这里将前轮离地过"坎"技术的具体方法分为两个步骤,具体如下。

步骤一:靠近斜坡边缘时,速度要适中,身体重心后移,后拉车把,同时用力踩一下脚蹬,身体成站立姿势,使自行车前轮离开地面,形成前轮略高于后轮的姿势。

步骤二：过"坎"后，保持前轮略高于后轮的姿势直到自行车落地。然后车手坐回鞍座，继续骑行(图12-44)。

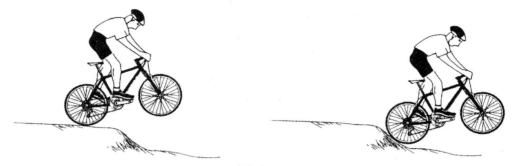

图 12-44

灵活控制车速，是山地自行车运动者在运用前轮离地下坡技术时需要重视的方面，合理控制车速可取得较为理想的技术运用效果。如果速度太慢，前轮会落入沟内；如果太快，则有可能冲过斜坡边缘太远，落地时冲击力太大，轻者猛撞一下，重者则会损坏自行车。

4.骑车跳技术

山地自行车运动中也会有许多交通障碍，包括专业运动员在内，每位车手都会遇到类似的情况。一旦意识到了这一问题，就应该勇敢地面对挑战，掌握高超的骑车跳技巧。

(1)借助斜坡跳跃

借助斜坡跳跃与"齐足跳"十分相似，其关键是要使身体放松。开始训练时，可以选择比较容易应付的障碍物。等比较熟练了，再进行高难度的训练。借助斜坡和沟壑的边缘起跳，在自行车落地之前，可以跨越相当长的一段距离。为了便于了解和学习掌握，这里将借助斜坡跳跃具体分为逼近、跳跃、着地三个步骤。

步骤一：逼近。目视前方，看清前面的障碍物。靠近障碍物时，身体要放松，重心放低，四肢微微弯曲，形成下蹲姿势。

步骤二：跳跃。碰到障碍物时，自行车会被弹起来，此时车手应借助上弹的力量立即从自行车上站起。这时候，车手要将身体重心后移，使鞍座朝着自己的腹部移动。当人、车同时弹入空中后，再向下按压自行车，但双腿和胳膊仍然要保持微微弯曲的姿势，这样在自行车下落的过程中四肢才能灵活运动。

步骤三：着地。着地又可以分为两个阶段：自行车着地和车手坐回鞍座。自行车着地时，先让后轮着地，再让前轮着地，两个轮子都着地以后，车手身体的重心也会随着下降。这时，四肢微微弯曲，慢慢地把身体的重量转移到自行车上(图12-45)。

(2)齐足跳

借助跳跃，或者说"齐足跳"，车手能够成功地跨越障碍物，而不必打断行程或放慢速度。如果前面出现了障碍物，而又没有可以借力的斜坡和沟沿，则可以使用这一技巧。齐足跳比较容易掌握，关键是平时要注意多加训练。开始的时候，选择比较小的障碍物。等熟练以后，比较有信心时，再选择比较大的障碍物。为了便于了解和学习掌握，这里将齐足跳的具体方法分为以下四个步骤：

步骤一：瞄准前面的障碍物，保持以比较合适的速度前进。在碰到障碍物之前，上身伸直，四肢微微弯曲,形成下蹲的姿势,蜷缩在自行车上。

图 12-45

步骤二:在自行车前轮将要碰到障碍物的时候(相距大约 50 厘米),向下按压自行车前部,然后双腿同时向下用力和手臂用力上拉,身体向上,并把车把抬起来。

步骤三:前轮离开障碍物后,扭动车把,双脚向后、向上猛拉(带踏脚套的脚蹬在这种情况下能够派上用场)。此时,后轮离开地面,沿着前轮的轨迹向前滑动。

步骤四:将身体重心前移和后移。重心前移有助于前轮着地,后移则有助于前轮抬起,这样做可以先让后轮着地,再让前轮着地(图 12-46)。

图 12-46

5.在土质松软的斜坡上重新发动自行车技术

如果遇到土质松软的斜坡,自行车被迫停下,重新起步并非一件易事。一般来说,这时候可以采取的方法有两种,具体方法如下。

(1)车手必须下车,向前走几步,或者向后退几步,选择合适的地点重新发动。所选择的地方必须地势平坦,摩擦力大,比如说一块比较平整的岩石。同时,选择传动速比不是太大的齿轮,只要能够应付当前的情况就行。如果太大,自行车还有可能会"抛锚"。选择好合适的齿轮以后,利用力量比较大的那条腿蹬动自行车,同时按住车闸。均衡用力,慢慢地松开车闸。等自行车开始向前运动时,把另一只脚也放在脚蹬上,然后平稳地用力、加速,直至回到预定的车道上为止。

(2)把自行车斜停在车道上,等发动起来以后再把车头掉过来。

**(三)应对不同地形的骑行技巧**

在山地自行车运动过程中,常常会碰到各种地形,如多石的地面,坚硬的地面,泥泞、沙地、杂草丛生的地形以及弯道等,熟练的骑行技巧可为顺利安全地通过提供重要的技术保障。

1. 多石的地面

多石的地面也是车手在骑行过程中经常遇到的一种情况。在岩石较多的地方骑车,平衡性不好把握,自行车很难控制。车手必须运用各种技能,骑在车上的时候要尽量放松,还要学会挑好走的路走。在多岩石的地面上骑车,最好的部分就是要像冲浪一样"随波逐流"。下行时根据路况,要放开胆子,凭借着一股冲劲,以较快的速度,迅速穿过去。车速越快,地面也就显得越平坦。但是,在这之前必须仔细研究这里的地形。

在多岩石的地面上骑行,车手会随着自行车左右摇晃,如果距离不是太长,采取俯卧的姿势,站在脚蹬上,降低身体的重心,把自行车控制住。这样,一方面能够比较灵活地使自行车保持平衡,同时双腿还能更好地发挥杠杆作用,使前轮保持平稳。肘部下垂还可以防止前轮上翘。要想改变骑车的方向,车手只需要把身体的重心从一侧移动到另一侧,再轻轻地推动自行车朝着某个方向前进就行了。

2. 坚硬的地面

在比较硬的地面上骑车最省力,骑起来也最舒服。这种地面就同公路一样,有时候比公路还要好:阻力小,车轮滚动的速度快。但是,如果地面比较潮湿或者上面覆盖着一层沙砾和树叶,这就需要谨慎小心,注意降低和稳住重心,因为,这种地形往往非常滑。

3. 沙地

在沙地中骑行是一件十分困难的事情。对于山地自行车运动爱好者而言,可采用与铺满碎石和沙砾的地形一样的骑行技术来对付这种地形。遇到这种地形,自行车前轮很容易陷在沙里,车手也很难控制自行车前进的方向。大面积的沙地通常很难穿过,车手一般要扛着自行车步行前进。但对于面积较小的沙地,车手可以借助较高的车速,成功地穿过去。

进入沙地之前,自行车要达到一定的速度。把链条调到小一号或小两号的飞轮上,同时身体重心后移,减少前轮的重量,保证前轮不会陷在沙土中。用足力气,保证脚蹬以平稳的节奏转动,以保持自行车前进的速度,同时不要转动车把。这么做的目的是用最快的速度穿过沙地,不至于被沙土困住。如果在其他质地比较硬的道路上遇到沙土,通常沿着路边没有沙土的地方骑过去。比较潮湿的沙地,只要身体的重心不在前轮上,并且用力均匀,一般能够成功地穿越。

4. 泥泞、杂草丛生的地形

满是泥浆的路面、杂草丛生的地形也是山地自行车运动中常遇到的一种情况。在遇到这种情况时,车手要有思想准备,也要掌握一定的技巧。

在遇到满是泥浆的路面的情况时,不要消极回避,而应去勇敢地面对。要知道,在下坡或爬坡的过程中,滑倒是不足为怪的,扛着自行车走也是经常的事情。车轮与车架接合的地方很容易积满泥巴,泥巴更是常常粘在轮胎上,致使自行车寸步难行。如果有水,从水中骑过去,可以去掉泥巴,使问题有所缓解。遇到大面积的沙地、泥浆和水时,要保持身体的重心离开前轮,落到鞍座的后部。尽量不要刹车,因为刹车会减少轮胎与地面之间的摩擦力。也不要挺直后背,不然会失去控制。把自行车调到比较省力的齿轮上面,让前轮从沙土、泥浆和水面上方轻轻地"飘"过去。

如果所经过的地方植被比较浓密(如森林中铺满树叶或小草的地面),自行车骑起来会比较费劲,但一定不要用力太大,以免弄得自己心跳加快,筋疲力尽。有时这种地形还会使轮胎同地面之间的摩擦力减小,车手要像对待泥泞地形一样来对待这种地形。在这种情况下骑车,需要对自行车及其相关部件的操作规程做一些调整。安装适于在泥泞环境中使用并能增加与地面之间摩擦力的轮胎。

5. 弯道

控制车速是弯道骑行过程中应注意的重要方面。用点刹的方法逐渐减速,尽可能前后闸同时使用,进入弯道后将闸放开,转弯时,身体和车子要保持一致,向里倾斜,上体和车子保持一条直线,以克服离心力。倾斜角度根据速度和弯道大小而定,但一般不得超过28°,否则就有滑倒的危险(图12-47)。

在转弯时,车手还可以像专业摩托车手那样使内侧的膝盖触地。如果弯道不是太急,并且脚蹬离地面还有足够的距离,可以再踏几下脚蹬,以进一步提高车速。有些车手喜欢使外侧的脚蹬处于低位,并用脚使劲踩住,以减少鞍座所承受的重量。这样,身体可以充分放松,同时又能增大内侧脚蹬与地面之间的距离,但这样做会影响平衡性。向下按压内侧的车把,以增加前轮同地面的摩擦力。

图 12-47

6. 坡路

(1)上坡骑行技术

对于山地自行车运动者而言,上坡骑行技术是必须掌握的一项基本技术。正确的骑车技巧有助于车手成功地应付各种各样的山道。能否驱动自行车向前、向上运动,取决于两个关键性的因素:一是动力传动系统的运转与力量的大小;二是车轮与地面之间的摩擦力。动力传动系统的运转与力量的大小同车手身体的强健程度和力气的大小直接相关。摩擦力则与骑车技巧、自行车轮胎的类型、车手身体的重心位置以及轮胎的压力有关。

对于山地自行车运动者来说,短而陡的坡则需要较大的劳动强度。高强度运动持续的时间可能比较短,关键是车手要保持正确的骑车姿势。要想冲到坡顶,在助跑阶段积累足够的冲力。一般情况下,急转弯以后紧接着就要爬坡。这时,车手一般没有冲力,但一定要保持相当的牵引力。最好的办法是保持正确的骑车姿势,把身体的重心移到后轮上,不过前轮上也要保持足够的重量,以防自行车前翻。

山地自行车运动者在遇到很长的上坡,由于运动强度和骑车技巧与爬陡坡时不同,故需要根据自己的体力状况及时调整传动比,也就是调节蹬踏用力时省力的齿轮来保持车子能快速前进,不能等到骑不动车和速度完全降下来时再改变传动比,应坚决避免重新起动的现象出现。坡路较长或有陡坡时,可适时使用站立式骑行方法,调节用力部位,让部分肌肉得到休息。

（2）下坡骑行技术

下坡骑行技术也是山地自行车运动者应掌握的基本骑行技术之一。下坡时,车手应该牢牢记住的诀窍是骑得越快,路面显得越平坦。下坡骑行要勇敢机智,胆大心细,精力集中,两眼密切注视前方路面,随时准备果断处理路面上出现的任何情况;要充分利用车子运动惯性滑行,重量后移,以手臂完全伸直为宜。同时,上体前倾、下压使胸部降到鞍座的高度（图 12-48）。

**图 12-48**

但在没有了解前面的地形之前,下坡的速度却不应该太快。车手需要熟悉途中有什么障碍,以能够安全地绕过去。即使对当地的地形比较熟悉,但最近没有在这里骑过车,尤其是近来天气不好,车手也应该先仔细地观察一下地形,以免比较危险的意外事故的发生。

此外,车手还应能够熟练运用刹车技术,以避免下坡骑行过程中出现车速过快或有意外情况出现等情况而造成伤害,这时应主要使用后闸。如果后闸达不到理想的刹车效果,可以轻轻地按动前闸,但不要把前轮完全锁住。在下坡时最好不使用前闸,因为一旦摔倒,从自行车上往后摔要比从车把上向前甩出去安全得多。

# 第十三章　社会不同群体的休闲体育运动指导

## 第一节　不同年龄群体的休闲体育

### 一、青少年儿童的休闲体育

#### （一）少年儿童的身心特点及适合的休闲体育

在儿童阶段，人体形态和各项机能发育处于稳定增长的阶段，骨骼弹性大而硬度小，柔韧性较好，因而不易完全骨折，但易弯曲变形，需要引起关注。其关节面的软骨较厚，关节韧带厚而松弛，关节外部的肌肉也相对较为细长，因此关节灵活性较好；儿童关节的牢固性相对较差，用力不当时易脱位。从肌肉方面来说，肌肉中含水量较高，蛋白质、脂肪以及无机盐类较少，肌肉细嫩。

儿童期的形象思维逐步过渡为逻辑思维，并且随着知识的不断丰富，其思考的目的性、独立性和灵活性也有了一定程度的提高。少年儿童处于身体发育的关键时期，其身心的发展具有特殊性，因此，在进行休闲体育运动时应注意以下几点。

第一，注意时间和强度的正确选择。时间不宜过长，强度不宜过大，不应超过少年儿童的身体负荷能力。少年儿童神经调节机能尚未发育完全，并且呼吸肌发育较弱，肺活量较小，运动中呼吸动作与运动动作在不能很好地配合的情况下，只能靠加速呼吸频率来增大肺通气量。因此，控制运动的强度和时间在少年儿童休闲体育中非常重要。

第二，提倡休闲体育运动方式的多样性。少年儿童的身体各器官需要均衡发展，因此多种多样的休闲体育运动形式，有助于提高他们身体的灵活性，增强体质。

第三，保证少年儿童充足的休息与睡眠。充足的休息和睡眠，有利于少年儿童更好地进行休闲体育运动，此外，营养的补充对少年儿童身体的发育作用也不容小觑，这是他们为进行休闲体育运动提供基础。

在实际日常生活中，适合儿童运动的项目有很多，如自由活动、走、跑、攀爬类的活动，跳绳、游泳、垫上运动（滚翻）、体操、足球、篮球、乒乓球、羽毛球、网球、投掷、垒球、冰球、摔跤、武术等活动。在这些项目中，可供少年儿童选择的休闲体育运动项目也不少，并且不同的运动项目有着不同的效果。选择长时间跑的游戏、游泳、郊游、跳绳等，可以增强耐力能力；选择跳、投等，可以增加力量能力；选择跳舞、打秋千、拍球等，可提高灵敏协调能力；选择体操、按压等，可提高柔韧能力；而进行多种多样的运动项目则可以使儿童的身体得到全面锻炼。

#### （二）青春期人的身心特点及适合的休闲体育

人类进入少年期时，身体形态的各种指标增长速度突然变快。男女少年的身体发育有一定的差异性，但从整体上来看，少年期的发育过程中身体长度发育在前，横向发育在后。从手脚与躯干、四肢的发育状况上来说，是手脚和四肢的发育在前，躯干的发育在后。

在身体各项机能快速发展的同时,其心理也发生着一定的变化。这一阶段,随着人际关系复杂化,抽象思维能力和独立学习能力有所增强。但同时,他们在心理上也存在着一定的不足之处,主要表现为:独立性与依赖性共存的矛盾、认识水平低、控制自己的能力较弱、容易被暗示等。

青春期可进行的休闲体育运动有很多,在青春期的不同阶段,可选择不同方式的休闲体育活动,具体如下。

(1)青春发育初期,选择以灵敏性、协调性和柔韧性为主的运动项目,如健美操、广播操、乒乓球、跳绳、踢毽子等。

(2)青春发育中期,选择以速度为主的运动项目,如短距离快跑、变速跑、爬楼梯、爬竿、羽毛球等。

(3)青春发育后期,由于各器官发育日趋成熟,可选择增加速度耐力、一般耐力和力量性练习的项目,如中长跑、登山、游泳、骑自行车、足球、排球、篮球等。

## 二、青年人的休闲体育

### (一)青年人的身心特点

通常情况下,青年人指 18~35 岁年龄阶段的人们。这个阶段的青年人正处于一生中生命力最旺盛的"黄金"时期。在此阶段,感知、记忆、想象能力均达成熟水平,心智活动的效率也达到最高水平,理解、分析、推理以及创造思维的能力比较强。各组织器官系统及其机能的正常生长发育都已经完成,身体素质也处于一生中的最佳水平,对于参加各种体育活动较为适宜,能够更加广泛地选择锻炼的项目。除此之外,还能够以自身的身体条件和兴趣爱好为主要依据来选择,并参加自己喜欢的各种体育锻炼活动以及各种竞技体育运动。这一时期他们承受运动负荷的实际能力也较大。

这一阶段的人们有较为丰富的想象力,丰富的情感,热情洋溢,同时,也表现为易冲动、控制力较差等特点。他们往往抱有不同的人生理想,个性趋于稳定,兴趣爱好广泛,意志品质有较大的发展。因此在休闲体育运动中,需要遵循相关准则和道德,养成良好的体育习惯,使得休闲体育运动能够顺利进行,从而获得良好的运动效果。随着年龄的增长,社会角色和生活环境也会不断变化,青年人要培养休闲体育运动的好习惯,有助于为中年时期的健康打下牢固的基础。

休闲体育运动是青年人生活的重要组成部分,对青年人有着重要作用,这种作用不仅体现在青年人的健身健心方面,还体现在青年人社会交往方面。青年人步入社会后,在社会中扮演着不同的角色。在社会中,青年人需要和各种不同的人打交道,人际交往往往会成为他们融入社会、适应社会的关键。休闲体育在很多情况下充当了青年人人际交往的手段。青年人热衷于走出家门,参加各类休闲体育活动,如以武会友,以棋会友,在多样的休闲运动中,社会交往的范畴会得以拓宽,与他人情感的交流也会得以促进,从而建立起良好的人际关系,使生活和工作更加愉快而充满活力。

一些具备休闲娱乐功能的休闲体育项目成为了青年人休闲体育的首选,如象棋、围棋、桥牌和扑克等,从事这些休闲体育运动,不仅可以达到娱乐消遣的目的,还可以起到锻炼思维和促进智力发展的效果。但需把握活动的适度性,否则,便达不到休闲的目的。

### (二)适合青年人参与的休闲体育运动项目

青年阶段人的肌肉、骨骼和各器官系统的发育都趋于完善,体格健壮,体育运动的能力较强,处于进行体育运动的最佳时期。因此,青年人具备了从事所有休闲体育活动的身体条件,可以参加任何形式的休闲体育运动。

青年人进行的休闲体育运动大多数都带有明确的竞赛规则,竞赛性较强,运动的强度中等偏上,内容多为一些篮球、足球、羽毛球、网球、拳击、散打等对抗性和竞技性较强的运动,这与青年人体力充沛,精力旺盛,竞争意识强烈等因素密切相关。

由于青年人身心发展的特殊性,一些新颖的休闲体育运动备受青睐,如登山、攀岩、徒步穿越、驾车远游、赛车、山地自行车、轮滑、高山滑雪、潜水、冲浪、江河漂流、空中滑翔、溪降、溜索、蹦极等,这些休闲体育运动新颖冒险,挑战着人体的生理极限,能够满足青年人追求刺激、挑战极限、征服自然的需求,参加这些运动的青年人大都兴趣广泛、爱好多样,自我意识强,具有强烈的探新求异、展示个人魅力的欲望,良好的身体基础和经济独立为青年人从事这些运动提供了基础。当然,这些新兴的休闲体育运动对人的身体素质要求较高,并且花费较大。因此,在进行休闲体育运动时,青年人们不能仅凭一时激情便盲目选择休闲体育项目,一定要根据自我的条件,因人而异,选择适合自己的休闲体育运动。

青年时期,人们一般对自己的外在形象比较在意,青年期也是人一生中体型、肌肤、容貌的巅峰时期,青年人具有保持优美体型、健美肌肤和青春容貌的强烈愿望。因此,在选择活动的内容时,一些健美健身运动也是比较受欢迎的项目,如青年人经常会定期去健身、健美馆或者体操房跳舞、跑步。另外,游泳也是年轻人经常进行的休闲体育运动之一。

## 三、中年人的休闲体育

### (一)中年人的身心特点及参与休闲体育的原则

通常情况下,中年人指 35～60 岁这个年龄阶段的人们。中年人的身体素质都已经呈现出下降的趋势,体质逐渐由强向弱转变,身体的各种生理机能和能力也开始逐年下降,精力逐渐减退,体型开始发胖,体力方面要大大落后于青年人,在进行一定的体育健身锻炼后,恢复速度也大大降低,疲劳出现得较早,总体的健康水平会有所下降。

尽管中年人的心理发展已经呈现出较为成熟的状态,但在工作和生活的压力下,往往会导致中年人相应的心理疾病的产生,比较常见的有神经过敏、神经衰弱、抑郁症等。而且需要强调的是,随着年龄的增长,更年期到来,各种心理疾患和生理疾病的发病率也会有所提高。中年人在进行休闲体育运动的时候也应遵循一定的运动原则,具体如下。

#### 1.运动负荷安排要科学、合理

在选择运动量大小的时候,要充分的考虑自己的健康状况和运动经历等一系列具体情况,并根据实际情况逐渐加大运动量,但要注意的是每周增幅不宜超过 10%。为避免肌肉骤然紧张,产生运动损伤,剧烈运动是不能突然进行的。从心率方面来看,运动时中年人心率最低达到 110 次/分钟,但不要超过 160 次/分钟。

**2.贵在坚持**

在运动中,准备活动和整理活动必不可少。对于中年人来说,每次应至少抽出 20～45 分钟进行准备和整理活动,这包括 5～10 分钟的准备活动(可采取静力性伸展,加强腹部、髋部和腿部力量的运动)和 5～10 分钟的整理活动(多采用静力性伸展运动,以促进有效的恢复)。休闲体育运动的频率保持在每周至少 3 次以上,才有可能达到预期效果。

**3.灵活安排运动时间和地点**

由于大部分中年人工作繁忙,一般无法确定固定的运动时间和运动地点。因此,可以根据实际情况进行选择,以便顺利进行休闲体育活动。

### (二)适合中年人参与的休闲体育运动项目

步入中年,人的身体机能会出现一定程度的下降,运动观念也可能发生改变,与青年人追求刺激、追求时尚相比,中年人更倾向于追求休闲品质和树立健康理念,更注重休闲体育的内涵及运动养生与健身价值。因此,散步、慢跑、自行车骑游、爬山、游泳、跳操、跳舞等有氧运动和体能要求不高的小球运动受到了中年人的偏爱,如象棋、扑克、麻将、垂钓等一些能修身养性和愉悦身心的非运动性休闲体育在中年人群中颇受欢迎。

从中年时期开始,人体的运动能力和运动素质将不断地下降。青年人喜爱的那些负荷较大、对抗激烈、要求快反应、高速度、高强度、短时间完成动作的运动项目,尤其是一些冒险运动和极限运动项目对于中年人来说,身体条件已无法适应。而健身、娱乐为目的的休闲体育运动与中年人的身体特点相适应,因此负荷适宜的健身类、健美类、娱乐类、保健康复类运动休闲项目,受到广大中年人的喜爱。

经过多年的奋斗,相对青年人来说,中年人有了更加雄厚的经济基础,这使得他们的休闲体育观念也可能发生了一定程度的改变,中年人的休闲体育带有"高档消费"的特点。步入中年后,大部分人家庭生活较为稳定,还有些事业有成的人士,喜欢出入高档休闲体育场所,享受"休闲大餐"或加入高档体育俱乐部,享受俱乐部提供的优美的环境设施和高品质的服务。如高尔夫球、保龄球、网球、台球、水上运动、健身俱乐部,甚至登山、赛车、射击等也深受这部分人群喜爱。

随着年龄的增长,中年人的人生阅历和经验越来越丰富,与此同时他们对体育运动的兴趣越来越窄,但更为持久稳定。许多他们在青年时代热衷的体育项目,随着年龄的增长对其的热度也逐渐降低,而体育兴趣的稳定持久体现在中年人一旦确定对某一项目喜爱,便很少再为其他兴趣所干扰。这种特点对中年人养成一定的休闲体育习惯非常有利,便于理解休闲体育的内涵、享受休闲体育的乐趣,但是一旦因各种条件导致此项运动无法正常进行,便会导致中年人运动的中断,从而影响生活质量。因此,中年人的休闲体育可以从自己的兴趣出发,多选择几项运动项目,注意休闲体育的活动性质、内容结构和时间结构的合理搭配,养成良好的休闲体育习惯,这样就能丰富余暇生活,终身享受休闲体育带来的健康与快乐。

球类运动深受人们的喜爱,也是中年人休闲体育的重要选择。在球类运动中,除了传统的乒乓球、羽毛球、网球、门球,一些小群体的球类运动,如三人篮球、五人制足球、沙滩排球等,因其趣味性、娱乐性较强,也成为中年人的热衷对象。一般来说,中年人的探新求异欲望逐渐开始减退,但这并不妨碍一些新兴休闲体育项目在中年人中的流行,如溜索、潜水、冲浪、滑水、赛艇、漂流、飞伞、热气球、卡丁车等,但毫无疑问,与青年人相比,中年人在精力与体力方面已显示出较大的差距。

中年人已经具备了休闲体育的基本知识和体育运动的基本技能,但是由于客观条件的限制,如工作繁忙等,往往缺乏休闲体育的主动性和积极性。因此,要增强中年人的休闲体育意识,可多组织休闲体育活动,让中年人参与其中,形成休闲体育的习惯,使休闲体育成为他们丰富文化生活的主要内容之一,并成为他们日常生活的重要组成部分,为他们从事终身体育打下坚实的基础。

## 四、老年人的休闲体育

我国正在步入老龄化社会,随着老年人数量的不断增加,发展适合老年人参与的休闲体育运动对促进老年人的身体健康的发展具有重要的作用。老年人其自身具有鲜明的特点,有着大量的余暇时间,对休闲体育有着强烈的需求。现阶段的休闲体育参与人群中,老年人还是主要的部分。

### (一)老年人的身心特点

一般将 60 岁以上的人称为老年人,而我国将逐渐进入老龄化社会,老年人的健康状况将普遍受到人们的关注。老年人处于人生的最后阶段,随着年龄的增长身体机能不断衰退,出现了肢体活动不便,行动迟缓,甚至不爱活动的情况,这会导致身体的新陈代谢减弱,血液循环变慢,肌肉松弛,胃肠蠕动与吸收减弱,呼吸变浅。老年人的身体特点具体体现在以下方面。

1. 中枢神经系统

随着年龄的增加,老年人的大脑细胞逐渐减少,脑功能也随之减弱,大脑对身体各器官系统的调节功能也在减退。因此老年人会表现出对外界刺激反应迟缓,记忆力降低,神经系统易出现疲劳且恢复缓慢的现象。

2. 心血管系统

老年人的身体特点发生了明显的改变,主要是心肌组织退变,表现为心肌纤维萎缩、数量减少,结缔组织增生,脂肪沉着等,这就会导致老年人心肌收缩力量减弱,心脏排血量少,对体力活动负荷的适应能力下降。老年人动脉血管壁的硬化使其弹性降低,管腔变窄,血流阻力增大,血液循环减慢,血压升高。

3. 呼吸系统

老年人肺组织逐渐纤维化,肺泡壁的弹性降低,胸廓活动的范围逐渐缩小,因而,肺功能逐渐减退,进而影响全身的氧气供应。

4. 消化系统

老年人的腹壁肌肉常常出现松弛无力的现象。由于胃肠道运动变弱,消化能力减退,因而易引起内脏下垂和便秘等疾患。

5. 运动系统

随着年龄的增长,老年人的运动器官发生了一系列的退行性变化,如骨质疏松、椎关节僵硬、关节活动幅度缩小、韧带的弹性退化、肌肉逐渐萎缩、肌肉力量和弹性降低等。因而,老年人中容易发生骨折、劳损以及颈、肩、腰、背等病症。

**6.新陈代谢**

老年人身体内部整个新陈代谢缓慢,能量转换不畅,脂肪和糖代谢障碍更为明显和突出,因而常引起体质变弱、肥胖和糖尿病等症状。

老年人由于从原来的工作岗位退下来,其社会角色有了较大的变化,再加上其身体发展的特点以及家庭成员的生活环境的巨大变化,会对其心理活动产生较大的影响。具体来说,老年人的心理发展特点主要表现为:有失落感、孤独感、寂寞感、无用感,机能衰退后出现的恐惧感、紧张感等。

### (二)老年人参与休闲体育的必要性

**1.老年人缺乏沟通的休闲方式**

由于社会的发展和对人口的控制,家庭中子女的人数越来越少,家庭的规模越来越小。随着年龄的增长,很多子女们到外地谋生计,逐渐远离了家庭和父母,尤其是在成家立业之后,往往会远离父母,这导致了空巢老人和独居老人的出现,再加上和亲属之间见面机会减少,交流的机会也不多,从而使老年人的休闲生活产生了空缺。在这种情况下,老年人容易出现心理和精神疾病,加上科学知识的缺乏,不能够进行及时的诊治,易导致情况的恶化,给家庭和社会带来危害。虽然近年来老年人寿命逐渐延长,但生活质量并未得到很大的提高,如果老年人积极参与休闲体育活动,这种情况将会大大改善。

**2.老年人休闲质量偏低**

除了休闲体育方式之外,还存在着报纸杂志、文学作品、影视、舞蹈、戏曲等文化艺术相关的休闲娱乐方式,但是这些文化艺术形式离老年人的生活较远,导致了老年人的精神食粮极度匮乏。主要体现在反映老年人生活、符合老年人欣赏习惯的文学作品很少,即使偶然有合他们口味的演出,又因为价格太高、演出场次少、演出地域的限制而无法如愿。这就导致了老年人休闲生活的质量较低。看电视也是老年人的一种休闲方式,但是电视具有一些负面影响,人们对这些负面影响还缺乏足够的认识。据调查,近些年来,老年人高发的心血管疾病、"三高"(血压高、血脂高、血糖高)、偏瘫、肥胖、癌症等疾病,很大程度上是由于整日坐在电视机前,缺少体育运动和精神运动而导致的。

**3.社区未能为老年人提供适当的休闲方式**

我国的社区建设尚不完善,尤其是缺乏一些专业的社区管理人员,因此便无法有效的组织老年人的休闲生活,导致了老年人休闲生活的缺乏。另外,以社区为主的文化设施数量十分有限。特别是文化广场、露天演出、科普画廊、街头报亭、社区图书馆、志愿者活动等既有意义又方便可行的休闲形式较少。

**4.老人休闲的观念比较落后**

和中年人相比,老年人的年龄较大,观念比较保守,尤其表现在休闲方面。大多数老年人的休闲观念和休闲技能都比较缺乏,无法充分利用自己的休闲时间。人们的传统观念认为吃好、喝好、不生病便是完美的老年生活,这显然缺乏对老年人休闲生活的考虑。近些年来,老年人的休闲生活逐渐受到关注,但是尚不能满足大多数老年人的休闲需要。

### （三）休闲体育运动对老年人的作用

老年人通过进行休闲体育运动能够有效促进其身心健康的发展,对于其生活质量的提升也具有重要的意义。具体而言,通过对不同的运动项目对人的健康的促进作用进行总结,其主要表现在如下几个方面。

**1.维持脑功能的正常**

适当的参加休闲体育运动可以维持老年人脑功能的正常运行,它可以延缓老年人脑动脉硬化的过程,使脑动脉血中的氧含量增加,从而改善脑细胞的供氧状况,减轻脑血管和脑细胞的萎缩,维持其正常的功能;通过休闲体育运动,肌肉骨骼系统得到锻炼,从而刺激和调整老年人大脑皮层的兴奋和抑制功能,提高大脑对身体各部位和各器官系统的神经支配调节能力,从而使整个机体的功能处于良好的状况之中。

**2.改善血液循环的功能**

休闲体育运动也可以提高老年人血液循环系统的功能,加强心脏工作能力。经过锻炼,老年人心肌的收缩力加强,心脏每搏输出量增加,心搏频率减慢;同时,心脏冠状动脉的血液循环量增加,参加血液循环的毛细血管增加,从而改善对心肌的氧气和营养物质的供应。通过休闲体育运动,可以降低血脂,有助于防止冠心病,推迟动脉硬化的进展,又可以促进代谢酶的活力,防止脂肪沉着。

**3.改善呼吸系统的功能**

休闲体育运动可以有效的改善老年人的呼吸系统功能。这主要体现在,通过参加休闲体育活动,老年人肺组织的纤维化过程可得到缓解,呼吸肌力量得到增强,胸廓和横膈的活动限度扩大,从而使新鲜氧气的吸入量和二氧化碳的排出量大大增加。这样会使肺部和整个人体的衰老过程推迟,同时还有利于老年支气管炎、肺气肿的防治。

**4.改善消化系统功能**

参与休闲体育运动,老年人的消化系统也会得到改善。参加休闲体育运动之后,老年人表现出腹肌不松,胃肠张力和蠕动力较好的情况,这有利于食物的消化和吸收,并可消除因食物引起的胃部不适现象,能够防止老年人胃肠功能紊乱。

**5.促进新陈代谢**

休闲体育运动可以促进老年人的新陈代谢。通过休闲体育活动,身体内氧化过程得以加强,细胞的物质能量储备增加,机体工作能力得到维持。此外,通过休闲体育运动的肌肉活动,血液内脂肪酸和葡萄糖的利用率提高,可以有效的防治因体内脂肪积聚过多或糖代谢障碍等所引起的各种老年人常见病。

**6.提高运动能力**

参加休闲体育运动可提高老年人的运动能力。休闲体育运动可以有效地增强肌肉力量,改善韧带弹性和关节的灵活性,防止肌肉萎缩,使动作保持一定的协调和灵活,从而起到了提高老年人运动能力的作用,可以减慢老年人机体组织的退行性变化,减少运动器官的劳损等常见病发生的几率。

**（四）适合老年人参与的休闲体育运动项目**

老年人的心理和生理特征都有其特殊性，因此，对休闲运动项目的选择要科学而合理。参加休闲体育运动，老年人的身体状况可以得到改善，但是也应看到由于机体功能的衰退，老年人的运动疲劳容易产生且消除较慢，因此，应严格控制老年人的运动时间和运动量就显得尤为重要。适合老年人的运动强度一般应保持最高心率在60％。也有人提出老年人慢跑时的心率应是170减去年龄或比安静时心率增加50％～60％为宜。锻炼时间在不短于每次15分钟的基础上逐渐延长，以每日锻炼一次或隔日锻炼一次为宜。因而，充分了解老年人的身心特点，在从事休闲体育活动时，按照人体科学规律办事并注意锻炼中的有关事宜是很有必要的。

适合老年人身体锻炼的休闲体育项目还是很多的，如散步与慢跑就有很好的健身作用，特别是对冠心病、高血压、肥胖和糖尿病等常见的老年病症有良好的防治作用。气功有助于改善中枢神经系统、血液循环系统以及呼吸系统的功能，调节血液循环并降低血压，增进机体的免疫力，提高新陈代谢和内分泌系统的功能。拳、操可增进老年人的体力，改善身体机能，对健康大有裨益。各种保健操和医疗体操，均有助于防治运动系统的老年病，如颈椎病、肩周炎和腰腿病等。

除此之外，老年人只要有条件、有兴趣、有基础，身体状况许可，还可以参加一些非直接对抗性的运动项目和娱乐活动，如游泳、登山、郊游、网球、门球、垂钓、乒乓球和自行车等。老年人可根据自己的爱好、健康情况，选择其中几项并持之以恒，将有助于身心健康。

一般而言，常见的适合老年人参加的休闲体育运动项目主要有以下几种。

**1. 太极拳**

太极拳运动是我国的一项重要的传统武术运动项目，通过习练太极拳能够起到良好的养生和健身的效果。太极拳的动作柔和、轻灵、缓慢，其运动如抽丝，处处有弧形，似展非展，圆活不滞，动中有静，静中有动。用意识引导动作，意到身随，配合均匀细长的呼吸，整套动作如行云流水，连绵不断，使全身上下得到均匀而协调的活动。其运动强度和运动量较为适中，练习后不易出现代谢机能的激烈变化，适合于不同体质和不同年龄的人们，特别是体弱及慢性病患者。

在练习太极拳时，其基本的身法要求为：头不可偏歪，下颏微内收；肩保持松沉，不可后张或前扣；肘自然下垂；胸微内含；舒展拔背，不可驼背；腰松活自然，不可后弓或前挺；膝屈伸自然柔和，不可僵直；臀向内收敛，胯不可左右歪斜。

通过习练太极拳能够起到多方面的作用，具体而言主要表现为如下几方面。

（1）太极拳柔和、缓慢、均匀的动作能够使周身的血管得到舒张，加速血液循环，从而使心脏的负担减轻。

（2）通过太极拳健身锻炼，能够对人的神经中枢功能进行改善和增强，有效预防疾病。另外，在舒缓的功法练习过程中，能够对人的植物神经系统功能进行调节。

（3）太极拳扭曲揉摆的动作，能够有效按摩腹壁和膈肌，从而能够有效促进脏腑内器官的功能得到增强，具体表现为可使得肠胃的消化和吸收功能增强，肾上腺素的分泌功能有所增强，改善人体的代谢。

（4）在习练太极拳时，对人的呼吸也有相应的要求，即为：要运用细、匀、深、长且与动作自然配合的腹式呼吸。这种呼吸方式能够有效发展呼吸肌的功能，使得肺通气量和肺活量都有所增加。

（5）太极拳的多弧形或螺旋形动作，能够有效提高肌力，这对防止肌肉萎缩，增加肌肉和关节的灵活性和柔韧性具有重要的作用。另外，通过太极拳练习，还能够有效提高抗压防折的性能。

### 2.门球

门球是一项健康、高雅、实用的休闲体育项目。据估计结果显示，目前在我国离退休人员者和老年人群体中，参加门球活动的人数已达百万。由于门球具有休闲活动的特殊性质，这一项目非常适合老年人，因而在老年人中极为流行。

门球具有一定的竞技性，对身体条件的要求不高，活动量不大，动作无太大难度，技术易被掌握，是一项集娱乐、休闲、健身、智慧为一体的体育项目。门球具有户外性、集体性、自娱性、简便性等特点。从门球的特点看，这是一项情调健康、趣味高雅、活动量不大、有一定技巧、方便易学的"轻体育"项目。因此，门球大体有以下几方面的作用：强身健体、悦心寄情、锻炼智力乐在其中等。

### 3.垂钓

钓鱼是一种陶冶身心的休闲活动，在我国有着悠久的历史。"姜太公钓鱼，愿者上钩"，这是妇孺皆知的典故。明代的医学家李时珍认为钓鱼可以解除"心脾燥热"，把它作为一种医疗手段来治疗疾病。

钓鱼是一种综合性的体育运动项目。既有越野、登山、骑车、远足、采集、探险等诸多身体活动相伴，又有水文、地理、气象、生物、文学、历史等多种学科知识的扩充与运用。当今的垂钓活动已成为集体育、娱乐、休闲于一体的、可以增添乐趣的、陶冶情操的，将锻炼身体寓于有趣的综合性休闲体育活动。近几年来，随着离、退休人员的增加，垂钓协会在全国各地相继成立，会员达到几百万人之多。对中老年人来说，垂钓是一种很好的养生方法。

### （五）老年人参与休闲体育的要求

由于老年人特殊的生理特点，其在进行休闲体育运动健身时，有多方面的要求。在体育运动锻炼过程中，只有按照相应的要求才能够在保证自身的安全的情况下取得良好的效果。具体而言，主要包括以下几方面。

### 1.循序渐进，贵在坚持

老年人进行休闲体育运动一定要循序渐进、贵在坚持。循序渐进不仅体现在老年人休闲体育运动项目的选择上，还体现在休闲活动的方式上。贵在坚持是老年人参与休闲体育运动的关键，老年人可选择每天有规律地进行休闲体育运动，或者保证每周的运动频率不少于两次，否则便难以达到休闲体育运动的效果。在休闲体育运动中，对老年人的活动量的控制需尤为注意，根据人体机能的适应规律和人体生理机能活动能力的变化规律，随着年龄的增加，老年人的身体机能减退，因此老年人的活动量也应减少。

### 2.量力而行

量力而行也是老年人参加休闲体育活动时必须注意的原则。至于运动量的掌握，需要依据一定的原则，一般以不感到疲倦和无不适感为宜，在活动时一定要注意运动量和活动范围的及时调节，如当运动中感觉到疲劳和吃力时，就应适当休息或减少运动量；如果对某一项目不能适应时，就应考虑更换项目。

3.重视医务监督

医务监督对老年人从事休闲体育运动是非常重要的。在老年人从事休闲体育运动之前应做全面的身体检查,根据自身状况以及医务人员的建议选择活动项目,并确定适当的运动量。如果老年人患有疾病,则应抓紧治疗,一般来说患病期间不要从事体力活动。医务监督也涉及到运动量的选择。运动量需要因人而异,尤其是对老年人来说。老年人要适量运动,适度掌握十分重要,特别是对患有心脏病、高血压等病症的老年人,运动尤应适宜。因此,不能向老年人推荐剧烈运动项目,而应主张适量运动。

# 第二节　不同性别群体的休闲体育

## 一、男性与女性群体参与休闲体育运动的差异

### (一)参与休闲体育的目的不同

同样进行休闲体育运动,男女在进行休闲体育运动时追求的目的不同,男性群体注重休闲体育中的人际交往,而女性群体则更注重休闲体育自身的价值。在男性群体中,锻炼的效果并不是他们进行休闲体育运动首先考虑的因素,尤其是对一些成功的男士而言,参与活动的群体构成倒是他们关注的焦点。男士选择的休闲体育群体一般是由与自己职业、身份、年龄、兴趣、爱好相当的人组成的、相对固定的。其目的是多样的,一般来说,通过休闲体育放松身心是一大目的,另一目的便是拓宽社会交往,沟通人际关系,增进情感交流。对于女性来说,休闲体育群体的人员构成并不重要,而休闲体育活动本身的健身和娱乐价值则更为重要。女性参加休闲体育运动,一般以健康和娱乐为主题,以"健康第一"为取向,在休闲体育中体验健康,锻炼体型,健美肌肤,愉悦身心。这与现代社会对女人的要求有关,现代社会要求女性美德和健美体形兼备,因此女性们经常去健美馆、健身俱乐部消费,而她们的交流、谈论始终都离不开健康、美丽等话题。对青春的容貌与优美的体型的追求大量消耗了女性并不十分充裕的闲暇时间。

### (二)参与休闲体育的类型不同

与女性相比,男性对于观赏体育和非运动的娱乐性休闲体育更加热衷。所谓观赏体育,就是指那些把自己置身于一种特殊的体育环境之中,主要通过视觉器官和心理体验去享受体育的乐趣,感受体育比赛所带来的紧张、激烈,以及扣人心弦的氛围的这样一种休闲娱乐的活动方式,如观看体育电视转播和现场观摩体育比赛、表演等。男性观赏体育的兴趣与社会对男性角色的要求有着密切的联系。在平常的工作生活中,男性与朋友、同事谈论的话题免不了会涉及到近期的一些体育消息,因此男性比女性更加关注近期国内外的重大体育赛事信息,他们主要从电视、报纸杂志、网络等多种大众媒体渠道全面了解、收集体育比赛信息。无论是从通过电视间接地观看体育比赛、表演这方面来看,还是从亲临赛场直接观摩体育比赛的时间支出来看,男性群体都远远高于女性群体,赛场上男女球迷的数量就是最好的证明。男性球迷们为了给钟爱的球队加油助威或者去现场欣赏极具魅力和观赏价值的比赛而远渡重洋,花费大量时间和金钱,正是对这种对观赏性体育热衷的具体体现。因此,也形成了独具特色的"休闲体育旅游风景"。所谓非运动

的娱乐性休闲体育,主要是指棋牌类休闲体育项目等,这些项目无身体练习,不以锻炼身体、增强体质为主要目的,但是集趣味、娱乐、游戏为一体。这种项目寓智于乐,能够培养思维、启迪智慧,正好迎合了男人们擅长逻辑思维,喜欢斗智斗勇的性格特点。所以,男性对这种棋类运动乐此不疲,因此各地的棋院以及象棋、围棋俱乐部多被男性同胞所占据,而女人们则对这种费脑费神的项目大都缺乏耐心,热情不高。

### (三)参与休闲体育运动项目不同

由于男女性别的不同、生理和心理特征上的差异,必然会导致不同性别群体有各自喜爱的休闲体育方式与内容。

大多数男性倾向于选择具有身体碰撞、集体对抗、角逐力量性和冒险性的户外休闲运动,尤其喜欢追逐既刺激又新颖时尚的新兴休闲体育项目。如足球、篮球、散打、拳击、登山、攀岩、野营、徒步穿越、驾车远游、赛车、极限自行车、轮滑、高山滑雪、滑冰、溜索、潜水、冲浪、滑水、赛艇、漂流、溪降、溯溪、悬崖跳水、空中滑翔、跳伞、热气球等。这主要是由男性的身体和心理特征决定的,男性大都肌肉发达、骨骼粗壮、意志顽强,为了突出个性,展现"阳刚"魅力,丰富生活阅历,他们大多偏好上述运动项目。

大多数女性热衷于节奏感、韵律感强的室内外健身健美休闲体育项目,如健美操、健身操、体育舞蹈、太极拳、太极剑等。这是因为与男性相比,女性骨骼、肌肉纤细,韧带、关节的弹性和柔韧性好,力量、耐力、意志力较差,所以运动量小、轻快柔和、个人参与的休闲体育项目受到女性的偏爱。

从上述内容来看,男性群体比女性群体具有更大的活动空间和选择余地。除像跑步、自行车、游泳、乒乓球、羽毛球等传统项目无明显差异外,足球、拳击、散打、跆拳道和多数的极限运动与冒险运动以及围棋、象棋、垂钓、高尔夫球等都是偏男性化的项目,而女性化特征较突出的只有健美操、健身操、体育舞蹈、踢毽、跳绳、跳皮筋、秋千、秧歌等。由此可见,男性群体比女性群体从事的休闲体育活动更广泛,可供选择的休闲体育项目更多。相比之下,女性在个人偏爱和可供选择的休闲体育方面,不管是活动形式还是活动内容,都远不如男性。

## 二、女性身心特点与休闲体育

与男性相比,女性的休闲体育更具有特殊性,而且女性的休闲体育活动的内容和形式也逐渐增多。

### (一)女性身心发展的特点

#### 1.生理特点

女性在身体生长发育方面有着自身的特点。在体型上,女性的肩部较窄,上身较长,下肢相对较短,骨盆较大。因此,女性的身体重心较低,从而具有较强的平衡力。女性的韧带、关节囊的弹性较强,腰部及其他一些部位的关节活动范围较大。女性的皮下脂肪较厚,体内的脂肪含量也较多,约占体重的30%,但是骨骼和肌肉的发育较差。女性的胸腔、肺和心脏的容积较小,导致了肺通气功能和换气功能较低。与男性相比,女性的心输出量为10%,而且血压较低,心率略快于男性,这都表明女性的心肺功能的潜力较小。由于女性具有平衡性强、韧带弹性好的特点,所以一些协调性强的休闲体育项目比较符合女性的生理特征,适宜女性选择。同样由于女性的骨骼和肌肉承受力较差,胸腔及心脏的容积较男性小,一些对力量和耐力素质要求较高、运动量较大的休闲体育项目不适宜女性选择。

2.心理特点

人的心理比较复杂,一般来说,心理过程主要包含认识、情感和意志。在女性的心理过程中,女性的认识多为感性的认识,较为表浅;在情感中,女性主要体现为温和、均衡;在意志方面,女性主要表现为薄弱、松散。这种心理特征会直接对女性休闲体育运动的选择产生影响,对女性来说,一些轻快柔和的、对意志要求不高的、个人参与形式的休闲体育运动项目比较合适。

女性的生理和心理特征都体现出了不同的特点,这成为女性休闲体育运动选择的影响因素。除此之外,社会环境的变化和发展也起着较大的影响作用。在我国古代,古代的封建文化要求女性"三从四德""足不出户",女性的休闲体育运动只能拘谨地开展,受到了很大的局限,因此女性休闲体育项目多为秋千、踢毽子、扔沙包、跳皮筋等适合在屋内、院内进行的项目。而我国现代女性的休闲体育活动项目,健美的色彩十分浓厚,尤其是适合青年、产妇、老年、肥胖型等各种类型的健美操受到女性的青睐。可见影响女性休闲体育运动选择的因素有很多,包括女性的生理与心理特征和社会环境的变化等。

**(二)休闲体育对女性身心发展的促进作用**

1.促进身体健康

休闲体育运动能够促进女性的身体健康。

(1)对于少女而言,正处于身体发育的时期,通过丰富多彩的休闲体育活动,少女的身体及骨骼会正常的生长发育,同时身体的各个器官系统的功能也会不断提高和完善,从而能够全面发展体能,促进体格的健美,有利于终生的身体健康。

(2)对于中青年妇女而言,通过健美操、瑜伽等休闲体育运动可以缓解生活压力,可以有效缓解压力,消除疲劳,同时由于长期的坚持,多余的脂肪得以消耗,有利于优美身体曲线,并可以延缓衰老。总之,通过休闲体育运动,中青年妇女的生活质量不断提高,身体也更加健康。

(3)对于老年妇女而言,一些简单的休闲体育运动有利于女性保持良好的健康状态,延缓衰老,延年益寿。休闲体育作为一种手段,无疑能满足现代社会老年人的愿望和追求。

2.促进心理健康

心理健康也是女性幸福生活的重要内容,通过休闲体育运动,女性的心理健康会得到极大促进。休闲体育对女性心理健康方面的作用主要体现在以下方面。

(1)有助于个性的发展

现代休闲体育运动项目多样,方式众多,为女性朋友提供了广泛的选择空间,女性朋友可以根据自身条件自主选择,并发挥自身的才能,享受休闲体育的乐趣,实现自我发展和完善。在休闲体育中,结交志趣相投的朋友,协调和发展自身的个性和素质,如培养独立自主性、积极向上、勇于挑战及团结合作的精神。另外,体育运动中需要运用复杂的动作和抽象的思维能力,这些都有助于提高女性坚毅的品质和独立生活的能力,增强其自我约束力、责任感等,对女性的个性发展起到一定的积极作用。

(2)有助于缓解心理压力

当心理压力得到缓解的时候,人们可获得自由感和解放感,从而能够更好地体验和享受生活。由于现代社会的节奏加快,竞争加剧,生活压力增大,女性在现实生活中也面临着巨大的压力。而休闲体育活动对缓解现代女性日益加重的心理压力有至关重要的作用,这也成为了最理想的缓解心理压力负荷的方式之一。通过休闲体育运动,现代女性可以获得精神层面的自由感和解放感,从而能够暂时忘却重复性和机械性的工作带来的压力和烦躁,摆脱精神的束缚,从而更好地体验和享受生活。

### 3.改善生活方式

进行休闲体育运动对女性的生活方式的改善会起到一定的积极影响。人的健身和生活方式彼此相辅相成,而人生活方式的变化则会对人的健康产生影响。对女性来说,休闲体育与生活方式密切相关。

(1)休闲体育是健康生活方式的重要内容。由于男女在生理和心理上的不同,男性好动,女性好静,男爱竞争,女好安逸,这种不同导致了竞技体育不大适合大部分女性,而符合女性特点的运动更适合女性,如瑜伽、有氧健身操及舞蹈等,也就是我们所提倡的女性休闲体育。

(2)女性休闲体育活动能够促进女性健康生活方式的形成,从而对女性身心发展起到促进作用。健康的生活方式是由一系列的生活习惯组成的,当女性不断进行休闲体育活动的时候,会对休闲体育活动变得更加重视,从而会考虑腾出更多时间进行身体活动,这会直接影响到女性良好行为习惯的形成以及生活方式的改进。

### (三)适合女性参与的休闲体育运动

可供女性选择的休闲体育运动项目有很多。具体而言,有以下几种。

#### 1.民间传统的休闲体育项目

民间传统的女性休闲体育项目很多,如荡秋千、扔沙袋、踢毽子、跳绳、跳皮筋、跳板等。在这里,我们只简要介绍下跳绳、踢毽子及秋千。

(1)跳绳

跳绳是一种在环摆的绳索中做各种跳跃动作的体育游戏。这种游戏,深受女性喜爱。跳绳有单脚跳、单脚换跳、双脚并跳等多种方法。跳时,摆绳与跳跃的动作要合拍,可一摇一跳、一摇二跳、一摇三跳。摇绳的方法可前可后,可用长绳两人同时摇,集体轮流或同时跳。跳跃时还可根据不同情况编排各种动作花样。

(2)踢毽子

踢毽子是民间女子最喜爱的体育游戏之一。毽子有鸡毛毽、纸条毽、绒线毽等。踢毽子的基本动作有盘、磕、拐、绷四种踢法。盘,主要指用两脚的内侧交替踢。磕,主要指用两腿膝部互换踢。拐,主要指用脚的外侧反踢。绷,主要指用脚尖踢。踢毽子的花样繁多,如旋转踢、脚尖和膝盖交替踢。远吊、近吊、高吊、前踢和后勾,还可以用头、肩、背、胸、腹代足接毽等。踢毽子是一项良好的全身运动,对培养和锻炼女性的灵敏性和协调性有重要作用。

(3)秋千

秋千运动是我国古代妇女和儿童最喜爱的传统体育和娱乐活动,关于其起源学界没有统一的说法,有学者认为其起源于西域,也有学者认为秋千运动起源于汉武帝时代的宫廷娱乐。在唐代时,秋千运动在宫廷流行,唐太宗对其比较欣赏,因此,该项运动很快风靡一时。唐代很多诗人在诗中对秋千运动的流行进行了描述,王维的《寒食城东即事》中有"秋千竞出垂杨里"的诗句,可见当时的秋千运动的盛况。

秋千运动的健身作用主要表现在,通过进行该项运动,能够发展人的腿力、臂力和握力,对于人体的协调性也有一定的调整。由于秋千运动具有一定的惊险性,因此,秋千运动能够锻炼人的勇敢顽强的意志品质。

如今,秋千运动以其独特的运动方式逐渐被人们接受,尤其是女性和儿童尤为热爱该项运动。小区的公共设施,公园以及幼儿园和小学中经常能够简单设置秋千架。

2.现代健身的休闲体育项目

(1)女性体操

女性体操的内容很多,包括女青年健美操、女子哑铃操、女性减肥操、产妇健美操、母子体操等内容。女性体操已逐渐成为我国女性主要的休闲体育活动项目。首先是因为女性的身体特征比较适合体操运动,女性四肢较短,上身较长,脊柱弹性好,适合练习各种体操;其次,徒手体操不受场地、器械、时间等条件的限制,运动量的大小也可由参加者本人进行调整,适合于不同身体情况的女性参加;再则,近年来,女性们的健美意识愈发鲜明、强烈,健美成为女性追求的目标,因此有利于健美的体操受到了女性的青睐。

(2)球类项目

一些球类项目也是女性所喜爱的休闲体育运动。与男性相比,女性偏向于喜爱一些小球类项目,如板羽球、羽毛球、地滚球等项目。这些小球类项目有着运动量适宜、动作或运动技术的难度不复杂、对小肌肉群和协调能力要求较高等的特点。

(3)散步和慢跑

这是对身体十分有益的健身方法。可以采用散步、慢跑、走跑交替以及退步走等形式。

此外,日光浴、空气浴、冷水浴。这些都是很好的健身方式。

**(四)女性特殊时期的体育健身指导**

特殊时期是指月经期、妊娠期、更年期。这三个时期,女性的身心表现出一定的独特性,因此,在这一阶段进行相应的体育健身应该遵循相应的规律。

1.月经期的体育健身指导

月经期是女性进入青春期后所发生的正常生理现象,是生殖器官周期性的变化。此时她们的身体会出现一些特殊的生理反应,如下腹部发胀、腰酸、乳房发胀、食欲不好、疲倦、情绪激动、烦躁、忧郁等。在这一阶段参加相应的体育运动锻炼,能够有效缓解经期的不良状况,改善女性机能的状况,促进血液循环,有利于经血的排出。

在这一阶段应选择动作幅度、震动相对较小的运动项目,如徒手操、乒乓球、散步、慢跑等,运动的时间和运动强度应因人而异。在月经期间不能进行游泳运动,以防感染引起相应的疾病。对于有月经紊乱、经量过多、痛经等症状的女性,应暂停月经期的体育锻炼。

2.妊娠期的体育健身指导

女子受孕后,一般经历 280 天,此期间称为妊娠期。妊娠期女性会有一系列的不良生理反应,如恶心、呕吐、疲劳、下肢水肿等。在妊娠期应进行轻度的运动锻炼,这样不仅能够调节和改善情绪,还能够减缓妊娠反应。

妊娠期进行相应的体育运动能够改善血液循环,减轻或消除下肢瘀血现象,促进新陈代谢,增进健康,增强体质,保障胎儿的正常发育。但是,在进行相应的运动时,应征得医生的同意,并且应由家人陪伴。一般在这一阶段可参加的体育运动项目包括:快走、慢跑、郊外踏青、游泳、保健操等有氧健身活动,应避免跳跃和腹部剧烈运动的活动。

3.更年期的体育健身指导

更年期是男女都会经历的一个生理阶段,其主要是由于男性的睾丸退化和女性的卵巢退化所引起的。女性一般在45～50岁进入更年期,在这一时期内,其内分泌系统会发生一系列的改变,心血管、精神和神经等方面和新陈代谢可能会出现障碍。在更年期,女性表现出的症状包括:注意力不集中、心慌、心律不齐、血压不稳、情绪易于激动、记忆力减退以及对许多事情失去兴趣等,对日常生活会产生一定的消极影响。

在更年期进行相应的体育锻炼活动时,其运动负荷量应控制在自我感觉较为舒适的程度,并且应该长期坚持。其可选择的体育运动项目包括:散步、慢跑、郊游、羽毛球、门球、徒手操、持器械操、体育舞蹈等。在这一阶段应有计划地选择到户外进行活动,利用户外优美的自然环境和条件,缓解心理压力,陶冶情操,有效地提高身体锻炼的效果。

## 三、促进女性休闲体育的发展

随着人们生活水平的不断发展,以及女性在社会中地位的不断提升,女性人群对休闲体育的重视程度不断提升。很多女性开始主动参与休闲体育运动,这更加促进了女性休闲运动的发展。为了更好地促进女性休闲体育的发展,应注意以下几方面的问题。

### (一)促进健康生活观念的形成,培养良好的生活方式

现代社会是男女平等的社会,女性与男性一起为社会的发展和祖国的建设贡献自己的力量,那么他们也就应具有同等的参加娱乐身心、消除疲劳、增强体质、增进健康的休闲体育的权利。这需要我们剔除长时期的社会历史成见,以积极的姿态来鼓励和支持女性的休闲体育参与。同时,抛弃影响女性多样化生活活动的因素,努力建立良好的、对人们的健康具有积极作用的生活方式来推动个人和社会的健康,从而让整个社会向更美好的方向发展。

### (二)促进适合女性身心特点的休闲运动项目的发展

大多数女性都偏爱一些有氧的、对形体的塑造有一定帮助的运动项目,如舞蹈、健美操、瑜伽等,对一些力量要求较高和身体接触较多的对抗性休闲体育运动缺乏兴趣。女子在长时间的耐力运动中比男子更依赖脂肪供能,消耗掉体内多余的脂肪,将会使女性更显苗条和漂亮。另外,这些运动项目有利于人内在和外在气质的培养,人的气质通过仪态表现出来,让人感觉它的存在并赋予仪态一种精神内涵,休闲体育运动可以通过培养人的内在气质,使其通过外表显现出来。

### (三)促进家庭、工作以及休闲体育运动等方面的和谐

家庭在女性的休闲体育活动中扮演极其重要的角色。在现代社会里,女性的社会地位和独立意识逐渐加强,特别是在中国,近年来,由于党和政府的大力支持,使我国女性的地位得到了显著提高,她们在国家的经济建设和现代化进程中也扮演着越来越重要的角色。但即使是这样,我们也应该考虑到,在中国这个有悠久文化传统的国度里,现代人继承了古人的天人合一、追求和

谐的文化观念,这些也注定了在较长一段时期内,我国人民的休闲体育活动不大可能"抛开"家庭和孩子而单独出现,尤其是对女性而言,这种情况几乎不可能成为现实。现在很多已婚女性认为自己对家庭负有责任,所以休闲以配合家庭成员为主,多以陪伴家人作为主要的活动方式选择。因此,我们应重视可以家庭共同参与的项目和设施的开发,使女性能在与家庭保持和谐的状态下进行休闲体育活动。

# 第三节 不同社会阶层的休闲体育

## 一、社会阶层的分类

一般根据收入、职业、受教育程度以及权力等方面将社会人群分为不同的阶层,各阶层都有其自身的特点,各有其适合的休闲体育运动项目。根据我国国情,在进行阶层划分时,人们常用的社会阶层分层标准有以下几种。

### (一)收入水平

收入与人们的消费方式、生活习惯、安全感和积极性有着密切关系,收入差距对社会安定也有很大程度的影响。随着收入水平的提高,参与休闲体育运动的人群也会逐渐增多。

### (二)职业特点

职业地位是人们在现代社会中的主要社会地位,是个人进行社会活动的主要场所。职业环境、职业声望、职业活动的范围和性质等不仅影响着在职人员的社会表现,同时影响着社会流动的方向。

### (三)教育程度

教育程度直接影响着人的能力、知识、技术、趣味、价值观、审美观以及人格修养等。教育程度是决定社会地位和职业的重要因素,它往往与个人经济收入相匹配,能全面持续地影响人的一生。

### (四)权力拥有

权力意味着一个人在群体和社会中向别人施加影响的能力,因而,权力的大小往往会影响一个人的性格、态度和行为意向,是人们社会地位的重要外显特征之一。

## 二、各阶层参与休闲体育的总体概况

### (一)休闲体育的时间支出逐渐增加

随着我国社会经济的发展和人民生活水平的不断提高,社会各阶层休闲体育时间呈逐年增加的趋势,人们在余暇时间和节假日期间更乐于参与到休闲体育运动中来,发展到现在,休闲体育已成为社会各阶层的主要休闲方式。

### （二）对休闲体育功能的认识不断深入

受传统养生观的影响，过去人们更看重体育活动在强身健体方面的作用，而忽略了体育活动的其他功能。相关研究表明，不同阶层在参加体育活动时，至少一半以上的人群会选择"消遣娱乐，丰富生活"作为其参加体育活动的首要目的。现在人们在追求体育运动的本质功能的同时，也比较注重体育运动作用的多重性，这也预示着各阶层的体育需求将随着生活水平的提高会不断增加，休闲体育活动将会更加丰富多彩。

### （三）运动性休闲意识不强烈

经调查研究发现，诸多的非运动性休闲体育活动，如下棋、打牌等与散步、体育锻炼两项运动性休闲活动相比，其时间比重并不低，甚至各阶层在休息日的时间支出比重还大大超过了其他所有休闲活动而排在"看电视"之后。还有一些社会现象应该受到关注，有些球迷是体育比赛的忠实观众，可自己从不去运动场所玩球；各阶层人群中都有相当一部分人沉溺于棋牌桌上，而对运动场上的实际参与活动却不屑一顾。这表明目前人们仍然摆脱不了传统的大众休闲文化的影响，他们主动参与的运动性休闲活动的积极性不是很高。同时，从另一个角度也反映出当前社会休闲体育设施不足，现有场地利用率不高，公益性休闲体育场所太少，导致他们远离运动场，选择了对场地设施要求不高、简单易行的非体力负荷型的"坐式"休闲活动。

因此，科学规划，合理布局，抓好城乡休闲体育场所建设，健全社会体育服务体系，为不同阶层的人提供更多的选择机会，让他们自然而然地回到运动性休闲中来。

## 三、适合各阶层人群参与的休闲体育运动

为便于对不同职业群体的休闲体育进行广泛的探讨，以职业分类为基础，以组织资源、经济资源和文化资源的占有状况为标准来划分社会阶层，可将社会成员分为国家与社会管理者阶层，经理人员阶层，私营企业主阶层，个体工商户阶层，专业技术人员阶层，办事人员阶层，商业服务业员工阶层，产业工人阶层，农业劳动者阶层和城乡无业、失业、半失业者阶层等阶层。

### （一）国家与社会管理者阶层参与的休闲体育运动

国家与社会管理者阶层即在党政、事业和社会团体机关单位中具有实际行政管理职权的领导干部，对他们而言，余暇时间参加体育活动不仅是为了健身，更多地是为了放松身心，宣泄压力。这部分人群在休闲体育过程中一般对环境要求较高，在体育交往过程中比较注重自己的身份、地位，选择对象或休闲伙伴较为谨慎。他们处于社会上层，社会地位较高，权力较大，尽管市场经济体制的确立，社会平等意识渐强，等级观念开始淡化，但以等级、级别作为待人接物的标准，这种文化的传统定向仍在发挥作用。所以，相对于其他阶层，他们拥有更多的享受优美的休闲环境和运动设施的便利，拥有享受更好的优质优惠的体育服务的条件。在活动内容上，这一部分人群偏向于选择集健身、娱乐、休闲为一体的运动项目，如网球、乒乓球、游泳等，另外，他们对具有益智、愉心的棋牌类休闲活动也较为感兴趣。

### （二）经理人员阶层参与的休闲体育运动

经理人员阶层主要指大中型企业的高中层管理人员，他们是市场化改革的积极推进者和制

度创新者,在市场竞争日趋激烈的今天,其工作压力与上一阶层相比有过之而无不及。因此,他们参与休闲体育活动的价值取向除与上一阶层有相似之处外,其中还蕴藏着完善自我,展示人格魅力、突出社会影响、宣传企业形象的深刻内涵。这一阶层普遍拥有较高的学历和专业知识,社会地位偏高,在社会阶层结构中也是主导阶层之一,但他们却不能像国家与社会管理者那样经常享受免费的休闲体育服务。由于,他们支配着大量的经济资源,是社会中的富有阶层。因此,作为职业经理人,他们愿意并且有能力消费用于玩赛车、赛马,到世界各地登山旅游(不是一般意义上的爬山)这样高消费的休闲体育活动,他们有足够的经济能力出入高档休闲体育场所,享受高品质的服务,是高档体育休闲俱乐部的主要消费群体,保龄球、高尔夫球和网球等是他们比较热衷的运动休闲项目。这一阶层的人员年龄大多在 40 岁以上,大多数对青年人喜欢的大负荷、高对抗的运动项目不是很感兴趣。

### (三)私营企业主和个体工商户阶层参与的休闲体育运动

这两个阶层的位序有所不同,但他们在休闲时间、消费水平、生活方式上极其相似。他们都是我国改革开放的主要获益者阶层,由于受传统意识形态的阻碍,其政治地位一直无法与其经济地位相匹配,参与休闲体育活动主要是基于一种身份的显示及渴望跃入上一阶层地位的心理。因此,他们常常利用休闲体育来建立起良好的人际关系,尤其是当自己的业务伙伴偏爱某项运动时,他们往往"投其所好",把业务工作融于休闲体育活动之中,真可谓"既休闲又工作,休闲、工作两不误"。这实际上也符合"请人吃一顿饭,不如请人流一身汗"的当代社会新时尚。由于拥有较多的经济资源,他们在内容选择上不受任何限制,只是偏爱环境较好的休闲体育场所;由于职业特征,他们没有相对固定的休闲体育时间,随意性较强。

### (四)专业技术人员和办事员阶层参与的休闲体育运动

专业技术人员和办事员阶层是现代社会中等阶层的主干群体,在所有阶层人员中占有相当大的比例,他们在经济状况、消费观念、生活方式、生活态度等方面存在着明显的个体差异,所以在休闲体育的价值取向和内容选择上未表现出较为突出的职业特征。在这部分阶层的人群中,有些个体收入一般,但为了达到良好的健身效果,倾向于选择价值较高、手段简单的项目,还有些人为了健美,保持优美的体型和发达的肌肉,崇尚健美操、跑步等有氧运动和器械运动;另外,有的人消费观念保守,会选择花钱不多、负荷小、趣味性强的休闲项目,还有小部分人会考虑相对安静的太极、气功、垂钓、棋牌类项目;也有部分经济条件较好,消费观念超前的人群,为了丰富个性、体验人生,在休闲方式上喜欢追求时尚与新潮,对极限和冒险运动情有独钟……真可谓富贵与大众运动共享,时尚与传统运动并存,雅俗同乐,各取所好。

### (五)商业服务业员工和产业工人阶层参与的休闲体育运动

这两个阶层的社会地位、经济状况、时间结构、价值认同没有明显的差异,由于他们主要是以自身劳力和简单技能作为谋生手段,工作时间又相对较长,工作之余身心比较疲惫,参与休闲体育活动的目的则主要是消遣娱乐,放飞心情,使疲惫的身心得到放松,劳累的机体得以恢复。与上述阶层相比,他们是组织资源和经济资源上的匮乏者,体育消费方式力求简化,讲究实惠,一般不会去光顾高档次的休闲体育娱乐场所,喜欢花钱少、耗时少,简单易行的如散步、慢跑、篮球、羽毛球、游泳等大众化的休闲运动。

### （六）农业劳动者阶层参与的休闲体育运动

农业劳动者阶层是以农业为唯一收入来源或主要收入来源的人员。尽管随着社会的发展，城乡居民收入差距在逐渐缩小，但他们在经济资源的占有量上仍然低于上述所有阶层。他们的文化水平偏低，家庭负担较重，生产劳动和家务劳动的体力消耗较大，休闲目的更多的是放松、消遣。即使他们对许多休闲体育项目有所偏好，但由于农村基础设施等各方面的匮乏和局限性，使得他们不得不放弃这类休闲体育运动，被动地回到电视机前观看各类体育比赛和活动，这类人群倾向于选择打牌、下棋、钓鱼、游泳、太极等这些对场地器材要求不高的休闲项目。当然乡镇社区组织的各种体育活动，他们也是非常乐于参与其中的。

### （七）城乡无业、失业、半失业者阶层参与的休闲体育运动

这一阶层属于我国贫困阶层。他们是我国社会结构转型和体制转轨中形成的一个弱势群体，也是享受休闲生活质量方面的一个弱势群体（离退休者除外）。实际上，影响休闲的主要因素有两个：时间与收入。对富有群体来说享受休闲娱乐的主要障碍是时间问题，而对贫困群体来说则主要是收入问题。虽然他们在经济上不富裕，但在时间上却最富裕，他们的休闲时间中有很大一部分属于空耗时间，因此他们主要是想通过趣味性和娱乐性强的休闲体育来消磨时间，度过并非自愿接受的空闲时间，并且大多喜欢采用自娱自乐形式，或加入自发形成起来的体育群体中去，如到不收费的公园、河边、广场、街边等公共场所进行健身、娱乐、消遣、散步、做操、跳舞、打太极拳、练气功、做器械练习等这类活动成为了他们进行休闲体育运动的首选。

# 第四节　疾病残障群体的休闲体育

## 一、残障疾病人群参与休闲体育的发展状况

残障人群包括身体残疾、精神障碍以及复合残疾患者。这些群体由于身体或智力方面的残缺，加上其自身的心理方面因素的影响，使得他们很少参与体育运动，这就使得其身体机能水平逐渐下降。这种衰退和下降，不仅表现在日常活动的速度、力量、耐力和灵敏方面，同时还会影响到心肺等内脏器官的功能。久而久之，就会造成恶性循环——活动越少，身体健康状况越差，身体机能状况越差，也就越不想活动。而积极参加休闲体育活动不仅有利于残障人的身体得到康复，功能得以补偿，还能对残障人的悲观心理进行调节，使其在精神上逐渐得到康复。

### （一）制约残障人群进行体育健身的外部原因

#### 1.场地设施较少

随着全面健身计划的逐步推进，我国的体育场馆以及设施增多，在一定程度上满足了人们的体育健身需求，但是，专门针对残障人士的运动场地和设施却很少。残障人士在进行运动健身过程中，会遇到很多的困难，从而使得很多残障人士对体育锻炼产生了一定的畏惧心理。由于运动场地设施的不完善，残障人群的家属也对在运动过程中的安全问题表示担忧，这也增加了残障人群进行体育锻炼的难度。

## 2.运动项目不完善

由于残障人群自身的特点,决定了其参与体育锻炼会受到较多的限制。针对健全人的体育运动项目和运动器材大多不适合残障人士参与。

## 3.相应的指导书籍、咨询机构较少

残障人士参加相应的体育运动是为了促进自身的健康水平的提高,并尽可能地康复或减轻残障。残障人群在进行相应的体育运动时会根据专业人士的运动处方开展活动。而我国的残障人群体育指导员相对较为短缺,并且其培训和考核制度不完善,专业水平和素养不高,这就造成了残障人群对健身和康复相应知识的了解较少。

## 4.社会关注度不高

我国全民健身计划如火如荼地开展,而残障人群的健身运动的发展则相对较为缓慢。很多地方的公共设施建设并不考虑残障人群的便利,在就业、交往以及社会保障等方面也会有诸多的不便。总之,我国对残障人群体育健身的关注度还有所不足,有待进一步提高。

### (二)制约残障人群进行体育健身的内部原因

#### 1.生理缺陷

残障人群由于自身的生理障碍为其生活增加了诸多不便,而在进行体育锻炼时,则需要付出更多的努力。在进行体育锻炼时,很多人会遇到体力不支、肌肉力量较差等方面的问题,从而出现摔倒、伤病的症状。面对生理方面的不便,很多人会对体育锻炼望而却步。

#### 2.心理障碍

很多残障人群害怕在公共场合进行体育锻炼,害怕可能会受到别人的嘲笑,从而导致了封闭和与社会生活的疏远。很多残障人士在成长和生活过程中会与他人和社会产生一定的隔阂,对自身的生活也是以一种消极的方式对待。

#### 3.经济障碍

很多残障人士不参与体育锻炼与自身的经济状况具有很多的关系。由于自身收入的限制,一些残障人士无暇进行体育锻炼。

#### 4.文化障碍

残障人群学习方面会有诸多的不便,这在一定程度上造成了其低学历、低生活技能的状况。收入水平较低,使其更多地关注于自身物质生活条件的改善,对于体育健身的需求则相对次之。

### (三)促进残障人群进行体育健身应对措施

为了更好地促进残障人群的社会体育事业的发展,政府相应的部门应发挥其组织和引导作用,并且加大相应的资金和资源投入,促进残障人群体育事业的发展。首先,政府部门应健全相应的残障人群体育健身的制度建设,保证残障人群具有和正常人群一样的参与体育健身的权利和机会;其次,政府部门应加强对残障人群体育健身事业的关注,促进相应的体育设施和场馆的建设,并呼吁全社会关注残障人群的体育健身;再次,加强残障人群体育健身的相关知识的教育工作,并组织相应的人员培训,确保相应的人群掌握相应的健身规律和健身技巧,提高其健身的科学性和积极性；最后，构建完善的残障人群社会服务体系，出台相应的优惠政策，鼓励残障人群进行体育健身锻炼，同时，应发展相应的志愿服务队伍，为残障人群进行体育健身提供便利。

## 二、残障疾病人群参与休闲体育的意义

作为当今世界大众体育潮流中不容忽视的一条支脉，特殊人群的休闲体育（亦称作残疾人的休闲体育），已经引起越来越多国家的重视。特殊人群是指社会人群中在视力、听力、言语、智力、肢体等方面有障碍或缺损者，这部分人群可通过身体练习，进行保健康复、娱乐放松、提高生活自理能力等相关的体育活动。

残障人相关的问题属于社会问题。《中华人民共和国宪法》第45条规定："中华人民共和国公民在年老、疾病或者丧失劳动能力的情况下，有从国家和社会获得物质帮助的权利。国家发展为公民享受这些权利所需要的社会保险、社会救济和医疗卫生事业。"《全民健身计划纲要》中提出，"要广泛开展残障人体育健身活动，从而提高残障人的身体素质和平等参与社会活动的能力"。残障人与正常人一样享受着平等的公民权利，其中包括享受体育的权利。体育是残疾人康复和锻炼的有效手段，随着社会文明的进步，残障人体育也将不断发展，残障人的休闲体育事业会不断呈现出新面貌。目前，世界上多数国家残障人的体育事业已经被纳入到了国家乃至整个世界的残障人事业之中，并成为衡量一个国家体育发展状况和社会文明发达程度的标志之一。残障人的休闲体育作为残障人体育的分支，也成为残障人享受生活、保健放松的一个重要途径。

"生命在于运动"这句话不仅适用于健全人，同样也适合残障人，对残障人来说甚至更为重要。第二次世界大战结束后，出现了许多战争致残的军人。当时，英国曼德维尔医院国立脊髓损伤中心的所长古德曼医生，就主张把传统的医学治疗方法与体育运动中的动力性治疗方法结合起来，从而促使伤残人更好地康复，这种医学与体育活动相结合的治疗方法被称作"康复体育"，即利用动力性的体育活动配合传统的以及卧床静养为主的医疗方法，加速伤残人身体的康复。在古德曼医生就职的医院里，曾经还举办过由16名轮椅运动员参加的体育比赛。

参加休闲体育活动不仅有利于残障人的身体得到康复，而且还能在康复的基础上进一步提高残障人的身体机能水平、运动能力。有研究表明，经常参加体育活动，对残障人具有特殊的保健意义。以盲童为例，经常系统地参加体育健身活动，可以提高盲童的肌体灵活性、皮肤感觉的灵敏性，以及身体的平衡能力，这可以使盲童的各个器官和系统以及各种身体运动能力得到统一协调的发展，以弥补在视觉方面的缺陷。

另外，经常参加体育健身活动的残障人可以减轻对他人的依赖程度，提高自身的基本生活能力。一方面，全社会的人都有义务和责任关心和帮助每一位残疾人士；另一方面，每位残障人士也应该具备这样一种观念——尽力为自己的生活负起责任，减少他人的负担。

参加休闲健身运动除了可以收到健身效果之外，对残障人来说还具有其他特殊的意义。通过活动把残障人从病房和家庭里解放出来，让他们走向社会，享受与健全人同等的待遇，帮助残障人解除精神上的痛苦，学习和掌握各种生产和生活技能，使他们能够重新获得就业机会，为社会创造财富，从而实现残障人士的社会价值。

此外，由于残障人在身体和精神方面的缺陷，致使他们在正常的社会中产生一些问题。对残障人来说，最可怕的并不是身体方面的障碍，而在于精神上的困扰和抑郁。我们的先贤认为，"哀莫大于心死"，世上最可悲的事情就是对生活失去兴趣和信心。但是著名心理学家阿德勒认为，"自卑感有时可以成为人们取得成就的主要推动力"。阿德勒最初把自卑感与身体的缺陷联系起

来,认为,有缺陷的人可能会通过努力来加强发展其他器官的机能以补偿缺陷。一种过度补偿可以使一位残障人获得超出常人的发展,历史上这样的例子数不胜数。凯撒大帝、罗斯福总统都是在战胜了残疾的同时取得了惊人的成就,中国的张海迪正是当代残障人的典范。在体育界,下肢瘫痪的胡祖荣写出了《身体训练1400例》。由此可见,生理缺陷并不是最大的问题,是否具有自卑感,如何正确地对待自身的缺陷和自卑感才是残疾人最应该克服和解决的。"逆境出英雄"倡导的正是坚忍不拔的品质和奋发向上的思想境界。休闲体育倡导的是一种健康而积极向上的生活方式。通过参加体育健身活动,不仅可以达到强身健体的效果,而且能够培养和提高自身的生活勇气、毅力和信心。"身残志坚"的人与"身全志残"的人相比,前者更配得上"强者"的称号。因此,本章力图通过对残障人休闲体育的介绍,号召促进残障人体育事业的发展,从而使残障人在休闲体育的参与过程中,逐渐树立起热爱生活和创造生活的勇气和信心。

目前,我国针对正常人群的休闲体育研究较多,而针对残障人和智力缺陷人群的休闲体育研究相对较少;即使有对残障人相关体育的研究也是侧重于对残障人竞技体育方面的探究,而忽视了对残障人休闲体育活动的研究。如何让这些弱势群体找到属于自己的休闲体育的"天空",本章要解决的正是这个问题。本章具体对残障人的休闲体育进行了相关介绍和分析,这对全面贯彻落实《全民健身计划纲要》,以及促进我国残障人体育事业的发展都起到一定积极作用。

### 三、残障人群参与休闲体育活动的内容

根据最近的一项调查结果显示,大多数残障人对休闲体育持积极态度,迫切愿意参与到休闲体育的群体活动中去,但当前残障人面临的最大问题在于没有相应的休闲体育指导,绝大多数残疾人缺乏科学的健身、娱乐知识和方法。本文对比较典型的几类残障人士休闲体育活动方式提供了建议和参考。

#### (一)盲人的休闲体育活动

1. 触觉训练

触觉是盲人感知周围世界的重要途径,触觉训练的方式有以下几种。

(1)用手触摸各种体育器材和设备,了解其形状、硬度及用途等。

(2)用手触摸他人的身体或某个部分,了解做某个动作时的身体姿势。

(3)用脚触摸地面,感知地面的光滑度和硬度,便于运动,如跑步至转弯处时,脚感知地面凸起和变硬,就会主动转弯跑步。用身体各个部位都可以起到触觉作用,以弥补视盲的缺陷。

2. 听觉训练

听觉是盲人感知外界事物最重要的器官,对他们来说,听觉的补偿作用最大。听觉训练主要采用声音信号引导盲人进行体育活动。从效果看,连续的声音比间歇的声音好,声源在正前方比后方好,声源最好不要在侧方。

(1)跟着正前方声音向前走或跑。

(2)辨别地上滚动的球的方向,并通过此项训练能够截住或踢到自己左、右侧或正面滚过来的球。

(3)跟随铃声或其他声音在水中行走、游泳等。

3.定向行走训练

了解自己在空间的位置,学会占有空间并合理地使用空间,这对盲人非常重要。其练习方法主要有以下几种。

(1)以长绳为引导线,盲人直线走或跑。

(2)在他人陪同下,在生活或学习地区内进行短距离的快乐的散步,熟悉以后,盲人独立进行。

(3)教师站在某处,拍一下手,训练盲人找到教师。

(4)盲人滚出带音响的球,球停在某处后,盲人自己去找到这个球。

**(二)聋人的休闲体育活动**

聋人可以参加多种体育活动,但是像强烈旋转、增大头颅内压这类方式的运动应尽量避免。

1.反应性练习

(1)看教师的手势做向各方向移动的动作。

(2)看不同颜色的卡片做出相应的动作。

(3)双人"影人跑",学前面正常人的动作。

(4)看对方手势后,做出相反动作。

2.协调性练习

(1)原地拍球,转身拍球。

(2)直臂拍球,用于接球,跳起接球。

(3)用单手拍球。

(4)各种"耍球"练习:

①两脚开立,绕两脚做"∞"字绕环球。

②并腿直腿坐,球经脚、腿,在臀部绕环,分腿坐,再绕环。

③分腿站立,左右手互相传接球,或向上抛球后,双手击掌再接球。

(5)手指或抬平肘关节托住直立的木棍,可以原地踏步,也可以行进间做,使木棍不倒。

(6)坐姿双脚夹球,抛球自己用手接住。

(7)抛起球坐下后接住;或抛起球起立接住。

(8)左手或右手将静止的球拍起来。

3.节奏感练习

(1)有节奏的跳跃:根据老师的手势,匀速而准确地跳跃。节拍是1—2—3—4;5—6—7—8。先是几个人手拉手练习,然后再进行个人独立练习。

(2)分两组跳跃:一组按1—2—3—4节拍跳跃;另一组按5—6—7—8节拍跳跃。刚开始先用手势进行指挥,之后再将手势去掉。

4.平衡性练习

(1)头顶轻物,臂侧平举,沿直(曲)线行走,轻物不掉下来。

(2)用球拍托球走或跑。

(3)单腿站立。

(4)前滚翻。

(5)平衡木上走或单腿站立等。

(6)绷床上跳跃等。

### (三)截肢人的休闲体育活动

截肢人可以参加田径、游泳、篮球、排球、乒乓球、舞蹈等多种体育活动。乘坐轮椅是下肢截肢人行动的主要方式,既可参加身体锻炼,又可参加体育竞赛。学习驾驶轮椅,应使轮椅与身体紧密地结合为一体。轮椅一般用手驱动前进和制动,就应当学会驱动、变向、转圈、上下坡和急停等技术。轮椅应在不同地面上行驶。老年人的轮椅后轮要大些,这样轮椅后倒时,扶手可以支在地上,上面乘坐者不致摔伤。截肢人要学会自己上轮椅。坐10分钟左右可用手支撑"站立"一段时间,一方面防止褥疮,一方面可促进血液循环,提高机体平衡能力。乘轮椅出发时,轮子要正,不要打横。起动时要推大轮的幅条,移动3~5米时,再推小轮子;手轮处于髋关节水平部位为好。手用力要匀,不要突然发力。出发时,手在身体前边推幅条,否则轮椅前部翘起来。轮椅转弯时外面手的力量要大些,身体向内倾斜。手握推手轮不要太紧,较好的方法是推一压一。乘坐轮椅可以参加打篮球、乒乓球以及舞蹈、田径等活动。

### (四)截瘫人的休闲体育活动

截瘫是由于脊髓受伤所致。截瘫可影响肌肉逐渐萎缩、丧失有关的感觉和知觉、某些器官功能受损(如膀胱失控等)或失去某些活动能力等,严重的有生命危险。所以,外伤性截瘫者应积极早期进行抢救与合理治疗,加强护理工作,争取脊椎骨折、脱臼达到复位和脊髓功能早期最大限度地恢复。对脊髓功能未能得到恢复的人,应积极加强功能训练,开展康复活动,以促进麻痹肌肉的恢复,防止关节、韧带和附近肌腱粘连,保持肢体关节正常活动。体育是一种良好的康复手段,对于促进全身肢体的血液循环和正常的新陈代谢、恢复机体及肢体的功能有积极作用。对于截瘫人,体育具有更重要的作用。卧床初期,活动急剧减少,机体代谢能力降低,内脏功能减弱,严重影响健康;情绪烦躁,影响正常的心理。康复体育有以下主要作用。

#### 1.预防并发症

截瘫病人早期最常见的并发症有褥疮、泌尿道感染、肺炎和胸静脉栓塞等。其中泌尿道感染对生命危害最大。截瘫病人早期的体育锻炼,有助于加强健康肌肉和麻痹肌肉的功能,增加腹压和腹肌的力量,排尿时借助于腹压而减少残存尿量,有利于避免泌尿道感染。

#### 2.保证肌肉正常的代谢活动

截瘫病人往往发生血管运动神经功能障碍,影响正常的血液循环,肢体容易浮肿。通过身体锻炼,能促进肢体肌肉群的血液循环,增加肌肉血液回流量,有利于排出肌肉代谢产物,防止水肿发生,保证肌肉正常的生理活动,维持一定的紧张度和收缩力量。

#### 3.早期锻炼可以防止关节黏连、韧带挛缩

身体锻炼增加了关节的活动,促进了关节周围组织的血液循环,加强新陈代谢,减少肌肉、韧带的互相粘连和水肿,并能使关节保持一定的灵活性和生理韧性,防止关节囊挛缩,保持关节正常的功能。

**4.防止肢体骨质疏松**

肌肉和骨骼长期处于完全"放松"状态,易出现肌肉萎缩和骨质疏松,严重的可发生病理性骨折。身体锻炼可使骨骼和肌肉受到一定力量的牵张刺激,改善营养的供给,有利于调整内正态平衡,防止钙质脱失,保持骨骼的正常结构及功能。

**5.增强工作和生活的信心**

体质的康复与增强,良好心境的维持,人际交往的扩大,有利于增强对生活的乐趣、信心和勇气。截瘫病人体育活动以保持关节正常结构的功能为基本内容,如经常变换体位、穿戴夹板、被动运动和牵引活动等。在下地活动之前,应在床上做体操(上肢主动性活动、下肢被动性活动)、床上坐起练习以及做"截瘫操"。对于截瘫病人,可做些适当增强上、下肢和躯干的肌力练习,以恢复体力。到一定时期,可以做些基本的联合动作,如扶床站立—靠墙站立—扶双杠站立—扶拐杖站立—自己站立。开始需有人照料,时间由5分钟逐渐延长,由双腿站立过渡到单腿站立。在站立的基础上,再练习行走,扶双杠站立后,轮换做两腿的提腿、抬腿、摆腿、左右转动骨盆。两手扶住双杠,练习移步行走。站在行走车内,一边用力移动下肢,一边带动行走车前进。车后边有一座位,可以休息。架拐杖行走。由"四点步"过渡到"摆动步"截瘫病人必须做一些一般发展练习,尽力做日常生活中力所能及的活动。

### (五)脑瘫人的休闲体育活动

脑瘫分为身体障碍和精神障碍两类,轻者经过康复训练后,生活能够自理,严重者一生都需要监护。脑瘫病人临床上分为痉挛型、强直型、手足徐动型、共济失调型四种类型。体育是脑瘫病人康复的重要内容。国外学者提出的14种疗法是:按摩;被动活动;助力活动;主动活动;抗阻活动;条件活动;混合活动;复合活动;休息;松弛;松弛位活动;平衡;吩咐患者做握、取、放物品等动作;技能练习。

脑瘫病人休闲体育活动的主要内容如下。

(1)协调练习。练习时不要有心理压力。

(2)走、跑练习。先练习增强踝关节肌肉韧带力量的动作;先沿直线行走(注意脚型正确),距离逐渐加长,然后过渡到能跑步。

(3)骑三轮车。脑瘫患者手能握把,要将脚固定在脚蹬子上,就能蹬车行进,直线或曲线均可。

(4)协调性和准确性练习。如摆放积木和插板练习;按照口令将手和足指向一定方向或放在一定的位置;向一定方向投球、踢球、滚球;与医务人员练接球、玩球、传球等。

(5)对于不能步行的患者,可以集体练习某些游戏性的动作,如在地板上滚圈;俯卧在垫子上成圆形,距离适当,互相传球等。还可以进行"球浴"(用许多颜色不同的小塑料球堆积到一起,患者在护理人员帮助下,在球堆中坐、爬或站)和"水浴"(用特制的浴盆,有人照料做各种肢体活动)。

### (六)开展残障人休闲体育应注意的问题

(1)应根据残障人的身心状况,从实际出发开展残障人体闲体育活动,以促进他们身心的健康发展。在实际的休闲体育活动开展中,应分析残障人的情况,选择合适的身体锻炼内容与方法,安排适宜的运动负荷,并配有相应的医务监督与体格检查,以保证身体锻炼能取得良好的效果。

(2)残障人不仅要通过身体锻炼增进健康,增强体质,而且应通过锻炼促进心情愉快,增强生活的乐趣和信心,促进人际交往,增进友谊。因此,选择锻炼的内容,除了个人活动外,还应选择集体娱乐性的活动内容。

(3)残障人进行身体锻炼,仍应注意全面发展身体,尤其是对心肺等内脏器官和衰退的肢体要坚持经常锻炼。

(4)对精神性残障人的身体锻炼,应区别对待,研究选择适宜的锻炼内容与方法,不能采取同样的要求。

## 四、残障人群休闲体育项目介绍

在众多的休闲体育活动项目中,有哪些休闲体育项目适合在残障人群中开展,如何让残障人群接受和喜爱这些运动项目,是开展好残障人体育工作的重要环节。根据国外相关研究可知,休闲体育中的绝大多数运动项目都可以在残障人群中进行推广(表13-1)。

表 13-1　适合残障人群的休闲体育项目

| 体育项目 | 视力障碍人群 | | | 智力障碍人群 | | | 行动障碍人群 | | | 轮椅使用人群 | | |
|---|---|---|---|---|---|---|---|---|---|---|---|---|
| | 休闲体育 | 国内比赛 | 国际比赛 | 休闲体育 | 国内比赛 | 国际比赛 | 休闲体育 | 国内比赛 | 国际比赛 | 休闲体育 | 国内比赛 | 国际比赛 |
| 钓鱼 | √ | √ | √ | √ | √ | √ | √ | √ | √ | √ | √ | √ |
| 射箭 | √ | √ | √ | √ | √ | √ | √ | √ | √ | √ | √ | √ |
| 田径 | √ | √ | √ | √ | √ | √ | √ | √ | √ | √ | √ | √ |
| 羽毛球 | √ | | | √ | √ | √ | | | | √ | | |
| 篮球 | | | | √ | √ | | | √ | √ | √ | √ | √ |
| 台球 | | | | √ | √ | | | | | √ | | |
| 保龄球 | √ | √ | | √ | √ | | √ | √ | | √ | √ | |
| 拳击 | √ | | | √ | | | √ | | | √ | | |
| 划桨 | √ | √ | √ | √ | √ | | √ | √ | √ | √ | √ | √ |
| 板球 | √ | √ | √ | √ | √ | | √ | √ | | √ | √ | |
| 自行车 | √ | √ | √ | | | | √ | √ | √ | √ | √ | |
| 赛龙舟 | √ | √ | √ | √ | √ | | √ | √ | √ | √ | √ | √ |
| 马术 | √ | √ | √ | | | | √ | √ | √ | √ | √ | |
| 击剑 | | | | | | | √ | √ | √ | √ | √ | √ |
| 地滚球 | √ | √ | √ | | | | | | | | | |
| 体操 | √ | √ | √ | √ | √ | √ | √ | √ | √ | √ | √ | √ |

续表

| 体育项目 | 视力障碍人群 | | | 智力障碍人群 | | | 行动障碍人群 | | | 轮椅使用人群 | | |
|---|---|---|---|---|---|---|---|---|---|---|---|---|
| | 休闲体育 | 国内比赛 | 国际比赛 | 休闲体育 | 国内比赛 | 国际比赛 | 休闲体育 | 国内比赛 | 国际比赛 | 休闲体育 | 国内比赛 | 国际比赛 |
| 曲棍球 | ✓ | ✓ | ✓ | | ✓ | ✓ | | ✓ | ✓ | | ✓ | ✓ |
| 柔道 | ✓ | ✓ | ✓ | | | | | | | | | |
| 越野 | ✓ | ✓ | ✓ | ✓ | ✓ | ✓ | ✓ | ✓ | ✓ | ✓ | ✓ | ✓ |
| 划船 | ✓ | ✓ | ✓ | ✓ | ✓ | ✓ | ✓ | ✓ | ✓ | ✓ | ✓ | ✓ |
| 橄榄球 | | | | | ✓ | ✓ | | ✓ | ✓ | | | |
| 航海 | ✓ | ✓ | ✓ | | | | | ✓ | ✓ | | ✓ | ✓ |
| 射击 | | | | | | | | | | | ✓ | ✓ |
| 滑冰 | ✓ | ✓ | ✓ | | | | ✓ | ✓ | ✓ | ✓ | ✓ | ✓ |
| 足球 | ✓ | ✓ | ✓ | | ✓ | ✓ | ✓ | ✓ | ✓ | ✓ | ✓ | ✓ |
| 潜水 | ✓ | | | ✓ | | | ✓ | | | ✓ | | |
| 游泳 | ✓ | ✓ | ✓ | ✓ | ✓ | ✓ | ✓ | ✓ | ✓ | ✓ | ✓ | ✓ |
| 乒乓球 | | | | ✓ | ✓ | ✓ | ✓ | ✓ | ✓ | ✓ | ✓ | ✓ |
| 网球 | ✓ | | | ✓ | | | ✓ | | | ✓ | ✓ | ✓ |
| 蹦床 | ✓ | | | ✓ | | | ✓ | | | ✓ | | |
| 排球 | | | | ✓ | ✓ | ✓ | ✓ | ✓ | ✓ | ✓ | | |
| 划水 | ✓ | ✓ | ✓ | | | | ✓ | ✓ | ✓ | ✓ | ✓ | ✓ |
| 举重 | | | | ✓ | ✓ | ✓ | ✓ | ✓ | ✓ | ✓ | ✓ | ✓ |

注:听力障碍人群可以参与绝大多数的休闲体育项目,此表未列出。

目前,一些健身体操、舞蹈、气功、棋类、太极拳等活动幅度和活动量都不大的项目,普遍受到残障人的喜爱。但另一方面这种现象也表现出目前对符合残障人运动规律的体育项目的研究和开发还不够,各级政府、残联、体育部门和一些经营性体育活动场所,都应该在今后加大力度为广大残障人在参加体育活动项目的多样化上有更大的突破性发展。不可否认,绝大多数竞技体育项目都不太适合残障人参加,但在一定的条件下,有些项目也可以在残障人群中推广。视力残障人适宜参加的体育活动有:健身操、棋类、田径、游泳、盲人门球、盲人乒乓球、柔道等。听力残障人适宜参加与健全人相同的体育活动,可推广的项目有篮球、排球、足球、乒乓球、网球、水球、田径、自行车、体操、游泳、射击等。肢残人根据残疾情况分为截肢和其他残疾、脊髓损伤、脑瘫三种类型。截肢和其他残障类型的肢残人适宜参加的体育活动有举重、健身操、棋类、田径、游泳、射箭、轮椅篮球、轮椅击剑、乒乓球、轮椅网球、射击、排球。脊髓损伤类型的肢残人适宜参加的体育活动有健身操、棋类、田径、游泳、举重、射箭、轮椅篮球、轮椅击剑、乒乓球、轮椅网球、射击等。脑瘫类型的肢残人适宜参加的体育活动有健身操、棋类、田径、游泳、乒乓球、射击、硬地滚球、轮椅网球。其中,竞赛项目为田径、游泳、乒乓球、硬地滚球、射击、轮椅网球。智力残障人可参加一些益智的运动项目,如地滚球、羽毛球、乒乓球、手球等。具体而言,适合残障人群参与到休闲体育运动主要有以下几种。

### (一)球类运动

#### 1.轮椅网球

轮椅网球20世纪70年代起源于美国,其后在国际范围内迅速推广开来,1992年巴塞罗那伤残人奥运会上成为正式比赛项目。轮椅网球沿用一般网球的规则,唯一不同的是容许网球在自己场区内两次反弹。运动员必须是经过诊断的行动残障人士才能够取得参赛的资格。伤残人奥运会比赛包括单打和双打两种。除参加伤残人奥运会之外,轮椅网球运动员可以参加世界各地的很多其他比赛。每年年底,国际网球协会会进行国际和各国的选手排名。参加者要学会灵活及快捷地控制轮椅的方法,利用灵敏度特强的运动轮椅在一般网球场上运动。

#### 2.轮椅篮球

“技术和体力的挑战”,闪电般的速度,这些是轮椅篮球和普通篮球运动所共有的特点和魅力,也是篮球运动成为伤残人奥运会中最引人注目的项目之一的原因。轮椅篮球对场地、球篮高度的要求和普通篮球一样,使得残障朋友更易于参与到此项活动当中。游戏规则上唯一的不同是每次传球前可以推两下轮椅。参加轮椅项目的残障人中的每名成员依据残障情况有1~4.5分的不同积分,残障越严重,分数越低。每队的最高残障分数总和是14分。举例来说,胸椎截瘫为1分;腰椎截瘫或是双下肢膝关节以上截肢为3分;单下肢膝关节下截肢为4.5分。所有参与者坐在灵敏度较高的篮球轮椅上活动,而比赛规则也经过改良以配合坐在轮椅上运球前进,其他的规则与一般篮球运动相同。此项目很适合对团队活动有兴趣的残障人参加。

#### 3.乒乓球

乒乓球是我国的国球,在我国群众体育开展过程中拥有了良好的群众基础。在残障人乒乓球比赛中分为站式比赛分级、坐式比赛分级以及公开级。乒乓球的魅力在于能锻炼人的机警、果断能力和顽强品质,能培养残疾人机智勇敢的作风,能满足他们永不服输的心理。

#### 4.盲人门球

门球是一项由盲人和其他视力残疾的运动员参加的特殊运动。比赛在两队间进行,每队在场上有三名球员。为了避免有残余视力带来的优势,比赛时所有选手都必须用黑色眼罩遮住双目。门球所用的球中有发声器,不断发出声音,以便于盲人运动员依靠声音辨别球的方位。此外,比赛场地上有可以触摸的标记,这样运动员可以知道自己的位置。门球的规则十分简单。攻守两方各占场地两端。一方先掷,球必须在距离掷球方一端底线6米内接触地面一次。防守的一方则一般在球门前分散开来,用身体阻挡对方掷来的球。射门成功,攻方得1分。如果球被守方阻挡出界,双方则交换掷球权。

#### 5.地滚球

地滚球是西方国家根据残障人的特点开发出来的休闲体育项目。可分为站立组和轮椅组两种。前者可供上身截肢、痉挛及失明人士参与,后者适合下身截肢、瘫痪或小儿麻痹等残障人参加,此项运动在草地或室内运动场上进行。此项目十分讲究耐性及智力,特别适合严重痉挛人士。在一个12米×6米的范围内,坐在轮椅上向着指定目标抛掷软皮圆球或木制球,争取接近目标而获取胜利。而手部活动困难的残障人可利用辅助器材进行运动。

### 6.台球

台球运动高雅清净,运动量小,很适合残障人的特点,它不仅能起到锻炼身体的作用,还能陶冶情操,平衡心理。打台球时应神情宁静,聚精会神对准目标球,击球的一瞬间精神高度集中,脑子里没有任何杂念。当球被击中落袋后,感到很欣慰,真是执杆凝神似乐游,其乐融融。最近我国还开发出一种专门为四肢不全的残障人设计的一种台球,其技术要点是,在台球桌面的每个角上,装有击球器和定位器。击球时,将击球器抬至与桌面水平时,定位器将击球器固定后,射枪可在90°的扇面内水平移动,能将桌面上任何方向的球击中。击完球后,按动定位器,可将击球器放下,向下翻转,该角的球筐露出,供其他三人使用。该台球与正常台球有同样乐趣,极适合残障人休闲娱乐。

### 7.沙壶球

沙壶球运动是一项集技巧、速度、力量、变化性及竞争性于一体的休闲运动,分为技巧性和趣味性两种类型。随着全民健身运动的发展,这项趣味性很强的休闲运动在我国很多城市都蓬勃发展起来。沙壶球球桌比较低矮,发球区就在球桌边缘,用力无须过猛,玩起来不会太吃力,也不会对身体造成任何的伤害。只需要把球推出,残障人即使坐在轮椅上也不会感觉到有任何的不便。因此,有条件的残障人可将此项目作为休闲娱乐的最佳选择。

### 8.桌上足球

足球运动在全世界范围内有着广泛的参与人群,并且其没有国界和贫富之分。在足球运动的基础上也衍生了一些与足球运动相关的运动,其中最有代表性的为桌上足球运动。由于桌上足球把激烈的足球运动凝固在方寸之间,下身截肢、瘫痪或小儿麻痹等残障人在有限的活动空间内就可以感受如同参加真正的足球比赛的刺激和乐趣,尤其是用手中操作的队员把足球踢进对方大门的一刹那,成就感油然而生。

**(二)周期性运动**

### 1.田径

田径锻炼可分成轮椅组、站立组。轮椅组适合下肢瘫痪、小儿麻痹、截肢等残障人,而站立组适合痉挛或失明人参与。残疾人士可根据自身情况及爱好来选择活动项目,大部分项目皆需要改装器材来进行。

伤残人奥运会田径项目始于1960年的罗马残奥会,此后一直是拥有最多的选手和观众的残奥会运动项目。近50年来的科学技术发展,使残障人运动员在竞技场上不断创造出令人难以置信的运动成绩。田径比赛对所有残障类别的运动员开放,包括使用轮椅、假肢和视力残疾的比赛,项目也在以周期性项目为主的径赛项目的基础上增加了田赛项目,其中包括跳高、跳远、三级跳远、铅球、铁饼、标枪等。

### 2.游泳

残障人游泳起源于理疗和康复,特别是截瘫和脊髓灰质炎患者,可以借助水中的浮力,克服肢体的受限,重享自由。游泳是伤残人奥运会中规模最大的几个项目之一,向各类级别残障人开放。为适应运动员的不同残障情况,伤残人运动会中的游泳规则和国际泳联的有所不同。譬如,下肢残疾的运动员,预备的时候可以采用坐式,或者人在水中;如果上肢残缺,转身时不需要用残肢接触池壁,而可以用上身任何一部分。在盲人和其他视力残障运动员的比赛中,将游到泳池一端前,专门人员会发出声音信号,提醒他们需要准备转身。游泳适合一般肢体伤残和弱视人士。按个人能力可采用不同的泳姿,需要的话可依靠辅助器材。这项运动普遍受到残障人的欢迎。

3. 自行车

速度和强烈的竞争是所有自行车赛共有的特点。自行车运动进入伤残人奥运会是近几届才开始的。20 世纪 80 年代初,视力残障的运动员最先开始参与自行车比赛,脑瘫和截肢运动员则在 1984 年进入此项比赛。1992 年前,这三个不同的残障类型的比赛是分别举行的。从巴塞罗那伤残人奥运会比赛开始,所有的自行车运动员则在一起进行比赛。自行车的比赛项目分为个人和团体(各参赛国派出 3 名选手)两种。脑瘫运动员参赛时一般用普通的竞技自行车,个别比赛中则用三轮车;失明和视力残障的运动员参赛时和一名明眼运动员共骑一辆双人车,而截肢运动员则使用专门为他们改装的特殊赛车。

**(三)其他活动**

1. 马术

平衡、节奏、准确等是马术比赛引人注目的特点。瘫痪、截肢、视力残障的运动员都可以参加伤残人奥运会中的马术项目。观众能观看到身有各类残障的运动员表演的非凡技能,人马合一,表演花样马术中各种高超难度的动作。伤残人奥运会的马术项目于 1996 年在亚特兰大残奥会上最先出现。个人花样马术比赛中人与马必须紧密配合,表演走步、小跑、慢跑等动作。由于比赛提供的是专用马匹,选手们必须在短短几天中建立起人马之间的默契配合。同时,很多运动员由于肢体的残障,无法用双腿给所乘马信号,因此他们可根据自己的实际情况运用各类的辅助工具。除了比赛外,近年来很多从事残障人康复工作的人发现骑马是一项对身体康复非常有益的活动,特别是对于患有脑瘫、脊椎裂等症的残疾儿童发展平衡机能有很大的帮助。用于康复的马术活动最先兴起于斯堪的那维亚半岛的瑞典、丹麦、挪威,而现在这项活动在很多其他国家和地区也都有了显著的发展。

2. 盲人柔道

柔道运动是非常适合失明及弱视人作为锻炼娱乐的一项运动项目。这项运动完全按照健全人的运动方式进行。此项接触性运动有助于失明或弱视人提高灵敏性及活动技巧,并且可强身健体。需要注意的是,游戏或比赛场地必须设在有弹性的地板或台上。

3. 飞镖运动

飞镖运动是一项文明、高雅、时尚的体育运动。它起源于 15 世纪的英格兰,由士兵战斗间隙向树墩投掷标枪而逐渐演变成的一种小型室内运动。飞镖运动在欧美及亚洲的许多国家和地区的发展已经十分普及,每年都有多种不同的飞镖赛事。国家体育总局于 1999 年 5 月将飞镖运动列为我国正式开展的体育竞赛项目。世界飞镖联盟现正在申请将飞镖运动列为奥运会表演项目。我们在推动飞镖运动发展的同时,也应关注到社会上那部分特殊人群——残障人:虽然他们的身体有残疾,但他们和正常人一样有享受生活、拥有健康的权利和愿望。飞镖运动对体能、技能无特殊要求,大多数由于身体等条件不适宜从事其他运动项目的残障人士,以及哪怕只有一只手或是坐在轮椅上的重度残障人士,都可以参与到飞镖运动中来。我国已举办过残障人飞镖比赛,当时时任残联主席的邓朴方也出席了此次大赛。飞镖运动推崇的是"快乐体育",即运动、快乐、健康的最新理念,将运动健身与休闲娱乐完美地结合在一起,可以使残障人在运动中感受快乐,在快乐中拥有健康。

### 4.射击

射击运动是一项非常适合下身轻微残障的朋友参加的一项静态活动。很多残障人士在此项运动中甚至可与健全人同场比赛、切磋。射击有汽步枪及汽手枪两类,分别分为站立和轮椅两组。参与选手可按个人能力及爱好选择汽莱福枪或手枪,在符合规格的室内靶场进行活动。除轮椅组在器材规定上有所不同外,其他一切与健全人射击活动相同。此运动是一项讲求心、神合一的静态活动。

### 5.轮椅击剑

患有小儿麻痹、下肢瘫痪或截肢的残障人皆可参加转椅击剑活动,这对于锻炼他们的头脑及身手灵活程度均有较好的效果。运动时,参加者要坐在一张被固定的轮椅上进行,其他器材和规则与击剑运动相同。

### 6.射箭

由于射箭运动讲究内省、静、定等功夫,长久的练习可以培养人刚强、坚忍不拔的精神,并且由于这项活动不受体型和力量大小的限制,因此非常适合残障人参加。

# 参考文献

[1]陈伟等.民族体育创新发展研究.成都:电子科技大学出版社,2014

[2]北京市民族传统体育协会.民族传统体育 100 例.北京:北京体育大学出版社,2006

[3]谢卫.休闲体育概论.成都:四川大学出版社,2014

[4]屠强.休闲体育.北京:中国人民大学出版社,2012

[5]邢金善,续俊,田颖.时尚健身理论与运动方法.哈尔滨:东北林业大学出版社,2008

[6]吴志勇.健身武术.武汉:湖北科技出版社,2007

[7]张选惠.民族传统体育概论.北京:人民体育出版社,2006

[8]金晓阳,王毅.健身与流行健美操教程.沈阳:东北大学出版社,2006

[9]张春生,滕晓磊.体育舞蹈与健身操.北京:化学工业出版社,2009

[10]李晓钟.瑜伽练习.北京:中国青年出版社,2005

[11]刘花云.时尚运动与健康.长沙:湖南师范大学出版社,2006

[12]李春文.体育舞蹈教程.沈阳:辽宁人民出版社,2006

[13]方哲红.民族传统体育教学与训练.北京:北京体育大学出版社,2010

[14]周建林.球类运动体育教程.南京:南京师范大学出版社,2005

[15]孙民治.篮球运动教程.北京:人民体育出版社,2007

[16]刘建和.乒乓球.北京:人民体育出版社,2006

[17]何志林.足球.北京:人民体育出版社,2005

[18]董杰.网球教程.北京:高等教育出版社,2005

[19]李相如.休闲体育项目概论.北京:人民体育出版社,2012

[20]岳冠华.解读休闲体育.北京:中国社会科学出版社,2012

[21]周文.休闲与体育.长沙:湖南大学出版社,2007

[22]胡晓明,虞重干.体育休闲娱乐理论与实践.北京:高等教育出版社,2004

[23]刘海燕.我国休闲体育发展现状与对策.华南师范大学学报(社会科学版),2010(1)

[24]邱丕相.民族传统体育概论.北京:高等教育出版社,2008

[25]卢元镇.中国体育文化纵横谈.北京:北京体育大学出版社,2005

[26]于振海,阎彬.民族传统体育教程.西安:西安交通大学出版社,2014

[27]石爱桥.民族传统体育概论.北京:人民体育出版社,2014

[28]罗玲.民族体育与健康教育.北京:民族出版社,2014

[29]王亚琼,杨庆辞,罗曦娟.民族传统体育学.北京:北京师范大学出版社,2013

[30]董范.户外运动学(第二版).武汉:中国地质大学出版社,2014

[31]历丽玉.户外运动与拓展训练.杭州:浙江大学出版社,2012

[32]邓晓彬.论广场舞蹈的功能与发展.艺术科技,2014(6)

[33]于荣.游泳.南京:江苏科学技术出版社,2012

[34]柏忠言,张惠兰.瑜伽:气功与冥想.北京:人民体育出版社,2007

参考文献